# 통합적 상담

## 사례 중심의 접근 CASE APPROACH to COUNSELING and PSYCHOTHERAPY

8th Edition

CENGAGE

***Case Approach to Counseling and Psychotherapy,* 8th Edition**

**Gerald Corey**



Original edition © 2013 Brooks/Cole, a part of Cengage Learning.
*Case Approach to Counseling and Psychotherapy, International Edition, 8th Edition* by Gerald Corey
ISBN: 9781111841775

This edition is translated by license from Brooks/Cole, a part of Cengage Learning, for sale in Korea only.



ISBN-13: 979-89-6218-381-8

**Cengage Learning Korea Ltd.**
14F YTN Newsquare 76 Sangamsan-ro
Mapo-gu Seoul 03926 Korea
Tel: (82) 2 330 7000
Fax: (82) 2 330 7001

Cengage Learning is a leading provider of customized learning solutions with office locations around the globe, including Singapore, the United Kingdom, Australia, Mexico, Brazil, and Japan.
Locate your local office at: **www.cengage.com**

Cengage Learning products are represented in Canada by Nelson Education, Ltd.

To learn more about Cengage Learning Solutions, visit
**www.cengageasia.com**

Printed in Korea
Print Number: 02 Print Year: 2020

# 통합적 상담

## 사례 중심의 접근 CASE APPROACH to COUNSELING and PSYCHOTHERAPY

8th Edition

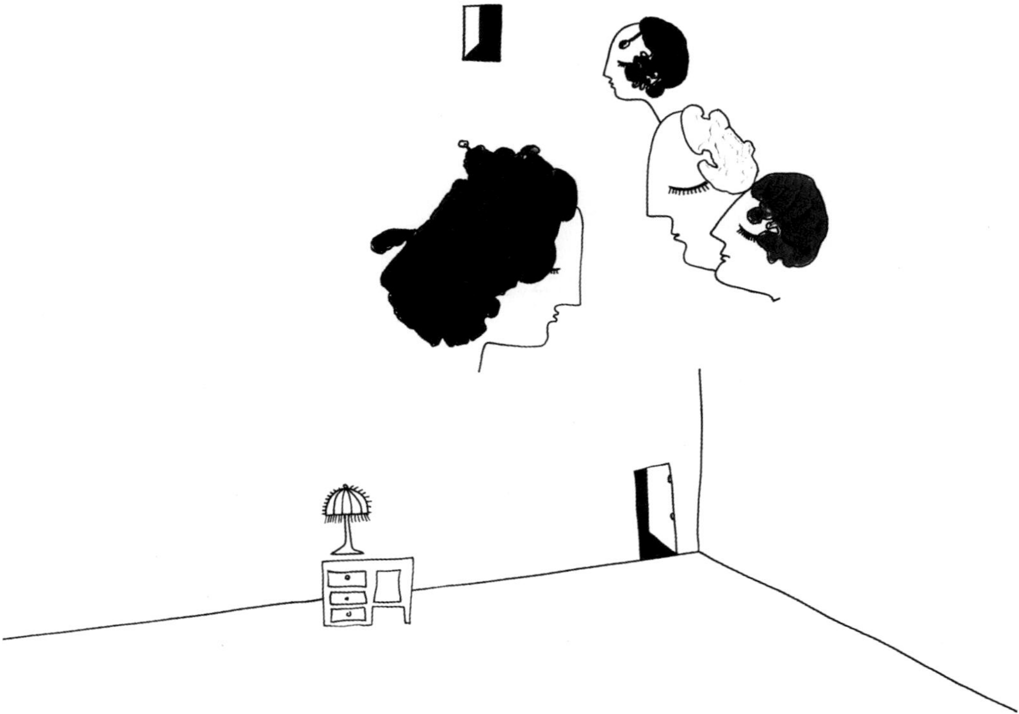

**GERALD COREY** 지음 현명호 유제민 이정아 박지선 옮김

CENGAGE

Andover • Melbourne • Mexico City • Stamford, CT • Toronto • Hong Kong • New Delhi • Seoul • Singapore • Tokyo

## 옮긴이 소개


**현명호**

중앙대학교 심리학과 학사, 석사, 박사(임상)
연세의대 광주 세브란스 정신병원 연구강사
우석대학교 심리학과 조교수 및 언론홍보심리학부장
한국임상심리학회, 한국건강심리학회 회장 역임
현재) 중앙대학교 심리학과 교수
중앙대학교 학생생활상담센터 센터장
중앙대학교 사회교육처장

**유제민**

중앙대학교 심리학과 학사, 석사(임상), 박사(임상)
서울아산병원 정신과 수련과정
중앙대 학생생활연구소 전임상담원
중앙대, 경희대, 춘천교대, 이화여대 강사 역임
현재) 강남대학교 교육학과 교수
건강심리전문가, 중독심리전문가

**이정아**

중앙대학교심리학과 학사, 석사(임상), 박사 (임상)
서울아산병원 정신과 임상심리 인턴/레지던트 수료
중앙대학교 병원 신경정신과 임상강사
중앙대학교, 한국외국어대학교, 가천대학교 등 강사
임상심리전문가, 정신보건 임상심리사 1급
현재) 가천대학교 강사

**박지선**

중앙대학교 심리학과 학사, 석사(임상), 박사과정(임상) 수료
아주대학교 병원 정신과, 국립서울병원 수련과정
임상심리 전문가, 정신보건임상심리사 1급, 상담심리사 1급
중앙대학교 강사, 중앙대 학생생활연구소 상담원
현재) 부산가톨릭대학교 사회복지상담학과 조교수


# 통합적 상담 사례 중심의 접근 -제8판-

Case Approach to Counseling and Psychotherapy, 8th Edition


제8판 1쇄 발행 | 2016년 3월 2일
제8판 2쇄 발행 | 2020년 7월 20일

지은이 | Gerald Corey
옮긴이 | 현명호, 유제민, 이정아, 박지선
발행인 | 송성헌
발행처 | 센게이지러닝코리아㈜
등록번호 | 제313-2007-000074호(2007.3.19.)
주 소 | 서울시 마포구 상암산로 76 YTN 뉴스퀘어 14층
전 화 | 02) 330-7000
이메일 | asia.infokorea@cengage.com
홈페이지 | www.cengage.co.kr

ISBN-13: 978-89-6218-381-8

공급처 | (주)사회평론아카데미
주 소 | 서울시 마포구 월드컵북로 12길 17 5층
도서안내 및 주문 | Tel 02-2191-1181 Fax 02) 326-1626
홈페이지 | www.sapyoung.com

값 28,000원

# 역자 머리말

약 10여 년 전 우리는 코리(G. Corey) 박사의 심리 치료에 대한 책을 접하게 되었다. 그리고『상담 및 심리 치료의 통합적 접근』을 번역하였고, 이어서 이 책의 6판을 번역하였다. 상담과 심리 치료를 전공하거나 관심을 가지고 있는 많은 독자는 이미 코리 박사의 여러 저서에 익숙할 것이다. 상담의 고전적인 교과서인『심리상담과 치료의 이론과 실제』나『집단상담의 이론과 실제』와 같은 교재는 상담의 입문서로서 처음 상담에 입문하는 사람들뿐 아니라 종합적으로 상담을 정리하려는 사람들에게 유익한 정보를 제공하였음을 우리는 익히 알고 있다.

이 책은 2006년 번역한『통합적 상담: 사례 중심의 접근(Case Approach to Counseling and Psychotherapy)』6판을 보완하고 상당 부분을 개정한 책이다. 이번에 번역한 것은 8판이기 때문에 6판과는 상당한 차이가 있었다. 8판을 번역하기로 번역진과 의논하고 결정하였을 때에는 통상 다른 교재처럼 새로운 판이라도 이전 판과 크게 다르지 않을 것이라 생각했다. 곧 끝낼 수 있는 일일 것이라고 판단했었다. 그러나 이 책은 루스라는 내담자가 등장하고 기본적인 이론에 대한 설명은 대폭 변화가 없는 대신 집필진이 크게 변하였다. 따라서 같은 상담 이론을 설명하더라도 자신이 이해하고 있는 바에 따라 새롭게 작성하여 완전히 새 책을 번역하는 작업과 다를 바 없었다.

이 책은 체계는 이전 판과 유사하다. 여러 심리 치료 학파의 심리 치료자가 그 학파의 상담에 대한 기본 개념을 소개하고 루스와 상담한 후에 코리 박사의 의견을 싣는 방식으로 서술되어 있다. 그러나 한 학파에서도 두 사람이 참여하여 동일한 상담기법을 다른 각도에서 기술한 부분도 많이 있다. 따라서 각 심리학파의 주장을 쉽게 이해할 수 있을 뿐 아니라 같은 상담 이론에 근거하더라도 그 구체적 방법이 다를 수 있음을 알 수 있도록 한 것이 이 책의 가장 큰 장점이라고 생각한다.

이전 판과 비교하여 볼 때 다문화적 상담 부분이 들어가 있는 것이 눈에 띈다. 우리 사회도 점차 다양한 문화권에서 성장하고 생활하였던 사람이 급증하여 다문화 사회로 진입하였고, 이들에 대한 상담 수요가 늘어날 것으로 예측되어 이에 대한 관심이 증가하고 있는 시점에서 매우 중요한 학습 자료가 될 것으로 생각된다.

이전 6판을 번역할 때에도 느꼈던 것이지만 번역은 또 다른 창작이다. 저자의 의도를 정확하게 반영하여야 하는 것 이상으로 이를 우리가 이해할 수 있도록 하기 위해서는 단어와 문장 모두 단순히 처리할 수는 없는 것이 번역이 아닌가 싶다. 특히 내담자와 치료자의 대화에서 미묘한 의미를 전달하지 못하면 상담 작업에서 어떤 내면의 변화가 있었는지를 잘 보여줄 수 없다. 신경을 쓰면서 번역하였지만 얼마나 이를 충실하게 하였는지는 독자의 판단에 맡겨야 할 것 같다. 많은 지적과 조언을 기대한다.

끝으로 번역 작업이 크게 늦어졌음에도 기다려주신 센게이지러닝코리아(주)의 송성헌 사장님과 관계자 여러분에게 감사드린다. 특히 책의 전반적인 틀과 내용, 그리고 교정 작업을 꼼꼼하게 진행하여 주신 이정란 선생님에게 감사의 말씀을 드리고 싶다.

2016. 2

역자 대표 현명호

# 저자 머리말

이 책『통합적 상담: 사례 중심의 접근(Case Approach to Counseling and Psychotherapy)』은 상담의 이론과 실무 간의 간격을 좁히려면 예시를 보여주고 사례를 연구해야 한다는 생각에 근거하여 기술하였다. 내가 가르치는 과정에 있는 학생들은 강의 중에 사례를 보여주면 실제 치료가 이루어지는 과정에 대한 잘못된 생각을 불식시켜 준다는 것을 알고 있다. 이 책은 사용되고 있는 치료적 접근을 공부하는 과정에서 특징적으로 일어날 수 있는 학습을 자극하기 위해 쓰였다. 그리고 독자는 정신분석, 아들러식, 실존주의, 인간중심주의, 게슈탈트, 현실주의, 행동주의, 인지행동, 여성주의, 포스트모던, 가족체계, 다문화적 접근과 같은 12가지 상담 접근법의 입장에서 한 사례를 연구할 수 있는 기회를 갖게 될 것이다. 더구나 이 책은 두 개의 통합적 관점에서 하나의 사례를 어떻게 다루는지 공부할 수 있는 기회를 독자에게 제공할 것이다.

이 책은 루스 월턴(Ruth Walton)이라는 한 내담자에게 다양한 치료 접근법을 각각 어떻게 적용하는지 볼 수 있도록 구성되어 있다. 이 책의 특징은 12가지 이론적 관점을 대표하는 1인 이상의 자문가가 루스 사례를 평가하였다는 점이다. 이번 8판에서는 6명의 자문가가 다문화적 관점으로 루스를 상담하였다. 매우 유능한 실무자가 자신의 이론적 방향에 기초하거나 또는 몇 가지 접근을 통합하여 루스를 평가하고 치료하였다. 그리고 루스와 상담하는 자신의 치료 방식을 보여주기 위해 표본 대화를 포함시켰다.

다양한 이론을 다룬 각 장의 형식은 동일하게 구성되어 각 접근을 비교할 수 있도록 하였다. 즉, 이론에 대한 일반적인 개관과 초청 자문가의 논평에 이어서, 각 관점을 적용하여 내가 루스를 상담한 방법으로 이루어진다. 나는 이론의 기본 가정과 루스에 대한 초기 평가, 치료 목표 및 적용한 치료 절차를 설명했다. 나는 이번 8판에서는 루스를 상담하는 내 방식을 설명하는 부분을 개정하고 간결하게 다듬었다. 치료 과정은 내담자와 치료자 간의 대화를 통해 구체적으로 제시하였는데, 치료의 논리적 근거를 설명해 주는

'치료 과정에 대한 논평'이 있어 독자의 이해가 쉬울 것이다. 각 장의 마지막 부분에는 '복습을 위한 질문'이 있어서 독자가 이 책의 내용을 자신의 개인적 삶에 적용하는 것을 돕고, 각각의 이론적 관점에서 루스를 상담하는 데 대한 지침을 제공한다.

제13장에서는 루스가 다양한 문화 집단의 성원이라는 전제하에 상담하는 독특한 관점을 제시한다. 자문가(상담자)들은 루스가 라틴계, 아시아계, 또는 아프리카계 미국인이라 가정한다면 루스에 대한 치료 접근이 어떻게 문화적 주제를 통합해야 하는지 보여준다.

제14장에서는 통합적 상담에 관한 두 가지의 다른 관점을 제시하고 이 책에서 논의한 모든 접근을 망라한다. 첫 번째 상담자는 루스에 대한 통합적 상담 접근의 가치를 설명하였다. 이어서 나는 다양한 치료적 접근을 참고하여 통합된 방식으로 어떻게 루스를 상담하는지 예시하였다. 이 장은 독자들이 상담에 활용할 자신들의 통합적 접근을 숙고하고 설계하는 데에 도움이 될 것이다.

## 더 읽어 볼 자료

『통합적 상담: 사례 중심의 접근』은 상담 이론과 실무 과정을 공부할 수 있도록 개발한 통합 학습 시리즈의 일부분으로 활용하면 좋을 것이다. 『상담 및 심리 치료의 통합적 접근(The Art of Integrative Counseling)』에서 나는 독자들이 자신의 통합적 접근을 개발하는 방법을 설명하고 개인적 상담 실무 방식을 구축할 수 있는 지침을 제공한다. 루스의 사례는 이러한 통합적 관점을 예시하는 데 사용된다. 『통합적 상담: 사례 중심의 접근』은 상담이 실행되는 과정을 보여주므로 학생들의 이론 학습을 증진시키기 위한 부교재로 활용할 수 있다. 교재 『심리상담과 치료의 이론과 실제(Theory and Practice of Counseling and Psychotherapy)』(9판)에는 현대 심리 치료 모델의 주요 개념과 각 기법에 대한 개관을 소개하였다. 『심리상담과 치료의 이론과 실제를 위한 학생용 매뉴얼(Student Manual for Theory and Practice of Counseling and Psychotherapy)』은 학생들이 스스로 이론을 적용해 보고 이론과 실무를 연결하는 데 도움이 될 다수의 경험적 활동과 예제를 포함한다.

자습 프로그램인 『상담 및 심리 치료의 통합적 접근: 루스의 사례와 해설 DVD(DVD for Integrative Counseling: The Case of Ruth and Lecturettes)』는 비디오로 녹화한 상담 시연을 통해 루스를 상담하는 나의 통합적 관점을 보여준다. 이 책의 주제와 비디오 프로그램의 상담 회기가 일치하도록 구성되었으므로 해당 아이콘을 찾아보라. 비디오 프로그램은 여러 가지 치료를 모두 소개하며 루스를 상담한 나의 상담 방식에 대한 구체적인 예를 제공한다.

새로운 강의 프로그램은 『심리상담과 치료의 이론과 실제』(9판)의 내용을 보완한다. 『심리상담과 치료의 이론과 실제: 스탠(Stan)의 사례와 해설 DVD(DVD for Theory and Practice of Counseling and Psychotherapy: The Case of Stan and Lecturettes)』는 이 책에서 각 이론을 다룬 장과 연결된다.

## 『통합적 상담: 사례 중심의 접근』 8판에서 달라진 것

『통합적 상담: 사례 중심의 접근』의 모든 장은 기존의 생각들을 연마하기 위해 신중하게 검토하고 새로운 자료를 제공하였다. 26명의 초청 상담자가 루스를 평가하고 상담하는 자신의 접근을 예시하였고 두 명을 제외한 모든 상담자가 최근의 실무를 반영하여 개정하였다.

나는 각 장에 수록된 나의 상담 부분을 개정하고 각 장의 끝부분에 마지막 제언을 추가하였다. 8판에서 바뀐 내용은 다음과 같다.

### 제1장 도입과 개관

- 여러 가지 이론들의 기본 가정에 대한 논의 개정
- 해결 중심 치료와 이야기 치료에 관한 새 자료
- 진단에 관한 Beverly Palmer 박사와 Michael Nystul 박사의 논의 개정

### 제2장 정신분석 치료의 사례 접근

- 증상 대치, 자살 사고 평가, 자유연상 및 루스의 진단에 대한 개정
- 단기 정신역동 치료에 대한 새로운 논의
- 치료 목표 개정

### 제3장 아들러식 치료의 사례 접근

- 사회적 관심 개정
- 중다 치료의 확장
- 루스에 대한 평가 개정

### 제4장 실존 치료의 사례 접근

- 루스가 자신의 기분을 만들어내는 방법에 대한 새로운 자료
- 어떻게 기법이 창조적인 과정인지에 대한 설명 부분 개정

### 제5장 인간 중심 치료의 사례 접근

- 치료 양식의 다양성에 대한 강조 추가
- 진단의 역할에 대한 논의 확대
- 체험적 포커싱에 대한 새로운 논의
- 각 내담자의 사례를 좀 더 많이 개별화하기
- 변화의 주체로서 내담자의 우선성에 관한 새로운 논의

### 제6장 게슈탈트 치료의 사례 접근

- 루스 인생의 핵심 주제에 대한 개정
- 치료자–내담자 대화 중 일부 개정

### 제7장 행동 치료의 사례 접근

- 경험적으로 지지된 기법에 대한 강조 증대
- 루스의 DSM 진단에 대한 논의 개정
- Sherry Cormier 박사가 루스를 상담하는 부분
- 행동 치료의 기본 특성과 과정에 관한 새로운 논의
- 행동분석 과정에 근거한 기능적 진단

### 제8장 인지행동 치료의 사례 접근

- 인지행동 접근의 개관에 새로운 부분 수록
- Albert Ellis 박사가 저술한 인지행동 치료에 대한 고전적 집필 내용은 유지
- 루스에게 CBT 구조를 적용한 가족 치료 부분의 소폭 개정

### 제9장 현실 치료의 사례 접근

- 현실 치료의 개관 개정(치료 동맹에 대한 강조 추가)
- 증상의 역할에 대한 분류
- 평가와 치료 간의 연계에 관한 논의
- 치료에 비유를 활용하는 새로운 부분

**제10장 여성주의 치료의 사례 접근**

- 여성주의 치료의 개관 개정
- 한 팀을 이루어 루스와 상담하는 3명의 여성주의 치료자를 소개하는 부분 개정
- 여성주의 관점에서의 전통적 진단 관련 부분 개정

**제11장 포스트모던 치료의 사례 접근**

- 해결 중심 단기 치료 관점에서 루스와 상담한 Murphy 박사가 저술한 새로운 부분

**제12장 가족 치료의 사례 접근**

- 루스의 사례에서 가족 치료를 확장하기 위해 Moline 박사와 Bitter 박사가 협력한 부분
- 루스의 가족 치료 시연에서 Moline 박사와 Bitter 박사의 새로운 대화

**제13장 다문화적 관점에서 루스를 상담하기**

- 다문화주의에 대한 새롭고 확장된 소개
- '라틴계 여성으로서의 루스' 부분의 새로운 공저자 참여
- 치료자의 다문화적 역량에 대한 새로운 부분
- 중국계 미국인 여성으로서의 루스의 독특한 경험을 이해하고 존중하는 것에 관한 더 많은 강조
- 아프리카계 미국인 여성으로서 루스와 상담할 때 종교의 역할에 대한 범위 증가
- 루스에 대한 Gerald Corey의 다문화적 관점에 관한 새로운 부분

**제14장 통합적 접근과 자신만의 치료 스타일 개발하기**

- 통합과 절충의 차이
- 통합적 심리 치료와 루스를 치료하는 자신의 상담 스타일에 대해 Norcross 박사가 저술한 새로운 부분
- 증거 기반 실무의 의미에 대한 확대되고 폭넓은 견해
- 통합적 상담 스타일에 대해 포괄적 논의가 이루어지도록 개정

# 감사의 말씀

이번에 개정한 8판의 초안을 읽고 사례를 효과적으로 표현할 수 있도록 조언을 아끼지 않은 상담학 교수들과 임상가들의 지지 및 도전적 자세에 찬사를 보낸다. 다음은 그분들의 명단이다.

- Jonathan Alex, Lehman College/SUNY
- Barbara Beaver, University of Wisconsin – Whitewater
- Patrick Callanan, California State University, Fullerton
- Pornthip Chalungsooth, University of Scranton
- Peter Emerson, Southeastern Louisiana University
- Melodie Frick, West Texas A&M University
- Robert Haynes, Borderline Productions
- Amanda Healey, Sam Houston State University

개정판 작업에 크게 기여한, 아내이자 동료인 Marianne Schneider Corey에게도 특별한 고마움을 표한다. 아내는 부부 치료 및 가족 치료의 임상 경험에 근거하여 루스의 사례와 초청 상담자가 저술한 부분을 검토해 주었다.

또한, 이 책을 읽기 쉽고 흥미롭게 하기 위해 뛰어난 감수성과 편집 기술을 적극 활용해 준 편집자 Kay Mikel에게 특히 감사드린다.

나는 자신의 전문분야에 해당하는 부분을 검토해 주신 분들과 자신의 치료 관점으로 루스와 상담한 방식을 저술해 주신 분들께 특히 많은 도움을 받았다. 26인의 초청 상담자들은 루스를 평가하고 치료하는 자신들의 치료 접근을 잘 설명하였으며, 독자들은 '집필진 소개'를 통해 저자에 대한 정보를 얻을 수 있다. 집필해 주신 분들께 이 책을 헌정한다.

Gerald Corey

## 저자 소개

Gerald Corey는 Fullerton에 있는 California 주립대학의 인간 서비스 및 상담학과의 명예교수다. 그는 Southern California 대학에서 상담 과정으로 박사학위를 받았다. 그는 미국 전문심리학 위원회의 상담심리학 전문가, 자격증 소지 심리학자, 국가 공인 상담가, 미국심리학회(상담심리분과)의 특별회원이며, 미국 집단 치료의 전문가협회 특별회원이다. 그는 2011년 미국 정신건강 상담협회의 공로상과 2001년 미국 집단치료 전문가 협회의 특별상을 부인 Marianne Schneider Corey와 함께 수상하였다. 또한 1991년에는 그가 봉직한 대학에서 우수 교수상을 받았다. 그는 대학과 대학원에서 집단상담 과정, 상담에서의 윤리 과목을 강의하고 있다. 그는 수많은 논문과 함께 현재 출판 중인 16권의 상담 교재의 저자 혹은 공저자이다. 그의 책 『심리상담과 치료의 이론과 실제』는 아랍, 인도네시아, 포르투갈, 터키, 중국, 한국에서 번역되었다. 『집단상담의 이론과 실제』는 한국과 중국, 그리고 스페인과 러시아에서 번역되었다.

Corey 부부는 가끔 집단상담 워크숍을 진행하고 있다. 지난 20년간 그는 미국뿐 아니라 캐나다와 멕시코, 중국, 홍콩, 한국, 독일, 벨기에, 스코틀랜드, 영국, 그리고 아일랜드의 많은 대학에서 정신건강 전문가를 위한 집단상담 훈련 워크숍을 개최하였다. 휴가 중에는 여행을 즐기고 등산과 산악 사이클을 좋아하며 1931년식 모델 A 포드 자동차를 운전하는 것을 좋아한다.

그는 미국상담학회, 미국심리학회, 집단상담 전문가협회, 미국집단치료협회, 미국정신건강상담협회, 상담에서의 영성 · 윤리 · 종교적 가치협회, 상담교육 및 지도협회, 서부상담교육 및 지도협회의 회원이다.

다음은 최근 Jerry Corey가 Books/Cole, Cengage Learning사에서 출간한 도서목록이다.

- 『심리상담과 치료의 이론과 실제(Theory and Practice of Counseling and Psychotherapy)』, 9판(학생 메뉴얼과 함께)(2013)
- 『상담 및 심리 치료의 통합적 접근(The Art of Integrative Counseling)』, 3판(2013)
- 『집단상담의 이론과 실제(Theory and Practice of Group Counseling)』, 8판(학생 메뉴얼과 함께)(2012)
- 『좋은 상담자 되기(Becoming a Helper)』 6판(2011, Marianne Schneider Corey 공저)
- 『상담 및 심리치료 윤리(Issues and Ethics in the Helping Professions)』 8판(2011, Marianne Schneider Corey, Patrick Callanan 공저)
- 『집단상담: 과정과 실제(Groups: Process and Practice)』, 8판(2010, Marianne Schneider Corey, Cindy Corey 공저)
- 『전 생애 발달과 적응(I Never Knew I Had a Choice)』 9판(2010, Marianne Schneider Corey 공저)
- 『집단상담 기법(Group Techniques)』 3판(2004, Marianne Schneider Corey, Patrick Callanan, J. Michael Russell 공저)

Gerald Corey는 Barbara Herlihy와 함께 『미국상담학회 윤리규정 사례집(ACA Ethical Standards Casebook)』 6판(2006)과 『상담에서의 쟁점: 다양한 역할과 책임(Boundary Issues in Counseling: Multiple Roles and Responsibilities)』 2판(2006)을 저술하였다. 또한 Robert Haynes, Patrice Moulton, Michelle Muratori와 공저로 『심리상담 전문가에 대한 임상지도: 실용적 가이드(Clinical Supervision in the Helping Professions: A Practical Guide)』 2판(2010)을 집필하였고 단독으로 『성장하는 상담전문가의 길(Creating Your Professional Path: Lessons from My Journey)』(2010)을 저술하였다. 이 네 권의 책은 American Counseling Association에서 출판되었다.

그는 이와 함께 다양한 상담 실무 영역에 관한 교육용 DVD를 여러 개 만들었다. 그 목록을 보면 (1) 『심리상담과 치료의 이론과 실제: Stan의 사례와 해설 DVD』(2013), (2) 『집단상담의 이론과 실제 DVD』(2012), (3) 『집단상담의 실제: 진행과 도전(Groups in Action: Evolution and Challenges) – DVD와 워크북』(Marianne Schneider Corey, Robert Haynes 공저, 2006), (4) 『상담 및 심리 치료의 통합적 접근: 루스의 사례와 해설 DVD』(Robert Haynes 공저, 2013), 그리고 (5) 『집단상담의 실제(Ethics in Action): CD – ROM』(Marianne Schneider Corey, Robert Haynes 공저, 2003)이 있다. 이 모든 프로그램은 Books/Cole, Cengage Learning사에서 구입할 수 있다.

# 집필진 소개

**Alvin N. Alvarez** | 철학박사 San Francisco 주립대학 조교수로서 대학 상담프로그램을 담당하고 있다. 그는 아시아계 미국인, 인종적 정체감, 인종주의의 심리적 영향에 관심을 가지고 연구하고 있다. 그는 현재 Asian American Psychological Association(AAPA)의 회장이며, 최근 AAPA로부터 공로상을 수상하였다.

**James Robert Bitter** | 교육학박사 East Tennessee 주립대학의 인간발달과 학습학과의 상담학 교수로서 *Theory and Practice of Family Therapy and Counseling*을 저술하였다. 그는 개인 치료와 집단 치료 영역, 그리고 아들러의 원리를 아동과 가족 상담에 적용하는 문제에 대한 자문을 하고 있다. 그는 가계도와 가족 배열, 창조적 기억과 초기 회상, 그리고 가족의 재구성에 대한 논문을 여러 학술지에 게재하였다.

**William Blau** | 철학박사 개업하고 있는 전문가로 California의 Joshua Tree에 있는 Copper Mountain 대학에서 부교수로 봉직하고 있다. 정신분석이 주 전공이지만 다른 학파의 접근법도 자주 사용하는 그의 주 관심 영역은 정신병 질환자에게 임상적 바이오피드백과 심리 치료를 적용하는 문제다. 그와 그의 아내 Cathey Graham Blau는 바이오피드백 훈련과 부부 치료를 함께 진행한다.

**David J. Cain** | 철학박사 *Humanistic Psychotherapies: Handbook of Research and Practice*와 *Classics in the Person-Centered Approach*를 편집하였고, *Person-Centered Psychotherapies*(APA, 2010)를 저술하였다. 그는 San Diego에 있는 California 전문심리학교(Alliant International University)와 Chapman 대학 심리학과에서 강의를 하고 있다. 그가 주로 관심을 가지고 있는 것은 인본주의 심리학과 심리 치료의 발전에 대한 것이다. 현재 그는 California 주의 Carlsbad와 San Marcos에서 개업하고 있다.

**Grace A. Chen** | 철학박사 California의 East Bay in Hayward에 있는 California 주립대학의 상담과 심리서비스센터에서 자격증 소지 심리학자로 근무하고 있다. 그녀는 주로 아시아계 미국인, 정체성 발달, 다문화 상담, 그리고 대학생의 발달 부분에 대해 관심을 가지고 있다. 그녀는 Austin에 있는 Texas 대학에서 상담심리학으로 박사학위를 받았다. 현재 그녀는 ACPA–College Student Educators International 분과인 상담과 심리서비스 위원회의 이사회 멤버로 활동하고 있다.

**Robert C. Chope** | 철학박사 San Francisco 주립대학의 상담학 교수이며 직업상담의 선구자이다. 그는 네 권의 책을 저술하였고, 국립직업개발학회의 특별회원으로 2004년 우수직업상담가상을 획득하였다. 박사는 California 직업개발학회로부터 Robert Swan 공로상과 우수직업상담가상을 받았다.

**Andrés J. Consoli** | 철학박사 San Francisco 주립대학의 상담학 교수이며 부부와 가족 상담의 전문가이다. 그는 내담자–치료자의 매칭, 심리 치료의 통합, 스트레스와 불안, 라틴계의 정신건강에 관한 여러 편의 논문을 발표하였다. 그의 주요 연구 주제는 다문화적 슈퍼비전, 라틴계의 정신건강 서비스의 접근성과 사용, 그리고 심리 치료에 대한 사회적 표상이다.

**Sherry Cormier** | 철학박사 West Virginia 대학의 상담, 재활상담 및 상담심리학과의 명예교수이다. 그녀는 Morgantown, W.V.에서 파트타임으로 상담을 하고 있는 자격증 소지 심리학자로서 *Interviewing and change Strategies for Helpers*: *The Professional Counselor*와 *Counseling Strategies and Interventions*를 공저자로 집필하였다. 그녀가 주로 훈련을 하고 자문을 하는 영역은 임상 슈퍼비전, 인지행동 치료, 스트레스 관리, 그리고 안녕감 같은 것이다.

**Frank M. Dattilio** | 철학박사 Harvard Medical School과 University of Pennsylvania School of Medicine의 심리학 교수단의 일원으로서 전 세계 여러 대학의 방문교수를 역임하였고 개업하고 있는 임상심리학자이다. 그는 부부와 가족에 대한 인지행동 치료에 있어서 최고의 권위를 가지고 있으며, 17권의 저서와 250편 이상의 국제적인 전문서적에 저자나 공저자로 참여하였다. 그의 저서는 27개 언어로 번역이 되었고, 80개 국가에서 사용되고 있다.

**Albert Ellis** | 철학박사 합리적 정서행동 치료의 아버지, 인지행동 치료의 할아버지로 간주되고 있다. 2007년 작고하기 전까지 전문가로서 매우 활동적이었던 그는 주로 합리적 정서행동 치료의 이론과 적용에 관한 75권의 서적과 800편의 논문을 출간하였다. 그는 전 세계를 돌며 워크숍을 진행하였고 많은 내담자를 상담 장면에서 만났다.

**Kathy M. Evans** | 철학박사 South California 대학에서 부교수로서 상담교육 프로그램의 코디네이터로 재직하고 있으며, 자격증을 소지한 전문 상담자이자 심리학자이다. 그녀는 1989년 상담심리학 박사학위를 Pennsylvania 주립대학에서 받았다. 그녀는 박사 수준의 상담 프로그램에서 상담과 슈퍼비전에서의 사회적 정의 기술의 획득과 다문화적 유능감에 대해 강의하고 있으며, 연구주제는 주로 다문화, 직업, 그리고 여성주의 문제에 대해 초점을 맞추고 있다.

**Jon Frew** | 철학박사 Washington 주의 Vancouver에서 개업을 하고 있으며, Pacific University's School of Professional Psychology에서 심리학 교수로 일하고 있다. 그는 게슈탈트 치료에 관한 많은 저서를 출간했고 Gestalt Review의 편집위원으로 있다. 그는 공저로 *Contemporary Psychotherapies for Diverse World*를 출간했다. 또한 게슈탈트 치료 훈련 센터 북서부지부 공동 책임자로 있으며, 미국과 캐나다 그리고 호주에서 훈련 워크숍을 진행하였다.

**William Glasser** | 의학박사 California의 Chatsworth에 있는 The William Glasser 연구소의 창립자이자 소장이며, 현실 치료의 창시자다. 그의 실용적 접근은 여러 상담자와 교사에 의해 대중적으로 사용되고 있다. 그는 현실 치료와 선택이론에 대한 많은 책을 저술하였다.

**Elizabeth A. Kincade** | 철학박사 20년 이상 상담과 심리 치료를 하고 가르치고 있다. 그녀는 Pennsylvania의 Indiana 대학 상담센터의 소장으로 일하고 있으면서 여성주의 치료와 윤리, 그리고 집단역학에 주로 관심을 가지고 있다. 그녀는 자격증을 소지한 심리학자로서 1989년 Pennsylvania 주립대학에서 상담심리학으로 박사학위를 취득하였다.

**Kellie N. Kirksay** | 철학박사 Malone 대학의 상담교육학과 교수이면서 개업을 한 임상가이다. 그녀는 자격증이 있는 임상상담가이고 지도감독자이며 재활상담가로서 치유와 안녕을 위해 전통적인 양식의 치료와 영성 및 창조적 표현과의 융합을 시도하고 있다. 그녀는 상담과정 전반에서 안녕감과 다문화적 유능성을 주로 다루고 있다.

**Arnold A. Lazarus** | 철학박사 Rutgers 대학의 응용과 전문 심리학 대학원의 탁월한 교수이고 New Jersey 주의 Skillman에 있는 Lazarus 연구소 소장이다. 그는 미국 전문심리학 위원회의 임상심리학 자격증을 가지고 있다. 그는 중다양식적 접근을 개발하여 행동 치료에 다양한 기초를 가진 체계적이고 포괄적인 접근을 개발하여 이로 인해 많은 상을 받았으며, 임상행동 치료 영역의 개척자로 간주되고 있다.

**Mary Moline** | 철학박사 Loma Linda 대학의 상담과 가족과학과 교수로서 부부와 가족 치료 프로그램의 감독자이면서 임상훈련 감독자이다. 그녀는 California의 자격증을 소지한 부부 및 가족 치료자로서 Brigham Young 대학에서 부부와 가족 치료로 박사학위를 받았고, Loma Linda 대학에서 공중보건으로 박사학위를 받았다. 그녀는 미국 부부 및 가족 치료자협회의 임상 회원이고 인정을 받는 지도감독자이다.

**Gerald Monk** | 철학박사 San Diego 주립대학의 상담학과 교수로서 갈등 해결과 상담 과정 등 다양한 강의를 하고 있다. 그는 지난 15년 이상을 치료와 중재에서 사용될 이야기 은유를 개발하고 국제적 관심을 확장하는 데 중요한 역할을 하였다. 그는 이야기 치료, 사회적 구성주의, 중재와 관련된 영역에서 많은 논문을 발표하였으며, 3권의 공저를 가지고 있다. 그는 캐나다와 영국, 아이슬란드, 아일랜드, 사이프러스, 멕시코, 오스트리아 뉴질랜드, 호주, 그리고 미국에서 이야기 치료와 중재에 관한 워크숍을 진행하였다.

**Melissa L. Morgan** | 철학박사 University of California, Santa Barbara의 상담과 임상 및 학교 심리학 프로그램의 조교수로서 상담 이론과 성 심리학, 인종적 다양성에 대한 강의를 하고 있다. 그녀의 학문적인 관심 영역은 라틴계와 이민자의 강인성과 욕구, 사회적 정의, 예방, 주관적 안녕감이다.

**John J. Murphy** | 철학박사 University of Central Arkansas의 심리학과 상담학과 교수로서 자격증을 소지한 심리학자이고, 가족과 아동 청소년에 대한 내담자 중심 단기 치료적 접근으로 국제적으로 알려진 저자이며 훈련가이다. 박사는 여러 편의 논문과 두 권의 책을 저술하였는데, 그중 하나가 *Solution–Focused Counseling in Schools*(ACA, 2008)이다. 그는 미국뿐 아니라 해외에서도 많은 상담자를 훈련시킨 대중적인 워크숍 진행자이다.

**William G. Nicoll** | 철학박사 Florida 주의 Boca Raton에 있는 Florida Atlantic University의 상담교육학과 교수이면서 학과장이다. 그는 미국뿐 아니라 유럽과 아시아, 라틴아메리카, 그리고 아프리카에서 아들러식 개입법의 훈련법을 제공하였다. 그는 개인과 가족, 그리고 아동청소년의 학교 관련 문제에 아들러식 단기 상담을 적용하는 것에 대한 저술을 주로 하고 있다.

**John C. Norcross** | 철학박사 Scranton 대학의 심리학과 교수이며 대학의 탁월한 교수로 선정이 되었으며 파트타임으로 실무를 하고 있다. 오랫동안 심리 치료의 통합을 주장하였으며, 그 결과가 22권의 저서에 담겨 있다. 대표적인 저서로는 *Psychotherapy Relationships That Works*, *The Psychotherapist's Own Therapy*, *Leaving It at the Office* 그리고 *Handbook of Psychotherapy Integration*이 있다. 박사는 훈련과 워크숍을 27개국에서 수행했으며, 미국심리학회 심리치료분과와 임상심리학회의 회장을 역임하였다.

**J. Michael Russell** | 철학박사, 심리학박사 Fullerton에 있는 California 주립대학의 철학과 인간 서비스 학과의 명예교수이며, Newport 정신분석연구소의 정신분석의 연구와 훈련 및 슈퍼비전을 하는 분석가로서 일하고 있다. 그의 연구주제는 실존적 정신분석과 심리치료의 철학적 가정, 실존적 집단, 철학적 상담이며, 그가 봉직한 대학에서 교육의 우수성을 인정받아 여러 번 수상하였다.

**Susan R. Seem** | 철학박사 the State University of New York College at Brockport의 상담교육과의 교수이며, 자격증을 소지한 정신건강상담가이고 국가 공인 상담가이며 인정받고 있는 임상 지도감독자이다. 그녀는 실습과 인턴십, 집단 상담과 슈퍼비전 다양성 등에 대한 강의를 하고 있다. 그가 특히 관심을 가지고 있는 영역은 주변인 집단의 권리와 파워, 그리고 차이와 그들의 경험이다.

**John Winslade** | 철학박사 California State University San Bernardino의 상담학 교수이고 교육대학 부학장이다. 그는 상담과 중재에 있어서 이야기 치료와 사회적 구성주의의 개발에 관여하였다. 박사는 이 영역에 6권의 공저가 있는데 그중 하나는 Lorraine Hedtke과 함께 저술한 대화를 기억하는 연습에 대한 것이다. 그는 북미와 유럽, 호주와 중동에서 이야기 치료에 대한 수많은 워크숍을 진행하였다.

**Robert E. Wubbolding** | 교육학박사 Xavier 대학 상담학과 명예교수로서 Cincinnati에 있는 현실치료센터와 로스앤젤레스에 있는 William Glasser 연구소의 관리자로 있다. 그는 아시아와 유럽, 그리고 중동을 돌며 현실 치료를 비교문화적 측면에서 강의하였고, 미국 내에서 워크숍을 자주 개최하고 있다. 그는 여러 개의 논문과 책을 저술하였으며, 특히 현실 치료에 대한 책을 많이 출간하였다. 그중에는 *Reality Therapy for the 21st Century*가 있고, 더 최근에는 *Reality Therapy*(APA, 2010)가 있다.

# 차례

## CHAPTER 2 정신분석 치료의 사례 접근 35



## CHAPTER 3 아들러식 치료의 사례 접근 57



## CHAPTER 4 실존 치료의 사례 접근 85

## CHAPTER 14 통합적 접근과 자신의 치료 스타일 개발하기 377

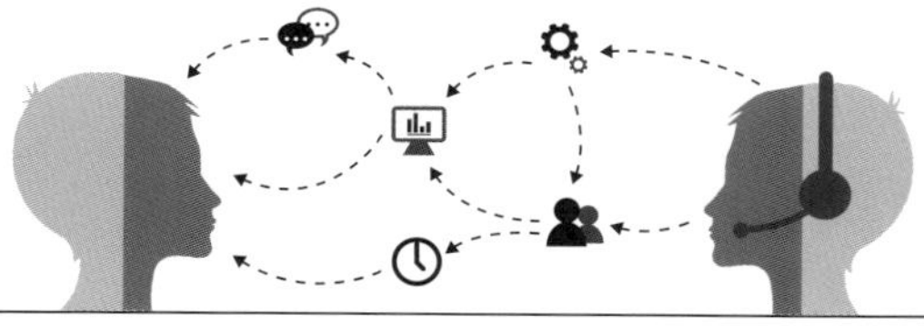

CHAPTER

# 1

# 도입과 개관

## 책의 구성

이 책『통합적 상담: 사례 중심의 접근』에는 실제 상담 장면에서 사용되는 12개의 치료법을 다루고 있으며, 치료자들이 어떻게 이 기법들의 개념과 적용 방법을 선별하고 통합하여 자신만의 고유한 스타일로 구성하는지 소개되어 있다. 나는 이 과정을 거치며 상담자인 당신 자신이 어떤 사람인지 돌아보게 하고, 이를 당신의 상담 스타일에 녹아들게 함으로써 내담자에게도 적용할 수 있기를 원한다. 치료자가 사용하는 전문 기법과 치료자 자신의 성격이 조화를 이루면 상담이 효과적일 수 있다. 따라서 치료자 자신의 성격과 내담자에게 알맞은 상담 이론을 참작해 적절한 기법을 사용하는 것이 중요하다.

그러나 자신만의 고유한 치료법을 개발하기 전에 우선 상담 이론들 각각의 기본 개념을 숙지해야 하며, 그 이론들을 경험해 보아야 한다. 이 책의 목적은 각각의 치료 기법을 사용하여 내담자를 어떻게 상담하는지, 그리고 동일한 내담자에게 여러 다른 상담 기법들을 어떻게 적용하는지를 미리 숙지시키고 연습시키려는 것이다.

첫 번째 장에서는, 이 책의 중심인물인 루스 월턴의 배경 정보를 소개하고, 사례를 개념화하는 방법을 살펴본다. 그녀는『상담 및 심리 치료의 통합적 접근: 루스의 사례와 해설 DVD』('상담 및 심리 치료의 통합적 접근을 위한 프리미엄 웹사이트'에도 이 사례와 치료 방법이 자전적 기술과 함께 소개되어 있다)에서 내담자가 되는 주인공이며, 이 책에서도 다양한 이론과 통합적 상담(제14장)을 루스의 사례에 적용할 것이다. 내 경험을 바탕으로 상담 장면에서 흔히 접할 수 있는 주제들을 루스라는 인물의 사례에 대응시켜 본 결과 나는 루스가 실제 장면에서 만날 수 있는 내담자들을 잘 대변해 주는 사례라고 확신하게 되었다.

루스는 제2장에서 제13장까지 각기 다른 이론에 등장한다. 각 장은 한 사람 이상의 '외부 전문 상담자'들이 루스 사례에 대한 개인적인 해석을 추가하고 있으며, 26명의 초청 인사들이 루스에 대한 평가와 조언을 밝히고 있다. 나는 루스의 배경 정보를 각각의 전문가에게 제시하고 의견을 구했으며, 이를 토론하였다. 이 책에는 또한 다음과 같은 내용도 제시하였다.

- 치료법의 핵심 개념과 목표
- 치료 시 핵심적으로 다루게 되는 루스의 인생 주제
- 현재 삶의 맥락에서 루스를 역동적으로 평가하기
- 루스를 상담할 때 사용할 수 있는 여러 기법과 과정
- 루스와 치료자의 대화를 중심으로 치료의 과정을 설명하기

각각의 관점에 따라 외부 전문 상담자의 의견을 살펴본 후, 나는 각 접근의 기본 가정과 치료 목표, 치료 과정을 살펴보았다. 나는 루스와의 대화를 구체적인 실례로 제시하였는데 한 사람 이상의 외부 상담자들은 이 대화를 보고 각 주어진 치료법에 따라 루스를 보는 자신의 관점을 주장하였고, 또 이를 근거로 루스에게 적용할 수 있는 다양한 치료의 핵심 개념들을 제시하였다.

여러분들은 제7장(행동 치료), 제8장(인지행동 치료), 제9장(현실 치료)에서 두 명의 실제 전문 상담자가 등장하는 것을 보게 될 것이다. 이들 외부 전문 상담자는 나와 공동 저자의 관점에서 상호 협력 하에 루스를 치료하였다. 제10장(여성주의 치료)에서는 세 명이 한 팀이 되어 루스에 대한 치료 관점을 제시한다. 제11장(포스트모던 치료)에서는 두 명의 외부 상담자가 해결 중심 단기 치료와 이야기 치료의 관점에서 루스를 해석한다. 제12장(가족 치료)에서는 두 명의 가족 치료자들이 루스와 그녀의 가족에게 치료적인 원리와 과정을 어떻게 적용하는지 협력하여 보여주고 있다. 여성주의 치료와 가족 치료는 개인의 성격 발달과 행동 양상을 완전히 이해하기 위해 가족, 지역사회, 공동체, 문화 요인을 강조한다. 여성주의 치료와 가족 치료가 다른 이론과 다른 점은 인간행동을 살필 때, 체계와 환경적 맥락을 특히 강조한다는 것이다. 제13장(다문화 관점)에서는 다양한 문화와 인종적인 관점들이 어떻게 루스 사례에 병합될 수 있는지 제시되어 있다. 여성 명의 외부 상담자들은 만약 루스가 라틴계, 아시아계 미국인, 아프리카계 미국인일 경우 어떻게 반응하게 될지를 그 문화적인 맥락에 근거해서 비교하였다. 그 외부 상담자들은 루스가 다양한 문화에 속한 내담자라고 가정하고 그녀의 관점에서 상담을 적용하였다. 제14장(통합적 관점)에서는 이러한 관점들을 통합한 접근을 시도하였다.

루스를 상담하면서 외부 상담자들은 자신들의 접근법이 갖는 장점과 한계를 솔직히 인정

하면서도 그녀를 다양한 방식으로 조망하였다.

여러분은 외부 전문 상담자와 내가 각 이론에 따라 루스를 상담하는 방식을 평가해 봄으로써 능동적인 학습자가 될 수 있을 것이다. 각 치료 기법을 사용해 당신 자신이 내담자 루스를 어떻게 상담할 수 있을지 보게 될 것이다. 각 장의 마지막에 제시된 '복습을 위한 질문'은 당신이 상담할 때 도움을 주기 위함인데, 스스로 이 질문에 대답해 보고, 동료들과 소규모의 토의 시간을 가져 보는 것도 유익할 것이다.

다양한 방법을 토론할 수 있는 집단 활동에 참여해 보고, 루스가 '되어 보는' 다양한 역할 연기에 참여한다면, 학습에 많은 도움을 얻을 수 있을 것이다. 루스의 사례를 단지 읽는 것에 그치는 것이 아니라 당신이 루스처럼 느껴 보라. 실제 회기를 경험해 보면 여러분은 자신만의 관심사에 한 걸음씩 다가갈 수 있다. 내담자에 대해 가능한 한 많은 생각을 해보고, 수업시간 등의 토의에 적극적으로 참여함으로써 이 사례에 적용할 수 있는 많은 방법들을 적용해 보라.

제14장(통합적 관점)에서는 자신만의 통합적인 접근 방식과 상담 스타일 개발의 이점에 관해 설명하였다. 통합적이고 절충적인 상담은 다양한 이론과 관련된 개념과 방법을 선별해 사용하는 것이다. 이것은 새로운 이론을 개발하라는 뜻이 아니고, 오히려 다양한 치료에 밑바탕이 되는 원리와 기법들을 체계적으로 통합해 사용할 것을 강조하는 것이다. 내가 말하려는 통합적인 상담은 상담 시 잡동사니 기법들만 모아 사용하는 너절한 절충주의가 아니라, 특정 장면에서 실제로 사용할 수 있는 적절한 방법을 발견하여 당신에게 어울리는 자신만의 통합 체계를 세우는 것이다. 통합적인 상담에서는 실제 장면에서 자신의 가설을 검증하고, 자신의 기본 가정에 도전해 보기도 하면서, 자신의 이론을 수정해 나가는 일이 전제되어야 한다.

## 상담 및 심리 치료의 사례 접근에 대한 보충 교재로서의 비디오 프로그램

나의 상담 및 심리 치료의 비디오 교재『상담 및 심리 치료의 통합적 접근: 루스의 사례와 해설 DVD』에서는 루스의 인생에 대한 핵심 주제들을 각 치료 회기마다 다루고 있는데, 이 책을 읽을 때 그 비디오를 대조하면서 공부하면 큰 도움이 될 것이다.[1] 이 책과 비디오에서는 통합적 방법을 목표로 루스 사례를 활용하였는데, 이 비디오의 내용들은 www.cengagebrain.com에서 발췌한 것으로 온라인 내용과 책의 내용은 다소의 차이가 있음을 밝혀둔다.

『상담 및 심리 치료의 통합적 접근』은 루스를 사례를 통해 상담을 위한 통합적 접근을 잘 설명하고 있다.[2] 이 책의 마지막인 제14장에는 각 접근들을 통합해 자신만의 치료 양식을 발전시키는 데 도움을 줄 팁이 제시되어 있다.

또한 여러분들은 『심리상담과 치료의 이론과 실제: 스탠의 사례와 해설 DVD』에 함께 제공되는 DVD를 통해서 스탠(Stan)의 사례를 보완적으로 비교해 볼 수 있는데, 그에 대한 치료 절차도 11개의 각기 다른 접근법으로 구성되어 있다.

## 치료적 관점의 개관

후속 장에서는 루스의 사례를 다양한 치료 관점에 따라 분석하고 토의할 것이다. 이를 위해 우리는 그 이론들의 기본적인 가정들을 살펴보아야 하고, 각 관점에 따라 내담자를 어떻게 평가하는지, 각각의 치료 목표는 무엇이고, 치료 과정은 어떤지를 살피게 될 것이다. 여러분들은 통합적인 접근의 기초가 되는 12개 관점들의 일반적인 공통점과 차이점을 깨닫게 될 것이다.[3] 보다 더 자세한 정보를 원하는 독자들은 『통합적 심리 치료의 핸드북(Handbook of Psychotherapy Integration)』(Norcross & Goldfried, 2005)과 『심리 치료의 통합(Psychotherapy Integration)』(Stricker, 2010), 『심리 치료 통합의 사례(A Casebook of Psychotherapy Integration)』(Stricker & Gold, 2006)를 참고하기 바란다.[4]

### 기본 가정

치료자가 내담자와 처음 만났을 때, 치료자가 갖고 있는 이론적 배경에 따라 내담자를 보는 방향이 결정된다. 더 나아가 이것이 치료의 초점과 방향을 결정하고, 치료 전략과 과정을 선택하는 데 영향을 준다. 따라서 여러분이 자신만의 상담 태도를 개발하려 한다면, 자신의 기본적인 가정부터 살펴야 한다. 상담 관점을 발전시키는 것은 단순히 특정 이론의 원리를 받아들이거나 이론들을 혼합하는 것 이상의 의미를 지닌다. 여러분이 취한 이론적 접근은 자신의 독특한 삶의 경험에 대한 표현이다.

치료자의 이론적 가정이 실제 장면에 어떻게 영향을 주는가? 자신이 채택한 이론적 지향점은 내담자를 평가하는 관점, 치료 시 중요한 목표, 이런 목표 달성을 위해 사용할 수 있는 전략과 기법, 내담자/치료자 관계에서의 책임 할당, 그리고 상담자로서의 기능과 역할에 대한 관점을 결정한다.

최소한의 보편적인 이론적 관점 없이 상담을 실시하는 것은 지도 없이, 그리고 장비를 갖추지 않고 비행하는 것과 같다. 각 상담 이론이 치료 작업에서 행해야 하는 정형화된 틀을 갖고 있는 것은 아니다. 이론적 지향점은 여러분이 하고 있는 것을 할 수 있게 도와주는 일련의 보편적인 지침이라 할 수 있다.

이론적 지향점은 중요한 기본 가정에 따라 여섯 가지 범주로 분류할 수 있다. 즉, (1) 통찰을 강조하는 **정신역동적 접근**(정신분석과 아들러식 치료), (2) 감정과 주관적인 경험을 강조하는 **존재론적, 관계 지향적 접근**(존재론적, 내담자 중심, 게슈탈트 치료), (3) 사고와 행동을 강조하는 **인지적, 행동적 접근**(행동 치료, 합리적 정서행동 치료, 기타 인지 치료, 현실 치료), (4) 평등한 관계와 억압과 싸우는 사회정치적 행위를 강조하는 **여성주의 접근**, (5) 해결 중심 단기 치료와 이야기 치료를 포함하는 **포스트모던 접근**, (6) 전체 체계 속의 일원으로 자신을 파악하는 **가족 치료**이다.

비록 내가 여러 이론을 여섯 가지로 범주화하였지만, 이것은 다소 임의적인 것이다. 개념과 주제가 겹쳐지는 부분이 있기 때문에, 이런 이론적 지향점들을 단정적으로 구분할 수는 없다. 다음은 12개의 치료 체계에 바탕을 두는 기본적인 가정들을 간략하게 설명한 것이다.

**정신분석 치료** 정신분석 접근에서는 무의식적 동기, 충동과 억압 사이의 갈등, 방어기제, 초기 아동기의 경험이 인간에게 영향을 미친다고 본다. 행동의 역동이 무의식 속에 감추어져 있기 때문에, 치료란 과거의 내적 갈등들을 분석하는 긴 과정이다. 더 나아가 치료를 통해 성격을 재구조화한다. 이런 까닭에 내담자는 자발적으로 오랜 시간 동안의 강렬한 치료 과정에 참여해야 한다. 이에 비해 단기 정신역동적 치료는 시간적인 제약이 있어 치료 기간이 짧다.

**아들러식 치료** 아들러식 접근에 따르면, 사람은 본래 사회적인 존재이고 사회적인 힘에 의해 영향을 받는다. 인간의 본성을 창조적이고 활동적이며 결정주의적인 것으로 본다. 인간을 통합적인 존재로 보고 그 개인의 주관적인 생각에 초점을 맞춘다. 아들러는 타고난 열등감이 우월성을 추구하게 한다고 보았다. 그는 사람들이 아동기에 근원을 둔 타고난 열등감을 가지고 있고, 열등감을 삶의 방식을 통해 보상하려 하며, 자신이 운명의 주인이 되고자 노력하는 존재라고 파악한다. 자기 자신, 세상에 대한 견해와 우리가 우리의 삶의 목표를 성취하기 위해 채택한 독특한 행동방식이 삶의 방향을 결정한다. 불확실한 결과를 피하지 않고 직면하며, 능동적으로, 그리고 위기를 감수하며 용기 있게 결단함으로써, 우리 자신의 미래를 형성해갈 수 있다. 내담자들을 '아픈', 그리고 '치료받아야만 하는' 존재로 보지 않고, 오히려 낙담한 사람으로 보기 때문에 자기패배적인 시각과 자기를 제한하는 잘못된 인식을 수정하는 것이 목표이다. 상담이란 전문가로서의 치료자가 내담자에게 무조건적으로 변화라는 처방전을 주는 것이 아니다. 상담이란 내담자와 치료자가 서로 받아들일 수 있는 목표를 가지고 능동적으로 작업해 가는 상호 협동적인 과정이다.

**실존 치료** 실존적 관점은 우리의 선택이 우리 자신을 결정한다는 견해를 바탕으로 한다. 비록 외적인 요인들이 우리의 선택 범위를 제한하긴 하지만, 결국 우리 삶의 주인은 우리 자신이다. 우리는 의미 없는 세상으로 던져졌으나 혼자임을 인정해야 하고 의미 있는 존재가 되기 위해 삶에 도전해야 한다. 인간은 선택의 자유가 있지만 자유에는 선택에 따른 책임감이 수반되기 마련이다. 존재론적 치료자들은 내담자들을 대안적인 방법을 몰라 덫에 걸려 무기력해진 '제약된 존재'로 본다. 치료자의 임무는 제약된 삶을 선택한 것이 자기 자신이라는 사실을 내담자에게 직면시켜 이러한 상황을 초래한 데에는 자신에게도 책임이 있다는 것을 인식시킨다. 치료의 목표는 내담자들로 하여금 낡은 삶의 방식을 고집하는 자신을 깨닫고, 미래를 변화시키는 데 필요한 스스로의 책임감을 받아들이게 하는 것이다.

**인간 중심 치료** 인간 중심 접근은 사람들이 자신의 문제를 이해할 수 있는 능력과 그것들을 해결할 수 있는 힘도 가지고 있다고 가정한다. 이는 치료자가 인간 본성의 건설적인 면과 사람이 가진 권리를 중요하게 여김을 의미한다. 이 접근은 자기에 대한 느낌을 강조한다. 내담자들은 외적으로 영향 받은 것보다는 내적인 것을 통해 성장하며, 전체성을 향해 나아간다. 치료자가 행하는 고도의 상담 기법과 지시 없이도 내담자들은 변할 수 있다. 내담자들이 치료자에게 요구하는 것은 이해, 진실성, 지지, 인정, 보살핌, 긍정적인 보상이다.

**게슈탈트 치료** 게슈탈트적 접근은 실존적이고 현상학적인 토대에서 기본적으로 개인의 행동을 현재 상황에서 이해해야 한다고 가정한다. 치료자의 임무는 내담자가 자신의 현재 경험을 탐색하도록 지지해 주는 것이다. 이러한 탐색을 돕는 기본적인 방법은 내담자가 지각한 내적인 세상과 외적인 환경이다. 내담자는 자각력이 높아지고 접촉을 경험함으로써, 자기 자신을 치료한다. 기본적으로 '현재 경험하고 있는 것이 무엇인지'에 대한 자각이 증가되는 과정에서 변화가 일어난다. 내담자의 자각을 방해하며 원활한 환경과의 접촉을 방해하는 요인을 찾는 것이 중요하다. 자각력이 커질수록, 단편적이거나 알 수 없었던 부분들이 전체의 자기로 통합된다.

**행동 치료** 기본적으로 인간은 학습과 사회 문화에 의해 조건화된 존재라고 본다. 이 접근은 부적응적인 행동을 제거하는 방법을 배우고 건설적인 행동을 하려 하는 내담자의 능력에 초점을 맞춘다. 행동 치료는 치료 목표 설정을 위해 내담자의 현재 기능 수준을 평가한다는 점에서 체계적인 접근이다. 치료자들은 내담자가 뚜렷한 특정 행동 목표를 설정한 후 치료자들은 목표에 다가갈 수 있는 가장 적절한 전략을 제안한다. 행동 치료자들은 내담자가 치료 중 학습한 행동들을 실제 삶의 맥락에 일반화할 수 있다고 가정한다. 어떤 절차와 기법들을 사용할 것인지를 결정하기 위해 체계적인 평가가 선행된다.

**인지행동 치료** 합리적 정서행동 치료(REBT)는 문제의 근원이 삶 그 자체 혹은 다른 사람들, 그리고 과거의 사건들에 있는 것이 아니라 삶에 대한 우리 자신의 지각과 사고에 있다고 가정한다. 따라서 문제에 대한 자신의 책임을 깨닫게 하고, 정서장애나 행동장애를 이끄는 자기 파괴적인 사고들을 변화시키고자 한다. 또한 합리적 정서행동 치료에서는 사람들이 외부 세계를 통해 자신의 역기능적인 신념들을 확인받아 지속적으로 자신에게 잘못된 사고를 주입한다고 설명하고 있다. 비합리적인 사고를 수정하기 위해 치료자들은 가르쳐 주기, 암시, 숙제 내주기와 같이 능동적이고 지시적인 치료 기법을 사용한다. 합리적 정서행동 치료는 치료자를 선생님으로 내담자를 학습자로 가정하여 교육한다. 비록 합리적 정서행동 치료가 교육적이며 지시적인 방식으로 행해지지만 치료 목표는 내담자가 자신을 위해 생각하고 느끼며 행동하게 하려는 것이다. 치료자는 내담자를 북돋아 지속적이며 실질적인 변화를 가져오게 될 새로운 행동을 시도하게 한다.

다른 인지행동 치료들도 합리적 정서행동 치료의 가정을 따른다. 이런 인지행동 접근에서는 사람들이 잘못된, 자기 파괴적인 사고를 배울 능력도 가지고 있지만 그것을 배우지 않을 능력도 가지고 있다고 가정한다. 사람들은 혼잣말을 통해 자신의 문제를 유지해 나간다. 이런 인지적 오류를 확인하고 그것들을 수정하여 내담자가 좀 더 풍요로운 삶을 만들어가게 한다. 따라서 이 치료법에서는 인지 재구조화가 중요한 역할을 담당한다. 사람들은 스스로에게 말하는 것을 깨닫고, 새로운 내적 대화와 행동 변화에 필요한 대처 기술들을 학습하여 변화를 시도하게 된다. 인지 치료자들은 구조적이고, 행위유도적이며, 지시적이지만 치료 과정에서 내담자와는 협력적 관계를 유지한다. 인지 치료는 현재에 초점이 맞추어져 있고, 교육적이며 시간제한적인 기법이다.

**현실 치료** 모든 관계 문제들이 현재에 일어나고 있으므로, 현실 치료는 현재에서 해결해야 한다고 가정한다. 문제가 되는 증상은 내담자가 현재의 불만스러운 관계를 다루려고 시도한 결과로 생긴 것이다. 따라서 이것이 개선되고 나면 문제 증상이 사라질 것이다. 현실 치료에서는 자신의 현재 행동이 자신이 원하는 것을 얻는 데 실제 도움이 되는지 생각하고 검토하도록 유도한다. 치료자는 내담자가 자신의 생각을 탐색하고, 자신이 원하는 것을 말하며 능동적으로 상담 과정에 참여하도록 북돋운다. 내담자들은 자신이 느끼고 있는 것 이상으로 자신의 행동과 사고를 직접 통제할 수 있기 때문에 치료의 핵심은 내담자들의 행동 변화에 있다. 내담자들은 자신이 선택한 행동과 자신이 행한 것을 평가한 후에 원하는 변화를 얻기 위한 단계적인 행동 계획을 세운다.

**여성주의 치료** 여성주의 치료에서는 어린 시절부터 경험한 힘의 불평등과 성 역할 기대가 개인에게 영향을 미친다고 가정한다. 경직된 성 역할의 사회화는 끈질기고 지속적인 문화적인 편견으로 작용하면서 남녀 모두에게 해로운 영향을 준다. 치료는 성 역할 사회화의 영향을 깨닫도록 만드는 것이다. 여성에 대해 긍정적인 태도를 가지게 하고 성 역할 사회화를 초월하게 하는 것이다. 이런 과정을 통해 자신의 내면의 소리를 발견하고 삶의 의미를 찾아 기꺼이 가부장 체제에 도전하도록 한다. 치료자의 역할은 내담자가 자신의 삶에 영향을 끼치는 성 역할 문제에 민감해지도록 돕는 것이다. 여성주의 치료자들은 내담자/치료자 관계에서 서로 협력하여 내담자의 삶을 제한했던 파괴적 역동을 깨닫게 한다. 치료란 상호 협조적이고 협력적인 관계이다.

**포스트모던 치료** 포스트모던 접근(해결 중심의 단기 치료와 이야기 치료)은 전통적인 심리 치료의 기본 가정들에 도전해왔다. 여성주의 치료와 마찬가지로 포스트모던 치료는 다양성을 존중하며, 모든 개인은 각자의 방식으로 자신만의 세계를 창조해 나간다고 가정한다. 모든 사람은 유능하고, 건강하며, 자신이 직면한 문제에 대해서는 자신이 가장 전문가라고 생각한다. 내담자들은 사람들에게 문제가 있는 것이 아니라, 문제 자체가 문제라는 점을 배우게 된다. 치료자들은 내담자들과 협력하여 그들이 의미 있는 삶의 목적을 발견하고 더 나은 미래로 나아갈 수 있도록 도와주게 된다.

**해결 중심의 단기 치료**는 문제별 해결 방안에 일차적인 초점을 둔다. 치료자들은 내담자가 가장 중요하게 생각하는 문제에 집중한다. 내담자들은 이 문제가 자신에게 어떤 방식으로 작동하는지 주의를 집중해야 한다. 변화는 불가피하며 지속적으로 발생하기 때문에 결국 작은 변화들이 큰 변화를 초래하기 마련이다. 병리적인 것에 거의 초점을 두지 않기 때문에 진단에도 별 의미를 두지 않는다.

**이야기 치료**는 어떤 문제가 사람을 부적응하게 하고, 지배하며 또 좌절시키는지에 주목한다. 치료자들은 내담자가 문제를 회피하지 않고, 문제에 압도되지 않는 유능한 존재임을 드러낼 때 미래가 있다고 지지한다.

해결 중심 단기 치료자들과 이야기 치료자들은 '전문가로서의 치료자'보다는 '전문가로서의 내담자'라는 관점을 취한다. 치료자들이 내담자보다 그들의 삶의 경험에 대해 더 잘 알 수 없다. 내담자들은 자신의 경험에 대해 가장 중요한 해석자이다. 치료자들은 내담자들의 과거가 아니라 현재와 미래를 변화시키려는 목적으로 내담자들과 협력적인 관계를 도모한다.

**가족체계 치료** 가족체계 치료는 개인을 가족이라는 체계와 떨어뜨려 놓고 생각할 수 없다는 가정을 토대로 한다. 기본적인 원리는 그 체계 중 일부의 변화가 다른 부분들의 변화를 야기한다는 것이다. 만일 가족 단위에 유의미한 변화가 생기면 이런 변화는 가족 구성원 각각에게 영향을 주게 될 것이다. 마찬가지로 각 개인이 변하면 전체 가족 구성원이 영향을 받는다. 따라서 이 치료에서는 가족 구성원의 상호작용이라는 맥락 안에서 개인의 관심사를 평가하고 다룬다. 체계적 관점에서 건강한 사람으로 존재한다는 것은 가족 체계에 대한 소속감뿐만 아니라 분리, 개별화라는 두 가지 감각을 조화롭게 지니고 있음을 뜻하는 것이다. 가족 치료의 기본 가정은 내담자의 행동이 (1) 그 가족을 유지하게 하는 기능이나 목적이 있을 수 있으며, (2) 효과적으로 기능하지 못하는 가족 체계의 무능력이 반영되어 나타난 것일 수 있고, (3) 세대 간 전이되어 온 역기능적 양상의 결과일 수 있다고 본다. 가족 치료에서는 가족 구성원들에 대한 직접적인 개입에 역점을 두는 것이 아니라 내담자가 자신의 삶을 효과적으로 다룰 수 있도록 개입한다.

**다문화적 관점** 현대 치료 이론들은 서구 문화를 토대로 한 것이기에 비서구 문화에 적용할 때에는 부적절한 것이 될 수 있다. 여기에 기술된 이론들 대부분의 기본 가정들은 선택, 개인의 독특성, 자기주장, 자아를 강화시키는 것을 중요시한다. 이 이론들의 치료 목표는 대처 행동을 변화시킴으로써 대처 기술을 향상시키고, 스트레스를 다루는 방법을 학습하게 하는 것이다. 대조적으로 비서구 사회에서는 개별성보다는 상호의존성에 초점을 맞추기 때문에 전체성을 위해 자신을 포기할 것을 강조한다.

서양적 치료 접근은 개인의 변화에 중점을 둔다. 하지만 동양적 관점에서의 상담은 개인의 변화보다는 사회적인 맥락을 더 중요시한다. 이러한 이유 때문에 현대의 몇몇 심리 치료에서는 인종과 문화를 고려해 기법을 적절하게 변형시켜 적용하곤 한다.

치료자는 내담자의 문화적 배경을 알고 있어야 한다. 갈수록 증가하고 있는 다인종 사회에서 내담자를 문화적 배경에 적합하지 않는 고정된 틀 속으로 무조건 끼워 맞춰서는 안 된다. 그러므로 우리는 치료의 기본 가정들을 실제 장면에서 어떻게 다르게 적용시켜야 하는지를 배워야 한다.

## 모든 접근 방법에서 기법들을 사용하기

어떤 치료 기법들을 사용하건 기본적으로 내담자의 본질적인 필요를 염두에 두어야 한다. 어떤 내담자에게는 인지 치료가 더 적절하며, 어떤 내담자들에게는 행동 치료가 더 잘 맞는다. 같은 내담자라도 상담의 진행 과정이나 단계에 따라 각기 다른 치료 방법이 필요한 경우도 있다.

치료자로서 당신은 내담자의 진전 상황에 따라 기법들을 언제 어떻게 사용해야 하는지 늘 생각해야 한다. 예를 들어, 루스와 상담할 때, 처음에는 그녀가 현재의 삶에서 경험하는 **감정**을 확인하고 표현하는 데 초점을 두었다. 그녀에게 정서를 왜곡하거나 거부하지 않도록 격려하는 것이 중요한 과제였다.

치료가 진행되어가면서 그녀의 삶에서 여전히 영향을 끼치고 있는 결정적인 선택들에 관해 주목하기 시작하였고, 태도, **사고 과정**, 가치 그리고 기본적인 신념으로 주제가 옮겨갔다. 나중에는 다양한 방식으로 **행동 프로그램**을 실험해 보았다.

루스와 작업하면서 그녀의 원가족 그리고 유의미한 주변인들과의 관계가 그녀에게 지속적인 영향을 끼치고 있음을 확인하였고, 그녀가 전형적인 성 역할 고정관념에 사로잡혀 있는 것도 확인하였다. 루스의 경우는 확실히 시스템의 일부로서 그녀를 파악하는 것이 유용하였다. 그녀를 둘러싼 **환경**을 변화시키는 것이 치료 과정의 주요한 일부였다. 여러분은 그녀를 치료하는 과정에서 **통합적인 접근**이 얼마나 효과적인지 확인하게 될 것이다.

**다문화적인 관점**에서는 치료 기법을 융통성 있게 바꾸는 것이 무엇보다 중요하다. 내담자에게 하나의 정형화된 기법을 강요해서는 안 된다. 내담자의 필요가 무엇인지 확인하여 맞춤형 접근을 시도해야 한다. 강렬한 감정을 드러내는 데 주저하는 내담자도 있고, 직면에 특히 당황하는 내담자도 있다. 머리로는 알지만 행동하기를 꺼리는 내담자도 있다. 따라서 내담자의 사고, 감정, 행동 모두를 고려하여 치료 기법을 실험해 보아야 하며, 기본적으로 문화적인 맥락에서 인종적인 특성도 감안해야 한다. 치료자는 내담자와 협력적인 관계를 유지해야 한다. 치료자의 역할을 과도하게 강조하면서 내담자를 압도해서도 안 된다.

## 평가를 보는 관점

몇몇 치료법들은 평가 과정을 내담자 치료의 선행 작업으로 여기고 이를 중요시한다. 내담자의 과거와 현재의 기능 수준을 모르고서는 체계적이고 적합한 상담 목표를 설정할 수 없기 때문에 이러한 견해는 합당하다. 이 부분에서 나는 치료 시 평가에 대한 다양한 관점을 기술할 것이다. 또한 치료 초기 단계에서 수집한 정보를 통해 개별적인 사례를 어떻게 개념화할 수 있는지 제시하고자 한다.

**정신분석 치료** 정신분석에서는 정신 성적, 정신 사회적 발달 단계를 효과적으로 극복하면 정상적인 성격으로 발달할 수 있다고 가정한다. 발달 과정에서 특정 갈등이 부적절하게 해결되면 잘못된 성격 발달이 초래된다. 치료자들은 내담자가 어린 시절에 경험했던 과거 상황이 어떻게 현재 내담자의 역기능을 야기했는지를 이해하려 한다. 정신분석 치료에서 평가는 성격 역동과 정서장애의 기원을 이해하는 토대가 되기 때문에 평가 기법을 중요시한다. 그러나 일부 분석가들은 치료 과정 동안에 이러한 원인이 자연스럽게 드러나는 것이 더 중요하다고 생각하기 때문에 애써 정보를 미리 수집하려 하지는 않는다.

**아들러식 치료** 아들러식 치료는 기본적으로 구조적인 평가 방식을 선호한다. 물론 상담 초기에는 다른 기법들과 마찬가지로 신뢰와 협동에 근거한 상담 관계를 구축하는 데 역점을 둔다. 이러한 협동적인 관계가 형성되고 난 후에 치료자는 내담자의 가족 배경, 출생 순위, 부모 관계, 가족의 가치관, 초기 회상에 관한 특정 정보를 수집하기 위해 면담을 실시한다. 내담자는 자세한 생활양식 질문지를 완성한다.

치료자들은 가족구조가 내담자의 발달에 어떤 영향을 미쳤는지에 주의를 기울인다. 아동기 경험은 자기, 타인, 세상에 대한 견해와 자신만의 독특한 삶의 방식과 관련이 있다. 치료자들은 내담자의 기본 성격을 이해하기 위해 질문지에 나타난 중요한 정보들을 확인한다. 이런 과정을 통해 '기본적인 오류'(삶에 대한 잘못된 지각과 가정들), 그리고 자원(강점과 근원)을 명확히 한다. 아들러식 치료에 있어 평가란 치료 과정의 방향을 제시하는 것이다.

**실존 치료** 실존적 입장을 취하는 상담자들은 내담자를 이해하기 위해서는 먼저 그의 주관적인 세계를 파악해야 한다고 주장한다. 실존적 임상 평가의 첫 번째 목적은 내담자가 자신의 존재를 형성하는 데에 사용하고 있는 기본 가정을 파악하는 것이다. 이 접근은 전통적으로 행해지는 진단적 틀을 수용하지 않으며 인간을 외적 환경에 영향을 받는 개인으로 바라보지 않고, 그의 내적 세계에 주목한다. 실존적 접근을 취하는 치료자들은 내담자를 진단하고 해석하기보다는 그의 주관적인 현실을 탐색하고 이해하는 것이 더 중요하다고 생각한다.

**인간 중심 치료** 인간 중심 치료는 실존적 치료와 마찬가지로 치료자가 적용하는 기본 틀로 내담자를 이해하려는 전통적인 평가와 진단 방식은 별로 도움이 안 된다고 생각한다. 인간 중심 접근법에서는 (1) 주관적인 세상을 통해 그 사람을 가장 잘 이해할 수 있고, (2) 상담자가 내담자의 개인력에 집중하다 보면 현재의 태도와 행동을 무시하게 될 수 있으며, (3) 치료자들이 내담자들에게 마땅히 했어야 할 것들 강조하게 되면 판단적인 태도를 가질 위험이 있다고 전제한다. 내담자의 정보 수집에만 집중하는 것은 그를 지적으로만 이해하려는 것일 수 있다. 이 접근법에서는 내담자들이 자신의 행동이 끼치는 역동성을 스스로 알고 있다고 본다. 단순히 가르침을 받는 것으로 변화가 생기는 것이 아니다. 스스로에 대한 지각이 먼저 변해야 한다. 치료자들은 내담자들이 현재에 시도하고 있는 것들을 적극적으로 경청하면서 내담자가 탐색하고 싶어 하는 주제를 확인해 간다.

**게슈탈트 치료** 게슈탈트 치료자들은 상담에서 나타난 '전경'과 분리된 '배경'에 관심을 가진다. 진단은 치료자와 내담자 사이의 대화 과정에서 확인하게 된다. 많은 게슈탈트 치료자들은 현재라는 순간에 행해진 평가와 진단을 보완할 수 있는 특정 유형의 내담자 정보를 수집한다. 게슈탈트 치료자들은 내담자의 접촉 기능을 방해하는 것이 무엇인지에 주의를 기울이고, 내담자가 환경과의 관계에서 어떤 불만족을 경험하는지 '함수관계적 진단(functional diagnoses)'(X는 환경, Y는 내담자의 행동–역자 주)을 한다.

**행동 치료** 행동 치료법은 현재의 행동 양상과 관련된 과거의 학습 경험 질문지를 사용하여 내담자의 현재 기능을 평가한다. 이 평가에는 특정 행동과 그것을 유지시키는 특정 자극에 대한 객관적인 평가가 포함된다. 이런 평가를 치료 초기에 행하는 이유는 다음과 같다. (1) 내담자의 장점뿐만 아니라 약점을 확인한다. (2) 내담자의 특정 증상이나 역기능을 야기하는 원인들을 객관적으로 평가한다. (3) 가장 적합한 치료 기법들을 선택하게 한다. (4) 새로운 학습과 조형 스케줄을 세분화해서 계획한다. (5) 특정한 임상적 장애의 결과와 과정을 예견하는 데 유용하고, (6) 사용된 절차가 얼마나 효과가 있었는지 확인하는 틀을 제공한다.

**인지행동 치료** 인지행동 치료에 사용된 평가는 내담자의 사고방식을 알아보려는 데 목적이 있다. 여기서는 내담자가 특정 사건을 겪으면서 발전시킨 다양한 신념에 주목한다. 치료자들은 단지 과거의 사건에 대한 자료를 수집하는 게 아니라 내담자의 잘못된 사고와 인지 왜곡에 주의를 기울인다. 일단 자기 파괴적인 사고방식과 신념들이 확인되면 치료 과정은 이러한 신념에 적극적으로 도전하게 하고, 잘못된 신념을 건설적인 신념으로 대치시키고자 한다.

**현실 치료** 내담자 평가는 공식적인 절차가 아니다. 다시 말해, 심리 검사와 진단을 당연히 시행해야 하는 치료의 일부로 여기지 않는다. 현실 치료자들은 능숙한 질문을 통해 내담자가 자신의 현재 행동을 스스로 평가하게 한다. 치료자들은 현재 문제를 초래하는 과거 경험의 인과성에 대해서는 별 관심이 없다. 대신 내담자가 지금 행하고 있는 현재 행동이 얼마나 효율적인지를 중요하게 생각한다. 이런 비공식적인 평가를 통해 내담자가 자신이 원하는 방향으로 삶의 방향을 잡아가고 있는지 알아낼 수 있다. 치료자가 주목하는 것은 내담자의 소망, 욕구, 지각, 성공, 개인적인 장점이다.

**여성주의 치료** 이 접근법은 전통적 방식으로 진단을 내리는 것에 별 관심이 없다. 여성주의 치료자들은 백인 남성 정신의학자들에 의해 발전된 현재의 진단 체계를 좋아하지 않는다. 또한 기존의 진단 체계는 개인의 증상에 주로 초점을 맞추기 때문에 역기능적 행동을 야기하는 사회적 요인에는 관심을 기울이지 않았다고 비판한다. 평가 과정에서는 내담자 문제와 관련된 문화 맥락을 강조하며, 특히 내담자가 소유한 역량을 중요시하고 이러한 잠재적 역량이 왜 억압되어왔는지에 주목한다. 평가와 치료 방식에는 성 역할 분석, 권력의 분석, 자기주장 훈련, 계몽 방법 등이 포함되어 있다.

**포스트모던 치료** 여성주의 치료처럼 포스트모던 치료도 개인의 평가나 진단 그리고 범주화 등을 강조하지 않는다. 포스트모던 치료자들은 내담자들을 판단하거나 병리적인 진단의 용어로 구분하지 않는다. 이러한 치료자들은 개인의 정체성을 뭉뚱그려 기술하지 않으며 구체적인 문제에 국한하여 사용한다. 그 대신에 개인의 유능성에 더 주목하며, 상담자보다 더 주도적으로 상담 과정을 이끌어가는 잠재적인 역량이 있다고 생각한다. 내담자들은 무언가 잘못이 있는 사람이 아니라 원래부터 힘과 자원이 있었던 사람들이다.

**가족체계 치료** 대부분의 체계(system) 접근법에서는 치료자, 내담자 둘 다 평가 과정에 능동적으로 참여한다. 가족체계 상담자는 내담자가 자신의 가족력 중 두드러진 점을 찾게 하고, 가족 기원과 관련된 문제를 확인하도록 도와준다. 가족 기원을 이해하고 평가하는 것이 중요한 이유는 가족 내에서 학습한 대인 간 행동 양상이 가족을 넘어서 다른 사람과의 상호작용에서도 반복되기 때문이다. 내담자는 자신의 부모가 서로 상호작용하는 것과 자신의 형제들이 부모와 상호작용하는 방식을 관찰하고 학습한 것들과 가족 구성원들과 다시 상호작용하면서 확인한다. 가족 지침에는 부모가 아동에게 가르친 메시지, 암묵적인 규범, 미신, 가족 비밀 등이 포함되어 있다. 이러한 가족 규범은 기능적일 수 있고, 역기능적일 수도 있다.

**다문화적 치료** 문화적인 감수성은 포괄적이고 정확한 진단을 위해서 필수적이다. 민족, 문화, 행동 패턴의 다양성 요소를 고려하는 것은 매우 중요하다. 이러한 요소들을 고려하지 않으면 진단이나 평가는 오류가 생길 수밖에 없다. 정확한 진단과 평가를 위해서는 차별, 억압, 인종이나 사회에 자리 잡고 있는 정신 건강의 원칙들을 감안해야 한다. 내담자의 사회경제적, 문화적 경험은 행동이나 증상의 발현에 결정적인 영향을 끼칠 수 있다.

평가를 위해서는 종교적이고 영적인 삶의 경험도 질문해야만 한다. 평가는 회기가 진행되는 과정에서 반복적으로 이루어질 수 있다. 내담자의 종교적이고 영적인 신념 체계들은 행동상의 문제를 일으키는 원인이 될 수 있고, 반대로 이러한 문제를 해결하는 잠재적인 자원이 될 수 있다. 만약 내담자들이 이런 고민을 중요한 주제로 드러냈다면 치료의 성공을 위해서 반드시 그 영향을 탐색해야 한다.

**| 상담과 사례 관리에서 평가와 진단의 가치** 평가란 치료에 필요한 깊이 있는 주제를 탐색하기 위해 내담자의 인생 요인들을 평가하는 것이다. 진단은 평가 과정의 일부이며 내담자가 보이는 증상을 토대로 하여 심리적인 문제를 범주화하고 확인하는 것이다. 진단에는 몇 가지 유형이 있다. **의학적 진단**에는 신체 증상들을 조사해 병의 유형을 범주화하고, 이를 통해 신체적 장애나 병의 인과관계를 추론하여 적절한 처방을 내리는 과정이 포함된다. **심리학적 진단**은 정서 문제나 행동 문제들을 확인하고 이를 토대로 현재의 내담자 상태를 기술하는 것이다. 이 과정에서 내담자의 정서적, 심리학적, 그리고 행동적 문제의 인과관계가 추론된다. 또한 확인된 문제에 대해 적합한 치료 기법을 언제 그리고 어떻게 적용할지를 제안한다. **감별 진단**은 그 사람이 고통 받고 있는 증상들에 대해 두 가지 이상의 적합한 진단을 비교하여 결정하는 것이다. 미국 정신의학회에서 2000년에 펴낸 『정신장애 진단 및 통계편람(Diagnostic and Statistical Manual of Mental Disorders: DSM-IV-TR)』(이하 DSM-IV-TR로 표기)은 정신병리 목록의 표준 지침서이다.[5] 2013년 5월에 DSM-V(5판)가 출간되어 사용되고 있다.

앞에서 살펴보았듯이 진단을 보는 상담자의 견해는 각각의 치료 관점에 따라 달라진다. 예를 들어, 정신분석을 지향하는 치료자들은 과거 상황이 개인의 역기능에 어떻게 영향을 끼치는지 이해하기 위한 한 가지 방법 중의 하나로 진단을 선호한다. 행동 치료적 관점을 지향하는 상담자도 내담자의 특정 증상이나 역기능을 유발하는 요인들을 평가하기 위해서 관찰과 같은 객관적 수단을 진단 방식으로 선호한다. 이런 평가 과정을 통해 특정 장애에 적합한 치료 기법들이 무엇인지 선별해서 사용할 수 있고, 치료 프로그램의 효과도 평가할 수 있게 된다. 그러나 내담자 중심 치료자들은 진단을 내리면 내담자 스스로도 자신을 주관적으로 이해하지 못하게 되고, 외적인 개념에만 관심을 두게 된다는 점 때문에 기본적으로 중요하게 여기지 않는다.

어떤 이론을 취하건, 만일 당신이 지역사회와 관련된 공공기관에서 상담을 하고 있다면, DSM-IV-TR의 기준에 따라 상담을 해야 할 것이다. 비록 당신이 사설 연구소에 있다 할지라도 당신이 보험료를 지불받고 있는 정신 건강 서비스 체제에서 일하고 있다면, 내담자들도 당신에게 자신의 상태를 진단해 달라고 요구할 것이다. 평가의 틀에서 생각해야 하고 또 이에 근거해 내담자를 진단해야 하기 때문에 DSM-IV-TR의 체계와 진단 범주에 친숙해져야 한다.

**| 평가에 대한 나의 견해** 광범위하게 해석하면 평가는 치료의 한 부분이다. 평가 과정은 꼭 접수 면접(intake interview)시 행해져야 하는 것은 아니며, 한 번의 평가를 통해 치료자가 내담자에 대해 어떤 판단을 확정하는 것도 아니다. 평가는 그 사람을 이해하기 위한 연속적인 과정 중 하나일 뿐이다. 평가란 내담자와 치료자의 상호협조적인 노력을 필요로 한다. 치료자는 치료 초기부터 치료가 끝날 때까지 계속해서 내담자가 보이는 문제의 본질을 파악하기 위해 노력해야 한다. 여기에 초기 평가 단계 동안 치료자가 고려해야 할 몇 가지 질문들이 제시되어 있다.

- 내담자를 대할 때, 나의 즉각적인 반응과 전반적인 반응 양상은?
- 현재 이 사람의 인생에서 무슨 일이 일어나고 있는가?
- 내담자의 중요한 강점과 약점은 무엇인가?
- 변화를 위해 사용할 수 있는 내담자의 자원은 무엇인가?
- 자신의 상황을 변화시키기 위해 내담자는 어느 정도의 역량을 소유하고 있는가?
- 위기 상황인가, 혹은 오래 지속된 문제인가?

- 내담자가 치료를 통해 얻고자 하는 것이 무엇이며, 이를 가장 잘 성취할 수 있는 방법은 무엇인가?
- 그 회기의 핵심은 무엇인가?
- 현재 내담자의 문제에 기여하는 중요한 내 · 외적 요인은 무엇인가? 그리고 그것들을 줄이기 위해 어떻게 해야 하는가?
- 문화 그리고 환경이 현재 행동에 어떤 영향을 미쳤는가?
- 내담자의 문화적 배경이 내담자의 치료 계획에 어떤 영향을 줄 수 있는가?
- 내담자의 현재 기능 수준에 영향을 미친 과거의 중요한 사건들은 무엇인가?
- 내담자의 현재 문제 혹은 대인관계와 관련된 가족 내의 특별한 역동은 무엇인가?
- 내담자의 변화에 도움이 되는 지지자는? 내담자의 인생에서 중요한 사람은 누구인가?
- 의미 있는 변화를 야기하는 요인은 무엇이고, 그 변화가 일어났을 때를 어떻게 알 수 있는가?

치료자들은 이러한 질문에 답해 봄으로써 치료 과정을 설정하기 전에 내담자와 공유할 수 있는 잠정적인 가설을 세울 수 있을 것이다.

그러나 이런 평가 과정을 통해 내담자를 몇 가지 임상 범주의 틀 안에 가둬서는 안 된다. 치료자는 자신이 관찰한 내담자의 행동을 그의 말로 표현하도록 하고, 그 행동의 의미에 관해 내담자가 생각해 보도록 격려해야 한다. 평가는 전문적인 치료자가 기계적으로 수행하는 과정이 아니라, 내담자와 함께 문제에 관해 생각해 보는 반복적인 과정이다. 이러한 관점에서 평가와 진단은 치료 방법을 선택하는 과정에서 필요한 것이고, 내담자의 사례를 개념화하는 데 도움이 된다.

비록 상담자가 행정상 혹은 보험료 등의 문제로 내담자에게 진단을 내려야 할 경우라 하더라도 그 진단에 절대적으로 얽매여서는 안 된다. 진단 범주는 증상을 바라보거나 이해하는 하나의 틀이고 치료 계획을 짜기 위한 것이지, 내담자에게 어떤 꼬리표를 달아 주거나 선입견을 갖게 하기 위한 것은 아니다. 함부로 진단을 내리는 것이 위험한 일이라는 점을 항상 기억하면서 내담자에 대해서는 잠정적인 태도를 취해야 한다. 치료하는 동안 원래 진단을 수정해야 하는 부가적인 자료들이 발견되는 경우가 많다.

## 평가를 위한 일반적인 지침

일반적으로 접수 면접은 내담자를 평가하고 그에 적합한 치료 계획을 세우려는 데 목적이 있다. 앞서 살펴보았듯이 평가에 대한 태도는 상담자가 지향하는 접근법과 따로

떼어내서 생각할 수 없고, 그 접근법에 따라 평가양식 또한 다양하다. 예를 들어, 아들러식 접근법에서는 내담자의 발달에 영향을 끼친 가족 구조를 조사하는 반면, 정신분석에서는 개인의 심리내적 갈등에 초점을 둔다. 나는 내담자에게 어떻게 중요한 정보를 얻을 수 있는지, 그리고 초기 평가 후에 내담자를 어떤 방향으로 인도해야 하는지에 도움이 되는 몇 가지 지침들을 작성하였다. 여기에 개별 사례를 개념화하는 다음의 11가지 기본 사항을 제시하였다.

1. **자료 확인하기**: 이름, 나이, 성별, 외모, 인종 배경, 사회경제적 상태, 결혼 여부, 종교, 의뢰 경위(내담자를 누가 그리고 어떤 목적으로 의뢰하였는가)에 관한 상세한 정보를 수집하라.
2. **현재 내담자가 보이고 있는 문제**: 주 호소는 무엇인가? 내담자 자신이 표현하고 있는 시급한 문제를 간략히 기술하고, 그 문제가 얼마나 오랫동안 지속되었는지, 그리고 내담자가 그것들을 어떻게 다루어왔는지를 기술한다.
3. **현재 상황**: 결혼 상태, 개인력, 가족력, 최근의 동향, 재정 상태, 법적인 문제, 인생에 있어서의 기본적인 갈등, 지지 체계, 대인관계 문제에 관한 정보를 기술한다.
4. **심리 분석과 평가**: 내담자의 일반적인 심리 상태는 어떤가? 예를 들어, 내담자가 자신의 상황, 욕구, 문제를 어떻게 보고 있는가? 내담자의 성숙 수준은? 내담자의 인생에 해로운 영향을 주었던 사건이 있었는가? 내담자가 고양되어 있거나, 불안하거나, 부끄러워하거나, 화가 나 있는가? 이 평가 단계에서는 자아 개념, 자존감, 기억, 지남력, 공상, 좌절을 견디는 능력, 통찰, 변화에 대한 동기 등과 관련된 내담자의 자아 기능을 기술한다. 강점과 약점, 이상적인 자기, 그리고 내담자가 타인이 자신을 어떻게 보고 있다고 생각하는지를 포함하여 내담자가 스스로를 어떻게 보는지에 관점에 초점을 맞춘다. 내담자는 안정적인가? 현실을 다루는 능력, 의사를 결정하는 능력, 자기 통제력과 자발성, 그리고 인생의 변화나 과도기를 다루는 능력은 어떤가? 지능, 성격, 태도, 관심사에 대해 표준화된 심리 검사를 실시할 수 있다.

   또 다른 평가 절차는 구조화된 면담으로 내담자의 기능 수준에 관한 정보를 얻는 **정신 상태 검사**가 있다. 이 검사는 외모, 행동, 느낌, 지각, 사고와 같은 영역에 초점을 맞춘다. 예를 들어, 상담자는 행동 영역과 관련하여 면담 도중에 나타나는 자세, 얼굴 표정, 일반적인 신체 움직임, 언어 표현 방식과 같은 특정 행동 차원에 주의를 기울이게 될 것이다. 사고 영역에서는 내담자의 지적 기능, 지남력, 통찰, 판단력, 기억, 사고 과정, 그리고 사고의 혼란과 같은 요인들을 평가하는 것이 중요하다. 또한 정신상태 검사는 정신증을 선별해내는 데 사용된다.

5. **심리사회적 발달력**: 내담자가 처한 현재의 문제와 관련된 발달적, 병인론적 요소에 초점을 두어 다음의 다섯 가지 요인을 고려한다. (1) 촉발 요인. 예를 들어, 성숙 또는 상황적인 스트레스, 입학, 이혼, 부모의 죽음. (2) 기질적 요인. 예를 들어, 부모 자녀 관계 그리고 다른 가족과의 관계 양상, 성격 구조, 그리고 유전적 혹은 체질적인 요인. (3) 기여 요인. 예를 들어, 현재 또는 과거의 질병 혹은 가족 구성원들의 문제. (4) 유지 요인. 예를 들어, 편두통으로 인해 고통받아 동정심을 얻게 되는 것과 같은 이차적인 이득. (5) 사회문화적 요인. 예들 들어, 풍습, 전통, 가족 양상, 문화적 가치.

   발달적 관점에 대해서는 다음과 같은 질문을 할 수 있다. 내담자가 초기 발달 과제를 얼마나 잘 극복했는가? 아동기에 바탕을 둔 갈등과 문제는 무엇인가? 개인의 인생에서 중요한 전환점은? 중요한 위기가 무엇이었고, 그것이 어떻게 다루어졌는가? 내담자의 중요한 선택은 무엇이었으며, 과거의 결정이 현재 기능에 어떤 영향을 미치고 있는가? 가족 관계가 내담자의 발달에 어떤 영향을 주었는가? 현재의 가족 관계는 어떤가? 문화적 경험이 내담자의 성격에 어떻게 영향을 미쳤는가? 이 부분에서는 출생, 초기 발달, 배변 훈련, 양육 방식, 발달 지연, 교육 경험, 성적인 발달, 사회성 발달, 종교의 영향, 문화적 · 윤리적인 가치관을 등을 기술한다.

6. **건강과 병력**: 내담자의 과거 병력은? 최근에 병원을 방문한 날짜는 언제이며, 그 결과는 어떠했는가? 최근의 눈에 띄는 신체적 외상(예: 상처, 맞은 자국, 찰과상, 꿰맨 자국, 지저분한 옷차림, 창백한 안색)의 증거가 있는가? 내담자의 전반적인 건강 상태는? 이 부분에서 내담자의 정신건강 평가도 포함된다. 현재의 문제와 비슷한 이유로 예전에 치료받은 적이 있는가? 입원 경력은? 약물을 복용하고 있는가? 가족 중에 정서장애를 가지고 있는 사람이 있는가? 기질적인 증상과 관련된 문제(두통, 개인적인 버릇, 갑작스런 성격 변화, 그리고 다른 신체적 증상들)에 민감해야 한다. 어떤 이론적 배경을 가지고 있든 심리 치료를 시작하기 전에 기본적으로 신체적 증상들이 기질적 원인과 관련이 있는지를 살펴보아야 한다.

7. **직업에 대한 적응력**: 내담자의 직업 혹은 하려고 하는 일이 무엇인가? 하고 있는 일에 대한 만족도는? 미래의 계획은? 그 직업의 장점과 단점은? 내담자의 직업 경력은 어떠한가? 고용 기간은 얼마나 되며 고용 시 별 다른 문제는 없었는가? 직무와 여가 시간이 적절한 균형을 이루고 있는가? 여가 시간의 질은? 월급을 받든 안 받든 '직업'은 폭넓은 개념으로 사용된다. 실례로, 꼭 집 밖에서의 고용만 해당되는 것이 아니라 주부와 엄마로서의 역할을 수행하는 여성의 만족감을 조사하는 것도 중요하다.

8. **위험성**: 내담자가 자신이나 타인에게 위험한 존재인가? 누군가 혹은 무언가에게 해를 가할 생각을 가지고 있는가? 내담자가 자살할 계획을 가지고 있는가? 내담자가 자살 수단을 강구하고 있는가? 이전에 자기 파괴적이거나 다른 사람에게 폭력적인 행동을 한 적이 있는가? 치료 초에 내담자가 자살하지 않을 것이라는 계약서에 동의했는가?
9. **현재의 인간관계**: 이 부분에서는 배우자, 형제, 부모, 자녀, 친구, 동료 그리고 다른 사회적 관계에 대한 정보를 조사한다. 성 기능 수준, 가족들을 신뢰하는 수준, 어떤 대인관계로부터 얻는 가치와 만족감에 대한 정보가 포함된다. 다른 사람과의 관계에서 중요한 문제와 갈등은 무엇인가? 내담자가 다른 사람들로부터 어떤 지지를 받고 있는가?
10. **내담자의 목표**: 내담자가 이 치료에서 얻고 싶은 것이 무엇인가? 내담자는 어떤 삶을 원하는가? 개인적인 성장, 인간관계, 가족, 고용 상태의 측면에서 구체적으로 확인해야 한다.
11. **요약과 통합**: 내담자의 주요 방어 기제, 핵심 믿음, 현재의 문제에 관해 자신이 내리는 정의, 강점, 약점, 평가에 관한 요약이 있어야 한다. 중요한 제언은 무엇인가? 치료적 개입에 대한 제안은? 이러한 통합으로 인해 치료의 빈도와 지속, 치료법과 관련된 치료자의 접근 관점, 그리고 치료 양상을 구체화할 수 있다. 평가 장면에서 내담자는 치료 단계를 설정하는 하나의 협력자로서 평가에 참여한다.

초기에 내담자를 평가한 후 대안적인 혹은 부가적인 치료 방향을 결정한다. 여기서는 내담자의 의견이 중요하다. 내담자가 동의하면 내담자와 치료자는 평가 결과에 대해 토의할 수 있다. 평가 결과와 관련된 정보는 내담자의 사고, 느낌, 그리고 행동상의 문제를 탐색하고 치료 목표를 설정하는 데에 사용한다. 평가는 치료 과정에서 상담자가 내담자의 목표를 잘 성취하도록 도와주기 위해 어떤 방법을 취해야 하는지와 직접적으로 관련된다. 대부분의 상담 장면에서는 접수 면접이 필요하기 때문에 이런 평가 과정에 익숙해지는 것이 중요하다.

## 치료 목표

초기에 내담자를 평가한 후 치료 목표를 설정한다. 이 목표는 임상가가 어떤 이론적 지향점을 취하는지에 따라 달라진다. 예를 들어, 정신분석 치료는 자기를 이해하고 성격을 재구조화하기 위해 유아기의 심리발달 단계에 초점을 맞추어 통찰을 얻게 하는 접근을 중요시한다. 과거, 무의식적 역동, 전이 그리고 태도와 느낌을 변화시키려고 폭넓은 기법을 사용한다. 이와 반대되는 극단에 현실 치료가 있다. 현실 치료는 내담자가 현실적인 계획을 세우고 더 효과적인 방식으로 행동하도록 만들기 위해 현재의 행동을 평가하는 데 초점을 둔다. 현실 치료는 과거, 무의식적 동기, 전이 혹은 태도와 감정 같은 것에는 관심이 없다. '지금 당신을 그런 방식으로 행동하게 하는 것은 무엇이며, 이것이 어떻게 달라지길 원하는가?'라고 묻는다. 변화하기 위한 가장 최선의 방법은 자신이 생각하고 행한 것에 초점을 맞추는 것이라고 전제한다. 만일 행동과 사고의 변화가 일어난다면 내담자의 느낌과 생리적 반응들 또한 변화가 일어나게 될 것이다.

치료 목표는 다양하다. 예를 들어, 성격을 재구조화하고, 내담자와 상담자 간의 친밀한(I/Thou) 관계를 형성하며, 역기능적 신념들을 제거하고, 내담자 자신이 스스로 대답을 발견할 수 있도록 자신을 들여다보게 하며, 잘못된 신념과 가정들을 수정하게 하고, 고정된 성 역할 사고방식을 바꿔 성 역할 평등에 대해 상담하고, 가족체계로부터 개인차를 촉진시키며, 삶에 대한 의미를 발견하게 하는 것이 여기에 포함된다. 목표를 향한 내담자와 치료자의 시각이 치료 과정을 선택하고 치료적 개입을 하는 데에 영향을 주게 된다.

다양한 목표들이 있지만 여기에도 모든 치료자들이 공유하는 몇 가지의 공통적인 요소가 있다. 치료자들은 내담자가 원하는 것을 확인하고, 내담자의 사고, 감정, 행동을 수정하려 한다. 비록 공통된 요소도 있지만 각 이론에 따른 관점은 성격의 다른 면들을 변화시키기 위해 특정 차원의 인간 경험에 초점을 둔다.[6] 예를 들어, 아들러식 치료자들과 인지행동 치료자들은 신념과 사고 과정에서의 긍정적인 변화가 행동 변화를 야기하고 종국에는 감정의 변화까지도 야기한다고 가정하기 때문에 내담자의 인지적 측면을 특히 강조한다.

치료 기법의 선택은 사고, 느낌 혹은 행동을 변화시키려는 상담자의 목표에 달려 있다. 예를 들어, 정신분석 치료자들은 우선적으로 내담자가 스스로 자신의 성격 문제에 대한 본질과 원인에 대한 통찰을 얻게 하는 데 관심을 둔다. 무의식을 밝혀내고 통찰로 이끌기 위해 자유연상, 꿈 분석, 저항에 대한 해석 기법을 사용한다. 형태주의 치료자들은 내담자가 매 순간의 경험을 좀 더 많이 자각하도록 유도하고, 합리적 정서행동 치료자들은 다양한 인지 기법들을 사용하여 주로 내담자의 역기능적 사고를 확인하고 없애고자 노력한다. 행동 치료자들은 내담자가 원하지 않는 행동을 감소시키거나 없애고, 적응적인 행동은 증가시키려는 데에 관심이 있다. 여성주의 치료자들은 자신의 행동에서 성 역할 사회화가 얼마나 지속적으로 영향을 끼쳐왔는지를 자각하도록 한다. 가족 치료자들은 주로 가족 단위 안에서 개인의 변화를 야기할 수 있도록 체계 내의 상호작용을 변화시키려는 데에 관심을 둔다.

어떤 기법을 사용하든지 간에 내담자의 마음속에 있는 욕구를 파악하는 것이 중요하다. 일부 내담자들에게는 행동 변화를 위해 고안된 인지 기법들이 적합할 수 있고, 또 다른 내담자들에게는 정서적 표현을 유발하는 기법들이 적합할 수 있다. 치료 단계에 따라 동일한 내담자에게 이러한 모든 기법을 시행하는 것도 좋은 방법이다. 치료자로서 당신이 해줄 수 있는 모든 기법을 내담자에게 적용할 수 있다. 이 책에서 매우 친숙해질 루스의 경우를 생각해 보자. 초반에 당신의 치료 개입은 억압된 감정들을 확인하고 표현하는 데에 초점을 맞출 수 있다. 만일 당신이 그녀의 말에 주의를 기울이고, 그녀가 느끼고 있는 그것을 경험해 보게 한다면, 스스로 왜곡하고 부정해 왔던 정서의 표현이 늘어날 것이다.

시간이 흐를수록 당신은 루스가 여전히 영향을 받고 있는 중요한 선택과 관련된 문제를 생각해 보도록 개입할 수 있다. 이 시점에서 당신은 느낌을 탐색하는 것에서 그녀의 태도, 사고 과정, 가치, 기본적인 신념들을 탐색하는 것으로 주제를 바꿀 수 있다. 그 후에 당신은 그녀가 치료 동안뿐만 아니라 일상생활에서도 새로운 행동 양식을 실험할 수 있도록 행동 프로그램을 발전시켜야 한다.

한 사람의 개인으로 루스를 상담할 뿐만 아니라, 치료에 그녀의 원가족, 현재 가족, 유의미한 타인을 참여하도록 하는 것도 도움이 될 수 있다. 또한 고정된 성 역할에 억압당해 온 대상으로 루스를 상담할 수도 있다. 가족 체계의 일원으로 루스를 대하는 것도 보다 깊은 치료를 위해서는 시도해 볼 수 있다. 루스 치료 시 중요한 점은 현재 문제를 야기한 특정 환경 맥락을 변화시켜서 사회적 행동을 부추기는 것이다. 루스의 경험 중에서 한 측면에 초점을 맞추는 것은 다른 측면들을 무시하라는 것이 아니라 치료의 특정 국면을 위해 필요한 하나의 초점을 선별하라는 것이다.

다문화적 틀에서 상담할 때 상담자가 상담 기법들을 융통성 있게 사용하는 것이 중요하다. 내담자들을 엄격한 틀 안에 가두지 말아야 한다. 많은 기법을 가장 효과적으로 사용할 수 있는 방법은 내담자의 개인적인 욕구가 무엇인지를 수시로 파악하면서 치료자가 자신의 전략을 수정해가는 것이다. 일부 내담자들은 강렬한 정서를 인식하고 표현하게 하는 기법에 저항을 보일 것이다. 고도의 직면 기법은 일부 내담자를 방어적으로 만들 수 있다. 이런 경우에 내담자에게 적절한 정서 기법들로 수정해 사용하거나 행동, 혹은 인지적 기법들을 더 많이 사용하는 것이 좋다. 이야기의 흐름이 자주 변하는 내담자에게도 직면이 필요하다. 효과적인 직면은 내담자를 보호하면서 내담자가 생각한 것, 느낀 것, 행동한 것에 도전해 보도록 하는 것이다. 특정 내담자에게는 지지 기법들이 크게 효과가 없을 수도 있다. 내담자의 문화적 맥락 내에서 사고, 행동, 느낌들을 탐색하는 기법들이 최상의 효과를 거둘 수 있다. 무엇보다도 내담자를 파트너, 협력자로서 상담 장면에 끌어들이는 게 중요하다.

치료자는 내담자에게 귀 기울여 그들이 지각하고 있는 세상 속으로 들어가 보아야 한다. 치료 과정은 치료자 자신이 최상이라고 생각한 것에 의해서가 아니라, 각 내담자가 지니고 있는 특정 목표와 가치에 의해 좌우되어야 한다. 치료자가 내담자에게 자주하는 질문은 '왜 상담받기를 원하십니까?', '당신이 탐색하고 싶은 것은 무엇입니까?', '자기 자신 혹은 자신의 삶에 있어 가장 변화되기를 바라는 점은 무엇입니까?'이다. 내담자가 원하는 것에 초점을 두면 치료자 자신의 목적에 따라 내담자를 끼워 맞추는 위험을 막을 수 있다. 우리는 이제 특정 사례를 생각해 볼 것이다. 루스를 완전히 이해하기 위해서 위의 사항들을 나름대로 적용해 보기 바란다.

## 루스의 사례

루스의 삶의 주제는 내가 개별적으로 혹은 집단에서 상담해 온 많은 내담자의 특징을 모은 것이다. 초기에 언급했듯이 다수의 내담자와의 상담을 바탕으로, 루스라는 인물이 창조되었다. 여기서 창조된 루스의 접수 면접과 자전적 기술은 상담 시 그녀를 이해하는 데 도움이 될 정보이다. 각 장에 나타난 이론에서도 부가적인 정보가 제공될 것이나 앞으로 계속되는 열세 개의 장을 읽어 나가려면, 여기에 제시된 자료들을 토대로 루스의 인생 주제들과 그에 수반되는 기억들을 떠올려야 할 것이다.

덧붙여, 루스는 『상담 및 심리 치료의 통합적 접근: 루스의 사례와 해설 DVD』의 주인공이다. 루스에 대해 더 많은 정보를 얻고 싶다면 1회기('상담 시작하기')를 보라.

### 루스의 자서전

접수 면접 과정에서 상담자는 루스에게 상담 수업 시간에 작성했던 자서전을 가져오라고 부탁했다. 대부분의 치료자들은 실제 장면에서 내담자에게 자서전을 써 오라고 요청하진 않지만, 자서전을 작성해 오는 일은 매우 유익한 것이 될 것이다. 자서전은 내담자에게 자신의 중요한 인생 경험을 재고하게 하고, 자신에 대한 통찰을 넓혀 주는 데 도움이 된다. 루스는 다음과 같이 기술하였다.

최근 들어, 나는 지금까지 내가 다른 사람을 위해 살아왔다는 것을 깨닫게 되었다. 나는 아낌없이 주는 여성(superwomen)으로 살아 왔다. 내 남편 존에게는 '좋은 아내'가 되어왔을 뿐 아니라 남편이 나에게 기대하는 '좋은 엄마'가 되도록 노력해 왔다. 나는 존이 필요하고 만약 내가 변한다면 그가 나를 떠날지도 모른다는 두려움을 가지고 있다. 비록 자녀들이 근사하게 성장하는 것을 보기 위해 내 모든 것을 바쳤고 최선을 다했지만, 난 가끔 나 자신이 이 역할을 잘 수행하고 있는지 걱정하곤 했었다. 현재 내 인생을 뒤돌아볼 때, 난 내가 맘에 들지 않는다. 나는 나라는 존재를 좋아하지 않고, 특히 내 몸매에 대해 자신이 없다. 살이 너무 많이 쪘고 살을 빼려는 의도는 둘째치고라도 내가 살을 뺄 수도 없을 것이라고 생각한다. 나는 항상 먹을 것을 즐기며, 자주 폭식을 한다. 내 가족들은 나를 어린애로 취급하고 그들이 나에게 그만 먹으라고 요구하면 어떤 때는 소화가 안 될 때까지 오히려 더 많이 먹는다. 운동이나 다이어트를 하려 하지만 얼마 안 가서 그만 두곤 했었다. 나는 초등학교 선생님이 되고 싶다. 이것이 내 인생을 좀 더 의미 있게 만들 것이라고 생각한다. 지금 나는 내 아이들이 성장해 나를 떠나게 되어 우리 집에 나와 존만 남게 되는 것이 두렵다. 적어도 이 두려움을 해결할 방법은 내가 원했던 사립학교의 선생님이 되는 것이라 생각하지만 아직까지도 질질 끌고만 있다.

걱정이 되는 것은 시간이 지날수록 공황감이 더욱 심해진다는 것이다. 여태껏 이와 같은 불쾌한 감정을 느껴 본 적이 없다. 내가 학교에서 잘해 보려고 하는 날에는, 거의 졸도할 것 같은 현기증을 느끼고, 숨쉬기조차 힘들어진다. 때로 나는 수업시간에 상기된 채 앉아 있곤 하며, 실제로도 땀이 많이 나서 당황스럽다. 그때 내 손이 떨리기 시작하고, 다른 사람들이 이걸 눈치챌까봐 신경을 쓰게 되며, 내가 미칠지도 모른다는 생각에 사로잡히곤 한다. 그리고 때때로 내가 학교에 수업할 때, 심지어는 쇼핑을 할 때도 심장이 매우 빠르게 뛰어 발작으로 죽게 될지도 모른다는 생각을 한 적도 있다. 밤에도 심장이 매우 빨리 뛰고, 식은땀을 흘리거나 몸을 떨면서 잠에서 깰 때가 여러 번 있었다. 끔찍한 운명이라고 느끼지만, 나는 뭐가 어떻게 되어가고 있는 건지 모르겠다. 내가 이런 느낌을 줄여 보려고 노력해도, 이런 상태들이 나를 압도해 너무 두렵다. 나 자신을 보다 잘 통제할 수 없다면, 난 미쳐 버리고 말 것 같다.

나는 요즘 죽음에 대해 많이 생각한다. 어렸을 적에는 천벌을 무서워했다. 9년 전 근본주의 교리를 따르는 교회를 그만 나간 것도 이 교리가 내 생각과 다르기 때문이다. 대학의 철학 수업은 내가 지녀온 가치들을 다시 생각해 보는 계기가 되었고 그 이후로 나는 내가 누구인지에 대해 묻기 시작했다. 그래서 마침내 서른

살 때 내가 믿었던 근본주의 교리를 버리게 된 것이다. 내 부모님이 중요하게 여기던 종교의 가르침대로 살아가지 못해 죄책감이 들기도 하지만, 현재 나는 이런 교리를 덜 강조하는 교회에 나가고 있다. 어렸을 적에 부모님들은 그들의 방식대로 나를 다루셨다. 나는 그들이 너무나 신뢰하는 종교를 내가 떠난다는 걸 그들의 관점에서는 절대 허락하지 않으리라는 걸 알고 있다. 그러나 나는 내가 믿지 못하는 무언가에 의해 살아간다는 것이 너무나 힘들다는 걸 깨달았다. 나는 혼란스러움과 당혹스러운 마음을 가지고 있고, 이제 그만 쉬고 싶다는 생각을 하지만 아직까지도 내 삶을 유지하게 해준 이런 가치관들을 대체할 만한 것을 찾지 못했다. 때로 내 머릿속에서 엄한 아버지의 목소리가 들리곤 해서 이런 가치관들을 내가 과연 버릴 수 있는지도 자신이 없다.

대학 프로그램의 일부로 상담학 개론을 수강했는데, 이것이 내 눈을 열어 주는 계기가 되었다. 초청 강사 중에는 비록 심각한 혼란을 겪고 있는 사람이 아니라 할지라도 상담을 받아 볼 만한 가치가 있다고 이야기해 준 임상 심리학자가 있었다. 어쩌면 나도 상담을 통해 도움을 얻을 수 있을지도 모른다고 생각하기 시작했다. 그 전까지만 해도 나는 심리 치료를 받으러 가려면 정신병자가 되어야 한다고 생각해왔다. 내가 내 인생의 답답함을 벗어 던지고 많은 일들을 할 수 있으리라는 걸 알고 있다. 그러나 내가 치료를 받겠다고 결심한 후에도 내 안에는 나를 괴롭히는 공포가 여전히 존재하고 있으며, 스스로에게 여러 가지 질문을 하고 있다. 나는 내 자신의 어떤 점을 맘에 들어 하지 않는 걸까? 내 안에 숨겨진 것을 끄집어낼 수 있을까? 나 자신을 찾아가는 동안 존을 잃게 된다면 어떡하나? 나는 이런 질문에 시원스런 답을 원한다. 내 인생에서의 모든 질문에 명확한 해답을 가져왔다고 생각했는데 9년 전, 내 인생에 대한 질문이 늘어나면서부터 나는 이런 질문에 대한 시원스런 대답을 잃어 버렸다.

내가 치료를 통해 바라는 것은 치료자가 더 늦기 전에 나 자신의 인생을 살도록 도와주며 그러기 위해서는 내가 어떻게 해야 하는지 말해 주는 것이다. 문제는 내가 지루하고 진부한 삶에 너무 익숙해져 버렸다는 것이다. 나는 어떤 선택도 할 수 없고 불편감만 늘어갈 뿐이며, 새로운 결정을 위협적인 것으로 느낀다. 내가 잘못된 의사결정을 할지도 모르고 또 그렇게 될 것이라는 생각 때문에 불안하다. 존과 내 아이들의 미래뿐만 아니라 내 인생도 엉망이 될 것이다. 결혼을 유지하는 것은 내 인생의 의무이다. 나는 덫에 걸렸고 빠져나가는 길을 알지 못한다. 그리고 만일 내가 상담 받고 있다는 걸 아버지가 아시는 날에는 더 견디기 힘들어질 것이다. 아버지는 인생에 대한 모든 대답을 성서에서 발견해야 한다고 생각하시기 때문에 나를 바보라고 생각할 것이다. 때때로 신이 내 인생을 변화시켜 줄 수 있을지 의심하지만 신이 나를 맡아 주시기를 간절히 원하고 있다. 나는 내 앞에 무엇이 놓여 있는지 모르겠고 두렵지만 또 한편으로는 그것 때문에 흥분되기도 한다.

## 루스의 진단적 소견

내가 이 책『통합적 상담: 사례 중심의 접근』의 초기 개정판을 재교정하는 동안, 여름 학기에 이 책을 교과서로 사용했었다는 뉴멕시코 주립대학의 상담 교수인 Michael Nystul의 전화를 받았다.

그는 나에게 "당신은 루스를 어떻게 보시나요? 내 학생들이 루스의 사례를 토의하는 중이고, 그들이 루스의 진단에 관한 당신의 의견을 듣고 싶어 합니다."라고 물었다.

나는 "진단이라는 용어에 대해 생각해 보지 않아서, 루스에게 진단을 내리기는 어려울 것 같네요."라고 대답했다.

Nystul 박사는 "그러나 그녀에게 진단을 내려야 한다면 어떤 진단을 내리실 건가요?"라고 다시 물었다.

루스에게 내려질 수 있는 가능한 진단에 대해 생각해 보자. 그녀에게 적합한 몇 개의 진단이 있다. 나는 내담자에게 가장 알맞은 진단 범주를 생각하는 상담자의 역할에 대해 생각하기 시작했다. 그러고 나서 나는 루스의 사례에 친숙한 대학 동료 전문가들에게 그녀에 대한 진단에 관해 질문하였다. 흥미롭게도 나는 각각의 이론적 지향점에 근거한 다양한 해석을 얻을 수 있었다. 또한 나는 이 원고를 논평해 주는 사람들에게도 루스에게 가장 적절한 진단 범주가 무엇인지를 물어보았다. 당신도 짐작했겠지만 다양한 진단 소견이 있었다.

지금 당신은 루스에게 친숙해지고 있다. 당신이 루스에게 내릴 수 있는 잠정적인 진단은 무엇인가? 이번 장에 제시된 기본 정보를 토대로 진단을 내려 보라. 계속되는 12개의 장에서 루스에게 적용할 수 있는 다양한 접근법을 배울 때 당신이 지금 내린 진단을 수정할 수 있는 새로운 증거를 발견할지도 모른다.

한 가지 주요 장애를 확인하는 것보다 루스의 사례에 적용해 볼 수 있는 다수의 잠정적인 진단들을 기술하게 될 것이다. 열 개의 서로 다른 이론들을 읽으면서, DSM-IV-TR의 틀을 고려하여 루스의 사례에 가장 적합한 진단 범주를 생각해 보라.

**적응장애** 적응장애의 핵심 양상은 심리사회적인 스트레스 때문에 임상적으로 중요한

**표 1.1_ 내담자의 접수 면접**

| 연령 | 성 | 인종 | 결혼 상태 | 사회경제적 상태 |
|---|---|---|---|---|
| 39세 | 여성 | 백인종 | 기혼 | 중산층 |

**외모**

깔끔한 옷차림에 뚱뚱한 체격이었는데, 옷을 계속 만지작거리고 있었으며, 눈 맞춤을 회피하였고, 빠른 말투로 말했다.

**생활 상태**

최근에 초등교육 전공으로 대학을 졸업했고, 45세인 남편 존과 아홉 살인 롭, 18세인 제니퍼, 17세인 수잔, 16세인 애덤과 함께 산다.

**현재 문제**

내담자는 전반적인 불만감을 보고했다. 자신의 삶이 변화가 없는 무미건조한 것이며, 39세의 나이에 이전에 경험해 본 적이 없는 공황감을 느끼고 있다고 말했다. 2년 동안 수면장애, 불안, 현기증, 심계항진, 두통과 같은 정신 신체적인 호소가 있었다. 동시에 그녀는 집에서 벗어나고 싶어 한다. 자신이 사소한 일에도 쉽게 눈물을 흘리고, 자주 우울해지며, 체중 문제를 가졌다고 호소하였다.

**현재 보이고 있는 문제의 발달력**

내담자는 아이들이 청소년이 될 때까지 주부와 엄마를 자신의 중요한 임무로 여겼다. 그 후 대학 파트타임 과정에 등록했고, 학사 학위를 받았다. 최근에 초등 교원 자격증을 따기 위해 공부를 시작했다. 대학에서 다른 사람들과 어울리면서, 그녀는 스스로 자기 자신의 삶을 얼마나 제한해왔는지를 깨닫게 되었고, 가족들이 자신에게 의존하게 만들었으며, 그리고 엄마나 아내의 역할에서 벗어나 새로운 일을 시작한다는 것이 얼마나 위협적인 것인지를 깨달았다.

루스는 상담학개론 과정을 이수했는데, 이것이 자신의 인생을 새롭게 바라볼 수 있는 계기가 되었다. 이 수업 과정의 일부로 루스는 자기 자각(self-awareness) 집단에 참여했고, 몇 번의 개별 상담 회기를 가졌으며, 자신의 인생에 전환점을 주제로 몇 가지 보고서도 썼다. 이 중에는 상담 과정의 원리를 응용하여 자신의 개인 발달 과정에 대한 광범위한 자서전을 적는 것이 포함되어 있었다. 이 수업과 동료 학생들이 루스가 자신의 삶을 정직하게 바라볼 수 있는 촉매제 역할을 하였다. 여태껏 자신이 원하는 것이 무엇인지를 생각해 본 적이 없었다는 것을 알게 되었고, 자신보다는 남을 위해서 살아 왔다는 것을 깨달았다. 다음과 같은 이유로 개별적인 치료를 결심했다.

- 그녀를 상담한 내과의사는 그녀의 신체 증상에 대한 기질적 혹은 의학적 원인이 없다고 확인해 주었고, 개인 치료를 추천하였다. 그녀는 자신의 증상을 "나는 때때로, 특히 밤에 잠들려고 할 때, 심한 공황감을 느껴요. 심장이 빠르게 뛰어 일어나 숨쉬기가 어렵고 식은땀을 흘리죠. 나는 몸을 흔들며 이완하려 하지만, 더욱 더 긴장감을 느끼고 사소한 일에도 많은 걱정을 합니다. 이런 생각들로부터 벗어나기가 어려워요. 이것을 경험한 날은 매우 피곤하고 일

정서적 혹은 행동적 증상이 나타나고 있다는 것이다. 일부 스트레스원은 학교에 입학하는 것, 부모가 되는 것, 아이가 집을 떠나는 것, 교육적 혹은 직업적 목표에 도달하지 못하는 것과 같은 특정 발달 사건들과 함께 나타날 수 있다. 루스에게 적응장애를 적용할 수 있는 근거가 있다. 그녀는 중요한 발달사적 위기를 경험하고 있는 중이다. 다수의 스트레스원들이 신경증, 근심, 그리고 그녀 인생에서 중요한 인물로부터 분리되는 것에 대한 공포와 같은 증상을 야기하고 있다. 신체적 호소, 사회적 철회, 혹은

하기가 곤란해요. 최근에는 모든 일들이 잘못되어 가고 있다는 생각마저 들어 사소한 일에도 눈물을 흘리곤 한답니다."라고 표현하였다.

- 그녀는 네 명의 아이들과 남편의 요구에 따라 가정을 돌보며 변화 없이 재미없는 인생을 살아왔다고 생각했고 더 이상 이것에 만족하며 살 수 없다는 것을 깨달았다. 그러나 그녀는 자신이 '뭘 어떻게 해야 하는지' 알지 못한다고 보고하였다. 그녀는 보다 전문적인 개입을 원하지만 이런 생각도 그녀를 위협하고 있다. 그녀는 자신의 권리에 대해 생각하는 것을 망설이고 있는데, 이것은 자신이 너무 이기적으로 행동하는 것이 아닌지에 대한 걱정과 관련 있다. 또한 앞으로 하려는 전문적인 일에서 성공할 수 없을지도 모른다는 두려움을 갖고 있으며, 자신이 직업을 가지면 가족 구조를 위협하게 될지도 모른다고 걱정한다.
- 16~19세인 자녀들은 모두 집보다는 세상에 관심이 많을 나이라 밖에서 친구들과 보내는 시간이 늘어가고 있다. 루스는 이러한 변화를 알고 있으며, 아이들을 '잃는 것'에 대해 걱정한다. 특히 딸 제니퍼와 갈등을 겪고 있으며, 제니퍼의 반항에 어떻게 대처해야 할지 혼란스럽다. 대체로 루스는 아이들에게 인정받지 못하고 있다고 생각한다.
- 미래에 관해 루스는 자신이 어떤 사람 혹은 어떤 일을 하고 싶은지 분명하게 파악하지 못하고 있다. 그녀는 타인의 기대와는 별개로 정말 자기가 누구인지 알고 싶어 한다. 그녀는 자신이 원해서 '해야만 하는' 것과 어쩔 수 없이 '해야만 하는' 것을 깨닫기 시작했다. 남편 존과의 관계가 불만족스럽다는 것을 모르고 있다. 그는 그녀가 변화를 시도하는 것에 저항하며 과거의 그녀로 남기를 바란다. 그녀는 남편과의 관계가 깨지면 어쩌나 하는 불안을 갖고 있으며 종국에는 홀로 남겨질 것이라는 두려움을 지니고 있다.
- 최근에 루스는 나이를 먹고 있으며, 자신의 '외모'가 변해가고 있다고 생각한다. 이런 혼합된 요인들 모두가 개인 치료를 시작하는 데 필요한 동기를 제공해 주었다. 아마도 그녀가 치료를 결심하게 된 촉매제는 신체 증상과 불안의 증가이다.

**심리사회적 개인력**

루스는 네 명의 아이 중 첫째였다. 아버지는 근본주의 교리를 따르는 목사이고, 어머니는 가정주부였다. 루스는 자신의 아버지를 소원하고, 권위적이며, 융통성 없는 사람으로 표현한다. 자신과 아버지와의 관계에서 루스는 아버지의 규칙이나 규율을 무조건 따라야 했다. 그녀의 어머니는 비평적인 사람으로 어머니에게서 따뜻함을 느껴본 적이 없다고 기억한다. 가족들은 서로 애정이 없었다. 대부분 루스는 부모님께 인정받기 위해 동생들을 돌보았다. 즐거운 일을 하려 하면 아버지에게 철저하게 무시당해 모욕감을 느꼈다. 부모님께 인정받기 위해 다른 사람을 돌보았던 것이 인생 전반으로 확장되었다.

루스가 6세 때 중요한 사건이 발생했다. 그녀는 "아빠에게 이웃집에 사는 8세 된 남자아이와 의사놀이를 하다가 들켰어요. 아버지는 저를 나무라셨고, 몇 주 동안 저랑 말도 안 하셨어요. 저는 창피했고, 죄책감마저 들었지요."라고 보고하였다. 이런 죄책감은 청소년기에도 계속되었고, 성적인 욕구를 억압하게 되었다.

사회적 관계에서 루스는 친구를 사귀고 그 관계를 유지해 나가는 데 어려움을 느꼈다. 사람들이 자신을 '이상한' 사람이라고 보기 때문에, 동료들로부터 고립되어 있다고 생각했다. 비록 그녀가 타인의 인정을 원했지만 그렇지 못할 것이라는 두려움 때문에 정숙함을 지켜왔다.

루스는 고등학교를 마칠 때까지 데이트를 하지 않았다가 19세에 자신이 처음 데이트했던 사람과 결혼했다. 그녀는 주부가 되는 것에 대한 역할 모델을 자신의 어머니로 삼았다.

일이나 학업에 대한 갈등과 같은 증상들은 적응 장애에서 특징적으로 나타난다.

**공황장애** 갑작스런 공황발작을 경험하는 사람들은 자신이 경험한 공포를 마치 죽을 것 같고, 통제 불가능하며, 심장 발작을 일으킬 것 같은 것으로 표현한다. 루스에게는 불안장애의 증거가 있다. 심장이 빨리 뛰는 것, 땀을 흘리는 것, 호흡이 짧아지는 것, 현기증, 떨림, 얼굴이 상기되는 것, 발한감, 죽음에 대한 공포, 통제감 상실이나 미칠 것 같음과 같은 증상은 공황발작의 진단 준거에 합당하다.

**기분부전장애** 기분부전장애의 핵심 양상은 2년 미만의 여러 날 동안 하루 종일 만성적인 우울감을 경험하는 것이다. 이 장애를 가진 개인은 자신의 상황을 '쓰레기 더미에 빠진 것'으로 표현한다. 사람이 우울한 기분을 경험할 때 그들은 흔히 과식, 불면, 낮은 에너지 수준, 피로감, 낮은 자존감, 의사 결정의 어려움, 무기력과 같은 증상들을 보인다. 동시에 자기 비난을 하며 그들 자신을 재미없는 사람으로 생각하고 무능력하게 본다. 루스는 이런 증상을 가지고 있다. 그녀는 우울한 기분을 성격의 일부로 표현하고 있지만, 주요 우울증을 고려해야 할 만큼 심각하지는 않다. 또한 자신의 욕구보다 타인의 욕구를 우선시하며 의존적인 성향과 낮은 자존감을 가지고 있다. 다수의 신체적 증상을 호소하지만 의학적으로는 별다른 문제가 발견되지 않고 있다.

**정체감 문제** 루스는 정체감 문제를 지니고 있다. 정체감 문제의 주요 양상은 장기간 목표, 직업 선택, 대인관계 양상, 성을 바라보는 태도, 행동, 도덕과 종교적인 가치, 집단 충성심 등에서 불확실함을 느낀다. 정체감 문제를 지닌 내담자들은 불안과 우울을 경험하며 빈약한 자기감에 집착한다. 이런 사람들은 매 상황마다 자신을 의심한다. 정체감 장애를 가진 사람들이 지닌 가장 흔한 질문은 '나는 누구인가?'라는 것이다.

루스에게 진단을 내리기 위해 이 책의 최신 개정판에 관여한 두 사람에게 질문했다. 그들은 앞부분에 소개한 Michael Nystul 박사와 캘리포니아 주립대학의 심리학 박사인 Beverly Palmer 박사이다.

**| Michael Nystul 박사의 DSM-IV-TR 진단** 감별 진단에 도움을 주는 세 가지 중요한 요소는 발병, 심도, 지속 기간이다. 흔히 정신상태 검사가 포함된 임상 면접에서 이런 세 가지 요소들을 조사한다. 루스의 자서전적 기술이 나의 임상 진단에 토대가 될 것이다.

DSM-IV-TR은 진단을 내리는 데 필요한 평가 지침이 될 수 있다. 여기에는 임상가들이 치료 계획을 세울 때 사용하는 DSM-IV-TR의 다섯 가지 축이 포함되어 있다.

- I축. 임상장애: 임상장애와 임상적 주목의 초점이 되는 기타 상태
- II축. 인격장애: 정신지체
- III축. 일반적인 의학 상태
- IV축. 심리사회적 문제와 환경적 문제
- V축. 전반적인 기능 상태 평가

내가 루스의 자서전을 읽었을 때 두드러진 주된 증상은 우울과 불안(I축 장애) 같았다. 이 사례의 경우 감별 진단을 위해 우선적으로 고려해 보아야 할 장애는 불안과 우울한 기분이 혼합된 적응장애, 광장공포증을 동반하지 않은 공황장애, 혹은 기분부전장애이다. 만일 루스의 불안과 우울증이 스트레스 사건이 발생한 지 3개월 이내에 나타나 6개월 이상 지속되었으며, 현재 나타난 증상들이 공황장애나 기분부전장애와 같은 I축 장애의 준거에 합당하지 않으면 적응장애로 봐야 할 것이다.

II축에서 나는 의존성 성격장애를 조심스럽게 배제하고자 한다. 개인력을 살펴보면 '그녀는 자신의 식구들이 자신에게 의존하도록 해왔음'과 '많은 세월을 다른 사람을 위해 살아왔음'을 알 수 있다. 만일 의존성 성격장애의 준거에 부합하지 않지만 루스가 의존성과 관련된 현저한 부적응적 성격 양상을 가졌다고 생각된다면 나중에 II축에 '의존성 성격 성향'으로 기록할 것이다.

III축(일반적인 의학 상태)에서는 개인력을 보면 의사가 신체적인 이상을 발견하지 못했다고 기술하고 있어 '없음'이라고 기록할 것이다.

IV축과 관련해서는 작년에 경험했던 심리사회적, 환경적 문제들을 살펴야 한다. 루스가 경험하는 스트레스는 자녀와의 갈등이다(개인력에서는 루스와 제니퍼의 갈등 상황에 대한 정보를 제공하고 있다). 만일 나의 임상 면접에서 다른 것이 발견된다면 그것 또한 IV축에 포함시킬 것이다.

V축은 루스에 대한 전반적인 기능 평가(The Global Assessment of Functioning: GAF. 이하 GAF)를 한다. DSM-IV의 지침을 근거로 루스는 전반적인 심리 기능에서 중등도의 증상이나 어려움을 보이고 있기 때문에 나는 그녀의 현재 GAF 점수를 60점으로 평가할 것이다.

**| Beverly Palmer 박사의 DSM-IV-TR 진단** 루스의 경우 여러 가지가 복합되어 있어 진단에 다소 어려움이 있다. 그러나 제시된 증거는 DSM-IV-TR에서 광장공포증을 가지지 않은 공황장애(300.01)를 강력히 뒷받침해 주고 있다. 예기치 못하는 공황발작을 경험하고 있으며 발작이 일어날 것 같은 예기 불안을 가지고 있다. 공황발작의 증상으로 현기증, 심계항진, 숨쉬기가 곤란함, 땀을 흘림, 그리고 죽음에 대한 공포를 경험한다. 이런 증상들은 10분 이내에 나타나며 대개 잠들 무렵에 나타난다. 현재에는 그녀가 광장공포증을 가졌다는 증거는 없다. 그러나 그녀의 치료자는 현재 공황발작이 광장공포증을 가진 공황장애로 발전할 가능성이 있어 면밀한 관찰을 제안할 것이다. 루스에게 해당하는 증상은 달리 명시되지 않은 섭식장애(307.50), 특히 폭식과 관련이 있다. 그녀는 우울해질 때, 보다 많이 먹게 되어 과체중이 되었다고 말한다. 어렸을 적

에도 건강에 해가 될 정도로 먹었던 적이 있고 여러 번 운동과 다이어트를 시도해 왔지만 그것을 지속하기가 어려웠다. 이와 같이 루스는 대부분의 사람들보다 더 많은 양의 음식을 먹고, 먹는 행동의 통제에 어려움을 보이고 있다.

루스의 DSM-IV-TR 진단은 발달 단계 문제(V62.89), 정체감 문제(313.82) 두 가지를 고려해 보아야 한다. 그녀는 아이들이 집을 떠난 후나 만약 자신이 전문적인 직업을 갖게 되는 것에 대해 걱정하는데, 이런 문제는 중년의 위기에 처한 존재론적 관점에서 생각해 볼 수 있다. 그녀는 살아가는 데에 있어 타인과의 별개인 자신의 정체성 문제와 투쟁하고 있다. 또한 루스는 10대의 딸아이와 남편과 갈등을 겪고 있지만 이런 관계 문제가 임상적으로 중요한 원인이 되는 증상이나 가족 기능에 유의미한 손상을 주지는 않는 것 같다. 이와 같이 배우자 관계의 문제(V61.10), 부모/자녀 관계의 문제(V61.20)와 관련된 정보는 부족하다.

특정 진단을 포함시키는 것이 중요하듯 고려된 다른 진단을 배제해 나가는 것도 중요하다. 루스는 자신이 몇 번 "우울을 느낀다."고 말했고, 우울을 느끼면 더 많이 먹게 된다고 말했지만 아직까지 기분부전장애와 같은 기분장애를 진단할 만한 우울 증상은 진단을 내리기에 충분치 않다. 하루 종일 피곤한 것은 수면장애를 가져오는 공황발작 때문이다. 만약 그녀가 '우울증'이라면 잘 자더라도 피곤함을 느껴야 하며 밤에 잠을 잘 못 자는 것은 근심거리나 공황발작 때문이 아니어야 한다. 자기 확신감이 낮고 죄책감을 경험하고 있지만 우울증 진단을 받기 위해서는 적어도 2년 동안 기분부전증에 관한 목록에서 최소 3개를 포함해야 한다. 그래서 비록 우울감이 보고되고 있지만 이 사례에서는 적절한 진단이 아닌 것 같다. 자가 진단과 치료자의 진단이 다른 것은 DSM-IV-TR 범주의 기초가 되는 심리적, 사회적, 생물학적 이론들을 어느 정도 이해하고 있는지에 달려 있다. 물론 때때로 공황발작이나 불안의 기저에는 공황발작을 경감시키기 위해 갑자기 나타난 우울증이 자리하고 있을 수 있다. 공황발작 진단을 내릴 때 고려할 또 다른 요인은 증상의 원인이 될 수 있는 약물 사용이나 일반적인 의학 상태(예: 갑상선 기능 항진)이다. 그녀는 의사에게 최근에 의사에게 진찰을 받았다.

DSM-IV-TR은 다축 진단 체계이고, 지금까지 나는 I축의 진단만 제시하였다. II축은 치료의 초점이 될 수 있는 인격 장애나 성격 양상을 진단하기 위해 사용한다. 때로는 I축이나 II축 진단 중 어느 하나만 진단이 내려지기도 하지만, 흔히 두 가지 축 각각에 해당하는 진단을 받는 경우가 많고, 두 축은 치료에 서로 영향을 미친다. 비록 그녀가 의존적인 성격 양상을 보이고는 있지만 II축에 해당할 만한 진단은 없다. 행동 치료자가 말하듯이 루스는 자신의 견해를 분명히 이야기하지 못하며, 자신이 원하지 않는 것도 받아들이는 경향이 있다. 그녀는 자신의 일을 계획하거나 행하는 데에 있어 어려움을 보이며 의존적인 성격 성향을 가지고 있어 자신이 원하는 교사라는 목표를 세웠음에도 불구하고 시간만 끌고 있음을 인정한다. 루스는 의존적인 성격장애의 준거에 꼭 맞아 떨어지지는 않기 때문에 의존적인 성향만 지니고 있다고 보아야 할 것이다.

III축은 최근의 신체 검진의 결과와 과체중 문제와 관련된 것이다. 신체적인 상황이나 문제는 I축과 II축에서 보고된 심리적인 문제와 상호 작용한다. 그래서 다축진단 체계에서는 축 각각을 진단하는 것이 중요하다. 예를 들어, 그녀의 과체중은 자존감에 영향을 미치고 자존감은 체중에 영향을 미친다. 또한 공황발작은 심리적인 의미뿐만 아니라 약물 치료도 필요하기에 모든 영역의 건강 전문가들이 서로 의사소통하는 것이 필요하다. 다축진단 체계는 이러한 의사소통을 원활하게 줄 수 있는 이상적인 방법이다.

IV축은 루스의 인생에서 사회적 혹은 환경적 요인들을 기록하는 것이다. 그녀는 딸, 남편과의 관계 문제를 보고하고 있으므로 이런 사회적인 문제들을 그녀의 첫 번째 지지 집단과의 문제로 기록한다.

마지막으로 V축은 루스의 전반적인 기능 수준을 평가하기 위해 사용한다. 여기서는 GAF 점수 척도를 사용하는데, 루스는 때때로 중등도의 공황발작 증상들을 보이고 있으므로 GAF 점수는 51～60점 정도가 될 것이다.

DSM-IV-TR에 빠진 중요한 한 가지 축이 있는데, 그것은 루스의 강점에 관한 기록이다. 그녀는 많은 강점들을 가지고 있다. 최근에 대학 교육을 성공적으로 마쳤고 자신의 미래에 대한 방향을 탐색하려 할 뿐만 아니라 현재의 상황에 대해서도 훌륭한 통찰력을 지니고 있다. 치료 과정에 문제만 사용되는 것이 아니라 루스의 강점도 치료 과정에 사용될 수 있다. 그래서 DSM-IV-TR 진단 체계에서 내담자의 강점에 대한 기록이 중요하다.

여기서 기술된 잠정적인 진단을 생각해 볼 때, 한 사람에게 이런 진단을 내리려면 고려해야 하는 점은 무엇인가? 당신이 가장 동의하는 것은 어떤 점인가? 왜 그런가? 만일 특정 진단에 동의하지 않는다면 이유를 제시해 보라. 루스를 진단할 때 어떤 법적인 책임과 윤리적인 책임이 따를 수 있는가? 당신의 진단에 관한 의견을 어떤 상황에서 내담자와 함께 나눌 수 있는가?

루스와 함께 한 진단 절차 부분은 간단하다. 나는 DSM-IV-TR가 여러 범주들을 망라하고 있고 평가와 진단의 명명 체계가 분명하다는 점 때문에 DSM-IV-TR를 진단의 참고 틀로 사용할 것을 권장한다.

## 각 이론에서 무엇을 고찰할 것인가?

각 장은 유사한 방식으로 기술되어 있다. 먼저 당신은 각 접근 방식에 대한 간단한 개관을 보게 될 것이다. 곧 이어 루스에 대해 각 접근 방식에서 어떻게 설명하는지가 제시되어 있다. 그리고 다른 치료자들이 루스와 유사한 내담자들을 치료한 경험을 토대로 그녀에 대해 부가적으로 설명하고 있다. 그들은 '루스를 어떻게 평가하겠습니까?', '어떤 면에 주로 초점을 두겠습니까?', '어떤 치료 방법을 선호하시나요?', '치료 과정이 어떻게 전개될 것 같은가요?'라는 질문에 답하게 된다.

각 장에서 나는 (1) 치료의 기본 가정, (2) 루스에 대한 최초 평가, (3) 치료 목표, (4) 이 목표를 이루기 위해 적용하는 구체적인 치료 절차를 자세히 기술하였고 그 근거에 대해서도 설명하였다.

같은 치료 방법을 적용하는 임상가들도 치료 스타일에서 큰 차이가 있다. 치료에는 '한 가지의 옳은 방법'만 있는 것이 아니다. 나는 여러분이 루스의 사례에 대해 다양한 접근 방법을 적용해 보길 바란다. 이런 과정을 반복하면서 결국에는 여러분만의 독특한 치료 기법을 확립하게 될 것이다.

## 복습을 위한 질문

1. 루스에 대해 여기에 제시된 진단들을 보면서 어떤 중요한 공통점들이 있다고 생각하는가?
2. 이 진단 중 여러분이 가장 선호하는 진단은 무엇인가? 왜 그렇게 생각하는가? 어떤 특정한 진단에 동의하지 않는다면 그 이유는 무엇인가?
3. 루스를 진단할 때 여러분이 고려해야 하는 법적, 윤리적 사항이 있는가?
4. 치료 과정의 일부로서 여러분이 고려해야 하는 문화적인 배경은 어떤 것인가?
5. 어떤 정보가 추가될 때, 루스에 대한 진단이 바뀔 수 있다고 생각하는가?

## 주

1. G. Corey와 R. Haynes, (2013)의 『상담 및 심리 치료의 통합적 접근: 루스의 사례와 해설 DVD』(Belmont, CA: Brooks/Cole, Cengage Learning)을 보라.
2. Corey, G. (2013). *The art of integrative counseling*(3rd ed.). Belmont, CA: Brooks/Cole, Cengage Learning.
3. G. Corey(2013)의 『심리상담과 치료의 이론과 실제』(9판, Belmont, CA: Brooks/Cole, Cengage Learning)는 지금 여러분이 공부하게 될 이론들에 맞춘 내용들이 전개되어 있다. 각 장에 외부 상담자가 치료 방식을 부가하는 방식과 기본 가정, 주요 개념, 치료 과정의 요소, 그리고 각 이론들의 응용과 기법을 제시하는 틀이 동일하다.
4. 통합적인 심리 치료를 주제로 하는 대표적인 책 세 권을 들자면 다음과 같다.
   Norcross, J., & Goldfried, M. Eds. (2005). *Handbook of psychotherapy integration* (2nd ed.). New York: Oxford University Press; Stricker, G. (2010). *Psychotherapy integration*. Washington, DC: American Psychological Association; Stricker, G., & Gold, J., Eds. (2006). *A casebook of psychotherapy integration*. Washington, DC: American Psychological Association.
5. 미국 정신의학회에서 펴낸 『정신장애 진단 및 통계편람(Diagnostic and Statistical Manual of Mental Disorders)』(4th ed., compiled in 1994, with a Text Revision in 2000)은 심리적 장애를 분류하는 대표적인 진단 체계인데, 여기에는 정서적 · 행동적 장애에 대한 구체적인 진단 요목이 제시되어 있다.
6. 『상담 및 심리 치료의 통합적 접근: 루스의 사례와 해설 DVD』의 3회기('치료 목표의 설정')에서 나는 상담의 방향을 설정하기 위해 그녀 스스로 치료 목표를 구조화하게끔 격려하였다.

CHAPTER

# 2

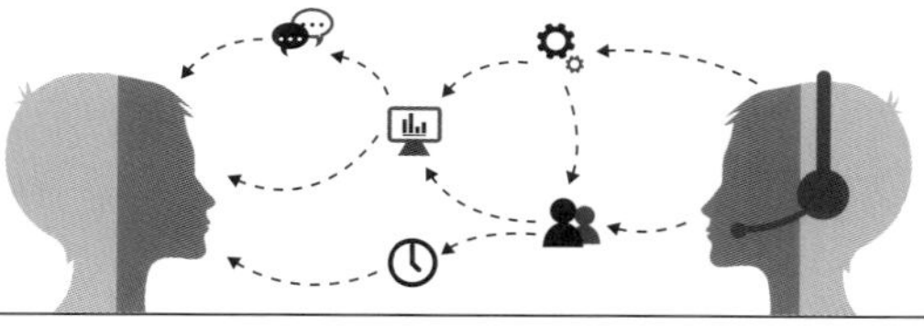

# 정신분석 치료의 사례 접근

## 정신분석 치료의 일반적 개관

정신분석 치료의 주된 목적은 사람들의 기본 성격을 재구조화함으로써 심리내적 갈등을 해결하는 것이다. 분석 치료는 문제를 해결하고 새로운 행동을 학습하는 것으로 끝나지 않는다. 분석 치료는 과거를 더 깊이 탐색하여 자기 이해 수준을 높인다.

정신분석의 모든 기법들은 내담자로 하여금 통찰을 얻게 하고, 억압된 것을 표면으로 떠오르게 하여 의식적으로 다룰 수 있도록 돕기 위해 고안되었다. 주요 기법으로는 개인력 정보 수집, 꿈 분석, 자유 연상, 저항과 전이 분석, 해석이 있다. 이런 기법을 통해 자각이 증가하고, 지적인 통찰과 정서적 통찰을 얻게 되며, 성격의 재구조화를 이끄는 훈습이 시작되는 것이다.

내담자가 자신의 정서 문제를 구체화하고 이를 수용하며, 문제의 역사적 근원을 이해하고 과거와 현재의 관계를 통합할 수 있게 되었다는 데에 치료자와 내담자가 서로 동의할 때, 상담을 종결할 준비가 되었다고 볼 수 있다. 치료 결과는 먼저 치료자에 의해 평가되며 어느 정도는 내담자에 의해서도 평가된다. 치료 결과를 평가하는 중요한 준거는 전이관계의 정도와 내담자의 정서적, 인지적 통찰의 정도이다.

Sigmund Freud가 개발한 정신분석 이론은 현대 정신의학, 심리학, 상담학의 토대이자 모든 후속 치료의 척도이다. 상담학을 공부하는 학생이라면 정신분석 치료 접근과 좀 더 현대적이며 단기적인 다양한 정신역동 모델에 익숙해져야 한다. Blau 박사에 의해 기술된 정신분석적 접근은 이어지는 다음 장들에 견고한 기반을 제공할 것이다.

# 루스에 대한 정신분석 치료자의 관점

_ William Blau 박사

## 루스에 대한 평가

**사례 정보에 대한 정신분석적 관점과 정신분석 개관** 정신분석 입장을 취하는 치료자로서, 나는 루스의 부모, 형제, 그리고 자신에 대한 정보가 객관성이 다소 떨어진다고 생각한다. 그래서 루스의 성격 문제의 핵심 단서를 파악하기가 어렵다. 그녀가 보이고 있는 증상들(불안발작, 과식, 성취에 대한 두려움, 39세에 경험하는 공황, 복통에 대한 두려움, 기타 등등)은 아동기 경험과 관련된 무의식적 갈등과 이로 인한 방어 반응이 외부로 표출된 것이다. 루스의 지능, 동기 수준을 참고로 할 때, 현재의 증상 악화는 그녀가 이성적으로 이해하고 있는 것과 실제로 정서와 행동 문제를 야기하고 있는 것 사이의 불일치와 관련이 있는 것 같다. 루스는 분열(자신에 관한 반대되는 두 차원들 간의 투쟁)을 경험하고 있는 것으로 보인다. 그동안 정신적인 안정에 도움이 되었던 낡은 삶의 방식들을 고수하고 싶은 마음과 변화를 원하는 마음 사이에서 갈등하고 있는 것이다. 비록 부적응적인 방어기제라 할지라도, 그러한 방어기제가 왜 하필 지금 사용되고 있는지, 그리고 그 방어기제가 그녀의 적응에 어떤 도움이 되고 있는지를 이해해야만 그녀를 효과적으로 도울 수 있다.

다른 치료자와는 달리, 나는 루스가 왜 그렇게 생각하고 느끼며, 행동하는지에 관심이 많다. 그녀의 행동을 변명해 주거나 비난하려는 것이 아니라 그녀의 삶에 대해 '무엇'과 '왜'라는 질문을 던져 이것에 답해 보도록 함으로써 문제를 해결할 수 있도록 도우려는 것이다. 분석 치료가 다른 치료와 다른 점은 내담자 개인의 경험과 행동의 '원인'에 대해 관심을 갖는다는 것이다. 나의 상담 작업은 Sigmund Freud와 Sigmund Freud 이후의 정신분석 이론을 토대로 한다.

루스의 치료는 개인 역동을 밝히고, 그녀의 삶에 새로운 기억을 채워 넣는 작업이 될 것이다. 이런 까닭에 개인 역동과 인생을 새롭게 채워 갈 기억에 대한 평가가 계속되는데 이것은 치료의 마지막 국면으로 갈수록 중요성이 덜해진다.

**루스가 분석 치료에 적합한지를 평가하기** 루스와 치료 계약을 맺기 전에, 그녀가 분석 치료에 적합한지, 치료에 필요한 인내심과 심리적 자원을 가지고 있는지 확인해야 한다. 분석 치료를 받으려면 자신의 신경증에 대한 무의식적 근원을 이해하고자 하는 동기를 지니고 있어야 한다. 단순히 자신의 특정 행동과 관련된 병리적 근원을 가르쳐 주는 것만으로 유의미한 변화를 이끌 수 있다면, 아마도 분석 치료는 필요 없을지도 모른다. 그것은 교수적인 접근만으로도 충분하다. 루스는 자신에게 왜 이런 증상이 생겼는지 알지 못하기 때문에 다른 사람이 아무리 좋은 충고를 해 주어도 여전히 낡은 방식으로 행동하며 반복적인 좌절을 경험하고 있다.

루스의 개인력은 그녀가 분석 치료에 적합한 대상이라는 것을 보여준다. 그녀의 자서전은 그녀가 자신의 삶의 의미를 이해하고 싶어 하며, 의미 있는 목표를 이루려 하고 있음을 보여준다. 또한 그녀는 다소 객관적인 관점에서 스스로를 바라볼 수 있는 능력도 지니고 있다. 증상 경감에 대한 욕구가 변화를 위한 충분한 동기를 제공하고 있지만 현재의 증상들이 그녀를 무기력하게 만들고 있다.

루스는 치료자가 자신이 인생에서 해야 할 일들이 무엇이고, 아버지의 역할과 어린 시절 믿었던 종교의 역할을 대신해 줄 수 있는 것이 무엇인지 알려줄 거라는 환상을 가지고 있다. 치료 계약 체결 시, 나는 분석적 심리 치료에서는 이런 환상이 충족되지 않으리라는 점을 분명히 했다. 그러나 이것은 그렇게 간단하지만은 않다. 공식적인 계약에도 불구하고 루스는 치료자에게 자신의 인생을 책임져 달라고 지속적으로 요구할 것이기 때문이다. 치료 시 전이가 계속 중요한 것으로 떠오를 것이다. 전반적으로 루스는 분석적인 입장을 지향하는 심리 치료에 적합하다.

**진단** 분석 치료는 다른 장애들보다 일부 장애에 좀 더 적합하며, 기법을 광범위하게 수정할 것을 요구하기도 한다. 기존의 증상 위주 진단은 분석 치료 평가에 중요한 요소인 치료적 동맹관계를 형성할 수 있는 능력을 간과한다. 더욱이 DSM-IV-TR[1] 진단은 내담자 문제와 내담자 고통의 본질을 말해 주지 않는다.

루스가 보고하고 있는 불행감은 심리 치료뿐 아니라 약물 치료를 필요로 하는 우울 증상을 암시하는 것일지도 모른다. 만일 그녀가 적어도 2년 동안 '하루 종일' 우울하고, 우울한 날이 우울하지 않은 날보다 더 많다고 말한다면, DSM-IV-TR의 기분부전장애를 고려해 보아야 한다. 공황발작은 심장질환과 관련이 있을 수 있고 열감(hot flashes)과 다른 정신신체 증상들은 정신분석적 기원뿐만 아니라 기질적인 문제를 반영하는 것일 수 있다. DSM-IV-TR 용어로 루스는 다음의 진단에 해당한다.

300.01: 광장공포증을 동반하지 않는 공황장애
313.82: 정체감 문제

이 진단 범주들이 자서전적인 기술과 접수 면접에서 기술된 루스의 감정을 잘 대변해 주는 것은 아니다. DSM-IV-TR 진단은 한 사람의 인간으로서 내담자를 이해하도록 돕기보다는 증상을 구체화할 뿐이다.

공황발작은 **공황장애** 진단에 있어 중요하다. 공황발작의 경우, 치료 초기에는 정신분석 치료보다 정신생리적 상담과 바이오피드백의 비용효율적 기법(cost-effective techniques)을 고려해야 한다. 공황장애의 DSM-IV-TR 진단은 광장공포증을 동반하거나 동반하지 않는 것으로 세분한다. 루스가 여행이나 군중, 사회 장면에 대한 두려움을 보고하지는 않아서 나는 루스를 '광장공포증을 동반하지 않는' 것으로 분류하였다.

DSM-IV-TR의 **정체감 문제**(identity problem)는 루스의 관심사를 말해준다. 그러나 DSM-IV-TR의 정체감 문제는 '임상장애'에 해당하지 않는다. 정체감 문제라는 진단은 루스가 실제로 경험하고 있는 고통의 강도를 축소시킨다. 현존하는 인간으로서 루스는 신경증적 증상과 실존에 대한 고민이 혼합된 양상을 보이고 있다.

루스의 증상은 심각한데, 섭식장애가 드러나려 하고 있으며 광장공포증이나 기분부전장애뿐 아니라 역공포증적 충동행동, 범불안장애, 혹은 정신신체 전환장애를 보이고 있다. 루스가 지니고 있는 자기감 형성에서의 문제는 개인 치료가 필요하다는 것을 말해 준다. 치료 장면에서 약간의 퇴행을 보일 수는 있지만 외현적인 정신증적 증상은 발견되지 않았고, 현실 검증력은 유지되고 있다.

루스는 과거에 자살 행동을 보이지 않았다. 그럼에도 불구하고, 자살 사고와 타인에게 해를 가하는 것과 같은 잠재적인 위험 요인들을 평가해야 한다. 일부 자살 내담자에게는 분석 치료를 실시할 수 있지만 수정된 기법을 적용해야 한다.

## 상담 과정의 주요 문제와 주제

**아동기 경험에 있어서 심리내적 갈등과 억압** 정신분석 입장을 취하는 치료자로서 나는 루스의 무의식 속에 갇혀 있는 과거의 비밀을 추론해 가는 탐정이다. 내가 그녀의 무의식이라는 막연한 영역으로 그녀를 안내하지만 종국에는 루스 스스로 자신만의 독특한 정신세계와 비밀스런 삶의 진실을 알아가게 될 것이다.

현재까지도 부모님(혹은 형제들)과 루스의 관계에 심리성적인 측면이 중요한 갈등으로 남아 있는 것 같다. 건강한 발달에 관한 전통적인 프로이트학파 모델에 따르면, 후에는 남성 동료들에 대한 정상적인 이성애적 관심으로 대체되겠지만, 어려서는 아버지에게 원초적인 매력을 경험한다. 아버지에게 관심을 얻으려고 어머니에게 경쟁심을 느끼는 것은 어머니와의 동일시로 대체된다. 그리고 배변 훈련과 청소년기의 발달 과정

동안 부모의 구속에 저항한다.

현재 루스는 겉으로는 반항적이지 않으며, 처음 사귀었던 남성의 아내가 되었지만 여전히 자신의 성욕을 억압하고 있다. 비록 자신이 설정한 역할 모델로서, 그리고 사회적으로 용납할 수 있는 남편의 아이를 가지며 엄마의 뒤를 따르긴 했지만, 이러한 갈등 속에서 해결되지 않은 성욕, 반항, 동일시와의 투쟁이 아직도 남아 있다. 루스의 부모상은 원리 원칙에 따르는 아버지(근본주의 교리를 따르는 아버지)와 '비판적인' 어머니로 굳어져 있다. 나는 루스가 어렸을 때 부모님을 어떻게 지각했는지가 궁금하다. 아버지는 자식들에게 자신의 기분을 어떻게 표현했을까? 아버지의 차가운 인상이 무의식적인 강렬한 근친상간의 느낌을 억제하지는 않았을까? 이런 것들이 지금까지 행동화된 적은 없었을까?

프로이트식 관점에서, 루스의 아버지가 '의사 놀이'에 엄하셨던 것은 아버지/딸 관계의 오이디푸스/엘렉트라 측면을 강조하는 것이다. 이 사건 후, 몇 주 동안 아버지가 그녀와 말도 하지 않았던 것은 단순히 아동기의 성적 행동에 대한 도덕적 거부라기보다는 질투를 암시하는 것일 수 있다. 고등학교 이후까지 데이트를 하지 못했던 것은 아동기에 부모가 강요한 고립감 때문이었을 것으로 추측된다. 동생들을 돌보며 어머니의 역할을 보조함으로써 아버지에게 인정받으려 했던 루스의 노력 또한 오이디푸스/엘렉트라 역동과 일치한다. 루스는 성에 대한 부정적인 아버지의 태도를 내재화했다.

만약, 이러한 가정이 옳다면, 치료의 주제는 그녀와 아버지의 반응 사이에 고착된 민감한 면들을 재경험하게 하는 것이다. 이러한 감정과 기억들을 깨닫고, 아버지를 충족시키려는 환상을 포기함으로써 그녀는 성적 욕구를 경멸하거나 왜곡하지 않고 가치 있는 것으로 여기게 될 것이다.

비록 자료에서 성폭행에 대한 증거가 분명하지 않았다 할지라도, 가족 역동으로 보면 아버지에 의한 근친상간적 행동 같은 것이 의심된다. 아버지의 근친상간적인 느낌이 겉으로 나타나지 않았다고는 하지만 너무도 강렬하여 아버지는 루스의 성적 행동을 비난할 만한 것으로 몰아붙이는 반동 형성과 투사의 방어기제로 발전된 것일 수 있다. 루스의 어머니에 대한 질투는 아버지의 행동 양상과 일치하지만, 만약 실제 학대가 있었다면 어머니의 반응은 좀 더 병리적인 것이라 볼 수 있다.

부모나 자녀의 오이디푸스/엘렉트라 감정은 정상적인 발달의 일부이다. 이런 느낌에 따른 심각한 갈등이나 죄의식은 흔한 것이지만, 이것이 너무나 괴로워 상담이나 심리 치료를 결심하기도 한다. 치료에서 발견된 실제 기억이나 억압된 감정들과는 상관없이 분석적인 입장을 취하는 치료자들은 가족 비밀과 관련된 아동기 삶의 심리적인 외상과 억제, 부인, 억압되어 있는 정신적 외상에 민감해야 한다. 그녀가 사회적으로 고립되어 있으며, 적어도 데이트와 관련하여 부모가 가족 이외의 관계를 제한한 것은 루스의 신경증에 대한 비밀이 존재할 가능성을 시사한다. 가족 전체가 말해서는 안 되는 비밀을 가지고 살아왔을지도 모른다. 근친상간적인 주제가 아니라 할지라도, 억압의 중심에 숨겨진 정신병, 동성애, 혹은 가족 구성원의 알코올중독과 같은 다른 '생각할 수 없는' 비밀이 놓여 있을지도 모른다.

원가족과 현재 가족에 대한 루스의 설명은 어떤가? 그녀가 남편을 설명할 때, 남편은 자신의 아버지가 아니지만 아버지가 그녀를 거부한 것처럼 남편이 그녀를 거부할 가능성이 있다고 말한다. 그녀는 자신이 결혼한 남성에 대해 알고 있는가? 그녀의 남편은 루스의 인생에서 단지 실제 남성의 대역을 하고 있는가? 그녀가 성장하려는 것을 거부하는 것은 남편의 성격 탓인가? 딸 제니퍼를 향한 루스의 반응은 자기 자신이 반항하는 데 실패한 것과 관련이 있을 가능성이 크다. 그녀로 하여금 억압되어 있는 아동기 반항을 수용하게 하고 돌보아 주게 하는 것이 딸과의 관계를 개선시켜 줄 것이다.

## 증상과 정신역동

무의식은 인간의 정서 반응의 중요한 결정 인자이다. 이것은 Freud의 정신분석 이론의 핵심으로 경험적 연구를 통해 검증되어왔다.[2]

정신분석 접근에서는 심리적인 증상들을 내담자의 정신역동에 대한 단서를 주는 능동적인 과정으로 본다. 일부 급성 증상들은 내담자에게 무언가 잘못되어 가고 있다고 경고하는 것이다. 내담자의 삶을 위협하는 거식증처럼 만성적인 증상들은 치료를 거부하게 함으로써 장애를 유지하게 만든다.

루스의 증상은(기질적인 요인이 없거나 경미하다고 가정하며) 정신분석 치료에 적합하다. 나는 분석 이론을 사용하여 루스가 불안의 역할을 이해하고 불안을 통제하는 방법들을 배우도록 도와 줄 것이다. 나는 루스가 현재 다음과 같은 존재론적 불안을 지니고 있다고 생각한다. 부모의 초기 훈육 방식이 개별화를 두렵게 만들었고(대상관계 관점에서), 그런 까닭에 개별화가 루스에게 불안을 야기했다. 그래서 그녀는 충동적으로 행동하는 것뿐만 아니라 독립적으로 행동하는 것을 두려워한다. 그녀는 선택하고 의사결정을 하는 데 치료자가 도와 줄 것이라 기대하고 있다.

루스의 과식은 아마도 애정 욕구를 보상하려는 행동으로 보이지만, 정신분석 접근에서는 이것의 발달력을 좀 더 조사해 보아야 한다. 초기 발달 단계에서 구강기 만족은 리비도 에너지의 핵심이다. 만약 이 기간 동안에 박탈을 경험했다면, 이 단계와 관련된 증상들이 나타날 것이다. 루스가 그런 경우라면 성인이 되어서도 아동기 동안에 적절하게 획득하지 못한 만족을 보상받으려고 그 단계에 고착되는 경향을 보인 것이다.

루스의 체중 문제 또한 정신분석적인 의미를 지닌다. 과체중이 되는 것은 자신이 성적으로 매력이 없음을 느끼게 하는 것으로, 성적인 각성에 덜 직면하려는 것이다. 루스가 집을 떠나는 것을 두렵게 생각하는 것은 결혼 생활의 안정감을 위협할 만한 타인과의 만남을 두려워하는 것과 관련이 있을 수 있다. 이 증상은 과체중의 역동과 일치한다.

신체 증상과 불안의 악화는 이번에 루스가 치료를 원하게 된 촉매제로 중요한 배경 정보가 된다. 이런 증상으로 인해 정신분석 접근은 각 증상과 관련된 '이차적인 이득'을 탐색할 수 있다. 하나의 증상은 심리내적 갈등의 다른 측면을 포함하고 있다. 실례로 두통은 결혼을 위협하는 사회적 접촉을 회피하는 핑계이며 남편으로부터 성적 거리감을 유지하게 하는 것일 수 있다.

분석 치료는 루스의 증상들을 보다 폭넓은 치료 맥락에서 다루도록 안내한다. 꼭 분석 치료가 아니더라도 일부 증상들은 직접적으로 그리고 보다 쉽게 치료될 수 있다. 그러나 내담자가 증상 경감을 바라면서 증상의 '이차적인 이득'에 대해 보다 자세히 이해하길 원한다면 분석 치료가 필요하다. 이런 경우 증상에 초점을 둔 행동적 접근보다는 분석 치료를 생각해 보는 것이 합리적이다.

또한 대안으로 단기 치료를 고려해 볼 수 있다. 단기 분석 치료는 내담자에게 특정 목표를 선택하게 한다. 비록 치료 기간은 짧지만 치료 계약을 수립할 때 내담자와 임상가가 동등한 입장에서 실현 가능한 요구 사항을 정한다. 하나의 전문적인 기법으로서 단기 치료는 치료 기간이 짧다는 압박이 있기 때문에 치료 자체가 혼란스러워지지 않도록 조심해야 한다. 짧은 치료 기간은 일반적인 통찰지향적인 분석 치료와는 다르다.

부가적인 회기에 제삼자를 참석하게 하거나 거절하게 하는 개방형(open ended treatment) 치료는 통찰지향적 치료와 분석 치료에는 적합하지 않다. 일시적으로 외부에 도움을 요청했다가 치료를 종결하는 것은 내담자에게 매우 해로울 수 있다. 그런 종결은 자신의 문제를 포기하는 결과를 불러오고 무의식적으로는 배신감을 느끼거나 심지어 치료자에 대한 적대감을 가지게 만들 수 있다.

## 치료 기법

**정신분석 입장의 심리 치료 대 정신분석** 내 생각에 루스의 경우는 정신분석보다 정신분석의 입장을 취하는 심리 치료가 적합할 것 같다. 이것은 고전적인 분석 방법에 동의하지 않는다는 것을 의미하는 것이 아니라 고전적인 정신분석과 비교해 볼 때, 정신분석의 입장을 취하는 치료도 장점과 단점을 갖는 분석 치료의 한 형태임을 의미하는 것이다. 고전적인 분석을 할 때, 치료자/내담자의 실제 관계에서 '빈 스크린(blank-screen)' 기법을 채택하는 것이 내담자의 전이 관계 발달을 촉진한다. 전이는 내담자가 분석가를 '마치' 자신의 과거 인생에 있어 중요했던 사람으로 보고 분석가에게 반응하게 하는 것이다.

빈 스크린 기법을 사용하지 않는 정신분석 치료는 내담자의 좌절을 줄이고, 치료자로 하여금 기법을 좀 더 융통적으로 사용하게 하며, 비용이 덜 들고, 치료 기간도 더 짧으며, 내담자의 부적응적인 방어를 최소화하기에 자주 사용된다. 그러나 정신분석과 비교해 볼 때, 정신분석의 입장을 취하는 분석 치료의 단점은 이러한 장점과 무관하지 않다. 기법의 잦은 변화는 기대감을 낮출 수 있다. 왜냐하면 빈 스크린 기법을 제거하여, 치료자와 내담자의 가상의 관계가 실제 관계에 영향을 미치기에 내담자의 성격 중 많은 부분이 분석되지 않은 채로 남아 있게 되기 때문이다. 예를 들어, 만약 루스가 상담 도중 침상에서 자유연상을 할 때 내가 자신을 받아들이지 않는 것 같다는 감정이나 행동에 대해 말한다면, 그녀는 마치 내가 과거에 자신의 인생에 존재했던 사람이었던 것처럼 나에게 반응하고 있다고 생각해 볼 수 있다. 대조적으로 만일 그녀가 면대면 심리 치료에서 동일한 주장을 한다면, 나의 능동적인 비언어적 행동이 내가 그녀의 느낌이나 행동들을 승인하지 않는다는 타당한 단서를 그녀에게 주었을 가능성도 배제할 수 없다. 우리의 '실제' 관계에서 나의 '실제' 행동에 대항하는 그녀의 전이 반응 정도를 정확하게는 알 수 없다. 정신분석적인 입장을 취할 때, 나는 '실제'와 '가상'의 모든 상호작용을 고려해야 한다. 상담 중에 격려나 충고를 하거나, 의견을 공유하거나, 개인적인 경험을 바탕으로 '실제' 관계에 참여하는 정도는 나의 분석적인 태도를 제한할 수 있다.

나는 루스와 '실제' 나와의 관계에서 생긴 의미에 매우 민감해야 한다. 예를 들어, 만약 내가 그녀의 특정 행동이나 의도를 받아들이면 그녀는 자신이 보고한 모든 행동이 받아들여질 수 있을 것이라 기대할 것이다. 이와 같이 치료적 개입을 통해 내가 가상의 관계뿐 아니라 실제 관계를 자유롭게 사용하면서 나의 치료적 태도를 지속적으로 지켜나간다는 건 힘든 일이다.

**치료 계약 맺기** 루스에게 심리 치료의 방법과 이론을 간략히 설명해 주고 이에 따른 목표, 치료비, 치료에 수반될 수 있는 위험성을 설명하여 분명한 치료 계약을 맺어야 한다. 정신분석 치료자의 한 사람으로서 나는 치료에 있어서 금전적 타협, 에너지와 시간 투자가 치료의 과정이나 결과와 분리될 수 없는 것이라 생각한다. 회기가 취소되더라도 요금이 부과되는 것 등과 같은 분석 치료의 규칙에 대해 솔직하게 이야기해야 한다. 상담료 지불을 분명히 해두는 것은 나에게 치료받기를 원하는 루스의 의무라는 점에서 치료적 함의를 지닌다. 이후 루스는 나의 요구에 대한 어떠한 부가적인 요구 사항을 자유롭게 이야기할 수 있으며 나는 그녀가 이야기한 것들을 해석할 수 있게 된다.

정신분석 치료는 주로 한 주에 두세 번 만나는데, 각 회기는 50분으로 구성된다. 루스와 나는 이후 6개월 내에 휴가 계획이 있다면 미리 이야기를 해야 하고, 휴가 바로 전에는 치료를 시작해서는 안 된다.

또한 계약에는 비밀 보장(그리고 비밀 보장의 예외), 위기 개입이나 회기 내의 다른 치료 계약들, 그리고 치료 과정 동안에 중요한 결정을 해야 하는 행동을 피하는 것이 포함된다. 이 후자의 규칙들은 루스와 관련된 것들이다. 루스는 치료자가 자신을 위해 어떤 결정을 내려주는 것에 관심이 있지만, 나는 치료 과정에서 그녀가 퇴행을 경험하면서 스스로 결정 내리는 것을 회피하는 것에 관심을 갖는다.

**자유연상** 자유연상은 정신분석에서 중요한 기법이고, 내담자의 '기본 임무'이다. 분석 치료자로서 나는 내담자에게 검열 없이, 그리고 어떤 특정한 문제나 주제를 자신의 언어로 연출해내는 것 없이 자유롭게 자신의 마음에 떠오르는 것들에 대해 이야기하라고 말한다. 내담자가 자유연상에서 이야기한 것들은 내담자의 무의식적 갈등에 대한 단서가 된다. 나는 무의식적 사고, 감정과 태도를 의식적으로 자각할 수 있도록 이런 단서에 근거한 질문을 한다. 이것은 질문을 받은 사람이 자각하지 못하고 있는 심리적 진실을 깨닫게 하는 질문하기 기법으로 소크라테스식 변증법의 한 형태이다. 루스와의 상담에서 나는 일정 시간 동안 자유연상 기법을 사용한다. 그러나 치료 초기라도 우리는 자유연상 이외의 많은 언어적 상호작용을 한다. 나는 루스에게 자주 꿈에 대한 연상, 현재의 삶, 과거 기억, 특히 상담 과정에서 나타나는 아동기 초기 기억들을 이야기하도록 요청한다.

**꿈, 증상, 유머, 실언** 꿈은 무의식을 잘 반영하므로, 나는 그녀에게 자신의 꿈을 말하게 하며, 그것에 관해 연상해 보도록 부추긴다. 분석 치료자로서 나는 발현몽과 잠재몽이라는 두 가지 의미에서 꿈을 해석한다. 분석 이론에서 꿈은 무의식적 소망을 내포하고 있으며 해석이 필요한 부호화된 메시지이다. 잠재적인 의미에 관한 가정인 꿈의 상징성은 이론으로부터 도출된 것이지만 그녀의 꿈에 등장한 요인들은 그녀만의 독특한 연상을 근거로 해석한다.

분석의 주제는 꿈뿐만 아니라 루스의 증상 뒤에 감춰진 본래의 의미이다. 현재 보이고 있는 증상, 저항, 기억, 자발적인 실수(실언)는 그녀만의 역동을 알려 주는 단서가 된다. 의도된 것이거나 재미있게 하기 위한, 혹은 치료 회기 내에서 회상된 실언에 포함된 유머는 의미가 있는 것들이다.

**저항의 해석과 내용** 실질적인 내용 그 자체를 해석하기 전에 나는 특정 주제와 관련해 나타나는 루스의 저항을 해석해야 한다. 해석은 자신의 적응을 위협하는 것으로 받아들여져 방어를 더욱 강화시킬 수 있으므로 저항에 대한 해석은 내담자가 받아들일 준비가 충분히 되었을 때 해야 한다. 또한 추론적인 해석은 치료적 동맹, 신뢰가 충분히 형성된 상담 후기 단계에 시도하는 것이 좋으므로 초기 단계에서는 가급적 어설픈 추론적 해석을 피해야 한다. 예를 들어, 과식을 성욕에 대한 방어라고 해석해 주는 것보다 루스의 자서전에서 어머니보다 아버지를 더 많이 언급하고 있다는 사실을 지적해 주는 것이 덜 추론적인 것이 될 수 있다.

치료 후기 단계에서는 전이 반응을 해석하고 나와의 치료 관계 맥락에서 아동기에 근거한 갈등을 훈습하도록 돕는다. 다음의 간단한 대화는 현재 시점에서 시작해 과거에 관한 통찰로 끝맺는다.

루스: 제가 솔직할 수 있을지 걱정되어요. 물론 제 자유이기는 하지만, 이 시간에는 좋은 것만 얘기하는 게 아니라 제 문제를 얘기해야 하잖아요.

치료자: 뭐 맘에 걸리는 거라도 있나요?

루스: 제가 정말 상담을 받고 있기나 한 건지 잘 모르겠어요. 박사님과 약속했기 때문에 상담실에 오기는 하지만, 저는 정리되지 않은 생각들의 주변만 맴돌고 있는 것 같고 박사님은 그냥 듣고만 계시잖아요.

치료자: 정리되지 않은 생각들 주변을 맴도는 느낌은 어떤 느낌인가요?

루스: 유쾌하진 않아요. 전 구체적인 상담을 받으러 온 거지 여기에 놀러 온 게 아니잖아요. 제가 계속 이러면 박사님이 절 만나 주시지 않을 것 같아요.

치료자: 어렸을 적에 몇 주 동안 아버지가 당신과 한마디도 하지 않았던 것처럼요?

루스: 그건 의사 놀이 때문이었어요. 제가 아직도 그걸 죄스럽게 생각하고 있다는 건가요? 아버지는 제가 여기에서 예전의 일들을 되돌아보고 있는 걸 알게 되시면 충격을 받으실 거예요.

치료자: 아버지가 어떻게 하실 것 같죠?

루스: 그때 아버지가 절 쳐다보셨던 모습이 생생해요. 얼굴이 붉어지셨고, 말을 더듬으셨어요. 이마엔 땀이 배어 있었고, 죄를 지었다며 저를 벌하셨죠.

치료자: 누구의 죄 때문일까요?

루스: 어쩌면 아버지 자신과 관련된 것 같아요. 그때 저는 성에 관해서는 거의 아는 게 없었어요. 아마도 저를 성적인 존재로 생각하는 것에 대한 죄책감 같은 것일 수도 있겠죠.

치료자: 그런데 벌을 받은 건 당신이군요.

루스: 예. 제가 실제로 행한 것 때문이 아니라, 아버지가 생각한 것과 느낀 것 때문에 벌을 받은 것 같아요.

위의 예에서, 나는 '박사님과의' 약속에서 '노는 것'에 대한 루스의 관심사가 어렸을 적 '의사 놀이' 때문에 혼났던 아동기 사건과 연관이 있을 것이라 생각했다. 이런 가설이 마지막 부분의 해석적 의사교환과 통찰 단계로 이끌었다.

최고의 해석도 하나의 가설일 뿐이다. 설령 그 가설이 옳다 할지라도 성급한 해석은 내담자에게 해를 줄 수 있다. 치료자로서 나는 상상 혹은 회상된 과거 사건들을 현실적으로 해석하기보다는 그녀의 사고, 감정, 기억, 꿈, 공상의 의미에 대해 열린 마음을 지니고 있어야 한다. 비록 억압된 기억을 촉진시키기 위해 나는 직감을 사용했지만, 그 직감이 내담자의 실제에 부과된 진실인 것처럼 다루어서는 안 된다. 현재의 다른 분석 치료자들처럼 나는 루스의 증상, 꿈, 공상 각각에 맞는 다양한 해석이 있다고 생각한다. 나는 루스의 인생에 관한 절대적인 진실만을 이야기하려 애쓰지 않는다. 오히려 그녀에게 도움이 될 만한 사실을 전할 수 있는 해석을 찾으려 노력한다.

**전이와 역전이** 루스는 치료 시 즐거운 경험을 할 뿐 아니라 좌절을 경험하기도 한다. 우리가 그녀를 위해 시간을 투자하고 있다는 사실은 보람 있는 일이다. 그녀의 욕구, 희망, 실망, 꿈, 환상, 그리고 그 밖의 중요한 것들이 진지하게 받아들여져 의미 있는 치료 과정을 경험할 수 있다. 이 시간은 루스의 것이고, 나는 그녀를 비난하지 않고 루스가 나에게 바라는 것, 나를 기쁘게 하려는 것과 관련된 이야기를 경청한다. 나의 적극적이고 지속적인 주의와 관심은 루스가 다른 대인관계에서 경험해 보지 못했던 것들이다. 다른 사람들은 그녀를 비난하거나 그녀에게 그들이 원하는 것만 요구하거나 혹은 재미있게 해주는 존재가 되어주길 기대했었다.

그러나 상담을 통해 좌절을 경험하기도 한다. 루스는 나의 도움을 필요로 하지만, 내가 할 수 있는 일은 그저 들어 주는 것이며, 때로는 그녀가 말한 것에 대하여 질문하거나 이야기하는 것뿐이다. 그녀는 내가 진심으로 그녀에게 호감을 가지고 있는 건지, 혹시 자신이 돈을 지불하기 때문에 관심이 있는 척하는 건 아닌지, 치료자가 언제쯤 도움을 줄 것인지, 언제쯤 결혼 생활이나 지루한 삶의 문제가 해결될 수 있는지 궁금해 한다.

기쁨과 좌절을 경험하게 될 때, 루스는 이 두 가지 정서로 치료자를 대하기 시작한다. 자신의 인생에서 기쁨과 좌절을 주었던 사람이 나에게로 '전이'되는 것이다. 그래서 그녀는 마치 나를 그녀의 아버지와 어머니, 그리고 다른 중요한 인물처럼 대하기 시작한다.

또한 치료 시간에 모든 것을 허용해 주는 치료자의 태도는 그녀를 의존적인 아이처럼 퇴행시켜 자신의 생각이나 느낌을 자유롭게 표현하도록 도와준다. 나는 적절한 제한을 가할 수 있다. 그녀는 자신의 이야기를 말하고 싶어 한다. 나의 분석 태도에 따라 퇴행 정도가 달라지는데, 내가 공감을 표현하는 정도가 우리의 상호작용에 영향을 줄 것이다.

루스의 과거는 현재의 삶과 대인관계 양상을 추측하게 해주는데, 이런 점들이 특히 나와의 관계에서 더 분명하게 나타날 것이다. 그러나 이것은 통제된 상호작용 속에서도 나타나기 때문에 분석을 받아야 한다. 치료 시간에 우리의 치료적 관계 그리고 나에 대한 그녀의 생각과 감정이 영향을 미쳐 자신의 갈등을 드러내어 그것을 이해하게 되는 지적 통찰이 일어난다.

치료적 관계에서 내담자뿐 아니라 치료자도 기쁨과 좌절을 경험한다. 나는 치료 회기 동안의 실제적인 내용뿐 아니라 치료 관계에서 생겨나는 내 감정들도 살펴보아야 한다. 루스에게는 내가 좋아하는 면과 싫어하는 면이 있다. 나에게 매달리려는 그녀의 의존성이 나를 짜증나게 할 수 있다. 나는 그녀가 나에게 투사하는 긍정적인 속성을 즐기기도 하지만, 그녀가 나에게 투사하는 부정적인 속성으로 인해 상처를 받기도 한다. 그러나 나는 이런 반응에 너무 빠져들지 않도록 나 자신을 추슬러 그녀가 자기 자신을 이해하고 개별화를 이룰 수 있도록 지속적으로 상담에 몰두하려 노력해야 한다. 나는 그녀와의 실제 관계에서 오는 모든 보상들을 스스로 부정해야 한다.

내가 받았던 치료를 통한 치료 기법에 대한 이해가 나 자신의 관점을 유지할 수 있도록 도와주었다. 내 스스로 내담자가 되어 나를 이해하는 과정을 경험해 봄으로써 치료자로서의 기능을 가로막는 나 자신만의 갈등 양상을 이해하게 되었다. 그럼에도 불구하고 이상적인 역할에 대한 나의 욕구는 결코 채워질 수 없는 것이다. 불행히도 나의 감정과 갈등이 루스를 왜곡된 방식으로 지각하게 만들지도 모른다. 나의 왜곡은 역전이 경험을 뜻하는 것으로, 내 인생에서 중요했던 인물을 그녀의 속성에 투사하는 것이다. 비록 내가 역전이를 최소화할 수 있다하더라도, 그것을 완전히 제거할 수는 없다. 이런 까닭에 루스를 치료함에 있어 나의 역전이가 상담에 부정적인 영향을 주는 것을 최소화하도록 그녀에 대한 내 감정 반응에 주의를 기울이고 정기적으로 신뢰할 만한 동료와 만나 내 감정과 치료 방식에 대해 이야기를 나눈다. 내 감정과 치료적 개입에 대해 자문을 얻는 것은 상담에 해로운 영향을 미칠 수 있는 역전이를 최소화하고 역전이를 평가하는 효과적인 방법이라고 생각한다. 만일 내가 루스 치료에서 한 특정한 면을 논할 때 비위에 거슬리는 것이 있다면, 역전이가 일어나고 있는지를 검토해 보아야 한다. 자문은 비밀 유지의 원칙하에 수행되어야 한다. 자문 시에 나는 그녀가 이야기한 것들과 내가 이해한 그녀의 정체성에 관한 정보를 말한다. 나의 역전이가 루스의 치료에 있어 잠재적인 부정적 영향을 미칠 수 있으므로 나는 스스로 분석을 받을 수 있고, 루스를 다른 동료에게 의뢰하거나 지속적으로 슈퍼비전을 받으며 치료해 나갈 수 있다.

루스에게 향하는 나의 역전이를 면밀히 관찰함으로써 그녀에 대한 이해를 높일 수 있다. 내담자를 대하는 나의 무의식적 반응은 내담자의 역동과 다른 것들에 대한 단서를 제공한다. 역전이를 이해하고 적절히 통제하는 것이 치료에 도움이 될 것이다. 치료자의 역전이 감정은 내담자의 임상 정보에 관한 중요한 자료를 제공한다.

역전이의 일부 측면들은 심리 치료라는 힘든 작업에 참여하는 치료자의 의식적인 동기와 분리될 수 없는 것인지도 모른다. 내가 루스와 함께 적극적으로 과거의 주문을 깨뜨리기 위해서는 깨져야 할 '마술'과 '주문'의 본성을 알고 있어야 한다. 나는 영웅적인 역할을 수행하게 되는 역전이의 위험에 빠져 그녀의 의존심을 키워주고 퇴행을 유지시킨다. 전문적인 심리 치료자로서의 역할을 수행해야 하지만, 그녀가 기대했던 영웅으로서 루스 인생에 참여함으로써 나는 자신의 의식적인 욕구를 충족시킬지도 모른다. 내가 좋은 치료자의 역할을 취함으로써 영웅의 역할에 머물려고만 한다면, 나는 과거의 주문으로부터 그녀를 풀어줄 수 없다.[3]

## Gerald Corey의 정신분석적 관점에서 루스 상담하기

만일 『상담 및 심리 치료의 통합적 접근: 루스의 사례와 해설 DVD』를 활용하고 있다면 10회기('전이와 역전이')를 참고하고, 내가 여기에서 어떻게 전이와 역전이를 다루는지 비교해 보라.

### 기본 가정

루스를 정신분석이라는 틀 안에서 상담할 때, 나는 Sigmund Freud의 심리성적 관점과 Erik Erickson의 심리사회적인 관점 둘 다의 입장을 취한다. 또한 자아심리학과 대상관계 이론으로 분류되는 현대 정신분석의 관점도 어느 정도 반영한다. 현대 정신분석은 폐쇄적이고 정적인 모델이 아니라 Freud의 접근을 확장시켜 진화한 것이다.

전통적인 프로이트식 정신분석의 정신성적 이론은 인생 초기 6년 동안의 개인내적 갈등에 주목한다. 이 이론의 가정은 이 기간 동안의 성적인 충동과 공격적인 충동을 의식화시키면, 극도의 불안을 경험하게 된다는 것이다. 이런 기억들과 경험들은 무의식 속에 파묻혀 있지만 나머지 인생 동안 개인의 성격과 행동에 강력한 영향력을 발휘한다.

Erikson의 **심리사회적** 이론은 성격 발달에 있어 사회문화적 영향력을 강조한다. 인간은 발달의 연속선상에 있다고 가정한다. 다양한 삶의 단계마다 우리는 사회와 조화를 이루어야 한다. 인생 주기에 따른 위기나 전환점에서 우리는 갈등을 성공적으로 해결할 수도 있지만, 실패를 경험하기도 한다. 주어진 상황에서 갈등을 해결하는 데 실패하면 고착이 일어난다. 초기 발달 단계에서 해결하지 못한 갈등이 있으면 성인기의 정신사회적 발달을 제대로 이루어낼 수 없다. 비록 이런 실패가 우리를 필연적인 고착의 희생자로 만들지는 않는다 하더라도 우리의 삶에 중요한 영향을 미치게 된다.

Margaret Mahler, Heinz Kohut, Otto Kernberg 등이 현대 정신분석가들이다. **현대 정신분석**에서는 자기의 기원과 전이, 개별화, 자기와 타인과의 융합, 후기 발달에 영향을 미친 초기 발달 과정의 결정적인 요인을 강조한다. 인생 초기에 이루어진 유의미한 타인과의 경험이 대인관계를 지각하는 데 영향을 미친다고 본다. 일단 자기/타인 형식이 성립되면, 그것들이 미래의 대인관계에 영향을 미친다. 인간 발달은 개인이 타인으로부터 자기를 분리해 내는 것이다. 사람의 현재 행동은 대부분 초기 발달 단계 중 특정 시기에 형성된 내적 패턴의 반복이다.

루스의 사례를 대할 때, 나는 초기 발달 경험을 매우 중요한 것으로 다루었다. 현재 그녀가 보이고 있는 성격적인 문제들은 억압된 아동기 갈등에 뿌리를 두고 있다. Heinz Kohut의 관점대로 나는 그녀가 아동기 동안에 생긴 심리적 상처를 가지고 있으며, 그녀의 방어 구조는 다시 상처받는 것을 회피하려는 시도로부터 형성된 것으로 본다. 나는 새로운 상처뿐만 아니라 오래된 상처도 짜내고 싶다. 나는 아동기 때의 정서적 외상 경험과 현재 고통스런 상황의 유사점에 주목한다. 우리의 치료는 원래의 상처를 회복시키는 데에 목적이 있다.

나는 내담자를 만나기 전에 이런 많은 가설들을 세워 보았다. 발달 과정에 대한 정신분석적 관점은 내담자의 현재 기능을 이해하도록 도와줄 개념적 틀을 제공한다. 반드시 내 내담자를 이런 이론적인 틀 속으로 몰아붙이진 않는다 하더라도 나는 정상적인 인간 발달의 결과에 관한 일반적인 가설을 세워본다.

## 루스에 대한 평가

접수 면접 자료와 그녀의 자서전적인 기술로 루스를 평가한다. 치료적 견지에서 부모와의 관계는 매우 중요하다. 그녀는 자신의 아버지를 '소원함, 권위적임, 엄격함'으로 기술한다. 나의 가설은 아버지에 대한 지각 방식이 오늘날 모든 남자를 지각하는 데 영향을 미쳤으며 아버지를 불쾌하게 만드는 것에 대한 공포가 어떤 방식으로든 자신의 남편을 불쾌하게 만드는 것에 대한 공포와 관련이 있고, 그녀가 현재 남편으로부터 얻으려 고군분투하고 있는 것이 그녀의 아버지로부터 원했던 것과 관련이 있다는 것이다. 나는 그녀가 아버지에게 했던 것과 동일한 방식으로 나를 대하고 나에게 반응할 것이라 기대한다. 나와의 전이 관계를 통하여, 루스는 자신의 아동기 행동과 현재 투쟁 패턴을 인식할 수 있게 될 것이다. 예를 들어, 그녀는 남편이 떠날지도 모른다는 공포 때문에 존을 불쾌하게 만들지 않으려 한다. 만약 남편이 정말로 떠난다면, 아버지의 심리적인 유기에 대한 패턴이 반복되는 것이다. 그녀는 존에게 대항하지 못하고, 마음이 상하면 자신을 버릴지도 모른다는 두려움에서 벗어날 수 없다. 그녀는 자신이 그녀의 아버지에게 상처받았던 것과 동일한 방식으로 그에게도 상처받을지도 모른다고 생각한다.

**심리사회적 관점**에서는 그녀가 현재 경험하고 있는 심리적인 문제의 본질을 설명한다. 루스는 실제로 세상에 대한 기본적인 신뢰감을 발달시키지 못했다. 어릴 적 그녀는 자신이 타인에게 필요한 존재이며 사랑받을 만한 존재라는 것을 느껴본 적이 없고,

다른 사람을 의지한 적도 없는 것 같다. 그녀는 초기 아동기 동안 사랑받지 못했는데, 이런 박탈감이 현재 자신이 남들에게 사랑받을 만한 가치가 있는 사람이라는 것을 느끼지 못하게 하였다. 자신을 통제하고 세상을 다루는 방법을 알려면 **자율성**이 발달해야 한다. 루스는 어렸을 적 어린 남동생과 여동생들을 돌봐주면서 정작 자신은 어린아이로 존재할 수가 없었는데, 비록 겉으로 보기에는 그녀가 '성숙'한 아이처럼 보였을지 모르지만 실제로는 그렇지 않았다.

**현대의 정신분석 관점**에서 본다면, 루스가 적절한 애착을 느끼고 의존심을 갖게 될 때까지 진정한 독립을 이루지 못할 것이다. 독립적으로 된다는 것은 자기 자신을 타인에게 의존할 줄도 알아야 함을 뜻한다. 그러나 루스는 그녀가 소원했던 아버지 혹은 다소 거부적인 어머니에게 진실한 애착을 경험하지 못했다. 진정한 독립을 위해 정서적인 지지를 제공해 줄 수 있는 타인이 필요했지만, 그녀의 삶에서는 이런 지지를 얻을 수 없었다. 학령기 동안에는 사회적 관계에서 열등감을 가졌었고, 성 역할 정체감에 대해 혼란스러워 하였으며, 새로운 도전을 회피했었다. 청소년기엔 인생에 대한 기본적인 질문이 없었기 때문에 정체감 위기를 경험하지 못했다. 자신이 배운 것에 대한 가치를 의심하기보다는 오히려 순응하며 받아들였고, 청소년 시절 부모님의 말씀을 잘 따랐다. 그녀는 스스로 선택한 것을 바꾸려 하지 않았으며 인생의 의미를 발견하기 위해 투쟁하지도 않았다. 성인이 되었을 때, 그녀는 자신의 근본주의 종교를 버리긴 했지만 자신의 이러한 행동에 죄책감을 느꼈다. 여전히 아버지에게 인정을 받으려 애쓰고 있으며, 자신이 포기한 것을 대체해 줄 만한 분명한 가치관을 획득하지 못했다. 루스 인생에 있어 중요한 주제는 아이들이 집을 떠날 때 생겨날지도 모르는 공허함을 어떻게 해결할지에 있다.

정신분석 이론은 루스가 자신의 인생에 대한 불안을 통제하려고 시도한 방법들에 대해 알려준다. 그녀는 자신의 아이들을 돌봐 주어야 한다고 생각하며 그들이 성장하여 집을 떠나게 되는 것에 대해서는 준비가 되어 있지 않다. 이런 '빈둥지증후군(empty-nest syndrome)'은 직업을 가져 집 밖으로 나가려는 양가적인 감정과 관련이 있다. 이런 변화는 그녀가 자신을 다른 사람의 하인으로 취급해온 것과는 대조적인 것으로 새로운 인생을 선택하려는 것이기에 불안을 야기하고 있는데, 치료의 핵심은 이런 불안을 다루어 주는 것이다.

루스와 상담할 때 나는 심리성적, 심리사회적, 그리고 발달의 대상 관계적 단계들의 지속적인 영향력과 무의식의 존재, 치료자와의 관계에서 내담자의 과거 정서 문제 재연 등과 같은 **단기 정신역동 치료**의 많은 원리들을 참고한다. 실제 생활 문제를 처리하는 데 있어 내담자의 감정과 자원들을 강조한다.

단기 역동 치료는 거기 그리고 아동기 경험이 아니라 지금 여기에 좀 더 초점을 둔다. 이러한 관점을 채택하는 것이 나에게 정신역동적으로 사고할 수 있도록 해주며 동시에 다른 접근들로부터 다양한 기법들을 사용할 수 있도록 해준다. 전통적인 정신분석적 틀 내에서 상담을 했을 때보다 이것은 나로 하여금 상호적이고 지시적이며 자기 노출을 더 많이 하도록 한다.

단기 정신역동 치료는 일반적으로 10~25회기 내에서 특정 문제를 다룬다. 그래서 루스와 상담할 때 한정된 목표를 가지고 거기에 맞는 초점을 유지해 갈 필요가 있다. 하나의 중심 주제나 문제 영역이 우리의 상담을 안내하게 될 것이며 루스는 우리가 함께하는 시간 내에서 현실적으로 탐색될 수 있는 특정한 개인적 문제에 초점을 맞추게 될 것이다. 목표는 치유가 아니라 공식적인 치료가 끝난 후에 루스의 인생에서 지속될 행동, 사고, 그리고 감정에서의 변화를 이끄는 것이다. 여기에서 제시된 생각들은 단기 정신역동 치료 분야에 기여한 Hanna Levenson의 치료를 토대로 한 것이다. 시간제한이 있는 정신역동 치료의 정수를 좀 더 잘 이해하고 싶다면 Levenson의 책이 가장 큰 도움이 될 것이다.[4]

## 치료 목표

루스 치료에 있어 중요한 주제는 그녀가 변화되기를 바라는 관계를 보다 더 잘 이해하게 되는 것이다. 우리의 상담 회기 동안 탐색되어야 할 중요한 주제는 루스의 과거 경험이 어떻게 현재의 관계에 영향을 미치고 있는지이다. 단기 역동 치료의 관점에서 두 가지 중요한 목표를 염두에 둘 필요가 있다. 나는 루스에게 그녀 자신이나 타인과의 관계에 새로운 경험을 제공해 주고 싶다. 그뿐만 아니라 타인과의 관계 관점에서 과거가 현재의 그녀에게 어떻게 영향을 미치고 있는지를 새롭게 이해하게 되길 바란다.

정신역동 치료의 목표는 자아를 발달시키며 통합을 촉진시키는 것이다. 루스가 부정해 왔던 조각난 부분들이 통합될 것이다. 이상적인 정체감 유형은 자존감과 자기 확신을 지닌 자율적인 자기이며 타인과 친밀감을 나누는 것이다.

## 치료 절차

나에 대해 긍정적인 감정과 부정적인 감정을 모두 경험하게 될 것이므로 나는 그녀에게 의미 있는 인물이 될 것이다. 아마도 아버지에게 했던 것과 같은 방식으로 나를 대할지도 모른다. 내가 나 자신을 신비하고 감춰진 존재로 만드는 빈 스크린 모델을 사용하지는 않지만, 이런 유형의 치료에서 내담자는 내가 해결되지 않은 자신의 일부 욕구를 충족시켜 줄 거라 기대한다. 아마도 루스는 어렸을 적 경험하였던 것과 동일한 감정을 다시금 경험하게 될 것이다. 이런 전이를 통해 루스는 자기 자신에 관한 새로운 이해가 가능해질 것이다.

단기 역동 치료적 관점을 취한다는 것은 지금 여기에서 작업하고 있음을 의미한다. 나와 루스의 치료적 작업에서 가장 중요한 부분은 전이 관계를 탐색할 수 있도록 과거를 현재로 가져오는 것이다. 나의 목표는 단순히 과거 사건을 잘 회상하게 만들거나 부분적인 통찰을 촉진시키려는 것이 아니다. 나는 그녀가 아동기부터 현재에 이르기까지 지속적인 자신의 삶의 패턴을 보게 되길 바란다. 루스가 자신의 과거가 여전히 현재에 어떻게 영향을 미치고 있는지를 깨닫게 될 때 중요한 변화가 나타날 것이며 새로운 선택이 가능해질 것이다.

루스는 어릴 적 형성된 자신의 행동 양상을 현재의 삶에서 다시 창조해 나가야 한다는 것을 이해하게 될 것이다. 루스는 불안에 대항하여 자신을 보호하는 몇 가지 행동을 배웠지만 이런 낡은 행동 방식은 현재 그녀에게 도움이 되지 못하고 있다. 루스는 치료를 통해 도움이 되는 새로운 행동 양상을 발달시킬 수 있는 교정적 정서를 경험하게 될 것이다.

## 치료 과정

**| 치료 과정의 구성 요소** 일정 기간 치료에 참여하였음에도 불구하고 내가 그녀에게 나의 사적인 얘기를 하지 않았기 때문에 루스는 나에 대한 환상이 깨진다. 예를 들어, 내가 나의 결혼 생활이나 아이들과의 관계에 대한 이야기를 하지 않았기 때문에 루스는 화가 났을지도 모른다. 그녀는 단순한 호기심으로 나의 개인적인 정보를 알아보려고 했을 때조차도 내가 매우 분석적인 태도를 보였다고 말했다. 그녀는 자신이 할 수 있는 모든 일을 다 해 보았지만 화가 나기 시작한다고 불평했다. 여기에 이런 감정들을 함께 나눈 예가 있다. (이하 상담자인 Gerald Corey를 '코리'라 표기한다.)

루스: 저는 선생님에 관해 좀 더 알고 싶어요. 선생님은 저에 관해 많은 것을 알고 계시지만 저는 선생님에 대해 아무것도 모르잖아요.

코리: 예. 저는 당신이 저에 관해 아는 것보다 당신에 관해 더 많은 것을 알고 있고, 당신이 저보다 마음이 더 여리다는 것도 알고 있어요.

루스: 음, 선생님은 저에게서 너무나 멀리 떨어져 있고 소원하다는 생각이 들어요. 선생님에게 다가가기가 너무 어려워요. 이런 말을 한다는 게 쉽지는 않

네요. …… 음……, 저는 선생님이 절 어떻게 생각하는지 정말 궁금한데 선생님은 말해주시질 않네요. 전 선생님이 뭘 느끼고 계신지 궁금해요. 선생님에게 인정받고 싶지만 그럴 수 있을지도 모르겠고요. 선생님이 저를 나쁜 사람으로 생각하실 것 같아요.

코리: 전에도 이런 느낌을 느껴 본 적이 있나요?

루스: 음……, 저는 항상 아버지에게 이런 느낌을 받았던 것 같아요. 그렇지만 제가 아버지에게 인정받으려 해도 인정을 받을 수가 없었어요. 그러니까 지금 제가 선생님에게 느끼는 것을 아버지와의 관계에서 느끼곤 했던 것 같아요.

루스가 마침내 너무나 오랫동안 참아왔던 나에 대한 느낌을 말했기 때문에, 나는 의식적으로 루스에게 더욱 더 개인적인 반응을 삼가야 한다. 나는 그녀가 나를 무뚝뚝하고 다가갈 수 없는 사람으로 여기며, 그녀가 바라는 사람으로 존재하지 않는 것에 대해 좀 더 표현해 보라고 그녀를 부추긴다. 이런 과정을 통해 현재 관계에서 그녀가 나를 보고 있는 관점과 과거에 채울 수 없었던 욕구들 간의 관계를 좀 더 많이 깨닫게 되리라 기대하며 탐색을 계속해 나간다. 이 단계에서 루스는 자신이 매우 특별한 존재이길 원하는 기본적인 감정들을 경험하고 있으며, 자신이 특별한 존재라는 증거를 찾고 싶어 한다. 오랫동안 그녀의 전이 반응을 살펴봄으로써, 그녀가 아버지에게 인정받고 싶어서 어떻게 노력해왔는지, 그토록 인정받고 싶어 했던 것과 관련하여 자기가 자기 자신을 인정하는 방법을 배우지 못한 이유에 대해 통찰을 얻게 될 것이다. 나는 이런 전이의 표현을 더 끌어내길 원하기 때문에 이런 과정을 북돋운다.[5]

**| 치료 과정에 대한 논평** 나는 고전적인 정신분석의 관점에서 상담을 하고 있지는 않다. 오히려 나는 심리사회적 이론과 Heinz Kohut의 이론인 좀 더 최근의 정신분석적 개념을 적용하였다. 나는 치료 시간의 많은 부분을 초기 외상과 새로운 상처에 대한 두려움과 같은 문제들을 탐색하는 데 할애했다. 그녀가 지금 여기서 경험하고 있는 상처는 그녀의 낡은 상처들에 대한 기억을 불러일으킨다. 특히 나와의 관계에서 민감한 반응을 보이고 있는 것은 내가 그녀를 인정하지 않는다는 단서와 거부 단서이다. 그러므로 치료에서는 그녀가 한 아이로서 승인(인정)을 얻으려 시도했던 방식뿐만 아니라 인정받기 위해 지금도 고군분투하고 있는 현재의 모습을 다룬다. 다시 말해, 그녀는 상처받은 자아를 지니고 있으며, 앞으로 있을지도 모를 상처에 민감해져 두려움을 느끼고 있다. 나는 그녀가 사랑을 얻기 위해 어떻게 노력해왔는지 그리고 나약한 자아에 더하여 정서적인 상처로 고통스러운 자신을 어떤 방식으로 보호해왔는지를 중심으로

그녀의 애착을 살펴보았다.

루스는 자신의 과거가 중요하며 자신이 바라는 대로 현재의 관계가 변화되려면 낡은 상처들이 치유되어야 한다는 사실을 깨닫게 된다. 루스가 나에게 반응하는 방식에 대한 이해가 깊어질수록 그녀의 인생에서 중요한 사람과 그녀가 어떻게 관련되어 있는지에 대한 자각이 증가하게 된다. 루스는 그녀가 자신의 아버지에게 사랑과 관심을 받기 원했던 방식과 마찬가지로 나를 바라본다. 나는 그녀가 성숙한 성인으로 기능하는 것을 방해하는 장애물과 작업해야 하기 때문에 루스에게 과거 사건들과 관련된 감정을 회상하도록 권한다.[6]

## 마지막 제언

정신역동 모델은 한 개인의 역사를 이해할 수 있는 개념적 틀을 제공한다. 비록 정신분석적 수련을 받지 않았다 하더라도, 치료자는 정신분석적으로 생각하는 방법을 배울 수 있다. 정신분석적 기법들이 다양한 많은 상담 장면에서 사용하기에는 어려움이 있다 할지라도, 정신분석적 개념들은 다양한 종류의 내담자들이 갖고 있는 역동을 설명해 줄 수 있다. 과거의 영향력을 무시하면 치료적 혜택이 줄어든다. 루스의 사례에서 입증되듯, 과거의 영향력을 이해하는 것이 현재의 행동을 통제하는 데 더 많은 도움이 될 것이다.

# 복습을 위한 질문

이 책에서 기술된 치료 접근법에 따라 상담을 실시하려면, 우선 각 이론의 기본 개념과 기본 가정을 여러 번 자신의 인생에 적용해 보아야 한다. 복습을 위한 몇 가지 질문들은 자신만의 개입에 도움을 주려는 것이다. 다른 질문들은 여러분이 루스와 상담을 시작할 때, 몇 가지 지침을 주려고 고안된 것이다. 그것들은 자문가와 내가 각각의 치료적 관점에서 루스를 어떻게 상담하는지 명확히 이해하도록 도와주려는 것이다. 이 중에서 가장 흥미로운 질문들을 선택해 보라.

1. Blau 박사는 내담자 경험과 행동에서 '왜(whys)'를 이해하는 것이 중요하다고 강조한다. 이것에 대해 여러분이 생각하는 장단점은 무엇인가?
2. Blau 박사는 루스의 심리성적인 측면들이 부모님과의 관계, 그리고 그녀의 형제들과의 관

계에서 여전히 중요한 갈등으로 존재하고 있다고 본다. 어떤 초기 경험이 오늘날까지도 유의한 영향을 미치고 있다고 생각하는가? 어떻게 이런 역동을 탐색할 것인가?

3. 루스의 인생에서 아버지가 중요하다는 데에 동의하는가? 아버지와의 갈등이 현재의 갈등과 어떤 관련이 있는지를 어떻게 탐색할 것인가?
4. 여러분이 분석적인 관점에서 루스를 상담할 때, 초점을 두어야 할 가장 중요한 주제는 무엇인가?
5. 루스가 아동기로 거슬러 올라가 그 경험들을 어떻게 재현하도록 만들 것인가? 성격 변화를 야기하는 데 있어 내담자의 초기 아동기를 파고들어 가는 것이 얼마나 중요하다고 생각하는가?
6. 루스의 주된 방어기제는? 이런 방어기제를 경감시킬 수 있을까?
7. Blau 박사는 치료자와의 '실제' 관계와 '가상의' 관계를 중요시한다. 전이 반응과 '실제' 반응을 어떻게 구별할 수 있을까?
8. Blau 박사와 나의 상담에서 치료자의 자기 노출의 역할은 무엇인가?
9. 루스와 나의 상담에서는 일부 현대 정신분석 모델과 단기 역동적 치료를 활용하였다. 정신분석적 개념들을 단기 치료적 관점에 응용할 수 있는 점은 무엇인가? 지금 여기에 초점을 맞추는 것이 내담자의 과거를 이해하는 데 어떤 도움이 되는가?
10. 정신분석적/정신역동적 접근이 여러분의 상담 방식에 얼마나 잘 어울린다고 생각하는가? 이 접근의 어떤 측면이 여러분에게 가장 유용할 것 같은가? 여러분의 개인적인 상담 방식에 적합하도록 수정해야 할 것은 무엇인가?

## 주

『심리상담과 치료의 이론과 실제: 스탠의 사례와 해설 DVD』 2회기('스탠의 사례에 적용한 정신분석 치료')의 스탠의 저항과 전이를 다루는 방법과 정신분석 치료를 응용하는 나의 방법을 참고하라.

1. DSM-IV-TR 정보는 다음과 같다. American Psychiatric Association. (2000). *Diagnostic and statistical manual of mental disorders* (4th ed., Text Revision). Washington, DC: Author.
2. 의사결정 시 무의식적 결정 요인을 지지하는 연구에 관한 좀 더 많은 정보를 원한다면 다음을 참고하라. Nisbett, R., & Wilson, T. (1977). *Telling more than we can know: Verbal reports on mental processes. Psychological Review*, 84(3), 231-259; Bargh, J., & Ferguson, M. (2000). Beyond behaviorism: On the automaticity of higher mental processes. *Psychological Bulletin*, 126,

925-945.

3. 여기에서 Blau 박사는 루스의 전이를 통해 그의 상담에 관한 견해를 논하였고 자신의 능력과 잠재적인 역전이를 기꺼이 인식하고 모니터하며 다루는 것의 중요성을 제시하였다. 만일 여러분이 『상담 및 심리 치료의 통합적 접근: 루스의 사례와 해설 DVD』를 활용하고 있다면 역전이에 대한 나의 관점을 적은 10회기 '전이와 역전이 작업'를 참고하라.
4. 단기 정신역동 치료의 과정에 대한 중요 요인을 좀 더 분명하게 이해하고 싶다면 다음을 참고하라. Levenson, H(2010). *Brief dynamic therapy*. Washington, DC: American Psychological Association.
5. 『상담 및 심리 치료의 통합적 접근: 루스의 사례와 해설 DVD』를 활용하고 있다면 10회기('전이와 역전이')에서 내가 다룬 전이와 역전이와 내가 여기서 기술한 전이와 역전이를 비교해 보라.
6. 정신분석적 이론의 좀 더 상세한 치료 방법을 알고 싶다면 G. Corey(2013)의 『심리상담과 치료의 이론과 실제』(9판, Belmont, CA: Brooks/Cole, Cengage Learning)를 참고하라. William Balu 박사와 루스와의 상담과 루스와 나의 정신역동적 상담에서 소개한 기본적인 개념들은 4장('정신분석적 치료')에 자세히 설명되어 있다.

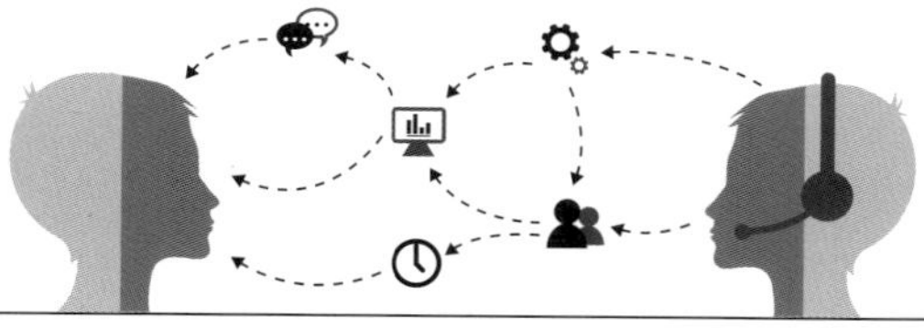

CHAPTER

3

# 아들러식 치료의 사례 접근

## 아들러식 치료의 일반적 개관

아들러식 접근은 내담자가 자기 자신, 타인, 그리고 인생을 보다 잘 이해할 수 있도록 돕고, 문제 행동이 발달하고 지속되게 만드는 부적응적인 생각과 행동을 줄여줄 수 있는 자신의 강점과 자산을 보다 잘 인식할 수 있도록 한다. 아들러식 치료자들은 처방된 어떤 특정 기법에 의존하지 않고 내담자의 독특한 욕구에 적합한 다양한 전략과 기법을 사용한다. 이것을 **기법적 절충주의**(technical eclecticism)라 한다. 아들러식 이론에서 정신건강의 준거가 되는 사회적 관심은 치료적 개입의 방향을 제공한다. '공동체 정서(community feeling)'를 의미하는 독일어 'Gemeinschaftsgefuhl'은 소속감, 세상의 일부로 존재한다는 느낌, 다른 사람들과 연결된 느낌을 포함한다. 사회적 관심이란 이러한 집단 정서를 재연하며 타인과 우정을 형성하고 함께 일하고 협동하게 만들어 사회를 구성하는 데 기여한다. 사회적 관심을 지닌 사람은 사회적 평등과 상호협력을 실천한다. 건강한 혹은 병리적인 행동을 결정하는 중요한 준거는 타인과 더 큰 사회적 공동체에서 그것의 유용성에 달려 있다.

성장과 변화를 촉진시키기 위해 아들러식 치료자들이 사용하는 치료 기법은 격려, 직면, 재명명, 인지적 재구조화, 유머, 역설적 개입, 해석, 과제 할당과 새로운 행동 기술을 가르치는 것이다. 아들러식 치료자들은 치료 시 민주적이고 상호협동적인 접근을 강조하며, 치료자와 내담자가 모든 과정과 종결을 서로 의논해 결정한다. 구체화된 목표는 치료 결과를 평가하는 준거가 된다.

# 루스에 대한 아들러식 치료자들의 관점

_ James Robert Bitter 교육학 박사, William G. Nicoll 박사

## 도입

Gerald Corey는 나에게 루스 사례의 최초 면접에 대한 인상을 토대로 사례를 구조화해 달라고 부탁했다. 최초 면접에서 나는 Adler의 **생활 과제** 개념으로 루스의 (1) 친목과 사회적 관계, (2) 일과 직업, (3) 사랑, 친밀감, 성을 구체화하였다. 또한 요약된 가족 응집력, 초기 회상에 대한 기록을 읽고 루스의 기본적인 신념 패턴을 해석하였다. 여기서 우리는 아들러식의 단기 치료라고 부르는 수정된 **아들러식 상담 방법**[1]을 활용하였다.

흔히 삶의 방식에 대한 정보는 한 명의 전문적인 임상 치료자에 의해 수집되고 해석된다. 그러나 우리는 두 명의 치료자가 **중다 치료**(multiple therapy)[2]라 불리는 기법을 사용하는 것을 더 선호하며, 이것이 이상적인 방식이라고 생각한다. 먼저 한 사람의 치료자가 내담자를 면담하여 거기서 얻은 정보를 두 번째 치료자에게 넘긴다. 내담자는 바로 그 치료 구조 안에서 사회적 관심을 다시 경험하게 된다. 두 사람의 치료자가 힘을 모아 협동하는 모델 그 자체가 치료이다. 그뿐만 아니라, 중다 치료는 치료자를 내담자를 이해하기 위해 작업하고 있는 동료로 존재하게 함으로써 큰 도움이 된다.

이번 장에서는 루스의 초기 배경 정보와 현재 기능에 대한 상세하고 광범위한 평가를 제공할 것이다. 다른 장에서 루스를 상담할 때 이 자료가 계속 사용되기를 바란다. 우리는 일반적인 대화와 삶의 양식 평가를 서술식으로 요약하는 것부터 시작한다.[3] 우리는 Robert L. Powers와 Jane Griffith가 개발한 『내담자 개인 심리 워크북(Individual Psychology Client Workbook)』[4]에 제시된 인터뷰 모델에 근거해 내담자와 함께 작업한다. 여기에 일부 요약된 자료와 우리의 평가 과정에 대한 초기 요약 정보를 제공할 것이다. 이 요약은 **아들러식 단기 치료**(Adlereian Brief Therapy)의 틀을 따른 것으로 루스와의 상담에 적용할 것이다.

## 최초 면접

제1장에서 루스의 자서전에 제시되어 있듯이 그녀는 4남매 중 장녀였다. 그녀는 39세이고 남편과 함께 캘리포니아에 살고 있다. 질(Jill)은 네 살 어린 35세이고 시카고에서

건축가로 일하고 있다. 에이미(Amy)는 여섯 살 어린 33세로 사회사업가로 일하고 있고, 막내인 스티브(Steve)는 아홉 살 어린 30세로 루스의 부모와 함께 살면서 선박회사에서 일하고 있다.

루스는 자신이 가장 불행한 어린 시절을 보냈다고 믿고 있었다. 현재 그녀는 가정주부이자 사춘기의 자녀를 둔 어머니이기도 하다. 그녀는 대학에 입학하여 학사학위를 받았고, 교사가 되기를 희망하지만 아내로서 어머니로서, 그리고 교사가 되기 위한 능력에 있어서도 한계를 느끼고 있었다. 그녀는 아래의 세 가지 영역에 대한 질문에 다음과 같이 대답하였다.

**사랑과 친밀감** "저는 연애 경험이 한 번밖에 없어요. 존(John)과 저는 고등학교를 졸업한 후 교제를 시작했어요. 우리는 결혼했고 지금까지 함께 살고 있습니다. 존은 우리가 사귀기 전부터 오랫동안 저한테 관심을 가져왔다고 말했어요. 우리는 공식적인 교회 활동을 통해 만났어요. 그는 하루 종일 저와 함께 있었어요. 서로 많은 이야기를 나눴고 그는 저의 얘기를 뭐든지 귀담아 들어줬어요. 그는 매우 주의 깊은 사람이었죠. 그와 함께 우리 집 앞까지 걸어왔을 때, 그는 함께 영화 보러 가자고 제안했어요. 저는 승낙했고 우리 부모님도 반대하지 않았어요. 존은 강한 사람이었고 저는 그가 뭘 원하는지, 어떤 목표와 꿈을 지니고 있는지를 알고 있었어요. 그 꿈에 제가 포함되어 있었기 때문에 저는 그의 꿈이 좋았어요. 그는 항상 조용했고 저에게 한 번도 화를 낸 적이 없었어요. 언제나 참아줬는데, 저는 남자라면 그래야 한다고 생각해요. 존은 제가 데이트한 유일한 사람이었고 좋은 사람이었어요."

"여성으로 존재한다는 것은 다른 사람을 위해 희생하는 것이고, 식구들을 돌봐주고 자녀를 양육하는 것이라 생각해요. 또한 여성은 남성에게 매력적이어야 한다고 생각해요. 정말 처음에는 그랬어요. 그러나 지금은 제 몸무게 때문에 더 이상 매력적이지 않아요."

"존은 거의 불평을 하지 않아요. 그는 좀 더 자주 성관계를 맺고 싶어 하지만, 전 존과 같은 기분을 느낄 수 없어요. 제가 제 자신에게 대해 갖고 있는 불만은 제 자신을 위해 보다 더 많은 일을 하고 싶지만 자신이 없다는 거예요."

"제가 만약 사랑과 관련하여 개선되거나 변화되길 바라는 점이 있다면 좀 더 여성스러워졌으면 좋겠다는 것이고, 누군가에게 소중한 사람이 되어 제가 사랑 받을 만한 자격이 있다고 느끼고 싶은 거예요. 존이 저를 떠날 거라거나, 우리의 관계가 나빠지는 것, 그를 잃어버릴지도 모른다는 걱정을 하지 않고 제 자신을 위해 일하면서 만족을 얻을 수 있었으면 좋겠어요."

**일과 직업** "저는 제 모든 시간을 집에서 일하면서 보냈어요. 처음엔 우리 아버지 집에서, 그리고 현재는 우리 집에서요. 10대엔 동생들을 돌봐야 했어요. 때로는 제가 원해서 자발적으로 일하기도 했지만 실제로 자발적이었던 때는 그리 많지 않았던 것 같아요. 제 자신보다는 자녀들과 존에게 훨씬 더 많이 신경 쓰지요. 제가 무언가를 해서 식구들이 좋아할 때 가정주부로서 가장 기뻐요. 때로는 아이들이 이걸 몰라주고 더 많은 것을 해달라고 하지만 남편은 제 노력을 알아주는 것 같아요. 여태껏 저는 제 자신을 위해 시간을 투자해 본 적이 없었지만 지금은 교사 자격증을 얻으려 노력하고 있어요. 학교에서 일하고 싶어요. 힘들긴 하지만 저는 이 일이 좋아요. 많은 것을 배우고 있고 많은 시간과 에너지를 투자하고 있으며 이것을 또 다른 저의 길이라 생각하고 있답니다."

"구체적으로 말하면 교사 자격증을 취득하여 초등학교 3학년 아이들을 가르치고 싶어요. 저는 힘든 시간을 보내고 있는 아이들을 돕고 싶어요."

**친목과 지역사회** "최근에 학교에서 몇몇 좋은 친구들을 만났어요. 학교는 제가 하고자 하는 일뿐만 아니라 이야기를 나눌 수 있는 사람들과 친분을 맺게 해준 점에서 정말 제 인생의 전환점을 제공해줬다고 생각해요. 학교생활을 통해 정말 좋은 사람들을 만날 수 있었고 그들과 편하게 이야기를 나눌 수 있어요."

"저는 친구가 많지 않고 대부분이 여자 친구에요. 아마도 오래된 친구는 한두 명인 것 같네요. 그러나 저는 오래된 친구들보다 대학 친구들과 좀 더 많은 얘기를 나눴어요. 다른 사람들의 얘기를 잘 들어주기 때문에 사람들은 절 좋아하지요. 저는 사람들이 말하는 것에 관심을 기울여요. 저는 창의성을 발휘하는 지도자가 될 수는 없지만 창조적인 일을 하는 사람들을 돕는 일원이 될 수는 있어요."

**| 최초 면접에 대한 요약** 이러한 정보로부터 우리는 초기 인상 요약을 개발했다. 요약은 루스의 경험으로부터 떨어져 있는 제삼자 형식으로 기술되어 자신의 인생 맥락에 대한 하나의 이야기를 통해 자기 자신을 보게 되고 그것의 역동적인 움직임을 보게 된다.

루스는 치료가 자신의 인생에서 잠재적인 터닝 포인트가 될 것이라고 본다. 초기 인생 경험이 나머지 인생에 영향을 미친다. 동생이 자랄 때까지 루스는 어린 나이에 남동생과 두 명의 여동생을 돌봐야 했다. 그녀는 자신의 엄마를 '훌륭한 주부'의 모델로 삼았고, 존과 결혼해 지속적으로 이 역할을 수행하였다. 아이들이 자라 청소년이 되었을 때, 그녀는 지속적으로 자신의 도움이 필요한 직업을 구하기로 결심했다. 학교로 돌아가 그녀는 학사학위를 받았고, 지금은 교사 자격증을 따기 위해 준비 중이다. 학교생활과 학교에서 만난 동료 학생들을 통해 새로운 세상을 경험하게 되었다. 교사라는 전문 직업의 가능성을 보기 시작했으며, 여느 때보다 더 많은 친구들을 만날 수 있었다. 새로운 가능성에 흥분되기도 하지만 한편으로는 여태껏 자신이 지켜온 것들을 잃게 될까봐 걱정하고 있다.

루스는 양가감정을 지니고 있다. 한 세상(학교)이 준 기회란 다소 위협적이고 위험하게 느껴지기도 하지만, 새로운 것이고, 무한하며, 흥분되고, 완전한 것처럼 보인다. 다른 세상(집)에서 그녀의 삶은 안전하고, 친숙하고, 예측 가능한 것이어서 자신이 다음에 해야 할 일들을 정확하게 알 수 있다. 그녀는 두 가지 세상이 함께 조화를 이루길 원하지만 어떻게 해야 할지 몰라 난감하다. 그녀는 학교와 집 둘 다에서 완벽해질 수 없다는 점을 잘 알고 있지만 두 세상의 일들을 완벽하게 처리해나가고 싶어 하며 이런 족쇄에서 빠져 나오기가 힘들다. 그녀는 모든 사람들이 그녀와 함께 행복해지길 바라고 있다. 그녀는 존과 아이들과도 행복하게 지내길 원한다. 또한 그녀의 선생님, 새로운 친구들과도 행복하게 지내길 바란다. 무엇보다도 자기 자신이 행복해지길 원한다. 그녀는 어떻게 해야 이 모든 것이 가능할지 혼란스럽고, 이런 생각이 들 때면 걱정을 하게 되며, 불안하거나 우울해진다는 것을 잘 알고 있다. 근심이 없고 불안이나 우울하지 않을 때는 현기증, 두통, 심계항진, 불면증, 그리고 다른 신체장애를 보이면서 가족들과 자기 자신에게 자신이 쉬어야 할 때가 되었음을 알리고 다른 사람의 보살핌이 필요하다는 메시지를 보낸다.

루스는 인생의 우선순위를 자기 자신에게 두지 않았다. 어렸을 적 엄마, 아빠를 기쁘게 해 드리는 것이 다른 아이들한테는 쉬운 일이었을지 모르지만 그녀에게만은 매우 어려운 일이었다. 그녀는 어떻게 해야 부모님을 기쁘게 해드릴 수 있을지 알 수 없었고 그들에게 인정받지 못하고 거절당할까봐 두려웠다. 가족 분위기는 엄했고 통제적이었으며, 여성이 해야 할 일은 자녀와 남편을 돌보는 것이라 생각해왔다. 모든 것을 잃게 될 거라는 두려움 없이 우선순위를 자기 자신에게 두고 싶지만 이것이 그녀에게는 너무나 어려운 일이다.

우리는 루스의 문제가 잘 반영된 다음과 같은 치료 목표를 세울 수 있다.

- 자신의 요구사항과 갈등을 대신해 주고 있는 신체적, 정서적 증상 다루기
- 원하는 것을 추구하면서 현재 자신이 지니고 있는 것을 잘 유지해 가기
- '엄마가 항상 신경을 써주지 않으면 무슨 일이 일어날 거라는 것'을 상기시켜 주기 위해 반항적으로 행동하는 딸을 다루기
- 39세가 다 가기 전에 자신에게 열린 기회에 도전하게 함으로써 자신의 인생을 찾기

## 루스의 생활양식 평가

**가족 응집력** 생활양식을 평가하는 동안, 루스는 자신의 일에 헌신적이었던 아버지의 모습을 기술했다. 그녀가 어렸을 때 아버지는 엄했고 지역사회에서도 권위가 있는 인물이었다. 그는 공정했으며 존경을 받았다. 또한 차갑고 소원했다. 루스에게도 거리감을 느끼게 하셨으며 엄하셨고 따뜻하게 대해 주질 않으셨다. 아버지는 자녀들 모두에게 소원했고 자식들에게 자신을 존경할 것을 강요했다. 질은 아버지에게 사랑을 받았던 아이이다. 아버지는 그녀가 이룬 성과물들을 좋아하셨다.

훈육 시 아버지는 자녀들에게 큰소리를 치곤 하셨다. 잘못하면 다른 형제들과 어울리지 못하게 하셨고 몇 주 동안 말 한마디 건네지 않으셨다. 루스는 무서웠고 때로는 부녀지간이 아닌 것처럼 느껴지기도 했다.

루스는 아버지의 국적을 알지 못하지만 아버지가 사형제 중 장남이었고 종교적인 가족 분위기에서 성장했다고 알고 있다. 아버지는 일찍부터 목사가 되기 위한 준비를 하셨다. 아버지의 집은 가난했지만 잘 견뎌냈고 이에 대해 아버지는 항상 자부심을 가지고 계셨다.

루스의 어머니는 열심히 일하고 불평을 하시지 않는 분이었다. 매우 예의바른 분이셨고 항상 옳은 일을 하셨으며 위엄을 갖추고 계셨고 목사의 아내임을 자랑스러워하셨다. 어머니는 희생적인 분으로 남편이나 아이들이 필요로 하는 것을 다 해주셨다. 교회에 나온 사람들에게 음식, 의복, 안식처를 제공하기 위해 자기 자신을 위한 일은 포기하셨다.

어머니가 중요하게 생각하는 것은 교회나 지역사회에서 자신의 자녀들이 좋은 이미지를 갖게 되는 것이었다. 관대한 성격의 소유자가 아니었기에 아이들에게 정서적인 친밀감을 주진 못했고 매우 진지하셨으며 자녀들에게 매우 엄하셨고 행복해 보이지도 않았다.

어머니는 자녀들이 올바르게 성장하도록 헌신하셨지만 자녀들에게 뚜렷한 문제가 생기지 않는 한 자녀의 삶에 깊이 관여하지 않으셨다. 스티브는 어머니의 사랑을 독차지했다. 가족을 부끄럽게 하는 자녀가 되는 것을 원하지 않으셨고 모두 열심히 일하는 사람이 되길 바라셨다.

루스의 어머니는 스코틀랜드계 아일랜드 혈통이다. 어렸을 때는 가난한 환경에서 자라셨다. 세 자매 중 막내였고 자매 중 유일하게 결혼하신 분이다. "엄마는 항상 우리가 기독교인의 삶을 살게 된 것이 얼마나 행운인지에 대해 말씀하셨어요."

부모님은 딱딱하고 형식적인 관계를 유지하셨다. 애정표현이 거의 없었고 잘 웃지도 않았으며 말다툼도 하지 않았다. 어머니는 아버지가 말한 것이나 행한 것을 지지하셨다. 루스는 부모님들을 즐겁게 해드리고 싶었지만 그게 쉬운 일은 아니었다.

친할머니가 루스에게 관심을 가져 주셨다. 할머니에게는 이해받는다는 느낌이 들었으며 할머니는 루스에게 좋은 이야기와 조언을 많이 해주셨다. 존을 가장 먼저 받아들여 주신 분도 할머니셨다. 루스의 형제자매 관계를 요약하면 다음과 같다.

**루스 형제자매에 관한 요약**

| | |
|---|---|
| 루스 (39세) | 책임감 있고, 열심히 일함. 조직적이고 헌신적이며 유능하고 신뢰할 만함. 자기비판적이고 다른 사람에게 요구가 많지 않음. 겁이 많고 부모를 기쁘게 해드릴 수 없다고 생각함.<br>**루스의 관점:** '나는 외로웠지만 쓸모 있고 필요한 사람이라고 느꼈었다. 나는 식구들에게 인정받기를 원했다. 나는 착한 소녀였고, 동생들을 잘 돌봐주었다.' |
| 질 (35세) | 밝고 예쁘며, 성취지향적임. 순응적이고 흠잡을 데가 없으며, 아빠와 사이가 좋았음. 엄마하고도 잘 지냄.<br>**루스의 관점:** '질은 나를 가장 좋아했다. 그녀는 착했고 적응을 잘했다. 그녀에게는 운 좋게 많은 기회가 찾아왔다. 그녀는 학교에서 주는 명예 훈장을 받았다.' |
| 에이미 (33세) | 미성숙하고 다른 사람에게 요구만 함. 가족의 '말썽꾸러기'. 루스를 존경했고 열심히 일하며 독립적임. 아빠와 갈등을 겪고 있으며 엄마를 기쁘게 해드리려 하지만 성공하지 못했음.<br>**루스의 관점:** '에이미는 나와 가장 많이 달랐다. 비교해 보면 그녀는 무책임했다.' |
| 스티브 (30세) | 응석받이이고 과잉보호를 받음. 아빠와 문제가 있었지만 엄마가 보호해 주고 있음. 엄마의 관심을 얻고 있음. 민감하고 루스와 말다툼을 하며 성취지향적이지 않았음.<br>**루스의 관점:** '스티브도 나와는 달랐다. 아직도 엄마의 보호하에 있다.' |

어린 시절, 루스와 루스의 형제들은 동네에서 거의 보기가 힘들었다. 루스는 많이 놀 수가 없었다. 간혹 교회 아이들이 집에 놀러 왔지만 대개 다른 형제들과 같이 놀기 위해 온 아이들이었다. 그녀에게 친구란 남동생과 여동생뿐이었다.

모두들 루스가 학교에서 공부를 잘할 수 있을 거라 기대했지만 그녀에게 공부는 어려운 것이었다. 매 시간 열심히 해도 공부를 잘할 수 없었다. 국어와 역사를 가장 좋아했고 산수와 과학이 가장 어려웠다. 독서를 좋아했고 남을 돕는 것을 좋아했다. 어려워 집중할 수가 없었던 산수나 과학 공부를 해야 할 때에는 신경이 너무나 예민해졌다. 대체로 선생님은 그녀를 좋아했지만 선생님은 항상 루스가 자신의 잠재력을 충분히 발휘하지 못하는 것 같다고 말씀하셨다. 그녀는 다른 아이들과 많이 어울리지 않았고 조용했다. 다른 아이들은 그녀를 '불가사의한' 아이라고 생각했다.

루스는 6세 때 있었던 일을 이야기했다. "저는 여덟 살 된 오빠와 '의사 놀이'를 하다가 아버지에게 들켰어요. 아버지는 저를 꾸짖으셨고 몇 주 동안 말도 하지 않으셨어요. 저는 죄책감이 들었고 부끄러웠죠." 루스는 잘 모르는 채로 청소년기를 맞았다. 12세 초경을 시작했을 때 두려웠다고 회상한다. "저는 무슨 일이 일어나고 있는 건지 몰랐어요. 엄마는 저에게 필요한 물품과 읽어야 할 책을 주셨지요." 고등학교를 마칠 때까지는 데이트를 할 수 없었으며 19세 때 처음으로 데이트했던 남자와 결혼을 했다. "제가 좋은 사람을 만나게 된 건 행운이었어요. 저는 우리 엄마처럼 훌륭한 주부가 되려면 어떻게 해야 하는지 잘 알고 있었거든요."

루스의 생활양식 정보로부터 우리는 그녀가 말한 가족 구성원과 가족 인생 이야기의 의미를 루스와 함께 재구성할 수 있었다. 그녀의 현재 인생 경험과 관련된 의미와 패턴을 강조해 다시 요약해 본다.[5]

**가족 응집력에 대한 요약** 루스는 네 명의 아이 중 첫째 아이로, 열심히 일하며 규범을 철저히 지켜야 하는 가정에서 자랐다. 그녀는 인생 초반에 열심히 하기만 하면 모든 일이 가능하다고 배웠지만, 애석하게도 열심히 한다고 해서 모든 일이 다 이루어지는 것은 아니었다. 많이 노력했음에도 불구하고 약간의 실수로 비난을 받거나 거절을 당해야 했으며 이것이 외로움과 신중함, 두려움을 경험하게 했다.

그녀의 아버지는 거칠고 엄격하며 완고하고 화를 잘 내는 남성적인 성격을 지닌 분이셨다. 아버지는 권위적이고, 평가적이었으며, 종교적으로 완벽한 것을 추구하셨다. 실제로 그녀의 아버지는 그녀로 하여금 아버지를 무서워하는 것과 하나님을 무서워하는 것을 혼동하게 만드셨다. 성경에 나타난 카인의 여성 버전처럼, 루스는 자신의 부족함을 깨닫고 자신이 동생 질과 같이 완벽할 수 없다는 것을 알게 된 후, 아버지로부터 인정받기 위해 끊임없이 더 많은 노력을 해왔다. 아버지를 기쁘게 해드리기 위한 투쟁은 아버지를 기분 나쁘게 하지 않기 위한 전략으로 수정되었고, 여기서 생겨난 두려움은 삶 전반에 영향을 미쳤다.

루스의 어머니는 원리 원칙, 정의, 의무를 중요시하셨고 남편에게 매우 헌신적인 여성이셨다. 열심히 일하며 희생적이셨고, 여성은 고통스러운 일이 있더라도 조용히, 품위 있게, 그리고 불평하지 않고 살아가야 한다는 것을 몸소 보여 주셨다. 아이들의 신체적, 정신적 욕구를 채워주려 하셨지만, 엄격한 남편의 가치관을 벗어난 적은 없었다.

루스의 할머니는 여성스러움에 관해 어머니와는 다른 역할 모델이 되어 주셨다.

할머니는 다른 사람과 함께 즐겁게 지내며 그들을 돌봐줄 수 있다는 것을 보여주신 분이다.

가족 내 분위기는 즐거움과는 거리가 멀어 형식적이고 딱딱했으며 언행일치와 규칙 준수가 강조되었다. 가족관은 열심히 일하는 것, 완벽함, 체면 중시였다. 가족 내에서 갈라진 틈을 조금도 허용하지 않는 그런 분위기였다.

**초기 회상 기록** 아들러 방식에 따른 초기 회상 내용의 평가는 투사적 기법을 활용한다. 6세부터 12세까지의 자아상과 타인에 대한 이미지, 윤리적 신념 등을 탐색하는 데 이솝 우화 같은 비유를 사용하여 질문하기도 한다. 초기 기억은 항상 그 사람의 과거보다는 현재의 그 사람에 관한 정보를 제공해 준다. 초기 기억은 그 사람에게 있어서만은 '사실'이지만 부정확하거나 심지어는 불가능한 일처럼 느껴지기도 한다.

투사 기법을 사용하기 위해서 우리는 최소한의 지시를 해야 하고 중립적인 태도를 유지해야 한다. 우리는 루스에게 매우 어렸을 때(9세 이전)로 되돌아가 생각해 보고 그때에 일어났던 일을 말해 달라고 하였다. 루스 면접 시 그녀는 5개의 초기 회상을 말하였다.

1. 3세. "아버지가 저에게 소리를 질렀던 기억이 나요. 제가 울어서 아버지는 저를 다른 방에 가두셨지요. 제가 왜 울었는지 기억나진 않지만, 아버지가 소리를 지르셔서 저는 돌처럼 굳어 버렸어요."
   가장 생생한 순간: 아버지가 소리 질렀을 때
   감정: 무서웠고, 돌처럼 굳음

2. 4세 6개월. "제가 교회에서 한 소년과 이야기하고 있었어요. 어머니는 저를 더럽다는 듯이 쳐다보셨고 제가 집에 들어갔을 때 아버지가 저를 엄하게 타이르셨어요."
   가장 생생한 순간: 부모님이 나를 쳐다본 것
   감정: 두렵고 혼란스러웠음

3. 6세. "제 침대에서 옷을 벗고 8살 된 이웃집 오빠와 '의사 놀이'를 하고 있을 때 아버지가 들어오셨어요. 아버지는 그 오빠를 집으로 보내셨고, 냉정하고 엄한 목소리로 제가 매우 나쁜 일을 하고 있었다고 말씀하셨지요. 아버지는 몇 주 동안 저와는 말도 하지 않으셨는데, 제 자신이 불결하다는 생각이 들었고 죄책감이 들었어요."
   가장 생생한 순간: 아버지가 우리를 발견했을 때
   감정: 두렵고, '나쁜' 느낌, 그리고 죄책감

4. 7세. "2학년 때 담임 선생님이 저한테 학교생활을 잘 못하고 있고, 숙제를 잘 못했다고 말씀하셨던 기억이 나요. 저는 부모님께 좋은 성적을 보여 드리고 싶어 열심히 노력했었어요. 담임 선생님은 저를 좋아하지 않으셨는데 저는 제가 틀렸다는 걸 이해할 수 없었어요. 저는 최선을 다했다고 생각했거든요. 저는 두려웠어요.
   가장 생생한 순간: 선생님이 내 보고서가 엉터리라고 말씀하셨을 때
   감정: 두려웠음

5. 8세. "교회 연극에 참가했는데 저는 이것을 위해 몇 달 동안 열심히 노력했어요. 부모님이 연극 발표회에 오셨고 그때까진 잘하고 있었기 때문에 부모님이 절 자랑스럽게 여기실 거라 생각했지요. 마지막 부분에 가서 대사를 까먹어 결국 선생님이 단서를 주셔야 했어요. 아버지는 분명히 제가 실수했다고 생각하셨으므로, 잘했다는 칭찬보다는 오히려 제가 주의력이 부족해서 일을 망쳤다고 말씀하셨지요. 부모님을 기쁘게 해드리고 싶었는데 그렇지 못해 슬펐고 제 자신이 실망스러웠어요. 엄마가 하셨던 말씀은 기억이 안 나요."
   가장 생생한 순간: 아버지가 내 실수를 지적했을 때
   감정: 당황스러웠음

**초기 회상 요약** 우리가 초기 회상에서 1인칭으로 요약한 그녀의 태도나 자세는 현재 그녀의 신념을 보여준다. 요약은 그녀의 과거 경험에 대한 루스의 설명이다.

"저는 엄하고 무뚝뚝하며 위협적이기까지 한 남성들의 세상에서 살고 있어요. 남성들의 세상에서는 무기력함이란 견딜 수 없는 것이기에 그러한 감정들을 용납하지 않죠. 이런 세상에서 여성은 토를 달면 안 돼요. 권위에 반발하면 즉각적인 위협이 따르죠. 남성들에겐 여성들의 세상이란 쓸모없는 것이고, 여성들이 남성에 관해 알고 싶어 해서도 안 되는 것 같아요. 남성의 세계에서는 사소한 실수도 용납이 안 돼요."

"실제로 성공한 것만 중요하지요. 열심히 일하는 것만으로는 부족한 것을 채울 수 없어요. 즐기면서 하는 것만으로는 다른 사람을 이길 수 없어요. 주변 사람들은 항상 실수를 찾아내요. 소중한 사람이라면 최선을 다한 것이 약간의 부주의한 실수 때문에 가려지는 일이 없도록 도와줄 것 같아요. 실수란 사람을 당황하게 만들지만 용서받을 수 있지요."

이와 같은 초기 회상을 통해 다음을 가정해 볼 수 있다.

- 남성의 힘과 중요성이 과장되어 남성의 거절을 두려워한다. 남성에게 만족을 주는 것이 자신도 만족하는 길이라 생각하고 있어 자신의 정체성을 보장받지 못하

고 항상 거절을 두려워한다.

- 불가피한 실수와 실패 또한 과장되어 두려움을 갖게 되었다. 인간적인 경미한 실수도 피하려 한다. 100%는 성공을 의미하지만 99%는 실패를 의미한다.
- 나쁜 행동은 불길한 일을 불러오므로 올바르게 행동해야 한다. 불확실한 세상에서는 항상 신중하게 행동해야 한다.
- 머피의 법칙이 적용된다. 나쁜 일은 반복해서 일어난다.
- 항상 열심히 일해야 하지만 이것이 꼭 바람직한 결과를 야기하지는 않을 것이다.

## 아들러식의 단기 치료 방식을 루스에게 적용하기

아들러식 치료 방식은 Adler가 사망한 1937년 이후 70여 년에 걸쳐 서서히 변화되어갔다. 많은 치료 모델들이 Adler의 개념들을 차용해 갔고 Adler의 치료 방법 역시 그 모델들을 통합시켜 발달하였다. 현재는 아들러식 심리 치료라는 커다란 틀 아래 서로 다른 임상 접근들이 공존한다. 방식이 다르다 하더라도 모든 아들러식 상담자들은 생활양식, 사회적으로 구성된 개인의 삶의 방식 이해, 몸과 마음의 상관, 체계성, 그리고 목적론적인 평가와 치료에 대한 성실한 참여를 강조한다.[6] 우리는 Adler의 치료 방식을 개인과 부부, 그리고 가족 치료에 성공적으로 적용한 바 있다.[7]

이 치료 과정에서는 (1) 시간제한, (2) 초점, (3) 상담자의 지시와 낙관성, (4) 해결책으로서의 증상들, (5) 행동 과제의 할당이라는 다섯 가지 요소를 구체화해야 한다. 우리 두 사람(James Bitter와 William Nicoll)은 명확한 시간제한, 직접적 지시, 행동 과제 할당에서 약간의 의견 차이가 있었다. 그러나 단기 치료를 견지한다는 점과 비기질적인 관점으로 루스의 문제를 바라본다는 점, 그리고 동기를 수정하기 위해 직접적 지시와 행동 과제를 사용한다는 점은 같았다.

치료 시 시간제한을 고려한 점은 우리가 만나는 사람들의 현실을 고려한 것이다. 우리는 그들을 비교적 단기간에 치료할 것이라는 계약을 체결한다. 이 계약에는 낙관성이 포함되어 있는데, 이것은 내담자가 스스로 자신의 삶을 변화시키고, 성장시키며, 개선시킬 수 있는 능력을 지니고 있다는 것을 상담자가 믿어 주는 것이다. 상담자는 내담자와 만나는 동안 내담자에게 온전히 초점을 맞추어야 한다. 우리가 내담자와 만나고 상담하는 횟수를 정확하게 제한하지 않았다 할지라도 상담하는 동안에는 보다 신속하고 집중된 상태를 유지해야 한다. 시간 제약과 함께 내담자에게 집중하는 것이 치료의 핵심 요소이다.

아들러식 단기 치료의 모든 상담 회기는 두 가지 목표를 지니고 있다. 첫 번째는 치

**표 3.1_ Adler식 단기 치료의 관점에서 초점을 맞춘 두 수준**

**James Bitter의 초점** **James Bitter는 치료적 경험에 관심이 있다. 이러한 입장은 Virginia Satir, Erv 그리고 Miriam Polster의 경험적 치료의 관점을 반영하는 것이다.**

**목적(Purpose):** 모든 사고, 감정, 행동과 마찬가지로 모든 상호작용에는 목적이 있다. 그 목적이란 지금 이 치료의 순간에 무엇이 일어나고 있는지를 알아내는 것이다. 그리고 어떤 동기와 감정이 삶의 패턴을 유지키는지와 그가 얻고자 하는 의미가 무엇인지를 알아내는 것이다.

**자각(Awareness):** 자각은 경험에서 가장 중요하다. 내담자가 가장 잘 자각하는 것은 무엇이고, 자각을 방해하는 요인이 무엇인가? 이 과정에서 누락된 것은 무엇이며, 이것이 어떤 결과를 초래하는가? 이 자각이 다른 사람과 상호작용하는 데 어떻게 영향을 미치는가?

**접촉(Contact):** 치료자와 내담자의 접촉의 질은 어떠한가? 다른 사람들, 환경, 자기 자신과는 어떤 형태로 접촉하는가? 어떻게 치료자와의 접촉을 증가시킬 수 있을까? 어떤 자각이 접촉을 증가시키는가?

**경험(Experience):** 내담자의 삶의 경험이 어떻게 치료 장면에까지 이어지는가? 그 삶의 경험이 흥미 있거나 매력적인가? 치료자와 내담자 간에는 어떤 경험이 존재하는가? 경험의 한 형태로서의 실험이 그의 삶에 적용될 수 있을까? 이 경험이 다른 사람에게도 적용될 수 있을까?

**William Nicoll의 초점** **William Nicoll은 우선적으로 행동의 '어떻게' 측면, 특별히 사람들이 무엇을 행하고 느끼는지에 관심을 기울인다. 다음으로 William Nicoll은 '무엇을 위해' 또는 행동의 목적이나 기능에 귀 기울인다. 마지막으로 William Nicoll은 내담자가 그렇게 행동하는 '이유'와 상호작용의 규칙들을 구체화하고자 한다.**

**행동 재기술(Behavior redescription):** 내담자와 상담자는 종종 병리적인 언어를 사용한다. 예를 들어, '저는 양극성장애예요', '저는 불안장애를 경험하고 있어요.' 이런 용어의 사용에 귀 기울여 우리는 내담자의 행동에 초점을 맞춘다. 우리는 이렇게 묻는다. '이런 일이 마지막으로 발생했을 때는 언제입니까?', '그때 당신은 어떻게 하셨나요?', '기분은 어땠습니까?', '누가 영향을 받았습니까?', '그들이 무슨 일을 한 거죠?', '그때 당신은 어떻게 반응했습니까?'

**기본 규칙(Underlying rules):** 내담자의 대답을 주의 깊게 경청하면 증상이 어떤 목적으로 발생했는지 알 수 있다. 또한 일련의 행동과 상호작용은 삶에서 적응하기 위해 그리고 안정성을 유지하기 위해 사용되는 개인적인 규칙을 알려 준다.

**재정위(Reorientation):** 치료자는 내담자가 자기 자신을 이해하게 하고 자신의 증상에 대해 생각해 보도록 한다. 아들러식 치료자는 규칙과 경험을 재규정하고 재명명하기 위해 역설과 유머를 사용하기도 한다. 치료자들은 내담자의 '개인적 논리'를 상식으로 변화시키려고 노력한다.

**행동 관례 처방(Prescribing behavioral rituals):** 실제 변화는 회기와 회기 사이에서 발생하는 것이지 회기 내에서 일어나지는 않는다. 규칙적이고 반복적으로 행동해 보는 것이 새로운 가능성을 보여준다. 흔히 우리는 다음과 같은 질문을 한다. '내담자는 무엇을 하려고 하는가?', '어떠한 전략과 개입 방법이 내담자의 현실에 도움이 될까?', '내담자의 기능을 돕고 내담자와 함께 동맹을 맺기 위해 치료자는 어떤 방법을 사용할 것인가?'

료자가 내담자를 체계적이고 전체적으로 이해해야 한다는 것이다. 이것은 공식적 혹은 비공식적인 평가를 통해 이루어질 수 있는데, 이를 통해 개인의 생활 방식과 동기를 분명하게 확인할 수 있고, 개인이 세상을 어떻게 지각하고 행동하고 대처하는지를 알 수 있다. 두 번째로 치료자는 치료를 통해 그 개인이 무엇을 원하는지 알아내야 한다. 이 목표를 향해 치료자와 내담자가 어떻게 협조할 것이며, 어떻게 진행할 것인지를 구체적으로 협의해야 한다.

치료 과정은 흡사 머리와 가슴이 만나는 과정과 같다. 우리 둘(James Bitter와 William Nicoll)은 '치료적 관계'와 '내담자 변화'라는 기본적인 전제에 동의했지만, James Bitter는 치료 시 관계의 질을 강조한 반면, William Nicoll은 변화의 전략에 주안점을 두었다. [표 3.1]에 치료자와 내담자의 상호작용에 대한 우리의 생각이 요약되어 있다.

인간은 목표를 지니고 있다. 그들은 목적지향적으로 행동하며, 이 목적을 이루려는 동기는 자기 자신과 타인과 삶(세계관)의 해석에 근거하여 형성된다. 목적론적인 이해를 통해 행동, 감정, 확신, 가치, 신념을 구체적으로 파악할 수 있다. 목적론적 지향 과정에서 내담자의 현재와 미래가 조명된다. 이런 의미에서 과거는 현재의 목표와 목적의 맥락에서 기억될 뿐이다. 치료 결과로부터 나온 동기 수정과 그 상황에 대한 내담자의 재해석이 실제 변화와 이차적인 변화를 불러온다.

아들러식 단기 치료자는 제한되어 있던 선택의 범위를 확장시켜 새로운 가능성을 만들어내기 위해 내담자와 함께 기능적인 해결책을 찾고자 한다. 이를 위해 내담자의 내 · 외적 자원들을 활성화시켜야 한다. 종종 이러한 치료 목표는 단 한 회기에서 달성될 수도 있지만 내담자의 독특한 세계를 이해하려면 치료자는 일정 기간 동안 고도의 집중력을 발휘해야 한다.

## 아들러식 단기 치료의 흐름

[그림 3.1]은 Dreikurs의 전체론적인 치료 관점에 따른 루스 사례의 구조적 흐름 요약이다.[8] 본래 치료 과정은 역동적인 것이어서 이 단계가 기계적으로 엄격하게 적용되지는 않겠지만 이 흐름을 염두에 두어야 할 필요는 있다.

**내담자와 만나기** 우리는 전화나 의뢰를 통해 내담자를 처음 만난다. 우리는 치료에 온 것 자체가 내담자에게는 하나의 도전일 수 있다는 것을 잘 알고 있으며 내담자에게 변화가 일어나길 바란다. 우리가 환영하고 있다는 것을 내담자가 느끼길 바란다. 내담자의 관심사를 거듭 이야기하여 문제가 표면에 떠오르게 하기 위해 아들러식 단기 치료자는 한 인간으로서의 내담자(client-as-a-person)에 초점을 맞춘다. 상호 존경, 진심에서 우러난 관심, 감응을 통해 우리는 내담자가 우리의 존재를 경험하게 되길 바란다. 치료의 처음 몇 분 동안 우리는 오감을 사용하여 내담자를 경험한다. 손을 흔들며 하는 악수와 같은 경험과 치료자가 보고 들은 것이 매우 중요하다.

**주관적 면담** 전적으로 현재에 존재하게 하여 내담자가 자신의 독특한 이야기를 할 수

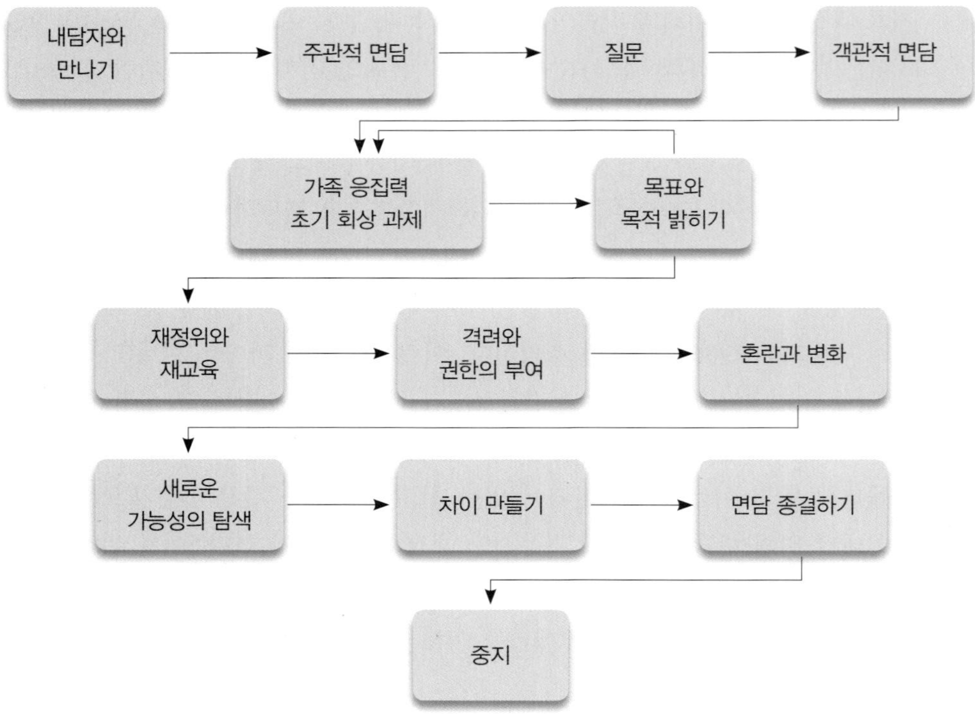


**그림 3.1_** 아들러식 단기 치료의 흐름도

있게 한다. 공감적 경청과 호기심, 관심, 그리고 내담자의 이야기에 귀 기울여 듣고 반응하는 것이 이런 과정을 촉진시켜 줄 것이다. 그 순간에 온전히 집중하는 것이 상담자와 내담자의 상호 개방과 이해의 깊이를 더해 주고 면담에 집중할 수 있게 해 줄 것이다. 자신에게 무엇이 중요한지를 분명하게 이야기할 수 있는 내담자라면 자기 자신과 인생을 통제할 수 있는 사람이다. 면담의 마지막 부분에 아들러식 단기 치료자들은 다음과 같이 질문한다. '당신을 이해하기 위해 제가 더 알아야 할 것이 있다면 말씀해 주시겠습니까?'

주관적 면담 동안 내담자의 동기 패턴과 행동 패턴이 드러나기 시작한다. 초기에 아들러식 상담자는 내담자가 왜 상담을 받으러 왔는지 잠정적인 가설을 세운다. 개인의 인생 패턴이 어떻게 개인의 상호작용 규칙을 반영하고 있는가? 그 패턴과 규범들이 어떻게 내담자의 생각을 유지시키고 있는가? 그리고 현재 해결해야 할 내담자의 걱정거리는 무엇인가?

**질문** 흔히 아들러식 상담자는 Dreikurs식[9] '질문'을 사용하여 내담자의 문제가 기질적인 증상인지 혹은 심리적인 문제인지를 감별하려 한다. 초기에 아들러에 의해 제안되었고[10] 후에 Dreikurs가 재구성한 질문은 '이런 증상이나 문제가 없었다면 당신은 어땠을까요?' 혹은 '이런 증상이나 문제가 없었다면, 당신의 인생은 어떻게 달라졌을까요?'이다. 내담자가 '그 증상이 없어진 것 외에는 특별히 달라지는 게 없을 겁니다.'라고 대답한다면 아마도 생리학적, 기질적 문제를 의심해 보아야 한다. 내담자가 인생, 직업, 우정, 혹은 가족 관계가 개선될 거라 말한다면, 우리는 즉시 그 문제가 인생 과제들에 도전하는 것을 피하게 하고 있는 건 아닌지를 의심해 보아야 한다.

루스는 그 '질문'에 그녀는 집이나 직장에서 행복하게 될 거라고 말했다. 그녀는 초등학교 3학년 교사라는 직업을 갖게 되었을 것이며, 자녀와 남편을 돌봐줄 힘이 있고 그녀의 가족과도 좀 더 많은 시간을 갖게 되었을 것이다. 그러나 그녀의 대답은 여전히 그녀가 그녀의 가치관이나 가치를 의심하며 살고 있고, 그녀가 현실 세계에서 자신의 가치를 검증받게 될 때 있을 법한 실패와 비난을 두려워하고 있음을 반영하고 있었다. 초등학교 선생이라는 직업이 그녀를 어떻게 변화시킬 수 있을까? 그녀가 바깥일을 잘하면서 집에서도 행복하게 잘살 수 있을까? 그녀는 남편과 자녀에게서 실제로 충분히 사랑받고 있다고 느낄 수 있을까? 루스가 이런 질문에 직면했을 때, 그녀는 자기 자신과 자신의 능력을 의심하기 시작했고 그녀의 증상이 그녀가 가장 두려워하는 대답을 회피하도록 만들어 줬다.

**객관적 면담** 기본적으로 객관적 면담은 내담자의 생활양식 평가에 있어 중요하다. 우리는 내담자의 문제나 걱정이 발생하기 시작했을 때의 정보, 촉발 사건, 약물 복용 경험, 현재나 과거의 약물 복용 경험, 사회력, 그리고 그 사람이 치료를 받으려 하는 이유 등을 조사해 내담자를 하나의 전체인 그림으로 이해하길 원한다. 그러나 객관적 면담에서 가장 중요한 것은 가족 응집력의 조사, 우정, 직업, 친밀감이라는 인생 과제, 그리고 초기 회상과 같은 아들러의 체계적인 정보 수집이다.

이런 정보를 종합하여 내담자의 인생과 대처 방식을 이해할 수 있는 인생 이야기를 만들어 낼 것이다. 이를 통해 내담자의 걱정거리를 '이해하게 된다.' 내담자가 말하는 가족관계를 주의 깊게 경청하는 것이 내담자의 세상에 대한 전반적인 견해를 이해할 수 있도록 도울 것이다. 삶의 요구나 인생 과제에 대한 개인의 경험을 분석해 보면 내담자의 강점과 약점, 그리고 내담자의 가장 중요한 대처 방식을 알 수 있다. 초기의 기억 자료에서는 자기와 타인, 세상과 심지어 윤리에 대한 개인적 신념들이 드러난다. 또한 치료적 관계와 치료자와의 관계에서 생겨난 내담자의 생각을 알 수 있다.

**목적과 목표를 밝히기** 아들러식 치료자들은 내담자의 인지, 동기, 개인적인 과정을 이해하기 위해 목적과 목표를 분명히 밝혀야 한다. 대부분의 목적과 목표는 무의식 수준에서 작동해 내담자가 의식적으로 자각할 수 없다. 내담자가 목적을 의식적으로 분명하게 자각하게 될 때 변화가 일어난다. 행동과 사회적 상호작용을 평가함으로써 개인적인 동기에 관한 가설을 설정할 수 있다. 이런 것들이 초점을 명확하게 맞춘 주관적 면담과 객관적 면담에서 획득되었을 때, 내담자의 생각을 잘 반영할 것이다.

**재정위와 재교육** 아들러식 치료자는 치료가 하나의 교육 과정임을 부각시키고자 재정위와 재교육 개념을 사용한다. 재정위와 재교육은 내담자가 인생을 새롭게 이해하고 방향을 변화시켜 인생을 좀 더 효과적으로 다룰 수 있도록 돕는다. 아들러식 단기 치료는 증상의 경감이나 증상의 제거가 아니라, 사회적 · 정서적 유능감과 정신건강을 증진하려는 데 목적이 있다. 우리는 내담자가 사회적 고립과 철수에서 벗어나 충만한 자기감과 존재감을 느끼게 되길 바란다. 우리는 내담자가 **공동체 정서**(community feeling)와 **사회적 관심**이 높아지길 바란다. 이성적으로 생각하는 것, 경험을 완전히 경험해 보는 것, 낙관성과 희망을 가지고 세상을 바라보는 것, 용기와 자신감을 갖는 것, 사회에 공헌하는 것, 유머 감각을 갖는 것, 친구를 갖게 되고 진정한 친구가 되어 주는 것, 다른 사람에게 관심을 갖는 것과 같은 일반적인 조건들이 인간의 삶을 보다 나은 것으로 만들어줄 것이다.

**격려와 권한의 부여** 치료 과정 내내 격려와 권한의 부여가 변화의 기초가 된다. 아들러식 치료자는 내담자가 권한을 갖게 되면 용기가 생겨 자신의 내 · 외적 자원을 재발견하게 된다고 믿는다. 발견된 강점이 힘든 시간을 버티게 해 줄 것이며 새로운 가능성의 길을 준비하도록 도울 것이다. 물러서는 것이 아니라 용기를 가지고 인생의 도전에 직면하는 것이 문제 해결과 실질적인 변화를 가져다 줄 것이다.

**혼란과 변화** 변화란 개인에게 쉽지 않은 과정이다. 변화가 친숙한 것으로부터 친숙하지 않은 불확실한 상황으로 나아갈 수 있도록 해 준다. 변화가 너무 빨리 일어날 때 혹은 내 · 외적 요구에 압도당할 때 방향 감각의 상실과 혼란을 경험하게 된다. 내담자가 혼란스러운 상황이라면 치료자는 내담자를 안정시킨 후에 내담자가 다시 스스로에게 집중할 수 있도록 해줘야 한다. 이때 치료자는 주의 깊고 섬세하게 움직여야 한다. 내담자는 혼자가 아니며 스스로 이겨낼 힘을 가지고 있다는 점을 깨닫게 해줘야 한다. 그들에게 즉각적으로 실행 가능한 생각들만 검토해 보게 하고 시간이 더 필요한 문제는 남겨둔다.

**새로운 가능성의 탐색** 새로운 가능성은 새롭게 창조된 것이라기보다는 기존의 모습을 드러내는 것이다. 새로운 가능성은 치료적 초점이 '관계 안에 존재(relational present)' 할 때 생겨난다. 관계 안에 존재한다는 것은 내담자가 치료자와 함께 존재하면서 경험하는 것을 의미한다. 일반적으로 치료자가 창조해낸 가능성보다 내담자 스스로가 창조해낸 가능성이 좀 더 유용하다. 왜냐하면 내담자의 개인적인 강점, 용기, 능력에 관한 생각을 강화시켜 주기 때문이다. 내담자-치료자와의 관계가 서로 배려하며 협력적일 때, 대부분의 내담자는 대안을 수용하고 그 결과에 대한 희망을 기대하게 된다.

**차이 만들기** 아들러식 상담자는 내담자의 삶이 달라지기를 원한다. 한 회기 내에서 이것은 조금이나마 정서적 현실의 패턴이나 의미를 분명히 알게 되는 것, 좀 더 유용한 상호작용을 위해 고안된 실험을 하게 되는 것일 수 있다. 치료자로서 우리는 우리 자신에게 '만일 내가 이 사람의 인생에 도움을 줄 수 있는 단 한 회기의 시간만 허락된다면, 나는 상담을 통해 어떤 일이 일어나길 바라는가? 그리고 내담자가 나에게 원하는 것은 무엇일까?'라고 자문해야 한다. 내담자가 바라는 것이 미래의 상담 회기에 달성되리라는 보장이 없으므로 현재의 회기에 최선을 다해야 한다.

**면담 종결하기** 회기를 끝마치는 것이 치료의 종결을 의미하지는 않는다. 어떤 깊은 치료적 개입을 한다 하더라도 치료적 관계라는 것은 시간제한이 있을 수밖에 없다. 각 치료 회기 이후에 내담자는 자신의 삶에서 새로운 가능성을 시험해 보아야 한다. 이러한 변화는 처음에는 며칠 혹은 몇 주 정도밖에 지속되지 않지만 나중에는 몇 달이나 심지어는 몇 년 동안 유지되기도 한다. 종결하더라도 언제든지 재접촉이 가능하며 전화를 통하여 지속적인 접촉을 할 수도 있다. 우리는 단기 치료를 하는 것이지만 이런 점에서 본다면 우리는 간헐적 치료를 행하는 것일 수도 있다. 치료는 내담자의 삶을 항해하는 여행과 같다. 전문 상담자는 내담자와의 치료적 관계를 결코 종료하지 않고 외과 의사나 치과 의사처럼 치료적 관계를 잠정적으로 중단한다. 문제가 생기면 언제든지 관계는 다시 개시될 수 있다.

루스의 초기 면접과 생활양식 평가 자료는 그녀의 주 치료자인 James Bitter에 의해 수집되었다. 그 후 이런 자료들이 두 번째 치료자인 William Nicoll에게 제시되어 서로 토의를 거치게 되는데 루스도 참여해 토론에 협조하여 자료를 명확히 하는 데 도움을 준다. 두 번째 치료자는 기본적인 신념 유형과 추론한 가설을 요약한다. 이 회기는 첫 번째 치료자와 루스가 두 번째 치료자가 요약한 정보, 루스에 대한 초기 인상에 대해 듣는 것으로 끝난다. 다음 날 복사한 요약본을 그녀에게 보내어 다음 회기를 시작하기 전에 다시 읽어 보게 한다.

**| 이전 회기 검토** 중다 치료 회기 후에 루스는 James Bitter와 만난다. 서로 인사를 나눈 후에 그들은 다음의 대화를 나눈다. (이하 상담자인 James Bitter는 비터, William Nicoll은 니콜이라 표기했다.)

비터: 지난 회기는 어떠셨나요?

루스: 정말 놀랐어요. 선생님이 보내 준 요약본이 저를 잘 설명해 주고 있어서요. 메일로 받은 내용을 읽어보면서, 제 가족들도 두 분처럼 저를 이해해줬으면 하는 생각을 해봤어요.

비터: 한 명의 치료자가 아니라 두 명의 치료자와 상담하는 건 어떠셨나요?

루스: 매우 흥미로웠어요. 때로 두 사람도 의견이 일치하지 않는 걸 보고 놀랐죠. 의견이 일치하지 않을 때 화내지 않고 여전히 친구로 대하는 선생님의 모습이 보기 좋았어요. 그게 저한테는 어려운 일이거든요. 저는 존의 의견에 반대하고 싶지 않아요. (잠깐 쉬고) 그 사람이 저를 미쳤다고 생각할까봐 두려워요.

비터: 그가 왜 당신을 미쳤다고 생각할 것 같나요?

루스: 저는 존을 잘 알고 있어요. 제가 학교에 다니는 것 외에는 우리는 그동안 의견이 일치되지 않은 적이 없었거든요.

비터: 우리가 살펴보았던 삶의 양식에 대한 평가를 토대로 추측해 본다면, 저는 당신이 남편이나 아이들을 불쾌하게 만들고 싶지 않기 때문에 자신의 의견을 말하지 않고 침묵하는 것 같던데 맞나요? 식구들을 불쾌하게 만들고 싶지 않아서 그들의 마음을 먼저 읽으려 당신이 무지 애를 쓰고 있다는 걸 알고 있나요?

루스: 예, 알고 있어요. 많은 부분에서 제가 그렇게 하고 있어요.

비터: 니콜과 제가 의견이 일치하지 않았을 때 당신은 어떤 생각이 들었나요?

루스: 음, 두 분 다 공정하셨어요. 당신은 니콜의 의견을 있는 그대로 들은 후, 저에게 어떻게 생각하는지 물으셨죠.

비터: 실제로 제가 놓친 걸 당신과 니콜 박사에게 들었을 때 기뻤어요. 모두가 같은 방식으로 생각한다면, 굳이 말을 하지 않아도 되겠지요? 당신이 존과는

다른 의견을 존에게 말한다 하더라도 존이 당신의 의견을 즐겁게 들어 줄 거라 생각하나요?

루스: 아마도 그럴 거예요.

비터: 저는 당신이 당신의 생활양식 요약에 대한 남편의 생각을 알고 싶어 하는 것 같은데 당신이 생각한 것과 실제의 남편 생각은 똑같을 수 없어요. 최악의 경우는 그가 그 요약본에 동의하지 않는 것이죠.

회기 초반부인 지금, 치료자는 루스에게 남편과의 관계가 변화될 수 있다는 것을 보여 주기 위해 중다 치료에서 형성된 상호협조적인 태도와 서로를 존중하는 방법을 보여준다. 만일 그녀가 실제로 남편에게 자신의 생활양식 요약본을 보게 하고 그와 얘기를 나눈다면, 다음 회기에서는 그때 있었던 남편의 반응이나 자신의 반응에 대해 이야기를 나누게 될 것이다.

**| 중다 치료 동안의 재교육** 상담이 끝나갈 때, 그녀가 다시 James Bitter와 William Nicoll을 같이 만난다. 이 시간에는 의미 있는 일을 할 때나 의미 있는 일을 하지 않을 때나 자신이 가치 있는 사람이라는 사실은 동일하다는 것에 주의를 기울여 보게 한다. 변화와 성장에 도움이 되도록 초기 회상을 사용한다.

니콜: 루스, 당신을 다시 만나 기쁘군요. 얼마 만이죠. 우리 둘과 함께 자리를 같이 한 이후 처음이니까 대략 두 달 만이지요? 그동안 어떻게 지내셨어요?

루스: 상담이 효과가 있는 것 같아요. 우리는 몇 회기 동안 존과 함께 상담하는 시간도 가졌어요. 저는 정말 존이 모든 면에서 변화를 원하는 저를 응원해 주고 있다고 생각하게 됐어요. 최근에 상담을 마치고 돌아갈 때 저는 치료가 잘되고 있다는 생각이 들었어요. 이제 저는 우리가 나누는 많은 이야기들을 쉽게 이해할 수 있어요. 저는 예전처럼 무기력하고 확신이 없진 않답니다.

비터: 흥미롭군요. 가만 보니 이것에 관해서는 당신과 이야기를 나눈 적이 없네요. 지난 시간에 상담을 마치고 돌아가면서 당신은 어떤 생각이 들었나요?

루스: 음, 힘들더라도 변화를 시도해 볼 수 있겠다는 생각을 했어요. 이걸 생각해 내는 일은 그렇게 어렵지 않았답니다. 몇 주 동안 저는 상담을 끝마치고 가면서 제가 정말로 저를 이해하게 될 수 있을지 의심스러웠거든요. 그런데 지난 시간엔 저도 제가 원하는 걸 할 수 있을 것 같다는 생각이 들었어요.

니콜: 비터, 루스의 이야기를 듣고 있자니 떠오르는 생각이 있어요. '뭔가 가치 있는 일을 한다는 것은 많은 노력을 필요로 한다. 그런 힘든 과정이 없다면 루

스는 그녀가 무언가 가치 있는 일을 하고 있다는 것을 알지 못할 것이다.'와 같은 생각이죠. 제 말이 맞나요. 루스?

루스: (동의한다는 표정으로) 그런 거 같아요. 어렸을 때부터 그건 제가 믿어온 거예요.

니콜: 그래요. 그래왔지만 저는 그 생각에 대해 우리가 좀 더 생각해봐야 할 것이 있을 거라는 생각이 드는군요. 현재 당신은 어린 시절보다 좀 더 유능해졌으므로 예전의 생각은 잘못된 생각이지요. 능력을 갖게 되면 일은 더 쉬워진답니다.

루스: 그건 제가 이번 치료를 통해 알게 된 것 같아요.

비터: 제 생각으론 당신이 많은 것을 이해하게 된 것 같군요. 아홉 달 전에 여기에서 상담을 시작한 이래 많이 발전한 것 같아요.

니콜: 또 다른 초기 회상을 시도해 봅시다. 루스, 당신이 아주 어렸을 때를 생각해 보세요. 그때 무슨 일이 있었는지…….

루스: 아주 어렸을 때라고요? 음, 2학년 때 있었던 일이 기억나는군요. 이렇게 하는 게 맞나요?

니콜: 좋아요. 그렇게요. 그럼 대략 일곱 살이나 여덟 살이었겠군요?

루스: 일곱 살이었던 것 같아요. 이웃집 아줌마가 저에게 유치원에 다니는 그 집 아이에게 색 이름을 가르쳐 달라고 부탁하셨어요. 아줌마는 길가에 네 가지 색의 분필로 큰 사각형을 그려주셨죠. 그 아이의 이름이 잔(Jan)이었는데 우리는 오후 내내 한 색에서 다른 색으로 공을 튀기며 놀았죠. 나중에 잔의 어머니가 우리 어머니한테 제가 세상에 뭔가 영향을 미칠 수 있는 아이가 될 것 같다고 말씀하셨대요.

니콜: 그때 어떤 생각이 들었으며 어떤 감정을 느꼈지요?

루스: 그때 우리 어머니가 잔의 어머니가 말했던 것을 저에게 말해주시면서 저를 자랑스러워하셨어요. 저는 누군가의 인생에 도움이 되길 원해요.

비터: 멋진 기억이군요! 그건 많은 노력이 필요하겠어요. 그리고 미래에 선생님이 되려는 것과도 관련이 있는 멋진 초기 회상인 것 같아요. 지금 이 기억이 맨 처음 우리에게 얘기했던 초기 회상과 어떤 점이 다른 것 같나요?

루스: 예전에 했던 초기 회상이 기억나질 않네요. 뭐가 다르지요?

니콜: 매우 다릅니다. 여기에 있는 당신의 파일을 찾아봐야겠군요. 저는 다음 시간에 당신이 비터 박사와 함께 상담을 시작했을 때와 지금의 것을 살펴보고 그때를 되돌아보는 시간을 가졌으면 합니다.

사람들이 보고하는 초기 회상의 변화는 흔히 그 사람의 인생에 변화가 생길 때 발생한다. 새로운 기억은 새로운 변화를 이루어가는 것처럼 극적이지는 않다. 그것은 그동안 중요하게 여겼던 것이 다른 것으로 바뀌는 것이다. 무언가 이전의 새로운 것이 튀어나오면서 예전의 반응과 차이를 보인다. 루스의 새로운 기억 속에서 그녀는 누군가의 인생에 '변화를 주는', 또는 '도움을 주는' 경험을 한다. 이것은 소속감에서의 중요한 변화이고 선생님이 되려는 새로운 시도로 대체된다.

## Gerald Corey의 아들러식 관점에서 루스 상담하기

최초 면접에서 얻은 루스의 자세한 정보인 생활양식 평가와 James Bitter와 William Nicoll의 짧은 치료 시간을 염두에 두고 나는 아들러식 접근법에 따라 지속적으로 루스를 상담할 것이다. 다음 부분에서 나는 아들러식 접근법에 따라 그녀의 인지적인 측면, 특히 잘못된 신념을 확인할 것이다.

『상담 및 심리 치료의 통합적 접근: 루스의 사례와 해설 DVD』의 6회기('상담에서의 인지적 초점')는 완벽한 규준에 부합해야 한다는 자신의 기대에 부응하기 위해 노력하고 있는 루스의 모습을 보여준다. 루스와의 치료 회기에 아들러식 개념을 활용한다.

### 기본 가정

아들러식 치료자처럼 나는 상담을 통해 **생활 과제**에 변화를 불러일으켜 줄 보다 나은 방법을 가르칠 것이다. 나는 비록 그녀가 자신의 과거에 의해 많은 영향을 받고 있지만 그녀가 완전히 과거로부터 형성된 것은 아니라고 전제한다. 이런 전제가 루스와의 상담 시 루스가 수동적인 역할을 취하지 않도록 도울 것이다. 그녀가 갖고 태어난 것이 중요한 게 아니라 그녀가 내적인 힘을 만들어가는 것이 중요하다.

루스의 아동기 경험은 치료적인 관심을 불러일으킨다. 루스의 아동기 경험에는 심리적인 발달에 기여한 사회적 요인들과 초기 사회적 맥락이 포함되어 있다. 아들러식 영감이 옳다면 나는 아동기 경험 그 자체보다는 이런 사건에 대한 그녀의 **태도**를 살펴야 한다고 생각한다. 왜냐하면 이런 초기 영향들이 그녀의 삶의 방식에서 **잘못된 신**

념들과 잘못된 가정을 발달시켰을 것이기 때문에 나는 그녀의 성장기를 탐색해야 한다. 우리의 주안점은 이미 알려진 **가족 배경**, 그리고 그녀의 **초기 회상**(James Bitter와 William Nicoll에 의해 이전 부분에서 상세히 기술되었음)을 통해 루스의 가족 구조를 이해하고 평가하려는 것이다.

나는 현실에서 내담자의 주관적 지각을 다루는 현상학적 관점을 취하기 때문에 루스가 자신의 인생에서 중요한 사건과 전환점을 어떻게 보고 있는지를 알아내야 한다. 루스는 자신만의 독특한 삶의 방식을 만들어왔다. 나는 루스의 인생 목표가 어떻게 루스만의 독특한 행동을 발전시켜왔는지에 관심이 있다.

## 루스에 대한 평가

아들러식 치료자들은 전형적으로 초기 평가와 목표 형성, 치료 방향을 설정하기 위해 생활양식 질문지를 사용한다. 이 질문지에는 내담자의 아동기 경험, 특히 가족 영향력, 형제 순위, 다른 가족 구성원들과의 관계, 초기 기억, 내담자의 성격 형성에 영향을 준 사회적 요인에 대한 정보가 포함되어 있다. 평가의 목적은 내담자가 지니고 있는 잘못된 논리와 현재의 문제와 관련된 내담자의 생활양식 패턴을 확인하는 것이다. 잘못된 논리를 알아내는 것에 더하여 나는 루스의 치료 방향을 안내해 줄 자산(강점과 내적 자원들)을 확인할 것이다(James Bitter의 평가에서 아들러식 생활양식 평가 틀을 사용했으므로 나는 여기서 이것들을 반복하지 않겠다).

## 치료 목표

아들러식 치료법을 사용한 루스 치료에서는 네 가지 치료 국면에 상응하는 네 가지 중요한 목표가 있다. 그것은 (1) 동등한 관계로 루스와 내가 좋은 상담 관계를 형성하고 유지하는 것, (2) 치료적 분위기를 제공하여 자신에 관한 기본적인 신념과 감정을 스스로 깨닫게 하고 어떻게 해서 자신이 이런 잘못된 신념을 갖게 되었는지를 이해할 수 있도록 하며, (3) 직면과 해석을 통해 자신의 잘못된 목표와 자기 패배적인 행동에 대한 통찰력을 갖도록 도와주고, (4) 그녀의 통찰이 행동으로 전이되도록 북돋아 사고, 감정, 행동의 대안적인 방법들을 발전시키도록 돕는 것이다.

## 치료 절차

루스 치료에서 중요한 목표는 위험을 감수하면서 변화를 위한 도전을 추구하도록 돕는 것이다. 치료 과정 전반에 걸쳐 격려가 가장 중요하다. 이런 격려에 힘입어 자기 자신에 대한 방향과 삶의 방향을 선택하는 내적 자원과 힘을 경험하기 시작할 것이다. 지금까지 루스는 자신을 제한하고 있는 불합리한 신념에 합리적으로 도전을 하며 계획을 가지고 행동을 취할 준비를 갖추었다. 그녀가 과거로 퇴행하려 할 수도 있지만 나는 그녀 스스로 자신을 추슬러 보게 할 것이고 그 후 새로운 행동을 지속적으로 실험하고 실행해 보도록 할 것이다.

치료 전반에 걸쳐, 자신의 인지(신념과 사고 과정)에 도전하게 하는 다양한 기법을 사용한다. 아들러식 치료자는 첫 번째로 사고하기, 그 후에 느끼기, 그러고 나서 행동하기를 제안한다. 그래서 만약 우리가 행동과 감정의 변화를 원한다면 가장 최선의 방법은 루스의 잘못된 생각, 즉 자신의 인생과 자기 자신에 관한 잘못된 신념들을 수정해 주는 것이다.[11]

## 치료 과정

아들러식 치료 과정은 동시대 정신분석 치료의 기본 신념과 관련이 있다. 두 접근법은 초기의 삶의 방식이 현재의 성격 기능과 어떤 관련이 있는지를 심도 있게 살핀다는 점에서 유사하다.

### | 치료 과정의 구성 요소

**잘못된 신념 발견하기** 상담이 진행됨에 따라 루스는 자신이 동생들을 보살펴야 했던 청소년기의 자신의 역할이 현재 자녀들에게 '최고의 엄마(supermother)'가 되려는 역할과 비슷하다는 것을 알게 된다. 그녀는 자신이 남을 도와주면 인정을 받을 수 있고 또 개인적인 만족감을 느낄 수 있으리라 생각하며 열심히 노력해왔다. 한 아이로서 루스는 아버지에게 사랑받기를 원했고 인정받기를 원했으며 정서적으로도 보호받고 싶어 했고 '착한 소녀'가 되기 위해 매우 열심히 일했다. 결혼한 여성으로서 그녀는 완벽한 아내와 아이들에게 헌신적인 어머니의 역할을 잘 수행해왔다. 자신이 완벽한 아내와 헌신적인 어머니가 되어야 남편이 자신을 사랑하고 인정해 줄 것이라 믿었다. 여전히 사람들이 자신을 사랑해 주면 자신이 가치 있는 사람이 될 것이고, 개인적인 희생을 통해서 행복을 발견할 수 있을 거라고 믿고 있지만 남편으로부터 자신이 가치 있고 정서적인 보살핌을 받고 있다는 것을 충분히 느껴 본 적은 없다.

**자신의 목표를 달성하도록 루스를 도와주기** 여기서 루스는 자신이 할 수 있는 다른 가능한 선택들을 탐색한다. 최근 우리는 그녀의 목표와 앞으로의 비전에 관해 많은 얘기를 나눴다. 루스는 학교에 다니는 것이 집안일을 할 시간을 빼앗기 때문에 이기적인 행동인 것 같다고 말한다. 루스는 의미 있는 목표를 달성하기 위해서는 죄책감을 없애야 한다는 걸 알게 되었다. 일부 상담 시간 동안 우리는 그녀가 하고 싶어 하는 것을 방해하는 루스의 잘못된 신념을 탐색한다.

루스: 저는 학교에 다니지 말고 집에 있어야 하지 않을까 생각해요. 남편인 존은 식구들이 저를 많이 그리워한다고 말해요. 제가 죄책감을 그만 느꼈으면 좋겠어요.

코리: 당신은 존이 그와 아이들이 당신을 얼마나 그리워하는지에 관해 말했다고 했어요. 그리워한다는 매우 완곡한 표현을 사용하고 있지만 당신은 그 말을 '루스, 당신은 집에 있어야 해요. 당신은 우리 모두를 불쾌하게 만들고 있어요.'라고 생각하는 것 같군요.

루스: 맞아요. 저는 그렇게 들려요.

코리: 자, 당신이 잘못 생각한 게 있는 것 같아요. 당신은 존의 말을 확인해 보지 않았어요. 그가 당신을 그리워한다고 말할 때 그것이 의미하는 것을 존에게 물어봤어야 하죠. 당신을 사랑하고 있다는 말을 전한 건지도 모르잖아요. (잠시 쉬었다가) 그리고 아이들도 당신을 너무나 사랑한다는 걸 전하고 싶었던 걸 수도 있잖아요. 그걸 확인해 볼 수 있지 않을까요?

루스: 존에게 저의 학교나 직업 그리고 제가 하고 있는 일을 열심히 하는 것에 대해 어떻게 생각하는지를 묻는다는 건 저에게 매우 어려운 일이에요. (침묵) 존은 학교와 직업에 관한 제 목표를 좋아하지 않고 이것들 때문에 우리의 관계가 위협을 받고 있다고 말할 것 같아요. 많이 두렵기는 하지만 한 번 물어는 볼게요.

나는 루스의 잘못된 생각에 직면시켜 그녀가 실생활 속에서 계속 유지해왔던 생각들을 점검해 보길 원했다. 틀림없이 그녀는 두려울 것이다. 두려움이 없다면 용기를 낼 필요도 없다. 한 주가 지나고 루스가 다시 왔다.

루스: 무엇을 생각하냐고요? 존과 제가 이야기를 나눴던 거요. 우린 둘 다 울었어요. 그는 자신이 제게 더 이상 필요 없는 사람이 될까봐 두려웠대요. 저를 잃게 될까봐 두려워하다니! 선생님은 그게 믿어지나요? 하지만 그는 제가 학교를 그만 다니는 걸 원하지는 않았어요.

코리: 저는 매우 기쁩니다. 용기를 낸 것이 실제로 당신에게 좋은 결과를 가져다 주었군요.

루스: 존이 어머니의 도움을 필요로 하는 아이들에 대해 얘기했을 때는 다시 죄책감을 느꼈어요. 그러나 지금은 죄책감을 그만 느껴야 할 때인 것 같아요. 죄책감에 압도당하지 않기 위해 저를 추스르며 열심히 공부하고 있어요. 저는 여전히 죄책감을 느끼지만 한편으로는 죄책감이 약간 바보 같다고도 느껴져요.

코리: 좋습니다! 당신의 죄책감은 습관인 것 같아요. 여느 습관들처럼 그것을 변화시키려면 시간이 많이 걸리죠. 곧 그걸 알게 될 거고 그 습관을 그만두게 될 거예요. 그리고 언젠가는 죄책감이 당신을 통제하기보다는 당신이 당신의 죄책감을 통제할 수 있을 것 같군요.

여기서 우리는 일주일 동안 루스의 생활을 살펴보고 다른 사람들의 욕구와 개인적인 욕구가 얼마나 조화를 이루고 있는지를 살펴보았다. 가족을 위해 특별한 시간을 계획해 보는 것이 소속감과 사회적 관심 욕구를 충족시켜 줄 것이다. 또한 이것이 학교 과제나 다른 사람들한테 신경을 쓸 수 있도록 도와줄 것이다.

**| 치료 과정에 대한 논평** 중요한 치료 목표는 루스에게 대안적인 태도와 신념들, 목표, 행동을 생각해 보도록 격려하고 잘못된 신념에 도전하게 하는 것이다. 잘못된 신념과 현재의 감정, 행동 간의 연결고리를 살펴 변화를 시도해 보게 한다. 그녀는 남편에게 접근하는 것이 두렵다. 개인적인 성장 배경과 그녀가 지닌 남성관을 살펴볼 때 그녀는 엄하고 거부적인 비난의 위험이 두렵다. 그러나 그녀는 자신의 가치감을 높여 자신의 인생에 대해 남편의 존중을 얻어냈다. 또한 용기와 자신감도 얻었다.

일단 루스가 새로운 결정을 하고 자신의 목표를 수정해 나가면, 나는 그녀가 자신의 사고에 어떻게 도전해야 할지 가르쳐 준다. 그녀가 자신을 중요하게 여기는 걸 계속 격려해 준다. 이러한 격려로 인해 루스는 자신의 내적인 힘을 더 많이 경험하게 된다. 그녀는 자신이 하고 있는 일에 좀 더 진실하게 다가가며 그녀가 아이 때 무비판적으로 받아들여야 했던 가치 대신 스스로 선택할 수 있는 힘을 더 많이 갖게 된다.

루스에 대한 치료 마지막 단계에서 가장 중요한 것은 책임감 부여이다. 자신이 변화되기를 바란다면 자신만을 위한 특정 과제를 정해 구체적으로 실행에 옮겨야 한다. 비록 자신의 신념대로 여전히 '좋은 사람'에 합당한 생활을 하려 하겠지만, 결과적으로는 시행착오 학습을 통해 감내력이 증가할 것이다. 이런 지식을 갖춰감에 따라 자신이 비효율적으로 행동하는 것을 반복할 때 자신을 보다 잘 '추스르게 될 것'이다.[12]

## 마지막 제언

아들러식 접근의 기본 가정은 치료자가 내담자의 사고를 변화시키도록 북돋운다면 내담자의 기분과 행동이 변화될 것이라는 것이다. 루스의 상담에서 기술되었듯이 이것은 그녀가 세상을 보는 방식, 그녀가 생각하는 방식, 그녀가 느끼는 방식, 그녀가 세상과 접촉하는 방식이 상담에서 중요하다는 것을 의미하는 것이다. 내 생각에 아들러식 접근의 강점은 통합적인 본질에 있다. 나는 많은 아들러식 개념이 다양한 내담자를 이해하는 데 사용될 수 있다는 것을 알고 있다. 이것은 인간 경험의 완전한 스펙트럼을 아우르는 전체론적인 접근으로 치료자는 치료자 자신의 치료 방식에 적합한 방식으로 내담자와 상담할 수 있다.

## 복습을 위한 질문

1. 루스의 배경 정보가 들어 있는 생활양식 평가(가족 배경, 초기 회상, 기본적인 신념, 방해 사고)에서 살펴본 것처럼, 여러분의 초기 아동기 경험과 관련하여 연상되는 것이 있는가?
2. 여러분의 원가족에 대해 생각해 볼 때, 가장 두드러지는 점은 무엇인가? 가족 내에서의 초기 경험을 주의 깊게 생각해 본 후에 이런 경험이 현재 어떤 방식으로 여러분의 삶에 영향을 미치고 있는지 생각해 보라.
3. 가장 어린 시절의 기억 세 가지는 무엇인가? 이런 기억들이 현재 여러분에게 어떤 영향을 미치고 있으며 여러분으로 하여금 어떤 노력을 하게 만드는가?
4. 자신의 인생에서 중요한 '기본적인 실수들'을 목록화해 보라. 잘못된 신념들이 어떻게 발전되어왔는가? 잘못된 신념들이 현재 여러분의 사고, 감정, 행동에 어떤 영향을 주고 있는가?
5. 생활양식 질문을 통해 루스의 인생에서 가장 중요하게 초점을 맞춰야 할 것은 무엇인가? 루스의 인생 주제는 아들러식 치료에 적합한가?
6. 아들러식 치료의 목표는 내담자의 사회적 관심을 증가시키는 것이다. 여러분이 루스의 상담자라면 어떤 방식으로 이런 목표를 달성할 수 있겠는가?
7. 루스는 자기 가족을 중산층에 속한다고 보았다. 루스의 가족은 근본주의 교리를 따르는 기독교인이었고, 가족 내의 가치관은 바르게 행동하며, 열심히 일하는 것이었고, 이런 가치관에서 벗어나지 않고 잘사는 것이었다. 이런 배경 정보를 고려하여 루스에게 적용할 수 있는 아들러식 개념과 치료 방법은 무엇일까? 그녀가 만약 아시아계 미국인이었다면

어떤 방식으로 아들러식 접근법을 사용할 수 있을까? 라틴계라면? 아프리카계 미국인이라면? 미국 원주민이라면?

8. 루스의 사례에서 중요하게 다루어야 할 문화적 주제는 무엇인가? 아시아권 문화 맥락이라면 이런 주제들을 어떻게 다뤄야 하는가?
9. 아들러식 접근이 여러분의 상담 방식에 얼마나 적합한가? 아들러식 접근의 어떤 측면이 여러분에게 가장 유용할 것 같은가? 여러분의 개인적인 상담 방식에 맞게 어떤 측면을 수정하길 원하는가?

## 주

『심리상담과 치료의 이론과 실제: 스탠의 사례와 해설 DVD』 3회기('스탠의 사례에 적용한 아들러식 치료')에서 스탠의 초기 회상에 대한 정보 수집과 내 관점으로 아들러식 접근을 응용하는 방식을 볼 수 있다.

1. Adler의 단기 치료를 전반적으로 고찰하기 위해서는 다음과 같은 자료들을 참고하라. Nicoll, W., Bitter, j. R., Christensen, O. C., & Hawes, C. (2000). Aderian brief therapy: Strategies and tactics. In J. Carlson & L. Sperry (Eds.), *Brief therapy strategies with individuals and couples* (pp. 220-247). Phoenix: Zeig/Tucker; Sonstegard, M. A., Bitter, J. R., Pelonis-Peneros, P., & Nicoll, W. G. (2001). Adlerian group pyshotherapy: A brief therapy approach. *Directions in Clinical and Counseling Psychology*, 11(2), 11-24.
2. 중다 치료는 다음을 참고하라. Dreikurs, R., Shulman, B. H., & Mosak, H. H. (1982). *Multiple therapy: The use of two therapists with one patient*. Chicago: Alfred Adler Institute.
3. 자료는 다음을 참고로 하였다. Powers, R. L., & Griffith, J. (1987). *Understanding life style: The psycho-clarity process*. Chicago: AIAS; Shulman, B. H., & Mosak, H. H. (1988). *Manual for lifestyle assessment*. Muncie, IN: Accelerated Development.
4. *The Individual Psychology Client Workbook* (with supplements), by Robert L. Powers and Jane Griffith, ©1995 by the Americas Institute of Adlerian Studies, Ltd., 600 North McClurg Court, Suite 2502A, Chicago, IL 60611-3027.
5. 이 주제에 대한 전반적인 토의는 다음을 참고하라. Disque, J. G., & Bitter, J. R. (1998). Integrating narrative therapy with Adlerian lifestyle assessment: A case study. *Journal of Individual Psychology*, 54(4), 431-450.
6. 아들러식 치료의 개관은 다음에 잘 기술되어 있다. Carlson, J., Watts, R. E., & Maniacci,

M. (2006). *Adlerian therapy: Theory and practice*. Washington, DC: American Psychological Association.

7. 아들러식 단기 치료는 다음의 두 자료에서 상세히 다루고 있다. Bitter, J. R., Christensen, O. C., Hawes, C., & Nicoll, W. G. (1998). Adlerian brief therapy with individuals, couples, and families. *Directions in Clinical and Counseling Psychology*, 8(8), 95-112; Bitter, J. R., & Nicoll, W. G. (2000). Adlerian brief therapy with individuals: Process and Practice. Journal of Individual Psychology, 56(1), 31-44.
8. Dreikurs, R. (1997). Holistic medicine. *Individual Psychology*, 53(2), 127 – 205.
9. 8번을 참고하라.
10. Adler, A. (1964). *Problem of neurosis: A book of case histories* (P. mairet, Ed.). New York: Harper & Row. (original work published 1929).
11. 나는 여기에서 루스의 인지, 특히 잘못된 신념에 관한 아들러식 접근을 예시하였다. 『상담 및 심리 치료의 통합적 접근: 루스의 사례와 해설 DVD』 6회기에서는 어떻게 그녀가 타인의 기대에 맞추어 살아왔으며 완벽주의적 기준으로 힘들어했는지가 설명되어 있다.
12. 『상담 및 심리 치료의 통합적 접근: 루스의 사례와 해설 DVD』의 13회기에서 나는 치료의 종료 계획을 설명하였다. 아들러식 이론의 자세한 치료를 위해서는 G. Corey(2013)의 『심리상담과 치료의 이론과 실제』(9판, Belmont, CA: Brooks/Cole, Cengage Learning.)를 참고하라. 루스에 대한 James Bitter와 William Nicoll의 평가에서 소개된 기본 개념은 5장('아들러식 치료')에 자세히 설명되어 있다. 또한 G. Corey(2013)의 『심리 상담과 치료의 이론과 실제를 위한 학생용 매뉴얼』(9판, Belmont, CA: Brooks/Cole, Cengage Learning)을 참고하라. 이 매뉴얼에는 여러분이 연습해 볼 수 있는 생활양식 평가가 포함되어 있다. 그 질문지를 완성해 봄으로써 Bitter와 Nicoll 박사가 이 장에서 활용했던 루스의 평가를 좀 더 잘 이해하게 될 것이다.

CHAPTER

4

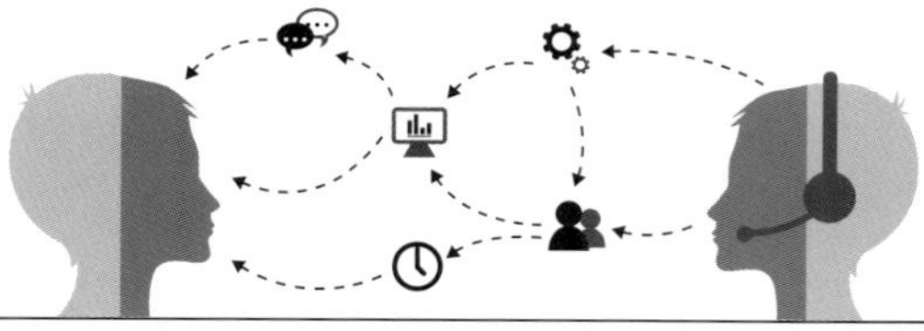

# 실존 치료의 사례 접근

## 실존 치료의 일반적 개관

실존 치료의 주요 목표는 내담자가 자신의 인생을 집필하는 작가가 되기 위해 자신의 자유를 인식하고 수용하도록 노력하게 하는 것이다. 치료자는 내담자가 자신의 자유와 이에 따르는 책임을 회피하고 있는 방식에 직면한다. 이러한 접근은 치료 기법을 사용하는 것이 아니라, 내담자의 현재 경험을 이해하는 데에 일차적 강조를 둔다. 그러므로 상담자는 규정된 기법에 얽매이지 않고 다른 치료학파의 치료 전략을 빌려올 수 있다. 치료 중재는 내담자가 자신의 세계에서 살아가는 방식을 확장하고 경험에서 얻은 의미를 창출하는 데에 사용한다. 기법을 사용할 때, 이러한 기법은 치료 작업의 '지금 여기(here-and-now)' 맥락에서 발전해가며 내담자의 자각을 확장시키는 데에 목표를 둔다.

종결과 평가의 주제는 전형적으로 내담자와 치료자 간의 열린 대화를 통해 결정한다. 일반적으로 내담자는 치료를 언제 시작할지 선택하고, 치료를 언제 그만둘지를 결정하는 것도 내담자의 선택과 책임이다. 만일 내담자가 이러한 대답을 치료자에게 계속 의존한다면 아직 종결할 준비가 안 된 것이다. 그러나 치료자가 내담자의 종결 준비에 대한 자신의 반응과 견해를 표현하는 것은 치료자의 재량에 맡길 수 있다. 치료 성과에 대한 평가는 내담자의 선택과 자신에 대한 지각의 변화에 근거하여 이루어진다.

# 루스에 대한 실존 치료자의 관점

_ J. Michael Russell 심리학 박사

## 도입

실존주의 상담은 실존주의 철학에 근거한다. 실존주의는 인간에 대한 사고방식이다. 이는 구체적인 방법이나 치료 기술이 아니며 심지어 통일된 이론도 아니지만, 일부 철학자들과 이론가들은 주변 상황에 부여하기 위해 우리가 선택하는 의미는 우리 자신이 책임져야 함을 강조한다. 실존주의는 현상학에 근거하는데, 이는 주관적 경험을 강조함을 뜻한다. 그러나 실존주의가 일부 다른 관점과 다르면서 정신분석과는 공통된 부분은 내담자가 자신 스스로를 특별히 잘 안다고 가정하지 않는 것이다. 또한, 내담자가 자신의 선택에 대해 명확하게 잘 알고 있다고 가정하지 않는다. 우리가 자신의 경험에 대해 개인적 권리를 주장하는 것은 중요하지만 결정적이고 특권적 지위를 가진 것은 아니다. 실존주의자의 관점에서 우리 모두는 자신의 경험에 대해 자주 자기 기만적이고 진정성이 없다.

상담 과정에서 다양한 주제가 일상적으로 발생하며, 실존주의 상담자가 자신의 치료 작업을 개념화하는 방법에 따라 어떤 주제가 특히 두드러질 수 있다. 이러한 주제들은 상호 연결되어 있고 모두 선택과 관련 있다. 한 가지 주제는 우리 모두 개인적 정체감에 대해 불안해한다는 것이다. 우리는 어떤 사람이 되고자 하는지, 어떤 사람이 되고 싶지 않은지, 다른 사람들에게 어떻게 보이는지, 우리 자신을 스스로 어떻게 보는지에 대해 걱정한다. 가장 일반적인 함정은 선택에 직면할 필요가 없도록 '우리가 누구인지'를 고정되고 완료된 것으로 간주하려는 것이다. 우리가 어떤 사람인지는 미래에 무슨 일을 하고 현재 한 결심을 얼마나 충실히 지키는지에 달려 있을 것이다. 앞으로 무엇을 하게 될지 모르는 불확실성에 대해 우리는 경계를 늦출 수 없으므로 불안은 관련 주제가 된다. 우리는 또한 불안을 저지하기 위해 우리의 정체성을 속박하려 노력할 수 있다. 밀접하게 관련된 또 다른 실존주의 주제는 자유에 관한 것이다. 사람들은 종종 좀 더 자유롭고 싶어서 상담을 청한다. 마찬가지로 어떤 내담자는 덜 자유롭기를, 또는 자유에 따르는 책임감을 덜 지니기를 원한다.

실존주의 상담은 자신이 살고 있는 세계에서 어떻게 의미를 구축할 것인가 하는 내담자의 자각 확대를 추구한다. 목표는 자신이 어떻게 생각하는지, 무엇을 느끼는지, 무엇을 할 수 있는지에 대한 더 큰 통찰을 갖는 것이다. 내담자는 자유가 자신의 상황에 대한 책임감을 수반함을 학습한다. 실존주의는 스스로 자신을 발견하는 상황에 의미를 부여함으로써 선택에는 책임이 따른다고 생각하며, 이러한 관심은 자신의 죽음을 예상할 때와 의미 있는 사람의 죽음에 동반될 수 있는 상실과 고립과 관련된 경험에서 특별한 힘을 가진다고 본다. 실존주의 치료자는 내담자가 타인과의 관계에서 진솔한지 또는 진정성이 없고 자기기만적 방식으로 관계 맺는지에 대한 불확실성과 불안을 탐색하도록 돕는다.

## 루스에 대한 평가

정체성, 자유, 불안 같은 실존적 주제는 사실상 루스의 자전적 기록에서 찾아볼 수 있다. **정체성**에 관해서, 루스는 자신을 자녀들이 성장하고 집을 떠나기 시작함에 따라 친숙한 직함의 전부를 상실할 위기에 직면한 슈퍼우먼, 좋은 아내, 좋은 엄마로 정의했다. 루스는 또한 자신을 과체중으로 보는 가족들의 시선과 동일시하고 있었다. 루스는 부모의 종교적 가치와 동일시하였으나 그 후 거리를 두었다. 정체성 주제의 이러한 측면들은 매우 분명하게 나타난다. 좀 더 미묘한 수준에서, 우리는 루스가 스스로 어느 정도까지 공황발작을 유발하는지 궁금할 수 있다. 루스는 스스로에게 자신이 공황장애에 취약하다고 말하는가? 그리고 이것이 자기충족 예언 효과를 갖는 것인가?

루스는 실존주의 주제의 **불안**에 관해 최소한 두 가지의 매우 상이한 관점을 나타낸다. 우리는 정체성에 대한 탐색 때문에 루스가 불안한 것으로 생각할 수 있다. 그러나 정체감을 형성하려는 루스의 노력은 불안의 핵심을 다루기 위한 시도로 볼 수 있다. 처음 관점으로 보자면, 만일 엄마와 아내 역할을 상실하면 또는 새로운 직업적 야망이 잘 진행되지 않으면 자신이 어떤 사람이 될지, 또는 어떻게 될지 모르는 것이 두렵기 때문에 루스는 불안하다. 이 같은 불안전성은 결코 안전하고 안정적일 수 없다는 루스의 인식 수준에 근거한다. 사실, 루스는 자신이 항상 완벽한 엄마나 완벽한 아내는 아니었음을 알고 있고 과거의 수행이나 장래의 열망 모두 구체적이지 않고 확실성이 없으므로 교사로서의 경력을 추구하는 것을 망설이고 있음을 인식한다.

루스는 **자유**에 대해 양가감정을 갖는다. 루스는 통찰지향적인 상담 형태를 추구한다. 이는 루스가 변화를 위한 선택을 탐색하는 데에 관심이 있음을 시사한다. 그러나 루스는 자신이 무엇을 해야 할지를 누군가가 말해주길 원한다고 했는데 과거에 분명히 아버지를 포함하여 루스에게 지시적인 사람들이 많이 있었다.

실제로 모든 주요 실존주의 주제들은 루스와 관련되고 주제들끼리 맞물려 있다. 아내와 어머니로서 자신을 동일시하는 것은 무서운 **고립**과 친숙한 **의미**의 붕괴로부터 루스를 보호할 수 있다. 죽음에 대한 루스의 염려는 자신에게 의미 있는 것이 무엇인지, 어떤 선택권을 가지는지, 어떻게 불안이 자신에게 무언가를 가르쳐 주는지를 이해하는 데에 특히 귀중한 창구가 될 것이다.

루스에 대한 보다 공식적인 진단 평가는 어떠한가? 실존주의학자들은 일반적으로 꼬리표를 좋아하지 않고 특히 '의학적' 꼬리표를 싫어하는 경향이 있다. 어느 정도까지는 나도 동의한다. 그러나 일상 언어로 표현하든 기술적인 심리학 전문용어로 진단하든, 형용사를 사용하거나 또는 남용하는 상황은 마찬가지이다. 루스가 '기분부전'이라고 진단하든지 아니면 '때때로 우울해진다.'고 말하든지 간에 실제 질문은 우리가 사용하는 언어가 루스를 이해하는 데 도움을 주는지 혹은 방해가 되는지의 여부이다. 루스는 '공황장애를 겪는다.'라고 할 것인가, 아니면 '정말로 긴장해 있다.'고 말할 것인가? 그것은 '적응장애'인가, 아니면 '어떠한 변화를 경험하고 있는 것'인가? 만일 엄격한 기준에 맞추어 진단하지 않는다면 내담자를 이해하는 나의 능력이 향상될 것이다. 한편, 정확한 진단이 가능하다면 다양한 오리엔테이션을 가진 다른 치료자들의 경험을 통해 배우는 편이 더 좋을 것이다.

루스에 대한 나의 생각을 DSM 5개의 축에 각각 정교화할 수 있다. 나는 이러한 어휘의 노예가 아니지만 그것을 묵살하지도 않는다. Ⅰ축 고려 사항은 루스가 스스로 극복하기 원하는 상황을 오히려 강조하는 경향이 있다. 확실히 공황발작과 우울을 Ⅰ축에 적용할 수 있다. 내 견해로는, 루스는 '광장공포증을 동반하지 않는 공황발작'과 기분부전장애에 잠정적으로 해당한다. '적응장애' 역시 부합되며, 이는 루스의 실존적 상황에서의 특수성에 중점을 두도록 돕는다. 루스는 증상과 상황을 자신에게 어떤 일이 발생한 것으로 경험할 것이고, 이러한 증상과 상황이 자신의 선택임을 어느 정도까지 깨달을 수 있을지는 지켜봐야 한다. 분명히 루스는, 최소한 증상과 상황을 다루는 방법에 대해 자신이 어떤 선택을 해야 할지 고민할 수 있을 것이다.

나는 너무 심각하게 '장애'에 사람을 맞추려고 노력하지 않고 내담자에 대한 이해를 향상시키는 데 활용할 수 있기 때문에 오히려 Ⅱ축 용어를 좋아한다. 나는 루스가 특정 장애의 진단 준거를 충족한다고 생각하지 않지만, Ⅱ축 용어의 일부를 여유 있게 대충 적용하는 것이 루스를 이해하는 데 도움이 된다고 생각한다. '의존성 성격'은 다소 들어맞는다. 보다 흥미로운 것은 '자기애'인데 루스가 '자기애성 성격장애'에 가까운 특성을 나타내기 때문이 아니라 자아 존중감 문제와 관련 깊기 때문이다. Ⅲ축에 관해서는, 의사가 관련 의학적 상태를 배제했으므로 통찰지향적 심리 치료가 루스에게 적절하다고 확신할 수 있다. 그러나 의학적 관점으로 심화 탐색하는 것이 매우 적절한지는 의심스럽다. 의학적 또는 생리학적 관점과 의미, 또는 실존주의적 관점은 양립 불가능하지 않고, 한 관점의 적용 가능성이 다른 관점의 가치를 사전 제압하지도 않는다. Ⅳ축과 Ⅴ축에서처럼, 상황적 요인과 스트레스 유발 요인을 평가하는 것은 어떠한 치료자라도 고려하는 부분이다. 또한, 우리가 인정하길 원하든 아니든 간에 우리 모두는 사실 내담자가 얼마나 잘 기능한다고 생각하는지, 내담자가 잘 기능할 수 있다고 얼마나 믿는지에 대해 일종의 평가를 한다. 나는 루스의 스트레스 유발인이 상당한 것으로 평가했고, 치료를 받도록 한 문제와 증상 때문에 위태로운 상황임에도 불구하고 매우 잘 기능하는 것으로 본다.

지금까지 나는 루스 사례에서 상당히 분명하게 확인할 수 있는 실존적 특성 및 진단적 특성을 언급했다. 이러한 분명한 특성 외에 쉽게 감지하기 어려운 부분에 대한 평가도 항상 진행되고 있으며 이는 우리의 상호작용의 미묘한 뉘앙스에서 드러난다. 음성의 톤, 정서성, 눈 맞춤, 신체 언어, 유머 감각, 표현의 정교화 수준, 그리고 이러한 특질에 내가 어떻게 반응하는지를 스스로 알게 되는 것 등은 모두 전반적인 '인간을 평가하는' 작업과 관련된다. 예를 들어, 그녀가 "치료자를 쇼핑하고 있어요."라고 말한 최초의 통화에서 루스에 대한 나의 첫인상이 형성되었다고 가정하자. 나는 루스에게 무엇을 '쇼핑하려고' 하는지에 대해 더 많이 말해 달라고 요청했고, 루스는 자전적 기록(이후에 상담 진행 시 루스에게 받은)에 담긴 문제의 일부를 상세히 설명했다. 그러나 통화에서는 음성의 질을 알 수 있고 자전적 기록에서 파악할 수 없는 농담조도 느낄 수 있다. 루스는 "단지 쇼핑일 뿐"이라는 자신의 말을 내가 정말 개의치 않는지 우려를 표했고 우리는 '마음이 잘 맞는지 어떤지 알아보는' 최초 면접을 설정했다. 나는 "어떤 방법으로 일종의 협상을 할 것입니까?"로 답했다. 이러한 질문은 루스의 목표를 더 잘 이해하도록 나를 도울 것이다. 내가 다소 유쾌한 방식으로 표현하고 있음을 깨달았는데 이는 루스에 대한 나의 전반적인 경험에 나타난다.

때로 첫 인상이 적중하기도 하지만, 첫 인상은 종종 잘못 인식될 수 있으며 보통 우리의 자발적 반응은 유용한 진실을 함축하고 있다. 다소 비(非)임상적인 관점에서 나는 루스가 좋다. 루스와 있을 때 편안하고 함께 잘 상담할 수 있을 거라 생각한다.

## 치료 목표

때때로 전문용어를 사용하기는 하지만 나는 '치료'라는 단어를 좋아하지 않는다. 나에게 치료란 추후 루스가 '고쳐지거나' 치유되도록 내담자에게 발생하는 일종의 절차를 의미한다. 실존주의 상담은 당신을 변화하게 만들지 않는다. 통찰은 거울 속을 들여다보는 것 이상으로 당신을 변하게 하지는 않지만 당신의 선택여지를 확장시킬 수 있다.

이러한 과정에서 상담자로서 스스로에 대해 생각해볼 때, 내 목표는 다른 무엇보다도 루스의 목표에 즉각 호응하는 것이다.

**치료자:** 당신의 상담자로서 나에게 바라는 것을 말해주십시오.

**루스:** 글쎄요, 확실히 공황발작이 없어지고 불안을 느끼지 않으면 좋겠어요. 또 체중이 줄면 좋겠어요. 아내와 엄마로서가 아닌 다른 직업을 얻었으면 해요. 자신감을 좀 더 느끼길 바라는 것 같아요. 어떻게 해야 할지와 그렇게 하는 데 얼마나 걸릴지를 선생님이 나에게 말해주셨으면 해요. 그런데 내가 상담을 통해 원하는 다른 어떤 것이 있는 것 같은데 그것이 무엇인지를 어떻게 말해야 할지 정말 모르겠어요. 내 생활이 평소처럼 잘 유지되지 않을까봐 두려워한다는 것을 알아요. 하지만 어떤 면에서는 너무 '평범한 것'이 나의 문제점이라 생각해요. 흔한 일상에 지쳤고 그것이 매우 의미 있는 일인지도 확실하지 않아요. 그리고 선생님을 실존주의자라고 소개하신 설명에서 궁금한 게 있어요.

**치료자:** 당신이 원하는 것 중의 일부는 매우 구체적인 것이며, 우리는 이것을 목표로 삼아 추진해 나갈 수 있습니다. 또는, 구체적인 행동 목표에 중점을 두는 다른 치료자에게 당신을 의뢰할 수 있습니다. 그러나 상담을 통해 자신에 대해 더 잘 알고 싶은 마음이 생길 것이며, 그것이 바로 내가 제공하고 싶은 것입니다.

**치료 과정에 대한 논평** 내 나름대로의 목표가 몇 가지 있지만, 내담자를 돕는 것이 목표가 되어야 한다고 생각한다. 나는 루스가 자신의 의미를 펼칠 수 있는 자유로운 작가로서 자신에 대한 확장된 의식을 가지며 자신의 선택에 대한 보다 넓은 인식을 가지도록 하고 싶다. 나는 루스가 '분명한 대답'을 선호할지라도 불확실성에 대한 더 큰 인내력을 발달시키도록 하고 싶다. 루스는 공황발작을 없애길 원하고 나 역시 루스를 위해 같은 생각이다. 그러나 나는 또한 적정 수준의 '실존적 불안'을 루스가 갖고 있기를 원한다. 나는 루스가 공황으로 무력화되는 순간을 잘 벗어날 수 있다고 생각한다. 루스의 인식 확대가 단순히 지적 수준에서뿐 아니라 더 나아가 더 큰 범위의 감정을 느끼는 능력과 더 광범위한 행동 가능성에서 나오길 바란다. 나는 사고, 감정, 행동을 활용하여 이러한 목표를 추구하는 과정이 본질적으로 가치 있다고 생각하며, 또한 루스가 이러한 상담 과정을 통해 자신의 선택을 다루는 데 더 좋은 조건을 갖추게 될 것으로 믿는다. 나는 사고방식에서뿐 아니라 스스로 느끼고 행동할 수 있다는 측면에서 루스가 이러한 인식의 확대를 상담실 내에서도 또 상담실 밖에서도 보여주기를 바란다.

## 치료 과정과 기법

실존주의 상담을 위한 구체적인 기술들은 없다. 우리의 첫 만남에서 루스가 동의서와 상담에 대한 설명문을 읽는 동안 나는 자전적 기록을 검토하였다. 나는 루스가 자전적 기록에 언급한 주제 중 몇 가지에 대해 더 많이 이야기해달라고 요청했는데, 때로는 상세한 설명을, 때로는 주제 간의 연결을 요구했다. 나는 종종 선택의 존재를 암시하는 반면, 자유와 책임에 대한 '실존주의' 용어는 실질적으로 전혀 내세우지 않았다. 첫 회기의 끝 무렵, 루스가 상담에서의 희망사항이나 목표를 표명한 후 나는 30분 회기로 일주일에 2회 만날 것을 제안했다.

> **루스:** 그런 방식은 좀 특이하지 않나요?
>
> **치료자:** 당신은 일상적인 것이 당신 문제점 중의 하나라고 하셨습니다.

우리는 주 2회 상담에 대해 의견을 나누었고 상담 회기 수를 늘리는 것이 '자아 탐색의 단계로 정말로 진입'하려는 루스의 열의에 얼마나 부합될지에 대해 더 많은 이야기를 했다. 한 회기의 절반만 상담을 진행하는 30분 회기(half sessions)는 루스가 상담료의 반을 지불함을 의미한다. 루스는 이러한 실험을 좋아했다. 나는 "이것은 나에게도 역시 실험입니다."라고 말했다.

**치료 과정에 대한 논평** 왜 나는 그렇게 말했을까? 한 가지 이유는 이러한 가식 없는 솔직함이 실존주의자의 사고방식에 부합하기 때문이다. 단기 회기 아이디어는 정말로 실험이었다. 나는 대부분의 치료자들보다 더 자신에 대해 공개적인 편이며, 정신분석 수련을 받을 때보다도 훨씬 더 나 자신을 드러냈다. 나는 솔직함의 본보기가 되기를 바라며 선택권을 가지고 실험하는 데에도 개방적이지만 그것을 '기법'이라 부르기를 망설인다. 나는 실존주의 상담이란 단지 한 사람이 다른 사람을 철저하게 조사하는 것이 아닌 두 사람 간의 만남으로 생각한다.

특히 시간제한이 없는 통찰지향 상담의 초기에, 우리가 주변 상황의 의미에 대한 선택의 책임이 있는 자유인이라고 믿는 것에 대해 나는 설교하려 들지 않도록 조심했다. 즉각적인 행동과 태도 전환을 요하는 위기 상황은 예외로 하고, 그러한 강의는 일반적으로 무의미하다. 내 희망은 결국 내담자가 개인적 책임감의 깊은 공감을 얻게 되는 것이다. 심층 수준에서의 책임감 수용은 먼저 얼마나 세상이 불공평한지에 대해 불평하는 시간을 갖는 것에서 시작한다.

네 번째 회기에서 루스는 아버지와 통화했고 상담에 관해서는 아무 말도 하지 않았다고 보고했다. 루스는 아버지가 동의하지 않을 것임을 알았다. 루스에 따르면, 루스의 아버지는 루스가 하는 어떠한 것도 '절대로' 허락하지 않는다. 그는 절대로 '실존적 상담'을 찬성하지 않을 것이다. 기본적으로 나는 루스의 정서가 보다 분명해질 때마다 정교화하라고 격려했다. 이번 상담에서 루스는 인정해 주지 않는 아버지의 불운한 희생자로서 자신을 묘사했다. 나는 루스가 어떻게 많은 선택권을 가지는지에 대해 그녀에게 강의하지 않았다.

다음 회기에서 루스가 비판적인 아버지에 대해 다시 한탄할 때, 나는 게슈탈트 치료에서 역할연기 기법을 빌려왔다. 즉, 아버지 역할을 하는 나에게 이야기함으로써 루스가 아버지와 대화를 나누는 것인데, 전화로 아버지에게 말하지 않았던 내용을 1인칭 방식으로 이야기하는 기법이다. 나는 추상적인 방식이나 '빈 의자와 이야기하기'로 보고하는 것보다는 내 눈을 바라보고 나에게 직접 이야기하도록 격려하려고 이 기법을 선택했다. 보통, 장기 작업에서는 지지적인 경청에 의지하지, 이런 기법들을 적용하는 것을 망설인다. 아마도 30분 회기의 진행 속도 때문에 내가 좀더 '능동적인' 역할을 취하는 것이 그 당시에는 적합하게 보였을 것이다. 만일 내가 이론적 근거를 의식적으로 고려했다면 두 가지 목표를 포함했을 것이다. 한 가지 목표는 루스가 자신의 느낌을 더 잘 자각하게 되고 자신의 감정을 어떻게 헤아릴지에 대해 많은 선택권을 가질 수 있는 방법을 자각하게 되는 것이다. 또 다른 목표는 아버지에 대한 루스의 경험이 루스가 묘사한 보통의 흑백 초상화보다 훨씬 더 복잡함을 내가 확신하는 것이다. 이러한 역할 시연에서 루스의 상이한 측면을 표현하는 것은 결국에는 모호성, 복잡성과 자유에 대한 더 큰 공감을 얻을 수 있는 길을 마련한다.

우리의 기분은 우리가 선택하는 것이다. 루스가 어떻게 이러한 선택을 하는지에 대해 어렴풋이 알 수 있기를 기대한다. 루스는 우울하다고 말하면서 치료 회기를 시작했다. 나는 루스를 우울하게 만드는 삶의 특성을 목록화하고 이러한 특성들을 루스가 낼 수 있는 가장 낙담한 목소리로 설명하도록 격려했다. 그러고 나서 이제는 좀 더 긍정적인 목소리 톤으로 꾸미고 '우울해져야 하는 나(치료자)'에 대해 루스가 짐작할 수 있는 것을 긍정적인 방식으로 말해보도록 제안했다. 이 실험은 루스에게 재미있는 연습이 된 것 같았다. 루스는 점점 벗겨지는 내 머리, 낡은 가구, 사무실의 재산 가치 하락 같은 것들을 열거하면서 점점 신이 나게 되었다. 갑자기 루스의 기분이 전환된 것처럼 보인다!

치료자: 말 그대로 스스로 우울하게 만드는 면에서 당신이 얼마나 유능한지, 그리고 긍정적인 목소리 톤으로 얼마나 잘 바꿀 수 있는지를 당신이 알기 바랍니다. 나는 당신이 자신의 기분과 감정을 선택한다고 생각합니다. '스스로

우울하게 함'으로써 당신이 얻을 이익이 무엇인지 궁금합니다.

루스: 글쎄요. 치료 회기 중에 이야기한 것에 대해서는 거의 모두 알 것 같아요. 나는 내 삶의 좋지 않은 부분에 초점을 두지요.

치료자: 알겠습니다. 그런데 당신이 어떻게 스스로 우울하게 만드는지를 안다는 생각에는 아마도 더 큰 진실이 있을 겁니다. 나는 이 상담을 통해 당신이 어떻게 몇 가지 선택권을 가지는지 알게 될 것이라고 생각해요.

내가 기법을 사용하는 경우는 보통 계획되지 않은 사건에 대한 창의적인 적응이다. 나는 사건과 주제 간의 의미 있는 연결을 만들려고 한다. 예를 들면, 나는 일곱 번째 회기 때 간신히 정각에 숨 가쁘게 도착했다. 루스는 자신을 거의 인정해 주지 않는 아버지와, 루스가 상담받는 것을 지지하기는 하지만 '조건부'인 남편에 대해 더 많이 이야기했다. 존(남편)은 상담 때문에 저녁식사가 늦는 것을 좋아하지 않는다.

루스: 남자들의 찬성은 항상 조건부인 것 같아요!

치료자: 남자로 떠올릴 만한 사람이 여기 있나요? (나는 적절히 유머를 사용하는 것을 좋아하며, 루스는 웃었다.)

루스: 그래요. 선생님은 달라요. 선생님이 오늘 여기에 숨 가쁘게 뛰어 들어오신 것처럼요. 선생님이 정말로 나를 배려하고 있다고 느꼈어요.

치료자: 뭘요, 칭찬 감사합니다. 내가 독특한 것인지는 확실하지 않습니다만, 다른 남자들과 조금 다른 방식으로 표현해 주셔서 감사합니다. 아시다시피, 우리는 당신이 스스로를 얼마나 쉽게 명명하는지를 이전에 살펴보았습니다. 때때로 당신은 '그저 엄마'나 '단지 아내'로, 또는 아버지가 당신을 깎아내린 이후부터는 자신에 대해 결코 좋게 느끼지 않을 어떤 사람일 뿐이라고 말할 것입니다. 오늘 나는 당신이 스스로 부여한 단순화된 정체성에 대한 것뿐 아니라, 당신이 다른 사람을 어떻게 지나치게 단순화하는지에 대해서도 완전하게 파악하셨다고 생각합니다.

**치료 과정에 대한 논평** 이러한 복잡한 해석적 언급에는 몇 가지 구성 요소가 있으며 이러한 요소들은 실존주의 사고의 미미한 발전을 분명히 보여준다. '긍정적 전이'의 공간은 루스가 우리의 관계를 구축하는 방법에 책임이 있음을 또한 시사한다. 이는 어떻게 자기 명명이 자기기만이 될 수 있는지에 대한 주의를 환기시키는 것과 연결된다. 그리고 그것은 루스가 어떻게 자신의 세계를 자신과 타인에 대한 지나친 단순화된 명명으로 고정시키는지에 대한 통찰을 얻을 수 있도록 한다.

실존적 책임감에 대한 통찰을 미묘하게 증진시키는 다른 예로, 이후의 회기에서 루스는 친구들과 바닷가에 가기 위해 학교 수업을 빠진 딸 제니퍼에 대해 분노를 터뜨렸다.

> **루스:** 학교를 빼먹은 제니퍼에게 얼마나 화가 나는지 참을 수 없어요.
>
> **치료자:** 자, 제니퍼가 학교 수업을 진지하게 생각해야 하는 것이 중요하긴 하지만, 자유로운 영혼을 지닌 것처럼 보이는 제니퍼를 당신이 조금은 질투하는 것이 아닌지 궁금합니다.

**치료 과정에 대한 논평** 슈퍼맘과 완벽한 아내로서의 유난히 '책임감 있는' 정체성은 아마도 루스의 삶을 안전하고 위험 없는 그러나 의미와 흥분도 없는 '일상적인' 것으로 만드는 책임감에서 벗어나고픈 마음에 대한 또 다른 종류의 회피일 수 있다. 제니퍼는 루스가 잃어버렸던 무언가를 떠올리게 한다.

## 시간제한 상담

지금까지 나는 무기한 통찰 지향 실존 상담의 초기와 중기에 루스와 어떻게 상담할지에 대한 얼마간의 감을 제공하기 위해 노력해왔다. 시간이 지남에 따라 루스와 내가 어떻게 상호작용하는지를 점차 강조하고, 과거 사건 및 상담실에 함께 있지 않는 사람들에는 초점을 덜 두거나, 사건의 외부 측면과 '지금 여기 및 당신과 나' 간의 비교를 강조하는 경향이 있다. 상담이 언제 종료될지에 대해 사전 계획된 공식이 없기 때문에 실존주의 상담의 초기 단계가 몇 회기까지이고 중기는 몇 회기까지인지 분명하게 경계를 정할 방법이 없다. 나는 활력이 있는 한 오래오래 루스와 상담을 지속할 것이다.

긴 휴가를 갖는 교사의 전일제 대체교사라는 예기치 않은 기회를 제안받았을 때 루스의 상황은 변했다. 이는 우리의 상담 회기가 8주 내에 종료되어야 함을 의미한다.

시간제한 실존 상담에서(또한 장기 상담의 종료기에도) 나는 보다 적극적이고 지시적이며 구체적인 목표에 초점을 두게 된다. 자유에 대한 향상된 자각을 계속 증진하는 한편, 내담자의 목표에 관한 나의 일반적인 목적은 동일하게 유지한다. 차이점은 특정 문제점의 해결책을 찾는 측면과 지속적인 성장의 씨를 뿌리는 지속적 사고 습관을 증진시키는 측면에서 구체적인 변화를 탐색하는 방법이다. 예를 들어, 면접을 보러 가는 것이 반드시 제안 수락을 강요하는 것은 아니라고 언급했기 때문에 루스는 직업 기회를 얻게 되었다. 나는 이것을 다음과 같이 표현했다. "단지 면접을 보는 것인데 무엇 때문에 망설이십니까?" 이는 선택과 가능성을 단순히 시험해 보는 것에 대한 주저함을 완화시켰으며, 루스가 이번 사건을 통한 학습을 일반화하기를 바란다. 또 다른 예를 들자면, 나는 이전에 했었던 제안, 즉 과도한 발한 증상에 대해 다른 의사에게 진료받는 것을 지난주에 다시 루스에게 제기했다. 이전의 남자 의사는 다소 무뚝뚝한 방식으로 진찰 소견을 말한 것 같다. 두 번째로 진찰한 다한증 전문의인 여의사는 루스의 호르몬 성분 정밀검사를 제안했다. 정밀검사 결과에 따라 루스는 신체 증상을 호전시킬 수 있었고 증상의 정서적 중요성을 탐색하는 상담에 소요한 시간을 평가절하하지 않았다. 또한 루스는 이번 일을 통해 남자의(특히 아버지의) 견해를 너무 중시하는 습관을 재검토할 수 있었다.

의미, 상실 및 죽음의 주제는 여러 회기 동안 이어졌지만, 시간제한 상담으로 전환됨에 따라 특별한 중요성을 가지게 되었다.

루스: 가르치는 일이 끝나면 다시 선생님을 볼 수 있는 여지를 남겨 놓았으면 좋겠어요.

치료자: 언젠가 다시 함께 상담하기 위한 문은 열려 있습니다. 그리고 스스로 선택하려 하는 이러한 모습이 좋습니다. 그러나 우리가 해왔던 작업을 종결할 기회를 스스로 박탈하지 말 것을 추천합니다. 종결의 현실을 회피하기로 선택할 때 우리는 의미 있는 것을 놓치게 됩니다.

루스: 잘 알겠습니다. 그러나 걱정은 마세요. 상담에 덜 의존하게 될 테니까요.

치료자: 그렇게 하시리라 확신합니다. 그렇지만 그것을 극대화하기 위해 마지막 회기에서 그동안 덮어두었던 몇 가지 문제를 재검토했으면 합니다. 그리고 마무리할 때까지 또는 그 이후 언제든지 당신이 이루고 싶은 성과를 우리가 확인할 수 있는지 알았으면 좋겠습니다. 그렇게 하기 위해서는 가능한 한 구체적일 필요가 있지요.

**치료 과정에 대한 논평** 이전에 언급한 것처럼, 우리의 선택에 대한 학습은 단순히 사고를 확장시키는 문제가 아니다. 그것은 어떻게 느끼는지에 대한 학습이며 또한 행동을 경험하는 것이다. 나는 루스가 자신에게 유용한 선택을 명료화하고 이러한 선택을 행동 계획으로 전환하는 방법을 고민하기를 바라기 때문에 상담 관계의 종결 무렵에 행동주의적 관점을 통합하는 경향이 있다. 나는 이러한 선택이 루스의 목표와 루스를 위한 나의 목표(자신이 살고 있는 세계에 의미를 부여하는 루스의 일부분에 대한 확장된 의식) 모두에 적절하기를 바란다. 나는 루스에게 마지막 상담 회기에서 보낸 시간을 요약해보도록 요청했다. 다음은 마지막 회기에 루스가 이야기한 내용의 일부이다.

루스: 나 자신과 모든 사람들을 친숙한 이름표로 깔끔하게 포장하기 위해 얼마나 열심이었는지를 깨달았어요. 아직은 갈 길이 멀어요. 그렇지만 아버지의 가혹한 판단의 희생자였기 때문에, 내 노력에 대해 아이들이 고마워하지 않아서, 남편의 진정한 지지가 부족해서라는 식으로 이유를 대는 것이 얼마나 편리했던가를 알게 되었어요. 다른 사람들이 나에게 했던 행동을 한탄하며 여기에 왔지만 지금은 내 행동에 대한 책임감을 더 많이 느끼고 있어요.

**| 맺는말** 우리는 이러한 주제를 완전히 학습하지 않았지만 루스는 지금 배우고 있다. 상담 실무, 중재와 치료 과정, 관계 활용 및 사례 제시에 실존 이론을 응용하는 주제에 대한 내 견해를 심도 있게 살펴보려면 『응용 상담 이론: 온라인판 사례 기반 접근(Applying Counseling Theories: An Online Case-Based Approach)』(Rochlen, 2007)의 실존주의 심리 치료를 다룬 7장을 보라.[1]

## Gerald Corey의 실존주의 관점에서 루스 상담하기

『상담 및 심리 치료의 통합적 접근: 루스의 사례와 해설 DVD』의 11장('과거가 현재와 미래에 어떻게 영향을 끼쳤는지를 이해하기')에서 나는 루스와의 상담에 실존주의 개념을 활용하는 방법의 일부를 보여준다. 루스가 교회의 목소리를 대변하고 나는 교회의 특정 신념에 기꺼이 도전하는 루스의 새로운 역할을 맡는 역할연기를 하였다. 이 장에서는 루스가 새로운 가치를 발견하도록 어떻게 탐색하는지를 보여준다. 12회기('결정과 행동 변화를 위한 상담')에서 루스가 새로운 결정을 내리는 과정을 공고히 하는데 이 또한 실존주의 개념이다.

### 기본 가정

실존주의 접근은 치료자가 내담자와 형성한 관계가 치료의 성공여부를 결정하는 가장 중요한 요인이라 가정한다. 치료는 내가 어떤 사람(이번 사례에서는 루스)에게 행하는 어떤 일이 아니다. 나는 수동적인 내담자에게 영향을 가하는 기술자가 아니다. 나는 치료를 가장 깊고 진정한 의미에서의 대화, 루스와 나 사이의 정직한 교환으로 생각한다. 우리는 함께 여행하는 동반자가 될 것이며, 그 여정이 어디에서 끝날지는 우리 둘 다 모른다. 루스와 나는 둘 다 이 만남을 통해 변화할 것이며, 루스는 개인적인 방식으로 나에게 영향을 미칠 것이다. 나는 루스가 나와 함께 강력한 사고, 감정, 기억, 반응을 유발하기를 기대한다. 내 희망은 루스가 주관적인 관점에서 자신의 세계를 이해하는 것이며, 동시에 우리의 관계에서 루스에 대한 나의 개인적 반응을 알도록 하는 것이다.

## 루스에 대한 최초 평가

루스는 실존 치료에 적합한 내담자로 보인다. 루스는 삶의 의미와 현재 상황에 의문을 품고 있으며 안락한 생활 패턴에 기꺼이 도전하고 있다. 루스는 자녀들이 집을 떠날 준비를 하는 지금, 인생에 대한 회의를 느끼는 등 많은 발달 위기에 직면하고 있다. 루스에게 열려 있는 선택의 범위를 넓히기 시작하자 불안이 증가하였다. 의문을 제기하는 과정에서 더 많은 의문이 생겼지만 아직 루스는 거의 답을 얻지 못하고 있다. 루스는 오랫동안 자신을 아내와 어머니로 정의한 것과는 별도로, 스스로 원하는 것과 치열한 투쟁을 벌이고 있다. 질문을 제기한 주요 주제는 '내가 얼마나 인생을 잘 살 수 있을까?'라는 것이다. 루스의 장점 중의 하나는 불안을 유발하는 질문을 스스로 제기하는 자발성이다. 또 다른 자산은 자신의 실존에 대해 비판적으로 사고하는 자발성이다. 루스의 삶에 대한 평가 결과, 그녀는 이미 선택을 통해 중요한 단계를 밟아나가고 있었다. 루스는 더 이상 개인적으로 의미를 찾을 수 없는 근본주의 종교로부터 벗어났다. 루스는 자신의 삶을 변화시키고 싶은 동기를 가지고 있다. 그리고 자신이 여행하고 싶은 인생 경로를 발견하는 데 도움을 얻기 위한 수단으로 치료를 받으려고 하고 있다.

## 치료 목표

실존주의 치료의 목표는 장애가 있는 사람을 '치유하는' 것이 아니다. 단순히 증상을 제거하는 것이 아니라 그보다는 자신의 행동을 자각하게 되도록 돕고 삶을 변화시킬 결정을 하도록 격려하는 것이다. 루스와 같은 사람들을 자신의 경직된 역할에서 벗어나게 하고 편협하고 제한된 실존으로 이끌어왔던 삶의 방식을 보다 명백하게 알 수 있도록 돕는 것이 치료의 목표이다. 또한 내담자의 실존을 이해하고 반성하도록 돕는 것을 목표로 한다. 루스에 대한 치료의 기본 목적은 자신이 가지고 있는 자유를 발견하고 형성하고 사용하는 데 필요한 통찰을 제공하는 것이다. 루스는 여러 방식으로 자신의 자유를 억압하고 있다. 내가 할 일은 고통을 포함한 다양한 삶의 상황을 만들어내는 자신의 일부분을 루스가 스스로 인식하도록 돕는 것이다. 나는 루스가 자신의 실존을 제한하고 있던 방식을 알게 될 때 해방을 향한 발걸음을 내딛을 거라고 가정한다. 나는 루스가 더욱 책임 있고 의미 있는 실존을 창조할 수 있기를 바란다.

## 치료 절차

실존주의 치료자로서, 나는 잘 발달한 기법들에 의존하지 않는다. 치료는 유동적이고 창조적인 과정이며, 진행 중인 치료 과정과 우리의 상담 관계에서 이루어지는 일들을 토대로 치료 기법을 선택한다. 나는 인간사의 일부로 간주되는 특정 주제에 초점을 둔다. 그리고 그 주제가 우리의 치료 관계와 관련 있는 한, 루스에게 도전하고 루스와 내 반응들을 공유함으로써 루스와 완전히 함께 할 수 있는 내 능력을 강조한다. 나의 역할은 어떤 문제가 루스를 나에게 오도록 하였는지, 바로 지금 루스는 어디에 있는지, 변하기 원하는 것은 무엇인지, 또한 이러한 변화를 위해 할 수 있는 것은 무엇인지를 루스가 명료화하도록 돕는 것이다. 나는 현재 상황들과 루스의 인생에 있었던 사건들 속에서 사고, 감정 및 행동들을 탐색하기 위하여 여러 치료 방법으로부터 기법을 빌려올 것이다.[2]

루스의 과거를 다룰 때, 나는 과거 사건에 대한 감정과 사고를 현재 상황과 관련짓도록 격려할 것이다. 우리가 치료 회기 중에 결국은 탐색해야 할 질문들은 다음과 같다.

- 가능한 한 완전하게 사는 것은 어떤 방식으로 사는 것인가? 당신은 어떻게 자신을 제한하며 살고 있는가?
- 다른 사람이 규정한 삶을 어느 정도까지 살고 있는가?
- 지금까지 당신이 내린 선택은 어떤 것이며 그러한 선택이 당신에게 어떤 영향을 미쳤는가?
- 당신이 지금 직면하고 있는 선택은 어떤 것인가? 스스로 선택하고 개인적인 자유를 수용하는 데에 따르는 불안을 어떻게 다루고 있는가?
- 당신은 어떤 변화를 가장 원하고 있으며 그러한 변화를 방해하는 것은 무엇인가?

본질적으로, 루스는 이제 막 자신으로 향하는 문을 여는 과정에 참여하고 있다. 이 경험은 놀랍거나 흥분되거나 즐겁거나 우울하거나 때로는 이 모든 감정을 전부 경험할 수 있다. 루스가 닫힌 문을 열기 시작하면 심리적으로 경계를 지켜왔던 결정적인 사슬도 느슨하게 풀리기 시작할 것이다. 점진적으로 자신이 어떤 사람이었고 지금은 어떤 사람인지를 알게 됨에 따라 루스는 스스로 만들어 나가고 싶은 미래의 모습을 더 잘 결정할 수 있을 것이다. 치료를 통하여 루스는 상상을 현실화하는 대안을 탐색할 수 있다.

## 치료 과정

치료가 이루어지는 이 시점에서 루스는 중년의 위기를 좀 더 직접적으로 이해하게 되었다. 루스는 이제는 별 의미가 없지만 과거에 지녀왔던 가치에 대해, 공허감에 대해, '잘못된' 선택에 대한 두려움에 관해 이야기하였다. 여기에 우리의 회기 중 일부를 발췌하여 소개한다.

### | 치료 과정의 구성 요소

**루스가 새로운 가치를 발달시키도록 돕기** 이후의 회기에서 루스는 종교적 갈등의 문제를 제기하기 시작했다.

루스: 저는 몇 년 전에 제 종교를 버렸어요. 하지만 그것을 대체할 어느 것도 찾지 못했어요. 무언가 새로운 가치를 찾도록 선생님이 저를 도와주길 바라요. 선생님은 훨씬 많은 경험을 하셨고 선생님 자신과 선생님이 믿고 있는 것에 대해 행복해하시는 것 같아요. 혼자서는 잘못된 결정을 내릴까봐 두려워요.

코리: 만일 내가 답을 알려 준다면 당신이 스스로 자신의 길을 찾을 능력이 없다고 생각한다는 의미가 될 겁니다. 몇 가지 질문으로 시작하는 것이 좋을 것 같습니다. 답을 얻기 위한 방법 중의 하나는 질문을 하는 것이라고 생각합니다.

루스: 제가 가르침을 받아 온 종교는 무엇이 옳고 그른지를 분명하게 말해주었어요. 저는 '한 번 결혼했으면, 영원히 결혼한 것이다. 그리고 그 상황에서 최선을 다하라.'고 배웠어요. 그런데 지금은 그다지 수긍이 가질 않아요.

코리: 어떤 점이 그런가요?

루스: 제가 치료를 계속 받는다면 존과 공통점이 거의 없을 만큼 너무 많이 변하게 되고 결국에는 우리의 결혼 생활이 파탄에 이를까봐 가끔 두려워요.

코리: 당신의 변화가 파경으로 이끌 것이라고 얼마간 단정짓고 있군요. 당신의 변

화가 결혼 관계에 긍정적인 영향을 미칠 수는 없을까요?

루스: 맞아요, 저는 그런 식으로는 생각해 보지 않았어요. 그리고 존이 제 변화를 좋아하지 않을 거라고 생각했어요. 내가 치료를 받으면서 하는 행동이 결국에는 내가 그이를 떠나고 싶도록 만들거나, 혹은 그이가 나를 떠나고 싶게 할 것이라는 걱정을 자주 해요. 가끔은 이 결혼 생활에서 도망치고픈 충동도 있지만 내 인생에 존이 없다면 어떨까 하는 생각을 하면 두려워져요.

코리: 그런 일이 일어났다고 상상해 보면 어떨까요? 만일 존이 당신 인생에서 없었으면 어떻게 살았을지 잠깐 이야기해 봅시다. 마음에 떠오르는 생각이나 상상을 다른 사람이 어떻게 생각할지 걱정하지 말고 무엇이든지 이야기해 보세요.

루스: 평생 다른 사람들이 나에게 어떤 사람이 되어야 하고 무엇을 해야 하는지 말해주었어요. 그리고 부모님과 교회를 떠난 공백을 바로 존이 채워 주었어요. 나는 아내와 엄마로서의 인생 외에는 아는 것이 없어요. 만일 존과 내가 헤어지면 아이들이 어떤 생각을 할까요? 애들에게 어떤 영향을 미칠까요? 아이들은 내가 가족에게 한 행동 때문에 나를 미워하겠지요? 지금 방식대로 사는 것에 지쳤지만 훨씬 더 혼란스러울 것 같은 두려움 때문에 변화를 시도하는 것이 몹시 겁이 나요. 존과 아이들은 '옛날의 나'를 정말로 좋아했고 내가 최근에 말한 것을 듣고 당황스러워 하고 있어요.

코리: 만일 당신 인생에 가족들이 없었다면 어떻게 달라졌을지를 진심으로 표현하는 것을 당신 스스로 허용하지 않고 있습니다. 당신이 어떻게 달라질지를 상상하는 것보다 당신의 변화로 인해서 가족들이 어떻게 영향을 받을지를 이해하는 것이 당신에게는 더 쉬울 것입니다. 달라지는 것을 상상하는 것이 당신에게는 어려운 일 같습니다. 왜 다른 시도를 하지 않습니까? 당신의 변화에 대한 가족의 반응보다는 당신이 어떻게 달라지기를 원하는지에 초점을 맞추십시오.

**루스의 불안을 다루기** 루스가 변화를 다루는 데 어려움을 겪는 것은 분명하다. 루스는 달라지는 것을 생각할 때마다 즉시 불안을 느낀다. 루스는 자신에게 선택권이 있다는 것과 다른 사람들이 자신을 위해 대신 선택해 주지 않는다는 것을 알기 시작했다. 아직도 루스는 이러한 현실을 두려워하고 있고 장기간의 치료 동안 변화가 없어 보였다. 루스는 자신이 할 수 있는 선택을 하지 않을 것이다. 그래서 나는 루스와 함께 루스의 갇혀 있는 것 같은 느낌을 수용하고 루스와 함께 그녀의 불안을 탐색하였다. 다음은 루스가 이러한 감정을 어떻게 설명하는지를 보여준다.

루스: 나는 가끔 벽 사이에 끼이는 것 같은 끔찍한 느낌이 들어서 한밤중에 깨곤 해요. 식은땀을 흘리기 시작하고 숨쉬기가 곤란하고 심장이 두근거리는 것을 느낄 수 있어요. 어떤 때는 죽을까봐 걱정해요. 잠을 잘 수 없어서 일어나서 주위를 왔다 갔다 해요.

코리: 루스, 그 느낌이 불쾌한 만큼 그러한 느낌에 주의를 기울이는 것을 배우시기 바랍니다. 그러한 신호는 당신 삶의 모든 것이 잘 돌아가지 않고 변화할 준비가 되었다는 것을 말해주고 있습니다.

루스는 불안을 부정적이고 완전히 제거하고 싶은 것으로 생각하고 있다. 그러나 나는 루스의 불안은 새로운 출발에 대한 가능성이라고 생각한다. 단순히 이러한 증상을 제거하기보다는 불안의 의미를 더 깊이 탐색할 수 있다. 루스의 불안은 어떤 종류의 삶을 살기 원하는지를 결정하고 그에 따른 변화를 현실화하기 위해 행동하는 것에 대한 책임감이 커지면서 자유에 대한 자각이 증가한 결과라고 생각한다.

**죽음의 의미를 탐색하기** 결국 우리는 죽음의 주제에 대해 논의하기 시작했으며 죽음이 루스에게 갖는 의미를 탐색한다.

루스: 저는 전에 우리가 이야기한 것, 즉 죽기 전에 내가 원하는 것이 무엇인지에 대해 생각해 보았어요. 선생님도 아시지만 그렇게 수년 동안 죽음을 두려워하며 살았어요. 그런 두려움 때문에 죽음을 직면하지 않고 살아온 것 같아요.

코리: 당신이 정말로 살아있다고 느껴지지 않는 삶의 영역에 관해서 이야기해 보는 것은 어떨까요? 살아있다는 흥분감을 얼마나 자주 느낍니까?

루스: 반쯤 죽은 것처럼 느끼는 때를 말하는 것이 더 쉬울 것 같아요. 즐거움을 느끼는 면에서는 죽은 거지요. 성적인 측면에서도 이미 죽었어요.

코리: 당신이 죽었다는 것을 어떤 다른 방법으로 생각할 수 있을까요?

나는 루스가 자신의 삶의 질을 평가하고 죽은 상태를 경험하도록 하기 위해 노력했다. 얼마 후 루스는 자신의 영혼이 죽도록 허용했다는 것을 인정했다. 예전의 가치는 이미 바래졌고 새로운 가치는 아직 습득하지 않았다. 루스는 단순히 숨 쉬는 것보다 살아가는 것이 더 중요하다는 것을 어렴풋이 깨닫고 있다. 루스가 스스로 자신의 죽은 상태를 인식하고 이러한 죽은 듯한 상태를 새로운 삶을 다시 사는 전제 조건으로 느끼는 것이 중요하다. 나는 루스가 자신이 죽은 것 같다는 느낌을 정말로 경험하고 표현하게 되면 어떻게 살아있기를 원하는지에 초점을 맞추기 시작할 수 있다고 생각한다. 그런 후에야 루스가 새롭게 살아가는 방식을 배울 수 있는 희망이 있다.

**| 치료 과정에 대한 논평** 치료를 통해 얻은 루스의 경험은 자신의 외부에서는 완전한 답을 얻을 수 없다는 기본 가정을 강조한다. 루스는 치료란 문을 서서히 열어가는 과정이고 이는 선택을 위한 더 많은 잠재력을 갖게 하는 과정임을 배운다. 루스는 스스로 선택한 것에 대한 책임을 면할 수 없다는 것을 잘 알게 되었다. 루스는 선택하지 못한 경험뿐 아니라, 자신의 선택에 의해서 자신을 끊임없이 창조하는 것을 배운다. 루스의 치료자로서 나는 치료 회기 내에서나 밖에서나 새로운 행동을 실험하는 것을 지지한다.

내 목표 중의 한 가지는 루스에게 자신의 선택이나 혹은 선택에 실패한 것들과 그녀가 경험하고 있는 불안 간의 관계를 보여주는 것이다. 루스에게 한 주 동안 다양한 상황에서 자신을 관찰하도록 하였다. 루스는 이러한 자기 관찰 과정을 통하여 자신의 선택이 불안에 어떻게 직접적으로 기여하는지를 점차 알게 되었다. 루스와의 상담에서 나의 목표는 불안을 제거하는 것이 아니라 불안의 의미를 루스가 이해하도록 돕는 것이다. 불안이란 모든 것이 순조롭지 않다는 신호이고, 인생에서 어떠한 변화를 꾀할 준비가 되었다는 신호라고 생각한다.

아마도 루스에 대한 치료의 결정적인 측면은 자신이 결정할 수 있는 선택권이 있다는 것을 인식하도록 하는 것이다. 루스는 잘 알고 있는 것과 친숙한 것에 계속 집착하거나 또는 불확실성과 불안을 헤쳐 나가며 미래를 위한 다른 선택을 할 수도 있다. 루스는 치료 과정에 전념하기로 선택하였다.[3]

## 마지막 제언

단기 치료와 시간제한 실용적 전략에 대한 최근의 강조는 즉각적인 문제해결을 목표로 한다. 이에 대해 혹자는 실존적 관점의 적용 가능성에 의문을 가질 수 있다. 나는 자유와 책임감, 그리고 선택을 함으로써 삶을 재설계하는 우리의 능력에 실존적 중점을 두는 것을 가치 있게 생각한다. 실존적 접근은 사람들이 직면하는 핵심 투쟁에 대해 설명하기 때문에 개인적인 치료 스타일을 구축할 수 있는 심오한 철학적 근거를 제공한다. 이러한 실존주의적 접근은 루스와 같은 사람들이 자신의 문제점에 대한 대답을 스스로 찾도록 도울 수 있는 상담을 설계하는 기초를 제공할 수 있다.

## 복습을 위한 질문

1. 루스와 당신을 동일시하는 데 도움이 된 당신의 인생 경험은 무엇인가? 루스의 투쟁 중 공감되는 것은 무엇인가? 이러한 개인적인 분투와 문제를 당신은 어떻게 다루었는가? 루스의 치료자로서 당신의 잠재적인 효용성과 관련된 이러한 질문에 어떻게 답하겠는가?
2. Russell 박사와 내가 루스와 상담한 방식에 대해 당신은 어떻게 생각하는가? 이 두 가지 상담 양식 중 어떤 측면을 활용하겠는가? 어떤 상이한 주제에 초점을 맞추겠는가? 당신은 어떤 다른 기술을 사용하겠는가?
3. 루스에 대한 실존주의 접근과 이전의 접근, 즉 정신분석 치료와 아들러식 치료를 비교하라. 당신이 생각하는 중요한 차이는 무엇인가?
4. 루스에 대한 Russell 박사의 평가와 진단적 견해에 관한 당신의 생각은 어떠한가?
5. '삶의 문을 여는 것'과 관련된 루스의 두려움을 당신은 어떻게 다루겠는가? 루스의 한 부분은 현재의 자신으로 남아있기를 원하고 다른 부분은 새로운 생활을 동경한다. 당신은 이러한 갈등을 어떻게 다루겠는가?
6. 실존주의 접근법을 사용하여 죽어가는 것과 관련된 루스의 두려움을 어떻게 다루겠는가? 당신은 루스의 불안과 루스의 죽음관 사이의 어떠한 연계가 있다고 생각하는가?
7. 죽음과 죽어가는 것에 대한 당신의 생각과 감정은 어떠한가? 죽음과 상실에 관한 당신의 불안을 어느 범위까지 탐색했다고 생각하는가? 루스와 같은 내담자를 효율적으로 상담할 수 있을지와 직결되는 이러한 질문에 대한 당신의 대답은 무엇인가?
8. 이 장에서 언급된 기타 실존적 주제 중에 당신의 삶과 개인적인 관계가 있는 것은 무엇인가? '만일 내담자가 자신의 삶에 대해 이야기하는 것을 내켜하지 않는다면 자신의 실존적 근심을 다루도록 영감을 줄 수 있는가?'라는 질문에 대해 어떻게 생각하는가?
9. 실존 치료가 당신의 상담 양식과 얼마나 잘 부합되는가? 이 접근법의 어떤 측면이 가장 유용한가? 당신의 상담 양식에 적합하도록 변화시키고 싶은 것은 어떤 측면인가?

## 주

스탠의 죽음에 대한 불안과 인생의 목적을 탐색하기 위한, 또한 실존주의 치료를 적용할 수 있는 저자의 설명 방식을 보려면 『심리상담과 치료의 이론과 실제: 스탠의 사례와 해설 DVD』의 4회기('스탠의 사례에 적용한 실존주의 치료') 스탠의 사례와 해설을 참고하라.

1. Russell, J. M.(2007). Existential psychotherapy. In A. B. Rochlen, *Applying counseling*

*theories: An online, case–based approach* (pp.107-125). Upper Saddle River, NJ:Pearson Prentice Hall.

2. 『상담 및 심리 치료의 통합적 접근: 루스의 사례와 해설 DVD』의 9회기('통합적 초점')에서 나는 실존주의 상담 방식으로 루스를 어떻게 상담하였는지 설명하였다. 실존주의 치료자로서 나는 루스와 함께 현재 상황과 생활사건을 탐색하기 위해 다양한 치료 양식의 기법을 자유롭게 빌려 사용하였다.
3. 실존적 접근의 치료를 보다 상세히 알고 싶으면 Corey(2013)의 『심리상담과 치료의 이론과 실제』(9판, Belmont, CA:Brooks/Cole, Cengage Learning)를 보라. 또한, G. Corey(2013)의 『심리상담과 치료의 이론과 실제를 위한 학생용 매뉴얼(Student Manual for Theory and Practice of Counseling and Psychotherapy)』(9판, Belmont, CA:Brooks/Cole, Cengage Learning)을 보라. 교재와 지침서를 같이 보면 이 장에 예시한 루스와의 상담에서의 나의 실존주의적 관점을 한층 충실하게 알 수 있을 것이다. 실존주의적 접근에 대한 개관은 다음의 책을 참고하라. Schneider, K., & Krug, O.(2010). *Existential - humanistic therapy*. Washington, DC:American Psychological Association.

CHAPTER

5

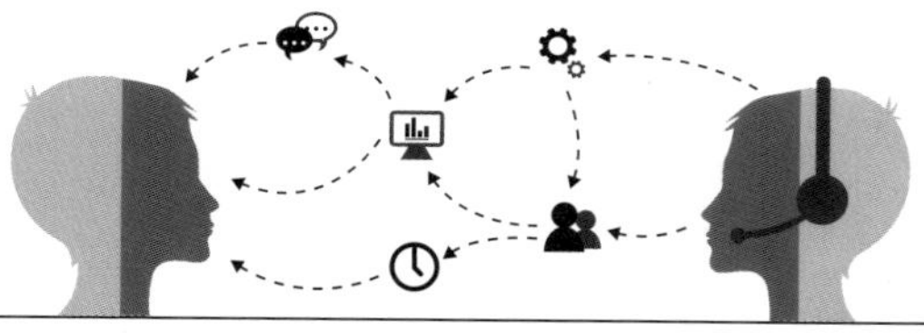

# 인간 중심 치료의 사례 접근

## 인간 중심 치료의 일반적 개관

인간 중심 접근은 내담자-치료자 관계를 통해 내담자 자신이 부정하거나 소유하지 않았던 자신의 측면들과 타협할 수 있도록 이해와 수용의 분위기를 제공하려 한다. 인간 중심 접근의 다른 목표는 내담자가 더 큰 개방성, 자신에 대한 믿음, 최종 산물보다는 기꺼이 참여하는 과정 및 자발성을 향해 나아가도록 하는 것이다.

인간 중심 접근은 내담자-치료자 관계에 일차적인 중점을 두기 때문에 구체화할 기법은 거의 없다. 이 접근은 직접적 중재, 해석, 질문, 정보 조사, 조언, 과거사 수집 및 진단을 최소화한다. 인간 중심 치료자는 적극적 경청, 반영과 명료화를 극대화한다. 인간 중심 이론은 치료 관계에서 한 인간으로서의 치료자의 완전하고 적극적인 참여를 강조한다. 새로운 버전의 인간 중심 접근은 치료 양식 측면에서 차이가 있는데, 상담자는 좀 더 자유롭게 치료 관계에 참여하고 반응을 공유하며 조심스럽게 내담자의 도전의식을 북돋을 수 있다.

인간 중심 치료의 정신에 따르면, 치료를 중단하는 시기에 관한 결정권은 내담자가 갖는다. 마찬가지로 치료자는 치료가 어느 정도 성공적인지를 결정하는 데에도 내담자의 의견이 중요하다고 가정한다. 내담자의 내적 통제 소재가 증진되면 자신의 치료 작업의 개인적 의미를 가장 잘 평가할 수 있게 된다.

# 루스에 대한 인간 중심 치료자의 관점

_ David J. Cain 박사

## 도입

인간 중심 치료자는 평가와 진단을 심리 치료에 착수하는 공식 절차가 아닌 진행과정으로 간주한다. '진단'이란 단어는 '아는(to know)' 또는 '발견하는(to discover)'을 의미하는 그리스어에서 유래되었다. 나의 견해로는, 치료란 근본적으로 개인 내 및 개인 간 학습이 핵심요소인 자기 발견 과정이다. 치료자의 일차적 기능은 내담자의 경험과 인지 학습을 촉진시키는 것이다. 그러므로 내담자가 자아에 관한 개인적 지식을 발견하는 것은 치료자가 내담자에 관해 아는 것이나 내담자가 겪는 정신의학적 장애에 대해 아는 것보다 훨씬 중요하다.

인간 중심 치료자로서 나는 내담자가 평가를 바라지 않는다면 어떠한 공식적인 평가도 하지 않을 것이다. 또한 DSM-IV-TR에 근거해서 진단하지 않을 것이다. 지난 30여 년간 심리 치료자로서의 경험에 의하면 형식적인 진단은 이득보다는 위험을 더 많이 가지고 있다. 비록 진단에 대한 찬반 논쟁이 이 책에서 다루어야 할 문제는 아니지만, 진단의 가장 중요한 한계라고 생각되는 것을 잠시 다루어 보자.

첫째, 나는 진단이 치료에 많은 도움을 준다는 것을 발견하지 못하였다. DSM-IV-TR 진단 체계는 치료를 위한 지침을 제공하지 않는다. 소수의 예외(불안 문제에 대한 노출과 인지 재구조화)는 있지만, 심리 치료에 관한 대부분의 연구는 다양한 문제에 대해 기존의 모든 접근이 거의 동등하게 성공을 거둠을 보여준다.

둘째, 모든 진단 유목은 내담자와 그들의 경험을 증상 목록에 단순화한다는 점에서 불가피하게 환원적이다. 현실적으로 동일 진단을 받은 개인 간에도 상당한 차이가 나타난다.

셋째, 공통 특성을 강조하기 때문에 진단 과정에서 개인의 독특성을 상실하는 경향이 있다. 개인이 독특하다는 것은 생물학적 사실이자 심리학적 사실이다. 유목화는 내담자에 대한 치료자의 개념적 이해를 제한할 수 있고 개인차의 중요성과 개인의 복잡성을 평가절하하는 경향이 있다.

넷째로, 진단은 내담자에게 문제가 되는 것이 무엇인지를 과도하게 강조하고 상대적으로 내담자의 자원에는 거의 관심을 두지 않는다. 인간중심 치료자는 문제의 해결과 정신병리의 치료보다는 내담자의 성장과 개인적 자원의 계발에 훨씬 더 중점을 둔다.

마지막으로, 진단은 내담자의 내적 관심의 틀로부터 도출되기보다는 임상가의 관점 같은 외적 관점을 통해 일차적으로 결정된다. 내담자는 자신의 경험에 관한 최고의 권위자임에도 불구하고 일반적으로 진단을 내리는 과정에 거의 참여하지 못한다.

내담자를 이해하고 적절히 치료 반응을 하기 위해서는 진단적 증상보다 그 외의 개인적 차원이 더욱 중요하다. 가장 관련 있는 차원은 다음과 같다. (1) 내담자의 자아 개념과 세계관, (2) 자아 개념, 행동과 경험 간의 불일치, (3) 경험에 주의를 기울이고 처리하는 능력, 특히 정서, (4) 학습 스타일과 경험을 통해 학습하는 능력, (5) 행동거지 또는 삶의 특징적 방식, (6) 내현적인 혹은 외현적인 개인적 목표와 노력, (7) 목적의식과 개인적 의미, (8) 현실에 근거하고 완전하며 통합된 존재감.

내 경험으로는 내담자에게 가장 중요한 것은 자아를 정의('나는 누구인가?')하고 재정의('어떤 사람이 되려고 하는가?')하는 것이다. 이러한 과정은 내담자의 경험과 그 경험의 개인적 의미에 대해 치료자와 내담자가 개방적인 자세를 취할 때 촉진되며, 내담자의 정신병리에 대한 진단에 매달릴 때 방해된다. 최선의 경우에 진단은 경험과 관련 정보의 원인을 내담자가 그대로 수용하게 하는 연속적인 자기 학습 과정이다. 대조적으로, 치료자 입장에서의 진단적 분류는 자신이 내담자에 대해 '아는' 것을 고수하려는 잘못된 의식을 창출할 수 있고, 내담자의 창의성과 적응성을 제한하는 치료 반응을 보일 수 있다. 위험한 점은 치료자가 발전해가는 인간보다는 정적인 범주와 교류하기 시작하면서, 지각할 수 있는 범위와 치료 반응의 다양성을 제한하고 결과적으로 변화에 대한 내담자의 잠재력을 제한하게 된다는 것이다. 내담자의 진단 범주를 확인하려는 시도 대신에 내가 치료 전반 동안 품고 있던 두 가지의 주요 질문은 '당신은 어떤 사람인가?'와 '어떻게 살고 있는가?'이다.

평가의 본질적인 목적은 적절하고 의미 있는 개인적 지식, 특히 '자아'와 자아 개념이 어떻게 행동에 영향을 미치는지에 대한 지식을 내담자가 개발하도록 하는 것이다. 인간 중심 치료의 주요 요인 중의 하나는 자기 방향을 결정하는 데 있어서 내담자에게 부여된 책임감이다. 비록 내담자가 자신을 탐색하는 과정에서 치료자가 중요한 역할을 할지라도, 내담자는 스스로 발견한 개인적 경험과 학습의 영향을 받고 이를 잘 활용할 것이다. 자기 탐색과 자기 발견을 통해 얻는 흥분과 깊은 만족은 치료 과정에 내담자를 참여시키는 중요한 요인이다.

보험회사는 치료자가 공식적 진단을 내리도록 요구하는 경우가 많다. 인간 중심 치료자가 제공한 공식적 진단은 내담자가 언급한 문제와 증상과 주 호소에 근거한다. 대부분의 인간 중심 치료자는 위에서 언급했던 이유 때문에 공식적 진단을 중시하지 않지만, 일부 경우에는 문제와 내담자가 기술한 경험 간을 구분하는 데 진단이 도움이 될 수 있다. 자폐, 강박장애, 양극성장애, 섭식장애, 물질남용장애, 공포장애, 기분장애 및 정신증(psychotic disorder) 같은 장애 간의 유용한 구분은 인간 중심 치료자가 내담자가 경험한 핵심적인 근심을 확인하고 그 문제에 주의를 기울이도록 돕는다.

## 루스에 대한 평가

나는 루스를 상담하면서, 분명하게 나타나는 측면과 드러나지 않고 불분명하지만 자신을 구성하고 있는 측면을 모두 포함하여 루스가 자아를 어떻게 보는지에 특히 주목할 것이다. 루스의 자전적 기록을 통해 자아 개념의 여러 구성 요소를 알아볼 수 있었다. 루스의 말을 빌리면, 루스는 스스로를 "그이(존)가 원하는 좋은 아내와 좋은 엄마"와 동일시하고 있다. 그러므로 루스는 아내와 엄마의 역할에 자신을 강하게 동일시하지만, 남편이 바라는 이미지에 맞추어 역할을 정의하였고 이를 달성하려고 시도해왔다. 이렇듯 남편의 인정을 받기 위해 자신이 어떤 사람이고 어떠한 사람이 되어야 하는지를 남편이 정의하도록 허용함으로써, 루스는 한 인간으로서 자신을 정의하는 것과 자신의 인생에 대한 개인적인 선택을 내리는 데 있어 스스로의 역할과 힘을 포기했다. 루스는 자신에게 가치 있는 것이 무엇인지를 남편이 결정하도록 했고 남편의 결정에 맞추어 살지 않는다면 '남편이 자기를 떠날 것'이라는 두려움 속에 살고 있다. 다른 사람의 틀에 자신을 맞추려는 성향은 루스의 생활 전반에 널리 퍼져 있는 측면이다. 루스는 이에 대해 다음과 같이 말한다. "나는 지금까지 주로 다른 사람들을 위해 살았어요. ……나는 베풀고 또 베푸는 슈퍼우먼이었어요." 자신을 베풀고 보살피는 사람으로 여기는 것은 루스가 자긍심을 갖는 측면이므로 당연히 그렇게 정의할 수 있다. 반면, 이렇게 좁은 의미로 자신을 정의함으로써 루스는 되고 싶은 자신의 모습을 제한하였다.

루스가 서른이 될 때까지 그녀의 정체성과 가치 체계는 근본주의 종교를 가진 부모님, 특히 아버지의 영향을 강하게 받았다. 루스는 '이런 사람이 되어야 한다.'는 부모님의 기대에 부응하지 못하면 버림받을 것이라고 두려워했다. 루스는 "부모님이 공식적으로 말씀하신 것은 아니지만 여러 면에서 볼 때 연을 끊으신 것 같아요. 부모님께 그렇게 소중한 종교를 멀리하면서 사는 한 절대로 나를 인정하지 않으실 거예요."라고 말했다. 심지어 루스는 자신의 욕구와 정체성을 희생하고서라도 다른 사람을 기쁘게 하는 것에 열중했다. 진정한 의미에서 루스는 자신이 누구이며 어떤 사람이 될 수 있는지에 대한 명백한 의식이 없는 이타적인 사람이다. 치료를 받으면서 루스가 자주 언급한 근본적인 질문은 다음과 같다. '내가 원하는 것이 무엇일까요?', '나는 어떤 사람이 되고 싶어 하는 것일까요?', '나는 어떻게 살기를 원하는 걸까요?', '내가 그런 사람이 되어서도 남편이나 가족과 좋은 관계를 유지할 수 있을까요?', '나에게 중요한 사람들이 나를 어떻게 평가하든 나 자신을 소중히 여길 수 있을까요?'.

루스의 자아 개념의 다른 측면은 루스가 그리 중요하게 여기지 않는 부분이다. 루스의 자아 개념에 대한 중요한 단서는 신체에 대한 관점과 여러 신체 증상이다. 루스가 스스로를 어떻게 정의하든 간에 자아가 구현되고 있다는 것을, 즉 자아가 신체 내에 담겨 있고 신체를 통하여 기능한다는 것을 인식하는 것이 중요하다. 그러므로 루스가 자신에 대해 중요하게 생각하는 부분은 자신의 신체를 어떻게 보고 어떻게 느끼는지와 관련 있다. 현재, 루스는 신체 자아를 과체중이고 매력이 없다고 여긴다. 루스는 "내 외모가 싫어요. 이런 내가 싫어요. 몸매에 자신이 없어요."라고 말하고 있다. 루스는 신체 자아를 형성하는 데 부정적 영향을 미친 다수의 괴로운 신체 증상을 경험한다. 루스의 존재 방식의 대부분은 두려움, 불안, 공황 및 일상생활에서 일어나는 많은 사건과 계속되는 근심에 압도당할 것 같은 감각의 지배를 받고 있다. 루스는 죽게 될까봐 두려워한다. 이러한 두려움과 불안은 불면증, 가슴 두근거림, 두통, 현기증과 울음 발작과 같은 다양한 신체 증상으로 표현되는 것 같다. 사실상 루스 인생의 대부분은 병들어 있는, 즉 우울하고, 두렵고, 제한되고, 회피적인 상태이다.

비록 루스가 양육자라는 자신의 역할에 모종의 자긍심과 만족을 느끼고 있을지라도 이 역할은 양가감정과 불만족을 초래한다. 루스는 자신이 누구인지, 무엇을 믿는지, 어떻게 살아야 하는지에 대해 상당한 갈등을 경험한다. 루스의 말대로, 현재의 자신이 싫고, 뚱뚱한 몸이 싫고, 아내와 어머니의 역할을 떠나서는 자신의 인생에서 어떠한 즐거움이나 의미 있는 활동이 결여되었다는 사실이 싫다.

루스의 정체성의 잠재적인 측면은 교사로서의 역할이지만, 아직 이러한 역할을 자아 구조에 통합하지 못하고 있다. 가르치는 일이 꿈을 성취하는 것이라고 생각하면서도 루스는 아직 자신보다 가족이 원하는 것을 우선시한다. 루스의 종교적 신념과 가치는 변하고 있으며 이전의 근본주의적 견해와 갈등을 겪고 있다. 루스의 정체성의 다른 측면은 치료가 진행되는 동안 드러나게 될 것이다.

루스의 미래는 불분명하고 새로운 시도가 필요할 것이다. 루스는 자신이 어떤 사람이 되고자 하는지에 대해 어렴풋이 인식하고 있지만, 아직도 자신의 흥미와 욕구를 추구하고 정체성을 계발하는 것이 남편과 가족을 잃는 원인이 될 것이라고 두려워한다. 그러나 루스는 포기하지 않는다. 최근에 루스는 '문제를 제기하기' 시작하였고, '너무 늦기 전에 제대로 살 수' 있을 것이라는 가냘픈 희망을 붙잡고 있다. 루스는 자신과 자신의 인생의 가능성을 확장시키기 위해 현재의 자신보다 나아지려는 열망이 있다. 루스는 상당한 불안을 지닌 채 인생의 전환기에 들어서고 있다.

## 주요 주제

루스의 핵심 주제는 현재의 루스로 대변할 수 있는 자아와, 주저하면서 신중하게 표현하고자 '노력하는' 자아 사이의 부조화이다. 루스의 부조화는 인지부조화나 다수의 신체 증상을 통하여 혹은 불안과 스트레스의 다양한 방식으로 표현되고 있다. 이러한 방식들은 모두 불편감을 해결하도록 루스를 압박하는 경향이 있다. 우울과 신체 증상은 루스의 인생이 무언가 잘못되었다는 것을 말해준다. 그러나 보다 자율적이고 완전하고 만족하는 사람이 되는 것을 방해하는 중요한 장애물은 바로 두려움이다. 남편과 자녀의 지지와 사랑을 상실할 것이라는 두려움 때문에 현재의 안전한 생활에서 벗어나는 것을 주저하지만 삶과 자신에 대한 불만족은 루스를 전진하게 하고 있다.

개인적인 성장과 의미라는 측면에서 보면 답답하고 충족되지 못한 삶이지만, 루스는 현재의 삶에 대해 다소 안정감을 느끼고 있다. 자신의 판단에 대한 신뢰 결여('내가 잘못된 결정을 내릴 것 같아 두렵다.')와 문제해결 능력에 대한 신뢰 부족('덫에 걸려서 어떻게 나아가야 할지 모르겠다.') 때문에 전진해 나아가는 루스의 능력은 제한된다. 그 결과로 루스는 인생의 방향을 다른 사람(신이나 남편, 혹은 치료자)에게 의지하여 결정하는 경향이 있다.

역설적으로, 루스는 죽는 것만큼이나 살아가는 것에 대해 많이 두려워한다. 변화를 생각할 때마다 두려움을 느끼고 있는데, 그 이유는 가족 내에서와 현재의 생활양식에서 경험할 수 있는 한정된 안전과 안정이 변화로 인해 위협받기 때문이다. 그러나 아직은 희망적인 조짐이 있다. 루스는 안절부절못하고 만족하지 못하며 자신의 삶이 덧없이 흘러가는 것을 두려워하고 있다. 루스는 더 나은 삶에 대한 너무나 가냘픈 희망을 가지고 있고 어떤 사람이 될 것인지에 대해서도 자신이 없다. 루스는 '흥분되는 동시에 두려움을 느끼고 있다.' 루스가 만일 내면의 목소리를 들을 수 있다면, 그리고 신체의 불편감이 주는 메시지에 주의를 기울일 수 있다면, 자신이 누구이고 무엇을 원하는지를 보다 명백하게 알게 될 것이고 그 과정에서 자신의 목소리와 길을 찾기 시작할 것이다.

## 치료 과정과 기법

루스와의 상담을 준비하면서 나는 치료 관계에서 질적인 부분에 일차적인 초점을 두었다. 내가 루스에 대해 알고 싶어 하는 마음이 들면 좋겠고, 루스가 자신과 자신의 인생에 대해 나와 공유하고 싶어 하는 모든 것을 내가 잘 수용할 수 있으면 좋겠다. 최선을 다하여 루스에게 나를 완전히 보여줄 것이며, 비언어적이고 함축적인 메시지를 포함하여 루스가 자신을 표현하는 방식에 유의하면서 그녀의 이야기를 신중하게 청취할 것이다. 가능한 한 루스에 대해 가질 수 있는 선입견과 가정을 버리고 신선한 눈과 귀로 그녀에게 주의를 기울일 것이다. 내가 자신에게 진정으로 관심을 갖고 있고, 자신의 감정에 민감하고, 자신이 표현하고 의도한 의미를 판단하지 않고 정확히 이해한다고 루스가 생각할 수 있도록, 신뢰할 수 있고 지지적이고 안전하며 격려하는 분위기를 만들어 나갈 것이다. 내가 루스의 문제해결 능력을 신뢰하며, 배우고 발전하는 그녀의 능력에 대해 낙관적으로 생각하고 있음을 루스에게 알려주고 싶다. 만일 이러한 시도가 성공한다면, 루스는 자신에게 귀를 기울이고, 자신의 경험을 통해 배우고, 자신의 학습에 효율적으로 적용할 것이며 이러한 과정을 통해 통제의 외적 소재에서 내적 소재로 전환시킬 수 있을 것이다.

내가 사용할 구체적인 기술이나 방법, 또는 반응은 루스가 치료를 받는 이유와 현재 그녀에게 가장 적합한 것에 맞춰 적용할 것이다. 루스에게 중요한 개인적 자원과 직업적 자원을 루스의 고려사항으로 제시할 것이다. 루스를 치료 과정의 협력자로 생각하기 때문에, 내가 그 순간에 어떤 최선의 반응을 할 것인지는 루스에게 단서를 얻어 결정할 것이다. 때로 나는 무엇이 도움이 될지 결정하기 위해서 루스와 더 직접적으로 협력할 수 있고 또는 현재 내가 하고 있는 것이 도움이 되는지를 확실히 알기 위해 루스에게 직접 확인할 수 있다. 루스는 자신에게 가장 도움이 된다고 생각하는 접근법을 선택하는 데 참여할 것이며 루스를 위해 다양한 치료 반응이나 기법을 적용할 것이다. 내담자가 표현하거나 혹은 암시한 의미를 신중하게 듣고 정확하게 이해하는 것은 치료기법이나 훈련을 시작하는 것보다 항상 우선이 되어야 한다. 어떤 기법을 적용할 때 나는 항상 '이것이 적합한가?'를 질문한다.

학습의 조력자가 되는 것은 치료자의 중요한 역할 중의 하나이다. 인생은 끊임없이 우리 자신과 다른 사람, 그리고 삶에 대하여 중요한 교훈을 준다. 때때로 나는 '배우는 방법을 배우도록' 내담자를 돕는 것이 나의 역할이라고 생각한다. 내가 루스에게 반응하는 방식은 그녀의 개인적인 학습 방식에 맞춘 것이며 이는 관찰이나 토론을 통해 추론할 수 있다.

마지막으로 우리의 치료 관계에서 나는 자연스럽게 행동할 것이다. 그래서 루스는 한 인간으로서의 나에 대해 좋은 느낌을 갖게 될 것이다. 결과적으로 루스는 나의 유머 감각과 개방성과 솔직함, 그리고 진지하고 쾌활한 면을 경험하게 될 것이다. 루스는 상담이라는 개인적인 여행을 시작하면서 내가 상당히 주의 깊고 점잖을 뿐 아니라, 독려하고 도전적인 사람이라는 것을 발견할 것이다. 나는 루스에게 최선의 이익이 되려 했던 것처럼 나 자신의 다양한 측면에 관여하려 노력할 것이다. 또한 루스는 내가 자신과 상담하면서, 그리고 되고 싶어 하던 사람으로 점차 되어가는 과정을 지켜보면서 즐거움을 느끼고 있다는 것을 알게 될 것이다.

**| 치료의 시작 단계** 치료가 시작될 때 루스가 주저할 것으로 예상해서 루스의 삶과 그녀 자신, 그리고 신체 증상에 대한 일반적인 불만족감을 다루는 것으로 상담을 시작했다. 루스는 처음에는 다소 혼란스럽게 느껴지는 우리의 상호작용이 비지시적인 속성을 가진다는 것을 발견할 것이며, 내가 '옳은' 방향으로 이끌고, 질문하고, '해야 할' 일을 조언하며, 그것을 하도록 자신을 '재촉해 주기'를 바랄 것이다. 그러나 내가 루스에게 지시하거나 조언하려 하지 않는 이유는 루스 스스로 행동 방향을 결정하고 자신에게 적합한 행동 과정을 발견하는 능력이 있음을 믿기 때문이라는 것을 점차 인식할 것이다. 내가 전하고자 하는 메시지는 '이것은 당신의 인생입니다. 그리고 바로 당신이 자신의 미래를 써나가는 것입니다.'라는 것이다. 나는 루스가 현재 자각하는 것보다 더 많은 개인적인 장점과 자원을 가지고 있음을 발견할 것이라고 확신한다.

치료의 시작 단계는 다음과 같이 진행되었다.

> **치료자:** 나와 함께 나누고 싶은 이야기나 당신을 괴롭히는 것을 생각나는 대로 이야기해 주면 좋겠어요.
>
> **루스:** 지금 체중 문제가 가장 걱정스러워요. 불안하거나 우울할 때면 과식하는 경향이 있어요. 최근에 몸무게가 4.5kg 정도 늘었어요. 점점 뚱뚱해져서 볼품없어지고 있어요. 내 모습이 마음에 들지 않아요.
>
> **치료자:** 식습관과 외모 때문에 자신에게 화가 나셨군요.
>
> **루스:** 그래요. 그리고 남편은 말랐을 때를 더 좋아하는 것 같아요. 다이어트를 시도해 보고 있지만 꾸준히 하기 어려워요.
>
> **치료자:** 당신은 남편이나 자신을 기쁘게 하지 못하는군요. 그리고 체중을 줄일 수 있을지에 대해 자신이 없으신 것 같은데요.
>
> **루스:** 문제는 단지 체중을 줄이는 게 아니에요. 하기로 결정한 어떤 것을 달성하

는 거지요. 그런데 끝까지 해낼 수 없을 것 같아요. 대개 출발은 좋게 시작하지만 무언가 조금만 잘못되면 곧 실망하게 되거든요.

치료자: 실망을 하게 되면?

루스: 포기하기 시작하고 우울해져요.

치료자: 우울해지면?

루스: 먹어요.

치료자: 그러한 감정을 느끼지 않으려고 먹는군요.

루스: 그런 것 같아요.

치료자: 만일 그러한 감정이 말을 할 수 있다면 당신에게 뭐라고 할까요?

루스: 아마도 '너는 제대로 하는 것이 없어.'라고 할 것 같아요.

치료자: 상당히 가혹한 말이네요. 당신은 자신을 비난부터 하는군요.

루스: 머뭇거리기 시작할 때면 나 자신이 실망스러워요. 가끔은 목표를 달성하기 위해서 누가 나를 채근해 주었으면 좋겠어요.

치료자: 가끔은 당신이 어려움을 겪을 때 추진하도록 도와줄 사람을 원하는군요.

루스: 마흔 살이 다 되었는데 내가 무엇을 하고 싶은지 그리고 내가 그것을 할 수 있는지조차 아직도 확신하지 못하고 있어요. 교사가 되고 싶은데 남편은 내가 집에서 자기와 아이들을 돌보기를 원해요. 나도 엄마와 아내로서의 역할에 충실하고 싶지만 한편으로 내 인생이 덧없이 흘러가는구나 하는 생각이 들어요.

치료자: 그래서 당신은 인생에 절박감을 느끼고 있군요. 인생은 계속 흘러가고 있고, 학생들을 가르치고 싶지만 과연 교직이나 다이어트, 또는 그 밖의 다른 일을 꾸준히 할 수 있을지에 대해 자신이 없는 것 같군요. 그리고 실패하면 곧 낙담하고 자신을 비난하고 누군가가 당신이 목표를 추진할 수 있게 도와주길 원하지요. 고통을 완화시키기 위해 당신은 먹습니다. 그리고 이 모든 것은 만일 교사가 되면 남편과 소원해질 것이라는 두려움 때문에 더 복잡하구요.

루스: 맞아요. 바로 그거예요.

**치료 과정에 대한 논평** 루스의 경과를 악화시킬 수 있는 정서가 신속하게 드러나고 있다. 루스는 실패할 것을 두려워하고 있고, 실패하면 화가 나고 자기 비판적이 되며, 그러고는 우울감과 절망감을 느낀다. 루스는 이러한 감정을 먹는 것을 통해 완화시키려 하고 있으나 체중의 증가와 그러한 자신이 불만스러울 뿐이다. 비록 학생을 가르치는 일을 좋아하고 그 일에서 얼마간의 성공을 경험하고 있지만, 이러한 직업 선택이 옳은 선택이었는지에 대해 아직 확신하지 못하고 있다. 루스는 가족이 당황스러워할 만한 것은 절대 하지 않는다. 나는 루스의 치료자로서 루스가 이러한 감정을 '친숙하게' 수용하고 건설적인 메시지로 받아들이도록 돕고 싶다. 이를 통해 루스는 자신의 노력에 대해 더욱 명확한 의식과 방향성을 지니고 수용적 태도와 자신감을 가질 수 있다. 다음과 같이 상담이 진행되었다.

치료자: 그래서 그 모든 것을 어떻게 생각합니까?

루스: 곤경에 처할 때 나를 도와줄 사람에게 의존하길 바라는 것 같아요. 나는 항상 부모님이나 존이 이끌어주는 것에 의존해왔어요. 몇 년 전에 교회를 떠났지만 부모님이 종교에 대한 내 믿음을 이해하거나 수용할 거라고 생각하지 않아요. 존은 왜 내가 대학을 마치고 교사가 되길 원하는지 이해하지 못했어요. 그이는 내가 주부와 엄마로서 행복해야 한다고 생각하죠.

치료자: 부모님과 남편에게 이해받고 지지받기를 원하는군요. 하지만 때론 그렇지가 않지요. 당신이 이해할 수 있는 것을 항상 그들도 이해하는 것은 아니지요. 당신이 최선이라 느끼는 것과 그들이 당신에게 원하는 것은 때로 갈등을 일으키지요. 그런데도 아직 당신은 그들의 인정과 후원을 원하는군요.

루스: 저는 그런 무기력한 사람이에요. 다른 사람이 나를 어떻게 생각할지 신경쓰지 않고서는 내 생각대로 할 수 없을 거예요.

치료자: 분명한 것은 사람들이 당신을 어떻게 생각하는지를 당신이 매우 중시한다는 것입니다. 그러면서도 다른 사람들의 견해를 자신의 생각보다 훨씬 중요하게 여길 때 자신이 겁쟁이처럼 느껴지지요. 그러나 당신은 종교적 신념을 바꿨고 대학을 졸업했습니다. 때로는 당신이 시작한 일을 완성하고 정말로 원한 일을 합니다. 다른 사람들의 염려에도 불구하고 말입니다.

루스: 글쎄요, 그건 기분이 좋은 일이지요. 대학을 마치는 것이 영원히 어려울 것 같았는데 해냈어요. 그리고 학생들을 가르치는 것을 매우 잘 해냈다고 생각해요. 사람들이 나에게 동의해주기를 바랄 이유가 없다고 생각해요. 사람들마다 무엇이 옳은 것인지에 대한 생각이 다 다르니까요.

치료자: 그리고 당신도 그렇고요.

루스: 예, 나도 그렇다고 생각해요. 나는 분명히 교사가 되고 싶어요.

인정받고 싶은 욕구에 대한 불만족이 분명하게 드러나고 있다. 자신의 결정으로 종교를 바꾸고 대학을 졸업한 것을 치료자가 인정하고 확증해 주자, 루스는 다른 사람의 생각에 관계없이 자신을 보다 긍정적으로 보게 되었다. 루스는 자신의 성취가 인정받을 자격이 있다고 생각하기 시작했다.

치료가 진행됨에 따라 루스는 현재의 자신과 그녀가 되고자 갈망하는 사람 간의 부조화를 점차 인식하게 된다. 자신의 욕구에 더욱 주의를 기울이면 이기적이라고 생각하여 죄책감을 느낄 것이고 결혼 생활과 가족이 붕괴될까봐 두려울 수 있다. 그러나 루스는 자신이 지각할 수 있는 범위를 확장하고 수정해나가면서, 가족의 소망과 목표와 마찬가지로 자신의 소망과 목표에 관심을 기울일 가치가 있음을 믿게 된다.

**| 치료의 중간 단계** 루스는 남편과 자녀를 불쾌하게 할 행동을 해야 할 때 느끼는 갈등을 다루기 위해 남편과 함께 치료 회기에 참여하기를 원할 수 있다. 남편이 루스의 변화를 지지하든 아니든 루스는 자신이 원하는 것을 하고 좀 더 분리되고 독립된 인간이 되기 위해 자신이 경험하는 갈등과 싸워야 할 것이다. 만일 루스가 자신의 희망을 추구한다면 결혼 생활은 아마 극적인 전환을 겪을 것이다. 루스는 더욱 완전해진 인간으로 발전할 수 있고, 만일 남편이 루스의 발전에 위협을 느낀다면 더욱 심한 갈등을 겪게 될 것이다.

다음은 치료의 중간 단계에서 나눈 대화이다.

루스: 어제 밤에 남편과 또 다투었어요. 남편은 내가 자기와 아이들하고 더 많은 시간을 보내고, 제 친구들이나 최근 다니기 시작한 새 교회에서는 시간을 덜 보내기를 원해요. 집을 많이 비우는 것이 편하지는 않지만 새로 만나게 된 몇몇 사람들은 정말 좋아요.

치료자: 가족에 충실하는 것과 당신 자신 사이에서 괴로움을 느끼는군요.

루스: 예, 나는 아이들과 남편을 사랑해요. 가족을 돌보는 것도 좋아하지요. 하지만 내가 하고 싶은 것이 많이 있어요. 그리고 아이들은 이제 스스로 잘 할 수 있는 나이가 되었어요. 사실, 롭은 지난주에 이사했고, 제니퍼는 대학에 다니기 시작했어요. 수잔과 애덤은 고등학교에서 많은 활동에 참여하고 있지요. 그리고 남편은 일주일에 이틀 밤은 볼링을 하지요. 가족들이 하루 종일 나를 필요로 하는 것은 아니에요.

치료자: 가족들이 자신의 생활을 가진다는 것은 아시다시피, 가족들이 전보다 당신을 덜 필요로 한다는 말 같군요. 아니면, 당신이 중요한 일을 많이 하기 시작했기 때문에 당신에게 가족들이 덜 필요했을 수도 있습니다.

루스: 둘 다 어느 정도는 맞는 것 같아요. 나는 가족들이 행복해한다는 것을 확신할 때가 가장 만족스러워요. 선생님도 아시다시피 좋은 엄마와 아내가 되는 것이요. 그러나 가족들이 나를 필요로 한다고 생각했기 때문에 때로는 너무 많이 관여하였고 스스로 할 수 있도록 내버려두지 않았다는 것을 깨달았어요. 이제 나 자신을 위해 더 많은 시간을 쓰고 싶어요. 아이들은 어느 정도 적응하고 있어요. 제니퍼도 익숙해지기 시작했어요. 그 애는 내가 '아니'라고 하는 것이 '아마도'가 아닌 '안 돼'를 의미한다는 것을 이제 깨닫고 있어요. 그 애는 내가 세운 규칙을 모두 좋아하는 것은 아니지만 한계를 비교적 잘 받아들이고 있어요.

치료자: 좋은 어머니와 좋은 아내가 되는 것이 당신에게 매우 중요하지만, 때로는 당신이 필요한 것에 더 관여하게 될 수 있습니다. 이제 당신은 어떤 어머니가 되고 싶은지를 분명히 알게 되었고 그러기 위해서는 한계를 설정하고 규칙을 고수하는 것이 필요합니다. 그리고 이제는 가족들이 당신 없이 어떻게 살아갈지에 대해서도 덜 걱정하는 것 같습니다.

루스: (웃음) 예, 아마도 나는 테레사 수녀가 되기로 작정했었나 봐요. 사실, 아이들은 문제가 없어요. 남편이 문제지요. 남편은 내가 변한 모습을 받아들이는 것이 무척 어려운가 봐요. 그이는 내가 자기와 많은 시간을 보내는 데 익숙해 있고 지금 나는 그이를 위한 일을 거의 하지 않아요. 때로 그이는 예전만큼 자기에게 관심이 없다고 불평하거나 화를 내요. 내가 남편을 망쳐놨다는 생각이 들고 그이는 변화에 적응하는 것을 힘들어하고 있어요.

치료자: 당신 자신의 삶을 갖는 것이 당신에게도 위험하고 남편에게도 위협감을 경험하게 하는군요. 지금 당신은 변화에 그렇게 반응하는 남편에 대한 당신의 감정과 싸우고 있는 것처럼 보이네요.

루스: 예, 그래요. 그렇지만 어떻게 느끼고 있는 건지 확실하지는 않아요. 때때로 남편이 다 큰 애기처럼 행동하는 것 같아요. 또 어떤 때는 그이에게 미안하기도 하고 슬프기도 해요.

치료자: 주로 어떤 느낌이 느껴지나요?

루스: 일종의 슬픔 같은 것과 성가시고 귀찮은 느낌. 말이 안 되네요.

치료자: 신체 어디에서 느껴지는 것 같은가요?

루스: 주로 위장이요.

치료자: 위장의 감각을 설명할 수 있습니까?

루스: 메스껍고 두려운 느낌이요.

치료자: 잠시 동안 그 느낌에 주의를 기울여 보세요. 메스껍고 두려운 그 느낌에 적합할 것 같은 단어나 이미지 같은 것이 있는지 생각해 보세요.

루스: 때때로 겪는 공황감 같은 것이에요.

치료자: 공황상태의…… 그 느낌 그대로 계십시오.

루스: 내가 무언가를 할 수 없다는 것이 무서울 때 드는 느낌 같아요. 압도당할까봐 두려워하는 그런 느낌이요.

치료자: 음, 두려운, 압도당하는 듯한…….

루스: 교회를 나가지 않겠다고 부모님과 다툰 것이 생각나요. 옳은 일인 걸 알았지만 부모님의 지지를 잃는 것이 겁났어요.

치료자: 그 느낌은 겁나는 것과 더 비슷하군요.

루스: 홀로 서는 것을 두려워하는 것 같아요. 버려진 것 같은! 그거예요.

치료자: 버려진. 혼자 모험과 변화를 감행해야 하고 당신을 지지해 줄 사람이 아무도 없는 느낌이군요.

루스: 맞아요. 내가 교회를 떠날 때 부모님은 나를 전혀 인정하지 않으셨어요. 내가 무언가를 하기 원할 때마다 찬성하지 않고 거리를 두셨고, 때로는 내게 말조차 하지 않으셨어요. 남편도 마찬가지예요. 내가 좋은 아내이고 내 삶의 중심을 그이와 가정에 두면 우리는 행복해요. 그렇지만 학생을 가르치는 일이나 새 친구를 사귀는 일처럼 내게 의미 있는 일을 시작하면, 글쎄, 그이는 화를 내고 불쾌해해요. 그래서 남편에게 버려진 느낌이 드는 것 같아요. 모두 이해가 되는군요.

치료자: 그렇다면 그 느낌은 그냥 당신 자신으로서 존재한다면 버림받거나 지지받지 못할 것 같은 두려움이군요.

루스: 예, 그것은 도전이고 또 불리한 점이 있지요. 그러나 그에 대한 준비가 되었다고 생각해요.

**치료 과정에 대한 논평** 루스는 여전히 가족들에게 관여하고 그들의 안녕을 염려하기는 하지만, 가족으로부터 좀 더 분리되기 시작하고 있다. 루스는 자신의 욕구와 바람에 충실한 것이 다른 가족 구성원들을 불쾌하게 할 수도 있는 현실을 잘 수용하게 되었고 잘 참아내고 있다. 또한, 루스는 남편과 아이들이 스스로 알아서 하도록 내버려두는 것을 배우고 있다.

면담의 후반부에서는 전에는 불분명했던 느낌에 중점을 두도록 루스를 격려하였다.

체험적 포커싱(experiential focusing)이라 불리는 과정을 사용하여 신체의 어디에서, 어떻게 느껴지는지 주의를 기울이도록 격려하였다. 일련의 단계를 통하여 루스는 이 감정을 명료화할 수 있었고, 공황상태와 자신의 중요한 인간관계(가족관계)의 관련성을 이해할 수 있었다. 이러한 통찰은 종종 문제가 신체를 통해 표현되는 방식을 명료화하기 때문에 매우 중요하다. 언어로 정교화할 수 있는 것보다 훨씬 더 심오한 방식으로 신체는 무엇이 잘못되었는지를 아는 것 같다. 신체적 경로 및 인지적 경로를 통해 문제가 처리되므로 이를 통해 얻은 통찰은 설득력 있는 진실성이 느껴진다. 보다 중요한 것은 루스가 더욱 면밀히 주의를 기울임으로써 자신의 감정을 이해할 수 있는 매우 중요한 과정을 학습했다는 것이다.

여러분은 왜 내가 Rogers 치료 양식의 전형적인 공감적 이해 반응과는 다를 수 있는 체험적 포커싱이란 치료 기법을 활용하는지 의아할 것이다. 내 견해로는 '인간 중심'이 된다는 것은 특정 순간 또는 치료 단계에서 내담자에게 최선의 환경을 제공해 주는 것을 포함한다. 이러한 보다 실용적인 접근에서 치료자는 인간 중심 접근의 핵심 가치와 신념에 여전히 기반을 둔 한편, 필요에 따라 치료를 개별화한다. 치료자가 보다 다양하고 창의적인 방식으로 치료자 자신을 활용하고 다른 접근의 다양한 개념과 반응 양식을 자유롭게 통합할 수 있으므로, 내담자는 개인의 필요에 따른 맞춤 치료를 통해 이익을 얻는다. 치료자와 내담자는 내담자의 문제 정의, 목표와 목표 달성 방법 정의 및 최적의 치료 관계 발달을 위한 협력 파트너가 된다.

상담의 뒷부분에서 루스는 결혼 생활과 결혼의 개인적 의미에 관하여 계속 언급했다.

**루스:** 나 자신을 위해 많은 시간을 갖는 것이 편치 않아요. 하지만 남편은 자신의 일이 있어요. 그리고 우리는 여전히 함께 많은 시간을 보내요. 단지 그이는 내가 전처럼 자신을 많이 필요로 한다고 여기지 않고 이 때문에 불안한 것 같아요.

**치료자:** 당신에게 남편이나 남편의 승인이 이전만큼 많이 필요하지 않은 건가요?

**루스:** 음, 글쎄요. 확실하지 않아요. 전에는 지금보다 더 많이 남편이 나를 인정해주기를 원했던 것 같아요. 그리고 내가 예전에 그랬던 것처럼 지금은 그이가, 내가 자기를 필요로 하기를 원하는 것 같아요. 또 예전만큼 자신이 나에게 중요한 사람이 아니라고 생각하는 것 같아요. 그이는 중요한 사람이에요. 그 이유는 전과 다르지만 말이에요. 이제 나는 우리가 친구가 되고 좀 더 동등한 동료같이 되었으면 좋겠어요. 전에 그이는 아버지 같았어요. 많이 통제하고 많이 요구하는. 자기가 나를 이끌어주지 않으면 내가

아무것도 할 수 없을 것이라고 생각했지요. 그리고 나는 내가 알아서 일을 처리하는 것이 너무 두려웠기 때문에 그이가 주도권을 잡도록 했던 것 같아요. 내 마음 속의 그는 한 집의 가장 그 이상이었어요. 그러나 이제는 조금 더 자신감이 생겼고……. 그래요, 부모님이 필요한 소녀처럼 이젠 그이가 필요하지 않은 것 같아요. 내가 정말로 원하는 것은 나에게 중요한 것이 무엇인지 그리고 내가 어떻게 변화하는지를 지지해주고 이해해 주는 거예요.

치료자: 당신은 변했고 많이 성장한 것 같습니다. 결혼 초반에는 남편이 주도권을 갖기를 바랐고 그렇게 했습니다. 그때는 스스로 결정을 내릴 수 없다고 생각했기 때문에 남편의 안내가 필요하다고 느꼈겠지요. 그리고 남편이 물러서서 기분 나빠하면 당신은 매우 불안해했지요. 이제는 자신감이 커졌기 때문에 조언해 주고 당신의 선택을 지지해 줄 누군가를 원하고 있어요. 아버지 대신 동등한 파트너를 원하는 것이지요.

루스: 예! 내가 원하는 바예요. 내가 자기와 다르다는 것을 알고 나를 한 인간으로 인정해 주었으면 좋겠어요. 그이의 조언을 구할 때 그 제안을 내가 따를 수도 있고 따르지 않을 수도 있다는 것을 이해해 주었으면 좋겠어요. 그이의 의견을 물어본다고 해서 그대로 하겠다는 의미는 아닌데 남편은 그렇게 생각하나 봐요. 그이가 좌절감을 느끼고 상심하는 것은 당연하지요. 남편의 생각이 중요하기는 하지만 내가 그 제안을 따르지 않는다고 해서 그이를 존중하지 않는 것은 아니지요. 가끔은 내 방식대로 하길 원할 뿐이에요.

루스는 더 강인해지고 더욱 독립적으로 성장하고 있다. 남편과 어떤 관계를 원하는지에 대해 좀 더 명백히 알게 되었고 좀 더 객관적으로 남편을 볼 수 있게 되었다. 루스의 치료가 잘 진전되면서 자신을 보다 긍정적이고 차별화된 방식으로 보기 시작했다. 루스는 자신의 삶에 더 많은 힘과 통제를 느끼게 되고 더욱 더 자신을 주장하게 될 것이다. 어머니와 아내의 역할을 배제한 것은 아니지만, 이와는 별도로 자신의 일과 취미 활동을 통해 더 많은 만족을 얻을 것이다. 자신의 감정과 신체의 메시지에 귀 기울이는 것을 배우게 되어서 자신의 욕구를 더욱 명확하게 확인할 것이며, 그러한 욕구를 만족시키기 위해 효과적으로 자신의 자원을 끌어낼 것이다. 루스가 갈등의 근원을 확인하고 효율적으로 다루는 것을 배움에 따라 우울, 불안과 신체 증상은 감소될 것이다. 루스는 자신의 삶에서 항상 의존할 수 있는 누군가가 있는데 그 사람이 바로 자신이라는 것을 점차 알게 될 것이다.

**| 치료의 최종 단계** 다음은 치료의 최종 단계의 대화 중 일부이다.

루스: 남편과의 문제가 많이 안정됐어요. 그이가 적응하기 어려웠겠지만 지금의 내 방식을 많이 수용하는 것 같아요.

치료자: 그래서 지금 당신은 어떻습니까?

루스: 중요한 것은 내가 좀 더 분리되고 독립적이라는 것을 많이 느끼게 된 것이에요. 가족과 친구들이 나를 좋아하고 내 일을 인정해 주기를 여전히 원하지만, 그렇지 않아도 괜찮아요. 최소한 대부분의 시간을 만족하면서 지내고 있다는 게 더 중요한 것 같아요.

치료자: 확실히 더 좋아 보이는군요. 훨씬 자신감 있고 안정되었어요. 독립심과 자신의 결정을 신뢰하는 능력이 당신을 더욱 강인하게 만들었어요.

루스: 그래요. 대부분 정말 좋아요. 이따금 공황감을 느끼지만, 내 감정에 주의를 기울이는 방법을 배웠고 문제가 무엇인지 이해하고 다루는 법을 배웠어요. 지난주에는 작은딸 수잔 때문에 정말 불안했어요. 딸과 데이트를 한 남자아이가 영 마음에 들지 않아서 딸에게 그 이유를 말했어요. 그런데 딸애는 그 녀석을 계속 만나겠다고 고집을 부리는데 도대체 어떻게 해야 할지 모르겠더군요. 남편과 상의를 했어요. 그래서 수잔이 어디에 있는지 우리에게 알려주고 귀가 시간을 지킨다면 남자 친구를 만나는 것을 인정하기로 결정했어요. 수잔이 옳은 판단을 할 거라 믿는 것이 결국 나를 돕는 거라고 생각해요.

치료자: 당신의 감정과 판단을 믿는 것을 배우고 또한 따님의 판단을 믿기 때문에 수잔에 대한 불안을 견뎌내는 것을 배운 것 같습니다. 당신은 부모로서 그리 나쁜 역할을 해온 것 같지 않습니다. 당신과 남편은 부모로서 그리고 파트너로서 함께 협력할 수 있을 겁니다.

루스: 나를 믿어요. 그것이 쉽지는 않았어요. 아직도 수잔이 집에 들어오는 문소리를 듣지 못하면 잠이 들지 않아요. 그렇지만 아직까지는 어떤 두려운 일도 일어나지 않았어요. 우리 부부도 많은 부분에서 차이가 있다는 것을 이해해요. 아직도 우리는 가끔 싸우지만 그이가 나를 떠날 거라는 걱정은 더 이상 하지 않아요. 남편과 의견이 다른 일에 대해 내가 고집을 부려도 그이는 내 의견을 이해하려고 노력해요. 그리고 때때로 우리는 서로의 의견 차이를 인정해요.

치료자: 당신이 생각했던 것보다 더 많이 불안을 참아낼 수 있다는 것을 아셨군요.

당신과 남편은 상처를 주지 않으면서 서로의 차이를 다룰 수 있게 된 것 같습니다.

루스: 선생님도 아시다시피, 그이는 현재의 내 모습을 더 많이 좋아한다고 생각해요. 어떤 면에서는 함께 사는 게 더 힘들 수도 있겠지만 의존하려는 마음이 줄었고 겁도 별로 나지 않아요. 이제 나는 더 즐거워하고 있고 남편도 이런 모습을 좋아해요. 나도 내가 정말 좋고요.

치료자: 당신이 되려고 노력해온 그런 사람이 될 것입니다. 당신에겐 좋은 점이 많아요.

**치료 과정에 대한 논평** 루스는 이제 다른 사람의 수용과 호감을 얻는 것을 자신의 행복을 위해 필수적인 것이 아니라 바람직한 것으로 생각한다. 보다 중요한 것은 자신을 좋아하고 현재의 자신을 평화롭게 느끼는 것을 배우게 된 것이다. 루스는 아내와 엄마로서 더욱 자신감을 갖게 되고 자녀 양육에서 비롯되는 불가피한 불안을 보다 잘 견뎌낼 수 있게 되었다.

인간 중심 치료 과정은 치료자가 산파 역할을 하는 자아의 재탄생으로 생각할 수 있다. 치료를 받는 많은 내담자들은 자신이 누구이며, 어떻게 살고 있는지에 대해 갈등하고 있다. 그들의 자아의식은 명확하지 못하고 대부분 문화와 중요한 타인이 규정한 중요한 역할들(딸, 엄마, 아내, 학생)의 측면에서 결정된다. 이러한 역할을 받아들이는 한, 진실한 자아와 일치하는 방식으로 잠재력을 실현하려는 우리의 자연적인 성향에서 벗어나고 이를 상실할 수 있다. 우리는 수용과 승인을 얻고 특히 우리에게 가장 중요한 사람들과의 갈등을 피하기 위해서 자신 및 타인과의 부조화, 불만족, 갈등과 불일치 감정을 느끼지 않도록 스스로를 구부리고 변형하려 한다. 자아 수용은 성장에서 결정적인 단계이다.

루스의 사례에서 입증된 것처럼, 인간 중심 치료는 내담자가 자신의 자아와 인생을 경험할 기회를 보다 명백하고 보다 차별화되고 현실에 근거한 방식으로 제공한다. 이러한 과정은 내담자의 경험의 정수, 특히 개인의 현재 자아관, 세계관, 외현적 · 내현적 욕구, 목표 및 노력을 파악하는 치료자의 능력에 의해 크게 좌우된다. 치료자는 내담자의 경험이 바로 자신이 어떻게 살아야하고 어떤 사람이 되어야 하는지에 대한 결정적인 학습의 기초를 이루며 개인적 지식, 의미, 선택의 창조물임을 인식하도록 돕는다. 치료의 결정적인 과정 중의 하나는 내담자가 자신의 지각, 판단과 지식에 대한 자신감을 갖도록 돕는 것이다. 앎(knowing)의 정서적인 방식과 합리적인 방식은 모두 장단점을 지니므로, 인간 중심 치료의 목표는 앎의 두 가지 방식을 통해 내담자가 효율적으로 깨달을 수 있도록 하는 것이다. 감정에 대한 지식이 인지적 지식과 일치할 때, 내담자는 보통 자신의 학습에 대해 명료감과 평온, 자신감을 경험할 것이다. 인지적인 영역과 정서적인 영역이 통합되어 내담자의 학습에 보다 자유롭게 작용할 수 있을 것이다.

엄마, 아내, 개인으로서 루스가 자신의 인생에서 원했던 것을 더욱 분명히 하게 되고 자아를 재창조하고 수용하기 시작함에 따라, 이제는 자립해야 하며 모든 이들이 다 좋아하고, 지지하고, 승인하지 않을 수 있는 입장을 때로는 취해야 할 필요가 있다는 것을 인식했다. 치료자의 진솔한 수용과 긍정은 '반드시 이렇게 살아야 한다.'는 신념과 느낌으로부터 루스가 자유로워지도록 돕는다. 나는 루스가 인생의 가장 기본적인 도전에 직면하는 것을 배웠다고 믿는다. 즉, 루스의 도전은 자신으로 존재하는 것이 때로는 타인과의 갈등을 불러올 수 있다는 현실을 수용하는 한편, 자기 존중과 통합을 유지할 수 있도록 허용해 주는 다른 사람들과 살아가는 방법을 찾는 것이다.

## 맺는말

인간 중심 치료에 대한 잘못된 개념은 장기 치료가 불가피하다는 것이다. 그렇지 않다. 많은 치료 접근처럼 실제로 인간 중심 치료는 종종 10회기 이내에서 효율적이며, 많은 내담자들은 단일 회기를 통해서도 도움을 받는다. 지시적인 치료는 교습 및 안내 기법을 더 많이 채택하므로 더 간결하게 진행될 수 있다. 지시적인 치료는 치료자가 증상을 빠르게 경감시키도록 환자를 도울 방법을 알고 있다고 가정한다. 그러나 나는 그러한 접근은 내담자를 완전히 이해하지 못하고 내담자의 자원과 내재된 지혜를 끌어내지 못한다고 생각한다. 중요한 타인에게 이해받고 수용받는 느낌이 우리의 웰빙을 촉진한다는 것을 개인적 경험과 치료 경험을 통해 확신할 수 있다. 치료적 접근과 무관하게 내담자의 이야기를 듣고 그들의 경험세계 속으로 들어가려는 소망은 필수적으로 도움이 되고 절대 유해하지 않다.

비록 루스가 자신의 고유한 자산을 활용하고 자신의 방향을 찾고 전진하는 방법을 배우는 것을 돕는 데 더 많은 시간이 소요될 수 있지만 '천천히 가는 것이 더 빠를 수 있다.' 자신의 경험을 보다 효과적으로 처리할 수 있는 방법을 배움에 따라, 루스는 스스로 충족할 수 있는 태도와 기술을 더욱 발달시킬 것이다. 자신의 경험과 결정 능력을 신뢰하는 학습을 통해 루스는 확신을 가질 수 있으며, 이러한 확신은 현실적이고 중심을 잃지 않게 하며 낙관적으로 느끼게 한다.

마지막으로, 나는 인간 중심 치료자로 발전하는 과정에 관한 몇 가지 생각을 제시하고 싶다. 처음 인간 중심 치료를 배운 대학원생 때, 내담자와의 대화는 교착 상태에 빠지거나 분명한 통찰이나 움직임 없이 같은 주제를 재사용하며 제자리걸음을 할 것이다. 치료자의 공감적 반응은 종종 피상적이고 반복되는데 내담자의 경험을 더 깊게 이해하지 못하기 때문에 진전을 가져오지 못한다. 처음 시작하는 치료자들은 자신들이 이전에 생각했던 것만큼 좋은 경청자가 아니며, 정확하고 예리한 공감으로 반응하는 것이 생각보다 훨씬 더 도전적임을 곧 인식하고 인정한다.

치료자가 정확한 언어를 사용하여 공감 반응을 하게 되고 특히, 내담자의 감정에 대한 초점과 효과적인 정보처리가 훨씬 정교해짐에 따라, 내담자는 스스로를 더 정확하게 보고 자신의 경험에서 핵심 의미를 발견하며 보다 효과적인 삶의 함축적 의미를 찾기 시작한다. 경험이 누적됨에 따라, 인간 중심 치료자는 변화에 대한 책임을 일차적으로 내담자에게 부여했음을 점차 이해하게 되고 건설적 변화를 위해 자신의 자원을 내담자가 활용할 수 있는 최적의 관계와 학습 환경을 창조하는 데 초점을 둔다. 요약하면 인간 중심 치료자는 보다 효과적이고 만족스러운 방식으로 살고 싶은 내담자의 소망에 근거하여 자유롭게 선택한 변화를 내담자 스스로 만들어내도록 노력하는 데 집중하며, 내담자의 움직임에 직접적인 영향을 미치는 데에는 관심을 덜 기울인다.[1]

## Gerald Corey의 인간 중심적 관점에서 루스 상담하기

David Cain이 치료 관계를 치료 과정의 핵심으로 본 것은 명백하다. 『상담 및 심리 치료의 통합적 접근: 루스의 사례와 해설 DVD』에서, 나는 치료 관계를 함께 하는 치료 작업의 기초로서 어떻게 보아야 하는지에 대한 구체적인 예를 제시했다. 인간 중심 접근에서 이러한 원리가 어떻게 적용되는지의 예를 보고 싶으면 1회기('상담 시작하기'), 2회기('치료 관계')와 3회기('치료 목표의 설정')를 보라.

### 기본 가정

인간 중심적 관점에서 나는 상담이란 단순히 문제를 풀고 정보를 제공하는 것 이상을 지향하는 것으로 본다. 내담자가 현재와 미래의 문제를 더 잘 다룰 수 있도록 내적 자원을 개발할 수 있게 도와주는 것이 일차 목적이다. 루스의 사례에서, 위협을 느끼지 않고 내가 루스를 완전히 수용한다고 느낄 수 있는 분위기를 창출함으로써 이러한 목표를 가장 잘 달성할 수 있다고 생각한다. 내담자는 우리의 치료 회기를 이끌어나갈 수 있는 능력을 가지고 있으며 나의 지시적 중재 없이도 원하는 것을 얻을 수 있다는 가정에 근거하여 상담한다. 내 역할의 세 가지 특성, 즉 진솔, 긍정적인 존중과 공감이 루스의 성장력을 드러내는 데 결정적이라고 가정한다. 내가 이러한 세 가지 태도를 진솔하게 경험하고 루스에게 성공적으로 전달한다면, 루스의 방어적 행동은 감소하고 자신의 진정한 자아, 즉 그녀가 될 수 있는 그런 사람이 되도록 나아갈 수 있을 것이다. 치료란 루스가 자아를 탐색하기 위해 사용할 수 있고 궁극적으로 자신의 길을 찾는 데 활용할 수 있는 관계를 형성하는 것이며, 내가 루스에게 무언가 해주는 것은 그리 중요한 것이 아니다.

## 루스에 대한 평가

루스와 이야기하면서, 나는 루스가 인생의 어느 시점에서 좌절했는지 알게 되었고 친구나 가족과 함께 있을 때 자연스럽지 않음을 알 수 있었다. 루스의 치료는 이러한 관심에서 출발하였다.

루스의 자전적 기록을 검토하고 나는 다음과 같은 질문을 하였다. "나의 실제 자아를 어떻게 발견할 수 있습니까? 내가 되고 싶은 그런 사람이 되려면 어떻게 해야 합니까? 어떻게 해야 남들이 기대하는 사회적 역할을 벗어 던지고 본연의 자신이 될 수 있습니까?" 판단과 평가를 하지 않고 루스가 느끼는 것을 무엇이든 자유롭게 표현할 수 있는 분위기를 만드는 것이 나의 목표이다. 만일 루스가 이 순간에 무엇이든 될 수 있는 자유를 경험할 수 있다면 가면을 벗고 자신의 역할을 재고하기 시작할 것이다.

## 치료 목표

나의 기본 목표는 다른 사람들이 자신에게 기대하는 것과 상관없이 루스라는 한 인간을 발견할 수 있도록 도울 수 있는 치료 분위기를 창조하는 것이다. 치료 과정의 결과로 루스의 허울이 드러나면, 네 가지 특성이 향상될 것이다. (1) 경험에 대한 개방성, (2) 자신에 대한 신뢰의 증가, (3) 평가의 내적 근원, (4) 마음에서 우러나오는 대로 살려는 자발성. 이러한 특성들은 인간 중심 치료의 기본 목표를 구성한다.

## 치료 절차

내담자는 치료를 시작할 때, 치료자가 방향과 대답을 제공해줄 것이라고 생각하는 경향이 있다. 그런 내담자는 종종 경직된 신념과 태도, 자신의 감정과의 거리감, 자신에 대한 기본적인 불신감 및 문제점을 외재화하는 경향을 가지고 있다. 치료가 진행됨에 따라 내담자는 자신의 자아 구조에 통합하기에는 너무 부정적이라고 생각되는 두려움과 불안, 죄의식, 수치심, 화 및 그 외의 감정을 표현하기 시작한다. 내담자는 결국 덜 왜곡하고, 이전에는 자각하지 못했던 감정을 더 많이 표현하고, 자신의 모든 경험을 보다 개방적으로 받아들이는 방향으로 이동할 수 있다. 내담자는 순간순간 자신이 무엇을 느끼고 있는지 알게 되고 이러한 경험을 왜곡하거나 부인할 필요가 없다는 것을 경험하게 될 것이다.

## 치료 과정

**| 과정의 기본 요소** 치료의 초기 단계 동안에, 루스는 자신의 감정을 공유하려 하지 않고 대신 형식적인 것에 대해 이야기했다. 루스는 자신의 문제가 외부에 있다고 생각한다. 어쨌든 만일 아버지가 변한다면, 남편의 태도가 변한다면, 자녀들이 문제를 덜 일으킨다면 자신은 아무 문제가 없을 것처럼 생각한다. 초기 회기에서 루스는 내가 정말로 자신을 이해할 수 있는지 그리고 자신의 감정을 나와 공유한다면 내가 자신을 도울 수 있는지를 의아해했다.

**우리의 관계를 탐색하기** 루스는 나에게 사적인 이야기를 하는 것이 얼마나 어려운지를 말하고 내가 남자이기 때문에 대화를 나누는 것이 특히 불편하다고 하였다. 이렇게 자신이 느끼는 제약에 대해 자진하여 이야기하고 나에 대한 느낌을 분명히 표현하였다는 점은 고무적이다.[2]

루스: 내가 선생님에게 무척이나 조심스럽게 말하고 있다는 것을 알겠어요. 내가 이해받고 있다고 느끼는 것은 중요해요. 그런데 가끔은 내가 여자로서 겪는 어려움을 선생님이 정말 이해할 수 있을지 걱정이 되어요.

코리: 나를 믿으려고 노력한다는 것을 알려주셔서 고맙습니다. 내게 이야기를 할 때 스스로 검열하지 않았으면 좋겠습니다. 그리고 나는 진심으로 당신을 이해하고 싶습니다. 아마도 여자인 당신을 남자 치료자가 이해할 수 있을지 걱정이 많으실 텐데 이 점에 대해 이야기해 주기 바랍니다.

루스: 지금까지 선생님이 말씀하셨던 것 때문이 아니라 선생님과 이야기하면서 조심해야 한다는 것이 두려워요. 선생님이 나를 어떻게 판단할지 어떻게 반응할지 걱정이 돼요.

코리: 나는 한 개인으로서 당신과 관계를 맺게 된 것이 기쁩니다. 만약 내가 당신을 판단하거나 이해하지 못한다고 느껴지면 알려주셨으면 합니다.

루스: 다른 남자에게 나 자신에 대해 이야기하는 것이 쉽지 않아요. 이런 일이 처음이거든요.

코리: 여자인 당신에 대해 이해하는 것이 힘들 것이라고 생각하셨다는 것은 무슨 말인지요? 어쩌면 당신은 나에게 이야기하는 것을 어렵게 만드는 것에 대해 좀 더 말하고 싶을지도 모릅니다.

루스: 지금까지 내 말에 진정으로 귀기울여준 남자는 없었어요. 나는 아버지를 기쁘게 해드리려 했고 그 후에는 남편을 기쁘게 하려고 너무 힘겹게 노력해왔지요. 내가 한 여자로서 가치 있는 사람이라는 생각을 갖기 위해 아버지에게, 그리고 지금은 남편에게 얼마나 의존해왔는지를 선생님이 이해할 수 있을까요?

코리: 비록 제가 여자는 아니지만 이해받고 수용받기를 원하는 것이 어떤 느낌인지, 그리고 그와 같은 확인을 얻기 위해 다른 사람의 도움을 바라는 것이 어떤 것인지 잘 알고 있습니다.

루스가 나를 믿는 데 방해가 되는 것이 무엇인지 추적하는 것은 중요하다. 함께 하는 회기 동안 루스가 자신의 생각과 느낌에 대해 자진하여 이야기한다면 우리는 같은 방향으로 나아가고 있는 것이다. 밀접한 관계를 지속하면 결실을 맺을 수 있는 다른 탐색 경로가 필연적으로 열릴 것이다.

**루스의 결혼 문제를 탐색하기** 다른 회기에서 루스는 결혼 생활의 어려움에 대해 언급했다. 루스는 자신의 결정에 대한 불신과 자신의 문제에 대한 해답을 외부에서 찾는 성향에 대해 탐색했다.

루스: 이 결혼 생활에서 내가 무엇을 해야 할지 의구심이 들어요. 나를 위한 얼마간의 시간을 가지고 싶어요. 하지만 내가 많이 변했는데 아무도 이러한 변화를 좋아하지 않는다면 우리 가족에게 어떤 일이 일어날까요?

코리: 만일 당신이 진실한 느낌을 표현했는데 특히 가족이 당신의 변화를 인정하지 않으면 어떻게 하나 하는 불안한 마음이 있군요.

루스: 예, 가족에게 상처주고 싶지 않아서 스스로 변화를 중단시킬 거예요.

코리: 만일 당신이 원하는 것을 요구한다면 다른 사람들이 상처를 입기 쉽죠. 살아가면서 다른 사람들에게 좋고 당신에게도 좋은 것을 다 고려할 수는 없습니다.

루스: 나는 정말로 가족이나 나 자신 중 어느 한쪽을 택해야 한다는 것을 깨닫지 못했어요. 나 자신에 대해 생각하게 된 것도 바로 39세가 되고부터이지요. 인간관계에서 얻은 것이 무엇인지를 질문하기에는 너무 늦은 것 같아요.

코리: 글쎄요, 그런 질문을 던질 시기가 특별히 정해져 있다고는 생각하지 않아요. 지금 그러한 질문을 던졌다는 점이 나로서는 기쁘고 당신에게 경의를 표합니다.

루스: 지금까지 내 인생이 매우 구조화되어 있어서 이제 이러한 질문을 하는 것이 나를 동요하게 하고 불안하게 해요. 만일 내가 이 예측 가능한 삶을 포기하고 미지의 삶에 직면하기를 원한다면 어떻게 될지 궁금해요. 내가 계속 변화하면 남편과 아이들이 어떻게 될지를 생각하면 불안해져요. 만일 가족들이 이러한 변화를 싫어하고 혼란스러워 한다면 무슨 소용이 있겠어요?

코리: 당신의 말이 가슴에 와 닿습니다. 불확실한 것에 맞서 투쟁했던 제 경험이 생각나는군요. 당신이 불안하다고 말할 때, 이런 불안을 느끼는 시간이나 상황을 말씀해준다면 당신을 더 잘 이해할 수 있을 것입니다.

루스: 남편과의 관계를 생각하면 가끔 불안해져요. 남편에 대한 좋지 않은 부분을 알게 되었지만 그이가 화낼까봐 불만스럽다고 말하는 것이 겁나요.

코리: 남편에 대한 구체적인 불만 중 몇 가지를 말해 줄 수 있나요?

루스는 이어서 남편과의 관계에서 경험한 어려움 중 일부에 대해 말하기 시작했다. 나는 루스를 놀라게 한 충동에 대해 함께 이야기를 나누도록 격려하였다. 나는 루스를 판단하지 않고 루스가 새로운 자각을 표현할 수 있는 안전한 분위기를 제공했다. 또한 루스가 나에게 말한 것에 대해 개인적인 반응을 보이기도 했다. 그 후에, 나와 이야기한 것처럼 남편과 자주 이야기하는지를 물었다. 나는 루스를 섬세하게 수용하였고 루스가 이러한 방식으로 남편에게 이야기했다면 남편도 개방적이 될 수 있을지를 생각해 보았다. 루스가 남편에게 다가가 이번 회기에서 논의했던 것을 이야기하도록 격려하는 것으로 회기를 종결했다.

**| 치료 과정에 대한 논평** 우리는 타인의 분노에 대한 두려움이 어떻게 자신이 인생에

서 정말로 원하는 것이 무엇인지를 묻지 못하도록 하는지에 관해 계속 살펴왔다. 그러고 나서 루스는 자신을 위한 최선이 무엇인지를 스스로 알고 있다는 것을 믿지 않은 채 나에게 대답을 구하기 시작했다. 루스는 내가 자신에게 최소한 일부 대답이나마 줄 수 있는 경험과 지혜를 가지고 있다고 생각했다. 루스는 결혼 생활에서 자신이 무엇을 해야 하는지에 대한 질문 공세를 퍼부었다. 루스는 자신의 인생사를 결정할 힘을 가진 권위자로 나를 대하고 있었다. 루스는 자신의 질문에 대답을 잘하지 않으려는 내 태도를 매우 견디기 힘들어했다. 루스의 표현처럼, 계획대로 추진하려면 나의 '확인과 승인'이 필요함을 확신하고 있었다.

루스를 더 이상 확인시켜 주지 않고 그녀가 정확한 결정을 할 것이라는 재확신을 제공하지 않는 상태에서 나에 대한 루스의 감정을 다시 탐색하였다. 루스는 내가 정말로 자신을 배려했다면 자신에게 더 많은 지침을 주고 내가 자신을 위해 지금보다 더 많은 일을 했을 것이라고 말했다. 루스는 더 많은 것을 원하고 기대했는데 내가 지금까지 한 일이라고는 듣는 것이 전부였다고 말했다. 나는 루스의 노력과 고통을 살펴보고 있지만, 내가 제공해줄 수 있는 것보다 루스가 스스로 자신의 내부에서 더 좋은 대답을 찾을 수 있을 것으로 믿는다고 말했다.

루스는 힘들어하면서 감정의 더 많은 부분을 나와 공유하려 하였고 내 격려를 받으며 가족에게 좀 더 개방하기 시작했다. 점차 루스는 자신의 인정을 더욱 더 중요하게 생각하게 되었다. 루스는 '완벽한 인간'과 같은 고정된 산물이 되는 것을 원하지 않게 되었고 자신의 신념과 지각에 도전하는 등 새로운 경험에 스스로를 개방하고 있다. 루스는 인생에 대한 해답이 어떤 외부 권위자에게 있는 것이 아니라 자신의 내부에 있음을 천천히 받아들이고 있다.[3]

## 마지막 제언

인간 중심 접근의 주요 장점은 내적 참조 틀을 통해 내담자의 세계를 진솔하게 경청하고 심층적으로 이해하는 것을 강조하는 것이다. 이 장에서 제시한 두 가지 상담 사례에서 명백하게 알 수 있듯이, 루스의 치료에서 치료 관계의 질은 결정적인 요인이다. 공감은 인간 중심 접근의 초석이며 모든 이론이 근거하는 토대가 된다. 내담자의 이야기를 경청하는 능력과 내담자의 세계를 이해하는 능력은 치료 동맹을 형성하고 유지하는 데에 기본이 된다. 또한 다양한 이론적 관점을 가진 치료자는 이러한 치료의 질에 주의를 기울임으로써 도움을 받을 수 있다. 인간 중심 접근의 철학과 원리는 이론적 지향과 무관하게 많은 치료자의 실무에 자연스럽게 스며들 수 있다.

## 복습을 위한 질문

1. 루스에 대해 당신이 무엇을 해야 할지 알고 있다면 루스와의 치료 관계를 어떻게 발달시키겠는가? 방해되는 것이 있는가? 만일 그렇다면 이러한 장애물을 어떻게 다루어야 한다고 생각하는가? 루스의 주관적 세계를 어느 정도까지 이해할 수 있다고 생각하는가?
2. Cain 박사는 내담자가 요청하지 않으면 DSM-IV-TR에 따른 진단을 위한 어떤 공식적인 평가나 시도를 하지 않는다고 한다. 루스와의 상담에서 Cain 박사는 루스의 자기 평가와 자신의 문제점에 대해 스스로 정의한 것에 중점을 둔다. 치료 관계를 형성하기 전에 공식적인 평가 전략을 배제하는 것에 대해 어떻게 생각하는가? 루스가 타당한 자기 평가를 할 수 있다고 생각하는가? 만일 당신은 공식적인 진단을 지지하지 않는데 치료 계획의 일부로 진단해 달라는 요구를 받는다면 어떻게 하겠는가?
3. Cain 박사는 "루스가 내면의 감정의 목소리를 들을 수 있고 신체가 고통스럽다는 신호에 주의를 기울일 수 있다면, 자신이 누구이고 무엇을 원하는지를 보다 명확하게 알기 시작할 것이고 이러한 과정에서 자신의 본연의 목소리와 통로를 발견하기 시작할 것이다."라고 했다. 이러한 가정에 어느 정도 동의하는가? 이에 대한 당신의 생각은 루스와의 상담 방식에 어떻게 영향을 미치겠는가?
4. 루스와의 치료 관계에서 Cain 박사의 중재는 주로 루스의 이야기를 경청하고 정확하게 반응하는 것에 근거한다. 그는 직접적인 중재를 하지 않고 루스의 주관적인 경험에 머물고자 시도했다. 이러한 접근이 루스에게 어떤 종류의 진전을 가져올 것이라고 생각하는가?
5. 루스는 남성 치료자인 내가 여성인 자신을 이해할 수 있을지 의심스럽다고 말하였다. 당신은 여성 치료자가 루스를 더 잘 이해할 수 있으리라 생각하는가? 치료자가 남성이라는 점을 루스가 우려하므로, 여성 치료자에게 의뢰하는 것을 추천하겠는가? 당신은 남성 치료자가 여성으로서의 루스의 세계와 투쟁을 이해하는 데에 어려움이 있다고 생각하는가?
6. 루스는 특히 남자를 믿기 힘들었고 남자들이 자신을 판단한다고 느낀다고 했다. 당신은 인간 중심 관점의 치료에서 이러한 주제를 어떻게 다룰 수 있는가?
7. 인간 중심 접근과 앞 장에서 다룬 실존 치료 모두 내담자/치료자 관계가 핵심적이며, 자신의 삶의 방식에 대한 내담자의 선택에 초점을 둔다. 당신은 루스가 자신의 삶을 관리하고 현명한 선택을 내릴 잠재력을 가지고 있다는 것에 동의하는가? 루스가 탐색할 주제를 선택하도록 하겠는가, 아니면 당신이 주제를 제안하겠는가? 당신은 Cain 박사나 나보다 더 지시적인 방법을 택할 것인가?
8. 인간 중심 접근이 당신의 상담 양식과 얼마나 잘 부합되는가? 인간 중심 접근의 어떤 측면이 당신에게 가장 유용한가? 당신의 상담 양식에 적합하도록 변화시키고 싶은 것은 어떤 측면인가?

## 주

치료 관계의 직접성에 대한 탐색과 인간 중심 치료를 적용한 내 설명 방식을 보려면 『심리상담과 치료의 이론과 실제: 스탠의 사례와 해설 DVD』에서 5회기('스탠의 사례에 적용한 인간 중심 치료')를 참고하라.

1. 인간 중심 관점으로 David Cain과 루스의 상담을 이해하기 위한 초석으로 다음 책을 참고하라. Cain, D.(2010). *Person-centered psychotherapies*. Washington, DC: American Psychological Association.
2. 루스와의 상담 회기 중 이 부분에서 나는 우리의 관계에 대해, 특히 자신에 관하여 이야기하는 것에 대한 제약을 루스가 탐색하도록 격려한다. 이는 『심리상담과 치료의 이론과 실제: 스탠의 사례와 해설 DVD』의 2회기('치료 관계')에 묘사한 것과 유사하다. 루스와 신뢰를 구축하기 위해 시도한 방법은 무엇인가?
3. 인간 중심접근의 치료를 보다 상세히 알고 싶으면 G. Corey(2013)의 『심리상담과 치료의 이론과 실제』(9판, Belmont, CA: Brooks/Cole, Cengage Learning)의 7장('인간 중심 치료')을 참고하라.

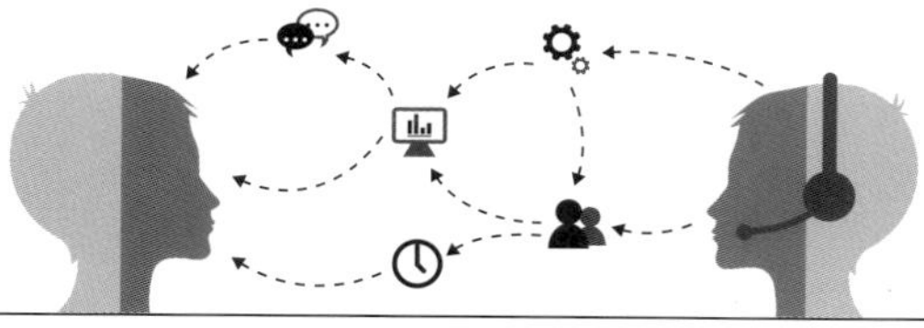

CHAPTER

6

# 게슈탈트 치료의 사례 접근

## 게슈탈트 치료의 일반적 개관

게슈탈트 접근의 목표는 '지금 여기(here-and-now)' 경험의 자각을 향상시키는 것이다. 현재 경험에 주의를 기울이는 이러한 과정은 치료의 방향을 제공하는 경향이 있다. 내담자의 자각의 흐름을 따르면 치료를 여러 방향으로 이끌 수 있다.

게슈탈트 치료자는 내담자와의 대화를 추구하며 내담자에게 현재와 진행 중인 경험을 분명히 하고 강조하기 위한 실험을 적용한다. 이러한 대화 실험은 자신에게 핵심적인 것이 무엇인지에 대한 내담자의 탐색을 심화한다. 실험은 항상 치료 관계의 현상학적 맥락에서 발전하여 성장하고 내담자와 치료자의 협력으로 이루어진다. 내담자는 자신의 다양한 부분과 양 극단 측면의 역할을 수행해 보고 이를 통해 내적 갈등에 대한 더 큰 자각을 얻는 역할연기에 참여한다. 실험의 몇 가지 예는 갈등을 빚는 부분과의 대화, 과장, 신체 신호에 초점 두기, 과거 미결 상황을 '지금 여기'에서 재경험하기, 꿈 작업 등을 포함한다.

내담자의 현재 순간의 사고, 감정, 행동에 대한 자각이 향상될 때 치료를 종료할 준비가 된다. 미결된 과업을 인식하고 훈습할 때 자체적으로 치료를 계속할 준비가 된다. 다른 경험적 치료(실존주의와 인간 중심)와 마찬가지로, 치료 성과에 대한 평가는 내담자의 주관적인 경험과 발생한 변화에 대한 지각에 근거한다.

# 루스에 대한 게슈탈트 치료자의 관점

_ Jon Frew 박사

## 도입

게슈탈트 치료는 장 이론(field theory)과 현상학, 그리고 대화에 배경을 둔 이론적 기초를 토대로 실행된다. 개인은 자신이 거주하는 환경에서 분리될 수 없다. 게슈탈트 치료자는 개인과 환경('장(field)'이라 불리는) 간의 진행 중인 관계에 관심이 있다. 현상학은 관찰자가 객관적으로 정의한 해석이나 의미보다는, 감각을 통해 이해할 수 있는 것에 근거해 심리적 현상을 이해하고자 한다. 치료자는 내담자에게 경험을 기술하고 장의 요소에 대한 순간순간의 자각에 주의를 기울일 것을 격려한다. 또한, 내담자가 지각하는 것으로서의 주관적인 세계를 강조한다.

게슈탈트 치료는 치료자와 내담자 간의 나/너(I/Thou) 관계의 정신을 유지하기 위해, Martin Buber의 관계의 대화 철학이란 관점을 채택했다.[1] 심리 치료에서 발생하는 치유는 내담자와 치료자 간의 만남의 질에 의해 좌우되는 결과이다. 게슈탈트 치료자는 대화 방식으로 치료를 실행하면서 다른 사람의 경험을 이해하고 수용한다는 것을 내담자에게 완전히 보여주고 전달하려고 시도하며, 각 중재의 영향에 지속적으로 주의를 기울인다.

간단히 말해서 게슈탈트 치료의 목표는 자각의 회복이다. 핵심적 방법은 내담자에게 전경이 되는 자아와 환경에 대한 내담자의 경험의 측면을 따라가는 것이다. 게슈탈트 치료자는 전경에 해당하는 순간순간 경험의 측면을 선택적으로 내담자가 접촉하도록 노력할 것이다. 게슈탈트 치료에서는 무언가 성과를 거두거나 특별한 어떤 일을 만들려고 시도하지 않는다. 오히려, 내담자가 표현한 현재 순간의 자각을 고양시키는 것이 우리의 치료 작업이다. 변화는 사전에 정한 목표를 향한 노력에 의해서 유발되는 것이 아니라 '무엇인가'에 주의를 기울임으로써 발생한다.[2]

## 루스에 대한 평가

게슈탈트 치료는 건강한 기능을 강조하며, '병리'나 '정상' 및 '이상'이란 용어를 사용하지 않는다. 대신, 개인은 일생 동안 접하는 다양한 환경을 다룰 수 있는 자기 조절과 개발 능력을 가진 것으로 간주한다. 환경과의 접촉은 다양한 방식으로 만족되거나 중단될 수 있다. 게슈탈트 치료자의 평가는 개인이 환경과 상호작용할 때 발생하는 과정을 검토하는 것과 관련된다.

게슈탈트 치료자는 DSM-IV-TR에 따른 진단 대신에, '기능적 진단'을 하기 위해 평가한다. 욕구충족 주기는 두 가지 일차적이고 관련된 영역에서의 내담자의 기능 수준을 평가하는 데 사용되는 모델이다. 즉, '내담자가 자아와 환경을 어느 정도 자각할 수 있는가?'와 '욕구를 충족시키고 자아 조절을 성취하고 성장과 변화를 증진시키는 방식으로 내담자가 환경 측면과 접촉할 수 있는가?'이다. 욕구충족 모델은 '경험 주기'를 개략적으로 설명하는데, 이 주기는 신체적인 또는 정서적인 감각으로 시작하고, 자각, 흥분, 행위와 환경과의 접촉을 향해 나아가는 과정이다. 게슈탈트 치료자는 기능적 진단을 통해 욕구 확인과 충족의 자연적인 과정에서 어떻게 중단을 경험하는지를 내담자 스스로 정확히 이해하도록 도울 수 있다. 이는 내담자의 현재 상태가 우울하다고 말해주거나 적응장애가 있다고 설명하는 것보다 내담자에게 훨씬 유용하다.

평가는 내담자와 치료자 간의 대화에 내포된 진행 중인 과정으로, 치료 자체와 분리되거나 치료 이전에 발생하지 않는다. 게슈탈트 치료자는 두 가지 방식으로 평가한다. 첫째, 치료자가 치료 회기 밖의 생활에 대한 내담자의 이야기를 경청함으로써 가설이 구성된다. 예를 들어, 루스의 자전적 기록을 통해 우리는 루스가 환경과 접촉하지 못할 만큼 압도적인 감각(공황, 현기증)을 자주 경험하였음을 알게 되었다. 루스는 이런 두려움의 감각을 죽거나 통제를 잃는 것, 또한 경험 주기가 종결 없이 끝나는 걱정 패턴으로 해석하였다. 루스는 감각 수준으로부터 어떤 유형의 행동(예: 다른 사람과 자신의 불안에 대하여 이야기하기)과 접촉으로 나아갈 수 없기 때문에 공황발작이 계속된다. 루스는 또한 인생의 목표(체중 감량이나 취직 같은)를 설정하지만 이러한 목표에 도달하기 위한 행동을 실천하지는 않는다. 루스는 만일 자신이 지금과 달랐다면 더 행복했을지, 또는 게슈탈트 치료 용어로 '환경과 더욱 만족스러운 접촉이 될지' 상상한다.

게슈탈트 치료자가 내담자의 자각 수준과 접촉 스타일을 평가하는 두 번째 방식은 내담자가 치료 회기 동안 치료자와 어떻게 접촉하는지에 주의를 기울임으로써 알 수 있다. 내담자의 감소된 자각과 접촉을 형성하거나 중단하는 방법은 치료자와의 관계에서 드러나게 될 것이다. 치료 관계는 내담자가 스스로를 경험하는 방법과 치료자와의 접촉 과정에서 자각할 수 있는 방법에 대해 더 많이 배울 수 있는 주요 수단이 될 것이다.

게슈탈트 치료는 단기 및 장기 치료 맥락에서 실행할 수 있다. 내담자의 기능적 진단은 개인력 수집과 내담자의 자각 수준 및 치료 관계에서 형성된 접촉의 질에 주의를 기울이는 것을 통해 비교적 빨리 결정될 수 있다. 단기 치료 모델에서 치료자는 자각과 접촉을 감소시키는 내담자의 특징적 방식에 대해 내담자가 잘 이해할 수 있도록 지지한다. 내담자는 회기 사이에 숙제를 할 수 있고 치료가 완료된 후에도 자신의 자각과 접촉 과정을 계속 검토한다. 장기 치료에서는 예전의 접촉 패턴을 검토하고 내담자는 게슈탈트 치료자로부터 보다 집중적이고 일관된 지지를 받으며 자신의 자각을 변화시키는 것을 학습한다.

## 주요 문제와 주제

루스의 자전적 기록에서, 핵심 논점은 어떻게 루스가 환경과의 접촉을 형성하는지에 대한 것이다. 루스는 인생의 대부분을 다른 사람들이 자신에게 무엇을 원하거나 기대하는지에 신경을 쓰며 살아왔다. 이 때문에 루스는 정작 자신이 다른 사람들에게 원하는 것이 무엇인지에 주의를 기울이지 못하게 되었다. 타인을 위해 살아가는 것에서 루스가 얻는 이익은 갈등을 회피하고 안전하게 되는 것, 즉 다른 이들이 자신을 떠나지 않게 하는 것이다. 루스는 일반적으로 변화를 두려워하고 특히 자신의 욕구와 바람에 주의를 기울이는 것을 두려워한다. 루스는 '융합'을 통해 또는 다른 사람들과의 조화를 통해 접촉에 참여한다. 루스는 이미 부모를 잃었다. 루스는 자신의 필요와 욕구를 표현하면 남편과도 소원하게 될까봐 두려워한다.

이러한 점들은 루스의 자전적 정보에서 얻은 것이며 치료가 시작될 때까지 순수하게 하나의 가정으로만 간주해야 한다. 우리가 실제로 다룰 주제는 치료 회기 내에서 제기되어야한다. 즉, 치료자의 머리에서 나오는 그럴듯한 해석이 아니라, 루스와 치료자 간의 대화 내에서 주제가 제기되어야 한다.

## 치료 중재

게슈탈트 치료는 치료 회기 동안에 내담자가 치료자와 무슨 경험을 했는지에 대한 내담자의 기술을 관찰하고 경청함으로써 진행된다. 평가, '진단' 및 주제와 문제의 확인은 현상학적 방식 및 대화 방식을 통해 이루어진다. 루스와의 대화에서 나의 목표는 두드러지는 '전경(figure)'이나 경험을 확인하도록 격려하고 그런 경험에 대한 자각을 고양시키며, 관심의 대상에 대해 루스가 나와 어떤 방식으로 접촉할 것인지를 탐색하는 것이다.

**치료자:** 오늘 이 상담을 시작할 때 어떤 생각이 들던가요?

루스: 내가 다른 사람들을 위해 살고 있었다는 것을 최근에 깨닫게 되었어요. 나는 줄 것이 거의 남지 않을 때까지 주고 또 주었지요.

치료자: 그렇게 많이 베풀면 당신은 어떤가요?

루스: 소진하고 좌절하게 되지요. 남편과 아이들의 기대와 요구는 끝이 없고, 내가 충분히 잘하고 있다고 느낀 적도 없어요.

치료자: 나에게 이런 이야기를 할 때 당신은 무엇에 주목하지요?

루스: 선생님의 질문을 이해하지 못하겠어요.

치료자: 당신은 나에게 당신이 얼마나 다른 사람에게 베풀었는지와 그것이 얼마나 피곤했는지를 말하고 있습니다. 바로 지금 어떤 느낌이 드나요?

루스: 글쎄요, 별로 피곤하지 않아요.

치료자: 잠깐 시간을 갖고 자신을 점검해 보세요.

루스: (잠시 후) 내가 이런 일을 자주 하지 않는다는 것을 깨달았어요.

치료자: 당신이 새로 알게 된 것이 있나요?

루스: 신경이 약간 예민하지만 평상시 느끼는 불안과 공황과는 달라요.

치료자: 신경과민에 주의를 기울이고 그러한 상태에서 무엇을 할 수 있는지 말씀해 주세요.

루스: 위에 경련이 일고 팔다리에 힘이 많이 들어가요. 학교에서 연극을 한 적이 있는데, 무대 위에 오르기 전의 순간 같은 느낌이에요.

치료자: 당신이 설명한 내용과 지금 바로 자신을 보는 방식에 의하면 당신은 흥분한 것처럼 보이는군요.

루스: 예, 맞아요. 흥분되고 또 염려되어요. 다음에 무슨 일이 일어날지 정확히 모른다는 걸 깨달았어요.

치료자: 지금 저를 매우 뚫어지게 보고 있군요. 알고 있나요?

루스: 그래요. (의자에서 안절부절 못하고 눈길을 돌린다.) 내가 그렇게 많이 베푸는 것을 그만둘 수 있는 좋은 생각이 있나요?

치료자: 이 순간에는 그에 대한 어떤 의견도 없습니다. 루스, 지금 당신이 무엇을 느끼는지 말해주십시오.

루스: 내가 선생님을 어떻게 쳐다보았는지를 지적하셨을 때 겁이 났어요.

치료자: 겁이 났다고요?

루스: 예, 갑자기 불안해졌어요.

치료자: 지금은요?

루스: 지금은 선생님을 쳐다보는 것이 힘들어요. 창밖을 내다보는 것이 더 편안

해요.

치료자: 한 가지 실험을 해도 괜찮으시겠어요?

루스: 물론이죠. 도움이 된다면요. 무엇을 해야 하나요?

치료자: 내가 무슨 생각을 갖고 있는지 알지도 못하면서 실험에 동의하십니까?

루스: 괜찮아요. 무엇을 하게 될지 모르면서 동의하곤 해요. 솔직히 말하면 내가 실험을 원하는지도 확실히 모르겠어요. 이 실험의 목적이 무엇이지요?

치료자: 게슈탈트 치료에서의 실험은 특별히 정해진 목표를 갖지 않습니다. 목적은 당신 자신에 대해 더 많이 알도록 돕는 것입니다.

루스: 사실, 나는 목적을 갖지 않는 생각을 좋아해요. 내 인생에서 내가 세운 목표에 절대 도달하지 못할 것 같아요. 좋아요, 어떤 실험을 생각하시는데요?

치료자: 내가 제안하는 실험은 나와 눈 맞추기와 눈길 돌리기를 교대로 해보는 것입니다. 각각의 방식에서 무슨 일이 일어나는지 보기 위해서요.

루스: 쉬운 일이네요. 해보고 싶어요. (루스는 처음에는 치료자에게서 눈길을 돌리는 시간이 많았지만, 점차 눈을 맞추는 시간이 늘어난다.)

치료자: (몇 분 후) 무엇을 느꼈나요?

루스: 눈길을 돌리는 것이 더 쉽고 편안해요. 선생님을 볼 때는 다시 불안해져요.

치료자: 당신은 지금 나를 보고 있습니다. 어떤가요?

루스: 말씀드린 것처럼 불안하고 안절부절못함을 느껴요. (루스는 잠시 쉬고, 한숨을 쉰다.) 사실, 지금 어쩔 줄 모르겠고 혼란스러워요. 이런 느낌이 많이 들어요.

치료자: 이 문장을 완성해 보세요. '지금 당장 나는 ________ 때문에 어쩔 바를 모르겠고 혼란스럽다.'

루스: 나는 선생님이 나에게 원하는 것이 분명히 있다는 것을 알기 때문에, 그러나 그것이 무엇인지 모르기 때문에 어쩔 줄 모르는 것 같아요. 좋은 엄마와 좋은 아내가 되는 법은 알지만 지금 여기에서 내가 무엇을 해야 할지는 잘 모르겠어요.

치료자: 당신의 표현에서 어떤 변화를 보았습니다. 당신도 그것을 알고 있습니까?

루스: 예, 감정이 바뀌었어요.

치료자: 지금은 어떻지요?

루스: (약간 놀란 표정으로) 좌절했어요. 아니요, 그게 다가 아니에요. 화가 났어요. (미소 짓는다.)

치료자: 그런데 그것 때문에 즐거워 보이는데요.

루스: 이번엔 좀 달라요. 나는 나 자신에게 화나는 것을 제외하고는 절대 화내지 않거든요.

치료자: 이번에는요?

루스: 선생님에게 화가 나요.

치료자: 그 이야기를 다시 한 번 해주시고 그 말을 할 때 나를 바라보겠습니까?

루스: 다른 실험인가요? 좋아요, 해보죠. "선생님이 나에게 무엇을 원하는지를 나에게 말해주지 않아서 선생님에게 화났어요."

치료자: 나에게 그렇게 말할 때 어땠습니까?

루스: 기분이 좋고 기운이 나고 내가 강해진 것 같아요. (루스는 조용히, 이완되고 만족스러운 표정으로 앉아 있다. 그러나 곧 다시 시선을 돌리고 안절부절못하기 시작한다.)

치료자: 무슨 생각을 했습니까?

루스: 남편과 아버지의 이미지가 떠올랐어요. 그들에게도 화가 났어요. 그들이 나에게 무엇을 원하는지 정확히 몰라요. (루스의 표현이 다시 변한다. 루스는 말없이 눈물을 흘리기 시작한다.)

치료자: 지금 어떻습니까?

루스: 다른 사람들에게 베풀어 주는 것에만 너무 열중해서 내가 진정으로 무엇을 원하는지 짐작도 못했어요. 어디에서부터 찾아야 할지도 모르겠어요.

치료자: 우리는 여기에서 출발할 수 있어요. 지금 나에게 원하는 것이 있습니까?

루스: (잠시 내 질문에 대해 생각한다.) 선생님과 치료를 시작할 때 내가 무엇을 해야 하는지 선생님이 말해주기를 원했어요.

치료자: 지금은요?

루스: 내가 어떻게 느끼는지, 그리고 무엇을 생각하는지에 관심을 가져주기를 원해요.

치료자: 루스, 다시 나를 보세요. 무엇이 보입니까?

루스: 친절한 얼굴이 보여요. 관심과 걱정과 보살핌까지 보여요. 이제 이렇게 눈을 맞추는 것이 아주 편안해요.

**치료 과정에 대한 논평** 숙련된 농구선수들은 '경기를 자연스럽게 흐름에 맡기기'에 대해 이야기한다. 그들은 이러한 문구를 '강제로 행동하게 하기' 또는 '무슨 일이 일어나도록 노력하기'와 대조적 의미로 사용한다. 대화식의, 현상학적 방식으로 게슈탈트 치료를 실시하는 것도 이와 매우 유사하다. 치료자는 충분한 시간을 가지고 내담자에게 주도권을 주며 결과를 재촉하거나 밀어붙이지 않고 대화를 전개시킨다.

나는 인생의 여러 문제에 대해 루스가 스스로 이야기하고 점검하도록 함으로써 회기를 시작했다. 그러한 중재는 루스가 현재 순간을 주목하게 하고 그동안 자신의 즉각적인 경험에 거의 주의를 기울이지 못했음을 깨닫게 한다. 다음에 이어진 대화는 무슨 일이 일어날 것인지에 대한 자각과 흥분감으로 이끄는 감각을 루스가 확인했다는 점에서 경험 주기를 따른다고 볼 수 있다.

접촉 경계 '현상'은 루스의 인생에서 핵심 주제가 되는 이 시점에서 발생한다. 루스가 원하는 것에 정착할 수 있는 행동과 접촉으로 이끄는 대신에, 루스는 그 순간에 자신이 원하는 것을 확실히 하기 위해 '장(환경)'을 탐색한다. 루스가 얼마나 나를 뚫어지게 바라보고 있는지를 지적할 때 루스의 불안 수준은 증가되었고, 주제를 바꿈으로써 불안을 비껴가게 하였다.

나는 실험을 제안했다. 이 실험이 순간순간의 우리 사이의 대화를 어떻게 '조직적으로' 나타내는지를 주시하라. 루스는 이미 나를 보았고 눈길을 돌렸다. 이 실험은 우리에게 더 의도적으로 그 행동을 탐색하도록 한다. 시선 접촉 실험에서처럼 우리 회기의 전경 또는 주제는 보다 예리한 초점으로 맞춰진다. 루스가 나를 봤을 때, 루스는 내가 자신에게 무언가를 원하며 그것이 무엇인지 발견할 방법을 자신이 모른다는 가정과 관련된 일련의 느낌을 경험했다.

내가 자신에게 무언가를 원한다는 루스의 가정은 투사, 즉 게슈탈트 이론에서 묘사된 경계 현상의 하나로 정의될 수 있다. 게슈탈트 치료자는 루스에게 경험을 '자신의 것'으로 인정하도록 함으로써 이러한 투사에 반응할 것이다. 그렇다면 루스는 '그래요, 선생님에게 원하는 게 있어요.'라고 말할 수 있다. 그러나 치료 회기 당시에는 진심으로 이렇게 언급할 수 있을 만큼 자신의 욕구에 대한 충분한 자각이 부족하다. 루스는 지시대로 행동함으로써 '할 수 있는 척'을 할 수 있다. 내가 선택하지 않았던 또 다른 전략은 내가 루스에게 아무것도 원하지 않는다는 것을 말함으로써 우리 사이의 진행 상황을 명확히 하는 것이었다. 대신에, 나는 루스의 진행 중인 경험에 함께 머물렀다. 루스가 나를 자신에게 무언가 원하는 사람으로 인식하고 있다면 그것은 루스에게 어떤 의미인가?

자신에게 무언가를 원하는 존재로 나를 인식하도록 허용함으로써 루스가 또 다른 자각을 갖도록 할 수 있다. 루스는 내가 무엇을 원하는지 분명히 하지 않았다고 나에게 화가 났다. 다음 실험에서 루스는 자신의 전형적인 스타일인 자기 비난에서 벗어나 화를 외부로 분출하였다. 나에게 화났다고 말한 것은 완전한 경험 주기로 보인다. 루스는 환경에 대해 행동했고 나와의 시선 접촉은 순간적인 만족감을 일으켰다. '전경'이 완성에 도달하자 또 다른 것이 방출되었다. 루스는 자신이 무엇을 원하는지에 관심을 기울이지 않음을 인식했다. 회기를 마칠 때 나는 자신의 욕구에 관심을 기울일 것을 권유하였고 루스는 구체적인 욕구, 즉 자신에 대한 나의 관심을 확인하고 시선 접촉을 통하여 내가 관심이 있다는 것을 정확히(투사 없이) 알게 되었다.

우리 모두와 마찬가지로, 루스는 자신과 환경에 대한 순간순간의 경험과 환경으로부터 의미를 조직화하고 형성하는 특징적인 방식을 가지고 있다. 경험을 통해 의미를 만드는 이러한 방식은 현재의 욕구와 기회에 의해서라기보다는 과거 경험에 의해 더 빈번히 형성된다. 현재 순간은 자각을 통해 접근되는데, 이는 루스의 진행 중인 경험에 대한 치료자의 적극적인 관심을 통해 탐색할 수 있다.

루스가 자신에게 관심을 기울이고 치료자와의 접촉에 관심을 가지게 되면서 관계를 지각하는 루스의 특징적인 방식이 즉각적으로 구체화되었다. 루스는 치료자를 자신에게 무언가를 원하는 사람으로 보았다. 회기가 진행됨에 따라, 전경은 루스가 치료자에게 원했던 것으로 궁극적으로 전환되었다. 이 회기는 '무엇인지(what is)'에의 관심을 통하여 변화가 어떻게 발생하며, 이러한 변화의 정확한 본질은 게슈탈트 치료자에 의해 목표가 설정되거나 예측될 수 없는 것임을 보여준다.

루스가 다른 사람들이 자신에게 무엇을 원한다고 지각하는지와 루스가 다른 이들에게 원하는 것이 무엇인지에 대한 지각이 핵심 주제이며, 나는 이 주제가 앞으로의 회기에서 다시 출현할 것으로 예측하였다. 다른 사람들의 욕구와 기대를 파악하려고 반사적으로(자각이 제한된 상태) 애쓰는 루스의 성향은 몇 년 전에 창의적 적응으로 시작되었다. 이는 자신의 선택권이 제한되었던 환경에서의 루스의 해결책이었다. 최근에 남편, 자녀, 대학교수와의 관계는 동일한 상황을 재연한 것일 수 있다.

루스와 나의 치료 관계가 진행됨에 따라, 나는 순간순간 경험을 인식하도록 루스를 계속 격려한다. 루스의 현재의 인식은 지금껏 나와 다른 사람들과의 관계에서 자동적으로 작동되어 온 자신의 성향을 반박하게 될 것이다. 루스는 이 회기에서 그랬듯이 현 상황을 정확하게 평가하는 방법을 계속 학습할 것이다. 결국에 루스는 다른 사람들의 욕구뿐 아니라 자신의 욕구도 인식할 수 있을 것이다.

## Gerald Corey의 게슈탈트 관점에서의 루스 상담하기

루스와의 게슈탈트 치료에서 나는 루스가 지금 여기에서 경험하는 것에 대해 루스에게서 얻은 단서에 주목했다. 루스의 언어적 표현 및 비언어적 표현에 주의를 기울이면서 회기 동안의 실험을 제안했다. 『상담 및 심리 치료의 통합적 접근: 루스의 사례와 해설 DVD』의 7회기('상담에서의 정서적 초점')에 루스의 자각을 고양시키기 위해 어떻게 실험을 고안하는지 제시된다. 이 특별한 회기에서 나는 존 역할을 하고 루스가 내게 말하도록 하는 게슈탈트 실험을 적용했다. 이 실험 동안에 루스는 상당히 격한 감정을 드러내었다. 당신은 정서적 재료를 탐색하고 이러한 작업을 인지적인 틀로 통합하는 방법을 볼 수 있다.

### 기본 가정

게슈탈트 치료자로서 나는 자신의 인생 문제를 효과적으로 다룰 수 있는 사람은 바로 루스 자신이라고 가정한다. 루스가 자신의 내부와 주변에서 일어나는 일들을 완전히 자각하게 된다면 특히 더 효과적으로 다룰 수 있을 것이다. 루스의 치료자로서 나의 핵심 과제는 현재의 감정과 경험을 접하는 데 있어 스스로 어떻게 제한하고 있는지 우선 인식하게 함으로써 이를 통해 지금 여기에서의 자신의 존재를 충분히 경험하도록 돕는 것이다. 나의 접근은 기본적으로 비(非)해석적이다. 내가 해석하기보다는 경험에 대한 루스 자신의 해석을 요청할 것이다. 나는 관계 형성과 반응의 새로운 방식을 시도하는 실험에 루스가 참여할 것을 기대한다.

나는 내담자를 현재로 가능한 한 많이 불러오는 것이 유용하다는 가정 하에 상담을 진행한다. 게슈탈트 치료의 기본 전제는 단순히 갈등에 대해 이야기하는 것이 아니라, 갈등을 직접 경험하는 것이다. 이를 통해 내담자들은 고유의 자각 수준을 확장하고 단편적이고 드러나지 않은 성격들을 통합할 것이다.

### 루스에 대한 평가

루스는 감정을 느끼고 표현해도 된다는 것을 배운 적이 전혀 없다. 실제로 루스는 상당한 죄책감을 느끼고 있었지만 분노는 거의 표현한 적이 없다. 루스처럼 다른 사람들에게 헌신하는 사람은 자신이 의당 받을 것으로 믿었던 감사를 받지 못하는 것에 대해 얼마간의 분노를 느낄 것이다. 루스는 아버지에게 화내는 것을 스스로 허용하지 않았다. 루스의 아버지는 애정과 인정을 철회함으로써 루스를 처벌했다. 그러나 루스는 현재 자신이 인정받는다고 느끼지 않음에도 불구하고 남편 존에게 화를 많이 내지 않는다. 이는 아들과 딸들에게도 마찬가지이다. 루스는 평생 가족을 위해 헌신하고 일해왔다. 루스는 헌신에 대한 보상이 거의 없는 이러한 구조가 자신에게 어떻게 영향을 미치는지를 표현하지 않고 살아왔다. 루스는 자신의 내부에 이러한 모든 감정들을 잠그고 보관해왔다. 이는 루스의 감정이 자유로워지는 것을 방해하는 요인들이다. 루스의 에너지 중 많은 부분이 위협적인 감정, 감각, 사고에 대한 경험을 저지하는 데 쓰인다. 우리의 치료는 루스의 에너지가 성장을 억제하는 방어에 쓰이는 대신, 창조적인 추구를 위해 자유롭게 쓸 수 있도록 할 것이며 이를 위해 순간순간의 경험을 표현하도록 격려할 것이다.

## 치료 목표

내 목표는 루스가 자신의 내부에서 일어나는 일과, 다른 사람들과 상호작용하는 방법에 대한 자각을 확장시킬 수 있는 환경을 제공하는 것이다. 루스는 자각을 통해 자신의 부인되었던 측면을 인정할 수 있을 것이고 상반된 측면들을 재통합해 나갈 것이다. 치료는 루스가 지금 생각하는 것, 느끼는 것, 하는 것에 대한 자각을 얻는 데 도움이 되는 필수적인 중재를 제공할 것이다. 루스가 성숙을 가로막는 장애물을 인식하고 경험하게 되면 지금까지와는 상이한 존재 방식으로 경험하기 시작할 수 있다.

## 치료 절차

나는 '지금 여기' 경험을 강화하는 목적의 실험 기법에 큰 비중을 둔다. 이러한 방법은 루스가 자신의 신체 내에서 진행되는 것에 초점을 두도록 돕고, 느끼는 것은 무엇이든지 강조하도록 고안된다. 이런 의미에서 나는 루스와의 상담 회기에서 능동적이다. 그러나 나는 루스가 말하는 것과 말하지 않는 것에 주의를 기울임으로써 대부분의 단서를 얻는다. 내 생각대로 루스가 탐색해야 할 것을 정하기보다는 우리가 서로 이야기할 때 루스에 대해 알게 되는 내용의 맥락 내에서 치료하는 것이 중요하다. 나는 루스에게서 얻은 단서를 통해 루스가 경험하는 것은 무엇이든지 고양시킬 수 있는 실험을 제안했다.

루스가 수행한 몇 가지 실험은 표현되지 않은 신체 동작이나 제스처에 표현을 부여하는 것이나 다른 어조로 이야기하는 것 등이다. 나는 루스에게 내면에서 경쟁하고 있는, 보통은 드러내지 않았던 생각들을 큰 소리로 시연하도록 요구했다. 루스는 새로운 행동을 시도할 수 있고 이러한 실험의 교훈을 알 수 있을 것이다. 만일 루스가 어떠한 순간에라도 경험하는 모든 것에 주의를 기울이는 방법을 배운다면, 이러한 자각은 그 자체로 변화의 원동력이 된다.

코리: 루스, 우리가 여기 마주 앉을 때 당신은 무슨 생각이 들었나요?

루스: 오늘 내가 무엇을 이야기하길 원하는지 나 스스로도 잘 모르겠어요. 너무 많은 일들이 일어나고 있고 나는 모든 것을 다 다루길 원해요. 더 이상 참을 수가 없고 빨리 나아지길 원해요.

코리: 단시간에 많은 것을 하고 싶은 마음을 이해할 수 있어요. 몇 분간 앉아서 당신 자신에게 귀 기울여 보십시오. 지금 당신이 가장 원하는 것이 무엇입니까?

루스: 내가 하지 않았던 모든 것들에 대해 죄책감을 느낄 뿐이에요. 특히 엄마로서요. 지금 당장은 우리 아이들에게 한 모든 실수 때문에 몹시 슬퍼요.

코리: 당신에게 반항하는 자녀가 있습니까?

루스: 제니퍼요! 늘 그 애 생각뿐입니다. 온갖 노력을 다 해도 소용없어요. 양육에 관한 책을 읽었지만 도움이 되지 않았어요. 죄책감만 느낄 뿐이에요!

코리: 루스, 제니퍼에게 이상적인 엄마가 되지 못한 것에 대해 어떻게 죄책감을 느끼는지 말하기보다는 죄책감을 느끼는 모든 상황들을 목록화하는 것은 어떨까요?

루스: 오, 그것은 어렵지 않아요. 많은 상황에서 그래요! 내가 충분히 이해해 주지 못했기 때문에, 또 그 애에게 너무 쉽게 대하고 한계를 설정해 주지 않았기 때문에, 그 애가 나를 필요로 했던 힘든 대학시절에 떨어져 있었기 때문에 죄책감을 느껴요. 그리고 그 애가 지금 직면한 문제에 대해 책임을 느껴요. 계속 할 수 있어요!

코리: 계속 하십시오. 더 많이 말하세요. 당신이 할 수 있는 한 목록을 길게 만드세요. (나는 루스의 머릿속에서 자신에게 끊임없이 말하는 많은 것들을 크게 이야기하고 즉흥적으로 말하도록 격려한다. 루스는 자신의 죄책감에 대해 계속 이야기한다.)

루스: (깊은 한숨을 내쉬며) 그래요! 바로 그거예요!

코리: 무엇 때문에 한숨을 쉬십니까?

루스: 그냥 안도의 한숨이에요, 제 생각으로는요. 조금 나아진 것 같아요. 문득 생각난 게 있어요. 선생님도 아시다시피, 완벽한 엄마가 되어 주길 기대한 제니퍼를 원망해요. 결국 아이들을 위해 내 인생을 버렸어요. 하지만 제니퍼는 내가 그 애에게 옳은 일을 하고 있다는 증거를 전혀 보여주지 않았어요.

코리: 그럼 완벽한 엄마가 되어야 한다는 기대 때문에 당신이 분개한다는 것을 인정하는 것은 어떠십니까?

루스: 글쎄요, 지금 그런 부정적인 감정을 가진 것에 다시 죄책감을 느껴요.

나는 루스가 죄책감을 영원히 제거할 수 없을 것이란 느낌을 받았다. 그러나 만일 죄책감이 루스를 통제하도록 하지 않는다면 다른 감정들이 발산될 수 있다. 루스의 분노가 죄책감과 관련된 것으로 생각되므로 나는 다음의 실험을 제안했다.

코리: 만일 당신이 더 진행하기 원한다면 죄책감 목록을 반복했으면 좋겠는데, '나는 ……에 대해 죄책감을 느낀다.' 대신에 이번에는 '나는 …… 때문에 너를 원망한다.'로만 말해 보십시오.

루스: 하지만 나는 분노를 느끼지 않아요, 죄책감이라고요!

코리: 저도 알지만 이 실험을 하시고 어떻게 되는지 보시겠어요?

루스: (약간 주저하고, 이 실험의 가치에 대한 토론 후에) 너를 이해해줄 것을 항상 나에게  기대해서 너를 원망한다. 내 시간을 많이 요구해서 너를 원망한다. 네가 처한 모든 문제들 때문에 내가 신경 쓰고 잠자지 못하게 해서 너를 원망한다. 내가 죄책감을 느끼도록 해서 너를 원망한다. 나를 이해해 주지 않아서 너를 원망한다. 나에게는 아무것도 주지 않고 애정을 기대해서 너를 원망한다.

죄책감 목록을 원망 목록으로 전환하도록 요청한 것은 루스의 화가 자기 내부로 향하게 하기보다는 화의 근원으로 향하도록 돕기 위해서이다. 루스의 화는 자기 자신을 향하기 때문에 상당한 죄책감을 가지고 있고, 이로 인해 루스는 중요한 몇몇 사람들과 소원한 관계가 지속된 것이다. 루스는 원망 표현이 많아짐에 따라 더욱 더 활기차게 될 것이다.

코리: 루스, 잠시 내가 제니퍼 자리에 앉을게요. 나를 제니퍼라 생각하고 계속 이야기하고 나를 원망하는 방식으로 말씀하세요.

루스: (감정을 더욱 격하게 표현하며) 너와 이야기하는 것이 힘들구나. 너와 이렇게 긴 시간 동안 이야기한 적이 없었어. (루스의 눈에 눈물이 넘쳐흐른다.)

나는 주고 또 주고, 네가 한 모든 일이라곤 받고 또 받는 것이고. 끝이 없었지!

코리: 당신이 제니퍼에게 원하는 것을 말하세요.

루스: (잠시 멈추고 나서 감정이 폭발하여 소리치며) 나도 너처럼 해보았으면 좋겠어! 네가 부러워. 나도 너처럼 대담하고 활동적이면 좋겠어. 와! 이런 말을 하다니 나도 놀랐어요.

코리: 제니퍼에게 계속 말씀하시고, 지금 바로 당신이 어떻게 느끼는지에 대해 더 많이 말해 보세요.

루스는 정서를 분출하면서 그동안 전혀 말하지 않았던 것을 제니퍼에게 말할 수 있었다. 루스는 새로운 통찰을 얻고 이번 회기를 마쳤다. 루스가 얻게 된 통찰은 다음과 같은 내용이다. 즉, 자신의 죄책감은 원망의 느낌일 때가 많다는 것과 제니퍼에게 향한 화는 시기심과 질투에 근거한다는 것이다. 또한 제니퍼에 관해 좋아하지 않는 부분은 그렇게 하고 싶어 하는 자신의 일부분일 수 있다는 통찰을 얻게 되었다.

**ㅣ루스 내부의 양 극단을 탐색하기** 이후의 회기들에서 루스는 상반된 것처럼 느껴지는 다양한 방식들을 탐색하였다. 부모가 루스에게 가졌던 모든 기대와 다른 사람들이 여전히 그녀에게 가지고 있는 많은 기대가 드러났다. 루스는 '완벽한 사람'이 되기를 항상 원한 것은 아니라고 했다. 루스는 착하게만 지내게 하고 즐거움을 누리지 못하도록 한 것을 원망했다. 루스가 말한 것처럼, 그녀의 자각에 떠오른 것은 양립 불가능해 보이는 내부의 양 극단이다. 우리는 루스의 성격 내부에 존재하는 분열 현상을 계속 다루었다. 내 목표는 루스의 감정을 제거하는 것이 아니라 그 감정들을 경험하도록 하고 성격의 모든 내분을 통합하는 것을 배우도록 하는 것이다. 루스는 그것을 부인함으로써 자신이 좋아하지 않는 성격 측면을 제거하려는 것이 아니라, 표현함으로써 자신을 통제하는 또 다른 극단을 인식할 수 있다.

루스: 너무 많은 세월 동안 나는 완벽한 성직자의 딸이 되어야 했어요. 예의바른 '착한 소녀'로 지내느라 나 자신을 잃어버렸어요. 나는 좀 더 자발적이고 쾌활하고, 다른 사람들이 나를 어떻게 생각할지에 대해 늘 걱정하지 않았으면 좋겠어요. 때때로 내가 분별없이 굴 때 머리 속에서 품위를 갖추라는 소리가 들리는 것 같아요. 나에게 두 측면이 있다면 하나는 정숙한 것이고 다른 하나는 자유로워지는 거예요.

코리: 지금 당장은 어떤 측면을 더 많이 느끼시나요? 정숙한 측면인가요, 얽매이

지 않는 측면인가요?

루스: 글쎄요, 예의바르고 보수적인 측면이 나에겐 확실히 더 강해요.

코리: 당신이 하셨으면 하는 실험이 있어요. 해보시겠어요?

루스: 물론이요. 준비됐어요.

코리: 여기 2개의 의자가 있습니다. 여기 이 의자에 앉아 당신의 정숙한 측면이 되셨으면 합니다. 다른 의자에 앉아 있는 자유분방한 측면에게 이야기해 보십시오.

루스: 네가 성장하기를 바라! 너는 어른처럼 행동해야 하고 어리석은 아이같이 지내는 것을 그만 두어야 해. 내가 네 말을 듣는다면 나는 지금 정말로 곤경에 빠질 거야. 너는 너무 충동적이고 요구가 많아.

코리: 좋아요, 이제 바꾸어서 이쪽 의자에 앉아 당신의 대담한 측면의 이야기를 들어보는 것은 어떨까요? 그녀는 저쪽에 있는 정숙한 측면에게 무슨 말을 할까요?

루스: 이제 긴장을 풀고 즐길 때가 됐어. 너는 너무 조심스러워! 물론 너는 안전하지. 그렇지만 너는 너무 너무 따분한 인간이야. 너도 나처럼 되고 싶어 한다는 것을 알아.

코리: 다시 의자를 바꿔 앉고 대담한 측면에게 다시 말씀하세요.

루스: 그래, 후회하기보다는 조심하는 게 나아! (루스의 얼굴이 상기된다.)

코리: 당신의 예절바른 측면에게 다시 하고 싶은 말이 있나요?

루스: (의자를 바꾸며) 너의 문제일 뿐이야. 늘 안전하겠지! 그러면 어떻게 되겠니? 너는 그냥 안전하고 편안하게 살다 죽을 거야.

의자의 교환은 얼마 동안 진행되었다. 대담한 측면이 되는 것은 루스에게 훨씬 더 불편했다. 잠시 후에 루스는 자신을 대담한 부분으로 침투시키고 요조숙녀인 체하는 나이 든 여자를 꾸짖었다. 인생을 덧없이 흘려보낸다고 비난하며 루스가 어머니와 얼마나 똑같은지 지적하고 너무 정숙해서 어떠한 즐거움도 누리지 못하도록 막아왔는지를 말했다. 이 실험은 갈등에 대해 생각하는 것과 실제로 그러한 갈등을 스스로 경험하도록 하는 것 간의 차이를 루스에게 분명히 인식시켜 준다. 루스는 자신이 여러 방향에서 끌어당겨지고 있다는 것, 자신이 복잡한 인간이라는 것, 그리고 자신의 내면에 그러한 감정이 없는 척 가장한다고 해서 그 감정을 제거할 수는 없다는 것을 더욱 명백하게 알게 되었다. 루스는 자신의 내부에 존재하는 상이한 부분을 점차 인식하고 수용함으로써 자신의 특정 부분을 도려낼 필요 없이 더 자유로워질 수 있다.

**| 루스의 아버지와의 대화** 다른 회기에서 루스는 어렸을 때의 경험, 특히 냉담하고 베풀지 않는 아버지와의 관계에 대해서 이야기했다. 나는 무슨 일이 있었는지를 단순히 보고하는 것이 아니라, 지금 이 방 안에 아버지가 계시다고 생각하고 어린아이였을 때 했던 것처럼 아버지에게 말하라고 요구했다. 루스는 과거사로 돌아가 친구와 병원놀이를 하다 아버지에게 질책당한 6세 때의 일을 되새겼다. 루스는 그때 자신이 얼마나 두려웠는지와 성적인 놀이를 하다가 아버지에게 들킨 이후에 아버지에게 무슨 말을 해야 할지 몰랐다는 것을 말하기 시작했다. 그래서 나는 두려운 감정을 기억하면서 그때 아버지에게 말하지 않았던 당시의 모든 감정들을 이야기하라고 격려했다. 그리고 루스에게 다음과 같이 말했다.

코리: 아버지가 당신에게 해주었으면 하고 바란 것을 아버지께 말씀드리세요. (루스가 아버지에게 말할 때 자신의 오른손으로 왼손을 친다. 잠시 후, 나는 루스에게 베개를 건넨다.) 이렇게 해주셨으면 하고 바랐던 아버지가 되어 어린 루스에게 이야기해보세요. 그 베개는 당신이고 당신은 아버지입니다. 어린 루스에게 말씀하십시오.

루스: (이것은 강렬한 감정을 불러일으키고 오랫동안 루스는 아무 말도 하지 않는다. 루스는 '어린 루스'를 안고 사랑스럽게 어루만지면서 조용히 앉아 있다. 마침내 말문을 연다.) 루스, 나는 너를 항상 사랑한단다. 그리고 너는 나에게 항상 특별하단다. 내 감정을 표현하는 것이 매우 힘들더구나. 네가 나에게 얼마나 소중한지 네게 알리고 싶었지만 어떻게 해야 하는지를 몰랐단다.[3]

**| 치료 과정에 대한 논평** 루스가 자신의 역할을 하는 동안, 나는 루스의 비언어적 의사소통에 주의를 기울였다. 예를 들어, 루스는 심장이 찢어지는 것처럼 느낀다고 설명했다. 위장의 혹, 목과 어깨의 긴장, 머리의 긴장, 꽉 쥔 주먹, 눈에 고인 눈물, 입가에 교차하는 미소 등이 루스의 신체 상태였다. 적절한 순간에 나는 루스의 신체에 주의를 환기시키고 자신의 신체가 경험하고 있는 것에 주의를 기울이는 방법을 가르쳤다. 다른 회기에 나는 루스에게 가슴이 찢어질 것 같은 느낌(또는 기타 신체 감각)이 '되는' 그리고 신체 부위에 '목소리'를 부여하는 실험을 시도하라고 요구했다.

루스는 이러한 게슈탈트 실험에 참여하는 데에 약간의 저항을 보였지만, 자신에게 도전해 보고 어리석게 보이는 것 같은 느낌을 극복한 후에 이러한 절차를 통해 얻은 결과에 스스로 놀랐다. 루스는 자신의 치료자인 나의 해석을 필요로 하지 않는다. 루스는 고착된 것 같은 현재 느낌과 과거 경험의 일부가 어떻게 관련되는지를 나의 해석 없이 스스로 발견하기 시작했다. 루스는 무엇을 경험하든지 순간순간에 주의를 기울임으로써 의미를 찾을 수 있다.

루스의 자각은 그 자체로 변화를 위한 강력한 촉매이다. 루스는 자신이 달라지기를 희망하기 이전에 먼저 현재 자신이 어떠한지에 대해 깨달아야 한다. 루스와의 상담의 초점은 어떻게(how)뿐 아니라, 특정한 순간에 경험하는 것이 무엇인지(what)에 둔다. 그러므로 루스가 불안하다고 언급할 때, 루스는 이 불안이 위장의 혹이나 두통으로 어떻게 표현되는지에 초점을 둔다. 나는 루스의 '지금 여기' 경험에 초점을 두고 그 이유에 대해서는 별로 신경 쓰지 않았다. 이유를 묻는 것은 루스의 감정을 억압할 우려가 있기 때문이다. 또 다른 핵심은 미완성 과업을 다루는 것이다. 과거의 사건은 완결을 추구하며, 루스가 이전에 표현하지 않은 감정들을 직면하고 처리할 때까지 루스의 현재에 지속적으로 영향을 끼치고 있다.

## 마지막 제언

루스의 치료에서 반복적으로 발생하는 주제는 루스가 경험을 현재로 불러올 때 그 내용을 얼마나 생생하게 불러오는가이다. 루스는 자신의 문제를 단순하게 지적으로 처리하지도 않고 장황하게 설명하려 하지도 않는다. 실험 참여는 루스가 경험하는 것은 무엇이든지 강화한다. 루스가 과거의 사건을 재경험하기 위해 과거 사건을 현재로 가져올 때 이러한 경험은 종종 루스에게 귀중한 통찰을 제공한다. 나는 내담자의 모든 투쟁을 현재로 가져오고 내담자가 문제를 더 잘 이해하도록 실험을 고안하는 것을 특히 중시한다. 게슈탈트 치료는 자신을 위한 새로운 방향을 모색하도록 내담자를 돕는 활기찬 방식이다.

# 복습을 위한 질문

1. Frew 박사는 루스와 치료자 간의 나/너 대화를 근거로 한 평가 과정을 기술하고 있다. 이러한 평가 접근에 대해 당신은 어떻게 생각하는가?
2. Frew 박사는 게슈탈트 치료에서 내담자의 현재 자각에 대한 관찰과 경청에 근거하여 중재가 이루어진다고 주장한다. Frew 박사는 상담을 천천히 진행하고 루스가 주도하도록 하며 결과를 재촉하거나 부담주지 않고 대화가 전개되도록 한다. 치료 중재를 설계할 때

이러한 접근을 취하는 것에 대한 당신의 생각은 어떠한가?

3. 게슈탈트 중재는 개인 내부의 분열과 양극을 치료하는 데 유용하다. 당신도 알다시피, 루스는 양극을 조화시키거나 통합시킬 수 없기 때문에 문제가 생겼다. 즉, 의존 대 독립, 다른 사람들에게 베풀기 대 부탁하고 받기, 안전의 욕구 대 안전한 방식을 버리고 새로운 존재 방식을 창조하고 싶은 욕구이다. 루스가 경험한 양극 간의 투쟁을 당신도 현재 삶에서 자각하는가?
4. 루스에 대한 게슈탈트 치료를 통해 나타날 수 있는 정서적 주제에 대해 아들러식 치료의 인지적 초점을 혼합하는 방식을 생각할 수 있는가? 어떻게 당신이 이 두 가지 접근법의 개념과 방법을 결합하여 루스의 감정과 인지를 다룰 수 있는지 몇 가지 예를 제시하라.
5. Frew 박사가 루스와 상담하는 방식(게슈탈트 치료자로서)과 Cain 박사가 인간 중심 치료자로서 상담하는 방식 간에는 어떤 주요한 차이가 있는가? 이들 두 관점과 내가 루스와 상담하는 방식의 차이는 무엇인가?
6. 루스를 다음의 민족적 · 문화적 배경에서 해석해 보라. 북미 원주민, 아프리카계 미국인, 라틴계 미국인 및 아시아계 미국인. 루스가 이들 각 집단의 구성원이라면 루스와 상담할 때 게슈탈트 실험에 어떻게 맞추겠는가? 루스의 삶에서 문화적 주제를 다룰 때 게슈탈트 치료의 개념과 중재를 채택하는 것의 장점과 단점은 무엇인가?
7. 루스의 사례를 보면서, 당신의 경우에는 미완된 과업의 어떤 영역이 가장 분명하게 자각되는가? 루스의 표현되지 않은 감정 중 어떠한 것이 과거 당신의 과업을 자각하게 하는가? 루스와의 효과적인 상담을 방해할 수 있는 당신 삶의 잠재적 미결 영역은 어떤 것인가? 루스와 상담 중에 그러한 감정이 떠오른다면 이것을 어떻게 다루겠는가?
8. 게슈탈트 치료가 당신의 상담 양식과 얼마나 잘 부합되는가? 게슈탈트 접근의 어떤 측면이 당신에게 가장 유용한가? 당신의 상담 양식에 적합하도록 변화시키고 싶은 것은 어떤 측면인가?

## 주

게슈탈트 양식으로 꿈을 보고하는 스탠과, 꿈의 개인적 의미에 대한 스탠의 탐색과 게슈탈트 치료를 적용할 수 있는 나의 설명 방식을 보려면 『심리상담과 치료의 이론과 실제: 스탠의 사례와 해설 DVD』의 6회기('스탠의 사례에 적용한 게슈탈트 치료')를 참고하라.

1. 관계의 대화 철학에 대한 논의를 위해 다음의 책을 참고하라. Buber, M.(1970). *I and thou*. New York:Scribner's.

2. 게슈탈트 치료의 주요 개념을 좀 더 자세히 논의하고 싶으면 G. Corey(2013)의 『심리상담과 치료의 이론과 실제』(9판, Belmont, CA: Brooks/Cole, Cengage Learning)를 참고하라. 8장('게슈탈트 치료')은 치료 과정의 기본 요소를 개관한다.
3. 『상담 및 심리 치료의 통합적 접근: 루스의 사례와 해설 DVD』에 게슈탈트 실험의 영향력에 대한 생생한 예가 제시된다. 11회기('과거가 현재와 미래에 어떻게 영향을 끼쳤는지를 이해하기')에서 루스는 상징적으로 아버지와 이야기한다. 나는 루스가 겁먹은 6세 아이가 되어 아버지에게 직접 이야기함으로써 과거 사건을 현재에서 재연하도록 요구하였다.

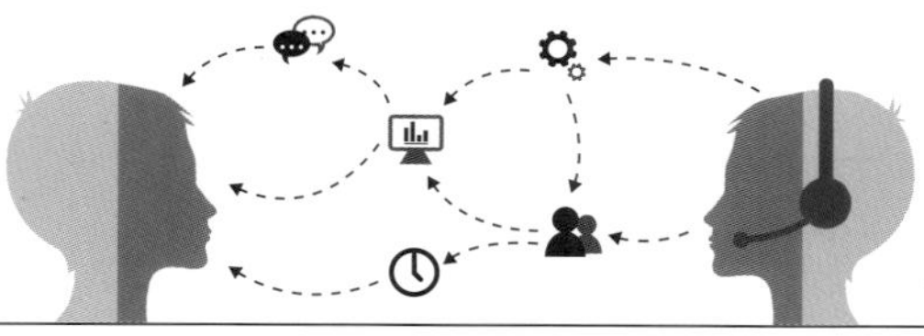

CHAPTER

# 7

# 행동 치료의 사례 접근

## 행동 치료의 일반적 개관

행동 치료의 주된 목표는 내담자의 부적응적인 행동 패턴을 제거하고 부적응적인 행동 패턴을 좀 더 건설적인 행동 패턴으로 대체하는 것이다. 치료자는 내담자의 행동 문제를 야기하는 사고방식을 확인한 후 내담자의 행동을 변화시켜줄 새로운 사고방식을 가르쳐 준다.

일부 주요 행동 기법으로는 체계적 둔감화, 노출, 이완 기법, 강화, 모델링, 사회 기술 훈련, 자기관리 프로그램, 마음챙김(mindfulness), 수용 접근, 행동 시연, 코칭, 다른 중다양식 등이 있다. 치료 계획을 세우기 위해 치료 초기에 평가와 진단을 실시한다. '왜'보다는 '무엇을', '어떻게' 그리고 '언제'라는 질문을 활용한다.

행동 치료 접근법은 관찰 가능하고 측정 가능한, 명확하고 구체적인 행동 목표를 기술할 수 있다는 장점이 있다. 특정 문제를 다루기 위해 경험적으로 입증된 기법을 선택해 사용하고, 평가와 치료를 동시에 실시한다. 기초 자료를 평가하는 것으로 치료를 시작하며, 특정 시점에서 내담자의 특정 행동이 어떻게 변화했는지를 비교하는 것으로 치료 경과를 평가한다. 내담자는 '당신이 바라는 변화를 위해 우리가 여기서 무엇을 해야 하는가?'라는 질문에 답해야 한다. 내담자는 스스로 부적응적인 행동을 종결할 준비가 된 때를 결정해야 한다. 근거 기반 치료는 임상가의 전문성, 연구 결과, 내담자의 성격, 문화, 그리고 선호도를 모두 고려한다. 행동 치료에서 치료적 관계는 매우 중요한 것으로 치료 결과에 영향을 미치는 중요한 요인이다.

# 루스에 대한 중다양식 행동 치료자의 관점

_ Arnold A. Lazarus 박사

## 도입

중다양식 치료는 기술적 절충주의를 요하는 것으로, 행동 치료를 위한 광범위한 지식에 기반을 둔 체계적이고 포괄적인 접근 방식이다. 중다양식 치료는 이론적 근거와는 상관없이 다양한 기법을 효과적으로 사용한다. 중다양식 관점에서는 내담자가 다양한 특정 기법을 사용해 다뤄져야 하는 부적응을 경험하고 있다고 가정한다. 치료자는 실행 가능하다면 언제든지 특정 장애를 위해 경험적으로 입증된 치료 기법을 선택해 사용할 수 있다. BASIC I.D.(**B**ehavior 행동, **A**ffect 감정, **S**ensation 감각, **I**magery 심상, **C**ognition 인지, **I**nterpersonal relationships 대인관계, **D**rugs and biological factors 약물과 생물학적 요인)는 내담자의 광범위한 평가 영역을 반영한다. 전술한 중다양식 요인 각각을 통하여 개별적인 문제와 서로 영향을 미치고 있는 문제를 확인하고, 각 문제를 해결하기 위한 적절한 기법을 선택한다. 치료의 기반은 진실하고 공감적인 내담자-치료자의 관계이다.

## 중다양식으로 루스를 평가하기

루스의 사례에서는 진단적이고 치료 지향적인 BASIC I.D. 방법을 사용하여 36개 이상의 개별적이면서도 상호 관련된 문제를 확인할 수 있다.

행동: 안절부절못함 · 눈 맞춤 회피 · 급하게 이야기함, 수면 부족 양상, 쉽게 우는 경향, 과식, 다양한 회피 행동

감정: 불안, 공황감(특히 교실에서, 그리고 밤에 잠들 때), 우울, 비난과 거부에 대한 두려움, 종교적 죄책감, 덫에 빠진 느낌, 자기희생

감각: 어지러움, 심계항진, 피로와 권태, 두통, 자신의 성욕을 부정 · 거부 · 억누르는 경향, 구토감이 들 정도의 과식

심상: 지속적인 부모의 부정적 메시지, 지옥의 불을 연상케 하는 이미지, 맘에 들지 않는 신체상과 빈약한 자아상, 노화와 젊음을 잃어가는 외모에 대한 생각, 전문적인 일을 하는 자신의 모습을 상상해 보는 데 있어서의 무능함

인지: 자기 정체성 질문들('나는 누구인가?'), 죽음과 임종의 순간에 대한 근심 걱정, 직업적인 성공 가능성에 대한 회의, 절대적인 의무감('해야 한다', '마땅히 그래야 한다'), 새로운 가치 추구, 자기비하

대인관계: 단호하지 못함(자기보다 다른 사람들의 요구를 지나치게 의식함), 자신에게 의존하는 가족들을 헌신적으로 돌보기, 엄마와 아내로서의 역할 외에 다른 쾌락을 억제함, 자녀들과의 문제, 만족스럽지 못한 남편과의 관계(그러면서도 남편을 잃을까봐 두려움), 치료자에 대한 지나친 의존, 여전히 부모에게 인정받고 싶어 함

약물과 생물학적 요인: 과체중, 운동 부족, 분명한 의학적 원인이 없는 다양한 신체적 불편감

일부 사례에서는 약물 치료가 중요하므로 정신약리학자들의 도움이 필요하다. 나는 우리가 치료적 작업을 시작할 때 루스의 우울증을 주의 깊게 살폈지만 항우울 약물이 필요한 것 같지는 않았다. 나는 약물을 사용해야 할 근거가 분명한 경우를 제외하고는 약물을 사용하지 말아야 한다고 생각한다.

Gerald Corey와 마찬가지로 나도 진단적인 용어를 쓰고 싶은 마음이 없다. 실제로 중다양식 치료자는 '진단'의 도구로 BASIC I.D.를 사용하여 문제를 바라본다. 그럼에도 불구하고 의사들은 보험 지급을 원하는 내담자들을 위해 DSM-IV-TR의 다축 진단을 요청받는다. 내가 생각하는 루스의 진단은 다음과 같다.

I축: 300.01 광장공포증 없는 공황장애
309.28 불안과 우울한 기분이 혼재된 적응장애
300.40 기분부전장애
V 61.1 파트너와의 관계 문제

II축: 없음

III축: 신체화 증상(의학적 문제 배제)

IV축: 가족 관계 문제, 특히 장녀와의 관계 문제

V축: (GAF 점수) 57

## 기법과 전략 선택하기

중다양식 치료의 목표는 확인된 모든 문제를 제거하는 데에 있지 않다. 루스와 신뢰감을 구축하고 건전한 치료적 관계를 수립하여 그녀와 함께 해결하고자 하는 몇 가지 핵

심 문제를 선택한다. 그녀가 긴장하고 흥분되어 있으며 불안하다면 긴장이완 훈련법을 사용하는 것이 적절하다. 일부 사람들은 이완을 연습할 때 역설적으로 긴장이 증가하는 것을 경험할 수 있는데 개별 내담자에게 적합한 특정 유형의 이완 방법이 무엇인지를 숙고해 적용해야 한다. 예를 들어, 직접적인 근육 긴장/이완 대비, 자율 훈련, 명상, 정적 심상, 횡격막 호흡, 혹은 이런 방법들의 조합이 있다. 일단 루스에게 직접적 근육 이완, 긍정적 심상, 자기 진정적 진술의 기법을 시도해 본다.

다음으로 그녀가 스스로에게 해왔던 단정 짓기와 명명하기에서 벗어나게 한다. 여기서는 행동 시연과 역할연기가 도움이 될 것이다. 또한 이런 기법을 시도하는 회기에서는 전문성을 발휘하여 성공하고 싶어 하는 그녀의 권리와 정당성을 다시 한 번 확인해 주는 것이 좋다. 인지적 재구조화는 그녀 스스로를 괴롭히는 '~해야 한다', '마땅히 그래야 한다'라는 부적절한 당위적 명령을 줄이는 데 도움이 된다. 상상 기법도 효과가 크다. 가령, 그녀에게 타임머신을 타고 과거로 되돌아가 자신을 상상하게 해 볼 수도 있다. 어릴 적 자신의 모습을 떠올리면서 아버지가 강요했던 종교적 죄의식을 현재의 상황에서 재해석하게 도와주고 이를 통해 자아를 변화시키도록 유도한다.

치료자: 아주 어렸을 적의 당신과 만나기 위해 타임머신을 타고 시간 여행을 떠나는 장면을 상상해 볼 수 있겠습니까?

루스: 예, 할 수 있어요.

치료자: 언제로 돌아가고 싶나요? 변화된 자아와 만나기 위해 몇 살로 돌아가야 할까요?

루스: 열 살의 저를 보고 싶어요.

치료자: 지금 당신은 특별한 타임머신을 타고 과거로 되돌아가는 여행을 하고 있는 중입니다. (잠시 쉬었다가) 이제 당신이 타임머신에서 나오는 상상을 해 보세요. 당신은 작은 소녀를 봅니다. 그 소녀가 바로 열 살 된 어린 루스입니다. 그녀가 당신을 보고 있지만 그녀는 당신이 어른 루스라는 것을 알아채지 못합니다. 그렇지만 이 어린 루스는 당신에 대해 무언가 매우 특별한 것을 느끼고 있습니다. 또한 당신이 말하는 것을 주의 깊게 들으려 하고 있네요. (잠시 쉬었다가) 당신이 어린 루스를 안아주는 상상을 해 보세요. (잠시 쉬었다가) 이제 당신이 당신 아버지의 설교에 관해 그녀에게 말하고 싶은 것을 말해 볼까요?

루스: (어른 루스는 어린 루스에게 그녀의 아버지가 완전히 잘못 알고 있는 어린 루스에 대해 이야기해 준 후 아버지가 전해 준 종교적 죄책감에 주의를 기울이지 말라고 이야기한다.)

대부분의 사람들은 이런 심상으로 인해 상당한 정서를 경험하며 지지적인, 교정적인, 치유적인, 그리고 힘을 북돋아 주는 것과 같은 변화된 자아를 이야기한다. 만일 내담자가 심상하는 것을 어려워한다면 치료자는 내담자가 자연스럽게 경험해 볼 수 있도록 도와준다. 5분이나 10분 후에(내담자가 그 심상에 몰두하는 정도에 따라) 내담자를 타임머신에 다시 들어가게 하고 그들이 현재로 돌아올 때까지 앞으로 전진하게 하라. 많은 사람들은 심상 기법이 자신에게 도움이 되는 기법이라는 것을 알게 되어 치료 시간뿐 아니라 집에서도 연습하게 된다. 이러한 절차에 깔려 있는 능동적인 메커니즘은 둔감화와 인지적 재구조화인 것으로 추측된다.

만일 루스와 그녀의 남편이 동의한다면, 가정 내에서의 부적절한 의사소통 문제의 해결과 숨겨진 갈등 해소를 목적으로 하는 가족 치료를 실시해 볼 수 있고 성 치료가 포함된 결혼 상담을 권해 볼 수 있다. 그녀가 좀 더 여유롭고 자신감 있는 강인한 사람이 된다면 존과 자녀들은 새롭게 변한 그녀를 대하기 위해 새로운 행동 방식들을 배워야 할 것이기 때문에 그들도 역시 이에 관한 도움을 받아야 한다. 더 나아가 나는 존이나 아이들의 '방해'를 막으려 노력한다.

평가 과정의 일부로 나는 루스에게 15쪽 분량의 중다양식 생활사 질문지(Multimodal Life History Inventory)[1]를 완성하게 한다. 이 과정은 BASIC I.D.를 통해 내가 문제를 폭넓게 탐색하는 데 도움을 줄 것이다. 다음의 대화를 참고하라.

치료자: 질문지의 12쪽에서 '당신은 매일 세 차례 균형 잡힌 식사를 합니까?'와 '당신은 규칙적으로 운동을 합니까?'라는 질문에 '아니요'라고 답했군요. 그리고 15쪽에서 자주 커피를 마시고, 과식하며, 인스턴트 음식을 좋아하고 체중 문제가 있다고 쓰셨습니다.

루스: 아마 다시 다이어트를 시작해야 할 것 같아요.

치료자: 문제는 사람들이 다이어트를 시작한 후 곧 포기하고 체중도 다시 증가한다는 데 있습니다. 간혹 다이어트를 시작하기 전보다 체중이 더 늘기도 합니다. 일차적인 목표는 효율적인 섭식 패턴을 개발하는 것입니다. 우선 피하거나 줄여야 하는 음식물 목록을 확인해야 합니다. (리스트에는 주로 고지방 함유 음식, 특히 당분이 높은 음식과 포화 지방 음식이 포함되어 있다.) 이 목록을 집으로 가져가 다이어트 동안 통제할 수 있는 음식물들이 어떤 것인지 정리해 보실 수 있겠습니까?

루스: 물론이지요.

치료자: 우리가 계약을 할 수 있을까요?

루스: 무엇을요?

치료자: 적어도 일주일에 세 번 빠른 속도로 2~3킬로미터를 걷는 데 동의할 수 있는지를 말하는 것입니다.

루스: 예, 할 수 있어요.

치료자: 당신 집 근처에 좋은 다이어트 센터가 있어요. 그곳에서는 당신에게 필요한 섬유소와 칼로리의 양을 계산하고 이에 맞는 훈련 프로그램을 짜 줄 겁니다. 또한 지원 그룹을 운영합니다. 혼자서 다이어트를 시도하는 것보다 집단의 일원으로 하게 될 때 더 효과가 더 클 것입니다.

루스: 네, 지금 말씀하신 곳이 어딘지 알아요. 저도 몇 번 그곳에 가볼까 하고 생각해 본 적이 있었어요. 선생님은 정말 그것이 좋은 방법이라고 생각하나요?

치료자: 네, 그렇고 말구요.

만일 루스가 그 일을 행하려 한다면, 나는 그녀에게 합리적인 식습관을 가르쳐 줄 것이고 그녀가 체중 감량 프로그램과 운동을 통한 다이어트를 시작하도록 제안할 것이다. 지역의 다이어트 센터에 의뢰하는 것도 도움이 된다.

## 루스와의 치료 회기

루스의 BASIC I.D. 차트를 통해 중다양식 프로파일을 작성하고 다음과 같은 대화를 진행하였다.

치료자: 일곱 가지 영역에서 당신의 주요 문제가 무엇인지 목록으로 작성했어요. 가령, 행동 영역에서는 이런 것들이 있어요. 안절부절못함, 눈 맞춤을 피함, 급하게 이야기함, 수면 부족, 쉽게 우는 경향, 과식, 다양한 회피 행동들.

루스: 네. 제가 그래요. 모두 맞아요. (잠시 쉬고) 하지만 '다양한 회피 행동'이라는 게 정확하게 뭘 말하는지 모르겠어요.

치료자: 당신은 종종 자신이 바라는 대로 행동하는 것을 피하고 있는 것처럼 보여요. 그보다는 다른 사람들이 당신에게 기대하고 있는 것을 하려고 하지요. 확실한 의사 결정을 피하고 다른 사람들의 반응을 살피는 식으로요.

루스: 무슨 말인지 알겠어요. 그러고 보니 제가 희망 없는 사람처럼 생각되네요. 저는 겁쟁이처럼 너무나 약하고 늘 전전긍긍하거든요. 요즘은 어떤 것도 자신 있게 결정을 내릴 수가 없어요.

치료자: 당신이 피하지 않고 가장 능숙하게 행할 수 있는 것이 자신을 억제하는 거라는 생각이 드네요. 만일 당신이 정서적 고통을 감수하고 기꺼이 당신의 마음을 얘기하면 분명 더 이상 무력한 기분을 느끼지 않게 될 겁니다. 그렇지 않을까요?

루스: 제가 더 사교적이고 덜 불안하게 되는 것을 바라는지 물으시는 건가요?

치료자: 그것을 확인하는 것이 치료에서 중요합니다. 당신이 바라는 대로 변한다면 무슨 일이 일어날지 생각해 보신 적이 있나요?

루스: 잘 모르겠지만 제가 변하는 것을 아버지는 찬성하지 않을 거예요.

치료자: 그럼 남편은 어떤가요?

루스: (아래를 쳐다보며) 선생님이 무슨 말씀을 하시는지 알겠어요.

치료자: 당신은 예전에는 아버지의 뜻에 맞춰 움직였고, 지금은 남편에게 대부분의 통제권을 건네주었다는 것에 동의하십니까? (루스는 긍정의 뜻으로 고개를 끄덕였다) 자, 지금이 내가 내 삶의 설계자이고 디자이너가 되기에 적당한 때라고 생각합니다.

루스가 당황한 것처럼 보이지 않았기 때문에 중다양식 프로파일의 다른 영역들을 더 논의하였다. 만일 그녀가 크게 걱정하고 혼란스러워 한다면('세상에! 난 문제가 너무 많은 사람이야!') 우선 그 영역에만 초점을 맞추고 그것을 완화시키거나 제거하려 노력해야 한다.

실행할 수 있는 상황이라면 언제든지 나는 데이터베이스화된 치료 방법을 선택한다. 그녀의 공황발작을 다룰 때, 나는 먼저 공황감과 투쟁-도피 반응의 생리학에 관해 설명한다. 여기서 강조해야 하는 것은 적응적인 불안과 부적응적인 불안을 구별하는 것이다. 예를 들어, 불안은 루스가 시험공부를 시작하는 데 도움이 되지만, 불안이 너무 심해지면 오히려 시험을 망치게 된다. 그녀의 불안 반응은 이차적 정서 반응(두려움에 대한 두려움), 감각적 상태, 정신적 심상, 인지적 요소, 대인관계의 영향 등에서 찾아볼 수 있다. 각각의 영역에 나는 구체적인 기법을 적용한다. 예를 들어, 행동 측면에서는 나는 그녀에게 상황을 피하지 말고 직면하도록 격려한다. 인지적 측면에서는 루스에게 '나는 미쳐 버릴 거야!' 혹은 '나는 서서히 죽음에 다가가고 있어.'와 같은 단정적인 표현을 삼가고 '의사는 내가 신체적으로 건강하다고 말했어.', '이 정도의 불안으로 미치지는 않아.'라는 등의 긍정적인 진술을 하도록 격려한다. 공황으로 고통받는 많은 사람들은 과호흡의 경향(심계항진)이 있기 때문에 나는 루스에게 횡경막을 사용하여 더 느리게 호흡하는 방법을 알려 준다.

## 루스와 존의 연합 회기

치료의 성공여부는 변화에 대한 루스의 준비도(고통을 감수하고 역기능적 사고에 도전하려는 의지)와 남편이 그녀에게 얼마나 협조적인지에 달려 있다. 존은 루스가 자기를 잘 표현하는 것과 자아를 실현해 가는 상황을 불편하게 느끼고 있었다. 연합 회기에서는 그녀의 남편에게 억울하고 무기력한 채 지루한 삶을 사는 아내보다 스스로의 삶에 만족감을 느끼면서 사는 아내가 낫다는 것을 설득시켜야 한다. 그러므로 루스는 치료 회기에 적어도 한 번 이상 존과 함께 와야 하므로 남편에게 치료 회기에 같이 가자고 말해 보라고 격려하였다. 나는 존이 협조하도록 유대관계를 맺기 위해 노력할 생각이라고 그녀에게 말하였다. 이와 관련하여 루스, 존과 다음과 같은 대화를 나누었다.

치료자: (존에게 말을 걸며) 저를 만나주셔서 감사합니다. 아시다시피, 저는 루스가 여러 가지 두려움과 불안함을 극복하도록 도왔고, 그녀가 많이 좋아졌다고 믿고 있습니다. 하지만 이제 당신의 도움이 필요합니다. 이 문제에 대한 당신의 의견을 듣고 싶군요?

존: (루스를 쳐다보며) 어떻게 대답해야 하지요?

치료자: 이야기할 게 많을 거예요. 치료에 대해 어떻게 생각하는지, 그것이 필요했고 혹은 필요하다고 생각하는지, 그녀가 도움을 받고 있다고 생각하는지 등을 알고 싶어요. 루스에 대한 불만도 듣고 싶고요. 어차피 완벽한 결혼은 없을 테니까.

존: (루스를 보며) 솔직하게 말해도 될까?

루스: 여보, 그렇게 하려고 온 거예요.

치료자: 솔직하고 공정하게 말해 주세요.

존: 제가 선생님을 뭐라 불러야 되지요?

치료자: 공식적인 명칭은 저도 어색하네요. 그냥 아널드라고 불러주세요.

존: 좋아요, 아널드. 제가 보기에 루스는 감당할 수 없는 일을 벌인 것 같아요. 그녀가 대학에 가기로 한 것은 좋은 생각이지만 그녀가 공부와 집안일을 모두 잘해낼 수 있을 것 같지는 않아요. 그래서 힘들어하고 있는 것 같고요. 만일 당신이 이런 상황을 계속 유지하도록 루스를 격려하고 고무시킨다면, 가족들 모두가 고통스러울 거예요. 루스는 돈을 벌기 위해 일을 하려는 것 같지는 않아요. 젠장, 저는 지금까지 가족들을 먹여 살리기 위해 죽도록 일해왔어요.

치료자: 그 점이 중요한 것 같은데 루스가 공부를 시작한 후 가족 문제가 더 악화

되었다고 생각하십니까? 루스가 당신과 아이들을 무시하던가요? 가족들이 고통스러워하고 있나요?

존: 글쎄요, 꼭 그런 것만은 아니에요. 루스는 언제나 훌륭한 아내였고 아이들에게 헌신적이었어요. 하지만…… (잠시 멈추고) 그걸 어떻게 표현해야 할지 모르겠어요(잠시 멈추고).

치료자: 아마도 당신은 뭔가를 빼앗길지도 모른다는…… 일종의 잠재적 불이익에 대해 불안해하는 것 같기도 하네요.

존: 네, 그럴지도 모르죠.

치료자: 당신의 가정도 많은 가족들이 경험하는 전환점에 와 있군요. 어머니라는 직업은 사실상 거의 끝났고요. 어디 봅시다. 네 명의 자녀는 이제 19, 18, 17, 16세입니다. 루스가 과거에 자녀들을 돌보면서 쏟아부어야 했던 에너지는 다른 것으로 대체되어야 합니다. 아이들은 이제 다 성장해 루스는 시간이 더 많아졌습니다. 빡빡했던 집안일은 이제 아르바이트 활동이 되었습니다. 루스는 마흔이 가까워지면서 아내와 엄마 이상이 되고 싶다고 생각하는 것이지 그 이상이나 그 이하도 아닙니다. 그녀가 가족 관계를 손상시켰다면 전혀 의도하지 않은 것입니다. 그녀가 일주일에 60시간을 일해야 하는 간부직을 원했다고 생각해 봅시다. 오히려 그런 경우가 가족에게 큰 문제가 될 것입니다.

존: (웃으며) 정말 그러네요.

치료자: 자, 만일 그녀가 초등학교 선생님으로 일하게 된다면, 아이들을 돌보는 데 사용했던 시간을 건설적으로 사용하는 것입니다. 하지만 만일 그녀가 집에서 빈둥거린다면, 당신은 고통스럽고, 짜증을 잘 내고 좌절한 여성과 살게 되는 것입니다. 여유로운 시간이 오히려 고통스러운 시간이 되는 것이지요. 이해가 되세요?

존: 당신이 뭘 말하려는 것인지 알 것 같아요.

치료자: 게다가 솔직히 말해 봅시다. 당신이 많은 돈을 벌어 네 자녀를 대학에 보냈다고 해도 여분의 약간의 돈은 재정에 큰 타격을 입히지는 않을 것입니다. (루스에게 말하며) 존과 제가 마치 당신이 이 방에 없는 것처럼 당신에 관해 이야기를 한 것에 너무 마음을 쓰지 않기를 바랍니다. 저는 당신을 무시한 것이 아닙니다. 저는 정말로 존과 함께 대화를 나누길 원한 겁니다.

루스: 아니에요, 이해해요. 제가 뭔가를 물어봐도 될까요?

치료자: (역설적으로) 당신이 무릎 꿇고 빌어야 하는 경우인가요?

루스: (웃으며) 존, 내가 당신이나 아이들을 무시한 적이 있나요?

존: 아까 말했던 것처럼 당신은 훌륭한 아내였고 엄마였어.

치료자: 이제 문제는 훌륭한 아내와 엄마를 계속 할 수 있을지, 그리고 훌륭한 선생님이 될 수 있는지에 있습니다.

연합 모임 후 루스와의 후속 회기는 다음과 같다.

치료자: 우리 세 명의 모임이 어떤 긍정적인 효과가 있었는지 궁금하군요. 그 모임의 성과가 무엇이었다고 생각하십니까?

루스: 설명하기가 어렵네요. 존이 선생님과 완전히 같은 생각을 하게 된 것 같지는 않지만 그래도 그 정도면 좋은 징조였던 것 같아요. 존이 선생님과 얘기할 때 편안해 보였어요.

치료자: 저는 당신이 변하지 않는 게 가족 모두에게 바람직하지 않다는 것을 말하고 싶었어요. 존도 저처럼 생각해 줬으면 좋겠지만 아직은 완전히 공감하지는 못하고 있는 것 같군요. 저는 당신이 일을 한다면 얻을 수 있는 현실적 이득들을 존이 이해하게 되길 바랍니다. 그에게 이런 점들을 부드러우면서도 확고하게, 그리고 반복해서 이야기할 수 있겠습니까?

루스: 그런 것에 대해서는 존도 괜찮다고 느끼고 있는 것 같은데, 어떤 것이 더 필요한지는 모르겠어요.

치료자: 그럼 당신은요? 당신이 일을 한다면 얻을 수 있는 구체적인 현실적 이득들이 무엇입니까? 이 문제로 당신은 상당한 갈등을 경험해 왔잖아요?

루스: 여전히 이런 문제들이 부담스럽고, 과연 제가 잘할 수 있을까라는 생각이 들면서 자신이 없어요.

치료자: 그럼 이제 그 문제에 대해 생각해 볼까요?

루스: 열일곱 살인 수잔이 이 상황에 대해 더 당황스러워 하는 것 같았어요. 우선 이것에 대해 같이 이야기해도 되나요?

치료자: 물론입니다.

## 맺는말

처음 목표는 루스가 선생님이 되려 하는 것에 대해 존에게 허락을 구하려는 것이었다. 만일 존에게 결혼 생활을 전반적으로 개선시키기 위해서 성적인 표현을 비롯한 자유로운 의사소통이 전제되어야 한다고 믿게 할 수만 있다면 추후 부부 치료에 대한 동기를 부여할 수 있을 것이다. 만일 그가 그의 불안을 해결하기 위해 개인 치료를 받는다 해도 놀랄 일이 아니다. 중다양식 치료자로서 나는 루스를 개별적으로, 루스와 존을 커플로서, 그리고 존을 개별적으로 만나는 데 있어 어려움이 없어야 한다.

중다양식 접근은 지속적인 치료 결과를 위해 다양한 기법, 전략, 양식들을 혼합해 사용할 수 있다. 중다양식 치료는 필요하다면 개인뿐 아니라 커플, 가족 모두를 치료에 참여시킬 수 있다. 중다양식 접근법은 실용적이고 경험적이다. 그것은 각 성격의 벡터 내에서 그리고 각 성격의 벡터 사이에서 문제를 진단하기 위한 하나의 일관된 틀을 제공한다. 중다양식 접근은 내담자의 기대와 변화에 대한 동기를 고취시키면서 내담자를 치료 과정에 적극적으로 참여시킬 것을 강조한다. 치료자의 직접적인 지시와 지지의 정도는 내담자와 상담 유형에 따라 다양하다. 융통성과 철저함이 강조된다. 나는 '독서요법(bibliotherapy)'을 신뢰하기 때문에 루스에게 『60초 뒷걸음질: 미친 세상에서 정신이 온전한 사람으로 남기 위한 101가지 전략들(The 60-Second Shrink: 101 Strategies for Staying Sane in a Crazy World)』을 읽도록 하였다. 또한 선물로 루스에게 『부부 신화: 두 다스의 결혼에 관한 잘못 알고 있는 신념들에 대한 새로운 형상(Marital Myths Revisited: A Fresh Look at Two Dozen Mistaken Beliefs About Marriage)』[2]이라는 나의 책을 복사해서 줄 수도 있다.

대부분의 치료자는 루스와 같은 내담자에게 도움을 줄 수 있는 방법이 많으며 루스가 비교적 치료하기도 쉬운 유형이라는 것을 알아차릴 것이다. 심각한 성격장애가 있는 내담자와 달리 그녀는 강한 적대감이나 자기 파괴의 경향을 지니고 있지 않다. '저항'도 심하지 않았고 치료 과정 내내 비교적 협조적인 편이었다. 그럼에도 불구하고, 단지 두세 개의 양식으로만 치료한다면(중다양식 접근을 취하지 않는 대부분의 치료자처럼) 몇 가지 중요한 문제와 결함이 얼버무려지거나 무시되어, 치료되어야 함에도 불구하고 치료되지 않은 문제로 인해 재발 경향을 가진 채 살아가게 될 것이다. 루스의 경우, 언제든지 소심하고 모순되며 불안하고 우울한 생활 방식이 재현될 소지가 있다.

단기 치료가 우세한 요즘과 같은 시대에 중다양식 치료자는 한두 가지 중요한 문제에 초점을 맞추기보다 BASIC I.D.[3]의 각 영역으로부터 문제를 추출해낸다. 루스의 경우 6회기에서 10회기만 상담할 수 있다면 다음의 것들이 선택될 수 있을 것이다.

행동: 루스의 회피 반응을 목록화하시오.

감정: 불안 관리 기법을 이행하시오.

감각: 이완 방법들을 가르치시오.

심상: 긍정적인 자기상을 그려보시오.
인지: 무조건적 명령('해야 한다')을 제거하고자 노력하시오.
대인관계: 자기주장 훈련을 시행하시오.
약물과 생물학적 요인: 효과적인 영양 공급과 운동 프로그램을 권하시오.

중다양식 접근에서는 폭이 깊이보다 훨씬 더 중요하다고 생각한다. 한두 개의 영역만을 깊게 다루다보면 중요한 또 다른 문제를 간과할 위험이 있다. 시간이 허락하는 한 관련된 광범위한 문제를 다루는 것이 더 효과적일 수 있다. 물론 한 영역에서의 의미 있는 변화가 다른 영역으로 파급되기도 한다. 그러나 극복될 수 있는 별개의 문제가 많으면 많을수록 훨씬 더 심오한 치료가 필요하다.[4]

## 루스에 대한 다른 행동 치료자의 관점

_ Sherry Cormier 박사

### 도입

행동 치료는 초기에 고전적 조건화에 기반을 둔 체계적 둔감법과 조작적 학습에 기반을 둔 강화 전략에 초점을 두었었다. 이것들이 아직도 행동 치료 접근의 대표적인 기법들이지만 현재에는 행동 치료에 인지 변화 전략(8장을 참고하라), 기술 훈련, 노출 치료, 자기관리 전략, 그리고 마음챙김/수용 치료 등이 포함되었다. 좀 더 최근의 행동 치료는 폭이 넓고 종합적인 것으로 발전하였다. 앞서 살펴본 Arnold Lazarus 박사가 기술한 중다양식 접근법은 45년 전 그가 세상에 그것을 처음 소개했을 때와 마찬가지로 현재에도 사용되고 있다. 동시대의 행동 치료는 통합적이다. 여기서 나는 현재의 행동 치료의 기본 양상을 설명하고 내가 루스에게 이런 개념들을 어떻게 적용하는지 기술할 것이다.

### 행동 치료의 기본 특징

행동 치료의 기본 특징은 다음과 같다.

1. 행동은 외적인 행동과 같이 우리가 볼 수 있는 것만을 의미하지는 않으며, 인지, 심상, 신념, 도식, 정서와 같은 내적인 과정을 포함한다. 행동은 **조작적으로 정의할 수 있어야** 한다. 예를 들어, 내담자가 나에게 '저는 우울해요.'라고 말한다면 우리는 내담자가 말하려는 것을 좀 더 잘 이해하기 위해 함께 이야기를 나눠야 한다. 어떤 내담자에게 '저는 우울해요.'라는 말은 아침에 침대에서 일어날 수 없고 슬픈 기분을 느끼게 된다는 것을 표현하는 것일 수 있다. 또 다른 내담자에게 '저는 우울해요.'라는 말은 대부분의 시간을 울면서 지내고 다른 사람에게 짜증을 내는 것을 표현하는 것일 수 있다.
2. 행동은 대부분 **학습된** 것이다. 신경과학자는 행동이 어떻게 다양한 뇌 부위로부터, 그리고 각각의 신경선(neural wiring)으로부터 영향을 받는지를 보여 준다. 수많은 인간의 행동은 학습을 통해 만들어진다. 비록 뇌의 일부분과 뇌 배선(hardwiring)이 우리가 우울증이라고 알고 있는 것과 연결되지만 우울증은 개인이 환경과 상호작용할 때 학습된다.
3. 행동 치료는 **증거에 기반**을 둔다. 결과와 자료는 행동 치료적 접근의 특징이다. 실용적으로, 이것은 치료 관계로부터 평가 과정과 치료 과정에 이르기까지 상담의 모든 측면이 기본적으로 과학적 증거에 기초함을 의미한다. 내담자에게도 수량화된 결과가 중요하다. 내담자에게 변화가 있는가? 어떤 방향으로의 변화인가? 얼마만큼의 변화인가? 행동적 접근의 중요한 특징은 각 내담자와 함께 주의 깊게 평가하고 측정하며 그 결과를 평가해 보는 것이다.
4. 행동 치료는 변화를 촉진하는 내담자 개인, 내담자의 환경, 그리고 내담자와 내담자의 환경 간 상호작용을 중요시한다. 치료 과정에서 주목하는 것은 내담자뿐 아니라 내담자가 살고 있는 **환경**(context)이다. 이는 흔히 내담자 문제에 강한 영향을 미치는 문화와 환경 변인 둘 다를 포함한다.

행동 치료에서는 기능 분석 혹은 ABC 분석이라고 불리는 **행동 분석**이 중요하다. 치료자들은 확인된 문제를 선택하고 경험적으로 그 문제와 관련이 있는 환경 조건이 무엇인지, 그 문제의 해결을 방해하고 있는 조건이 무엇인지, 그 문제의 해결에 도움이 되는 강점과 자원이 무엇인지를 선별하기 위해 노력한다. 어떤 **행동**(B)은 다른 사건에 선행하거나 뒤따르기도 한다. 행동 치료자는 문제 행동에 앞서는 **선행 사건**(A)과 문제 행동 **결과**(C)에 뒤따르는 사건을 기여 사건(contributing events)이라 부른다. 선행 사건이란 그 행동에 책임이 있는 상황적 사건과 내적 사건을 말한다. 결과는 그 행동이 또 다시 나타날지의 여부에 영향을 미치는 것으로 하나의 행동을 강화시키거나 약화시키는 상황적인, 내적인 사건을 말한다. 하나의 문제 행동에 선행하거나 뒤따르는 모든 것이 그 행동을 지속시키지는 않는다. 행동 분석은 문제 행동에 가장 많은 영향을 미칠 수 있는 선행 사건과 결과를 확인할 수 있도록 도와준다. 문제의 시작과 함께 발생한 사건을 정확히 찾아냄으로써, 그 문제를 경험하는 동안 내담자가 생각하고 느끼고 행한 것을 확인함으로써, 그리고 마지막으로 그 문제에 뒤따른 사건들을 정확히 찾아냄으로써 행동 치료자는 치료 계획을 안내할 기능적 가설과 진단을 발전시켜 나갈 수 있다. 여러분은 루스와 나의 작업에서 행동 분석의 예를 보게 될 것이다.

## 행동 치료 과정

행동 치료에 포함된 일반적 과정은 다음과 같다.

- 치료적 관계 수립하기
- 맥락적 틀 안에서 주요 문제와 주제를 평가하기
- 목표 변화 대상을 확인하고 정의하기
- 증거에 기반을 둔 치료 전략을 선별해 시행하기
- 전문적 의뢰, 종결, 재발 방지, 후속 조치를 계획하기

이것은 내가 행동 치료의 각각의 단계로서 기술하였지만 실제 치료 장면에서는 이 단계들이 겹쳐진다. 예를 들어, 치료적 관계는 상담 초기의 요소이기도 하지만 상담 중반이나 후반부의 요소이기도 하다.

**치료적 관계 수립하기** 행동 치료자는 치료적 관계를 중시한다. 치료적 관계는 대부분의 경우, 치료적 변화에 영향을 미치는 필수 조건이기는 하지만 충분조건은 아니다. 행동 치료자는 모든 상담이 대인 관계적이라는 것을 잘 알고 있다. 결과 측면에서 볼 때, 좋은 관계를 맺는 기술은 선택 사항이 아니라 필수다.

**맥락적 틀 안에서 내담자 문제와 중요한 주제를 평가하기** 나는 각 내담자와 함께 철저한 개별 평가를 실시한다. 행동 평가는 **다단계적**(multilevel), **다문화적**(multicultural), **중다방법적**(multimethod)이다. 행동 평가는 Arnold Lazarus 박사가 설명한 BASIC I.D.와 내가 전에 설명한 행동 분석과 같이 여러 차원에서의 내담자 평가를 포함한다. 여기에는 개인 내담자뿐 아니라 내담자 문제와 관련이 있는 맥락 변인과 환경 변인도 포함된다. 예를 들어, 내담자가 '저는 지금 스트레스를 너무나 많이 받고 있어요.'라고 말한다면

우리는 내담자가 스트레스를 받는 동안의 생각과 내담자가 어떻게 느끼는지와 같은 내적인 행동뿐 아니라 내담자의 스트레스와 관련이 있는 과각성, 조마조마함, 식욕 증가나 감소와 같은 눈에 보이는 행동들을 탐색한다. 게다가 내담자가 어떻게 스트레스를 다루는지, 내담자의 인생에서 잘되어 가고 있는 일은 무엇인지, 내담자가 지니고 있는 지지와 자원의 종류는 무엇인지 등의 내담자 강점도 탐색한다. 또한 내담자의 환경에서 스트레스 증상과 스트레스를 지속시키고 있는 사건을 찾아낸다. 효과적인 치료가 선택될 수 있도록 문제가 되는 행동의 기능을 알아내는 것이 목적이다.

나는 상담이 대인관계적일 뿐 아니라 다문화적이라고 믿기 때문에 각 내담자와 문화적 평가를 실시한다. 문화적 영향력을 찾아 평가하기 위해 각 내담자에게 Pamela Hays의 ADDRESSING 모델[5]을 사용한다.

- 연령과 세대 영향력(**A**ge and generational infl uences)
- 발달과 학습의 영향력(**D**evelopmental and acquired infl uences)
- 정신적 · 신체적 장애들(**D**isabilities)
- 종교와 영적 방향성(**R**eligious and spiritual orientation)
- 민족성(**E**thnicity)
- 사회경제적 지위(**S**ocioeconomic status)
- 성적 지향(**S**exual orientation)
- 토착 문화(**I**ndigenous heritage)
- 국적(**N**ational origin)
- 성별(**G**ender)

나의 목표는 내담자의 문제에 기여했을지도 모르는 문화적 영향력을 내담자가 분명히 알도록 돕는 것이다. 이것은 내담자 문제를 평가할 때 맥락과 환경의 역할을 고려하기 위한 또 다른 방법이다. 예를 들어, 내담자가 '제 인생에서 가장 큰 스트레스를 야기하는 것은 직장에서 제가 소수 인종에 속한다는 거예요. 직장 사람들은 저를 사람으로 여기지 않는 것 같아요. 전 직장에서 왕따예요.'라고 말할 수 있다. 또한 이 틀은 내담자 삶의 특정 단계와 내담자의 사회력, 개인력과 같은 발달적 요인을 고려한다.

나는 또한 SCID(DSM-IV-TR 장애들을 위한 구조화된 임상적 면담)[6]를 포함한 다른 다양한 평가 방법을 활용한다. 왜냐하면 제삼자 보상은 DSM 진단을 요구하기 때문이다. 가끔 나는 철저한 접수면담, 과거력 평가면담과 함께 간이정신상태 검사를 실시한다. 가계도나 사회적 관계망 지도와 같은 보충 평가도구와 내담자가 보고하는 결과 질문지(Outcome Questionnaire: OQ-45)[7]와 같은 표준화된 도구가 도움이 된다. 여기에 더하여 나는 내담자의 현재 문제와 관련된 다른 표준화된 도구를 활용한다. 왜일까? 행동 치료에서는 어떻게 하면 변화를 불러오는 치료적 개입이 잘 이루어질지, 그리고 어떤 종류의 진전이 정해진 목표에 도달하게 하는 것인지를 알고 평가하는 것을 중요시하기 때문이다. 이런 다양한 평가 방법이 그런 평가를 도와줄 것이다. 그리고 치료의 성공과 실패를 평가하기 위해 내담자에 관한 기능적 진단을 내담자가 수용하는지 거부하는지도 살펴본다.

**변화 목표(결과 목표)를 확인하고 정의하기** 행동 치료자는 내담자와 함께 철저한 평가를 수행하는 데 많은 시간을 소비한다. 이렇게 하는 이유는 내담자가 적절한 변화 목표나 결과 목표를 확인하고 정의하게 하기 위해서이다. 내담자와 나는 우리가 함께 작업한 결과로써 얻을 수 있는 것을 상호 협력하는 방식으로 탐색한다. 이런 결과 목표들은 우리의 평가 결과를 직접적으로 반영한다. 결과 목표들은 내담자가 변화되기를 바라는 행동, 사고, 느낌을 구체화시키도록 돕는다.

**증거 기반 치료 전략을 선택해 시행하기** 목표 설정 과정은 그것이 내담자가 원하는 결과를 얻기 위해 어떻게 돕는 것이 최선일지를 결정하도록 안내하기 때문에 행동 치료에서 중요하다. 치료는 일종의 여행과 같다. A 지점에서 B 지점으로 가는 데에는 몇 가지 방법이 있다. 어떤 방법은 더 길거나 짧을 수도 있고 각각의 방법에는 장단점이 있다. 궁극적으로 우리는 우리가 필요로 하는 가장 최선의 방법을 택해야 한다. 내담자가 그들의 목표를 결정한 후 치료자는 내담자가 자신의 목표를 달성할 수 있도록 다양한 방법을 제안할 수 있지만 모든 방법은 증거에 기반을 둔다. 즉, 내담자가 특정 목표를 달성할 수 있도록 돕기 위해 하나의 개입 방법이나 몇 개의 방법을 혼합해 사용하는 것을 뒷받침해줄 만한 문헌, 자료, 증거에 기초해 변화 개입 방법을 선택한다는 것이다. 가장 효과가 있을 법한 개입을 탐색해 보는 것은 우리의 치료적 여행을 도울 지도를 살펴보는 것과 같다. 사회적 고립과 문화적 고립 때문에 직장에서 스트레스를 받고 있는 내담자를 위해서는 문화적으로 관련이 있는 스트레스 관리 개입 방법을 찾아보는 것이 유용할 수 있다. 이 개입은 스스로 스트레스를 다룰 수 있도록 도울 뿐 아니라 경쟁적인 작업 환경에서 지지를 얻지 못하는 것과 같은 좀 더 체계적인 주제를 다룰 수 있다.

**목표를 향한 진전을 모니터하고 평가하기** 내담자들이 상담을 통해 다양한 개입 방법을 수행함에 따라 치료자들은 변화 목표를 향해 나아가는 치료의 진척 정도를 모니터하고 평가한다. 행동 치료에서는 반복된 평가를 중시한다. 나는 자주 내담자에게 치료 과정 내내 자신의 행동, 생각, 느낌을 스스로 모니터해 보게 한다. 예를 들어, 스트레스를 경험하는 내담자에게는 매일 1점에서 10점 척도로 스트레스 수준을 모니터하게 하고 스트레스가 좀 더 나아졌는지 악화되었는지를 볼 수 있게 목록을 만들어 보라고 요청할 수 있다. 또한 상담 과정에서 여러 번 진단과 평가와 관련된 질문을 하고 상담 시 반복해 OQ-45와 같은 표준화된 도구를 활용한다. 이러한 도구들이 우리가 함께 작업하고 있는 것에 의해 내담자가 도움을 받고 있는지, 도움의 정도는 얼마나 되는지의 여부에 관한 정보를 제공한다. 수집된 정보가 진척이 거의 없거나 아예 없는 것으로 나타난다면 개입 방법을 바꿔야 함을 의미한다.

**종결, 재발 방지, 후속 조치를 준비하기** 행동 치료에서 중요한 것은 **자기 효율성**(self-efficacy)[8]으로 이것은 내담자가 변화를 이루고 그것을 지속시킬 수 있는 그들 자신의 능력에 자신감을 갖게 하는 것이다. 자기 효율성을 평가하는 것은 내담자가 이제 홀로서는 것을 준비하게 하는 것으로 치료의 종결 단계에 와 있음을 의미한다. 이 시점에 나는 내담자와 재발 방지에 관해 이야기를 나눈다. 그리고 내담자에게 후속 조치가 중요하므로 대략 종결 회기 6개월 뒤에 내담자가 어떻게 지내고 있는지 체크할 것이라고 말한다.

## 루스에게 행동적 접근 적용하기

**치료 관계를 수립하고 평가를 시작하기** 루스의 상담자로서 나는 우선적으로 루스와 상담 관계를 수립하는 것에 관심이 있다. 내 내담자와 내가 치료적 관계를 맺게 될 때, 치료는 더 효과적이다. 그래서 나는 루스와 내가 치료적 관계를 맺게 되길 바란다. 예를 들어, 나는 매우 자유로운 가족 분위기에서 성장했지만, 나 또한 '목사의 자녀'이다. 내가 루스를 공감적으로 이해할 수 있는 점은 무엇인가? 내가 아는 그녀는 가족들의 욕구를 우선시하는 사람이다. 그녀의 비판적인 가족과 현재 그녀가 경험하고 있는 자기 혐오감에 관심을 보인다. 마지막으로 그녀가 자신의 삶과 자신에 관해 일치감을 발달시킬 수 있도록 모델링한다. 내담자 중심 치료로부터 나온 관계 형성하기의 이런 측면들 모두 강력한 증거에 기반을 둔 것이다.[9]

**루스의 관심사와 맥락을 평가하기** 우리가 상담하는 동안 루스의 느낌과 경험을 탐색하는 것에 대해 심리 교육을 하는 시간을 갖는다. 나는 루스가 상담이 마술과 같은 치료라는 미신들을 떨쳐 버릴 수 있도록 돕는다. 우리는 상담과 변화 과정, 비밀 보장, 고지에 입각한 동의, 사생활에 관한 윤리적 문제에 관해 논의한다. 이런 윤리적 문제들을 기술하는 서류를 루스에게 제공한다. 치료 과정과 평가에 대한 나의 접근법을 설명한다. 그녀가 자라온 문화와 그것의 영향력에 관한 정보를 얻기 위해 ADDRESSING 틀을 사용하여 철저한 접수 면접을 실시한다. 그리고 신뢰할 만한 I축의 임상 진단을 내리기 위해 SCID-DSM-IV를 사용한다. 루스의 종교적 믿음과 성적 역할에 강하게 영향을 미친 요인들에 주목한다. 또한 루스의 나이와 발달 단계(인생의 중반에 해당하는)의 잠재적인 영향력에도 주목한다. 그녀가 결혼했음에 주목하지만 성적 지향에 관해서는 어떠한 가정도 하지 않도록 주의한다. 그 후 루스와 나는 그녀가 상담을 받게 된 문제들 간의 기능적 관계를 이해하기 위해 그녀와 함께 행동 치료적 접근의 임상적 면담을 실시한다. 다음은 그 면담의 일부이다.

치료자: 루스, 당신이 상담소에 오게 된 이유가 지난 2년 동안 악화된 공황감 때문이라고 말했습니다. 이 공황감에 대해 저에게 좀 더 이야기를 해 줄 수 있나요? 공황감을 느낄 때 당신은 무엇을 경험하나요?

루스: 글쎄요, 호흡이 가빠지는 것을 느껴요. 불안하고 숨 쉬기가 힘들어요. 얼굴이 상기되고 열이 나고, 때때로 누군가 이런 내 상태를 알아차릴 거라는 생각에 식은땀이 나요. 그리고 자주 어지러워요. 내 몸이 휘청거리고 내 심장은 매우 빨리 뛰기 시작해요.

치료자: 그게 당신이 말한 공황감이군요. 그 밖에 드는 생각은요?

루스: 글쎄요. 그게 공황이라는 것을 알아차릴 수 있는데 저는 현재 공황 때문에 밤에 자주 깨고 곧 죽을 것 같다는 생각을 합니다.

치료자: 좋습니다. 이런 느낌이 들 때, 무엇이 생각나지요?

루스: 음, 저는 제 공황감이 제 양육에 관한 상당한 죄책감과 관련이 있는 것 같다고 생각해요. 저는 가끔 제 자신의 죽음이나 제가 사랑하는 사람이 죽는 걸 생각하게 돼요. 제가 사랑하는 사람들에게 무언가 나쁜 일이 일어날까봐 걱정이 돼요. 그리고 저에게도 안 좋은 일이 일어날까봐 걱정되고요

치료자: 루스, 저는 정말로 당신이 당신의 공황감이 무엇인지를 분명하게 설명할 수 있는 것에 감명을 받았습니다. 흔히 사람들이 공황감을 경험할 때 마치 그들이 미치거나 심지어 죽을 것 같다고 느낍니다. 사실 이런 신체 감각은 정말로 느껴지는 것이지요. 이 감각들은 고양된 위협감이나 위험과 관련이 있어 그것을 일종의 공황감으로 느끼게 되는 것이지요. 대체로 그것이

당신이 상당히 불편하게 느끼는 경험에 도전하도록 준비하게 합니다. 이런 공황감이 무작위로 나타나는지 아니면 특정 장면에서나 특정 시간에만 나타나는지 설명해 주실 수 있나요?

루스: 실제로 제 공황발작은 제가 대학에 입학했을 당시인 2년 전에 시작된 것 같아요. 저는 그때 37살이었으니까 나이가 많은 학생이었고 학교에서 소외감을 느끼고 있었죠. 수업을 받을 때 자주 불안했어요. 종종 왜 불안해지는지를 생각해 보았는데 제가 교사가 되어 아이들 앞에 섰을 때 공황감으로 인해 수업을 못하게 되지는 않을까 걱정을 하게 되는 것 같아요.

치료자: 우와, 당신은 교사 직업을 수행하는 데 방해가 되는 것으로 공황감을 연결시킬 수도 있군요. 놀랍습니다. 이제 당신이 학위를 받게 되면, 공황발작이 줄어들거나 멈출까요? 아니면 여전히 지속되고 있을까요? 만일 그렇다면 언제 멈출까요?

루스: 재밌는 질문이네요. 현재 저는 주로 밤에 공황발작을 경험해요. 공황발작 때문에 잠에서 깨죠.

치료자: 좋습니다. 이것이 당신의 수면에 어떻게 영향을 미칩니까? 당신은 낮 시간에 상당한 피로감을 느끼며 에너지가 부족함을 느낀다고 말했었습니다.

루스: 글쎄요. 공황감이 밤에 찾아오면 얼마 동안은 깨어 있어야 해요. 저는 그 상황에 집착하는 것 같아요. 그러고 나면 그 다음날은 피곤함을 느껴요. 또 다른 이유는 아마 제가 과체중이기 때문일 거예요. 저는 매우 피곤하기 때문에 먹어요. 먹으면 기분이 좀 나아져요. 체육 활동에 참여하고 싶지만 운동하러 갈 힘은 없는 것 같아요. 아마도 돈만 낭비하는 게 될 거예요.

치료자: 좋아요. 루스, 당신은 저에게 우리가 함께 다루어야 할 많은 것들에 대해 말했어요. 관심이 가는 것은 밤에 잠들지 않고 깨어 있는 것과 생각들을 곱씹어 본다는 거예요. 이런 경우 당신의 마음은 어떤가요?

루스: 주로 죄책감을 느껴요. 저는 엄한 환경에서 자랐어요. 저희 아버지는 근본주의 교회 목사님이신데 대략 9년 전 저는 그 교파를 떠났어요. 아직까지 교회에 나가고 있지만, 저희 부모님의 교회는 아니에요. 저는 제가 아이들을 돌보는 일을 잘하지 못할까봐 걱정해요. 아이들 둘은 독립할 준비가 되어 있어요. 현재 18살인 우리 집 장녀 제니퍼와 저는 갈등을 경험하고 있답니다. 남편과의 관계도 소원하죠. 우리는 친밀감을 잃었어요. 저는 고립되어 있으며 많은 시간을 혼자 보내고 있어요. 초등학교 교사가 되고 싶다

는 것 외에는 제가 제 인생에서 무엇을 바라는지 알 수가 없군요.

치료자: 당신은 많은 상황들 중 일부에 집착하고 있고 당신의 근심 걱정을 들어줄 훌륭한 경청자를 만나지 못했다는 생각이 들어요. 훌륭한 경청자를 만나는 일은 상담을 통해 가능할 거라 생각해요. 가족과 교회 외에 당신은 어떤 집단에 속해 활동하고 있으며 어떤 취미를 가지고 있나요?

루스: 글쎄요, 거의 없어요. 저는 어렸을 때 어린 남동생하고 여동생과 꽤 친하게 지냈어요. 왜냐하면 제가 그 애들을 키우는 걸 도왔기 때문이죠. 저는 정말 많은 친구를 가져 본 적이 없어요. 저는 고등학교 때에 시를 쓰곤 했지만 19살에 결혼을 했고 20살에 임신을 했어요. 아이가 빨리 생겨 아이를 키우는 일에 정신이 없었죠.

치료자: 저는 공황감에 대해 좀 더 질문을 하고 오늘 상담을 마치려 합니다. 하루 또는 밤에 당신은 얼마나 자주 공황을 경험합니까? 공황을 경험할 때 얼마나 오래 지속되지요?

루스: 저는 밤에 적어도 한 번은 깨는데 간혹 두 번 깰 때도 있어요. 지금은 더 이상 수업이 없기 때문에 낮보다는 밤에 더한 것 같아요. 수업이 있었을 땐, 하루에 서너 번 공황발작이 있었어요. 낮 동안 공황발작은 약 1분간 지속돼요. 밤에 공황발작이 일어나는 건 흔하지 않지만 밤에는 어둡고 조용하기 때문에 더 오래 지속되는 것 같아요.

## 치료 과정에 대한 논평

행동 평가 면접을 실시한 후, 고통, 대인관계, 사회적 역할과 관련된 증상을 평가하기 위해 루스에게 결과 질문지(OQ-45)를 완성하도록 한다. 또한 공황장애와 다른 종류의 불안장애를 변별하도록 돕는 불안 민감성 척도(Anxiety Sensitivity Index: ASI)[10]를 완성하게 한다. 나는 루스에게 이런 측정 도구가 그녀의 고통 수준과 공황감에 대한 양적인 정보를 얻을 수 있게 도와 줄 거라고 설명한다. 또한 상담을 하는 동안 동일한 질문지를 하게 될 거라고 설명한다. 공황을 경험하는 내담자의 경우 의학적 평가를 받게 하는데 루스는 의학적 평가를 받을 필요는 없었다. 마지막으로 상담 시간에 자신의 공황발작의 촉발 요인을 관찰하고 기록하게 하는 자가 점검을 하게 하며 1점에서 10점으로 자신의 공황 수준을 평가하게 하고 공황감을 경험하는 동안의 증상, 사고, 행동들을 기술하도록 요청한다. 이런 정보를 수집하는 것이 얼마나 중요한지, 그리고 치료 과정에서뿐만 아니라 치료 시간 외에도 이런 활동을 계속하는 것이 얼마나 중요한지를 설명한다. 자가 점검은 증거 기반 행동 치료에 속한다. 행동 치료자가 사용하는 자가 점검은 행동 분석을 위한 정보 수집과 내담자 문제에 관한 기능적 진단과 가설을 설정할 수 있도록 돕는다.

**루스의 주요문제와 걱정 개념화하기** 내가 실시한 평가를 토대로 나는 DSM-IV-TR 다축 진단에 따라 루스를 다음과 같이 진단한다.

Ⅰ축: 300.01 광장공포증 없는 공황장애
313.82 정체감 문제
V62.89 삶의 국면 문제
Ⅱ축: 없음
Ⅲ축: 체중 증가, 수면 문제, 신체 증상이 공황장애와 관련이 있을 수 있으나 의학적 상태 배제
Ⅳ축: 부모, 남편, 자녀 특히 장녀와의 관계 문제, 사회적 지지 부족
Ⅴ축: GAF 점수 55

**루스의 사례 개념화** 루스는 정체감, 삶의 국면 혹은 단계, 공황과 관련된 세 가지 문제를 가지고 있다. 루스의 관점에서 보면 가장 최악은 자신의 인생을 포기하는 것이다. 아내와 어머니로서 그녀가 지녀온 정체감과 역할은 더 이상 유용하거나 필요해 보이지 않는다. 루스는 어머니나 아내가 아닌 자기 자신이 누구인지를 알지 못한다. 아직까지 목적을 가지고 의미 있는 인생을 살아 갈 수 있도록 만들어 줄 다른 역할로의 전환이 이뤄지지 않았다. 이것이 그녀의 현재 삶의 국면 문제라 할 수 있다. 그녀는 40세가 다 되어 가며 자녀들이 집을 떠날 때 빈둥지증후군을 경험하게 될 것이다. 남편과의 관계는 시들해졌다. 2년 전 시작된 그녀의 공황발작은 정체감과 삶의 국면 문제 둘 다와 관련이 있다. 공황발작을 경험하지 않았던 사람이 공황발작을 경험하게 되는 때는 흔히 그 사람들이 무언가 의미 있는 변화나 인생의 과도기를 경험할 때거나 상실감을 경험했을 때이다. 루스의 공황발작에 관한 나의 행동 분석은 다음과 같은 다양한 평가를 바탕으로 한다.

현상: 빠른 심장박동, 숨 가쁨, 발한, 열감, 휘청거림. 평균적으로 한 번이나 두 번 발생하며 현재는 대개 밤에 나타나 잠을 깨우며 적어도 한 시간 이상 잠에 들 수 없다.
상황적 선행 사건: 강의실에서의 경험(현재는 거의 없음)과 밤에 잠잘 때(야간 공황)
내적인 선행 사건: 심계항진, 어지럼증과 졸림, 현기증, 죽음에 대한 걱정, 최고의 딸,

부인 혹은 어머니가 되지 못했다는 생각

잘못된 평가: 공황이 찾아 왔을 때 자신이 미쳐 가고 있다는 생각으로 인해 갑자기 밀려오는 공포감, 그리고 특히 강의실에서 그녀가 불안정해진 걸 다른 사람들이 알아차리게 되고 그녀에게 뭔가 안 좋은 일이 일어났다고 생각하게 되는 것

행동 반응: 이전에 교실에서의 일 때문에 대체 교사 일을 피하는 것과 밤에 다시 잠들기 위해 공황에 대한 생각에서 빠져 나오는 데 어려움이 있는 것

결과: 낮 동안 피곤해 운동을 못하는 것, 과식하게 되는 것, 집을 떠나도록 스스로를 떠미나 오히려 더 많이 집에 머물게 되는 것, 전공 분야와 관련된 일을 구하지 않는 것, 사회적 지지망이 없다고 생각하는 것, 두통, 우울, 낮 동안 눈물이 나는 것.

개인적 강점과 환경적 강점: 강한 종교적 믿음, 뛰어난 화술, 뛰어난 통찰력(행동 치료적 면담에서 나타났듯이), 시를 쓰는 능력, 비교적 동생들과 좋은 관계를 유지한 것

나는 행동 치료의 중요한 도구인 심리교육으로 루스와 함께 내가 개념화한 것을 나눈다. 행동 치료가 공유와 협동적인 과정을 필요로 하기에 나는 내 개념화를 루스가 어떻게 생각하는지에 대해 묻고 그 이야기를 듣는다.

**목표를 구체화하기와 목표를 정의하기** 루스와 나는 그녀의 문제에 대한 개념화에 동의했기에 우리는 변화 목표나 결과 목표를 구체화하고 정의한다. 목표를 구체화하는 것과 목표를 정의하는 것이 루스가 상담에서 추구하고 있는 것들을 말해준다.

치료자: 루스, 우리가 당신의 문제와 그 문제들이 서로 어떻게 연관되어 있는지, 그리고 그것들이 당신과 당신의 삶에 어떤 영향을 미쳤는지 많은 이야기를 나눴기 때문에 이제 상담의 결과로 당신의 인생이 어떻게 달라지길 원하는지에 관해 이야기를 나눠 보고 싶습니다. 어떤 변화를 원하나요?

루스: 솔직히 말해 저는 잘 모르겠어요. 제가 무엇을 변화시키길 원하는지 선생님이 말해줬으면 좋겠어요.

치료자: 변화란 매우 개인적인 일입니다. 우리가 오늘 이런 이야기를 하는 이유는 우리가 상담 시간을 통해 함께 한 것이 당신에게 도움이 되었는지를 확인하려는 것입니다. 질문을 다시 해 볼게요. 당신이 상담이 끝난 후에 얼마 동안 보지 못했던 먼 친척을 만났다고 가정해 봅시다. 어떤 모습을 보여주고 싶은가요?

루스: 음, 한 예를 든다면, 저는 초등학교 선생님과 같은 일을 하고 있었으면 좋겠어요. 그리고 지금보다 제 남편과 훨씬 더 친밀한 관계를 갖게 되었으면

좋겠어요. 이런 것들은 제 삶의 방향감을 더 많이 갖게 되는 것과 관련이 있는 것 같아요. 마지막으로 죄책감에서 벗어나고 과거 일들을 걱정하지 않고 공황감도 덜 느껴 좀 더 편해졌으면 좋겠어요.

치료자: 당신은 집 밖으로 나가 일을 찾는 것, 남편과의 관계 개선, 인생의 방향감 찾기, 근심 걱정과 공황감 줄이기, 좀 더 편안해지기와 같은 매우 특별한 변화를 이야기했습니다. 말씀하신 것 중의 우선순위를 매길 수 있겠습니까?

루스: 저한테는 모두 다 중요해요. 그렇지만 좀 더 편안해지고, 근심 걱정과 불안이 덜해진다면 다른 일들은 더 쉽게 이뤄질 것 같아요. 제가 경험하고 있는 공황감은 한때 수업시간을 매우 고통스럽게 만든 것이었어요.

치료자: 당신은 또 중요한 통찰을 했군요. 저도 같은 생각입니다. 이제 시작할 때가 된 것 같으니 좀 더 구체적으로 특정 목표를 세우기 위해 당신과 함께 이야기를 나누고 싶네요. 우리는 근심 걱정과 공황감을 줄이고 편안함을 증가시킬 수 있는 방법과 이를 위해 해야 할 일에 대해 이야기 나눌 것입니다. 어떻습니까?

**증거에 기반을 둔 개입 방법을 선택하여 시행하고 그 효과를 평가하기** 나는 우리가 정한 계획에 따라 루스와 어떻게 그리고 어디서부터 시작할 것인지에 대한 생각을 가지고 있다. 루스는 우선 근심 걱정과 공황 증상을 감소시킨 다음 삶의 방향성 찾기를 치료 목표로 삼았다. 아래에 치료 계획에 따른 각각의 목표와 개입 전략을 설명하려 한다. 이런 개입 방법에 관한 더 많은 정보를 얻으려면『치료자를 위한 면담과 변화 전략들(Interviewing and Change Strategies for Helpers)』[11]을 참고하라.

## 목표 1: 공황 증상 감소

루스와 나는 공황 증상 감소를 위한 목표를 언급하고 그녀가 경험한 공황감의 강도, 빈도, 지속 시간에 대한 매일 매일의 자가 점검뿐 아니라 불안민감성 척도(ASI)와 결과 질문지(OQ-45) 점수와 같이 치료 효과를 측정할 수 있는 방법을 검토하는 것으로 시작한다. 효과 측정은 루스와 함께 한 치료 효과 여부와 어느 정도 효과가 있었는지를 확인할 수 있기 때문에 중요하다. 하나의 방법이 효과가 없다면 다른 방법을 시도해야 한다. 모든 개입법이 모든 내담자에게 동일한 효과를 야기하는 것은 아니며 많은 변인들이 치료 효과에 영향을 미칠 수 있다. 다음으로 루스와 나는 점진적 근육 이완법, 인지적 재구조화, 체내수용기 노출과 같은 공황발작을 다룰 수 있는 방법들에 대해 이야기 나눈다. 이 시점에서 그 기법들의 이론적 근거와 공황감 감소에 있어서의 역할을 설명해 준 후 루스에게 동의를 구해야 한다.

**점진적 근육 이완법** 기본적인 점진적 근육이완법(PMR)을 가르치고 긴장과 이완 간의 차이를 자각하도록 도운 후 근육이완법을 실시하는 것으로 상담을 시작한다. 이것을 상담 초기에 행하는 이유는 루스가 공황을 경험할 때 놓치고 있는 통제감을 증진시키기 위해서이다. 다음 상담을 받으러 올 때까지 혼자서 PMR을 연습하는 과제를 내준다. PMR 후에 ASI와 OQ-45를 다시 작성하게 하고 공황의 강도, 빈도, 지속 시간을 스스로 계속 점검하게 한다.

**인지 재구조화** PMR은 루스의 공황감을 감소시키는 데 유용했기에 다음으로 인지적 재구조화(CR)를 도입한다. '인지적 대체물(Cognitive Replacement)'이라고 불리는 이 방법은 왜곡된 혹은 타당하지 않은 추론의 제거, 자기 파괴적인 사고나 신념의 수정 그리고 새롭고 좀 더 적응적인 대처 사고와 자기 진술을 사용하도록 도와준다. 그녀가 미쳐가고 있다거나 죽음이 임박했다는 생각으로 이끄는 신체 감각의 잘못된 평가를 수정하는 것을 목표로 하기에 공황감을 다룰 때 CR이 유용하다. CR은 루스의 공황감을 직접적으로 감소시킬 수 있는 기법은 아니지만 공황감 감소에 기여하는 왜곡된 사고를 수정하도록 돕는다. 상담 시간에 루스에게 CR에 대해 설명해 준 후, 다음 상담 시간까지 그녀가 공황이나 근심 걱정을 경험하고 있을 때 스스로를 관찰하여 신체 감각을 기록해 오도록 하는 과제를 내 준다. 기록에 날짜/시간, 상황, 자동적 사고, 정서, 적응적 반응과 결과도 적게 한다.[12] 그 후에 루스는 ASI와 OQ-45를 다시 작성하고 공황의 강도, 빈도, 지속 시간을 스스로 계속 점검한다.

**체내수용기 노출** 다음으로 나는 표준화되고 증거에 기반을 둔 공황 치료 방법인 체내수용기 노출 기법을 도입한다. 특별히 체내수용기 노출은 외래 환자에게 유용한데 루스가 두려워하는 신체 감각을 의도적으로 충분히 경험하게 하여 그녀가 잘못 해석하고 있는 공황 관련 신체 감각을 수정하도록, 그리고 조건화된 불안 반응을 없앨 수 있도록 돕는다. 체내수용기 노출 시행은 등급이 매겨진 표준화된 활동 위계에 따라 실시된다. 루스가 이런 노출을 경험함에 따라, 그녀는 이런 고통스런 감각이 실제로는 해롭지 않은 것이며 불안감은 감내할 수 있는 것이라는 점을 학습한다. 노출 시 각 활동 후에 PMR과 CR을 반복한다. 또한 루스에게 각 체내수용기 노출 활동을 연습해 보라는 과제를 내준다. 체내수용기 노출을 마무리할 때 루스에게 ASI와 OQ-45를 다시 완성하도록 하고 목표를 향한 성과 정도를 파악하기 위해 그녀의 자가 점검 점수를 확인한다. 이런 정보를 검토할 때, 세로토닌성(serotonergic) 약물이 공황감을 극복하는 데 도움이 될 수 있으므로 나는 그녀의 주치의에게 루스를 의뢰할 수도 있다.

## 목표 2: 정체감, 삶의 국면, 실업

첫 번째 목표로 정한 것이 성과가 있을 때, 우리는 역할 정체감 혼란과 실업 문제 등, 그녀가 정한 두 번째 목표를 성취하기 위해 고안된 치료방법을 시작한다. 루스에게 독서 치료를 권하고 특별히 『여성을 위한 생명의 책(A woman's book of life)』(Borysenko)[13]과 『인지행동 치료: 기초와 심화(Cognitive Behavior Therapy: Basic and Beyond)』(Bdck)[14]라는 두 권의 책을 소개한다. 독서 치료는 상담 시간 동안 많은 시간을 들여 가르쳐야 할 개념을 책을 통해 접하게 하는 것이기 때문에 비용 효과가 좋다. 게다가 독서 치료에 적합한 내담자에게 독서 치료를 실시하는 것이 치료 대화를 더욱 더 풍성하게 만들어 준다.

**독서 치료와 집단 및 사회적 지지 개입** 『여성을 위한 생명의 책』에서 루스는 상호의존성이라는 개념과 남편과 자녀에 대한 과도한 돌봄이 어떻게 그녀 자신의 성장과 발달을 저해했는지를 알게 된다. 루스가 이 책을 읽는 동안, 새로운 학습을 조장하고 집과 가족 외의 다른 사람들과 사회적 지지망을 넓힐 수 있는 기회를 제공하기 위해 그녀에게 익명의 상호의존성 집단에 참여할 것을 권한다. 『인지행동 치료: 기초와 심화』에서 나는 우선순위를 재조정하고, 친밀한 관계를 되찾는 것과 같은 특별한 도전을 발달적 관점에서 탐색해 이것을 이해하도록 돕고 30대 후반의 여성들과 만나 정서적 치유를 할 수 있도록 도와준다.

**조형과 자기 효능감** 우리가 이런 개념들을 상담 시간에 나눌 때, 나는 루스가 자신이 배운 것을 활용할 수 있는 방법을 구체화해 실행함으로써 바람직한 결과를 향해 나아갈 수 있도록 연속적 접근법인 조형(shaping) 기법을 활용한다. 우리는 특정 학생 한두 명을 자원 봉사식이나 아르바이트식으로 가르치는 것으로 시작하여 대체 교사나 파트타임 교사로 일하는 것, 그리고 나중에는 정규직 교사라는 일자리를 얻게 되는 쪽으로 나아간다. 조형은 내담자가 자기 효능감을 가질 수 있도록 도와주는 행동 기법 중 하나이다. 추가로 OQ-45를 재실시하고 고용 관련 활동과 시간, 그리고 그녀가 활용할 수 있는 다수의 사회적 지지망을 자가 점검하도록 요청한다.

**의뢰, 종결, 재발 방지, 후속 조치 준비** 루스의 마지막 문제는 결혼 생활의 불만족이다. 문화적 평가의 일부로 그녀의 인생 발달 단계에 주목하여, 대략 30세는 여성이 이혼을 가장 많이 하는 시기로, 지난 10년 동안 이런 경향은 계속 증가하는 추세라는 점을 알려준다. 나는 루스 부부가 선택할 수 있도록 하기 위해 몇 명의 유능한 부부 상담자를 소개해 준다. 나는 부부 상담이 루스의 전체 치료 과정에서 차지하는 효과를 이해하기 쉽게 설명해 주어 이런 과정을 준비하도록 교육한다. 나는 Arnold Lazarus 박사처럼 루스 부부를 한 상담 회기에 같이 오도록 하는데 루스의 남편은 내담자가 아니라 루스의 치료와 평가를 돕기 위한 보조자이다. 루스의 남편은 자신의 이런 역할과 이런 역할 안에서의 그와 나와의 관계가 적힌 동의서에 서명을 한다. 때로 부부 상담과 개별 상담의 목표가 상충하며 이것이 나의 개별 내담자와의 치료적 관계에서 또 다른 문제를 만들어 낼 수 있기 때문에 루스와 개인 상담을 진행하는 동안 부부 내담자로 루스 부부를 만나지는 않는다.

루스가 자신이 설정한 목표에 점점 다가가고 있을 때, 나는 종결에 관해 이야기한다. 루스가 이뤄낸 변화에 대한 믿음과 자신감이 가져다 준 자기 효능감을 강조하고 재발 방지에 관해 이야기한다. 루스가 상담 종결을 준비함에 따라 그녀와 나는 함께 이전의 증상이 재발할 수 있는 잠재적인 고위험 상황과 그런 상황에서 활용할 수 있는 대처 기법으로 상담 시간에 배운 것들을 다시 확인하고 좀 더 균형감 있게 삶의 문제와 스스로를 돌볼 수 있도록 돕는다.

## 맺는말

나는 인간 중심, 여성주의, 다문화적 · 생태학적 맥락에서 행동 치료를 실시한다. 행동 치료는 훈련, 헌신, 전문성, 상당한 배려를 필요로 하지만 매우 만족할 만한 결과를 안겨준다. 나는 루스가 자신의 인생을 좀 더 실현시킬 수 있게 만든 변화에 상당히 만족해하는 것을 본다. 행동 치료는 루스의 문제 해결에 기여하는 많은 특수한 기법들을 가지고 있지만, 루스와 내가 함께 경험한 치유적인 치료적 관계가 그 기법만큼 중요했다는 점을 깨닫게 된다.

## Gerald Corey의 행동적 관점에서 루스 상담하기

『상담 및 심리 치료의 통합적 접근: 루스의 사례와 해설 DVD』 8회기('상담에서의 행동적 측면')에 운동 프로그램을 개발할 때, 루스를 도울 수 있는 행동적 방법을 설명하였다. 루스가 자신이 원하는 구체적인 행동 목표를 스스로 결정하는 것이 중요하다. 나는 이것을 토대로 근육이완 방법과 자기주장 훈련 기법을 사용한다.

### 기본 가정

행동적 접근의 기본 가정은 체계적인 방식으로 치료를 수행해야 한다는 것이다. 행동 치료는 다양한 원리와 치료 절차들로 수행되지만 객관성과 기본적인 평가가 필수적이다.

### 루스에 대한 평가

나는 내담자의 현재 기능 수준에 관한 일반적인 평가로 상담을 시작한다. 이 평가는 접수 면접 회기에 시작하나 필요한 경우 다음 회기에도 계속할 수 있다.

루스와 나는 이번 상담에서 초점을 맞추기를 원하는 두 가지 문제 영역에 대해 논의하였다. 첫째는 긴장감을 완화하는 방법을 배우는 것이고, 둘째는 대인관계의 측면에서 루스의 관점을 명확하게 표현하고 요구하는 방법을 훈련하는 것이다.

### 치료 목표

행동 치료의 일반적인 목표는 학습을 위한 새로운 조건의 창출이다. 나는 부적절한 학습의 결과로 루스의 문제가 발생한 것이라 본다. 치료의 기본 가정은 부적절하게 배운 것을 다시 적절한 방식으로 배우게 하는 것이다. 루스에게 부적절한 인지를 수정하고 대인관계 기술을 습득하게 하며, 자기관리 기법을 학습시킬 필요가 있다. 최초 평가를 토대로 구체적이고 객관적인 목표 설정에 대해 그녀와 함께 토의한 후 치료 과정을 안내해 줄 다음과 같은 목표를 수립한다.

- 이완 방법을 학습하고 연습하기
- 스트레스 관리 기법을 학습하기
- 자기주장 훈련과 그 기술을 익히기

## 치료 절차

행동 치료는 실용적인 접근법으로, 나는 효과적인 치료 절차에 관심이 있다. 나는 그녀가 언급한 목표에 도달할 수 있도록 돕기 위해 다양한 인지, 행동적 기법들을 사용한다. 적절한 치료 절차를 선택하는 것과 그것들을 잘 사용하는 것이 내 임무이기 때문에 만일 진척이 없다면 나에게 책임이 있다. 행동 치료자로서 나는 그 접근이 효과가 있는지를 결정하기 위해 치료 과정의 결과를 평가한다. 나는 그녀에게 일상 행동을 기록해 오도록 요청할 것이고 상담 이외의 시간에도 그녀의 목표를 달성하기 위해 능동적인 사람이 되라고 격려할 것이다.

나의 주된 관심은 그녀의 문제를 해결하기 위해, 그리고 좀 더 효과적으로 살기 위해 그녀가 사용할 수 있는 기술을 학습하게 하는 것이다. 나의 최종적인 목표는 그녀 자신이 치료자가 되게 만드는 것이다. 이것은 다양한 심리교육을 통해 그녀가 일상생활에서 직접 연습해 보는 과정을 통해 가능하다. 예를 들어, 그녀가 자신의 스트레스를 좀 더 효과적으로 다룰 수 있도록 나는 Jon Kabat-Zin의 『재앙으로 가득한 삶: 스트레스, 통증 그리고 질병에 직면하기 위해 몸과 마음의 지혜 사용하기(Full Catastrophe Living: Using the Wisdom of Your Body and Mind to Face Stress, Pain, and Illness)』[15]라는 책을 읽게 한다. 또한 그녀가 마음 챙김에 근거한 스트레스 감소 기법을 배울 수 있도록 그녀에게 Kabat-Zin의 오디오 테이프를 구입하도록 권한다.

## 치료 과정

**| 치료 과정의 구성 요소** 치료는 구체적인 목표에 관한 기초 자료를 수집하는 것으로 시작한다. 그녀의 경우, 스트레스에 대처하는 방법과 다양한 상황에서 자기를 주장하는 방법에 많은 시간을 할애한다.

**스트레스 관리 기법 익히기** 루스의 우선적 과제는 효과적으로 긴장에 대처하는 것이다. 우선 나는 그녀에게 스트레스라고 생각되는 구체적인 상황들을 모두 나열하라고 요구하고 자신의 기대와 자기 대화가 이런 상황에 어떤 영향을 주어왔는지에 대해 이야기 나눈다. 그것을 토대로 불필요한 긴장을 감소시키고 불가피한 일상의 스트레스에 효과적으로 대처하는 프로그램을 개발하고자 한다.

루스: 스트레스라고 생각되는 것이 무엇인지 저한테 물으셨죠. 너무나 많았어요. 저는 해야 할 것을 늘 미리 생각하고 또 서둘러서 그 일을 하지만 결코 잘

해내지는 못하는 것 같아요. 항상 무언가에 눌려 있는 기분이죠.

코리: 스트레스를 주는 구체적인 상황들을 나열해 보세요. 그러면 그것을 경감시키기 위한 전략도 알 수 있을 겁니다.

루스: 학교 공부를 하면서 동시에 수많은 집안일 하기, 제니퍼의 분노와 반항을 다루기, 존의 기대에 맞게 행동하면서 내가 원하는 것을 하기, 많은 공동체 활동에 참여하면서도 그 활동에 완전히 몰입하지 못하는 것, 졸업과 직업을 갖는 것에 대한 부담 등이에요.

코리: 당신이 힘들어 하는 이유를 알겠군요. 우리는 한꺼번에 그것들 모두를 다룰 순 없어요. 이 스트레스 상황에 관련되는 것들을 구체적으로 알고 싶군요. 이 상황들 중 한 가지를 떠올리면서 그때의 신체적인 상태와 그때 생각나는 것, 그리고 행동에 관해 설명해 주세요(이것은 그녀가 스트레스를 구체적으로 어떻게 경험하는지, 어떤 상황에서 스트레스를 경험하며, 또 어떻게 대처하는지를 알아보기 위한 것이다).

루스: 음, 저는 너무나 많은 일을 하는 것 같아요. 제가 해야 할 역할이 많고 이 모든 일을 하기엔 시간이 턱없이 부족하지요. 종종 밤에 깨서 제가 해야만 하는 일들에 대해 곰곰이 생각할 때도 있어요. 잠들기가 너무나 힘들고, 자는 동안에도 이리 저리 뒤척이다 피곤한 상태로 깨곤 합니다. 하루하루를 맞이하기가 정말 힘들어요.

코리: 초기에 밤에 공황발작을 경험한다고 말씀하신 적이 있어요. 발작이 시작되기 전에 간단히 사용할 수 있는 효과적인 이완 방법을 가르쳐 드리겠습니다. 우선, 발작이 나타나기 직전의 단서들을 눈치 챌 수 있어야 합니다. 억지로 잠들려고 침대에 누워있지 말고 한 20분 정도 스트레칭을 해 보세요.

루스: 제가 그것을 잘 해낼 수 있을까요?

코리: 그것은 당신이 어떻게 하느냐에 달려 있습니다.

우리는 루스가 이 훈련을 의무가 아니라 자발적으로 즐겁게 할 수 있도록 하기 위해 꽤 긴 시간 이야기를 나눈다. 나는 스트레칭을 하면서 호흡에 집중하는 방법과 즐겁고 평화로운 장면을 상상하는 것과 같은 시각화 기법을 그녀에게 가르쳐 준다. 나는 Herbert Benson의 책 『이완반응(The Relaxation Response)』에 기술된 절차들을 활용하였다.[16]

코리: 되도록 산만하지 않은 조용한 장소를 찾으세요. 편안하게 의자에 앉아 수동적인 자세를 취해 보세요. 잘하려고 하지도 말고 잡념을 버리세요. 멍한

상태에서 의미 없는 주문을 반복하는 것도 도움이 됩니다. 눈을 감고 발에서부터 얼굴까지 모든 근육을 깊게 이완하세요. 이완하시고 숨을 크게 쉬세요.

한 주 후에 루스는 이완하는 것이 얼마나 어려운지 이야기하였다.

**루스:** 글쎄요. 제가 잘하지 못한 것 같아요. 매일 연습했는데, 생각했던 것보다 나쁘진 않았어요. 하지만 이완하기에 좋은 장소를 찾는 건 어려웠답니다. 몇 번이나 전화를 받아야 했고 어떨 때는 아이들이 씻는 것을 도와 달라고 해서 방해를 받기도 했어요. 심지어 방해받지 않을 때에도 마음이 혼란스러웠고 이완된 감정으로 들어가는 것이 어려웠어요.

**코리:** 포기하지 않길 바랍니다. 이것은 기술이고 다른 기술들과 마찬가지로 배우는 데 시간이 필요합니다. 하지만 방해받지 않는 조용한 장소에서의 20분 정도의 연습은 반드시 필요합니다.

루스와 나는 그녀가 혼자 시간을 갖는 것이 얼마나 어려웠는지 이야기 나누었다. 나는 이것이 그녀가 원하는 것을 다른 사람에게 요청할 수 있고 그것들 얻을 수 있는 기회라는 점을 알려 준다. 이렇듯 그녀가 원하는 것을 요청할 수 있게 되는 또 다른 목표를 향해 상담을 진행해 간다.

**'아니요'라고 말하는 법을 익히기** 루스는 모든 사람에게 그들이 필요로 하는 것을 주고 있지만 정작 다른 사람에게 자신이 어떤 것을 요구하는 데에는 어려움이 있다는 것을 알게 되었다고 말한다. 루스는 그녀가 프로젝트에 참여하도록 요청받았을 때, 특히 그들이 그녀가 필요하다고 말하는 경우라면 싫다고 말할 수가 없다고 했다. 나는 그녀에게 최근에 그녀가 싫다고 말하기 어려웠던 때와 장면을 회상해 보라고 하였다.

**루스:** 지난주 제 아들 애덤이 밤에 늦게 들어와서는 저에게 자기 졸업 논문을 타이핑해 달라고 부탁했어요. 저도 힘든 하루를 보냈고 그때가 한밤중이었기 때문에 그 일을 하기가 싫었습니다. 그래서 처음엔 할 수 없다고 말했어요. 그러자 제 아들이 화를 내고 토라지더군요. 결국 저는 애덤의 부탁을 들어줘야 했어요. 도대체 이럴 때 제가 어떻게 해야 하는 거지요?

**코리:** 당신은 여러 가지 반응을 할 수 있어요. 다른 대안들을 제시할 수 있나요?

나는 그녀가 '싫어'라고 말하고 싶지만 '좋아요'라고 말할 때, 이에 대한 대안 행동을 탐색해 보길 원한다. 그녀가 대안을 제안하고 우리는 이런 대안과 그 결과에 대해 이야기한다. 그러고 나서 행동 역할연기를 시도해 본다. 우선 내가 애덤의 역할을 하고 그녀는 자신이 논문을 타이핑하는 것과는 다른 반응들을 시도한다. 그녀가 대안을 잘 떠올리지 못하면 이번에는 내가 루스의 역할을 맡아 적어도 한두 가지 이상의 반응을 제시한다. 이것은 직접적 모델링의 일종이다. 나는 그녀가 지금까지 사용하지 않았을 것 같은 대안을 제시하고 그녀가 나를 모델로 삼아 그 방안을 연습해 보도록 한다.

시간이 흐름에 따라 루스는 자기주장 훈련을 할 기회가 많아진다. 그러다 장애물도 만났는데 학부모회에서 그녀에게 회장을 맡아달라는 요청을 해왔다. 비록 그녀가 이 모임에 참석하는 것을 즐기고 있지만 회장의 역할을 맡아 책임감을 가지고 모임에 참석하는 것을 원하지는 않는다. 그러나 그녀는 학부모회에서 아무도 회장에 출마하지 않았기 때문에 자기마저도 거절하는 건 힘든 일이라고 말한다.

우리는 다시 역할연기 기법을 사용하여 이 문제를 논의한다. 나는 그녀가 회장직을 수락하도록 압력을 가하는 사람의 역할을 맡아 그녀의 죄의식을 자극하는 모든 수단을 동원한다. 나는 그녀가 얼마나 유능한지, 우리가 얼마나 그녀에게 의존하고 있는지, 그리고 그녀가 우리를 실망시키지 않을 거라는 말로 그녀를 압박한다. 우리는 결정적 부분에서 멈추고 그녀의 주저함과 얼굴에 나타난 죄의식, 그리고 자신의 입장을 정당화하려는 습관에 대해 논의한다. 또한 그 상황에서 그녀의 신체 상태도 주목한다. 그러고 나서 그 각 영역을 설명할 수 있는 요인에 대해 체계적으로 작업한다. 그녀의 단어 선택, 목소리 특징과 말투에 주목하면서 죄의식을 느끼지 않고 어떻게 '아니요'라고 말할 수 있는지 생각해 본다. Alberti와 Emmons의 책 『당신의 완전한 권리(Your perfect Right)』[17]의 특정 부분을 읽어 오는 것을 숙제로 내준다. 그 책에는 다음 회기까지 연습할 수 있는 유용한 사고방식과 행동 지침이 제시되어 있다.

다음 주에 우리는 그 책에서 그녀가 느끼고 배운 것에 대해 논의하는 시간을 가진다. 특히 자신을 곤란하게 만드는 여러 상황에서 자신에게 되뇌는 혼잣말을 수정하는 시간을 가진다. 이 인지 기법에 더하여 역할연기, 행동 시연, 코칭을 사용하여 나는 자기주장 행동을 계속해서 가르친다.

**| 치료 과정에 대한 논평** 행동 접근의 상담에서 루스는 그녀가 상담에서 원하는 것이 무엇인지, 그리고 그녀가 어떤 변화를 바라고 있는 것인지를 분명하게 결정하였다. 그녀가 행동 훈련을 수행하는 데 적극적으로 참여하려는 의지가 있었기 때문에 자기가 정한 목표에 조금씩 접근해 갔다. 예를 들면, 그녀는 내가 가르쳤던 근육이완 훈련을 충실히 수행하였다. 또한 단호하지 못했던 상황을 지속적으로 기록함으로써 원하는 것을 분명하게 질문하는 방법과 원하지 않는 요구를 단호히 거절하는 방법을 익혔다. 그

녀가 치료 회기에서 습득했던 자기주장 기술을 매일의 생활에 적용하는 모험을 감행하기도 했다. 내가 변화를 도와주기는 했지만 실제로 이 기술을 활용하여 변화를 가능하게 한 사람은 바로 그녀 자신이었다.

## 마지막 제언

행동 치료 접근의 강점은 내담자가 스스로 개인적인 목표를 정하여 그 목표에 도달할 수 있는 적절한 치료 계획을 세우기 위한 종합적인 평가(Arnold Lazarus 박사의 중다양식 접근에서처럼)를 한다는 점이다. 행동 치료는 목표와 목표 행동, 치료 절차를 구체적이고 측정 가능한 용어로 정의한다. 이런 구체화가 종합적인 계획과 관련된 평가, 치료, 결과 평가 전략을 수립할 수 있게 만든다. 행동 치료자는 흔히 다양한 이론적 관점을 차용하여 기법과 전략을 개발하지만 이러한 방법은 경험적인 근거에 기반을 두어야 한다. Sherry Cormier 박사가 루스와의 상담에서 보여준 것처럼, 행동 치료자는 치료 전, 치료를 하는 동안, 치료 후에도 지속적으로 자료를 수집해 내담자의 상담 효과를 확인한다. 이런 체계적인 접근이 임상가와 내담자에게 치료 과정에 관한 지속적인 피드백을 제공해 준다. 어떤 이론적 지향을 가진 치료자든지 행동 치료적 개입을 사용할 수 있고 그들의 상담 현장에서 자신의 이론적 접근과 행동 치료적 개입을 결합시켜 활용할 수 있다.

## 복습을 위한 질문

1. 치료 초기에 평가를 위해 Lazarus 박사의 중다양식 접근을 사용하는 것에 관해 어떻게 생각하는가? Lazarus 박사의 중다양식 접근과는 다른 Cormier 박사의 접근을 어떻게 생각하는가?
2. Lazarus 박사의 접근에서 가장 마음에 드는 점은 무엇인가? Cormier 박사의 접근에서는? 루스와의 상담에서 나의 접근법은 어떤가? 이런 세 가지 행동적 접근법의 공통적인 무엇이라고 생각하는가? 차이점은? 여러분이라면 이런 모델을 가지고 어떻게 상담을 진행할 것인가?
3. 루스가 가능한 한 빨리 스스로 자기 관리 기술들을 적용할 수 있게끔 일상생활에서 연습해 보도록 한 것에 대해 어떻게 생각하는가? 그녀가 좀 더 자기 지시적일 수 있게 만들려면 그녀에게 어떤 기법을 가르쳐야 한다고 생각하는가?

4. Lazarus 박사가 루스와 존과 함께 수행한 상담에 대해 어떻게 생각하는가? 만약 여러분이 그런 행동 치료적 접근의 상담 회기를 진행해야 한다면 그들에게 어떤 과제를 제안할 수 있는가? 각 개인에게 특정 행동 치료적 과제를 제안한다면 어떤 과제를 제안할 것인가?
5. Cormier 박사는 타 전문가에게 의뢰, 종결, 재발 방지, 그리고 후속 조치에 대해 루스가 준비를 하도록 만들었다. Cormier 박사의 방법에서 여러분이 여러분의 내담자에게 적용할 수 있는 것은 무엇인가?
6. Cormier 박사는 루스에게 과제를 내주며 상담 시간 외의 과제로 자신이 나아지는 정도를 스스로 관찰하게 했다. 여러분이라면 루스에게 어떤 과제를 내어 줄 것인가? 만일 루스가 과제를 하지 않겠다고 하면 어떻게 할 것인가?
7. 루스와의 상담에서 Cormier 박사는 증거에 기반을 둔 개입법을 선택해 활용하였고 상담의 성과를 평가하였다. 여러분이 행동 치료자인지 아닌지와는 상관없이 내담자와 상담할 때 적용할 수 있는 증거 기반 치료 기법은 무엇인가?
8. 여러분이 루스의 행동 치료 상담자라면 루스의 성과를 어떻게 평가할 것인가?
9. 여러분이 루스와 상담을 진행한다면 어떤 다른 행동 기법을 사용하여 상담을 지속해갈 것인지를 보여주라. 지금까지 여러분이 그녀에 관해 아는 모든 것과 여러분이 루스를 상담하는 데 필요하다고 생각되는 여러분이 알고 있는 행동 치료적 접근 모두를 활용해 보라.
10. 행동 치료적 접근이 여러분의 상담 방식과 잘 어울린다고 생각하는가? 행동 치료적 접근에서 여러분에게 가장 유용할 것으로 생각되는 것은 무엇인가? 여러분이 여러분의 상담 방식에 맞게 수정하기를 원하는 것은 무엇인가?

## 주

『심리상담과 치료의 이론과 실제: 스탠의 사례와 해설 DVD』 7회기('스탠의 사례에 적용한 행동 치료')에서 과제와 행동 시연을 통해 주장 행동을 어떻게 촉진시킬 수 있는지 그 예를 접할 수 있다.

1. 중다양식 생활사 질문지는 BASIC I. D.를 통해 폭넓은 평가가 가능한 종합 질문지이다. 중다양식 생활사 질문지에 대한 상세한 정보를 얻으려면 다음을 참고하라. Lazarus, A. A. & Lazarus, C. N. (2005). The multimodal life-history inventory(In G. P. Koocher, J. C. Norcross, & S. S. Hill III (Eds), *Psychologists' desk reference* (2nd ed., PP. 16-23). Oxford: Oxford University Press.)
2. 다음을 참고하라. Lazarus, A, A, & Lazarus, C, N. (1997). *The 60-second shrink: 101 strategies*

*for staying sane in a crazy world*. Stascadero, CA: Impact Publishers. Lazarus, A, A. (2001). *Marital myths revisited: A fresh look at tow dozen mistaken beliefs about marriage*. Atascadero, CA: Impact Publishers.

3. 좀 더 자세한 BASIC I.D. 정보를 원한다면 다음을 참고하라. Lazarus, A. A. (1997). *Brief but comprehensive psychotherapy: The multimodal way*. New York: Springer.
4. 중다양식 치료의 개관은 다음을 참고하라. Corey, G, (2013). 『심리상담과 치료의 이론과 실제』(9판, Belmont, CA: Brooks/Cole, Cengage Learning) 9장('행동 치료')에서 평가와 치료 접근법으로 중다양식 치료 기법을 설명하고 있다.
5. Hayes. P. (2001). *Addressing cultural complexities in practice: A framework for clinicians and counselors*. Washington, DC: American Psychological Association.
6. Spitzer, M. B, Gibbon, R. L. M., & Williams, J. B. W. (1997). *Structured clinical interview for Axis I disorders*. New Yor: New York State Psychiatric Institute.
7. Lambert, M., Hasen, N., Umphress, V., Lunnen, K., Okiishi, J., Burlingame, et al., (1996). *Administration and scoring manual for the outcome questionnaire* (OQ45.2). Wilmington, DE: American Professional Credentialing Services.
8. Bandura, A. (1997). *Self-efficacy: The exercise of self-control*. New York: Freeman.
9. Norcross, J. C. (2011). *Psychotherapy relationships that work: Evidence-based responsiveness* (2nd ed.). New York: Oxford University Press.
10. Reiss, S., Peterson, R., Gursky, D., & McNally, R. (1986). Anxiety sensitivity, anxiety frequency, and the prediction of fearfulness. *Behaviour Research and Therapy, 24*, 1-8.
11. Cormier, S., Nurius, P. S., & osborn, C. J. (2013). *Interviewing strategies for helpers:* (7th ed.). Belmont, CA: Brooks/Cole, Gengage Learning.
12. Mellody, P. (1989). *Facing codependence*. San Francisco, CA: HarperSan Francisco.
13. Borysenko, J. (1996). *A woman's book of life: The biology, psychology, and spirituality of the feminine life cycle*. New York: Reverhead Books.
14. Beck, J. S. (2011). *Cognitive behavior therapy: Basic and beyond* (2nd ed.) New York: Guilford Press.
15. 마음챙김 명상과 치유 지침서로는 다음을 참고하라. Kabat-Zinn, J. (1990). *Full catastrophe living: Using the wisdom of your body and mind to face stress, pain, and illness*. New York: Dell.
16. 간단한 명상 절차와 다른 이완 기법들을 읽기 쉽게 제시한 유용 가능한 지침서인 다음을 참고하라. H. Benson, H. (1976). *The relaxation response*. New York: Avon.
17. 다음을 참고하라. Alberti, R. E., & Emmons, M. L. (2008). *Your perfect right: A guide to assertive behavior* (9th ed.). San Luis Obispo, CA: Impact Publishers. 내담자는 이 대중적인 책을 통해 자기주장의 기본 원리와 기법을 배우게 될 것이다.

CHAPTER

# 8

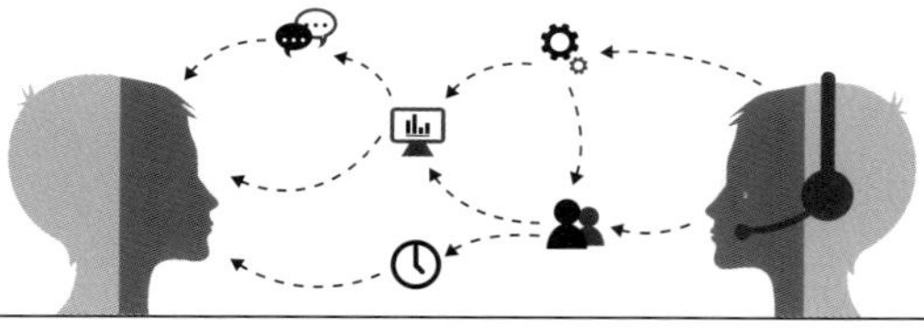

# 인지행동 치료의 사례 접근

## 인지행동 치료의 일반적 개관

전통적인 행동 치료는 인지행동 치료와 마음챙김, 수용과 같은 동양적 접근의 방향으로 확대되었다. 단기 치료 접근법으로 인지 원리와 그 방법, 그리고 행동적 원리와 그 방법으로 구성된 인지행동 치료(CBT)는 다른 심리 치료적 접근보다 좀 더 경험적인 연구를 바탕으로 한다.

Albert Ellis의 합리적 정서행동 치료는 가장 초기의 인지행동적 접근 중 하나였는데 지금도 인지행동 치료자들이 사용하고 있다. 합리적 정서행동 치료(REBT)를 개발한 Ellis와 비슷한 시대에 Aaron Beck은 자신만의 인지 치료를 고안했다. 인지 치료(CT)는 합리적 정서행동 치료와 행동 치료와 유사하다. 이런 치료적 접근법들은 능동적, 지시적, 구조화된, 시간제한적, 현재에 초점을 맞춘, 문제 지향적인, 협동적인, 그리고 연구 결과로부터 나온 것이다. 인지 치료는 부적절한 혹은 부정확한 정보를 토대로 하여 부정확한 추론을 하는, 그리고 공상과 현실을 구별하지 못하도록 만드는 잘못된 사고로 나온 심리적 문제에 주목한다. REBT와 마찬가지로 인지 치료는 부정적인 사고와 부적응적인 신념을 깨닫게 하고 변화시키는 것을 중요시한다. REBT와 CT는 심리교육적인 치료 모델이다.

인지 치료와 인지행동적 접근은 상당히 다르지만 다음과 같은 공통점도 있다.

(1) 내담자와 치료자의 상호협조적인 관계
(2) 심리적인 문제는 인지 과정의 장애에서 비롯되었다는 가정

(3) 정서와 행동 변화를 야기하는 인지 변화에 초점을 맞추기
(4) 현재 중심, 그리고 시간제한적
(5) 치료 시 내담자의 능동적인 역할 강조
(6) 변화를 가져오는 다양한 인지, 행동적 전략의 사용

인지행동 치료의 목적은 내담자의 자기 파괴적인 사고를 제거하고 좀 더 관대하고 합리적인 사고로 대체하려는 것이다. 그들이 어떻게 자기 파괴적인 신념을 갖게 되었는지, 어떻게 이런 사고를 유지하고 있는지, 그런 사고를 약화시킬 수 있는 방법은 무엇인지, 그리고 새로운 행동과 감정으로 이끄는 새로운 사고방식은 무엇인지를 내담자에게 가르친다.

일반적으로 REBT 치료자들은 다양한 인지, 정서, 행동 기법을 사용한다. 내담자를 괴롭히는 현재의 신념과 행동을 찾는다. 인지적 기법은 잘못된 신념 논박하기, 인지 과제 수행하기, 내담자의 언어와 사고 패턴 변화시키기를 포함한다. 정서적 기법은 역할극, REBT 심상, 수치심 공격 연습하기를 포함한다. 내담자가 치료에서 요구되는 어려운 과제를 수행하도록 다양한 적극적이고 실용적인 행동 기법의 절차들을 사용한다. 인지행동 접근은 치료 회기 동안과 치료 회기 외에도 과제 활동에 적극적으로 참여할 것을 요구한다. 자기 파괴적인 신념은 내담자가 지속적으로 그것에 대항하지 않는 한 거의 변화되기 어려운 것이다.

내담자가 '마땅히 그래야 한다', '할 의무가 있다', '해야 한다'라는 생각을 더 이상 하지 않을 때, 잘못된 신념과 자기 파괴적인 신념이 합리적이고 건설적인 것으로 대체될 때, 그리고 이러한 신념들이 행동 변화로 이어질 때 치료를 종결할 준비가 된 것이다. 내담자가 보여주는 특정 인지적, 정서적, 행동적 변화를 관찰하는 것으로 치료 성과를 평가할 수 있다.

## 루스에 대한 합리적 정서 행동 치료자의 관점

_ Albert Ellis 박사

### 도입

REBT는 루스가 아동기 동안 가족이나 문화 등 주변 환경으로부터 학습된 비현실적이고 비논리적인 규범 때문에 심리적인 혼란감을 경험한다고 가정하지 않는다. 오히려 REBT 치료자들은 삶에서 경험하는 운 나쁜 사건들과 규범, 가치와 관련하여 내담자가 만들어낸 명령들과 독단적이고 엄격한 '의무감'에 의해 심리적인 혼란을 경험하게

된다고 본다. 루스는 이것을 잘 보여 주는 사례이다. 그녀는 부모의 엄격한 종교적 신념(근본주의)을 받아들여야 했는데 이런 종교적 신념에 따라 양육된 많은 아이들은 무비판적으로 이것을 받아들인다. 그러나 한편으로 루스는 스스로에게 희생적이며 독립적인 존재가 되어야 한다는 모순된 목표를 주입하고 있었다. 이러한 상충되는 명령들이 그녀를 더욱 곤경에 빠뜨렸다. 그 두 가지를 충실히 간직하면서 문제 상황에 놓여 있다. REBT에서는 '해야 한다'와 같은 당위적인 자기 명령이 자기 모욕과 분노, 그리고 자기 연민을 야기한다고 본다. 루스는 이런 혼란된 감정 모두를 가지고 있는 것처럼 보였다.[1]

## 루스에 대한 평가

루스가 가지고 있는 많은 목표들은 REBT를 포함하여 대부분의 치료자들이 수용할 수 있는 타당하고 유용한 것이다. 그것은 안정된 결혼 생활을 유지하고 싶은 것, 가족을 잘 돌보고 싶은 것, 더 날씬해지고 매력적이고 싶은 것, 부모의 인정을 받고 싶은 것, 능력 있는 교사가 되고 싶은 것, 그리고 삶에서 그녀 자신이 진정으로 원하는 것을 발견하고 이것을 성취하고 싶은 것이다. 이런 바람들이 다소 모순된다 할지라도 잘 선택되고 적절한 선에서 현실적으로 재조정만 된다면 지금보다는 훨씬 안정적인 심리 상태를 유지할 수 있게 될 것이다.

루스는 남편과 자녀, 부모에게 헌신하는 동시에 교사라는 직업과 비근본주의자적 종교적 견해를 추구하고, 이를 실천하기 위해 노력하고 있다. 심각한 혼란을 경험하고 있지는 않지만 점점 이런 자신의 생활이 힘겹다는 생각을 하게 되었으며 자신의 바람이 이기적인 욕심이라는 죄책감을 가지게 되었다. 어린 시절 이후, 그녀는 '부모에게 인정을 받아야 해.', '자녀들을 사랑한다면, 전적으로 헌신해야 해.', '독립적으로 생각하고 내 일을 하는 것이 즐겁기 때문에 나는 거의 모든 시간을 그렇게 해야 해.', '난 좀 더 날씬하고 매력적인 사람이 되어야 해.'라는 결론을 얻게 되었다.

루스의 합리적인, 성취 가능한 목표와 기준들은 거창하고 완벽주의적인 명령어인 '해야 한다'로 바뀌었다. 이러한 사고방식이 우유부단한 행동으로 이어졌고 자신이 하고 싶은 대로 행동하지 못할 때 우울감을 경험하며 필요 이상으로 당황하게 되었다. 그녀는 '나는 공황감을 경험하지 않길 바라지만 현재 공황 상태야. 이제 이 상황에서 빠져 나오기 위해 어떻게 해야 하지?'라고 말하는 대신에 '난 절대 공황감에 빠져서는 안 돼.'라고 스스로에게 말하고 있다. 그러고 나서 그렇지 못한 자신에 대해 무력감과 두려움을 느끼고 있다. 그녀는 단호하게 '결단력이 있고 내가 원하는 것을 해야 해.'라고 주장하지만 실제로 그렇지 못하는 자신을 벌레 취급한다. 이 도를 지나친 자기 책망이 그녀를 더욱 우울하게 만들었고 이 자기 비하를 극복하기 위해 보다 더 비현실적인 목표에 집착한다. 이런 악순환이 그녀의 인지적 특성이다. 합리적 정서행동 치료자로서 나는 루스의 문제와 그녀의 신념 체계를 평가하기 위해 그녀 스스로에게 다음과 같은 질문에 답해 보게 한다.

- 다른 사람들을 위해 내가 얼마나 많은 일을 하고 있는가? 그리고 나 자신을 위해서는 어떤가?
- 나는 어떤 운동을 할 수 있으며 어느 정도까지 다이어트를 할 수 있는가?
- 내가 교사가 된 후에도 남편과 여전히 잘 지낼 수 있을까?
- 내가 부모님의 근본주의적 교리에 따르지 않으면서도 부모님과 좋은 관계를 유지할 수 있을까?
- 내가 치료를 잘 받을 수 있을까? 그리고 내 삶이 변화된다면 변화된 삶에 만족할 수 있을까?
- 남편과 아이들에게 피해를 주지 않으면서 나 자신을 찾을 수 있는 방법은 무엇일까?

루스는 자신에게 다음과 같이 분별 있게 대답할 수 있다.

- 만일 내가 내 자신을 위해 더 많은 일을 한다면, 애석하지만 내가 기대하는 만큼 사람들이 나를 좋아하지 않을 수도 있어.
- 운동과 다이어트는 정말 어려워. 하지만 뚱뚱해지고 못생겨지는 건 더 끔찍해.
- 내가 교사가 되면 남편이 나를 못마땅해 할 거야. 하지만 그것을 참아내면 행복해질 거야.
- 부모님은 내가 근본주의 교리를 포기하는 걸 싫어하실 거야. 그건 슬픈 일이지만 무서운 일은 아니야.
- 치료를 받으면서 불쾌한 내 자신을 발견하게 된다면 힘들어질 거야. 그렇지만 그런 것을 발견해 내는 것도 나름 의미가 있는 일이지.
- 남편과 아이들이 나 때문에 희생을 해야 한다면, 나는 이기적인 사람이지. 하지만 나도 조금이나마 내가 하고 싶은 일을 할 수 있는 권리도 있다고.

그녀는 불안하고 우울한 감정과 우유부단하며 타성에 젖은 자기 패배적 행동을 야기하는 다음과 같은 비합리적 신념을 간직하고 있다.

- 나를 위해 좀 더 많은 시간을 투자해서는 안 되고 다른 사람들을 적대시해서는 절대 안 돼.
- 운동과 다이어트는 너무 힘들기 때문에 그 힘든 일은 하지 말아야 해.
- 남편이 내가 교사라는 직업을 갖게 되는 걸 싫어한다는 것 자체가 끔직한 일이야!
- 근본주의 교리를 포기하면 부모님이 나를 비난할 것이고 이것 때문에 난 견디기 힘들어질 거야.
- 치료 과정에서 내가 정말로 형편없는 사람이라는 게 드러나고 말 거야.
- 나는 결코 이기적인 사람이 되어서는 안 돼. 내가 이기적인 사람이 된다면 난 쓸모없는 인간이야.

또한 루스는 이차적 혼란을 야기하는 다음과 같은 비합리적 신념을 지니고 있다(공황에 대한 공포, 우울증에 대한 우울).

- 나는 결코 공황에 빠져서는 안 돼!
- 내가 우울해진다는 건 끔찍한 일이야.
- 우유부단해서 나는 결코 훌륭한 사람이 되지 못할 거야.

## 주요 문제와 주제

내가 찾게 될 대부분의 혼란된 정서와 행동의 핵심은 (1) '맡겨진 일을 잘 수행해야 하고 다른 사람들로부터 인정을 받아야 한다.'는 비합리적인 신념에 의한 자기 비하, (2) '당신(혹은 다른 사람들)은 나를 친절하고 사려 깊게 대해야 한다.'는 비합리적인 주장, 그리고 (3) '내가 사는 환경은 안락하고 편안해야 한다.'는 비합리적인 생각이다.

루스는 자신이 날씬하고 예뻐야 하며, 착한 딸이어야 하고, 결함이 없어야 하며, 선하고 올바른 의사결정만을 해야 한다고 생각하기 때문에 비합리적인 신념을 갖게 된 것 같다. 이런 완벽주의적인 요구들이 자기 비난과 불안을 야기한다. 또한 남편이 절대로 그녀가 원하는 그녀만의 모습으로 사는 것을 원할 리가 없다는 인정할 수 없는 비합리적 신념도 지니고 있는 것 같다.

마지막으로 루스는 다이어트와 운동을 하지 않고도 체중을 감소시킬 수 있어야 한다는 욕구, 공황감 때문에 죽지는 않을 거라는 확신에 대한 욕구, 남편과 지루한 관계가 계속된다 하더라도 결혼 생활은 안전하게 지속되어야 한다는 욕구, 치료가 자신을 편안하게 만들어 줄 거라는 기대와 관련된 욕구, 그리고 신이 자신의 문제를 해결해 주고 자신을 돌봐 줄 것이라는 환상과 관련된 욕구 등 이런 엄청난 욕구들로부터 비롯된 낮은 좌절 감내력, 자기 연민을 지니고 있다.

루스는 REBT가 대부분의 혼란감의 근원으로 지목한 세 가지 기본적인 비합리적인 생각들(독단적인 '의무감들')을 지니고 있기 때문에, 그리고 자기 자신의 모습으로 살고 싶어 하는 욕구와 자기희생이라는 모순된 심리 상태를 가지고 있기 때문에, 나는 루스가 어려운 내담자이며 심도 있는 치료가 필요할 거라고 생각한다. 그러나 루스는 몇 번의 회기만으로 자신이 가지고 있는 일부 '의무'와 '요구'들을 이해해 그것들을 줄여 나갈 수도 있다. 이미 커다란 위험을 감수해왔고 변화를 원하고 있기 때문에, 나는 루스가 강력한 자기 파괴적인 신념을 지니고 있음에도 불구하고 예후가 좋을 것이라 기대한다.

## 치료 기법의 적용

REBT는 다양한 인지적, 정서적, 행동적 기법들을 지니고 있다.[2] 나는 루스와 작업할 때, 이런 주요 기법들을 사용한다.

**REBT 인지적 기법** 나는 루스에게 합리적으로 사고하는 방법과 합리적 사고를 그녀의 비합리적인 '의무'와 명령들로부터 구별해내는 방법을 알려 준다. 이후에 나는 그녀에게 이 비합리적 사고들을 과학적으로 논박하는 방법과 그것들을 합리적인 사고로 변화시키는 방법을 가르친다. 나는 그녀에게 비합리적 신념을 합리적인 신념으로 대체해 줄 진술문을 만들어 보라고 격려하였고 그 진술문을 반복적으로 주입시켰다. 그런 진술문의 예는 '상냥한 엄마와 아내가 되길 바라는 만큼 나를 돌볼 권리도 있다.'는 것이다. 나는 그녀에게 과식과 다이어트를 하지 않아서 생기는 불이익을 목록으로 작성해 보게 하였고 하루에도 몇 번씩 그런 불이익에 대해 생각해 보라고 요청하였다. 또한 나는 남편과 아이들의 사랑을 잃어버린다는 것이 끔찍한 경험일 수 있지만 좋은 측면도 있을 것이라는 점을 인정하게 하였다. 나는 책, 팸플릿, 카세트, 강의와 워크숍 등과 같은 교육 자료들을 활용하여 그녀를 격려하였고, 이를 통해 루스로 하여금 REBT의 이점을 확신할 수 있게 만들었다. 나는 루스와 스스로를 활력 있게 만드는 그녀만의 장점과 다른 사람이 죄책감을 느끼지 않고 그들 부모의 근본주의적 교리의 가르침을 포기할 수 있도록 도울 수 있는 장기적인 프로젝트에 관심을 갖고 열중하는 그녀의 장점에 관해 이야기를 나눴다. 아래의 대화는 그녀의 비합리적 신념을 그녀 스스로 논박하게 하는 인지적 기법의 예이다.

루스: 저는 아이들을 사랑하기 때문에 그 아이들에게 전적으로 헌신해야 한다고 생각해요.

치료자: 흥미롭습니다만, 어떻게 하는 것이 당신이 아이들을 정말로 사랑하는 것일까요?

루스: 글쎄요, 자기 아이들에게 친절하게 대하고 도와주는 것이 잘못되고 비윤리적일 수 있다는 말씀이신가요?

치료자: 물론 그렇지는 않습니다. 당신은 아이들에게 세상에 태어나겠냐고 물어보지 않고 세상에 태어나게 했으므로 당신이 아이들에게 상당한 시간과 에너지를 바치지 않는다면 그것이야말로 매우 비도덕적이고 무책임한 일이겠죠. 하지만 왜 당신이 늘 윤리적이어야만 합니까? 당신이 항상 그래야 한다는 원칙이라도 있습니까?

루스: 그것은 제 자신의 원칙입니다. 다른 사람도 자기 나름의 원칙이 있지 않나요?

치료자: 물론 그렇죠. 하지만 당신은 왜 항상 그 원칙을 따라야만 하죠? 실제로 또 그렇게 하고 계시죠?

루스: 글쎄요, 아니에요. 항상 그렇지는 않아요.

치료자: 그러면 다른 사람들은 항상 자신의 원칙을 지키는 것 같나요?

루스: 아니요, 늘 그렇지는 않겠지요.

치료자: 자녀들에게 헌신하는 것은 매우 바람직하고 도덕적이라 할 수 있지만, 그것이 절대적이고 필수적인 일인가요?

루스: 아니요. 그렇게는 생각하지 않아요.

치료자: 물론 그런 행동이 바람직한 행동임에는 틀림없습니다. 절대적인 것과 더 좋고 바람직한 것의 차이가 무엇인지 아시겠습니까?

루스: 물론 그건 상당히 다르죠!

치료자: 맞아요. 당신이 그들을 얼마나 많이 사랑하는지와는 상관없이 당신은 항상 자녀들에게 전적으로 헌신해야만 할까요?

루스: 선생님은 완벽하게 헌신하고 싶은 제 소망에 대해 질문하고 계시는군요?

치료자: 그렇습니다. 그 완벽한 헌신은 정말 가능한 일인가요?

루스: 완전히 비현실적이죠. 저에게는 다른 중요한 일을 할 시간도 필요해요.

치료자: 아이들에게 완전히 헌신해야 한다는 극단적인 욕구는 그들을 향한 당신의 사랑에서 기인하는 것이 아니고 우주의 법칙도 아닌 비실용적이고 비현실적인 것입니다. 만약 당신이 추호의 의심도 없이 아이들에게 완벽하고 절

대적으로 헌신해야 한다고 믿는다면 어떤 일이 생길까요?

루스: 아마도 제가 해야 하는 일에 대해 매우 불안감을 느낄 것이고, 그렇게 하지 않을 경우 우울해지겠지요.

치료자: 네, 아마도 당신의 의무를 다하지 못했기 때문이겠지요.

나는 상담 초에 루스와 이런 종류의 능동적이고 직접적인 대화를 나누고 그녀의 욕구에 관해 새로운 방식으로 생각해 볼 수 있도록 노력한다.

**REBT 정서를 자극하는 기법** 나는 루스에게 REBT에서 감정을 자극하고 좋은 생각을 떠올리게 하며, 극적인 주요 기법들을 사용할 것을 권할 것이다. 그 내용은 다음과 같다.

- 그녀는 강력하게 그리고 효과적으로 스스로에게 합리적인 대처 진술을 말할 수 있다. '내가 가지고 싶은 것에 대해 반드시 부모님의 승인을 받아야 할 필요는 없다.'
- 그녀가 자신의 비합리적 '의무'에 대해 논박하는 것을 녹화할 수 있다. 그리고 반복적으로 그 시행과 내용이 효과적인지를 확인하는 것이 좋다.
- 그녀에게 발생할 수 있는 최악의 상황 중 하나를 상상하게 할 수 있다. 예를 들면, 근본주의적 교리를 따르지 않는 그녀의 태도에 대해 아버지가 강하게 꾸짖는 상황을 떠올려 보게 할 수 있다. 그러고 나서 그녀에게 부적절하게 느껴지는 두려움과 자기 패배의 감정을 충분히 느껴보게 한다. 그때 그 슬픔과 후회의 부정적 감정을 반전시킬 수 있다.
- REBT에서 자주 사용하는 수치심 공격 훈련을 할 수 있다. 그녀가 수치스럽고, 바보 같고 웃기다고 생각하는 행동이 무엇인지 확인한 후 그 의미를 재해석하게 한다. 그 행동을 변화시킨다기보다는 그런 행동을 하는 동안 자신을 수치스럽게 느끼지 않도록 작업한다.
- 그녀가 어떻게 부적절하게 행동하고 있는지와는 상관없이 자신을 무조건적으로 수용하는 방법을 가르친다.
- 역할연기를 통해 아버지의 심한 비난에 그녀가 대처하는 방법을 알아보기 위해 나는 화난 루스의 아버지 역할을 하고 그녀는 자신의 역할을 한다. 그 과정에서 그녀를 불안하고 우울하게 만드는 순간을 확인하기 위해 우리는 역할연기를 멈추기도 한다.
- 역할연기에서 나는 비합리적 신념에 집착하는 그녀를 연기하였고 그녀는 그런 나를 논박하고 설득한다.

- 비합리적 신념을 폭로하기 위해 그녀의 행동에 빗댄 유머러스한 노래를 만든 후 그녀에게 불러보게 할 수도 있다. 이 방법은 내담자가 꺼려하기는 하지만 효과는 크다.

루스와의 이번 회기에서 나는 REBT의 정서적 기법 중 하나를 사용한다.

치료자: 우리는 자녀를 사랑한다면 자녀에게 완전히 헌신해야 한다는 당신의 비합리적인 신념을 논박했었습니다. 오늘은 합리적인 정서적 심상을 적용해 보려고 합니다. 이 훈련을 사용하는 방법을 알려드릴까요?

루스: 네.

치료자: 좋아요. 눈을 감아 보세요. 편안하게요. 이제 당신에게 발생할 수 있는 최악의 것을 생생하게 상상해 보세요. 아이들에게 전적으로 헌신하지 않는 당신을 떠올려 보세요. 아마도 지금까지 당신은 그런 것을 생각해 본 적이 없을 겁니다. 가족들이 이것에 대해 불평하고 남편과 어머니가 이 문제로 당신을 심하게 꾸짖는 것을 생생하게 상상해 보세요. 할 수 있겠습니까?

루스: 네, 아주 생생하게 상상할 수 있어요.

치료자: 좋아요. 이제 당신의 마음속에 떠오르는 솔직한 감정은 무엇인가요?

루스: 죄책감이 들어요. 우울하고 저를 비난하는 생각도 들고요.

치료자: 좋아요. 그런 부정적 감정들을 피하지 마세요. 그것들을 느껴 보세요. 생생하게 체험해 보세요.

루스: 정말로 느껴져요. 매우 강해요.

치료자: 좋아요. 이제 똑같은 상상을 하면서 일어난 일에 대해 유감스럽고 실망스럽기는 하겠지만 죄책감은 들지 않고, 우울하지도 않고 스스로를 비난하지 않는 상황을 상상해 보세요. 죄책감, 우울, 자기 비난이 적응적이지 못하고 부적절한 감정인 반면, 유감과 실망은 부정적이기는 하지만 적응적이고 적절한 감정입니다. 당신은 자신의 감정을 변화시킬 수 있어요. 당신이 유감스럽고 실망스러운 감정이 들 때 제가 알려주세요.

루스: 그건 어렵군요.

치료자: 알아요, 하지만 할 수 있어요. 당신은 완벽하게 감정을 바꿀 수 있습니다. 누구든지 할 수 있지요.

루스: (2분간 침묵을 유지한 후) 그 기분을 바꿨어요.

치료자: 그럼 지금 죄책감이나 우울이 아닌 유감과 실망을 느끼고 있습니까?

루스: 예, 그래요.

치료자: 훌륭해요! 당신은 당신의 기분을 어떻게 바꿨나요? 기분을 바꾸기 위해 어떻게 했지요?

루스: '남편과 어머니가 아이들을 소홀히 한 것에 대해 나를 꾸짖을 수도 있지만 내가 정말 태만했다고 생각하지는 않아.'라고 제 자신에게 말했어요. 제가 다소 부적절한 일을 했다고 해서 제가 타락한 인간이 된 것은 아니라고 생각했지요. 저는 아이들에게 전적으로 헌신하지 않을 테지만, 그렇다고 해서 소홀하게 대하지도 않을 거라고 다짐했어요. 그리고 만일 제가 여전히 비난받는다 하더라도 그것은 그저 나쁠 뿐이지 그렇다고 해서 세상이 끝나는 것은 아니라고 생각했지요. 저는 이 비난을 기꺼이 받아들일 것이고 여전히 좋은 생활을 유지할 것입니다.

치료자: 정말 훌륭해요! 지금부터 20일 내지 30일 동안 매일 이것을 연습해 보시기 바랍니다. 죄책감과 우울이라는 적응적이지 못한 감정을 유감과 실망의 부정적이지만 적응적인 감정으로 변화시키는 데 단지 2분밖에 걸리지 않았다는 것을 기억하세요. 당신이 이번에 사용한 훌륭한 대처 진술문을 반복하거나 당신에게 일어날 다른 유사한 상황에 이런 대처 진술문을 적용해 매일 반복하세요. 당신이 이것을 매일 반복한다면, 10, 20, 30일 후에는 당신이 아이들과의 안 좋은 사건을 상상할 때나 실제로 불행한 사건이 발생할 때는 자동적으로 죄책감과 우울감 대신에 유감과 실망감을 느끼게 될 겁니다.

루스: 이런 방법이 정말로 저에게 도움이 될 거라고 생각하시나요?

치료자: 네, 확신합니다. 자, 이 방법을 적용해 보시겠습니까?

루스: 네, 그렇게 하겠습니다.

치료자: 좋아요. 이제 그것을 하기가 어렵다고 생각하거나 연습하는 것을 포기한다면 당신은 비합리적인 신념을 변화시킬 수 없을 거라고 스스로에게 말해 보세요. 이런 방법을 사용하면서 자신을 격려하기 위한 강화 기법을 병행할 수 있습니다.

루스: 그것은 또 어떻게 하는 것인가요?

치료자: 아주 간단해요. 여가 시간이 생기면 당신은 뭘 하시나요?

루스: 아, 독서요.

치료자: 좋아요. 이제 다음 20, 30일 동안 틈나는 대로 합리적인 정서적 심상 기법을 연습하고 죄책감과 우울의 감정이 실망과 유감으로 바뀌지 않으면 당분간 독서는 하지 마세요. 어떤가요?

루스: 네, 좋아요.

치료자: 당신이 합리적인 정서적 심상을 훈련하지 않을 때 받게 되는 벌점도 있습니다.

루스: 벌점이라구요?

치료자: 네. 보통 당신이 싫어하는 것은 무엇인가요?

루스: 글쎄요, 화장실 청소겠지요.

치료자: 좋아요. 만일 오늘부터 30일 동안 취침 시간에 합리적인 정서적 심상 훈련을 하지 않았다면 1시간 동안 화장실 청소를 하도록 요구할 것입니다.

루스: 그거 좋은 생각이네요. 그럼 매일 훈련을 할 수 있을 것 같아요.

치료자: 좋습니다!

다른 REBT 기법과 마찬가지로 합리적 정서 심상은 루스와 같은 내담자에게 직접 가르치거나 숙제로 내 줄 수도 있다. 이 방법은 단기간에 큰 효과를 볼 수 있다.

**REBT의 행동적 기법** 사실상 모든 REBT 내담자에게 루스에게 적용한 다음의 몇 가지 행동적 기법을 적용한다.

- 가족이 비난할 거라는 생각에 불안하지만, 교육 과정에 등록을 하는 것과 같은 실제 상황 둔감법 과제를 선택해 수행하는 방법을 알려 준다.
- 그녀가 두려워하는 것을 하도록 격려한다. 예를 들어, 그녀가 남편의 불만에 대한 비합리적인 두려움에서 벗어날 때까지 여러 번 자신의 진로에 대해 남편에게 이야기하도록 한다.
- 그녀가 어려운 과제를 끝내고 난 후, 독서나 음악 감상과 같은 즐거움을 추구할 수 있도록 한다. 즉, 강화하고 격려한다. 그리고 과제를 소홀히 하면 평상시보다 1시간 일찍 일어나는 것과 같은 불유쾌한 일로 자신에게 벌을 줄 것을 권한다.
- 나는 그녀와 논의하여 실질적이고 수행 가능한 목표를 설정하고 그녀가 이것을 충실히 수행하는지 감독한다.
- 그녀가 정서장애를 극복하는 기술이 부족하다면 자기주장, 능숙한 의사소통, 적절한 의사결정과 같은 기술들을 습득하도록 도와준다.

REBT의 이런 모든 행동적 기법들을 과제로 내준 후 수행 여부는 다음 상담 시간에 점검한다. 과제를 충실히 수행하는 내담자는 치료 기간이 짧아진다. 치료 시간에 루스에게 인지행동 기법 중 하나를 적용하는 방법을 아래에 제시하였다.

루스: 제가 경험하고 있는 공황감과 공황이 찾아 올까봐 두려워하는 불안을 어떻게 다루어야 할까요?

치료자: 좋은 질문입니다. 우선 공황에 대한 당신의 두려움을 다루어 봅시다. 이런 이차적 불안 때문에 당신은 공황이 생길 것 같은 상황을 피하곤 하지요. 맞습니까?

루스: 예. 특히 아이들에게 헌신하는 것 외에 모든 것을 비판적으로 보시는 아버지를 대하거나 아버지와 얘기하는 것을 피합니다. 그래서 저는 아버지를 거의 찾지 않고 아버지가 찾을 때면 집에 있어도 없다고 말하라고 시켜요.

치료자: 좋은 예군요. 이것을 회피할 때 당신은 스스로에게 무슨 말을 하나요?

루스: '아버지가 나를 비난한다면 나는 당황스러울 것이고 그것은 정말 끔찍한 일이야.'라고 말해요.

치료자: 맞아요. 하지만 아버지를 피할 때마다 이런 비합리적 신념이 강화되는 것이고 결국 이 상황을 정말 벗어나지 못하게 됩니다.

루스: 선생님 말씀이 맞아요. 제가 아버지와 말하는 것을 상상만 해도 벌써 두려워져요.

치료자: 당신이 해야 할 첫 번째 과제는 스스로에게 여러 번 그리고 매우 강력하게 '공황은 매우 당황스러운 일이기는 하지만 두렵지는 않아. 그것은 단지 불편한 상황일 뿐이야.'라고 말하는 거예요.

루스: 그것이 도움이 될까요?

치료자: 아마 많은 도움이 될 것입니다. 조심스럽게 아버지에게 말을 걸 준비를 해야 합니다. 당신이 두려워하는 것을 해 보세요. 공황에 대한 두려움에 맞서 실제로 행동해 보는 것이 중요합니다. 생각만 하고 피하기만 한다면 정말로 못하게 되지만 일단 해 보면 그렇게 끔찍하지만은 않다는 것을 알게 될 거예요.

루스: 하지만 그것 때문에 더 당황하게 되거나 두렵게 되지는 않을까요?

치료자: 처음엔 그럴 수도 있습니다. 하지만 만일 자신을 겁나게 하는 것을 피하지 않고 계속 해 보면서 공황은 무서운 것이 아니라 다소 불편한 것이라는 걸 알게 되면 공황에 대한 불안은 분명히 줄어들 것입니다.

루스: 아버지의 비난에 대한 공황도 줄어들 수 있을까요?

치료자: 거의 그렇게 될 것입니다. 당신은 원래 아버지의 비판을 두려워했지만 그런 두려운 감정을 느낄까봐 불안해하는 마음이 당신을 더욱 더 힘들게 한 것입니다. 이 이차적 증상이 일차적 증상보다 더 중요해져 실제 심각한 상

태에 이르게 된 것이죠. 이러한 이차적 불안을 지금부터 논의해 이것이 비합리적 신념과 관련이 있다는 것이 밝혀질 경우 지난번처럼 논박을 하게 될 거예요.

루스: 그래서 제가 공황에 맞서 생각하고 행동하는 것이 더 좋을까요?

치료자: 네, 그것에 맞서 생각하고 행동하세요. 당신이 두려워했던 상황과 그 두려움에 대한 불안에 맞서 보세요. 제가 도와드리겠습니다.

루스: 좋아요. 시도해 볼게요.

**| 치료 과정에 대한 논평** 위의 대화에서 살펴본 바와 같이, 합리적 정서행동 치료자들은 내담자와 협력하고, 소크라테스식 대화를 통해 내담자로 하여금 자신의 불안에 맞서 생각하고, 느끼고 행동하도록 돕는다. 이 과정을 통해 그들은 자신이 선택한 목표와 가치에 부합하는 긍정적 성장과 자기 충족을 경험하게 된다.

나는 루스에게 이러한 REBT 기법을 적용하면서 단순히 그녀의 증상(공황, 죄책감, 우유부단함)을 개선하는 것뿐만 아니라, 보다 근본적인 관점과 사고방식을 변화시키고자 시도한다. 나의 목표는 그녀가 자신의 정서적 문제를 인식하고 이것에서부터 야기된 부가적 증상을 최소화하며 스스로 자신의 치료적 과정을 지속하도록 하는 것이다. 루스와의 치료가 끝나갈 때 나는 그녀가 아래와 같은 REBT의 세 가지 통찰을 규칙적으로 사용하기를 기대한다.

1. '나는 내 삶의 불행한 상황에 정서적, 그리고 행동적으로 혼란스러워졌으며 경직된 의무감과 이런 상황에 대한 명령어들로 스스로를 다그쳐왔다.'
2. '언제 당황하기 시작하는지와 누가 나를 그렇게 만드는지와 상관없이, 나는 비합리적 신념으로 그것을 강화하고 증폭시켜왔다.'
3. '남은 내 인생을 위해 나의 부적절한 감정과 역기능적 사고를 마술적으로 해결하기보다는 교육받고 훈련받는 것이 훨씬 낫다.'

루스의 주요 문제는 '자신'이 원하는 모습으로 살아야 한다는 것과 동시에 '훌륭한 여성'이 되어야 한다는 의무감에 시달리고 있다는 것이다. 그녀는 '훌륭한 근본주의자'여야 한다는 압박을 느끼면서도 사회적 규칙에 저항하는 것을 학습했다. 그녀는 이런 사회적 규칙을 따르는 것을 회피할 수는 있었지만 진정한 자신이 되기로 결심할 때마다 죄책감을 느끼고 원가족과 현재 가족과의 문제에 말려드는 경향이 있었다. REBT를 사용하여 완벽하지 않은 자신이 되는 방법과 동시에 적절한 선에서 부모와 남편 그리고 아이들을 대하는 방법을 찾아내고자 하였다. REBT는 그녀로 하여금 균형 잡힌 삶을 이끌도록 도왔다. 하지만 그녀는 끊임없는 선택을 해야 하고 또 이 선택의 결과를 받아들여야 한다.

몇 회기 동안 루스와 상담한 다음, 그녀는 자신이 공황장애와 기분부전장애를 가지고 있다고 말한다. 나는 그녀를 '신경증'이라기보다는 성격적인 문제가 있는 사람으로 보았다. 그녀는 심한 혼란을 경험하고 있었지만 능력이 있었고 중요한 문제에 직면하고자 하는 결단력이 있었다. 상담자들은 루스와 같이 솔직하게 도움을 청하는 내담자를 좋아한다. 그녀가 REBT 훈련에 기꺼이 동참해 주었기 때문에 그녀의 심리 상태는 분명히 변화될 가능성이 있었다. 그녀는 이미 가족과 문화의 엄격한 규칙에 따르지 않기로 결심했고, 그녀의 도전에 뒤따르는 어려움에 맞서기로 결심했다. 나는 그녀가 유감스럽고 후회스러운 감정을 경험할 수는 있지만 심한 죄책감과 스스로를 비난하지 않도록 도와주고자 하였다. 그녀는 실행 가능한 해결책을 선택할 것이고 이것은 그녀 자신뿐 아니라 가족 모두에게도 유익한 일이 될 것이다. 진정으로 그렇게 되기를 바란다.[3]

## 루스에 대한 인지행동적 가족 치료 접근

_ Frank M. Dattilio 박사

### 도입

앞서 Albert Ellis는 루스에게 인지행동 치료의 하나인 REBT를 어떻게 적용하는지를 보여 주었다. 나는 초기에는 나의 멘토이자 인지 치료의 선구자인 Aaron T. Beck에게, 그리고 후에는 행동 치료의 아버지라 할 수 있는 Joseph Wolpe에게 많은 영향을 받았다. 개인 치료를 소개하는 것과 더불어 나는 배우자와 가족에게 인지행동 접근법을 어떻게 적용할 수 있는지를 설명할 것이다.

CBT의 기본 이론에서는 가족 구성원이 그들에게 일어난 일에 근거한 현상학적 견해로 그들만의 세상을 창조한다고 본다. 치료의 초점은 가족 구성원들의 특정 문제가 어떻게 한 가족의 안녕감에 영향을 미치는지에 있다. 치료 과정 전반에 걸쳐, 가족 구성원들은 가족 치료 체계 접근과는 달리 개별적으로 다뤄진다. 각 구성원들은 자신의 특정 신념과 기대를 보게 된다. 가족 치료자의 역할은 가족 구성원들이 비논리적이거나 비합리적인 신념과 왜곡이 상호 갈등뿐 아니라 그들의 정서적 고통에 의미 있는 방식으로 영향을 미치며 하나의 전체인 체계에 영향을 미치는 것을 깨닫도록 도와주는 것이다.

## 기본 개념과 가정

체계 이론과 마찬가지로, 가족에 대한 CBT 접근법은 가족 구성원들이 동시에 서로서로에게 영향을 미친다고 전제한다. 따라서 한 가족 구성원의 행동이 다른 구성원의 행동, 인지, 정서를 이끌어내고 이어서 자신의 행동, 인지, 정서에 영향을 미친다. 이러한 과정은 지속적으로 순환되기 때문에 관련자를 만드는 것이 늘어나면서 때때로 가족 구성원 간의 상호작용이 상승하고, 이 상승 과정에 연료를 추가함으로써 가족 상호작용은 복잡해진다.

좀 더 최근의 일부 CBT 접근은 도식, 즉 일련의 '핵심 신념들'로 정의되는 것을 강조한다.[4] 이런 개념이 가족 치료에 적용되면서 가족 구성원이 서로 서로 해석하고 평가할 때 사용하는 가정과 그에 대한 반응으로 일어나는 정서와 행동에 기초한 치료중재 기법이 사용되고 있다. 개인이 그들 자신, 그들의 세상, 그리고 그들의 미래에 관한 자신의 기본적인 도식들을 유지하고 있는 것과 마찬가지로 가족에 관한 도식을 유지한다. 임상 작업을 통하여 나는 개별적인 가족 구성원들 사이에서의 이런 생각들과 가족 도식이라 명명될 수 있는 것에 강조점을 두어야 한다는 것을 알게 되었다. 이것은 구성원들이 오랜 세월을 함께 상호작용한 결과로 형성된 가족이 공유하고 있는 신념과 유사하다. 루스의 원가족이 가진 이러한 신념의 예는 '느낌이나 정서를 솔직하게 말하면 수용되지 않을 것이다.'라는 것이었다. 이것이 문서화되지 않은 규칙일 뿐 아니라 가족 구성원들의 강한 신념 혹은 도식인 것이다.

이런 도식은 한 개인이 가족 안에서 어떻게 생각하고 느끼고 행동할 것인지뿐만 아니라 가족 규칙과 가족 패턴의 발달에 중요한 영향을 미친다. 루스의 현 가족에서는 모든 정서와 느낌이 아니라 특정 정서와 느낌만이 선택적으로 논의될 수 있다는 것이다. 아버지가 그 가정의 가장으로 인정된다면 가족에 관한 모든 의사결정은 아버지의 말 한 마디에 달려 있다. 이런 패턴이 아이들을 훈육할 때 엄마의 권한을 약화시키며 자녀들은 엄마를 그들의 또 다른 형제로 대하게 만든다.

가족 도식은 가족 치료를 수행할 때 매우 중요하다. 또한 가족 도식에는 배우자와의 관계가 어떻게 형성되었는지, 결혼 생활에서 어떤 문제가 발생할 것인지, 그리고 그런 문제들을 어떻게 다룰 것인지, 건강한 가족을 만들고 유지하는 데 필요한 것은 무엇인지, 각 가족 구성원이 가져야 할 책임은 무엇인지, 책임을 다 하지 못해서 혹은 규율을 지키지 않아서 어떤 일이 발생할 것인지, 결혼의 결과로 기대되는 개인의 이득과 손실이 무엇인지에 대한 내용이 포함되어 있다.

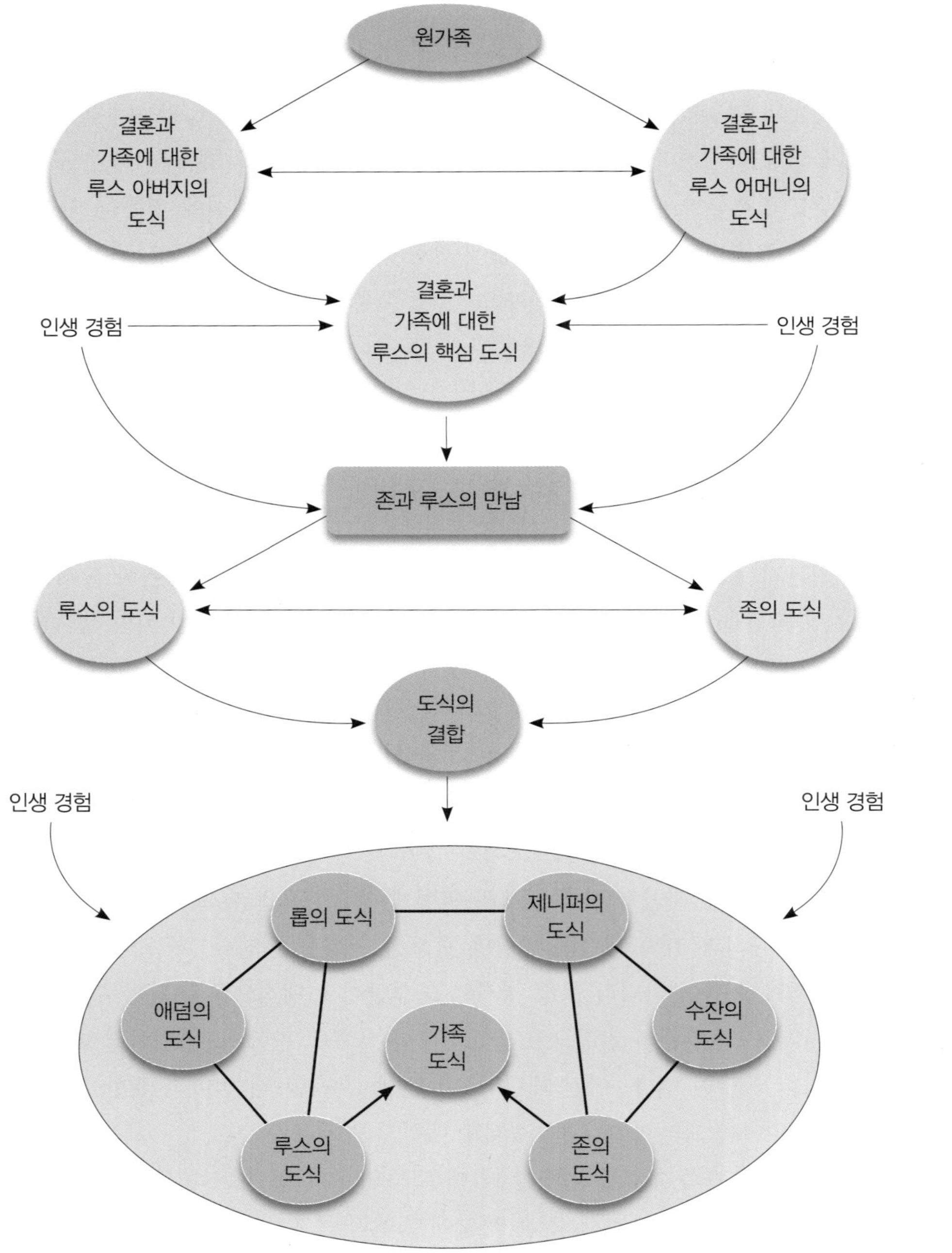


**그림 8.1_** 루스의 가족 도식

가족 도식이 매체나 동료 관계와 같은 환경의 영향을 받을 뿐 아니라 하나의 관계 내에서 각 파트너의 원가족에 의해 형성될 수 있다는 것을 기억해야 한다. 원가족으로부터 전해진 신념들은 의식적일 수도 있고 무의식적일 수도 있다. 그 신념들이 현재의 가족 도식을 발달하게 해준 하나의 공동 혹은 혼합된 도식에 기여하였다(루스의 가족 도식 다이어그램을 제시한 그림 8.1을 참고하라).

가족 구성원들의 개인적인 생각, 그들 각자의 환경에 대한 지각, 그리고 그들 각자의 인생 경험이 혼합될 때, 가족 도식이 가족 신념 체계의 발달에 영향을 미친다. 가족 도식은 중요한 사건(죽음이나 이혼)과 일상 경험의 과정을 통해 지속적으로 변경될 수 있다.

가족 도식이 형성되기 시작함에 따라 가족 역기능에 기여하는 왜곡들이 발달하게 된다. 다음에 부부와 가족에게서 발견되는 수많은 흔한 왜곡들 중 10가지를 제시한다.

1. **임의 추론.** 가족 구성원들에 의해 만들어진 결론으로 지지할 만한 혹은 입증할 만한 증거가 없는 결론이다.
2. **선택적 추상화.** 맥락에서 벗어난 정보, 특정한 세부사항이 강조되면서 다른 중요한 정보는 무시된다. 존이 아침에 애덤의 첫 인사에 반응하지 않자, 애덤이 '아빠는 나에게 틀림없이 화가 났어.'라고 결론을 내리는 것이다.
3. **과잉일반화.** 부수적인 혹은 두 개의 사건이 관련이 있거나 관련이 없는 유사한 상황에 적용되는 것을 말한다. 존과 아이들이 간간이 음식을 남겼기 때문에, 루스는 그녀의 가족이 낭비벽이 있고 그녀를 포함한 그들에게 주어진 모든 것에 감사할 줄 모른다는 신념을 가지게 되었다.
4. **확대와 축소.** 한 사건이나 상황이 실제보다 더 크거나 작게 지각되는 것을 말한다. 존은 아이들에게 밥 먹기 전에 손을 씻으라고 말하지만 정작 존도 손을 씻지 않는다. 아이들이 그것을 지적하면, 그는 '음, 나는 자주 씻어. 그래서 난 괜찮아.'라고 말하며 그것을 축소시킨다.
5. **개인화.** 결론을 내리기에 증거가 충분하지 않을 때, 외적인 사건을 자기 자신 때문에 생겨난 것이라고 생각하는 것을 말한다. 제니퍼는 부모가 자주 논쟁하는 것에 대해 '내가 세상에 태어나지 말았어야 하는 건데…….'라고 하면서 자신을 비난한다.
6. **흑백논리.** 경험을 전부 혹은 전무, 완벽한 성공 혹은 전적인 실패로 나누어 생각하는 것을 말한다. 애덤이 학교에서 자주 싸움에 휘말리자, 존과 루스는 '우리가 아이를 잘못 키웠어.'라고 결론을 내린다.

7. **명명하기와 잘못된 명명.** 과거에 잘못했거나 완수하지 못한 것이 미래의 모든 행동의 고정관념으로 작용한다. 루스와 존은 자녀들에게 어떤 요청을 하였을 때 한 번에 말을 듣지 않으면 신뢰할 수 없는 아이라고 평가한다.
8. **터널비전(좁은 시야).** 가족 구성원은 자신이 보고 싶은 것이나 현재 자신의 마음 상태에 맞는 것만을 본다. 존은 성장할 때 아버지에게서 배운 방식대로 남자란 '한 가정의  가장'이어야 한다는 경직된 신념을 지니고 있다.
9. **편향된 설명.** 가족 구성원들이 고통을 경험하는 시간 동안 발달된 편향된 사고방식으로 다른 가족 구성원이 숨은 동기를 가지고 있다고 가정한다. 존과 아이들은 루스가 실제로 우울을 경험할 때 항상 우울한 생각을 드러내지는 않았기 때문에 그녀가 우울하다는 것을 믿지 않았다.
10. **독심술.** 가족 구성원은 다른 구성원과 언어적 의사소통을 하지 않아도 그의 생각을 알 수 있다는 마술적인 재능을 가지고 있다. 루스는 그녀가 자신을 변호하지 못하고 자신이 원하는 것을 요구하지 못하기 때문에 가족들이 자신을 실패한 사람으로 볼 것이라고 예측하고 있다.

이런 왜곡이 가족 치료의 중요한 목표가 된다. 많은 치료 방법들은 가족 구성원들이 이런 왜곡된 생각을 확인하게 도와 준 후, 그들의 사고를 재구성하는 데 도움이 되는 증거를 수집한다. 또한 그들의 부정적인 귀인을 다루고 대안적인 방식의 상호작용을 연습시키는 것을 포함하고 있다.[5]

인지행동 치료에서는 Schwebel과 Fine이 중요하다고 생각한 가정들을 다룬다.[6] 아래에 이런 가정의 수정된 내용을 제시한다.

가정 1. 모든 가족 구성원은 자신이 원하는 것과 바라는 것을 충족시키기 위해 그들의 환경을 유지하려 한다. 그들은 자신의 환경을 이해하려 하고 경우에 따라 자신의 한계를 검증해 보려 하며 그 안에서 가장 효율적으로 기능할 수 있는 방법을 시도해 보려 한다. 예를 들어, 애덤은 정해진 귀가 시간을 30분 정도 넘기기도 한다. 가족 구성원은 가족이 돌아가는 방법에 대한 자료를 모으게 되는데, 이러한 정보는 그들의 행동을 안내하고 가족 구성원의 사고방식을 형성하거나 개선하도록 돕기 위해 사용된다. 이것은 개인의 가족생활과 가족관계의 구성 개념을 형성하도록 이끈다. 애덤의 경우, 귀가 시간을 뒤로 미룰 수 있고 야단맞지 않는다는 개념을 형성하게 되어 규칙을 깨뜨릴 수 있다고 추론하게 된다.

가정 2. 각 성원의 생각은 가족 삶의 모든 측면에 중대한 영향을 미친다. 다섯 가지 유형의 인지 변인이 이런 인지를 결정하는데, 그것들은 (1) 선택적 주의(존과 루스가 아이들의 부정적인 행동에 주목하는 것), (2) 귀인(왜 아이가 버릇없이 구는지에 대한 루스의 설명), (3) 기대(루스와 아이들이 의문을 제기하지 않고 자신이 요청한 대로 행동해 줄 것이라는 존의 기대), (4) 가정(세상은 공정하지 않다는 애덤의 생각), (5) 기준들(세상이 어떠해야 한다는 제니퍼의 생각)이다.

가정 3. 만족을 '방해'하는 것은 무엇이나 각 가족 구성원의 생각 속에 있다(예: 아내와 엄마 역할에 대한 루스의 고지식한 관점).

가정 4. 가족 구성원이 가족과 관련된 자신의 생각과 이런 생각이 특정 상황에서 어떻게 그들에게 영향을 미치는지를 잘 알지 못하면 불만을 가지게 되고 건강한 상호작용을 할 영역을 확인할 수 없게 될 것이다.

## 루스에 대한 평가

DSM-IV-TR에 근거한 루스에 대한 나의 진단은 다음과 같다.

I축: (61.1) 배우자와의 관계 문제
(300.40) 정체감 문제에 따른 기분부전장애
(300.21) 광장공포증을 동반하지 않는 공황장애

II축: (301.6) 의존성 성격장애
(313.2) 정체감 문제

III축: 외인성 비만

IV축: 사회 환경과 관련된 문제

V축: GAF=60(본인 보고에 의하여)

가족사는 루스의 원가족에 대한 정보를 알아내기 위해 탐색한다. 대부분의 가족 접근법은 다른 가족 치료와 동일하게 '환자를 식별하는 것'을 피하고 가족의 역기능을 다루는 데 균형 잡힌 접근법을 취하려 하지만 예외는 존재한다. 이 사례가 그중 하나인 것 같다. 루스는 이미 개인 심리 치료를 받기 시작했고, 가족을 포함시키기로 결정한 상태이다. 그러므로 그녀는 이미 '확인된 환자'로, 가족 치료를 할 때, 처음에는 그녀의 문제에 초점을 맞출 것이다. 그러나 전형적으로 CBT 접근은 체계접근법을 따라 가족을 하나의 전체로써 확인된 환자로 다룬다.[7] 루스의 과거력과 배경 환경을 감안할 때, 나는 상담 시간에 그녀의 가족을 몇 번 초대하는 것이 원가족을 이해하는 데 도움이 될 거라 생각한다. 이 방법이 루스 자신과 그녀의 가족 인생에 관한 그녀의 핵심 도식을 탐색하기 위한 적절한 방법일 것이며 나에게 그녀의 사고방식이 어떻게 발전해왔는지에 대한 통찰을 줄 것이라 기대한다. 전통적으로 이 과정에는 루스, 루스의 부모님과 다른 형제자매가 포함되어야 한다. 무엇보다 중요한 것은 남편과 같은 다른 확장된 가족 구성원을 포함하지 않는다는 것이다.

이 회기는 루스와 치료자가 그녀의 원가족의 사고방식을 잘 이해하고 과거로부터 유래한 갈등 영역을 해결하기 위한 것이다. 만일 모두가 흔쾌히 동의한다면, 우리는 3~5회기를 각각 2시간씩 만나 가족의 도식에 초점을 맞추는 데, 특히 루스에게 해를 끼치는 특정 사고방식으로부터 그녀가 빠져나올 수 있게 하는 데 초점을 맞출 것이다. 이것은 이상적인 상황이지만 이러한 만남이 항상 성공적인 것은 아니다.

루스의 친부모님만 참여한 루스의 원가족 회기는 실패할 수 있다. 매우 엄격한 루스의 아버지는 이 만남을 마땅치 않게 여기며 갑자기 나가 버릴 수 있다. 남편에게 순종적이며 수동적인 루스의 어머니도 권력과 통제가 포함된 기본적인 가족 도식을 유지하고자 그 자리를 떠나 버릴 수도 있다.

## 루스의 현재 가족과 함께한 첫 회기

인지행동 가족 치료자는 가족 역동 내에 존재하는 왜곡된 도식과 부적응적 행동 패턴을 확인해야 하기 때문에 루스의 사례에서 다음 순서는 그녀의 현재 전체 가족을 만나는 것이다. 수집된 그녀의 원가족에 대한 약간의 정보와 존과의 개별 면접을 통해 얻은 정보로 나는 그들의 가족 배경에 존재하는 서로 다른 철학을 이해할 수 있는 기회를 갖게 되며 현재의 가족 역동에 스며들어 있는 도식과 루스의 가족 도식에 영향을 미치고 있는 도식에 대한 몇 가지 통찰을 얻게 된다.

첫 가족 치료 회기가 진행되는 동안, 나는 다양한 가족 구성원에게 각각의 가족 구성원에 대한 생각과 가족의 현재 상황이 어떤지를 말해 보라고 요청한다. 흔히 가장 어린 자녀부터 시작하는 것이 좋으며 그 다음은 부모에게 실시하는데 어린 자녀부터 시작하는 이유는 그들보다 나이가 더 많은 형제자매가 말한 것에 의해 그들이 영향을 받지 않게 하기 위해서이다. 여러분이 첫 회기 축어록을 보면 알겠지만, 나는 각 구성원이 가족을 어떻게 지각하고 있는지 정확하게 이해하려 하였고 가족이 공유하고 있는 가족 도식을 개념화하려고 노력하였다. 이 일이 끝나면, 다음 단계는 인지행동 치료가 어떻게 진행되는지 가족들에게 교육시킨 후 가족 내에서 부적응적인 행동 양상과 역기능을 가져오는 인지 왜곡들과 잘못된 사고방식을 함께 확인하기 시작한다.

**치료자:** 오늘 여기에 참여해 주신 모든 분께 감사의 마음을 전합니다. 우리 만남의

목적은 가족 안에 존재하는 문제를 확인하고 가족 구성원이 서로 잘 상호작용을 할 수 있게 해줄 방법을 찾으려는 것입니다. 여기에 모두 동의하십니까?(세 명이 말없이 고개를 끄덕인다)

제니퍼: 전 동의하지 않아요. 이건 사기 같아요. 전 여기에 있고 싶지 않아요.

치료자: 그런데 왜 여기 함께 같이 오게 되었지?

제니퍼: 전 오고 싶지 않았어요. 부모님이 강제로 데리고 온 거예요.

치료자: 잘 들어봐라, 제니퍼. 나는 사람들이 자신의 의지와 상관없이 여기에 오기를 바라지 않아. 그래서 정말 네가 강제로 온 것이 맞고 너의 부모님과 다른 가족들이 동의해 준다면 돌아가도 좋아. (잠시 멈추며)

제니퍼: 그래서 어쩌라는 거지요? 지금 가도 되나요?

치료자: 그래, 네가 정말 가고 싶은 모양이구나.

제니퍼: 그런데 어디로 가야 하지요?

치료자: 난 잘 모르겠어. 그건 네가 결정할 일이야.

제니퍼: 음, 그건 바보 같은 짓이에요. 지루하게 차 안에 앉아 기다리고 싶지는 않아요. 짜증나요.

치료자: 좋아, 네가 원한다면 여기 있는 건 환영해. 그렇지만 여기에 있는 것이 가족에게 도움이 된다고 하는 데에도 불구하고 네가 여기에 있고 싶지 않은 이유가 궁금해.

제니퍼: 쓸데없는 일이고……. 이건 엄마의 문제지 제 문제가 아니잖아요. 엄마는 그것을 모든 가족의 문제로 만들려고 하잖아요.

치료자: 정말? 다른 사람도 제니퍼와 같은 생각인가요? (잠시 멈추며)

존: 아니요. 동의할 수 없어요. 저는 집사람 외에 우리 모두가 논의해야 할 문제를 가지고 있다고 생각해요. 물론 집사람도 문제는 있어요.

치료자: 또 다른 의견이 있나요?

롭: 예, 제가 얘기하고 싶은 게 있어요. 저는 우리 가족이 생각하는 방식에 몇 가지 문제가 있다고 생각해요. 모두 다…… 마치…… 무엇이나 관여하고…… 별 생각 없이…… 어떻게 말을 해야 할지…….

치료자: 가족의 결속을 말하는 건가?

롭: 예! 그런 거요. 제 말은……. 아빠를 비난하려는 것은 아니에요. 그러나 아빠는 자기 일에만 몰두하고요……. 엄마는 자신의 일을 하려 하는데 누군가를 위해 그 일을 하려 한대요. 미친 짓 같아요.

치료자: 그 말은 지금 집에서 무엇인가 혼란스러운 상태라고 말하는 것처럼 들리

는데…… 그것 때문에 네가 불편하다는 거니?

롭: 예, 지금은요. 그럴 때가 많아요.

치료자: 좋아요. 한 사람의 의견을 들었습니다. 저는 엄마가 문제를 일으키는 것에 대해 제니퍼가 말한 것으로 다시 돌아가고 싶습니다. 여기 있는 모든 사람이 그렇게 생각하나요? 우리 모두 제니퍼가 한 말에 동의하나요?

존: 아니요, 제니퍼가 한 말은 문제가 있다고 생각해요. 선생님도 아시다시피, 루스와 제니퍼는 사이가 안 좋아요. 제니퍼는 가끔 엄마나 혹은 그 외 사람들을 비난할 수 있는 기회가 생기면 그 기회를 놓치질 않아요. 물론 자기는 빼고요.

치료자: 존, 당신은 조금이나마 당신의 아내를 보호하려 하고 있는 것 같군요.

존: 물론이지요. 그러나 제가 본 바에 따르면 정말 그래요.

치료자: 좋습니다. 그러나 아이들이 말하고 있는 것에 대해 조금이나마 동의하는 부분이 있나요?

존: 예 조금은요. 제가 보기에도 루스는 문제가 있고 우리 모두 그걸 알고 있어요. 루스는 정말 엄격한 가정교육을 받으며 자랐기 때문에 우리는 그녀를 지지하고 힘들지 않게 하는 역할을 해야 한다고 생각했어요.

치료자: 이 가족이 최근까지 오랫동안 어떻게 기능해왔는지를 말하는 것 같군요.

제니퍼: 그게 지금까지 절 망쳐 놓은 거지요. 그렇지요? 그렇지요, 엄마?

루스: (흐느끼기 시작하며) 오, 제니퍼, 그만해!

애덤: 저는 제니퍼 누나의 문제가 성장하기를 원하는 데 있다고 생각해요. 그러나 엄마는 그것을 허락하질 않아요. 그게 제니퍼 누나가 엄마에게 몹시 화를 내는 이유이며 모두를 고통스럽게 만들죠.

수잔: 어느 정도 동의해요. 엄마는 저에게도 그렇게 하기 시작했어요.

존: 뭘? 뭘 했다는 거야?

수잔: 어어! 대략 난감! 수다스런 내 입을 열어야겠네. (모두에게 빙긋 웃으며)

치료자: 그래 알았어, 수잔. 네가 느낀 것을 말해 봐. 여기에서의 규칙은 우리 마음속에 있는 것들을 어떠한 보복의 위험 없이 자유롭게 말하는 거란다.

수잔: 음, 엄마는 제니퍼 언니에게 한 방식대로 저를 과잉보호하기 시작했다고요.

제니퍼: 맞아요. 과잉보호는 여자애한테만 그래요. 애덤하고 롭 오빠한테는 그렇게 안 해요.

치료자: 루스, 오늘 여기서 당신이 들은 것에 대해 뭐라 얘기하고 싶은가요?

루스: 음, 솔직하게 말하면 어느 정도는 사실이라고 생각해요. 그렇지만 이런 얘기를 듣고 있는 것이 힘드네요.

치료자: 좋아요. 그러면 당신이 딸을 보호하고, 존은 당신을 보호하는 것처럼, 롭과 애덤, 그리고 아빠는 누가 보호하지요?

롭: 롭, 애덤, 그리고 아빠가요. (모두 웃는다)

치료자: 아하! 남자는 남자들이 돌보네요. 재미있군요! 서로서로를 보호하는 것이 이 가족에겐 매우 중요한 일인가 봅니다.

존: 그럼요, 선생님이 본 것처럼 우리 가족과 처가가 모두 그래요.

치료자: 어찌 보면 그 생각이 당신의 가족에게 전승되었다는 말이군요. (모두 동의하며) 지금 우리는 가족 도식이라는 것을 확인했어요. 그것은 때때로 서로 다른 방법으로 서로를 보호하지요. 서로가 이렇게 하게 하는 핵심 신념은 무엇일까요? 다시 말해서 모든 사람이 스스로를 보호한다는 생각에 반하는 이러한 행동을 필요로 하는 이 가족의 신념은 무엇입니까?

수잔: 우리가 이렇게 하는 것이 잘못된 건가요?

치료자: 음, 반드시 그렇지는 않아. 그렇지만 너희 가족의 이런 패턴이 조금은 불편함을 만들고 있는 것 같구나. 나에겐 매우 중요한 것이기 때문에 제 질문에 누가 답을 해 주셨으면 좋겠는데요. (잠시 멈추며)

존: 음, 아버지로서 저는 일부 책임을 느낍니다. 제가 루스를 지지하면서도, 아이들을 돌보는 데 적극적인 역할을 하지 않아 루스를 더 힘들게 만든 것 같아요.

치료자: 그래요. 그리고 루스의 가정교육의 결과로 한편으로 당신 행동에 대한 보상을 하기 위해 루스는 가족에 대한 모든 책임을 져야 한다고 생각하게 되었지요. 그래서 자신에 대해서 왜곡된 생각을 갖게 되었을 뿐만 아니라 가족들도 다양한 왜곡을 갖게 되었지요.

애덤: 왜곡이라는 게 무슨 말이죠?

치료자: 좋은 질문이야, 애덤. 내가 설명해 줄게.

나는 이 장의 앞에서 기술했던 인지적 왜곡을 모든 가족이 이해하기 쉽도록 가족 안에서 있을 수 있는 예를 들어가면서 차근차근 설명해 주었다.

치료자: 우리 함께 왜곡들을 확인해 봅시다.

롭: 엄마에 대해 제가 말할게요.

치료자: 좋아, 이야기해 볼래?

롭: 음, 선생님이 말씀하셨던 중재(arbitration)요.

치료자: 임의 추론?

롭: 예, 그거인 것 같아요. 제가 지난번과 마찬가지로 귀가 시간을 어긴 것 같은 일이 있으면 엄마는 우리가 나쁘게 자라고 있다고 흥분하여 화를 내기 시작해요. 그리고 우리의 잘못이 없다는 것이 증명될 때까지 우리를 죄인처럼 대할 거예요.

치료자: 음, 너는 엄마가 그렇게 행동하는 사람이라고 지각하고 있구나. 다른 가족도 그렇게 생각하나요?

애덤: 예, 제니퍼 누나도 그래요!

제니퍼: 그렇지 않아!

애덤: 아니야, 누나도 그래.

수잔: 맞아, 제니퍼 언니도 그래. 언니도 그런 방식으로 엄마를 대하잖아.

치료자: 자, 봐라, 얘들아, 이 시간은 적대감을 불러일으키기 위한 시간이 아니야. 우리는 때때로 우리 모두에게 영향을 미치고 있는 인지적 왜곡을 확인하고 있는 중이란다. 우리는 우리 스스로뿐만 아니라 서로서로 만나면서 가지게 되는 어떤 왜곡들을 확인해야 해.

존: 좋습니다, 저에게도 있어요. 정말 인정하기는 싫지만 간혹 제가 루스 아버지처럼 생각하고 있는 걸 발견하게 돼요. 그리고 누군가 제 결정에 이의를 제기하면 짜증이 나요. 저는 제 가족들이 저를 존경하는 모습을 보이고 제 의견에 따라 줄 거라 기대해요. 그러나 그렇지 않은 것 같아 루스를 많이 비난하게 돼요.

이 시점에서 나는 가족의 기준과 도식을 밝히고 인지적 왜곡을 확인하려고 시도했다. 동시에 가족 구성원들이 인지 모델에 적응하도록 도왔다. 이것은 나중에 그들 스스로가 일부 기법들을 응용할 수 있도록 돕기 위한 것이다. 이런 왜곡들을 확인한 후, 다음 단계는 가족 구성원에게 스스로 만들어낸 내적인 진술문을 지지하는 증거를 찾기 위한 질문 방법과 잘못된 가정에 도전하는 방법을 가르친다.

치료자: 좋습니다, 존. 왜곡을 확인하기 위해 선택한 당신의 신념 중 하나는 '가장에게는 결코 이의를 제기해서는 안 된다, 혹은 이의를 제기하는 것은 무례한 짓이다.'라는 것입니다. 그것은 '네 마음대로 행동하지 말고 내 말대로 하라.'라는 말이지요. 이것이 당신의 신념을 토대로 수립된 기준입니까?

존: 예, 아마 그럴 거예요. 다른 사람이 정말로 그런 식으로 말한다면 섬뜩하

겠네요.

치료자: 음, 그것에 관해서는 그렇게 걱정하지 마세요. 잠시 이것을 분석해 보고 그러한 신념의 기본 가정에 대해 점검해 봅시다. 당신이 왜 남자들은 보스여야 하고 보스의 요청이나 결정에는 이의를 제기해서는 안 된다고 생각하게 되었는지를 설명해 주시겠어요?

존: 음, 저는 어머니보다는 아버지를 더 많이 닮았어요. 그리고 장인어른도 관련이 있어요. 우리가 결혼했을 당시, 장인은 저를 불러 가르치셨지요.

치료자: 당신을 가르치셨다고요?

존: 예, 한 가정의 가장으로서 행해야 하는 방법을 가르쳐 주시며 저를 그 가르침대로 행하도록 하셨어요. 또 선생님에게는 좀 이상하게 들릴지 모르겠지만, 저는 이것이 루스를 좀 더 편하게 만들어 주는 일일 거라 생각했어요. ……일종의…… 그 뭐…… 자주 쓰는 단어인데 그 단어가 기억이 안 나네요. 일반적인 용어로…….

치료자: 그렇게 할 수 있다는?

존: 예, 예, 그래요, 맞아요. 바로 그거예요. 루스가 저를 미묘하게 그런 방식으로 행하도록 만든 것 같아요.

치료자: 알겠습니다. 그래서 당신은 루스가 하고 싶은 일과 자녀를 돌보는 일 모두를 다 해낼 수 있을 거라 믿나요?

루스와 존: (일제히) 예, 틀림없이.

치료자: 이것이 서로를 돌봐야 한다는 도식과 관련이 있을까요? 어떻게 이것이 서로 관련이 있을까요?

롭: 음, 선생님이 아빠랑 얘기할 때 잠시 동안 생각한 건데, 저는 우리가 서로를 주의 깊게 살피는 이리떼와 같다고 생각했어요. 우리 중 누군가가 어려움에 처하면 누군가 도와줘야 하는. 그렇지만 우리는 그것에 관해 절대 서로 터놓고 얘기하진 않아요.

(이 얘기는 이리들이 스스로를 보호하면서도 서로서로를 보호해 주는 동물들이기 때문에 흥미로운 은유였다.)

치료자: 좋아요, 그렇지만 이것이 어떻게 갈등을 유발하지요?

롭: 잘 모르겠는데요.

수잔: 저는 한 사람이 하나의 기대를 가지고 있고 다른 사람은 다른 기대를 가지고 있는데 그것을 서로 얘기하지 않을 때 갈등이 생겨나는 것이라 생각해요. 우리가 그런 갈등을 경험하고 있는 거 아닌가…….

치료자: 독심술.

수잔: 예.

치료자: 좋아요. 그건 또 하나의 왜곡이네요.

애덤: 와우, 우리는 왜곡된 가족이군요. 속 시원하네요. (모두가 웃는다)

치료자: 음, 그래요, 여러분은 여러분만의 왜곡들을 가지고 있어요. 그렇지만 모든 가족이 그렇습니다. 정말 놀랍지 않은가요!

루스: (농담으로) 저는 잘 모르겠어요. 이야기를 다 듣고 나니 우리가 무슨 애덤스 패밀리인 것 같네요. (모두가 웃는다)

치료자: 훌륭합니다, 루스! 그거 참 재밌는 비유군요!

여기서 나는 가족 응집성을 강화시키려 노력함과 동시에 가족 역동을 이해하며 각 가족 구성원이 다양한 상황을 어떻게 다르게 지각하고 있는지를 이해하려 노력한다. 다음으로 나는 변화를 일으키기 위해서 생각하는 방법의 일부를 재구성할 것이라는 점을 천천히 설명한다.

치료자: 저는 여러분이 자주 갖게 되는 왜곡들을 알게 되는 것이 중요하다고 생각합니다. 이제 여러분은 그 왜곡들 중 일부를 알게 되었고 그것들을 변화시킬 수 있는지의 여부를 살펴볼 것입니다. 특히 여러분 대부분의 가족 역동에 영향을 미치고 있는 것이 변화가 가능한지를 알아 볼 것입니다. 존, 제가 실례를 들 수 있도록 저를 도와주실 수 있겠습니까?

존: 예, 물론이죠.

치료자: 제가 기억하기로 당신이 가지고 있는 신념 중 하나는 아버지와 한 가정의 가장으로서 '보스에게는 절대로 이의를 제기해서는 안 된다거나 이의를 제기하는 것은 가장을 존경하지 않는 것이다.'라는 생각입니다.

존: 네 맞아요.

치료자: 좋습니다, 당신은 이 말을 증명할 수 있다고 믿으시나요?

존: 잘 모르겠어요. 그냥 그렇게 생각할 뿐이에요.

치료자: 그래요. 이것이 건전한 원칙이라는 것을 입증할 만한 증거는 없습니다. 그건 단지 추측일 뿐입니다. 그럼 그 생각이 잘못된 정보 때문에 생겼을 수도 있겠군요?

존: 아마도.

치료자: 자, 그러면……, 그러한 생각을 한 결과는 어떨까요? 다른 말로 하면, 그 생각을 가지고 지금까지 살아온 결과는 무엇인가요?

존: 음, 그렇게 좋은 것만은 아니네요. 사실 아무도 그 원칙을 따르지 않아요. 우리 아이들은 그걸 비웃지요.

치료자: 좋아요. 아마도 당신은 그 생각의 활용을 지지하는 증거보다는 너무나 효과적 않다는 것에 대한 많은 증거를 이야기하고 있는 것 같군요. 그러면 생각이 변화될 필요가 있겠네요. 그리고 당신은 완전히 그 원칙을 포기해야 할 수도 있습니다. 저는 존경이란 것이 중요한 것이기는 하지만, 어느 누구도 당신이 말한 것이나 행한 것에 대해 이의를 제기해서는 안 된다고 기대하는 것은 좀 비합리적이라고 생각합니다.

존: 그래요, 저는 선생님이 무슨 말을 하는지 알겠어요. 그렇지만 어떻게 해야 그 생각을 하지 않을 수 있을까요? 그 생각은 내 마음 속에 깊숙이 물들어 있는데요.

치료자: 좋은 질문입니다. 인지 치료를 할 때에는 매우 많은 과제를 주곤 하지요. 기본적인 인지 치료 이론에 따르면, 당신이 과거부터 사용해왔던 소위 자동적 사고라 불리는 부정적인 자기 말에 도전하는 것을 연습해야 합니다. 그 한 방법은 당신이 여기다 인지 왜곡에 해당하는 부정적인 자기 말을 경험할 때마다 수정할 진술문을 적어 보는 것입니다. 그래서 나는 당신이 각 면에 수직으로 다음과 같이 적혀 있는 몇 장의 종이를 가져가기를 원합니다.

| 상황 혹은 사건 | 자동적 사고 | 인지 왜곡 | 정서 | 자기 진술에 도전하기 | 대안적인 반응 |
|---|---|---|---|---|---|
| | | | | | |

종이를 가져가서 당신이 부정적인 자동적 사고를 하게 될 때마다 그것을 여기에 적으세요. 왼쪽 칸부터 부정적인 생각을 하게 되는 상황이나 사건을 기록하고, 다음 칸에는 그 사고가 무엇이었는지 정확하게 적으세요. 다음 칸에는 당신의 인지 왜곡의 유형과 그 생각에 수반되는 정서적 반응을 구체화하여 적으세요. 그런 다음 그것을 지지하는 증거에 작용하는 사고나 신념에 도전해 보세요. 그 후, 당신이 모을 수 있는 새로운 정보를 사용해서 대안적인 반응을 적어 보세요. 제 얘기가 이해되십니까?

존: 예, 그렇지만 선생님이 제게 요구하신 것을 제가 정확하게 해낼 수 있을까요?

치료자: 그럼요. 같이 연습해 보죠.

존: 애덤이 정해진 귀가 시간을 조금 넘겨서 집에 돌아왔을 때, 저는 애덤이 5분 늦은 것에 대해 좀 뭐라고 그랬어요. 애덤은 단지 5분밖에 안 늦었고 그건 별 일 아니라는 식으로 말하면서 그가 한 행동의 의미를 축소시키려고 함으로써 저의 권위에 도전하기 시작했어요.

치료자: 그 모든 것을 종이에 적어 봅시다.

| 상황 혹은 사건 | 자동적 사고 | 인지 왜곡 |
|---|---|---|
| 애덤이 정해진 귀가 시간보다 5분 늦게 집에 도착했다. | '애덤이 나에게 반항하고 있다. 애덤은 나를 존경하지 않는다. 만일 내가 애덤을 꾸짖지 않으면 형편없는 아빠가 될 것이다.' | • 임의적 추론<br>• 이분법적 사고<br>• 개인화 |

| 정서 | 자기 진술에 도전하기 | 대안적 반응 |
|---|---|---|
| • 당황스러움<br>• 화남 | '애덤은 자기가 5분밖에 늦지 않았기 때문에 그러는 것이지, 나에게 대들기 위한 건 아니다. 그러니까 그의 행동은 반항을 의미하는 것이 아니다.' | '나는 근거 없이 결론을 내리고 애덤에게 벌을 주기보다는 애덤과 이야기를 나누고 싶다. 아마도 애덤은 그가 말한 대로 시간이 이렇게 지난 줄 몰랐을 것이다.' |

치료자: 잘하셨습니다. 생각의 재구조화 작업을 이해하실 수 있겠습니까?

롭: 예, 그렇지만 애덤이 정말로 아빠에게 반항한 것이라면요? 제 말은 우리가 생각한 것이 맞는지 어떻게 알 수 있느냐는 겁니다.

치료자: 좋은 질문이야, 롭. 아빠가 종이에 적었듯이 너희 아빠가 할 수 있는 일은 애덤이 왜 집에 늦게 들어왔는지 애덤과 이야기를 해서 우리의 대안적 신념을 지지하는 정보를 수집해 보는 거야. 왜곡된 사고가 관여하는 것을 깨닫는 순간이나 상황에 우리 모두가 이것을 적용해 볼 수 있을 거야. 이 방법은 너희 가족이 상호작용하는 방식에 커다란 변화를 가져다 줄 거야.

이 시점에서 나는 방금 입증했던 방식대로 그들의 핵심 진술에 도전하는 가족 구성원을 모니터하기 시작한다. 이 과정을 수행하면서 의사소통 기술과 문제 해결 전략뿐 아니라 느낌과 정서에도 다가갈 수 있다. 그들이 왜곡된 사고에 스스로 도전할 수 있도록 정규적인 과제 할당을 활용할 수도 있다. 나는 가족 구성원이 특정 기법을 정확하게 사용할 수 있도록 도울 것이다. 이에 더하여 가족 구성원의 역할과 책임 재할당과 같은 행동 기법의 사용이 이 가족에게 도움이 되도록 한다. 치료 과정 시 과제할당은 변화를 촉진하는 데에 중요한 역할을 한다.[8] 일반적으로 과제 할당은 역기능적 사고를 변화시키고 수정하는 것이며 가족 갈등을 줄여 줄 행동을 하게 하려는 것이다.

## Gerald Corey의 인지행동적 관점에서 루스 상담하기

나는『상담 및 심리 치료의 통합적 접근: 루스의 사례와 해설 DVD』에서 몇 회기에 걸쳐 인지행동적 관점으로 루스를 상담하였다. 인지, 정서, 행동에 초점을 맞추어 루스와의 상담을 참고로 하라(6, 7, 8회기). 또한 사고, 감정, 행동이 서로 상호작용하는 것을 보여 주는 9회기('통합적 초점') 상담을 참고하라.

### 기본 가정

이 장에서 나는 루스와의 상담을 위한 통합적 접근으로 Albert Ellis의 합리적 정서행동 치료(REBT), Aaron Beck의 인지 치료(CT) 요소들을 결합해 사용하였다.[9] Beck의 인지 치료와 REBT는 능동적이고 직접적이며 시간제한적이고 인간 중심적인, 구조화된 접근을 공유한다. 나는 내 내담자들이 습득해 온 신념들이 내담자의 정서적 혼란에 기여한다는 것을 증명하기 위해 인지, 정서, 행동 기법을 사용한다. 인지행동 치료자로서 나는 삶의 사건이나 상황이 죄책감, 우울, 적대감과 같은 정서 문제를 야기하는 것이 아니라는 가정에 동의한다. 오히려 우리를 문제 상황에 빠뜨리는 것은 사건에 대한 우리의 평가(또는 해석)와 신념들이다.

### 루스에 대한 초기 평가

나는 루스의 자서전적 기록을 검토하면서 대부분의 문제가 그녀의 신념으로부터 기인한 것이라는 점을 확신하게 되었다. 죄책감이 스스로의 행동을 통제하게 만들었으며, 행동의 주된 동기로 작용해 온 것 같다. 루스는 스스로 창조해낸 가치에 근거해 명확한 의사결정을 하기보다는 그녀가 해야만 하는 것에 대해 집안의 가장이 일러준 위협적인 목소리에 따라 행동하고 있다.

루스는 자신이 행하는 모든 것이 완벽해야 한다는 역기능적 신념을 가지고 있다. 그녀는 스스로 완벽하지 않다고 판단되면 반복적으로 자신의 수행을 평가하고 급기야 비현실적인 기준을 들이대며 자신을 비하한다. 이를 극복하기 위해 더 높고 비현실적인 기준을 설정하고 스스로 이 기준에 포로가 되어 부적절감과 죄책감을 경험한다. 나는 루스에게 그녀의 어깨 위에 앉아 귀에 속삭이고 있는 재판관과 자기 대화를 해 보도록 시도한다. 이를 통해 새로운 방식으로 자기 대화를 하는 방법을 연습해 보도록 하고 행동을 변화시킬 수 있도록 경험을 재평가해 보도록 돕는다. 이것이 루스와 나의 치료의 초점이 될 것이다.

## 치료 목표

인지행동 치료의 기본 목표는 내담자가 자신의 신념을 구성하고 있는 자기 패배적인 신념을 제거하는 방법을 배울 수 있도록 도와주는 것이다. 이런 목표를 달성하기 위해 나는 루스에게 성격의 A–B–C 모델을 가르친다. 행동적인 ABC 패러다임과 다른 성격의 A–B–C 모델은 REBT의 다음의 몇 가지 가정을 토대로 한다. A(활성화된 사건)가 C(정서적 결과)를 야기하지 않는다. 오히려 루스 문제의 근원이 되는 B(활성화된 사건에 관한 루스의 신념)가 C를 야기한다.

나는 루스와 논의하여 치료 목표를 구체화한다. 루스는 앞으로의 자기 삶이 아버지의 설계대로 이루어지지 않기를 바란다. 협력 관계를 수립하기 위해 루스와 치료 계약을 맺는 것이 우리의 합의된 목표를 달성할 수 있는 방법이다.

## 치료 절차

인지행동 치료 접근에 따라 루스를 상담할 때, 나는 지시적이고 행위 지향적인 접근 방식을 취한다. 나는 교사의 역할을 하면서 그녀의 사고, 감정, 행동의 구체적인 변화를 도와준다. Beck의 인지 치료에 착안하여 나는 그녀가 내린 부정확한 결론에 초점을 맞춘다. 그녀는 잘못된 정보와 가설에 따라 근거 없는 결론에 도달하고 있다. 나는 그녀에게 종종 '그렇게 생각한 근거가 무엇입니까?'라고 묻는다. 나는 개방형 질문과 소크라테스식 질문을 하여 그녀의 잘못된 가정과 오해(**인지적 왜곡**)를 그녀 스스로 인식할 수 있게끔 돕는다. 그녀가 이런 인지적 왜곡을 깨달으면 과제 활동의 범위를 점차 넓혀 가며 대안적인 해석을 내리게끔 북돋운다. 그녀가 지금까지의 사고와 행동 간의 관계를 깨닫게 되면 현재와 미래의 문제에 대처하는 기술을 획득하게 될 것이다.

루스와 상담할 때, 나는 인지와 정서(기분) 차원을 통합하려 시도한다. 인지적 접근을 취하는 치료자로서 나는 인지의 변화가 실제로 정서를 변화시킨다고 믿는다. 그러나 정서를 바꾸는 것이 행동의 변화를 야기하기엔 충분하지 않다. 나는 치료의 많은 시간을 루스의 현재 행동을 탐색하는 데 할애하며, 치료 시간 동안 그리고 일상적인 삶에서 새로운 방식으로 행동해 보도록 시도한다.

## 치료 과정

### | 치료 과정의 구성 요소

**루스의 잘못된 신념을 다루기** 루스의 그릇된 신념 체계와 자기 강화적인 내적 언어를 수정하기 위해 나는 먼저 그녀가 그동안 추호의 의심도 없이 수용해 온 자기 패배적인 신념에 이의를 제기한다. 이것은 루스가 잘못된 신념을 포기하도록 논박하는 것이다. 치료 과정 내내 나는 많은 정서적인 문제의 원인이 왜곡된 결론에서 초래된 자기 비난 때문이었다는 것을 적극적으로 그녀에게 가르쳐 준다. 나는 그녀에게 스스로를 비판적으로 판단하는 것을 멈추고, 과제를 내어 주어 행동 변화를 실생활에 적용해 보게 한다. 이런 과정을 통해 루스는 자신의 역기능적 생각들을 수정할 수 있게 된다.

이후의 루스와의 상담은 일상적인 상황에서 과제를 수행한 다음 상담 시간에 그 과제에 대해 나에게 보고하는 방식으로 진행한다. 나는 루스가 자기 패배적인 신념을 통찰할 뿐 아니라 자발적으로 행동 변화를 주도하는 사람이 되기를 바란다.

우리는 루스가 지니고 있는 실패에 대한 공포가 어떻게 많은 일들을 방해해왔는지를 탐색한다. 그 후 루스는 자신이 스퀘어 댄스를 추고 싶지만 서투르고 바보 같은 모습을 보이지 않기 위해 스퀘어 댄스를 피한다는 말을 한다. 루스는 스키를 타고 싶지만 초보자용 슬로프에서 넘어질까봐 스키 타는 것을 피한다고 말한다. 나는 실패할 거라는 루스의 기대와 특정 사건에 대한 그녀만의 평가 방식에 대해 루스와 상담한다. 나는 비록 그녀가 실패한다고 할지라도 그 실패에 대처할 수 있는 방법을 배울 수 있다는 점을 루스가 깨닫게 되기를 바란다.

우리는 두 달 동안 이 절차를 지속적으로 수행하기로 합의한다. 점차 좀 더 과감한 과제를 수행하며 그녀가 바보같이 보이는 것을 몇 번 경험하면서 자신이 갖고 있던 환상이 실제보다 훨씬 더 나쁘지 않다는 것을 깨닫게 된다. 루스는 자신의 새로운 내적 언어를 만들어 가는데 이 과정은 재미있고 자발적인 방식으로 이뤄진다. 이런 과정이 그녀가 회피하고 있는 다른 문제 영역에 태클을 걸 수 있는 자신감을 증가시킨다.

**어머니로서의 루스의 잘못된 신념을 다루기** 루스는 딸 제니퍼가 어긋나는 것에 대해 죄책감을 느끼고 있다. 제니퍼는 학교에서 문제가 있었다. 루스는 제니퍼의 욱하는 감정에 대해 걱정한다. 루스는 자신이 엄마 역할을 더 잘했어야 한다고 말하면서 제니퍼의 문제에 대해 스스로를 비난한다.

루스: 저는 제니퍼가 제가 겪은 고통을 겪지 않았으면 좋겠어요. 그러나 저는 우리 어머니가 제니퍼 나이의 저에게 그랬듯이 이해해 주기보다는 비난하고 있어요.

코리: 이런 생각이 들면 당신 스스로에게 무슨 말을 합니까?

나는 루스가 스스로를 우울하게 만들고 죄책감을 느끼게 만드는 자기 패배적인 사고를 보길 원했다. 내가 바라는 것은 그녀가 자신의 사고방식을 변화시키는 것이 불필요한 불안과 죄책감을 제거하는 데에 중요하다는 점을 깨닫게 되는 것이다.

루스: 저는 제니퍼의 학교 숙제를 도와주지 못할 때 미안함과 죄책감을 느껴요. 아마 제가 제니퍼를 잘 지도하고 도와주었다면 학교에서 그렇게 문제를 일으키지 않았을 거예요.

코리: 당신의 그런 생각들이 어떻게 문제가 되는지 한번 볼까요? 제니퍼는 자기 문제에 책임이 없을까요?

루스: 있겠지요. 그러나 제가 잘못한 것이 더 많아요. 제가 잘하고 더 노력했더라면 그 아이의 문제가 해결되었을 거라 생각해요.

코리: 저도 어머니로서 당신이 어느 정도 책임이 있다는 점은 인정합니다. 그러나 그 모든 책임이 당신에게 있다고는 생각하지 않습니다. 만약 딸의 모든 것을 돌보아 주고 책임져 줘야 한다면 그 딸은 스스로 무엇을 할 수 있겠습니까?

나는 그녀의 자기 파괴적인 사고를 논박한다. 그녀는 이런 사고방식으로 죄책감을 유발하고 자기를 비난하는 자동적인 패턴에 아주 익숙해져 있다.

루스: 좋습니다, 조금 다르게 생각해 보겠습니다. 제가 어떻게 생각하는 것이 바람직한 것인가요? 선생님이 보기에 어떤 것이 더 좋은 건가요?

코리: 제니퍼가 잘못되면 누구를 비난합니까?

루스: 물론 접니다. 항상 그래왔던 것 같아요.

코리: 그러면 제니퍼가 잘하고 또 잘되면 누구를 칭찬합니까?

루스: 저는 아니에요. 그러나 저는 제니퍼가 잘하는 것을 거의 보지 못했어요.

코리: 제니퍼가 잘한 때도 있었을 텐데요. 어떻게 제니퍼가 잘못된 것은 다 자기 탓이고 잘된 것에 당신이 기여한 일이 없다고 생각하나요?

루스: 저는 문제만 눈에 보이나 봐요. 제가 제니퍼에게 많은 영향을 끼치고 있는 것은 사실이에요.

코리: 저는 당신이 자신에게 조금 더 관대해지길 바랍니다. 스스로에게 이렇게 말해보는 것은 어떨까요? '과거에 내가 잘못한 것이 있었고 앞으로도 잘못을 하게 되겠지만, 그것이 제니퍼를 망쳤다는 것을 의미하는 것은 아니다. 제니퍼의 모든 것이 나에 의해 좌우되지는 않는다. 제니퍼가 잘한 것이 자기가 잘해서이기도 하듯이 잘못한 것도 제니퍼에게 상당 부분 책임이 있다.' 라고.

루스: 괜찮네요. 제가 그렇게 말할 수 있다면 기분이 훨씬 좋아질 것 같아요.

코리: 좋아요. 만약 당신이 이런 논박을 계속 할 수 있다면 대안적인 자기 진술문도 개발할 수 있게 될 겁니다.

**| 치료 과정에 대한 논평** 내가 초점을 맞추는 것은 루스의 사고방식이다. 자기 도전적인 진술문을 개발하여 지금까지의 비합리적이고 왜곡된 사고에서 벗어나게 돕는다. 과제 할당은 일상생활에 적용해 보게 함으로써 자신이 원하는 행동을 제한하게 하는 것을 멈추게 하는 데 좋은 수단이 된다. 나는 또한 다른 사람에게 지속적으로 승인을 받아야만 한다는 루스의 부적절한 가정에도 의문을 제기한다.

## 마지막 제언

인지행동 접근은 다양한 정신 건강 장면과 지역사회 장면에서 상당히 인기가 있다. 인지행동 접근의 특수성, 과제 지향, 객관성 강조, 상호 협력적인 교류, 인지와 행동에 초점을 맞추는 것, 행동 지향적, 현재에 초점을 맞추는 것, 간략한 개입, 문제 해결을 지향하는 것과 같은 특징들은 다양한 내담자를 상담하는 데 매우 유용하다. CBT의 통합적인 측면은 부적응적인 것을 대체할 수 있는 적응적인 인지와 행동, 정서를 강조한다. 이것은 Albert Ellis와 Frank Dattilio 박사에 의한 루스의 평가에서도 기술되었다.

## 복습을 위한 질문

1. Ellis 박사의 인지, 정서, 행동 치료 기법을 루스의 역기능적 신념 체계에 적용시킨 방식이 어떤 장점과 단점이 있는가?
2. 루스에게 저널이나 자기 계발서를 읽어 보라고 제안했는데, 만약 루스가 이런 제안이 자신에게 부담스럽고 너무 큰 기대를 하는 것 같다고 거절한다면, 여러분은 어떻게 하겠는가?
3. 루스의 사례에서 대표적인 비합리적 신념은 무엇이라고 생각하는가? 왜 그런가? 치료자로서 여러분은 이런 역기능적 신념을 가지고 있지 않은가? 있다면 내담자와의 상담 과정에 어떤 영향을 끼칠 것 같은가?
4. 루스의 사고방식에 지시적이고 강력하게 도전하게 하는 치료 방법이 윤리적으로 문제가 없을까? 여러분의 가치를 루스에게 강요하는 것에 대해 생각해 본 적이 있는가? Ellis 박사와 Dattilio 박사, 그리고 나와 루스의 상담을 살펴보았다면, 루스에게 우리의 가치관을 부여하는 것에 대한 여러분의 생각은 어떠한가?
5. Dattilio 박사는 루스의 원가족과 현재의 가족 역동에 근거한 도식에 초점을 맞추었다. 여러분이 가족 도식으로 상담할 때, 어떤 도식을 사용할 것인가? 커플 상담에 인지행동적 접근을 사용하는 것의 장점과 단점은 무엇이라 생각하는가?
6. '반드시 해야 하는(must, oughts, shoulds)' 명령에 조건화되어 있는 루스를 어떻게 상담할 것인가? 루스가 자신의 양육 환경에 의문을 제기하며 자신이 처했던 상황에 대해 기분 나빠하면 여러분은 어떻게 할 것인가?
7. 인지행동 치료자로서 루스를 상담할 때, 나는 Ellis(REBT)와 Beck(CT)의 기법들을 혼합하여 활용하였다. 여러분은 이 두 기법의 어떤 측면들을 결합시켜 치료에 활용하겠는가?
8. 인지행동 치료와 게슈탈트 치료의 개념과 절차를 혼합할 수 있겠는가? 여러분은 루스의 자기 패배적 사고를 게슈탈트 치료에 어떻게 적용시키겠는가?
9. 인지행동 접근이 여러분의 상담 방식에 얼마나 잘 어울리는가? 여러분이 발견한 CBT의 가장 유용한 방법은 무엇인가? 여러분만의 상담에 적합한 방식으로 수정해 사용한다면 어떻게 할 것인가?

## 주

『심리상담과 치료의 이론과 실제: 스탠의 사례와 해설 DVD』를 보면, 8회기('스탠의 사례에 적용한 인지행동 치료')에 역할 전환과 인지적 재구성 기법을 활용하여 스탠의 잘못된 신념을 탐색하는 것을 보여주고 인지행동 치료에 적용될 수 있는 프리젠테이션 방식들을 볼 수 있다.

1. 합리적 정서 행동 치료의 기본적인 가정, 주요 개념들, 그리고 실제 적용을 위한 좀 더 상세한 토의를 위해 다음을 참고하라. G. Corey(2013)의 『심리 상담과 치료의 이론과 실제』(9판, Belmont, CA: Brooks/Cole, Cengage Learning)의 10장('인지행동 치료')은 Albert Ellis의 REBT, Aaron과 Judy Beck의 인지 치료, Donald Meichenbaum의 인지행동 수정의 기본 개념의 개요를 설명한다.
2. 합리적 정서행동 기법을 취하는 전문가들이 흔히 사용하는 인지적, 정서적, 행동적 기법에 대해서는 다음을 참고하라. Ellis, A. (2001). *Overcoming destructive Beliefs, feelings, and behaviors*. Amherst, NY: Prometheus Books.
3. 과제 할당, 자기 성찰에 근거한 REBT 접근이 나와 있는 유용한 안내서를 원한다면 다음을 참고하라. Ellis, A. (2001). *Feeling better, getting better, staying better*. Atascadero, CA: Impact Publications; and Ellis, A., & Harper, R. (1997). *A guide to rational living*. Hollywood, CA: Wilshire.
4. 다음을 참고하라. Dattilio, F. M. (2005). Restructuring family schemas: A cognitive-behavioral perspective. *Journal of Marital and Family Therapy*, 21(1), 15–30.
5. 다음을 참고하라. Dattilio, F. M. (2010). *Cognitive-behavior therapy with couples and families: A comprehensive guide for clinicians*. New York: Guilford Press.
6. 다음을 참고하라. Schwebel, A. I., & Fine, M. A. (1994). *Understanding and helping families: A cognitive-behavioral approach*. Hillsdale, NJ: Erlbaum. 수정판은 저자의 허락으로 완성되었다.
7. 다음을 참고하라. Dattilio, F. M. (1993). Cognitive techniques with couples and families. *The Family Journal*, 1(1), 51–65; Dattilio, F. M. (2000). Cognitive-behavioral strategies. In J. Carlson & Sperry(Eds.), *Brief Therapy with individuals and couples* (pp. 33–70). Phoenix, AZ: Zeig, Tucker & Theisen; and Dattilio, F. M. (2001). Cognitive-behavior family therapy: Contemporary myths and misconceptions. *Contemporary Family Tehrapy*, 23(1), 3–18.
8. 다음을 참고하라. Dattilio, F. M. (2002). Homework assignments in couple and family therapy. *Journal of Clinical Psychology*. 58(5), 535–547; Dattilio, F. M., L'Abate, l., & Deane, F. (2005). Home work for families in N. Kazantzis, F. P. Dean, k. R. Ronan & L. L. L'Abate (Eds.), *Using homework assignments in cognitive-behavior therapy*(pp. 357–404). New York: Brunner-Routledge.
9. Ellis 박사와 Dattilio 박사의 관점을 검토하는 것이 도움이 되기 때문에 나는 이번 장에서 인지행동적 관점에 관해 너무 많은 상세한 설명을 반복하지 않았다.

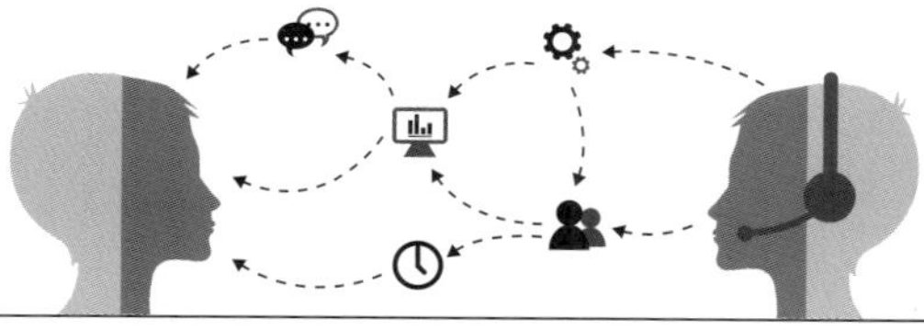

CHAPTER

9

# 현실 치료의 사례 접근

## 현실 치료의 일반적 개관

현실 치료는 정신병원과 교정기관에서 사용할 목적으로 1950년대와 1960년대에 William Glasser가 처음 개발했다. 현실 치료는 수용과 적용 측면에서 점진적이지만 꾸준한 성장을 누려왔고 오늘날 교실에서뿐 아니라 개인 상담, 집단 상담 및 가족 상담에 활용된다. Robert Wubbolding은 관리와 지도감독에 활용하여 현실 치료의 용도를 확장시켰으며 한국, 일본, 인도, 쿠웨이트, 싱가포르 및 유럽 전역에서 현실 치료를 교육하였다. 또한, 호주, 남아프리카, 콜롬비아, 남아메리카에서도 현실 치료를 교육하고 실행하고 있다. 현실 치료의 개념이 보편적이기 때문에 전 세계에 적용 가능하다.

현실 치료의 목표는 내담자가 자신의 좋은 세계(quality world)에 포함시키려고 선택한 사람들(과거의 사람들 및 새로 만나는 사람들)과 다시 연결되도록 돕고 내담자에게 선택 이론을 가르치는 것이다. 주요 치료 목적은 삶에서 중요한 관계를 향상시키도록 내담자를 돕는 것이다. 치료자는 소속, 힘, 자유, 즐거움의 욕구를 충족시킬 보다 효과적인 방식을 발견하도록 돕는다. 내담자는 행동과 사고를 통해 자신의 삶에서 원하는 것을 얻을 수 있는지를 결정하기 위해 현재 행동을 스스로 평가하는 일에 도전한다.

현실 치료는 적극적이고, 지시적이고, 정신교육적이며 교훈적이다. 치료 과정의 중심에 있는 것은 **치료 동맹**, 즉 치료자와 내담자 간의 관계이다. 치료자는 내담자가 결정한 특정 행동들(효과적이지 않은)을 변화시키기 위한 내담자의 계획 수립을 돕는다. 숙련된 질문과 다양한 행동 방법을 사용하여 내담자가 자신의 행동을 평가하는 것을 격려한다. 내담자가 자신의 현재 행동이 효율적이지 않다고 판단한다면 변화를 위한 구체적인 계획을 수립하고 철저히 따르겠다는 약속을 정한다.

내담자가 자신의 바람과 욕구를 보다 효율적으로 실현하게 되고 자신의 세계에 대한 통제감을 얻을 때(또는 재획득할 때) 상담을 종료할 준비가 된다. 이러한 접근은 변화를 위한 구체적인 계획의 기반을 다질 수 있다는 장점을 가지며, 이를 통해 결과에 대한 객관적인 평가를 내릴 수 있다.

## 루스에 대한 현실 치료자의 관점

_ William Glasser 의학박사

### 도입

내가 루스와 어떻게 상담하는지 설명하기 전에 현실 치료의 몇 가지 주요 개념에 대해 간단히 소개하고자 한다. 나는 우리가 행복을 찾으려는 시도로 모든 중요한 행동을 선택한다고 믿는다. 선택 자체가 불가능한 극심한 빈곤, 신체 질환, 노화 등을 제외하고는 치료를 받아야 할 만큼 충분히 불행하다면 이는 만족스러운 관계를 갖지 못했기 때문이라 생각한다. 신경증, 심신증, 정신병 등 우리가 선택한 모든 비효율적인 행동은 현 관계를 향상시키거나 더 나은 관계를 찾으려는 자기 파괴적인 시도이다. 그러므로 루스의 사례에서 보겠지만 현실 치료는 불만족스러운 현재의 관계를 찾아내는 데 중점을 둔다.

대인관계의 문제점이 현재에 있고 현재 해결되어야 하므로 우리는 과거에 초점을 두지 않는다. 증상이란 항상 현재의 불만족스러운 관계를 다루기 위해 선택되므로 우리는 증상에 초점을 두지 않는다. 관계가 향상되면 증상은 사라질 것이다. 대부분의 이론적 관점과는 대조적으로, 나는 비록 우리가 과거의 산물이라 할지라도 예전에 그렇게 선택하지만 않았다면 과거의 희생물이 되지 않았을 것이라고 믿고 있다. 이러한 방식으로 내담자에게 접근하는 것은 문제의 핵심(현재의 문제성 관계)에 쉽게 도달할 수 있기 때문에, 치료 기간을 대폭 단축시킨다.[1]

## 루스에 대한 평가

심리적 증상은 우리가 선택한 행동이기 때문에 나는 루스의 선택을 명사보다는 동사 형태로 기술할 것이다. 예를 들어, 루스의 증상인 '공황' 대신에 '공황을 유발하다.'라고 기술할 것이다. 공황장애는 루스의 사례에서 보는 것처럼 공황을 유발하는 행동을 일관되게 선택한 것일 수 있다. 루스는 '나는 우울하다.' 또는 '나는 우울증을 겪고 있다.' 대신에 '나는 우울한 것을 선택하고 있다.' 또는 '나는 우울해지고 있다.'라고 말하라고 배울 것이다. 증상 또는 장애를 기술하는 이러한 방식은 선택 이론을 이해한다면 쉽게 의미를 파악할 수 있다.

루스가 스스로 표현한 것처럼, 생존 욕구를 제외하고는 다른 기본 욕구를 충족할 수 없었던 것이 분명하다. 루스는 자신의 인생에서 사랑, 힘, 즐거움 또는 자유를 누릴 수 있다는 것을 느끼지 못한다. 또한 불안해지고, 공황을 유발하고, 신체화 증상을 발생하도록 한 자신의 선택이 극도의 좌절을 표현하는 스스로의 방식임을 느끼지 못한다. 이러한 증상은 '도와주세요!'라고 말하는 루스의 표현 방식이다.

## 주요 문제와 주제

우선 루스는 자신의 이야기를 들어주고 자신의 말을 비판하지 않는 누군가가 필요하다. 그러나 루스는 계속해서 자신의 이야기를 할 것이고 '불평하는 것은 잘못이에요. 나는 너무 많은 것을 가지고 있어요. 나는 아기처럼 행동해요.'와 같이 말함으로써 끊임없이 비판받기를 바랄 것이다. 루스의 치료자로서 나의 가장 중요한 과제는 루스의 말을 잘 듣고 자기 비난에 매이지 않도록 하며 비판 없이 스스로를 표현할 권리가 있음을 말해주는 것이다.

루스가 자신의 기본적 욕구에 대해 배우는 것은 중요하다. 루스는 결혼 생활을 개선하기 위해 노력해야 하며 남편과의 관계도 향상시킬 필요가 있다. 나는 반복해서 질문하였다. "당신이 비참하게 지내는 것이 어떻게 자신이나 다른 사람에게 도움이 됩니까?" 루스는 부모와 다른 이들에게 친절하게 대할 수 있지만, 자신의 인생에서 옳다고 믿는 것을 하겠다고 밝힐 때에는 단호하게 말하는 것이 중요하다.

초등학교 교사가 되려는 선택에 대해 논의하겠지만, 나는 직업을 가지려는 루스의 선택을 우선 격려한다. 교사는 베풀어주는 역할인데 루스는 지금 이런 역할을 잘하지 못할 수 있다. 루스는 성인들 사이에서 일하면서 성인으로서의 자질을 동료에게 인정받는 업무를 하는 것이 더 좋을 수 있다.

만일 루스가 체중, 식이요법, 증상에 대해 이야기하기를 원한다면 듣기는 하겠지만 이러한 주제들을 탐색하도록 격려하지는 않을 것이다. 나는 루스가 집밖으로 나가 성인 세계에서 만족스러운 관계를 발견하는 데에 치료의 초점을 둘 것이다. 만일 그러한 관계가 충분히 만족스럽다면 불평과 증상은 경감되겠지만 남편과의 관계는 여전히 노력해야 할 것이다.

루스의 재정 상태를 논의할 것이다. 처음 몇 년 동안 루스가 번 것은 자신을 위해 쓰고 남편, 자녀들과 함께 즐거운 활동을 하는 데에 쓰일 것이다. 나는 루스가 저축하거나 자선 단체에 기부하거나 별 필요도 없는 생활용품을 사는 데에 돈을 쓰지 말 것을 권유한다. 다른 사람들에게 이익이 되는 것이나 세상에 '좋은' 일이 아니라, 자신에게 좋은 것을 하도록 지속적으로 격려할 것이다. 루스는 자신에 대해 좀 더 자주 생각하는 것을 배울 필요가 있다.

첫 회기부터 나는 루스가 주도권을 가지고 결혼 생활을 향상시키려는 노력을 하도록 이끌기 위해 남편과의 관계를 제기할 것이다. 선택 이론과 현실 치료에 따르면 루스는 자신의 인생을 통제할 수 있을 뿐, 남편의 인생을 통제할 수 없다. 만일 남편 존이 기꺼이 결혼 생활 상담을 받으려고 한다면 부부를 함께 상담할 것이다.

## 치료 기법

루스에게는 무비판적이고 수용적이어야 하며 루스가 자신을 받아들이도록 가르치는 것이 중요하다. 나는 루스에게 '당신은 자신의 행동을 선택하고 있고, 오직 당신만이 자신의 행동을 변화시킬 수 있습니다. 당신은 다른 어느 누구도 변화시킬 수 없습니다.'라고 말할 수 있다. 나의 책 『선택 이론(Choice Theory)』[2]을 루스에게 읽으라고 줄 것이다. 현실 치료는 정신 교육을 강조하므로 우리는 각 회기마다 이러한 개념들에 대해 논의할 것이다. 이러한 정보는 좋은 내담자-치료자 관계와 결부되어, 상담을 통해 알게 되는 대부분의 사항을 루스가 잘 이해하도록 도울 것이다.

치료 회기 내에서 유머 감각을 가능한 한 많이 발휘하는 것은 도움이 될 것이다. 루스는 한두 번 웃었고 웃음은 그녀가 할 수 있는 다른 어떤 것보다 더 빨리 정신신체화 증상을 사라지게 할 것이다. 치료 회기에서 나는 루스에게 장점이 많다는 점을 강조할 것이고 각 회기마다 루스는 자신의 성공과 자랑스러운 성취의 원인에 대해 논의할 것이다.

루스가 자녀들에게 선택 이론의 개념을 적용하도록 격려할 수 있다. 나는 루스에게 딸 제니퍼와 잘 지내기 위해 어떤 일을 할 필요가 있는지 질문할 것이고, 딸에게 지시하는 것과 딸을 비판하는 것을 그만두라고 충고할 것이다. 대신에 루스는 딸과 함께 외출하여 좋은 시간을 보낼 수 있고, 현재 방식 그대로 딸을 좋아한다고 말하며 불행한 엄마를 본받지 말고 행복한 엄마만 본받으라고 농담 삼아 말할 수 있다.

나는 루스에게 그것은 자신의 인생이고 원하는 것을 이루는 것은 다른 누가 아닌 당신 자신에게 달려 있음을 가르칠 수 있다. 아무것도 할 수 없다고 말할 때마다 나는 왜 할 수 없는지를 물어볼 것이다. 그리고 루스가 그것을 할 수 있는 모든 이유를 대도록 요구한 후, 할 수 없는 이유와 할 수 있는 이유를 비교하게 할 것이다. 루스는 스스로 자신을 가둔 감옥에서 벗어나 자유를 누려야 하며 우리는 누가 루스를 해방시킬 것인지를 논의할 것이다. 만일 루스가 안에 갇혔다면 스스로 문을 열 수 없기 때문이다. 내 목표는 루스가 마음의 문을 열도록 돕는 것이다.

## 루스와의 상담 회기 표본

나는 가능한 한 심각하지 않게 가벼운 분위기로 회기를 유지한다. 루스는 자신의 문제를 덜 심각하게 고려하는 것을 배울 필요가 있다. 이를 통해서 루스는 자신이 더 나은 선택을 할 수 있다는 것을 스스로 확신할 수 있게 된다. 약 한 달 후에 다음과 같은 상담이 이루어졌다.

루스: 어젯밤은 정말 나빴어요. 온통 끔찍한 느낌이었어요.

치료자: (중단시키면서) 땀, 가슴 두근거림, 무서운 일이 일어날 것 같은 두려움은 당신이 한밤중에 겪은 고통의 증상입니다. 만일 당신이 39년 동안 무언가를 배웠다면 그건 공황을 유발하는 방법입니다. 이젠 변해야 할 시간이지요.

루스: 어떻게 그렇게 말할 수 있지요? 선생님은 내가 공황을 선택해서 발작을 즐긴다고 정말로 믿으시나요? 내가 그런 증상을 선택하는 것이 가능할 수 있나요? 그 증상은 자고 있는 동안에 발생해서 나를 깨운다고요.

치료자: 당신이 그런 증상을 선택한 것이 아니라면 누가 그랬는지 말해주십시오. 당신은 선택 이론에 대한 책을 읽었습니다. 내가 그렇고 다른 누구나 그렇듯이, 당신은 모든 행동을 선택했어요. 물론 당신이 이러한 선택을 즐기고 있는 것은 아니지만 당신이 한밤중에 선택할 수 있었던 다른 어떤 것보다 당신에게는 그 선택이 더 낫습니다. 아마도 받아들이기 어렵겠지만 말입니다.

루스: 말도 안 돼요! 그것은 더 좋지도 나쁘지도 않아요. 자는 동안 그런 거라고요. 내 말을 듣지 않으셨나요? 나는 자고 있었고 그 증상 때문에 깼어요.

치료자: (논쟁에 휘말리지 않고 루스와 논의를 계속한다.) 내가 한밤중에 당신에게 전화해서 당신이 선택한 공황이 오기 전에 깨웠다고 가정해 봅시다. 실제로 지금 당장 그렇게 해 봅시다. 당신은 잠든 척하고 내가 당신에게 전화합니다.

루스: 잠드는 것이 두려워요. 잠자리에 들 때조차 두려워요. 그 발작은 몹시 괴로워요. 얼마나 끔찍한지 선생님은 모르세요. 선생님이 한 번이라도 겪으셨다면 거기 그렇게 점잖게 앉아서 내가 이 고통을 선택하고 있다고 말할 수는 없을 거예요.

치료자: 밤에 자는 동안 더 좋은 선택을 하기를 원한다면 더 나은 선택을 하는 방법을 낮 동안에 배워야 합니다. 자, 내가 전화하고 당신을 깨웁시다. 그렇게 하겠습니까? 아니면 더 좋은 생각이 있습니까?

루스: 물론 더 좋은 생각은 없어요. 만일 있다면 여기에서 이런 말도 안 되는 이야기를 듣고 있겠어요? 자, 어서 전화하세요.

치료자: 좋습니다. 따르릉, 따르릉!

루스: 여보세요, 누구시죠? 지금 몇 시죠?

치료자: 접니다. Glasser 박사입니다. 당신과 당신의 문제에 대해 생각하다가 전화하기로 결심했습니다. 몇 분만 얘기 나눌 수 있을까요?

루스: 졸려요. 아침까지 기다릴 수는 없나요?

치료자: 딱 한 가지 질문만 하겠습니다, 하나만요. 괜찮습니까?

루스: 좋아요, 그러세요. 이제 일어났으니 이야기할 수 있어요. 알고 싶은 게 무엇이지요?

치료자: 당신이 오늘밤 잠자리에 들었을 때 무슨 생각을 했었는지 알고 싶어요. 기억나는 한 많이 말해주십시오.

루스: 내 인생이 온통 뒤죽박죽이고 좋아지지 않을 거라는 그런 생각을 항상 하죠. 나는 틀에 박혀 있어요. 결혼 생활은 아무것도 잘되는 게 없고 내 몸은 지독히 보기 싫고 하루하루는 끔찍해요. 만일 사람들이 온종일 나 같은 기분이라면 그 사람들이 왜 술을 마시고 마약을 하는지 이해할 수 있을 것 같아요. 선생님께 말씀드릴 게 더 뭐가 있나요? 이건 우리가 이야기할 때마다 선생님한테 말하는 건데요. 이것이 내가 생각하는 것, 나의 끔찍한 하루와 고통스러운 삶이에요. 이 이야기를 지금 반복하는 것이 무슨 의미

가 있지요? 무슨 이득이 있나요?

치료자: 만일 내가 내일 밤에 전화한다면 똑같은 이야기를 하실 것 같습니까?

루스: 물론 같을 거예요. 지난 10년간 같았으니까요.

치료자: 아니요, 그렇지 않습니다. 이제는 다릅니다.

루스: 무슨 말씀을 하시는 거죠? 어떻게 다른가요?

치료자: 공황을 유발시키는 것은 새로운 일이고 나를 만나는 것은 더욱 더 새로운 일입니다. 그것은 다릅니다. 많이 다르지요.

루스: 예, 예전보다 더 나빠요. 최소한 전에는 공황은 없었어요. 그리고 선생님 역시 별로 호감이 가진 않아요. 나는 그런 식으로 생각해 본 적이 없어요. 아마도 선생님을 안 보면 공황이 없어질 거예요.

치료자: 그만두기를 원한다면 나는 당신을 붙잡지 않을 것입니다.

루스: 글쎄요, 선생님의 상담도 저에게 그렇게 이로울 것 같지는 않군요.

치료자: 당신 역시 자신을 위할 것 같지 않군요. 왜 자신을 위한 일을 선택하지 않습니까? 당신은 죽음의 공포에 질려 잠을 깰까봐 두려워하면서 잠자리에 들고, 상담실에 와서는 내가 당신을 돕는 것이 아무것도 없기 때문에 나를 계속 비난하는 일이 지속되기를 원하십니까? 그것이 당신에게 무슨 도움이 됩니까?

루스: 내가 무엇을 할 수 있을까요?

치료자: 당신은 하루 종일 많은 것을 합니다. 그렇지만 자신을 위해서는 아무것도 하지 않아요. 만일 오늘 밤에 당신이 공황발작이라 부르는 증상이 나타나도 내일 그것에 대해 나에게 말하지 마십시오. 그것은 당신의 선택이고 나는 그것에 대해 아무것도 해드릴게 없습니다. 내가 당신을 위해 할 수 있는 모든 것은 전보다 더 좋은 날을 보내게 하고 뭔가 다른 일을 하게 돕는 것입니다. 내일 시작하기를 원하십니까? 생활 방식을 바꾸기 시작하겠습니까? 아니면 지금처럼 살아가는 것을 선택하기 원합니까?

루스: (이제 누그러진다. 루스는 잘 듣고 있다. 한밤중의 통화 기법은 루스의 관심을 얻고 있다.) 그렇지만 내가 어떻게 할 수 있지요?

치료자: (강조하며) 어떻게 못할 수 있지요? 왜 기다리기만 합니까? 당신이 두려워한다는 걸 알아요. 새로운 것을 시도하는 것은 쉬운 일이 아니므로 우리는 모두 두렵습니다. 시간 낭비를 없애고 당신을 위해 무언가를 할 계획을 지금 당장 세우기 시작합시다. 당신이 자신을 돌보기 시작한다고 해서 아무에게도 상처 주는 일은 없을 것입니다. 만일 당신이 더 나아진다면 오히려

온 가족을 위하는 일이 됩니다.

이후 우리는 루스의 욕구를 충족시킬 수 있는 일을 하기 위한 계획을 세웠다.

**치료 과정에 대한 논평** 나는 루스의 저항을 직면하기 위해 한 달 이상을 기다리지 않는다. 루스는 나약한 사람이 아니다. 루스의 공황 증상은 많은 장점이 있다. 그러나 만일 내가 루스를 공황에 직면시키지 않는다면, 그리고 루스가 공황 증상으로 다른 사람들을 통제하려고 노력했던 것처럼 나도 통제하도록 내버려두었다면 루스는 변하지 않았을 것이다. 루스는 통제감을 얻기 위해 고통을 기꺼이 선택해왔다. 우리 모두 역시 이따금 그렇게 한다. 단지 루스는 많이 한다는 것뿐이다. 치료자로서의 내 직무 때문에 나는 개입할 필요가 있다. 내 경험으로 볼 때 루스가 이러한 방식으로 치료받는다면 예후가 매우 좋을 것이다. 공황을 유발하도록 한 자신의 인생을 효과적으로 통제하기 위해 에너지를 투입하기 시작하면 급속한 진전이 있을 것이다.

나는 치료가 얼마나 걸릴지 말할 수 없다. 그러나 만일 우리가 증상에 관심을 두지 않고 결혼 관계에 초점을 둔다면 루스가 통제할 수 있는 유일한 사람의 행동은 바로 자신의 행동임을 알게 하고, 남편과 자녀와 좀 더 가까워지도록 에너지를 쏟게 하며, 만족스런 직업을 찾도록 도와야 한다. 이 모든 과정이 10회기를 초과하지는 않을 것이다. 그 후에는 경과를 보기 위해 한 달에 한 번 루스를 만날 것이다.

## 루스에 대한 다른 현실 치료자의 관점

_ Robert E. Wubbolding 교육학 박사

### 도입

나는 현실 치료의 실무를 대표하는 몇 가지 상담의 예를 소개할 것이다. 이 대화에는 현실 치료를 적용할 때 사용되는 구체적인 도구(질문)가 포함되어 있다. 치료자가 단지 이 몇 가지의 질문만 한다고 해서 내담자가 자동적으로 신속하거나 극적인 변화를 나타내는 것은 아니다. 이 대화는 상담 과정에서 수십 가지 방식으로 반복하여 만들고 다시 표현된 가장 중요한 현실 치료의 표본이 될 수 있다.

루스와의 상담에서 볼 수 있듯이, 평가와 치료는 상담의 전 기간 동안 연계된다. 내가 루스의 주관적 세계에 관해 질문을 제기하고 이에 대한 루스의 탐색을 통해 상당 부분 평가가 이루어진다. 공식적 진단을 강조하지는 않지만 나는 지속적인 평가에 상당한 가치를 둔다. 또한 상담 관련 활동은 치료자의 표준 실무에 부합해야 한다. 진단명을 정하는 것은 개인을 정형화하거나 진단 기준에 명시된 행동과 내담자의 증상이 일치하기를 엄격하게 기대하는 도구로서가 아니라, 전문가들 사이의 의사소통 도구로 기능하는 것이 가장 적합하다.

**치료를 위한 단계 설정** 이미 알고 한 동의(informed consent)의 중요성을 감안하여 나는 첫 회기를 시작할 때, 또는 가능한 한 빨리 상담 관련 세부 사항을 루스와 논의했다. 여기에는 나의 자격증, 현실 치료의 특성과 원리, 비밀 보장과 제한점, 루스의 권리와 책임 및 상담의 일반적 목적 등이 포함된다. 이때 나는 '내 일, 당신의 일, 우리의 일'에 관해 명시한, 현실 치료의 일반 공식을 주지시켰다. '내 일'이란 자신의 한계를 인식하는 윤리적 전문가로서의 기능이고, '당신의 일'이란 약속을 지키고 내담자가 선택한 만큼 많이 노출하는 것이다. '우리의 일'이란 내담자의 행복 증진(욕구충족)을 이끌어 낼 인생의 변화를 위해 함께 일하는 것이다. 나는 루스가 자진하여 열심히 노력한다면 단기간에 치료가 종료될 것임을 강조한다.

**루스의 기대 탐색** 나는 루스에게 상담을 받기로 결정했을 때와 오늘 처음 방문하기 전에 무슨 생각을 했는지를 물었다. 루스는 자신의 불확실성, 주저함과 실패감에 대해 이야기했다. 나는 상담에 대한 두려움과 '판도라의 상자를 여는 것'에 대한 두려움 그리고 새로운 사실을 발견함에 따른 당혹감과 두려움을 논의하도록 격려하였다. 나는 이를 공감하며 경청함으로써 루스와의 관계를 형성하기 시작했다. 나는 루스가 더 나은 기분으로 기꺼이 상담에 임하면 진전이 있을 것이라는 확신을 주었다. 만일 루스가 어떤 일에 노력을 기울인다면 통제감을 가질 수 있을 것인데 이러한 통제감은 현재 루스에게 매우 부족하다.

첫 회기에서 내 목표 중의 하나는 자신의 문제점에 대해 루스가 느긋해지도록 돕는 것이다. 다음은 루스와의 대화이다.

**치료자:** 오늘 여기에 올 때 어떤 생각이 들었나요?

**루스:** 두렵고 겁이 났어요. 무슨 일이 일어날까 불안했어요. 가끔씩 통증을 느끼고 예민해져요.

치료자: 통증, 불안, 두려움과 심란한 상태에 맞서기 위해 어떤 노력을 하고 있나요?

루스: 불행을 없애려고 엄청난 에너지를 쏟고 있어요.

치료자: 이런 끊임없는 노력이 성과가 있나요?

루스: 노력이 성공적이지 못하면 더 힘을 내서 다시 시작해요.

치료자: 당신의 걱정과 맞서 싸운 결과를 말씀해주십시오.

루스: 글쎄요, 두려움을 공격하는 것은 아직 효과가 없다는 걸 인정해야겠네요.

치료자: 그러한 접근이 효과가 없다면 반대로 접근해 보길 권합니다. 두려움과 싸우는 것이 도움이 안 되기 때문에 이제는 당신이 계속 괴로울 것이라는 것을 스스로 인정하는 시간을 잠시 동안만이라도 가져봅시다. 당신의 문제를 감싸 안을 수 있겠습니까? 결국 당신이 겪어 온 것이고 괴로운 게 당연하지요? 누군들 안 그렇겠습니까?

내담자에게 대안적 접근을 제시하는 것은 자신에 대해 확신을 느끼도록 도울 수 있다. 내담자는 자신이 정상임을 인식하거나 최소한 문제점을 정상적 방식으로 다루고 있음을 인식한다. 나의 희망은 루스가 두려움, 불안, 전반적인 혼란을 문제 자체가 아닌, 문제에 대한 자신의 반응으로 고려하기 시작하는 것이다. 이러한 반응을 정상으로 인식한다면 앞으로 이런 반응을 잘 다룰 수 있는 좋은 기회를 가지게 된다.

**비유 사용하기** 루스의 고려 사항에 대해 나는 '배낭'과 '갈림길'의 두 가지로 비유했다. 이러한 은유는 루스가 자신의 문제를 외부화하고 통제감을 갖도록 도울 수 있다. 배낭이란 은유는 루스가 점차 버려야 할 불필요한 무게나 짐을 짊어지고 있음을 암시한다. 갈림길이라는 은유는 더욱 만족스러운 여정을 한 걸음 한 걸음 나갈 수 있음을 루스가 인식하도록 돕는 효율적이고 구체적인 도구이다. 루스는 '고통의 길' 아니면 '행복 고속도로' 중 한 곳을 여행할 수 있다.

**루스의 좋은 세계를 탐색하기** 첫 회기와 이후의 회기에서 우리는 상담과 관련된 루스의 '좋은 세계'를 탐색하는 데에 많은 시간을 소요했다. 루스는 치료에서 가장 원하는 것이 "내가 해야 하는 것과 하도록 압력을 받는 것이 무엇인지 알고, 너무 늦기 전에 제대로 살기 시작하기"라고 말했으며, 이에 대해 상세히 설명했다. 나는 루스가 이미 굉장한 장점을 가지고 있다는 것에 중점을 둔다. 지금도 루스는 무언가를 할 수 있고 제대로 살기 시작하기를 원한다는 것을 믿는다. 나는 루스에게 '산다'는 것이 무엇을 의미하는지 정의하도록 했다. 루스는 집에서 현관의 도어 매트가 된 것 같은 느낌, 살찌고, 외롭고 고립된, 영적으로 소외된 느낌이라고 말했다. 루스가 통증에 대해 이야기했을 때 나는 루스가 통증을 단어로 표현할 수 있다는 것에 고무되었고 이러한 느낌을 명확히 표현할 수 있는 것이 행복의 길로 향하는 중요한 단계임을 지적했다.[3]

루스가 우울감과 무력감을 언급했기 때문에 나는 얼마나 우울하고 무력한지 질문했다. 루스는 자살할 만큼 끔찍하게 느끼는가? 이전에 자해를 시도했었나? 자살을 실행할 계획과 도구를 가지고 있나? 루스가 우연히 또는 의도적으로 자신을 해치고 싶은 충동을 느낄 때 그녀를 도와줄 누군가가 주변에 있는가? 만일 루스(또는 다른 내담자 누구라도)가 심각하게 자살을 고려하고 있다고 판단되면 나는 자살을 막기 위해 조치를 취할 의무가 있다. 그러나 루스는 자살 충동이 없으며 어떤 식으로든 자해하지 않을 것임을 단언했다.

루스: 솔직하게 말해서 내가 전문적인 도움을 받을 필요가 있다는 것과 내 문제를 스스로 해결할 수 없다는 것이 속상해요.

치료자: 외부의 도움을 구하는 것을 불편해하지 않았다면 오히려 놀랄 일이지요. 그렇게 느끼는 것이 건강한 방식입니다. 당신은 첫 번째 큰 발전을 이룬 것에 대해 축하받을 자격이 있습니다. 새로운 경로를 시도하는 데는 용기가 필요할 테니까요.

루스: 글쎄요, 나는 큰 발전이라고는 전혀 생각하지 못했어요.

치료자: 상담이 도움이 될 거라고 믿습니까? 단기간 내에 좋아질 수 있다고 생각하십니까?

루스: 기분이 나아지고 다른 관점을 갖도록 도와 줄 거라 생각해서 여기에 오게 되었죠.

치료자: 당신의 개인력을 읽었어요. 그리고 우리는 잠시 동안 여기에서 이야기했고 당신의 기분은 좀 나아진 것 같습니다. 보장할 수는 없지만 더 나은 삶이 가능하다고 생각해요. 괜한 소원이 아닌 구체적인 정보 몇 가지에 근거하여 그렇게 생각합니다. 즉, 당신은 여기에 와서 배낭을 열었고 이로써 새로운 고속도로를 따라가는 한 걸음을 내딛었습니다. 또한 삶이 조금이나마 더 좋아질 수 있다는 신념을 가졌습니다. 더구나 당신은 이미 목표를 세웠어요. 그리고 마지막으로 무엇이 고통을 주는지에 대해 매우 잘 알고 있어요. 다시 말해서 당신의 고통을 잘 기술할 수 있다는 것이지요.

루스: 그래서 희망이 있군요.

치료자: 동의합니다. 희망이 있어요. 나는 당신이 빨리, 최소한 조금이라도 더 좋아질 수 있다고 믿어요, 한 가지 조건만 맞다면요.

루스: 무슨 조건이지요?

치료자: 당신이 기꺼이 노력한다는 조건입니다. 행복 고속도로를 따라 걸음을 내딛을 때 힘든 작업일지라도 노력해야 합니다. 이상하게 들릴지 모르겠지만 이런 노력은 고통과 싸우는 것보다 덜 힘들지요.

루스: 기꺼이 그렇게 하겠어요.

## 루스의 우울증을 다루기

내가 루스의 긍정적 발전을 강조하고 낙관적 태도를 취하면 루스는 사소한 성공에 지나지 않으며 자신은 때때로 우울하다고 고집하면서 저항했다. 나는 루스에게 역설적 기법을 사용하기로 결정했다. 우선 스스로 우울하기를 선택할 일정을 잡도록 했다. 아마 격일로 10분 정도의 시간이 필요할 것이다. 나는 루스가 상황을 악화시키기 위해 할 수 있는 일이 무엇인지를 상세히 기술하도록 했다. 루스는 어떻게 자신을 공공연히 비판하고, 계획을 지연시키며 죄책감을 증대시키는지, 그리고 어떻게 죽음에 대한 불안을 과장시킬 수 있는지에 대해 면밀히 탐색하였다. 루스는 이러한 논의를 즐겼으며 진심으로 웃었다. 루스는 그런 비효율적인 사고가 더 행복하고 만족스러운 삶을 어떻게 방해하는지, 그리고 고통의 길에 머물게 하는지 알게 되었다. 그러나 가장 중요한 것은 만일 자신의 삶을 더 비참하게 만들 수 있다면 또한 더 즐겁게도 만들 수 있다는 것을 역설적 논리를 통해 배운 것이다. 루스가 자살충동이 없고 무력화될 정도로 우울하지 않다는 것을 초기에 확인했음을 다시금 강조하는 것이 중요하다. 우울증이 심할 경우에는 역설 기법을 피해야 한다.

그 후 나는 루스가 얻지 않기를 원하는 것이 무엇이고 실제로 남편, 자녀, 종교, 학교로부터, 그리고 가장 중요하게 그녀 자신으로부터 얻고 있는 것이 무엇인지 말하도록 격려했다(루스는 이미 나에게 원하는 것이 무엇인지를 기술했다). 이러한 탐색에는 두 회기 이상이 소요되었다. 루스는 점진적으로 가족, 사회생활, 자아(예: 체중), 직업생활 및 인생의 영적인 측면(상담학계에서는 상당히 무시되어온 영역)에 관한 보다 구체적인 목표나 욕구를 발달시키고 있다.

## 루스가 원하는 것을 탐색하기

다음은 가족, 구체적으로는 남편과 관련된 루스의 욕구를 탐색하는 과정이다.

치료자: 당신은 남편과의 관계를 이야기했습니다. 그 관계가 어떻게 바뀌었으면 하는지 말씀하십시오. 달리 질문한다면 남편으로부터 누리고 있지 못하지만 받기를 원하는 것은 무엇입니까?

루스: 남편에게 이해받기를 원해요.

치료자: 현재는 받지 못하고 있지만 받기 원하는 것이 대해 좀 더 구체적으로 말해 줄 수 있나요?

루스: 남편은 그저 나를 당연하게 여겨요. 아이들의 엄마로서만 필요하지요. 그 이는 항상 일하느라 바쁘고 나를 독립적인 인간으로 생각하지 않아요. 그리고 선생님도 아시겠지만 때때로 나는 그런 남편이 옳다고 생각해요.

치료자: 그런데도 당신은 여전히 남편이 다르게 생각해 주길 원하고 있습니다.

루스: 나를 인정하고 좋아하고 다정하게 대했으면 해요.

치료자: 만일 남편이 당신을 인정한다면 무엇이 달라질까요?

루스: 그이가 나에게 좀 더 관심을 보일 것 같아요.

치료자: 루스, 남편이 오늘밤 당신에게 관심을 보인다면 당신은 어떻게 할 것 같나요?

루스: 다정하게 대할 것 같아요. 만일 그이가 자신의 일을 나와 공유하려 한다면 그이가 나를 신뢰하고 나에게 좋은 감정이 있다는 걸 알게 될 것 같아요.

치료자: 남편과 더 좋은 관계를 갖는 것에 관심이 많은 것 같습니다.

루스: 물론이죠.

치료자: 당신이 이번 상담의 목적을 달성했다고 생각합니다. 앞으로 우리는 더 나은 상황을 만들기 위해 당신이 할 수 있는 것이 무엇인지를 논의할 것입니다.

이 대화에서 루스는 한 가지의 욕구 또는 목표를 정의했다. 유사한 질문과 탐색적 언급을 사용하여 나는 루스가 자녀, 종교, 학교 및 인생의 다른 측면에 관련된 욕구를 명료화하도록 도왔다. 이러한 목표를 수립할 때는 바람직한 결과를 얻기 위한 자신의 역할에 대해 표현할 수 있도록 돕는 것을 강조한다.

초기 회기 동안 루스는 통제할 수 있는 것과 통제할 수 없는 것이 무엇인지를 정의했다. 나는 루스가 '강제로' 다른 사람들을 변하게 할 수 있는지와 과거사를 얼마나 통제할 수 있는지 평가할 수 있도록 도왔다. 나는 배낭의 무게를 소량 줄이는 것 같은 행동의 작은 변화에 중점을 둔다면 인생이 훨씬 더 행복해질 것임을 루스가 믿도록 도울 것이다.[4]

치료자: 당신은 남편, 자녀, 학교와 무관하게 자신을 위해 원하는 것을 정의했습니다. 당신은 인생에서 영구적인 가치를 갖는 영적(spiritual) 목적이 있었으면 좋겠다고 했습니다. 당신의 인생 과정에서 통제 가능한 요소와 통제 밖의 요소를 설명할 수 있습니까? 특히 당신에게는 어떤 것이 행복의 고속도로인 것 같습니까?

루스: 고통의 길에 대해 더 잘 설명할 수 있어요. 남편을 변화시키기 위해 어렵게 노력하고 체중을 줄이기 위해 노력했지만 소용없었어요. 내 삶의 목적, 한밤중의 공포, 식은땀, 내가 느끼는 고통, 직업적 정체성의 결여, 내 것이라고 할 수 없는 내 삶에 대해 알고 싶어 노력했지만 실패했어요.

치료자: 지금 말한 사람이나 대상 중 어떤 것을 변화시킬 수 있습니까?

루스: 확실하지 않아요. 정말 혼란스러워요.

치료자: 하나씩 시작해 봅시다. 우선 남편을 당신이 원하는 그런 사람이 되도록 강요할 수 있습니까?

루스: 아니요. 몇 년 동안이나 노력해온걸요.

치료자: 노력해서 원하는 결과를 얻었습니까?

루스: 아니요.

치료자: 체중 문제에 대해 말씀해주십시오.

루스: 줄었다가 다시 늘어나기를 여러 번 되풀이했지요.

치료자: 당신은 체중을 줄였습니다! 체중을 줄이는 방법을 알고 있고 여러 번 감량에 성공했습니다.

루스: 하지만 그것을 성공이라 여기지 않았어요. 체중이 다시 느는 것은 실패라고 생각해요.

치료자: 그렇지만 당신은 여러 번 성공했습니다. 장기간 동안 섭식을 조절할 수 있었어요.

루스: 선생님 말씀이 맞는 것 같아요.

치료자: 목적의식, 즉 당신이 대단한 인물이고 가치 있으며 중요하다는 느낌을 가져도 되지 않을까요? 이러한 생각을 구상하고 추진하기 위한 구체적인 계획을 세우는 것을 어느 정도 통제할 수 있습니까?

루스: 글쎄요, 선생님 말씀은 마치 내가 그렇게 할 수 있고 통제력을 가진 것처럼 들리네요.

치료자: 루스, 나는 항상 내담자가 자신의 생각을 행동(욕구를 성취시킬 수 있는)으로 옮기는 것을 돕습니다.

루스: 그 고속도로로 가고 싶어요. 어떻게 시작하지요?

치료자: 작은 단계부터 한 가지씩 시작해야 합니다. 그러나 서두르지는 맙시다. 사실, 우리가 좀 더 많은 이야기를 나눌 때까지 급진적이나 광범위한 변화를 만들지 않았으면 합니다.

**치료 과정에 대한 논평** 나는 루스에게 치료의 개입 수준을 결정하라고 요구했다. 루스는 분명히 기초 수준은 아니다. 그러나 '나는 여기에 있고 싶지 않아요.'라는 태도는 낮은 정도의 개입 수준이다. 체중 같은 루스 인생의 일부분은 두 번째 수준일 수 있다. 이것은 '나는 좋은 결과를 얻고 싶지만 노력하기는 싫어요.'라는 말로 표현된다. 세 번째 수준인 '노력할 거예요.'는 아마도 루스 인생의 상당 부분을 차지하는 특성이다. 그러나 나는 루스가 체중 감량을 위한 노력을 성공으로 여기도록 돕고 싶다. 그 후 나는 '최선을 다할 것입니다.'와 '무슨 일이 있어도 하겠습니다.'와 같은 네 번째와 다섯 번째 수준으로 루스를 유도한다. 만일 내담자가 개방적이고 열심히 노력하려고 한다면 현실 치료를 통하여 단시간에 효과가 나타날 것이다.

이러한 시스템을 활용하는 실제의 이익은 '노랫말'이 아닌 '음악'을 형성한다는 것이다. 이러한 질문 구성 방식은 루스가 내적으로 지각된 통제감을 개발하고 선택할 수 있음을 깨닫도록 돕는다. 이를 통해 루스는 인생이 더 좋아질 수 있고 더 좋게 느낄 수 있으며 이전에 꿈꾸었던 것보다 더 많은 통제력을 가지고 있다는 중요한 신념을 얻는다. 현실 치료는 피상적인 계획 수립과 문제 해결이 아닌 구체적인 과정을 수반해야 한다.

루스가 자신의 관계를 향상시킬 때 고통은 약화되고 더 행복해진다는 것이 기본 원리이다. 나는 남편과의 관계, 직업 및 교육 영역에서 루스를 도울 것이다. 또한 과체중 문제에 대처하도록 도울 것이다. 자신을 불완전한 동시에 가치 있는 인간으로 서서히 수용하겠다는 루스의 일반적 목표에 따라 우리의 상담이 진행될 것이다.

## 루스가 자신의 행동을 스스로 평가하도록 돕기

전 과정을 통하여 자기평가와 관련된 자아 탐색을 위해 수십 가지의 질문과 요청이 도출될 수 있다. '어제 했던 당신의 활동이 당신이 원했던 만큼 도움이 되었습니까?', '현실적으로 달성 가능한 욕구에 대해 말씀해주십시오.', '당신이 원하는 것이 정말로 당신에게 도움이 됩니까?', '지루하지만 안락한 생활이 당신이 진실로 원하는 삶입니까?', '그것이 지금 당신에게 좋습니까?', '만일 당신이 되고자 원했던 그런 사람이 된다면 어떻게 행동하실 것 같습니까?', '남편과 자녀들과 어떻게 더 가까워지겠는지 말씀해주세요. 당신과 가족들이 서로에게 느끼는 친밀도를 말씀해주세요.'

우리는 다음 회기에서 다음과 같은 대화를 진행하였다.

치료자: 고통의 원천이라 말씀하셨던 남편과의 관계에 초점을 둡시다. 이전 회기에서 남편이 당신을 무시하고 당신의 노력을 당연시하고 당신에게 최소한의 말만 한다고 했습니다. 그래서 나는 당신이 이러한 상황을 바꾸기 원한다고 생각했지요.[5]

루스: 물론 그래요.

치료자: 그리고 당신의 행동이 당신이 통제할 수 있는 유일한 것이라는 것도 알았고요.

루스: 그래요.

치료자: 이제 남편과의 관계에서 지금까지 당신이 해왔던 선택과 행동에 대해 중요한 질문을 할 것입니다.

루스: 좋습니다.

치료자: 지난밤에 무슨 일이 있었습니까? 어제 남편이 들어온 시간부터 잠자리에 든 시간까지 당신이 했던 일을 자세히 설명해 보십시오.
(루스는 저녁시간 동안의 모든 일을 상세히 설명한다. 나는 루스가 정확하게 기술할 수 있도록 돕는다.)

치료자: 그때 남편에게 원한 것이 무엇이었습니까?

루스: (남편에게 원했던 것을 기술한다.)

치료자: 지금은 어제 밤에 말한 것과 다르게 말할 수 있습니까?

루스: '여보, 오늘 어땠어요?'라고 말하고 포옹할 거예요. 그러고 나서 '메일을 읽고 함께 저녁 준비해요.'라고 말할 거예요.

치료자: 좋습니다. 이제 당신이 통제할 수 있는 유일한 관계에서 통제력을 행사할 수 있습니까?

루스: 예, 나 자신의 행동이요.

치료자: 자, 이제 당신이 하려는 방식에 남편이 반응하지 않는다고 가정합시다. 그

러면 어떻게 되지요?

루스: 그럼 나 자신에게 이렇게 말할 수 있어요. '나는 내가 할 수 있는 것을 했다. 그이가 변할 거라는 보장은 없다. 그렇지만 나는 과거에 했던 것보다 더 좋은 선택을 해서 만족감을 느끼도록 행동했다.'

치료자: 이런 노력을 계속 한다면 관계가 향상될 좋은 기회를 갖게 될 것입니다. 당신은 행복 고속도로를 따라가는 또 다른 걸음을 내딛을 것입니다.

**치료 과정에 대한 논평** 이번 회기에서는 루스가 남편의 행동보다 자신의 행동을 평가하도록 돕는 데 중점을 두었다. 나는 질문을 통해 루스가 자신의 행동만 통제할 수 있고, 직접 행동으로 실천한다면 자신의 본분을 다하고 있음을 느낄 것이라는 점을 간접적으로 상기시켰다. 루스는 성공 가능성이 높은 달성 가능한 단기 계획을 수립하였다. 이후의 회기에서는 다른 선택, 즉 루스가 획득한 내적 통제감 및 여전히 얻기 원하는 내적 통제감과 관련된 지각뿐 아니라, 충족되지 못한 다른 요구와 이에 수반되는 비효율적 및 효율적인 행동을 탐색했다. 우리는 루스의 배낭 무게를 서서히 줄이고 행복 고속도로를 따라 여행한다는 비유를 계속 사용했다.

나는 루스가 즐거움의 욕구를 충족시킬 수 있는 좀 더 달성 가능하고 구체적인 계획을 세우도록 격려했다. 루스의 경우 즐거움의 욕구가 가장 명백하게 충족되지 못했으며 보다 효과적으로 충족될 가능성이 높고, 노력하기에 가장 용이하므로 즐거움의 욕구를 선택했다. 루스가 체중을 영구히 줄이고 싶다고 말한 점을 고려하여 체중유지 모임 같은 지지모임에 참여하도록 격려했다. 루스에게 같은 학과의 학생들과 어울리고 스터디 그룹을 조직하도록 제안했다. 이는 루스에게 소속감을 부여할 것이며 힘이나 성취 욕구를 충족하는 데 도움이 될 것이다. 나는 루스가 비효율적인 자기 대화를 선택 이론에 근거한 긍정적인 확언으로 대체할 것을 제안했다.

나는 루스가 원한다면 영적인 고양감을 주제로 한 서적을 하루 10분 정도 읽으라고 하였다. 처음 읽기에는 『자신을 행복하게 만드는 비결(A set of Directions for Putting and Keeping Yourself Together)』[6]이라는 책이 적합하다. 죄책감, 두려움, 자기 비하를 촉구하는 책은 피해야 한다. 루스는 '마음의 의지가 되는 것'에 대한 깊은 욕구를 표현했고 인생에서 이러한 부분을 무시하는 것은 불운한 일이 될 것이라고 생각했다. 현실 치료를 이해하는 현명한 성직자에게 루스를 의뢰할 수도 있다.

전반적으로, 소속과 힘과 즐거움의 욕구를 보다 효율적으로 채우도록 루스를 도와야 한다. 이는 'WDEP' 체계를 사용하여 달성할 수 있는데 4개의 알파벳 문자로 자세한 과정을 축약할 수 있다. W는 '욕구 결정하기'로, 개입 수준과 지각된 통제 소재를 포함한다. D는 '전체 행동 검토하기'로, 행동, 사고 및 감정 탐색을 포함한다. E는 '내적 자기평가를 하도록 돕기'이며, 특히 욕구와 행동에 관한 내적 자기평가를 돕는 것이다. 마지막으로 P는 '이전의 선택과는 다른 방식으로 루스의 요구를 성취하기 위해 긍정적이고 현실적인 계획을 발달시키도록 돕기'이다. 이러한 체계는 때때로 '질문 과정'으로 잘못 언급되지만 훨씬 광범위한 탐색이다.

나는 루스에게 자신 있게 현실 치료를 적용할 수 있다. 물론 루스의 여러 문제로 인해 도전을 받겠지만 루스의 행동이 변화할 때 좋은 감정과 성공이 일반화된다는 것을 선택 이론 지식을 통해 알 수 있을 것이다. 그러므로 나는 어떠한 증상을 선택하든 루스의 전체 삶이 만족스럽게 변화할 것이라는 확신이 있다. 루스의 높은 동기 수준과 최소한의 저항은 욕구(목표) 충족을 향한 비교적 지속적이고 가시적인 발전을 촉진한다.

## Gerald Corey의 현실 치료적 관점에서 루스 상담하기

### 도입

현실 치료는 능동적, 지시적, 실용적이며 인지행동적인 측면에 초점을 둔다. 현실 치료자로서 나의 과제는 내담자의 욕구와 지각을 명료화하고 평가한 후 변화를 가져올 구체적인 계획을 세우는 것을 돕는 것이다. 나의 기본 업무는 내담자와의 관계 형성, 즉 현재의 행동이 얼마나 효과가 있는지에 대해 내담자가 정직한 평가를 하도록 추진력을 부여하는 관계를 형성하는 것이다. 『상담 및 심리 치료의 통합적 접근: 루스의 사례와 해설 DVD』의 8회기('상담에서의 행동적 초점')에 변화의 목표가 될 구체적인 행동을 루스가 상세화하도록 돕기 위해 시도한 방법을 소개한다.

### 루스에 대한 평가

나는 루스의 결함, 문제, 실패에 중점을 두기보다는 루스의 자원, 성취와 성공을 찾는 데에 더 관심이 있다. 처음에 나는 다음과 같이 질문했다. "당신이 원하는 것이 무엇입니까?", "만약 당신이 원했던 것을 지금 가지고 있다면 당신의 인생이 어떻게 달라졌을까요?", "당신의 장점은 무엇입니까?", "스스로 생각할 때 가장 마음에 드는 당신의 자질은 무엇입니까?", "자랑스러웠던 경험은 무엇입니까?", "당신이 구축할 수 있는 자원은 무엇입니까?" 루스의 자전적 기록과 접수 면접을 통해 나는 그녀가 여러 가지 장점과 내적 자원을 가지고 있음을 알게 되었다. 이제 루스는 개인적인 목적을 달성하기 위한 명확한 계획을 발달시킬 필요가 있다.

## 치료 목표

루스의 현재 행동은 그리 적응적이지 않다. 과거의 불행한 사건에 비생산적으로 머물러 있고 죄책감과 불안에 사로잡혀 있으며 이러한 감정을 유발하는 행동에는 정작 주의를 기울이지 못하고 있다. 요약하면 루스는 자신의 행동으로 인해 스스로 불안과 죄책감을 조성하고 있다. 나는 루스의 관심을 행동 쪽으로 돌리려고 노력하는데, 그 이유는 행동이 루스의 인생에서 가장 쉽게 통제되는 부분이기 때문이다. 나는 루스의 현재 행동이 그녀가 원하는 것을 성취하는 데 얼마나 도움이 되는지에 대해 루스가 정직하게 평가할 수 있도록 끊임없이 격려한다. 그 후 우리는 협력하여 루스가 바라는 변화를 가져올 계획을 세운다.

## 치료 절차

나는 루스가 자신의 계획을 수행하기 위한 일종의 계약을 하길 바란다. 루스가 변화를 원한다면 행동은 필수적이다. 루스가 변화에 대한 약속에 충실하고 남을 비난하지 않으며 약속에 충실하지 않은 데 대해 변명을 하지 않는 것이 이 계약의 핵심이다. 그러므로 우리는 목표를 달성할 방법뿐 아니라 루스가 치료를 통해 얻기 원하는 것을 명확히 설명한 치료 계약을 수립할 것이다. 만일 루스가 우울하다고 말한다면 나는 슬픈 느낌이 드는 이유에 초점을 두기보다는 우울할 때 무엇을 하였는지 논의할 것이다.

## 치료 과정

루스의 치료 여정은 목표 달성을 돕기 위해 현실 치료 절차를 적용하는 것으로 구성된다. 원리는 단순해 보이지만 치료 과정에 창의적으로 적용되어야 한다. 비록 이러한 원리가 단계에 따라 점진적으로 적용될지라도, 분리되고 엄격한 범주로 간주되어서는 안 된다. 각 단계는 이전 단계에 근거하므로 치료 원리는 상당부분 상호의존적이며, 종합하여 현실 치료의 전 과정에 기여한다. 치료 과정은 두 가지 구성 요소, 즉 상담 환경과 행동상의 변화를 이끄는 구체적 절차를 함께 엮어놓은 것이다.

### | 치료 과정의 구성 요소

**관계의 형성** 초기 회기 동안 나의 주요 관심은 자신에 관한 루스의 학습에 도움이 될 분위기를 조성하는 것이다. 상담 환경의 핵심은 내담자와의 개인적 관여로 구성되는데 이는 시작부터 종결까지의 치료 과정이라는 직물에 짜넣어져야 한다.

초기 회기에서 루스는 아동기와 청년기의 실패 경험에 대해 이야기를 나누기를 원했다. 그러나 나는 루스가 이러한 패턴을 지속하는 것을 강화하고 싶지 않기 때문에 부정적인 정서적 색채를 띤 과거 경험에 중점을 두는 것을 권하지 않는다.

**루스가 행동을 평가하도록 하기** 루스가 자신의 세계를 어떻게 보는지 확인한 후 나는 무언가 다르게 노력해 보라고 격려했다. 이는 자신이 하는 일을 자세히 검토하고 그러한 행동이 자신에게 얼마나 도움이 되는지를 고찰하는 것이다. 내가 제기한 질문은 다음과 같다. '당신은 오늘 무슨 일을 했습니까?', '지난주에 무엇을 했습니까?', '지금 무엇을 하는 것이 좋겠습니까?', '다르게 행동했으면 좋았을 일이 있습니까?', '당신이 원하는 것을 하지 못하도록 막는 것이 무엇입니까?' 차례로 물어서 질문 공세를 퍼붓는 건 아니라고 해도, 초기 회기에서는 루스가 질문을 수용할 수 있을 수준을 고려하여 조정해야 한다. 루스의 과거를 살피거나 태도, 신념, 사고, 감정에 중점을 두기보다는 오늘 하는 행동과 내일 할 것에 관해 주의를 집중할 것임을 루스도 알아야 한다.

나는 루스가 자신의 행동이 전반적인 행복에 어떤 영향을 미치는지 먼저 평가해 보아야 변화할 것이라고 생각한다. 다음은 한 회기에서 발췌한 내용이다.

루스: 도대체 내가 무엇을 잘못하고 있다고 생각하시나요? 어떻게 다르게 행동해야 할지 모르기 때문에 포기하고 싶을 때도 있어요. (루스는 내가 자신을 평가해 주기를 매우 많이 원하고 있다.)

코리: 스스로의 행동에 대해 판단을 내리는 것이 얼마나 중요한지 당신은 잘 알고 있습니다. 노력하거나 노력하지 않는 것을 스스로 결정하는 것이 당신이 할 일입니다. 나는 당신이 무엇을 '해야 하는지'를 말해줄 수가 없습니다. (루스의 현재 행동 방식 중 일부가 비효율적임을 단순히 말해주는 것은 그녀에게 도움이 되지 않을 것이다.)

루스: 음, 시간제 혹은 대리교사 선발 면접을 실습하고 싶어요. 그런데 너무 바빠서 면접을 준비할 시간이 전혀 없다고 나 자신에게 변명하고 있어요.

코리: 그리고 변화시키고 싶은 무언가가 있습니까?(이러한 질문은 루스가 얼마나 많이 원하는지를 확실하게 하는 것이다. 나는 루스의 개입 수준을 평가하고 있다.)

루스: 예, 변화시키기를 원해요. 면접 준비를 잘할 수 있고 시간제 일을 얻기 위해 구비해야 할 자질에 대해 자신감을 느끼고 싶어요.

우리는 루스가 왜 자신을 멈추게 하는지가 아니라 어떻게 멈추도록 하는지를 살피고 "그저 수수방관하며 무슨 일이 일어나는지 기다리고 있는"이라고 루스가 말한 행동을 변화시키기 시작할 방법을 탐색했다. 루스는 자신의 수동성을 좋아하지 않으며 좀 더 주도적이었으면 좋겠다고 말했다. 우리는 루스가 하고 싶다고 말한 일을 가족들이 방해하도록 루스가 어떻게 내버려두는지에 관해 이야기했다.

**계획 수립과 행동** 루스의 비효율적인 행동은 다음과 같다. 취업을 위한 면접 준비를 지연하는 것, 우울과 불안을 느끼며 집안에 틀어박혀 있고 다른 일을 전혀 하지 않아 이러한 우울 및 불안감을 증대시키는 것, 19세 아들 로버트가 돈을 탕진한 후 집에 들어오는 것을 묵인하고 돌봐준 것, 딸 제니퍼가 버릇없는 행동으로 엄마의 삶을 통제하려는 것을 허용하는 것, 개입하기를 원하지 않는 일들을 계속해서 떠맡는 것 등이다. 나는 한 번에 모든 문제를 논할 수 없기 때문에 논의하기를 가장 원하는 영역이 무엇인지 물어보았다.

우리는 가족과의 경계를 명확히 설정하기 위한 계획을 수립했다. 루스는 자녀들을 위해 노력하고 나서 그들을 원망하고 이용당한 느낌을 받는 반복적인 패턴을 가진다. 루스의 계획은 자녀들을 각각 앉혀 놓고 그들의 관계를 재정의하는 것이다. 나는 루스의 가족과 최소한 한 회기라도 함께 할 필요가 있다고 제안했다. 이러한 생각은 루스를 흥분시키기도 하고 두렵게도 했다. 루스는 2시간짜리 가족 치료 회기에 남편 존과 네 아이들을 참여시키기로 한 후 이런 결정을 한 자신에게 놀랐다. 이 회기에서 우리는 루스가 원하고 노력해 온 구체적인 변화들을 각 가족 구성원에게 이야기한 후 가족 역할의 변화에 대해 주로 협상했다. 아들 한 명과 딸 한 명은 루스가 제안한 변화에 대해 전혀 흥분하지 않고 잘못된 것이 무엇인지에 대해 알기를 원했다. 이 가족 치료 회기를 제안했을 때 내가 바란 것은 루스에게 원하는 것을 요청하고 이러한 변화를 주도적으로 협상할 기회를 주는 것이다. 이 회기를 통해 나는 루스가 가족과 어떻게 관계 맺고 있는지 이해할 수 있었으며 또한 자신에게 중요한 것을 루스가 요구할 수 있도록 돕는 기회가 되었다.

**| 치료 과정에 대한 논평** 현실 치료의 정신에 근거하여 나는 루스에게 변해야 할 것이 무엇인지를 직접 말해주지 않았다. 그 대신 자신의 욕구를 검토하고 변화하기 위한 개입 수준을 결정하도록 격려했다. 일단 자신이 실제로 하고 있는 행동에 대해 평가하게 되면 루스는 스스로 변화하기 위한 중요한 걸음을 내딛을 수 있다. 루스는 희생되고 통제되는 느낌에 대해 불평하는 경향이 있으며, 나의 의도는 이러한 무력감에 자신의 행동이 어떻게 일조하고 있는지를 알게 하는 것이다. 치료 회기에서 우리는 기상 이후부터 잠자리에 드는 시간까지 루스가 무엇을 하는지에 초점을 두었다. 자기 관찰 과정을 통해 루스는 자신의 행동에 대해 점점 더 많은 책임감을 갖게 되었다. 루스는 자신의 행동이 자신이 느끼는 방식과 상당히 중요한 관련이 있음을 알게 되었다.

일단 루스가 자신의 특정 행동 패턴에 대해 더욱 명확히 알게 된 후, 나는 루스가 바라는 변화를 이끌 수 있는 구체적인 행동 계획을 개발하도록 격려했다. 광범위하고 이상적인 계획은 실패하기 마련이므로 우리는 기꺼이 시행할 수 있는 구체적인 변화에 대해 논의하였다. 이러한 과정을 통하여 루스는 자신의 행동을 평가하는 방법과 성공을 경험하기 위해 계획을 조절하는 방법을 배운다.[7]

## 마지막 제언

루스와 상담한 William Glasser 박사와 Robert Wubbolding 박사의 두 가지 접근 방법 모두 통찰과 자각이 충분하지 않았음은 분명하다. 루스는 자기평가가 필요했다. 일단 루스가 행동 변화를 원한다고 결정하면 행동 계획을 개발하고 계획을 이행할 약속을 정하는 것이 필수적이다. 선택 이론의 실존주의적 토대는 이러한 접근의 주요 강점이다. 현실 치료의 본질은 더욱 효과적인 통제를 얻기 위해 더욱 효율적인 선택을 내리는 방법을 배우는 것이다. 사람들은 불가항력 상황의 희생자로 지내기보다는 자신의 삶에 책임을 지려 한다.

# 복습을 위한 질문

1. Glasser 박사는 "나는 비록 우리가 과거의 산물이라고 할지라도 예전에 그렇게 선택하지 않았다면 과거의 희생자가 되지 않았을 것이라고 믿는다. 이러한 방식으로 내담자에게 접근하는 것은 문제의 핵심에 신속하게 도달하기 때문에 치료를 대폭 단축시킨다."라고

말했다. 이러한 견해에 대해 어떻게 생각하는가?

2. Glasser 박사는 "신경증, 심신증, 정신병 등 우리가 선택한 모든 비효율적인 행동은 현재의 관계를 개선시키거나 더 나은 관계를 발견하기 위한 자기 파괴적 시도이다."라고 말했다. 이러한 진술에 대해 어떻게 생각하는가?
3. Glasser 박사는 상당히 현실적인 접근을 한다고 볼 수 있다. 그가 루스에게 제안한 조언에 대해 어떻게 생각하는가?
4. Glasser 박사와 Wubbolding 박사는 루스가 탐색해야 할 주제를 매우 직접적으로 지적한다. 또한 상담실 밖에서 루스가 해야 할 것을 제안할 때도 매우 직접적이다, 이러한 입장에 대해 당신은 어떻게 생각하는가? 당신이 루스의 상담자라면 루스가 특별한 주제를 언급하지 않는 경우, 탐색할 주제를 직접 제기할 것인가?
5. 당신은 현실 치료 과정에서 치료자가 자신의 가치를 내담자에게 부여할 우려가 있다고 생각하는가? Glasser 박사, Wubbolding 박사나 내가 루스와 상담한 방식에서 이러한 가능성이 있다고 생각하는가?
6. Wubbolding 박사는 루스가 자신이 원하는 것을 명료화할 수 있도록 질문을 자주 사용했다. 당신의 경우 이 중 가장 좋아하는 질문은 어떤 것인가? 그 이유는 무엇인가? Wubbolding 박사는 또한 '행복으로 가는 고속도로' 같은 은유를 사용한다. 상담에서 비유를 사용하는 것은 어떤 가치가 있다고 생각하는가?
7. 루스에게 시행한 Glasser 박사와 Wubbolding 박사의 현실 치료는 치료 양식과 적용 측면에서 어떤 차이가 있는가?
8. 루스에 대해 당신이 알고 있는 사항에 현실 치료 절차를 적용하라. 루스가 자신의 행동, 행동에 대한 평가, 그리고 현실적인 계획을 수립하는 데 중점을 두도록 도울 방법을 체계적으로 제시하라.
9. 당신이 현실 치료를 받고 있는 내담자라고 가정해 보라. 이러한 경험이 어떨 것 같은가? 당신의 현재 행동을 어떻게 기술하겠는가? 정말로 변화하기 원하는 특정 행동을 수정할 구체적인 계획을 수립할 수 있는가?
10. WDEP 체계를 다른 주제, 즉 불안, 분노, 반항 같은 반사회적 행동, 저항, 직업 상담 또는 개인 성장 주제에 활용하는 것을 어떻게 일반화하겠는가?
11. 현실 치료는 당신의 상담 양식과 잘 부합되는가? 이 접근의 어떤 측면이 가장 유용한가? 당신의 상담 양식에 적합하도록 변화시키고 싶은 것은 어떤 측면인가?

## 주

『심리상담과 치료의 이론과 실제: 스탠의 사례와 해설 DVD』에서 9회기('스탠의 사례에 적용한 현실 치료')를 참조하라. 스탠이 행동 계획을 설계하도록 돕는 실례와 현실 치료 적용 방식을 소개한다.

1. 선택 이론을 상담 실무에 적용하는 방법에 관한 Glasser 박사의 최근 견해를 보다 자세히 논의하기 위해서는 다음의 책을 참조하라. Glasser, W.(2001). *Counseling with choice theory: The new reality therapy.* New York: HarperCollins.
2. Glasser, W.(1998). *Choice Theory: A New Psychology of Personal Freedom.* New York: HarperCollins.
3. 현실 치료에 Wubbolding 박사의 견해를 적용한 상세한 치료에 관해서는 다음의 책을 참 고하라. Wubbolding, R. (2000). *Reality Therapy for the 21st Century.* Philadelphia, PA: Brunner Routledge (Taylor & Francis). Wubbolding, R. (2011). *Reality therapy.* Washington DC: American Psychological Association.
4. Wubbolding 박사는 루스가 대대적인 변화를 시도하려다 압도당하기보다는 변화 가능한 행동의 구체적인 측면을 선택할 것을 제안한다.
5. Wubbolding 박사는 루스가 자신의 행동을 평가하는 것을 돕기 위한 방법으로 숙련된 질문을 사용한다.
6. 다음의 책을 참조하라. 이 책은 현실 치료의 개념에 근거한 실용적이고 긍정적인 자기 개발서이다. Wubbolding, R.,& Brickell, J.(2001). *A set of directions for putting and keeping yourself together.* Minneapolis, MN: Educational Media Corporation.
7. 현실 치료의 기본 개념의 개관을 위해서는 Corey(2013)의 『심리 상담과 치료의 이론과 실제』(9판)를 참조하라. 11장('현실 치료')에서는 Wubbolding 박사와 내가 루스와의 상담에서 참조한 WDEP 체계를 소개한다. 이 장은 또한 선택 이론과 현실 치료에 대한 Glasser 박사의 포괄적인 논의를 포함하고 있다.

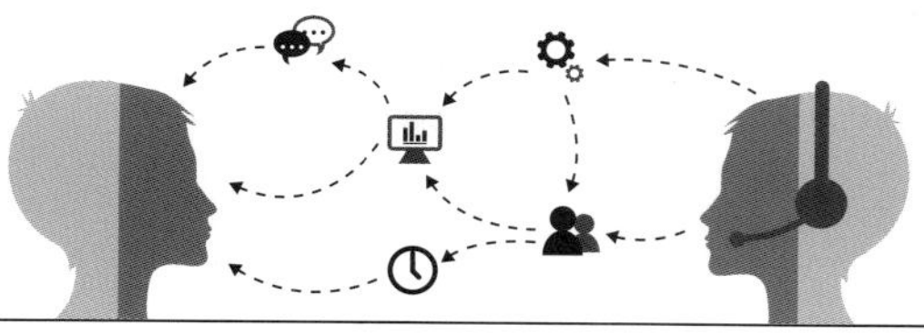

CHAPTER

10

# 여성주의 치료의 사례 접근

## 여성주의 치료의 일반적 개관

여성주의 치료는 1960년대부터 여성과 시민의 권리를 강조하는 여성주의자들이 사회적이고 정치적인 배경은 고려하지 않고 개인 내담자나 가족에만 초점을 둔 전통적 심리 치료의 가치와 가정에 이의를 제기하며 등장한 접근 방식이다. 페미니즘 운동에서 시작한 여성주의 치료는 과학적 심리학이라기보다는 비주류의 대응논리와 이에 근거한 사회적 행위에 초점을 두고 있다. 여성주의 치료는 자기 수용, 자기 확신, 자존감, 기쁨, 대인관계, 평등한 성 역할에 주목하며, 이에 영향을 끼치는 사회적이고 정치적인 과정을 변화시키고자 한다. 내담자들은 적응이나 단순한 문제 해결 전략보다 그를 둘러싼 세계를 자기 방식으로 인식하고 대인관계를 변화시키기를 기대한다.

여성주의 치료자들은 광범위한 정보를 제공하고 교육시키는 역할을 수행한다. 그들은 '희생자를 비난하기'에서 벗어나 외적 환경의 구조에 초점을 맞춘다. 그들이 주로 사용하는 기법들은 재구조화와 재명명, 독서 치료, 웅변, 권력에 대한 개입, 사회적인 행동, 성 역할 분석과 개입 등이다.

철학적으로 볼 때 여성주의 치료는 인지 또는 인지행동적 접근 방식보다는 실존주의적이고 인간 중심 치료 방식에 더 근접해 있다. 그러나 여성주의 치료가 사회적 행위와 환경에 대한 변화만을 함의하고 있다고 생각해서는 안 된다. 대부분의 여성주의 치료자들은 여성주의 철학과 이론에 인지행동적인 해석을 심층적으로 조합해서 사용하며 내담자가 개인적인 정체감과 힘에 대한 느낌이 증가되었다고 느낄 때 상담을 종료한다.

# 루스에 관한 여성주의 치료자의 관점

Kathy M. Evans 박사, Susan R. Seem 박사, Elizabeth A. Kincade 박사[1]

## 도입

여성주의 치료는 질병이 개인적 문제의 산물이라고 생각하지 않고 '정치적 존재로서의 개인'의 문제라고 생각한다는 점에서 기존의 전통적 심리 치료와 다르다. 개인은 사회문화적 맥락과 동떨어져 생각할 수 없기 때문에 개인적인 문제뿐만 아니라 사회문화적 맥락도 충분히 고려되어야 한다.

여성주의 치료자들은 성 역할 고정관념 같은 문화준거적 기준이 심리 치료나 상담에 끈질기게 영향을 끼쳐 왔음을 인식하고 있고, 이러한 영향이 진단이나 사례의 개념화 그리고 치료에 편향적으로 작용해왔음에 주목한다. 따라서 사회적인 변화 없이 개인적인 변화가 수반될 수 없다고 생각한다.

여성주의 치료는 백인, 중산층, 그리고 교육받은 소수 여성의 관점에서 벗어나려고 노력할 뿐만 아니라, 가해자와 피해자 모두의 인식을 변화시키려는 기본 관점을 가지고 있다. 현대 여성주의 치료는 모든 형태의 억압, 즉 인종주의, 인간 혐오, 세대 간 적대감 성차별에 초점을 두고 있으며, 증거에 기반을 둔 경험주의적 접근이라기보다는 실존주의적이고 인간 중심적인 관점에 더 가깝다고 할 수 있다.[2]

## 여성주의 치료의 접근법

여성주의에서는 성 불평등이 아직도 엄연히 존재하고 이것이 개인과 사회에 대한 차별의 원인이라고 주장한다. 게다가 이 차별은 고통스럽고 유해하기까지 하다. 이 불평등은 힘에 기초하고 있으며 대부분 힘은 남성에게 유리하게 배분되어 있다. 여성주의 철학은 '여성 탄압의 원인이 무엇인가?'라는 다소 곤혹스러운 물음에 해답을 얻으려 한다. 다양한 여성주의 철학은 이 질문에 다르게 답하고 있다.

연속선상의 한 극단에는 탄압이 가부장 사회 혹은 남성 지배에 기인한다고 단정한다. 따라서 진정한 변화는 단순히 개인적인 변화보다는 정치적이고 사회적인 변화를 필요로 한다. 다른 극단에는 탄압이 주로 사회화 때문이라고 본다.

여성주의의 기본 철학은 치료자와 내담자는 내담자의 고통을 야기하는 심리적, 사회정치적 그리고 문화적 요소를 이해해야만 한다는 것이다. 따라서 여성주의 치료는 일차적으로는 내담자의 고통을 경감시키는 데 주력하지만 궁극적 목표는 사회정치적 탄압을 완화하는 것이다. 여성주의 치료자들은 사회적 변화를 위해 자신이 취할 수 있는 최대한의 조치를 취하고 내담자들에게도 구체적인 방안을 적극적으로 모색하고 또 행동하도록 격려한다.

여성주의 치료에서는 모든 인간관계가 평등해야 한다고 주장한다. 그러므로 우선 상담 관계에서만이라도 여성이 사회에서 경험하는 힘의 불균형을 재현해서는 안 된다고 생각한다. 대부분의 전통적 치료에서는 상담자에게 전문가나 지도자의 역할을 부여한다. 그러나 여성주의 치료에서는 상담자와 내담자가 동등한 가치를 지닌 존재라고 여기며 상담이란 양방향의 협동적 과정으로 전제한다. 상담자의 전문 지식은 구체적이고 특정한 지식에 기초하는 것일 뿐이며 그런 점에서 내담자는 자신과 자신의 경험에 관한 한 전문가이다.

여성주의 치료자들은 사회에 대한 가치와 신념을 내담자와 공유한다. 내담자는 물론 그 가치들을 의식적으로 수용하거나 거부할 수 있다. 상담의 목표도 상호협의하에 설정된다. 무엇보다도 여성주의 치료자들은 치료의 이론과 과정에 객관적인 정보를 제공하고, 이에 근거해 스스로 치료 방향을 선택할 수 있게 한다. 치료는 더 이상 신비한 비법이 아니며 내담자는 자기에게 적용할 수 있는 적절한 치료 기법을 배우기도 한다.

전통적 심리 치료와 이론들은 남성 중심적 문화와 그 기준에 근거하여 운용된다. 그러나 여성주의 치료에서는 여성의 독특한 경험에 일정한 특권이 부여되어야만 한다고 강조한다. 여성의 경험은 남성적 기준과 잣대로 평가되어서는 안 된다. 여성의 경험과 고통은 여성의 시각으로 해석되어야만 한다. 상담자는 내담자가 여성의 존재 방식뿐만 아니라 삶에 관한 자신의 관점을 이해하고 평가하도록 도와주어야 한다. 특히, 여성주의 치료자들은 여성에게 더 흔히 발생하는 경험들에 대해 광범위한 전문 지식을 소유하고 있어야만 한다.

## 초기 평가

세 명의 치료자들이 각각 다른 여성주의 치료의 관점에서 루스의 사례를 토의하였다. 급진적 여성주의 치료자로서 Susan Seen은 여성들이 상담에 가져오는 많은 증상들은 가부장제에 의해 정의된 여성성에 이의를 제기하고 맞선 여성들의 수동적 반란 때문이라고 본다. 그녀는 루스의 공황 증상을 제한된 전통적 성 역할에서 나오려는 자신의 욕구를 스스로가 인식할 때 생기는 현상으로 본다. Kathy Evans의 자유주의적 여성주의 관점에서는 여성들이 성 역할을 이해하고 남성과 여성 간에 더욱 동등한 힘을 갖는 사회를 창조하는 것을 목표로 한다. 그녀는 미국 사회 내에서 한 여성으로서 그리고 문화적 존재로서 루스의 경험을 재구조화하려고 노력한다. Elizabeth Kincade는 사회주의적 여성주의의 관점에서 경제적 상황과 성의 불평등에 초점 맞추고 있다. 루스의 사례를 개념화하는 과정에서 그 세부적인 차이점들을 논의할 것이지만 나는 이 세 가지 접근법들을 조합하여 루스를 이해하고자 한다.

**전통적 진단과 평가** 전통적으로 DSM-IV-TR과 같은 진단 시스템에는 병리학과 건강에 관한 주류 문화의 정의가 반영되어 있다. 그러므로 많은 여성주의 치료자들은 이 진단 시스템의 적용에 대해 회의적이다. 이러한 약점에도 불구하고 루스를 진단해야 한다는 점에서 우리는 DSM-IV-TR을 적용할 것이다.[3]

문화적인 기준을 추가했다는 DSM-IV-TR에도 남성 중심적인 시각이 배어 있다. 여기에도 성, 인종, 계급, 능력, 연령에 관한 차별이 명백히 존재한다. 무엇보다도 DSM 체계는 정치적 분석을 경시하고 개인적 경험에만 초점을 맞추게 하는 고도의 전략을 전통적으로 사용해 왔다.

그러므로 이 진단 체계 하에서는 고통은 사적인 것으로 간주된다. 따라서 사회적 혹은 정치적인 것보다는 개인적인 해결에 치중할 수밖에 없다. 물론 내담자가 겪는 문제의 원인을 환경에 두는 진단명도 있기는 하지만 상담 및 심리 치료 과정에서 피해자를 비난하는 것은 사회정치적 요소들을 최소화되거나 무시할 때 발생하는 것이다. 무엇보다도 이러한 진단 과정에는 치료자의 편견과 주관이 큰 영향을 끼친다. 성 역할에 관한 상담자의 신념 체계는 증상의 실재에 대해 편파적인 선입관을 갖게 할 수 있다. 서로 다른 이론적 관점을 가진 많은 학자들이 루스에 관해 다양한 진단을 했다는 사실은 임상적 편견이나 주관성이 진단에 크게 작용을 할 수 있음을 시사한다.

**여성주의의 평가** 여성주의 치료자들은 사회적, 정치적인 탄압에 의한 내면화된 증상을 진단하는 것조차 바람직하지 않다고 생각하는 경향이 있었다. 그들이 볼 때 공식적 진단 체계의 사용은 상담자와 내담자 간의 힘의 균형을 무너뜨리는 일종의 권력 행사이다. 따라서 여성주의적인 평가와 진단에는 대등한 치료적 관계에서의 현상학적 접근이 강조된다.

루스의 접수 면접과 자서전을 검토한 후 세 명의 치료자는 모두 그녀의 삶에서 사회적, 정치적, 경제적 배경을 조사하는 것이 필수적이라는 데 동의했다. 이 조사는 가족 내에서 그녀의 인간관계를 이해하는 단서가 될 수도 있다.

성적 학대와 다양한 형태의 탄압은 루스에게 잠재적이며 장기적인 외상을 유발할 수 있었다. 우리는 그녀의 이야기에서 개인적인 것과 정치적인 것 간의 관련성을 분석하는 것으로 루스에 대한 평가를 시작했다. 우리는 루스를 남성 지배적 문화에서 종속적 위치를 지닌 존재로 이해했다. 당연히 삶의 경험을 분석하기 위해서는 성이라는 그녀의 범주와 힘의 작용을 이해할 필요가 있었다. 이러한 분석을 위해서는 무엇보다도 루스의 사회화 과정과 종속적인 사회적 위상에 대해 그녀를 비난하지 않는 태도가 전제되어야 한다.

루스가 사람들을 기쁘게 하고, 다른 사람들을 위해 살며, 자신을 위한 행동은 어려워하고, 또 좋은 아내와 엄마이고, 슈퍼우먼인 것은 그녀가 병리적이고 의존적이기 때문이라기보다는 전통적인 여성의 성 역할 사회화와 종속적 위치에 대한 그녀 스스로의 순응 때문이다. 지금 드러나고 있는 루스의 공황 증상은 역할 갈등의 결과일 수 있다. 여성들은 종종 개인으로서의 자신의 성장과 정통적 여성의 성 역할 행동 중 하나를 선택하도록 강요받는다. 이 선택 상황은 불안으로 표면화되는 내적 갈등을 야기한다. 루스는 다른 사람들을 위해 살고 결혼 관계 속에서 견뎌내야 할 의무가 있는 것처럼 스스로를 억압해왔다. 그녀는 자신의 삶의 불만족을 민감하게 느끼고 있지만 동시에 변화가 초래하는 두려움 때문에 선택을 주저하고 있었다. 그러므로 공황, 갈등 그리고 정체성 혼동과 같은 증상은 탄압과 차별 그리고 고착된 성 역할 상황에서 살아남기 위한 일종의 전략이나 적응으로 보아야 한다. 또한 그녀의 증상은 탄압에 대한 항변일 수도 있다. 루스의 행동과 감정은 병리적이기보다는 적응적인 의미를 부여할 수 있다는 점에서 우리는 이번에도 진단을 하지 않을 것이다.

또한 우리는 루스의 분노도 면밀히 조사할 것이다. 여성들은 가부장제 사회에서 합법적 힘을 갖지 못해 종종 무력함을 느낀다. 무력함을 느껴 자신의 삶을 통제하지 못한다고 생각하면 분노의 감정이 발생될 수 있다. 이때 가부장제의 규준으로 인해 분노를 일으킨 여성이 종종 처벌받기도 한다. 그래서 여성들은 분노를 사회에서 수용될 수 있는 증상으로 대체한 것이다. 이 가정에 근거하여 우리는 무력한 그녀의 감정을 조사한다. 우리는 여성으로서의 격분과 분노를 표현하도록 격려한다. 우리는 분노를 잠재적으로 긍정적 에너지로 보았으며 그녀의 삶에서 이 에너지를 사용하도록 돕는다.

루스에 대한 평가 작업에서 급진적 여성주의 관점에서 작업을 한 Susan Seen은 과거와 현재의 보상과 처벌을 포함하여, 루스에 대한 성 역할 순응에 특별한 관심을 기울인다. 그녀는 이등 시민으로서의 여성의 위치가 루스의 심리학적 고통에 어떻게 영향을 주는지 탐색하였다. 그러므로 평가의 한 초점은 루스가 탄압적인 사회문화적 영향력을 어떻게 내면화했는지를 확인하는 것이다. Kathy Evans는 분노, 자기반성, 수용과 역할 혼동과 같은 것들을 평가함으로써 루스의 여성성과 정체성의 수준을 추정했다. 사회주의 여성주의자인 Elizabeth Kincade는 임금 지불과 같은 경제적 문제와 DSM-IV-

TR 진단의 사회정치적 의미에 주목하였다.

어떤 평가에는 루스도 관여하게 될 것이다. 우리는 루스가 질문을 하거나 대안 선택을 하도록 격려할 것이다. 평가 결과로서 진단과 유사한 결과들이 도출되면 우리는 그러한 공식적 진단에 도달한 과정을 루스와 함께 논의할 것이다. 그뿐만 아니라 루스는 이 정보가 어떻게 사용될 것인지에 대한 결정에도 함께 참여할 것이다.

## 치료 관계

모든 치료는 견실한 관계적 기초가 필요한데, 그렇지 않으면 내담자 변화는 일시적이거나 피상적이 되기 쉽다. 전통적인 이론들과는 달리 여성주의 치료에서는 평등한 인간관계의 구축이 필수적이다.

**평등한 인간관계의 구축과 모델링** 만일 루스가 자신의 힘과 주도권을 행사해야 한다면 평등한 인간관계가 확립되어야 한다. 상담 관계에서 인위적 힘의 범위를 제거하는 것은 특히 루스와 함께 작업하는 과정에서 중요하다. 여성주의 상담자들은 내담자와의 첫 대면에 면담 방식을 자주 사용한다. 여기에서 상담자와 내담자가 어떻게 함께 작업할지의 여부를 합의하여 결정하고 왜 상담을 하고자 하는지와 상담에서 무엇을 얻고자 하는지를 묻는다. 치료자의 영향력을 강요하고 과시하지 않는다는 점에서 전문적인 용어를 가급적 사용하지 않고 루스의 정보를 있는 그대로 최대한 존중하고 감정을 공유하고자 노력한다.

무엇보다도 루스는 평등한 참가자로서 상호 만족하는 관계에 대한 경험이 적기 때문에 자신의 삶에서 평등한 인간관계를 경험하고 구축하는 것이 중요하다. 그러므로 상담 관계에서 평등한 인간관계를 모방하는 것이 중요한다. 이 모델링은 첫 회기에서 시작한다. 루스는 상담의 계약과 상담의 목표를 정하는 과정에서 적극적으로 참가하도록 권유받는다. 여성주의 치료에서는 루스의 요구와 필요를 협상하는 기술을 그녀 스스로 개발할 수 있도록 한다.

Kathy Evans는 자유주의적 관점에서 작업하는 아프리카-미국계 여성주의 치료자로서 미국의 인종 개념에 의거하여 루스와 자신 간의 힘의 차별을 인정한다. 루스(우리 사회에서 아마도 더 힘을 가진 백인 여성)가 Kathy Evans의 도움(치료자로서 Kathy Evans는 더 많은 힘이 있을 수 있다)을 필요로 한다는 점에서 둘 간의 관계는 동등한 관계로 변할 수 있다. Kathy Evans는 미국 내 유색 인종으로서 루스의 경험을 탐구하고 전문가의 한 사람으로서 그녀에게 자신에 대해서 이야기할 것이다.

사회주의 여성주의자 관점을 가진 Elizabeth Kincade는 역시 힘에 초점을 맞추지만 내담자가 상담을 위해 돈을 지불하고 이것이 평등 관계 구축을 방해한다는 것을 우선 인정한다. 또한 그녀는 사회주의 여성주의자로서 우리가 직함이라고 부르는 것들은 일반적으로 자신의 것과는 다른 경제적 힘 혹은 사회적 위상을 소유하고 있음을 알고 있다.

우리 세 명 모두는 자기 노출이 평등 관계의 구축과 유지에 매우 강력하고 중요한 부분이라고 주장한다. 우리는 상담 기법과 심리학적 이론에서 전문 기술을 소유하고 있지만 루스 역시 전문화된 자신의 지식을 갖고 있다. 우리는 무엇보다도 그녀가 자신의 삶과 경험에 한한 한 최고의 전문가라는 신념을 가지고 있고 루스 역시 그렇게 생각하도록 격려한다.

**루스의 이야기를 이해하기** 치료자가 루스의 이야기를 수용하고 인정하는 것은 중요하다. 여성주의 치료에서는 루스의 문화적, 종교적 가치와 갈등을 일으킬 수 있는 가치를 포용하고 이것을 기꺼이 수용한다. 우리는 루스에게 탄압에 대해 훈계하지 않는다. 오히려 탄압을 포함하는 삶의 경험을 확인한다. 우리는 각자 루스에게 자신의 성, 인종, 민족성과 문화의 차이를 경험한다는 것을 말해 주고, 루스의 이야기에서 이 모든 요소들이 어떻게 작용했는지 주목하였다.

우리는 루스가 자신의 사회경제적 배경과의 관계 속에서 자신을 이해하도록 유도하였다. 루스의 이야기를 이해하고 고통의 복잡한 원인에 대해 그녀를 교육시키기 위해서는 근본주의의 종교적 배경을 가진 39세 중산층 백인 여성으로서의 신념, 사고, 감정을 알 필요가 있다. 우리는 이 과정에서 이에 대한 우리의 인식을 피드백하고 우리 자신의 경험을 적절하게 노출한다. 또한 우리는 이 내담자와 관련된 우리 자신의 세계관, 힘과 관계, 선입견과 편견 등에 대해서도 스스로 탐색한다.

## 중재와 치료 목표

여성주의 치료의 목표 중 하나는 상담 과정을 통해 여성의 잠재된 역량을 강화하는 것이다. 언제, 그리고 어떻게 이러한 목표에 도달하는지는 치료자와 내담자의 긴밀한 상호 협의로 결정된다. 이것은 내담자 스스로가 변화하고자 하는 인식이 증가해야 한다는 것을 의미한다. 자기주장 훈련, 인지적 재구조화, 단기 역동 모델 등이 이 과정에 사용될 수 있다.

상담의 목표도 협력해서 설정해야 한다. 치료자들은 내담자에게 치료 과정을 교육시켜야 하며, 어떤 치료법을 선택하는지에 관한 결정권은 기본적으로 내담자에게 있다. 치료라는 것은 신비한 과정이 아니며, 내담자도 치료 기법의 논리와 결과를 충분히 이해하고 있어야 한다. 치료자와 내담자는 치료 장면뿐만 아니라 상담실 밖에서도 대등한 관계이다.

약간의 개념적 차이가 있기는 하지만 여성의 탄압을 개념화할 때 우리 세 명은 내담자에게 아래와 같은 중재를 사용하고, 이 특별한 중재가 루스에게도 유용할 것이라고 믿었다. 논의하고자 선택된 중재는 (1) 성 역할과 힘의 분석, (2) 자기주장의 증가, (3) 독서 요법, (4) 루스의 관심과 증상의 재구성, (5) 사회적, 정치적 행위에 대한 작업이다.

**성 역할과 힘의 분석** 성 역할 분석은 성 역할에 대한 기대가 어떻게 여성에게 영향을 미치는지를 확인하는 것이다. 이것은 여성과 남성이 어떻게 다르게 사회화되는지에 관한 루스의 통찰을 증가시키기 위해 필요한 작업이다. 루스는 사회, 가족, 종교에서 경험했던 언어적, 비언어적인 성 역할의 교훈을 탐색할 필요가 있다. 결과적으로, 루스는 자신의 삶과 정체성에 대한 갈등은 그녀가 전통적으로 정의된 여성의 성 역할 밖으로 나오고자 한다는 사실에서 기인했음을 알게 되었다. 루스는 그러한 성 역할 교훈을 따를 경우의 긍정적, 부정적 결과를 동시에 비교할 수 있게 된다. 그녀는 자신의 힘이 가부장제 사회에서 어떻게 그리고 왜 존중받지 못하는지에 대해 깨닫게 된다.

또한 루스는 수많은 역할을 무비판적으로 수용하는 지금까지의 태도에 이의를 제기하는 자신의 의지를 인정받기를 바랐다. 치료를 통해 루스는 의식적이고 무의식적 방법으로 성 역할 교훈을 어떻게 내면화했는지를 배운다. 치료에서 그녀는 남성적 기준이 아닌 여성적 기준에 동일시할 때 격려받는다. 루스는 성 역할 고정관념에 의해 처방된 것보다는 자유롭게 선택된 모든 범위의 행동들을 습득하도록 격려받는다.

급진적 여성주의 입장에서 작업하는 Susan Seen은 루스에게 가장 적합한 것으로 규정된 몇 가지 힘의 영향력을 조사한다. 루스와 Susan Seen은 함께 루스를 둘러싼 어떤 종류의 힘을 조사한다. 루스는 직접적이고 유능한 방법보다는 오히려 간접적이고 무력한 방법으로 자신의 힘을 분출하도록 격려받았다. 루스는 Susan Seen과의 치료에서 힘의 사용에 대한 그녀의 내면화된 교훈을 변화시키고 자유롭게 자신의 힘을 사용할 수 있는 다양한 방법들을 탐색하도록 격려 받았다.

Kathy Evans의 관점은 다소 다르다. 자유주의적 여성주의 치료자의 관점에서 그녀의 목표는 루스가 남편과 아이들, 부모와의 관계, 신과의 관계에 있어서 어떤 변화가 있었는지를 조사하는 것이다. Kathy Evans는 루스가 도움 없이 가족 관계 속에서 힘의 균형을 조정하고 자신만의 여성상을 개발할 수 있도록 하였다.

Elizabeth Kincade는 루스가 자신의 힘을 과소평가하고 아마도 그것을 두려워한다고 믿는다. 그녀는 실제 자신의 선택들이 가족들을 파괴할 것이라며 두려워하고 있었다. 많은 여성들은 힘을 드러내거나 어떤 것을 가질 것을 격려받거나 훈련받지 않는다. 사회주의적 여성주의자로서 Elizabeth Kincade는 루스가 왜 대리 교사를 생각하고 있는지(이것은 전통적으로 기혼 여성이 담당하는 교직의 업무이다)와 전담 교사가 되고자 하지 않았는지를 루스와 논의한다. Elizabeth Kincade는 그녀가 자신의 반에 대한 책임감과 자유를 두려워하기 때문에 전담 교사를 희망하지 않았을 것이라고 가정하였고, 이를 루스에게서 확인하였다.

**자기주장 증진시키기** 자기주장 훈련은 처음부터 여성주의 치료의 일부분이었다. 여성에게 있어 자기주장은 흔히 공격성과 같은 것으로 간주된다. 그러므로 젊은 여성들은 자신의 권리를 지지하는 방법을 배우지 않는다. 자기주장 훈련은 공격적이지 않으면서도 자신의 권리를 주장할 수 있는 방법을 여성들에게 가르치는 것이다.

루스에 대한 우리의 분석은 루스가 규정된 성 역할에서 나오고자 할 때 혼란해하면서 죄책감을 느낀다는 것이다. 일차적인 상담의 목표는 루스가 추종하는 역할을 하지 않고 자신의 감각을 정의하도록 돕는 것이다. 여성주의 치료가 협동적 형태에 근거하고 있어서, 여성을 위한 자기주장 집단이 루스에게 필요할지도 모른다. 이 집단에서 그녀는 혼자가 아니고, 주장을 한다는 것은 타인에게 배척받는 것을 의미하지 않음을 배울 것이다. 그녀는 그 집단에서 다른 사람들로부터 도움을 받을 뿐만 아니라 다른 여성들을 도울 수 있을 것이다.

**독서 요법** 급진적 여성주의 치료의 목표는 루스의 상황이 모든 여성들의 일반적 경험과 어떻게 관련되는지 그녀 스스로 이해하도록 하는 것이다. 독서 요법을 통해 그녀는 자기의 고통이 혼자만 겪은 것이 아니고 많은 여성들이 유사한 경험을 하고 있다는 것은 인식하게 된다. 루스는 학사 학위를 취득했기 때문에 독서 요법을 적용하기에 훌륭한 후보자이다. 그녀는 분명하게 읽고 쓸 줄 알고 독서와 학습에 관심을 갖고 있다. 상담 회기 동안 독서에 대한 그녀의 반응을 토의하고 그녀의 삶에 어떻게 적용되는지를 확인해 보아야 한다.

우리는 루스에게 두 종류의 독서를 제안한다. 하나는 그녀와 유사한 문제들에 대해 쓴 심리학자와 상담자들의 것이고 다른 하나는 그녀와 유사한 관심사를 조사하고 경험했던 여성의 수필이나 소설이다. 우리는 루스에게 여성주의와 기독교 윤리학을 설명하고 있는 몇몇 작가들의 글을 제안한다. 이 독서는 그녀의 상태를 위협하지 않고 변화 가능성을 타진하는 데 도움을 줄 것이다. 여성주의 치료자들로서 우리는 다른 사람들의 삶과 작업에 대한 독서는 힘의 원천이 되었고 우리를 위한 지식이었음을 루스에게 주지시켰다.

**루스의 관심사와 증상들을 재구성하기** 여성주의 치료자들은 여성들이 상담에 가져오는 많은 증상들은 여성의 경험을 존중하지 않는 남성지배 문화 속에서의 살기 때문에 생긴 것이다. 그 속에서 여성들은 자신의 경험을 부정적으로 보게 되었고, 루스도 예외일 수 없다. 그녀는 명확하게 증상을 약함의 표시로 보거나 내적으로 자신이 부적당하기 때문에 생긴 것으로 믿고 있다. 여성주의 치료자들은 루스의 증상이 문화와 개인 간의 갈등으로 인한 스트레스 징조로 생각한다. 따라서 우리는 스트레스와 이완 관리, 사고 중지와 긍정적 자기 진술과 같은 인지적, 행동적 기법을 통해 자신의 증상을 통제하는 방법을 가르치고자 하였다. 물론 루스가 문제의 원인이 사회와 문화적 관습에 있다고 이해하게 된다 하더라도, 삶의 변화에 수반되는 책임감에서 벗어나는 것은 아니다.

급진적 여성주의 치료자 Susan Seen은 여성들이 상담에 가져오는 많은 증상들은 가부장제에 의해 정의된 여성성에 이의를 제기하고 맞선 여성들의 수동적 반란 때문이라고 본다. 그녀는 루스가 삶에서 부여받은 역할과 가족과의 고통을 재구성한다. 그녀는 루스의 공황 증상을 제한된 전통적 성 역할에서 나오려는 자신의 욕구를 스스로가 인식할 때 생기는 현상으로 본다. Susan Seen은 루스가 남성이 정의한 여성성에 반감을 품으면서 억압된 분노가 표출한 것이라는 가능성을 조사한다. 루스는 분노를 인정하고 표현하도록 격려받는다. 루스의 감정과 사고는 더 이상 그녀에게 만족을 주지 않는 종속적 역할에 대한 분노의 증거로 재구성된다. Susan Seen은 상호의존적이고 종속적이지 않으려는 루스의 욕구를 충족시킬 수 있도록 엄마와 아내로서만 자신을 정의하려는 방식에 대해 루스와 대화를 시작할 것이다.

자유주의적 여성주의 관점에서는 여성들이 성 역할을 이해하고 남성과 여성 간에 더욱 동등한 힘을 갖는 사회를 창조하는 것을 목표로 한다. Kathy Evans는 미국 사회 내에서 한 여성으로서 그리고 문화적 존재로서 루스의 경험을 재구조화하려고 노력한다. Kathy Evans와 루스는 함께 여성의 결혼과 가족의 전통적 체계가 얼마나 여성에게 불공평하게 작용했는지를 수세기 동안의 문화적, 종교적 명령을 통해 조사한다. 그들은 루스의 가족 체계가 어떻게 루스 자신을 돌보지 못하도록 하는지를 검토한다. 중재 과정에서 초기 초점은 그녀의 머릿속에 계속해서 재연되고 대부분의 갈등을 야기하는 부모와 교회의 영향을 주의 깊게 듣는 것이다. 그들은 루스의 자기 패배적 신념을 현재 상황에 적합한 신념으로 재구조화하거나 바꾸는 일을 한다.

Elizabeth Kincade는 사회적 구조 내에서 여성에게 부여된 성적 불평등과 남성에게 치우쳐 있는 권력의 당연성에 의문을 제기하도록 한다. 루스는 가족을 관리하고 힘들지만 다양한 역할을 기꺼이 떠맡고 있다. 그들은 그녀의 감정을 인지하고 존중하기 위해 함께 작업한다. 루스에게 두 개의 리스트로 작성되어 있는 간단한 숙제가 제시되었다. 그녀가 자신을 존중하는 것과 존중하지 않는 것의 증거를 기술하는 것이다. 이것은 루스가 치료에서 중요하게 생각하는 것에 초점을 맞추기 위한 출발점이다. 그것은 또한 루스가 무엇을 존중하고 존중하지 않도록 배웠는지를 인지하도록 하는 효과가 있다. 그리고 부정적 신념은 자기 노출, 독서 요법, 자신의 행동에 상반된 증거 제공하기를 통해 상당 부분 극복될 수 있다. Elizabeth Kincade는 이 방법으로 다른 사람들을 불쾌하게 할 것임을 알 때조차도 루스 스스로 꺼려하지 않을 수 있게 될 것이라고 생각하였다.

**사회적으로, 정치적으로 행동하기** 여성주의 치료의 궁극적 목적은 개인적인 한 여성이 어떻게 사회 집단에 의해 암묵적으로 고통을 받을 수 있는지 이해하게 하는 것이다. 따라서 우리는 탄압적이고 고통스런 사회의 속성을 변화시키기 위해 사회적 행위에 참여해 볼 것을 루스에게 제안하였다. 우리는 루스에게 고독감을 감소시키고, 분노를 건설적으로 사용하며, 사회 구조를 변화시키기 위해 사회적 행위에 참여하도록 격려한다.

우리는 또한 루스가 여성을 탄압하는 어떤 종류의 집단적 작업에도 계속 머물러 있어 볼 것을 제안한다. 이러한 사회적 행위는 분노를 재현하고 재구조화하기 하기 위해서도 필요하다. 우리는 종종 분노의 유용성에 의심을 갖거나 강한 정서 표출을 두려워하는 내담자들에게 그러한 정서들이 긍정적일 수도 있다고 말한다. 만일 여성들이 분노하지 않았다면, 성 학대는 발표되지 않았을 것이고, 더 많은 아동들이 고통 속에서 학대받았을 것이다. 이것은 사회적 행위가 얼마나 정당한지를 보여주는 논리이다. 루스가 사회적 행위에 참여하는 것은 과거의 고통들을 치유하는 방식이 될 것이다. 우리는 그녀가 지역 여성 보호소의 직통 전화 상담자로 혹은 후원자로서 자원할 것을 제안한다. 후원자가 되어 다른 여성을 돕는 그녀의 교육 기술을 개발하도록 할 것이다. 이것이 그녀로 하여금 더 유능함을 느끼도록 할 수 있다. 이것은 사회적, 개인적 변화를 위한 잠재적인 치료 절차이다.

## 루스에 대한 치료 살펴보기

**평등 관계의 구축과 확장** 이것은 첫 번째 회기의 시작이다. 관계에서 힘에 대한 언급은 신뢰 구축에 도움이 된다. 이를 토론하면서 루스의 삶의 경험을 평가하고, 그녀 스스로 건강한 결정을 하도록 한다.

치료자: 이번이 처음 상담 받는 거라고 하셨죠? 저에 대해서, 그리고 상담 과정에 관해 약간 말씀드린다면 도움이 되겠습니까?

루스: 네, 그럴 것 같아요. 전 정말 무엇을 기대하는지 모르겠어요. 상황이 올바르지 않다고 인정하는 것은 저에게 큰 시도였어요. 오늘 오기 전에는 무엇을 해야 할지 물어보아야겠다고 생각했지만, 지금은 잘 모르겠어요. 제가 무엇을 원하는지 혼란스러워요. 이게 괜찮은 건가요?

치료자: 당신의 모든 문제를 스스로 해결할 수 없다고 깨달았을 때 두렵고 혼란스러운 것은 인정합니다. 제가 당신의 삶을 살지 않아서 무엇을 해야 할지 말할 순 없지만, 내담자와 내가 어떻게 작업하는지를 미리 말해 주는 것은 제 경험상 좋은 효과가 있었습니다. 그리고 당신이 여기에 온 이유, 상담을 어떻게 시작하고, 무엇이 당신에게 바람직한 상태인지를 논의할 필요가 있습니다. 이 방법이 어떠세요?

루스: 바로 모든 대화를 할 필요는 없다는 말씀이신가요?

치료자: 네, 지금 바로는 아닙니다. 제가 생각하는 상담은 우리 두 사람이 함께 당신에게 가장 좋은 것을 알아내는 작업입니다. 당신의 삶에 대서는 당신이 가장 전문가입니다. 저는 상담에서 전문가이구요. 저는 여성주의 관점으로 일합니다. 이것은 다음 두 가지를 의미합니다. 첫째, 당신의 관점에서 본 당신의 관심사를 이해하려고 열심히 작업할 겁니다. 스스로에 대한 지식과 당신이 처한 어려움을 저는 소중히 여깁니다. 둘째, 당신과 당신의 삶에 대해 사회적이고 정치적 관점에서 이해합니다. 많은 여성들이 상담에서 토론하는 문제의 원인들이 외적이라고 생각합니다. 일반적으로 사회에서 여성들을 가치 있게 여기지 않고, 이것은 심리학적 고통을 일으킵니다.

루스: (루스는 당황스러워 보이고 다소 의심쩍어한다.) 내가 제대로 이해하고 있는지 잘 모르겠군요.

치료자: 우선 이런 말이 다소 이상하다고 여겨질지 모르겠습니다. 알고 계실지 모르겠지만 저는 이 문제를 당신이 겪는 고통의 원인이라고 생각합니다. 예

를 들어, 우리가 이전 회기들에서 상담했던 체중 문제만 해도 그렇습니다. 요즘 패션 잡지에는 어떤 모습이 보기 좋은지 그 기준을 끊임없이 우리에게 주입하고 있습니다. 그래서 우리 스스로에게 그 모델이 적합하다고 믿게 하지요. 당연히 이 모델과 부합하지 않는 스스로를 부정적으로 평가하게 됩니다.

루스: 저의 관심사들이 여성과 관련된 것이라고는 결코 생각해 보지 않았어요. 내가 알고 있는 것은 내가 할 것에 대해 항상 두렵고 불안하고 걱정을 한다는 거예요. 이런 것을 생각하다 보면 스스로가 적절하지 않다고 생각하게 됩니다.

치료자: 네, 당신이 어떻게 두려워하는지를 들었어요.

루스: 또한 여성주의자와 함께 하는 작업을 제가 편안하게 느낄지 잘 모르겠어요. 저의 남편은 항상 여성주의자들을 무시하기 때문에 그가 달갑게 여기지도 않을 거예요.

치료자: 그것은 당신에게 중요한 관심사라고 생각합니다. 당신의 남편이 당신에게 중요한 존재이고, 당신은 그를 당황시키고 싶지 않아 하는 것처럼 들려요. 글쎄요, 당신의 관심사들을 나와 함께 공유할 수 있을지 의문이 드네요.

루스: 글쎄요, 이것이 제가 얼마나 긴장되었는지에 대한 분명한 증거라고 생각합니다. 저는 저에게 무엇을 해야 할지를 말해 주고 이것을 적절하게 해줄 수 있는 분을 원하지만, 저의 모든 문제들이 남편 탓이고 제가 그와 이혼하고 저의 아이들을 떠나라고 선생님이 말씀하실까봐 두려워요. 여성주의자들은 모든 문제가 남성에게 있다고 믿지 않나요?

치료자: 당신이 원하지도 않는 것을 제가 주장할 것이라고 걱정하는 것은 상담에서 무슨 일이 일어날지 모른다는 사실 때문에 생긴 어쩌면 솔직한 반응입니다. 여성주의자로서 저는 내담자들의 건강한 변화를 자극하고 책임감을 갖도록 격려합니다. 저는 당신에게 가장 좋은 것이 무엇인지를 당신 스스로 알아낼 수 있도록 도와줄 것입니다.

루스: 그럼 선생님은 많은 여성의 문제들이 여성들이 대우받고 평가되는 방식에 의해 야기되었다고 생각하는 여성주의 치료자입니까? 선생님은 저에게 당신의 믿음을 강요하지 않을 건가요?

치료자: 물론입니다. 강요하지 않아요.

루스: 좋아요. 선생님과 함께 작업할 수 있을 것 같아요.

치료자: 자신 있게 들리지는 않는군요.

루스: 네, 완벽하게 확신하지는 않아요. 저의 아버지는 여성주의자들이 가정 파괴의 원인이라고 말씀하셨어요.

치료자: 당신에게 두 가지 염려가 있는 것 같군요. 한 가지는 당신의 삶에서 중요한 사람들이 옳다고 하는 것을 행하는 것과, 또 한 가지는 여성주의가 당신에게 상처를 주고 중요한 사람들과의 관계를 방해할지도 모른다고 염려한다는 것입니다.

루스: 글쎄요, 상처를 받을까 두려워한다고 생각지는 않지만 제가 원하지 않는 것을 남을 의식해서 한다는 것은 맞는 것 같아요.

치료자: 당신에게 적합하지 않은 방식에 영향받고 싶지 않다고 매우 확실하게 말씀하시네요.

루스: 네, 다른 사람들이 믿는 것을 나에게 말해 주는 것 말고 내가 믿는 것을 알게 될 수 있기를 바라고 있어요.

치료자: 스스로 그것을 알아내려는 당신의 욕구가 힘이라고 생각해요. 우리가 네 번의 회기 동안 함께 작업하는 것이 어떨까요? 그 정도 시간이면 당신이 저에게 익숙해질 수 있고 제가 어떻게 작업할 것인지를 알 수 있어요. 그 동안 저는 경청하고, 이해하고, 당신이 느끼는 것에 대해 토의하게 될 것입니다.

루스: 그럼 제가 원한다면 언제든 그만둘 수 있나요?

치료자: 네, 만일 당신이 그만둔다 해도 제가 그 결정을 왜 이해할 수 있는지에 대해서도 이야기할 수 있었으면 해요.

루스: 저도 좋아요.

치료자: 좋아요. 우리의 첫 번째 계획과 약속이 세워진 것 같군요.

**가족 관계 속에서의 힘과 성 역할** 이것은 치료적 관계가 성립되고 행해진 루스의 다섯 번째 회기이다. 그녀와의 치료적 관계는 10회기 정도 더 지속될 것이라고 서로 협의하였다. 인지적인 접근에 영향을 받은 Elizabeth Kincade와 정신역동적 방식에 영향을 받은 Susan Seen이 이 치료 과정에 도움을 주었다. 루스는 역기능적 신념에 사로잡혀 있고, 정서와 인간관계에서도 도움이 필요한 상태였다. 이 회기에서는 각기 다른 여성주의 치료자들의 관점이 어떻게 통합될 수 있는지에 주목하기 바란다.

루스: 오늘 여기 와서 너무 기뻐요. 저는 선생님과 말하고 싶었어요.

치료자: 반가운 소리군요. 지난주에 스트레스를 잘 다루는 방법을 배우고 있다고

말했고 공황에 대한 에피소드들도 잠잠해졌다고 하셨습니다.

루스: 아, 하지만 이건 그 얘기가 아닙니다. (잠시 멈추고 다소 흥분되어 있다.) 우리 교회에 학교가 있어요. 그들은 제가 교육학 학사 자격이 있다는 걸 알고 있어요. 저를 전임으로 고용하고 싶어 합니다. 제가 그것을 할 수 있을까요? 전 하루 종일 집을 비울 거예요. 제가 학교에 근무했을 때는 단지 시간제 근무만 했었거든요. 저의 가족들이 제가 집에 있지 않다고 형편없는 엄마라고 생각하지 않을까요? 저는 아직 공인된 교사도 아니고요. 제가 어떻게 해야 되지요?

치료자: 저런, 이건 당신이 분열된 상태라고 말하는 것 같네요. 한편으로는 당신의 삶에서 변화하지 않고 계속하고자 하고, 다른 한편으로는 당신이 오랜 세월 동안 이 변화를 위해 노력했다는 것이잖아요.

루스: 네, 우스운 일이죠. 저는 목표 없이 대학에 가지는 않았어요. 실제로 제가 무엇을 하고자 했는지를 알았어요. 언젠가 그것이 현실화될 것이라고 생각했어요. 제가 교회를 바꾼 이후로 때때로 교사 역할도 하고 자원봉사를 하곤 했어요. 저는 아이들과 교사들을 좋아해요. 저는 그저 그들이 저에게 자원봉사를 하도록 해주어서 운이 좋다고 생각했지만, 실제로 저는 열심히 아주 잘했어요.

치료자: 그럼, 무엇 때문에 교사직을 수락하지 못하는 거죠?

루스: 존과 아이들 때문인 것 같아요. 존은 제가 교사 생활을 시작하기 전의 예전의 저로 돌아가길 원해요. 지난주에 제가 회의가 있어서 학교에서 특별활동 후 두 아이들을 챙겨 달라고 존에게 부탁을 했어요. 그는 할 수 없다고 말했고 그러고 나서 빈정댔어요. "아마 당신은 내가 당신과 이혼했다면 그걸 더 좋아했을 거야. 그러면 항상 회의에 갈 수 있을 텐데."라고요.

치료자: 너무 심한 말이군요. 전에도 그가 이런 이야기를 했었나요?

루스: 네, 그이는 가끔 이혼 카드를 꺼내요.

치료자: 이혼 카드라고요? 그가 우세한 게임을 하고 있는 것처럼 들리네요.

루스: (잠시 생각을 하며) 그것을 그런 식으로 볼 수 있어요. 하지만 그는 확실히 우세해요. 저는 그와 아이들을 잃고 싶지 않아요. 정말로 제가 저의 삶을 싫어하지는 않지만 만족하지도 않아요. 모르겠어요. 이제 다시 모든 것이 혼란스러워요.

치료자: 존과 당신과의 관계에 대해 얘기해 봅시다. 이것을 토론하다 보면 일자리 제안에 대해 당신이 무엇을 해야 할지도 알 수 있을 겁니다.

루스: 좋아요, 선생님이 옳다고 생각해요. 나를 혼란스럽게 하는 것은 가족에 대한 저의 두려움이에요. 저는 스스로를 일하는 엄마로서 결코 상상해 본 적이 없지만, 정말 가르치고 싶어요. 그러나 내가 정말 전업 교사가 될 수 있을지 모르겠어요. 우리 가족에게 나쁜 영향을 줄지도 모른다는 생각이 들기도 하고요…….

치료자: 사실 그런 고민은 많은 여성들이 하는 고민입니다. 그 둘 중 하나를 선택하는 것은 이기적인 것이 아닙니다. 여성들은 자신을 위해 무슨 일을 하면 다른 누군가가 힘들어한다고 늘 들어왔어요.

루스: 저는 가족이 함께 하는 걸 원해요. 아마도 그것이 여기서 제가 잘못하고 있는 거예요. 제가 직업이 생겨서 가족을 흩어놓고 있어요. 당신이 맞아요. 나는 이기적이고 내 가족이 그래서 괴로울 거예요.

치료자: 확실히 그건 존이 당신에게 말하고 있는 것의 일부분입니다. 전통적으로 우리 사회에서 이것은 여성의 몫이에요. 가족을 단결시키는 것은 우리의 일이죠. 이것은 존에게 많은 도움을 주는 일입니다.

루스: 저는 그렇게까지 생각하지는 않았습니다.

치료자: 당신의 삶은 이제 변하고 있습니다. 불확실한 점도 많아질 것입니다. 자녀들은 몇 년 내로, 자신의 삶을 갖고 계속해서 앞으로 나아갈 준비를 하고 있고, 그래서 자기 앞가림하기 바쁩니다. 존은 툭하면 이혼 이야기를 꺼내 당신에게 은연중의 압력을 행사하고 있습니다.

루스: (치료자에게 분노를 드러내면서) 존은 저 없이 살 수 없어요! 그는 아직도 세탁기를 작동시키지도 못해요. 저는 그를 위해 모든 것을 했어요. 아마도 선생님은 믿지 않겠지만 제가 그를 떠난다면 아마 그는 산산이 흩어질 거예요. 그이도 그것을 알고 있어요.

치료자: 그런 느낌이나 감정을 표현해 보세요. 어떤 감정인가요?

루스: (잠시 생각하며) 분노지요. 존이 나를 떠날지도 모른다는 선생님의 말에 화가 났어요. 내 남편은 그럴 사람이 아니거든요!

치료자: (동의의 뜻으로 끄덕이면서) 당신 말이 맞아요. 나는 존을 모르지만, 당신이 그와의 관계를 확신하고 있다는 점은 알겠네요. 그게 어떤 의미인가요?

루스: 그가 나를 떠날 수 있다는 것을 두려워할 필요가 없다는 뜻인가요?

치료자: 맞습니다. 그가 관계를 지속하기를 원한다면 당신이 더 힘이 있다는 뜻입니다.

루스: 힘이라는 게 정말 무섭군요.

치료자: 당신은 힘 있는 여성입니다. 가족을 돌보았고 당신이 선택한 전문적인 직업을 위해서도 노력하니까요.

루스: 일에 대해 제가 무엇을 해야 되나요?

치료자: 무슨 일을 하길 원하기는 하나요?

루스: 나는 일을 하길 원하지만, 만약 존이 일을 하지 못하게 한다면 아마 그 일을 못할 거예요. 결국 교회 주일학교에서나 일하겠지요. 교회에서는 남편에게 순종할 것을 기대하니까요.

치료자: 관계에서 존이 변화하도록 당신의 힘을 사용하시고 당신과 가족을 위해 적절한 것을 하세요. 교사에 대한 당신의 관심은 훌륭한 부모가 되는 한 영역이라고 볼 수 있습니다. 당신은 아이들이 따르려는 훌륭한 모델로 설정될 것입니다. 이것은 그저 부모가 되는 것과는 다른 부분입니다.

**신체상에 대한 수용** 이것은 루스의 여덟 번째 회기이다. 치료자는 루스로 하여금 몸무게와 나이에 대한 문화적 정의에 의문을 느끼도록 자극한다.

루스: 이것이 우습게 들리는 줄은 알고 있지만, 요즘 저는 늙고, 뚱뚱하고, 못생긴 것 같아요. 해도 잘 안 되기 때문에 더 이상 다이어트조차 하지 않아요. 수면에 문제가 생긴 이후로, 눈 밑에 다크서클도 생겼어요. 어떨 때는 제가 마귀할멈 같아요.

치료자: 자기를 매우 혐오스러워 하는군요.

루스: 아, 더 이상 제 자신을 참을 수가 없어요. 아이들에게 저의 전신 거울을 주었어요. 아이들은 날씬하고 산뜻하고 젊어요. 걔들은 자기 모습을 보는 것을 좋아해요.

치료자: 아이들은 여성이 얼마나 매력적으로 보여야 하는지를 말해 주지요.

루스: 네, 아름다워요. 지금 그들의 몸을 갖기 위해 내가 할 수 있는 것은 아무것도 없어요!

치료자: 나이가 들수록 많은 면에서 더 나아지는데도, 우리 사회에서 평가받고 인정받는 유일한 방법은 우리가 어떻게 보이는지에 있는 것 같아요.

루스: 선생님 말씀이 맞아요. 그리고 그건 부당해요. 제가 날씬하거나 젊지 않아도 많은 것을 갖고 있다고 생각해요.

치료자: 확실히 그래요. 하지만 당신은 늙고, 뚱뚱하고, 못생긴 것 같다고 말하려

고 오늘 여기에 오셨습니다. 당신은 스스로를 악마처럼 보인다고 말했습니다. 당신은 보통 감정을 설명하기 위해 아주 극단적인 언어를 사용했습니다. 그래서 저도 이것이 당신에게 얼마나 중요한지 알게 되었습니다.

루스: (약간 웃으며) 저는 종종 어떤 것에 대해 좋게 느끼고 나서 다른 어떤 것에 대해서 나쁘게 느끼는 것 같아요. 오늘 아침에 생각해 보니 저는 거울에 내가 어떻게 보이는지에 대해서만 생각하고 내가 얼마나 가치 있는 사람인지에 대해서는 생각하지 않았던 것 같아요.

치료자: 그것은 당신이 그렇게 생각하도록 훈련받은 거예요. 그리고 만일 어떤 여성이 악마처럼 보인다면, 그녀가 우리 사회에서 평가절하된 것이기 때문에 그녀도 자기 스스로를 악마처럼 느끼는 겁니다. 루스, 당신은 자신의 무엇을 좋아하세요?

루스: 저는 사랑스럽고 사려 깊은 사람이고, 아마 훌륭한 엄마이고, 늘 일을 마무리하려고 노력해요. 학위를 따고 앞으로 선생님이 되려고 노력하는 것이 자랑스러워요.

치료자: 그럼 좋아하지 않는 것은요?

루스: 딸과 다투고, 먹는 것을 멈출 수가 없고, 너무 뚱뚱해서 매력적이지 않은 것이지요.

치료자: 딸과의 관계에 대해서는 많이 얘기했지만, 몸무게에 대해서는 정말 많이 이야기하지 않았네요. (루스는 끄덕인다.) 아마도 과체중이 어떤 다른 목적을 충족시키기 때문일지 몰라요. 비만해지는 것은 당신이 사람들에게 당신의 힘을 인식시킬 수 있고 남성들에 의해 던져지는 추파로부터 당신을 보호하는 방법입니다. 당신의 비만은 당신이 힘을 사용하는 방법입니다. 생활 속에서 이것에 대한 예를 생각해 보시겠어요?

루스: (의심스러워하지만 생각하며) 글쎄, 제가 근무하는 곳에서 일부 남자 대학생들이 도와줍니다. 그들은 때로 자원봉사하는 여대생들에 대해 정나미가 떨어지는 비평을 합니다. 하지만 그들은 항상 제 말을 경청하고 존경스런 마음으로 저를 대합니다. (잠시 쉬며) 선생님도 아시다시피, 저는 그것에 대해 결코 생각해 보지 않았어요. 제가 원하는 것을 얻기 위해서나 혹은 존경을 받기 위해 비만을 어떻게 사용할지에 대해서 결코 생각해 본 적이 없어요. 선생님의 지적은 재미있는 생각이네요.

치료자: 신체는 우리 사회에서 우리가 갖고 있는 가장 강력한 자산입니다. 우리 모두는 약간 다르게 그 힘을 사용하지만, 비록 우리가 완벽하게 그것을 인식

하지 못할지라도 우리가 원하는 것을 얻기 위해 그 힘을 종종 사용합니다.

루스: 그것은 저에게 정말로 속임수인 것 같네요. 저는 속임수를 원하지 않아요.

치료자: 당신은 다른 방법들로도 강력해지기를 원합니다.

루스: 정말 그래요.

치료자: 제가 판단하기에 당신은 이 문제를 풀기 위해 몇 가지 것들을 할 수 있어요. 저의 생각들을 공유하고, 그것들이 당신에게 어떻게 적합한지를 생각해보세요.

루스: 좋아요.

치료자: 비만이 당신의 관계에 힘을 준다는 방법을 깨달음으로써 당신은 몸무게에 대한 생각을 조정할 수 있습니다.

루스: 쉽지 않을 거예요.

치료자: 알아요. 또한 저에게도 쉽지 않았어요. 제가 가장 어려웠던 것은 실제로 화장실에다 전신 거울을 놓는 것이었어요. 저는 제 자신에게 제 몸을 사랑하라고 강요했어요.

루스: 어떻게요?

치료자: 첫째 당신의 신체적 자아에 대해 좋아하고 존경하는 것을 발견해 보세요. 그리고  당신이 무관심했던 다른 부분들을 바라보세요. 또한 그 부분들이 당신을 위해 무슨 역할을 해왔는지 생각해 보세요. 예를 들면, 다리는 서 있을 때 나를 지탱해 준다, 나를 어디론가 가게 해 주고 달리게 해 준다는 식으로요. 많은 여성들이 아이를 출산한 후 늘어난 자신의 엉덩이와 배에 대해 걱정을 합니다. 그것을 재구조화하는 방법은 자궁 속에서 양육하고 보호할 수 있었던 아이들에 대해 생각하는 것입니다.

루스: 그럼 선생님도 자신의 몸을 보고 얼마나 뚱뚱하고 못생겼나 대신에 각 부분들이 삶에 얼마나 기여를 했는지를 생각하셨군요. (루스는 웃는다.)

치료자: 네. 아주 많이요.

루스: 잘 되었나요?

치료자: 저는 잘 되었어요. 그 방법이 당신에게는 어떨지 모르겠어요. 당신 문제에는 당신이 최고 전문가예요.

**| 치료 과정에 대한 논평** 서구 문화는 여성에게 무자비하다. 우리는 매일 완벽한 여성상에 주눅 든다. 이 인습적 상에 대한 순응은 우리 사회의 여성들이 무엇을 할 수 있는지에 의해서가 아닌 어떻게 보이는지에 의해 판단되기 때문에 자기 존중에 부정적인

영향을 준다. 루스는 음식이 위안을 주는 것이라고 믿도록 사회화되었으면서도 식탐을 표현하지 않도록 제지당했다. 문화적 기대에 대한 순응은 그녀의 무력함을 줄곧 강화하는 것이다. 결과적으로 그녀는 동일 문화에서는 바람직하지 않는 몸집을 갖게 되었다. 여성주의 치료의 목적은 자신의 신체를 사랑하는 방식을 발견하도록 루스를 자극하는 것이다. 우리는 루스가 자신의 욕구를 충족시키는 음식 이외의 다른 방식을 발견하도록 도울 것이다.

여성주의 치료는 몸무게 문제를 통해 자기 존중과 개인의 힘을 증가시키고, 장점을 강조하며, 대처 행동을 증가시키는 데 목적을 둔다. 우리는 그녀에게 몸무게의 감량에 초점을 두기보다는 이를 통제하는 능력을 부여하는 데 자원을 집중하게 할 것이다. 그녀에게 최근 자신의 감각을 지지하는 부수적 방식을 찾게 하는 것도 좋다. 루스는 그녀의 신체, 마음, 삶을 수용하고 자축하는 권리를 부여받을 필요가 있다.

## Gerald Corey의 여성주의 관점에서 루스 상담하기

### 도입

『상담 및 심리 치료의 통합적 접근: 루스의 사례와 해설 DVD』에는 내가 루스를 어떻게 중재했는지가 자세히 논의되어 있다. 여기에는 여성주의 치료의 원칙과 절차들이 일부 소개되어 있다. 1회기('상담 시작하기')에서 나는 루스에게 그녀의 기대에 관해 묻고 정보에 근거한 동의 절차를 설명했다. 나는 루스를 치료 과정의 협동적 파트너로 규정했고, 그녀에게 상담이 어떻게 진행될 것인지를 수시로 알려주었다. 2회기('치료 관계')에서 나는 우리가 좋은 관계를 갖지 못한다면 치료적 효과가 작을 것이라고 인식시키면서 우리의 관계 구축에 특히 초점을 맞추었다. 3회기('치료 목표의 설정')에서 나는 치료 과정을 안내할 개인적 목표를 루스가 현실적이고 명확히 세우도록 도와주었다. 무엇보다도 루스는 자신의 삶에 있어 전문가이고 나의 일은 우리가 협력하여 확인한 목표를 그녀가 획득하도록 돕는 것이다. 4회기('다양성의 이해와 고려')에서 나는 그녀와 나의 차이점들이 어떻게 우리의 치료 과정에 영향을 미치는지를 개방적이고 다양한 관점에서 조망하였다. 루스는 성차 이외에도 종교, 문화, 학력, 사회화 과정에서 우리가 얼마나 차이가 있는지를 언급하였다. 내담자에게 신뢰를 받기 위해서 상담자는 솔직하고 개방적이어야 하며 무엇보다도 다양한 차이를 이해하고자 노력하는 모습을 보여주어야 한다.

## 기본 가정

여성주의 치료의 기본적 가정, 즉 치료 목표와 전략은 이 장의 앞부분에 상세하게 설명하였다. 여성주의 관점에서 나는 어떻게 그녀를 협력자로서 받아들일 것인지를 강조한다. 나는 가족 상담을 통해, 특히 루스와 존과의 관계를 재설정하고자 노력하였다. 여성주의 관점에서의 나의 의도는 상담의 핵심 원칙과 전제에 대해 분명한 협의를 거치고 적극적인 행동을 통해 사회 변화를 시도하는 것이다. 중재는 그녀의 사회적, 문화적 세계를 감안하여 시행되어야 하고 특히 루스의 문제를 초래한 환경적 요소들을 감안해야 한다.

## 루스에 대한 평가

나는 평가와 치료 단계에 내담자를 포함시키려고 최대한 노력한다. 치료의 모든 과정에 루스와 협력함으로써 풍부한 치료적 경험을 제공할 수 있다. 진단 범주가 그녀를 평가하는 데 그리 유용하지 않다고 보지 않기 때문에 나는 루스의 상태를 범주화하는 데 큰 관심을 기울이지 않았다. 평가는 초점을 맞추기에 가장 좋은 것이 무엇인지를 확인하는 과정에서만 제한적인 가치가 있다. 평가가 주가 되어서는 안 된다. 치료적으로 가치가 있을 때만 평가가 쓸모 있는 것이다.

## 치료 목표

여성주의 치료 모델을 적용할 때 나는 그녀의 개인적 힘을 그녀가 인식하고, 자기를 정당하게 주장하고, 자기의 가치들을 더 포용할 수 있게 하는 치료 목표를 가지고 있다. 첫 번째 회기 후, 루스와 나는 치료 과정의 기준이 되는 다음과 같은 목표들을 설정하였다.

- 외부 전문가들에게 의존하기보다는 자신의 직관을 신뢰하기
- 자신을 돌보는 것은 그녀의 삶에서 다른 사람들을 돌보는 것만큼 중요함
- 이상적 몸무게가 아니어서 자신을 비난하기보다는 자신의 신체 상태를 수용하기
- 내면화된 성 역할 메시지를 인식하고 자신의 건설적 신념으로 대치하기

- 집과 학교에서 변화를 야기하는 기술을 습득하기
- 그녀가 원하는 남편과 아이들과의 관계를 정의하고 재구성하기

## 치료 절차

먼저 어떻게 치료가 진행될 것인지에 관해 루스와 논의하고, 그녀를 우리 관계에서 활동적 파트너로서 편입시킨다. 정보에 근거한 동의를 구하고, 이에 근거해 목표를 확인한 후 시행 가능한 범위에서 치료적 계약을 한다. 이 교육적 과정 중에 치료가 얼마나 유용한지와 개인적 목표가 어느 정도에 도달했는지를 평가하는 절차가 반복될 수 있다.

## 치료 과정

**| 치료 과정의 요소** 그녀는 독서를 좋아한다고 말했고, 치료 문제와 직접적으로 관련된 주제들에 관한 책들을 읽는 것을 좋아하였다. 나는 루스가 독서 치료에 관해 얘기할 것을 격려한다. 루스와 나는 치료적 가치를 넓힐 수 있는 다양한 가능성을 조사한다. 또한 그녀는 대학 여성 센터를 통해 소개받은 여성 지지 집단에 참여할 것에 동의한다. 처음에는 이 집단에 참가하여 시간을 보내는 것을 꺼려했지만, 집단에서 그녀는 다른 여성들과 함께 동일시되는 것을 느끼고 있다. 그녀는 다른 여성들이 유사한 문제로 투쟁하는 것을 알게 되면서 지지를 느낀다. 루스는 자신의 경험을 지지 집단에 이야기할 수 있고, 독서를 통해 통찰력 있게 인식할 수 있다.

**치료 관계** 나는 치료 관계가 평등한 인간관계가 되어야 한다는 원칙을 가지고 있기 때문에 우리 사이의 힘의 차이를 줄이려고 고민하였다. 나는 치료자라는 힘을 오용하길 원하지 않는다. 첫째, 나는 불필요하게 진단하지 않으려고 한다. 따라서 충고하거나 '전문가' 역할 뒤에 멀리 서 있기 등 전문적 관계에서 나의 힘을 남용할 수도 있는 방식들을 주의한다.

둘째, 이 협력적 관계에서 그녀가 갖고 있는 힘을 일차적으로 강조한다. 나는 그녀가 스스로에 대해 책임감을 갖기를 바라고, 자기의 경험을 존중하여 주체적 삶을 살도록 격려한다.

셋째, 나는 상담 과정에서 편견을 제거하려고 한다. 이를 위해서는 우리 관계에서 나의 관점을 루스에게 설명하고, 그녀를 활동적 파트너가 되게 해야 한다. 내가 특별

한 기법을 소개할 때 나는 어떤 영향들이 있을 수 있다고 솔직히 이야기한다. 나는 그녀가 이를 수용하건 그렇지 않건 간에 루스의 결정을 전폭적으로 존중한다.

**루스의 결혼에 대한 역할극** 한 회기에서 루스와 나는 역할극을 하는데 내가 존 역할을 담당한다. 그녀는 내가 떠나라고 요구하는 것이 자신에게 얼마나 무서웠는지를 나(존)에게 말한다. 그 회기에서 루스는 자기에게 그가 얼마나 겁주었는지를 알기 시작한다. 그녀는 두렵고 가책을 느끼게 하는 힘을 존에게 부여함으로써 자신을 계속 벌하였다. 나는 그녀가 정말로 듣기를 원하는 모든 것들에 대해 존에게 편지를 쓰라는 숙제를 내주었다. 그 편지는 남편에게 부치지는 않았지만 변화되었으면 좋을 남편과의 관계가 기술되어 있었다(초기 회기에서 나는 아버지에게 상세하게 편지를 쓰는 유사한 숙제를 그녀에게 주었다). 그녀는 아동과 청소년이었을 때 아버지에게 했던 방식으로 남편인 존에게 의지하고 있었다. 그녀는 그들을 기쁘게 하는 것이 자신의 역할이라고 했지만, 아무리 힘들게 노력해도 그들을 기쁘게 할 수 없으리라는 것도 느꼈다. 아버지나 남편이 변하기를 기다리거나 기대하기보다는 그녀 자신이 먼저 요구하고 변화에 적극적인 역할을 해야 한다는 사실을 그녀에게 인식시키는 것이 쉽지는 않았다. 그러나 이것은 그녀를 위한 것이고, 그녀가 삶의 다른 방향을 선택하는 하나의 계기였다.

**존과의 연합 회기를 수행하기** 나는 루스에게 계약을 상기시키고, 우리가 직접적으로 표면화된 문제를 다룰 수 있도록 존에게 참석해 달라고 말해 보도록 하였다. 초기에 그녀는 그가 결코 오지 않을 것이라고 확신하는 이유를 제시했다. 나와 함께 논의를 한 후 그녀는 그에게 직접적이고 명확하게 적어도 한 회기에 참석하기를 요구했다. 놀랍게도 존은 쉽게 동의했다. 여기에 초기 연합 회기에서 상담한 내용이 제시되어 있다.

루스: 정말 그가 여기에 오고 싶어 한 것 같지는 않지만 오늘 여기에 존을 데리고 왔어요. (그녀가 그를 대변하는 것에 주목하라.)

코리: 존, 이 회기에 어떻게 참석하셨는지에 관해 듣고 싶군요.

존: 루스의 말을 듣고 제가 돕겠다고 생각했기 때문에 동의했습니다. 제가 치료를 필요로 하지 않겠지만 와서 안 될 것은 없다고 생각했지요.

루스: 이제 그가 여기에 왔으니, 무엇을 말해야 할지 모르겠어요.

코리: 여기에 왜 그가 오기를 원했는지 그에게 말하면 됩니다.

루스: 우리의 결혼이 이런 식으로 더 오래 진행될 수 없다는 거예요. 이 관계가 더

이상 저에게 만족을 주지 않아요. 오랜 세월 동안 저는 그저 당신이 원하는 것을 했고 모든 것이 큰 문제없다고 생각했어요. 그런데 사실 나는 그리 행복하지 않았어요.

존: (나를 돌아보며) 그녀가 뭘 말하는지 모르겠어요. 우리의 결혼관계는 항상 좋았어요. 문제가 없었다고요. 문제가 있다면 지금 그녀에게 있는 것 같군요.

코리: 이것을 루스에게 말하는 건 어때요?

나는 루스와 존이 나를 매개로 서로에 대해 이야기하기보다는 직접적으로 대화하기를 원한다. 추측하건대 그들은 집에서 솔직하지 않다. 이 회기에서 그것들을 서로에게 말하게 함으로써 어떻게 그들이 상호작용하는지를 조금 더 자세히 알게 되었다.

루스: 보세요, 이게 문제입니다. 존에게는 모든 것이 좋아요. 저만 미쳤어요! 제가 매우 불만족해 있는 반면 그는 왜 매우 만족하죠?

코리: 존에게 말하세요. 당신은 저를 쳐다보고 있어요. 그는 제가 아니라 당신에게 직접 들을 필요가 있어요.

루스: 존, 왜 나만 결혼에 대해 불만을 이야기해야 하죠? 우리에게 어떤 문제가 있는지 볼 수 없어요? 정말 당신에겐 모든 것이 좋나요?

코리: 루스, 제가 제안을 하죠. 당신은 존에게 질문을 하고 있어요. 그에게 질문하는 것 대신에 그와의 관계에서 당신이 원하는 것을 말하세요.

루스: (다시 나를 돌아보며 말하기를) 하지만 그가 제 말을 들을 거라고 생각지 않아요! 그게 문제예요. 나는 우리의 삶에 대해 이야기할 때 그가 내 말에 경청할 것이라고 생각하지 않아요.

코리: 좋아요. 당신의 추측을 검증해 볼 기회입니다. 나는 당신이 그와 함께 계속해서 이야기하기를 바랍니다.

루스: (소리를 높이고 심각한 감정을 실어) 존, 나는 항상 기대하는 것을 하면서, 완벽한 아내와 완벽한 엄마가 되는 것에 지쳤어요. 내가 할 수 있는 한 모든 것을 했고, 변화를 원해요. 내가 우리 가족을 결합시키는 유일한 사람인 것 같아요. 모든 사람이 나를 의지하지만 정작 아무도 나를 돌보아 주지 않아요.

코리: 이제 당신이 그에게 원하는 것을 존에게 말하세요.

루스: 나는 이런 방식에 지쳤어요. (잠시 쉬며) 내가 당신에게 얼마나 중요한지와 당신이 나를 이해하는지를 이제 알고 싶어요.

존: 확실히 당신이 힘들다는 것을 이해해요. 당신이 집에서 많은 일을 하는 것을 알고, 당신이 자랑스러워요.

코리: 존이 당신에게 한 말을 들으니 기분이 어때요?

루스: 하지만 당신은 결코 나를 이해한다고 말하지 않는군요. 당신에게서 듣고 싶어요. 나는 당신의 정서적 지원을 느끼고 싶어요.

코리: 이제 그가 당신을 이해하고 자랑스럽다고 말하고 있어요. 그럼 그가 말한 것을 들으니 당신은 기분이 어떤가요?

나는 이 간단한 상호 작용, 즉 그녀가 그에게 원한다고 말하는 식으로 그녀에게 반응한 것에 대해 논의하고 있다. 그러나 그녀는 그가 말한 것을 인정하지 않았다. 그녀는 더 듣기를 원하는 것이 있었다.

루스: 당신이 나를 이해한다고 말했을 때 좋았어요. 그건 나에게 많은 것을 의미해요.

존: 나는 그렇게 이야기하지 않았었지. 왜 소용없는 말들을 많이 하지? 내가 당신에 대해 어떻게 느끼는지 당신은 알잖아.

코리: 존! 그게 문제예요. 당신은 그녀에게 어떻게 느끼는지와 그녀가 당신에게 어떤 의미인지를 루스에게 말하지 않잖아요. 그리고 그녀도 당신으로부터 그런 말을 요구하는 데 익숙하지 않고요.

루스: 아, 당신은 내가 쓸모없는 말들을 듣고 싶어 한다고 생각하는군요. 솔직히 나는 당신에게 애정을 잃어 버렸어요. 당신과 함께 우리 가족의 삶을 이야기하는 것이 너무 힘들어요. 아! (루스의 눈이 축축해지고, 한숨을 내쉬고 조용해진다.)

코리: 루스, 지금 멈추지 말아요. 계속해서 존에게 이야기하세요. 당신의 눈물과 무거운 한숨이 무슨 의미인지 그에게 말하세요.

루스는 남편이 자신을 이해하지 못한다고 보면서, 종종 패배감을 느끼고 거기에서 멈춘다. 나는 그녀가 자신을 진정시키고 계속해서 존에게 얘기하도록 격려한다. 존이 이 점에서 매우 불편하게 보일지라도 그는 수용적인 것처럼 보인다.

존: 때때로 나는 당신에게 비난받는다고 느끼기 때문에 당신에게 이야기하는 것이 힘들어. 하지만 당신이 원하는 것을 이야기하지 않으면 내가 그것을 어떻게 알 수 있겠어?

코리: 존, 그녀가 지금 원하는 것을 이야기하고 있어요. 루스가 당신에게 이야기

하고 있는 것을 들으니 어때요?

존: 그녀가 옳은 것 같아요. 내가 더 자주 이런 말을 들었어야 했어요.

코리: 그럼, 지금 조금 더 루스에게 귀기울여줄 수 있겠어요?

존: 물론입니다.

루스: 나에게 대학에 가는 것이 얼마나 중요한지 당신은 모를지도 몰라요. 정말 끝마치고 싶고 자격을 얻고 싶어요. 하지만 나는 우리의 집을 완벽하게 운영할 책임이 있어요. 나는 아이들이 열심히 하게 할 필요도 있어요. 그러나 항상 나에게 모든 것을 해주기를 기대하는 것 대신에 나 자신의 일을 할 필요가 있어요. 내가 집에 있을 때 자신을 위한 시간이 필요합니다. 그리고 식사 후 당신과 함께 앉아서 보낼 약간의 시간도 원해요.

코리: 존, 무엇을 듣고 있죠? 그리고 당신에게 이것이 어떻게 들리나요?

존: 글쎄요, 우리는 자질구레한 일에 대해 이야기를 하는 겁니다. 나는 그녀가 나에게 원하는 것을 잘 이해하지 못하겠어요.

존은 한동안 매우 비판적인 목소리로 계속한다. 그는 남성인 자신이 성인으로 성장한 방식은 집 밖에서 일하는 것이고, 여성들은 집에서 일하고 가족을 돌보는 것이라고 강조하였다. 그는 이 잘 구축된 생활 방식을 어떻게 변화시키는지 모른다는 것을 인정한다.

루스: 글쎄요, 정말 나는 집에서 당신의 도움을 원합니다. 그리고 나와 함께 시간을 보내는 건 어때요? 나와 함께 이야기 나누고 싶지 않아요?

존: 네, 하고 싶어요. 하지만 하루 종일 일한 후에 편하게 쉬고 싶어요. 저는 집에서 그런 상태가 되기를 원합니다.

코리: 마치 당신 두 분이 서로 이야기하기를 원하는 것처럼 들리네요. 당신은 다음 주 언제쯤 방해받지 않는 둘만의 대화를 할 것인가요?

우리는 함께 언제, 어디서, 얼마나 오랫동안 서로 계속적인 시간을 보낼 것인지에 대해 현실적인 계약을 체결한다. 존은 다른 연합 회기에 참석하는 데 동의한다. 나는 그가 생각 없이 받아들였던 메시지를 우리가 조사할 필요가 있다고 알려 주었고, 그들에게 모두 가정을 꾸려가는 것이 누구의 책임인지에 대한 고정된 시각을 바꿔야 한다고 지적한다. 루스가 도움을 요구할 때 집안 유지는 절대적으로 그녀의 일이었다. 그들은 이 고정화된 역할 기대감에 이의를 제기하고 이를 변화시키고자 협력적으로 노력해야 한다. 앞으로의 회기에서 우리는 존과 루스가 역할과 책임감의 분할에 대해 무엇을 학습하는지에 초점을 맞출 것이다.

한편 나는 그녀가 실제로 2주 동안 집에서 하는 것을 모니터하고 일기에 이것들을 적어 보라고 요구한다. 그녀가 집에서 원하는 특별한 변화 항목도 쓸 것을 제안한다. 우리는 삶에서 그녀가 원하는 것과 그녀의 가족 상황에서 원하는 것을 주로 조사하는 데 한 회기를 보냈다.

**| 치료 과정에 대한 논평** 루스와 나는 몇 회기 동안 결혼 생활에서 그녀가 경험하고 있는 어려움들의 원인에 대해 논의하였다. 나는 존의 변화에 초점을 맞추는 대신에 그와의 관계에서 변화를 이끌 수 있는 그녀 자신의 태도와 행동을 변화시킬 것을 제안한다. 루스는 정서적으로 필요로 하는 것을 그에게 요구하는 것이 얼마나 어려운지 알기 시작한다. 초기에 그녀는 원하는 것을 그에게 직접적으로 말하는 것을 거부했지만, 결국 원하는 것에 대한 요구를 학습하는 것이 가치가 있다는 것을 알게 된다. 루스는 그가 정서적으로 자신을 돌보지 않을 것이라고 미리 결정했고, 정서적으로 다른 사람들에 의해 배려받는 느낌을 기대하지 않았다. 그녀는 많은 부분이 자신이 아이였을 때 계발된 예전 방식이었음을 알게 되지만, 점점 이 덫을 피할 수 있게 되고 더 효과적인 방식으로 행동하게 된다.

루스와 나는 그녀가 성 역할에 대해 받았던 메시지들에 대해 상당 시간을 보낸다. 그녀는 어떻게 비판 없이 고정화된 성 역할을 수용했는지에 대해 더 이상 자신을 비난하지 않았다. 지금까지 그녀는 사회화가 계속해서 그녀에게 어떤 영향을 주었는지 심각하게 생각하지 않았다. 대다수의 회기가 여성으로서 내렸던 자신의 초기 결정을 검토하고 비판적으로 조사하는 것으로 구성되어 있다. 루스는 그녀에 대한 정의가 다소 제한적이라는 것을 깨닫고, 이제 어떻게 선택해야 하는지를 고민하기 시작한다.

## 마지막 제언

여성주의 치료의 가장 주요한 공헌은 그들이 자라오면서 그리고 사회화 과정에서 부지불식간에 들어왔던 전형적인 성 역할 메시지를 인식하고 이로써 초래되는 힘의 불평등과 억압을 변화시키고자 한다는 점이다. 여성주의 치료에서는 전통적인 측정이나 평가 과정에 비판적인 태도를 취한다. Kathy Evans 등은 루스와 작업하면서 그녀의 역량 강화를 가장 주된 상담 목표로 설정하였다. 많은 전통적인 심리 치료자들은 개인이 겪는 문제의 원인을 개인 내부에서 찾았지만 여성주의 치료자들은 외부의 영향에 주목한다. 이것은 문제에 대한 책임을 개인보다는 사회적, 정치적인 힘에 두어야 함을 시사한다.

그래서 여성주의 치료자들은 단지 적응적인 행동을 교육시키기보다 사회 정의를 실현하기 위한 적극적인 행동을 모색하고 또 시도하게 한다.[4]

## 복습을 위한 질문

1. 여성주의 치료자로서 당신은 다른 치료의 개념과 기법을 어떻게 통합할 것인가? 당신이 생각하기에 여성주의 관점에 적합하지 않은 어떤 이론이 있는가? 만일 그렇다면, 그것은 어떤 것이고, 이유는 무엇인가?
2. 루스와 작업할 때 여성주의 관점이 주로 기여한 점은 무엇인가? 루스를 상담할 때 어떤 주제가 이 접근에 가장 적절하다고 보는가? 루스의 사례에서 여성주의 접근을 사용하는 데 단점이 있는가?
3. 여성주의 치료자들은 치료 과정에 대해 내담자를 교육하는 것에 큰 가치를 둔다. 그리고 평등한 인간관계의 중요성을 강조한다. 이 전제를 수용하는 다른 상담 접근법에는 무엇이 있는가? 루스와 같은 내담자와 함께 협력적(평등한) 관계를 구축하고 치료에 대한 편견을 제거하는 것에 대해 당신은 어떻게 생각하는가?
4. 여성주의 치료는 전통적 진단과 평가를 비관적으로 본다. 이런 관점을 가지는 다른 치료 방법에는 무엇이 있는가? 이 점에서 평가를 하고 진단을 내리기 위한 기초로서 DSM-IV-TR을 적용하는 것에 대해 어떻게 생각하는가? 당신은 전통적 진단이 희생자들을 비난하는 데 일조하는 기준이라고 생각하는가?
5. 여성주의 평가와 진단은 협력적이고 현상적 접근을 필요로 한다. 만일 당신이 평가와 진단에 있어 여성주의 관점을 받아들인다면, 접수 회기 동안 당신에게 진단할 것을 요구했던 기관과 어떤 문제들로 갈등할 것 같은가?
6. 루스와 존과의 연합 회기 동안 당신은 이 중재들을 어떤 방식으로 활용할 것인가? 만약 다른 프로그램에 그녀를 보내게 된다면 그녀에 대해 어떻게 진단한 상태에서 의뢰할 것인가?
7. 여성주의 치료에서는 성 역할과 힘의 분석에 초점을 맞춘다. 존과의 연합 회기에 이러한 개념을 어떻게 적용시킬 것인가? 정말로 사회화가 그렇게 결정적으로 인간의 성 역할을 결정한다고 생각하는가?
8. 당신은 현실과 가부장 체계에 이의를 제기하는 여성주의의 방식이 어느 정도 적절하다고 생각하는가? 만일 어떤 남성 내담자가 여성을 보조적으로 간주하는 문화적 가치를 수용하고 있다면 당신은 이 접근을 어떻게 변형할 것인가?

9. 여성주의 치료는 여러분의 상담 스타일에 어떻게 병합될 수 있는가? 이 접근법의 가장 큰 장점은 무엇이라고 생각하는가? 여러분만의 상담 기법에 변형시켜 포함시키고 싶다면 어떤 부분인가?

## 주

『심리상담과 치료의 이론과 실제: 스탠의 사례와 해설 DVD』 10회기('스탠의 사례에 적용한 여성주의 치료')에는 성 역할 정체성과 남성다움 메시지에 대한 영향들을 다루고 있다.

1. 이 장에서 여성주의적 협력 치료를 하면서 상담자들의 이름 순서는 큰 의미가 없다. 이것은 실제로 모든 치료자들이 동등하게 치료에 기여했다는 것을 의미한다.
2. 여성주의 치료에 대해 더 자세히 알고 싶다면, G. Corey(2013)의 『심리상담과 치료의 이론과 실제』(9판, Belmont, CA: Brooks/Cole, Cengage Learning)의 제12장과 아래 책을 살펴보라. Evans, K. M., Kincade, E. A., & Seem, S. R. (2011). *Introduction to feminist therapy: Strategies for social and individual change*. Los Angeles: Sage.
3. 전통적 진단 작업을 위한 자료는 미국 정신의학회(2000)에서 펴낸 *DSM-IV-TR*(Washington, DC: Author)를 보라.
4. 이 모델에 대하여 더 알고 싶다면 다음 책들을 보라. Worell, J. & Remer, P. (2003). *Feminist perspectives in therapy: Empowering diverse women*. New York: Wiley; Brown, L.(2010). *Feminist therapy*(Washington, DC: American Psychological Association.

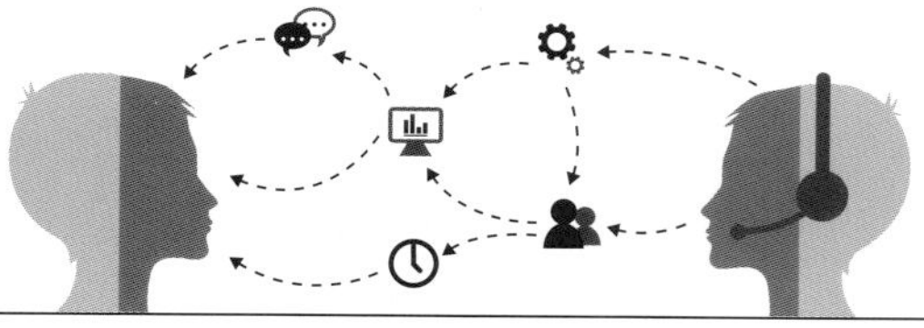

CHAPTER

# 11

# 포스트모던 치료의 사례 접근

## 포스트모던 치료의 일반적 개관

포스트모던 치료자의 가장 중요한 목적은 내담자들로 하여금 그들의 삶의 방식을 빛나게 하는 새로운 이야기들을 만들어내게 하는 것이다. 치료란 그들을 지금까지 옭아매었던 지배적인 이야기들에서 내담자들을 벗어나게 하는 것이다. 내담자들은 자신이 살아왔던 과거를 다시 쓰고, 새로운 관점에서 미래를 꿈꾸게 된다.

포스트모던 접근법에서는 자신 인생에 관한 가장 뛰어난 전문가는 바로 내담자 자신이라고 가정한다. 치료자는 전문가라기보다는 내담자에 대해 호기심 있고, 관심 있으며, 존경하는 태도를 보이는 파트너가 되어야 한다. 치료자와 내담자는 분명하고, 구체적이며, 현실적이고, 그리고 개인적으로 의미 있는 목적을 탐색해나가는 동반자적 관계이다. 치료자는 질문을 통해 그들이 보이는 문제를 그들 자신과 분리시킨 후 새로운 관점에서 다시 재구성해보게 유도한다.

이러한 접근법에서는 치료자와 내담자와의 상호협력적인 관계를 강조하기 때문에 치료적 목표에 도달하고 또 치료를 종결하는 시점에서도 내담자들에게 중요한 권한을 부여한다. 이 접근은 특정 시간 내에 가장 효과적인 치료법을 찾는 방식이기 때문에 내담자가 자기 문제에 대한 해답을 찾을 때 치료가 종결된다.

## 루스에 대한 내담자 지시적, 해결 중심 단기 치료자의 관점

John J. Murphy 박사

나의 접근법은 Shazer와 Berg에 의해[1] 개발되어 초기에 내담자 지시적, 결과 공시적 치료 방법[2]으로 알려져 왔던 해결 중심 단기 치료(SFBT)에서 차용해 온 것이다. 이 접근의 핵심적인 요인은 문제를 해결하고 그들의 삶을 증진시키기 위해 (1) 그들이 원하는 것이 무엇인지 명확하게 기술하게 한 후, (2) 해결책을 향해 그들의 삶에 지속적으로 동기를 부여하는 것이다. 나는 루스를 협력적인 파트너로 규정한 후 그녀가 선호하는 것과 지각하는 것을 최우선 순위로 선정하였다.

나의 동료는 루스에게 나를 해결 중심 단기 치료자로 소개하였다.

**루스**: 매우 바쁘신 분이라고 들었습니다. 제가 상담이라는 것을 받아본 적이 없어서 몇 가지 물어보고 싶은 것이 있습니다.

**치료자**: 좋습니다. 저 역시 물어보고 싶은 것들이 있습니다. 일단 저에게 어떤 것을 묻고 싶으신가요?

**루스**: 글쎄요, 우선 선생님이 약속 스케줄을 어떻게 잡으실지 모르겠네요. 저는 남편과 십대의 네 아이들이 있거든요. 저는 임시교사이고, 이런 상담이 저에게 적합한 것인지 사실 확신이 없습니다. 솔직히 말해 내가 이런 상담을 어떻게 받고, 어떻게 해야 할지 잘 모르겠습니다.

**치료자**: 그런 생각은 충분히 이해할 수 있습니다. 당신은 중요한 사람이며, 당신의 삶에서도 책임이 있습니다. 치료 스케줄을 고민하는 것도 충분히 일리가 있습니다. 당신이 생각하기에 가장 적합하다고 생각하는 시간을 미리 알려주시면 최대한 그 스케줄에 맞추어 보도록 하지요. 아마 두세 번 정도 저를 만나게 될 것입니다.

**루스**: 좋습니다.

**치료자**: 좋습니다. 다른 질문은 없으시지요?

해결 중심 단기 치료는 치료 일정을 내담자 주도로 잡게 하는 첫 단계부터 시작한다. 그리고 치료 일정에 대한 그녀의 우려와 걱정도 당연하다는 것을 주지시킨다. 그녀의 삶의 방식을 부정하지 않기 때문에 치료에 대한 우려와 스케줄을 조정하려는 근심도 치료 과정의 일부로 생각해야 한다. 자기 지시적인 절차를 통해 그녀는 변화 과정에 첫발을 내디뎠다.

## 기본 가정

루스에 대한 치료에는 이론에 대한 경험적인 기초와 임상적인 가정들을 숙지하고 있어야 한다.

**경험적인 기초** 심리 치료의 성공을 좌우하는 '일반적인 요인들'은 지금까지의 각기 다른 기법들에서 공통적으로 제시되어 왔다.[3] 그것은 내담자 요인(적응 유연성, 사회적 지지, 그리고 다른 개인적인 자원들), 관계 또는 치료적 동맹 요인(치료자에 대한 내담자의 신뢰, 치료 목표와 과제에 대한 협조, 치료에 대한 피드백), 희망 요인(변화에 대한 긍정적인 기대)이다. 내담자 요인은 치료의 성공을 좌우하는 데 가장 중요하게 작용하고, 치료적 동맹 요인은 그 다음으로 중요한 영향을 끼친다. 경험적으로 볼 때, 내담자 요인과 치료적 동맹 요인은 효과적인 치료에 있어서 필수적인 요건이다. 이러한 이유로 나는 (1) 루스에게 자신의 자원에 주목하게 하고 (2) 조심스럽게 치료적 동맹을 맺고 (3) 과거의 문제보다는 미래의 가능성을 생각하면서 희망을 갖도록 유도하였다.

변화는 치료의 본질이고, 이러한 공통적인 요인들은 변화를 이끄는 지도와도 같다. 루스와 상담하면서 나는 항상 이러한 요인들이 활성화되도록 노력할 것이다. 이 일반적인 요인들을 고려하면 아래와 같은 임상적인 가정들이 도출된다.

### 임상적인 가정

1. **모든 내담자들은 변화를 원하고 있고 그렇게 할 수 있는 일련의 자원들을 가지고 있다.** 해결 중심 단기 치료에서는 내담자가 '아파서'가 아니라 무엇인가 '곤경에 빠졌기' 때문에 상담을 받으러 왔다고 가정한다. 내담자들은 의미 있는 방식으로 변화하고자 하는 욕망과 능력을 이미 가지고 있다. 그래서 내담자들에게 무엇이 잘못되었고, 무엇이 잘 기능하지 않는다고 하기보다는 무엇을 잘하고 있고, 무엇이 잘 기능하고 있다는 것을 생각하게 한다. 전통적인 의사-환자 관계에서 루스는 수동적으로 뒤따라오는 사람이었지만 해결 중심 단기 치료에서는 새로운 방법으로 자신만의 독특한 해결책을 찾아가는 능동적인 주도자라고 전제한다.

10살짜리 꼬마 내담자가 "상담 선생님은 나를 이해하지 못하시는 것 같아요……. 사실 나도 해답을 알고 있어요. 나는 다만 그 해답을 우리가 실천하도록 머리에 집어넣어주는 누군가를 원하는 것이에요."[4] 루스와 같은 대부분의 내담자가 나에게 원한 것은 그들이 무엇인가 잘못 되었다기보다는 어디에 갇혀 있어서 잘 기능하지 못하는 자기의 한 부분을 용기 있게 끄집어 낼 수 있게 하는 것이다. 루스와 같은 유능한 내담자는 치료 과정에서 자기 확신과 희망을 충분히 인식할 수 있는 사람이다.

**2. 치료적 동맹은 해답을 얻는 열쇠이다.** 치료적 동맹은 상호 신뢰, 존경, 협력을 통해 이루어진다. 내담자의 적극적인 참여는 치료의 효과를 결정하는 핵심적인 요인이다. 루스는 치료의 평가와 종료의 모든 과정에서 방법을 선택하고 또 자신의 의견을 피력하였다. 만약 나의 아이디어와 방법이 그녀에게 잘 적용되지 못하면 나는 그녀가 저항한다고 생각하지 않고 그녀의 존엄과 자존심을 유지시키는 다른 방법으로 바꾸었다. 비지시적으로 치료하는 방법은 내담자가 선호하는 것과는 관계없는 방법이기 때문에 이 접근 방법과 혼동해서는 안 된다. 나는 조언을 하는 데 주저하지는 않지만 기본적으로 협력적인 태도를 견지한다.

**3. 어떤 문제도 항상 계속되는 경우는 없다. 좋아지는 경우도 있고, 예외도 있다.** 어떤 고질적인 문제가 끊임없이 나를 괴롭히는 것처럼 보여도, 문제의 패턴은 늘 변한다. 해결 중심 단기 치료자들은 이것을 문제에 대한 '예외'라고 부른다. 나는 루스를 상담하면서 그녀에게서 보이는 예외를 확인하고 또 인식시킨다.

**4. 조그만 변화가 모여 큰 변화를 이룬다.** 약간의 변화를 일으키는 체계적인 아이디어가 큰 변화를 일으키는 과정은 내담자와 치료자 모두에게 희망적인 조짐이다. 의학적인 치료는 치료하기 이전에 문제를 정확하게 측정하고 이해해야만 하는 데 비해, 해결 중심 단기 치료에서는 굳이 문제에 집중하지 않기 때문에 이럴 필요가 없다. 약간의 변화(매일 20분씩 일찍 일어나는 것)가 의미 있는 변화(더 많은 운동을 하게 하는 것)를 충분히 일으킬 수 있다. 루스에게 있어 조그마한 변화도 큰 의미가 있다.

**5. 잘 되면 계속한다. 그렇지 않으면 다른 방법을 시도해 본다.** 이 두 개의 진술은 해결 중심 단기 치료의 본질이다. 루스의 인생에서 잘해 온 것을 강조하는 것이 중요하다. 그것은 계속해야 한다. 잘해 온 것은 존중받아 마땅하며, 해결책을 찾는 가장 효과적인 자원이 될 수 있다. 긍정적인 변화를 일으킨 것은 그녀가 소유한 본래의 자원 때문이므로 적극적으로 활용해야 한다. 두 번째 진술은 무언가 막혀 있거나 작동하지 않을 때는 다른 방법을 시도해야 한다는 의미이다. 잘하는 그리고 더 좋은 다른 방법은 늘 있게 마련이고, 내담자는 그것을 해낼 다른 자원이 있는 경우가 많다.

## 과제와 기법

궁극적인 치료 방법이란 것은 없다. 나는 루스에게 억지로 어떤 특별한 기법을 적용하려고 시도하지 않았다. 그것은 그녀를 존중하지 않는 것이며, 치료적 동맹에도 도움이 되지 않는다. 모든 내담자에게 적용되는 마술 같은 기법은 없다. 나는 치료 기법에 그녀를 억지로 끼워 맞추려 하지 않았다. 그녀를 해석하여 연역적인 방식으로 기법을 적용한 것이 아니라 그녀에게 나타나는 효과를 보면서 그녀의 동의하에 다양한 방식을 시험해 보았다. 해결 중심 단기 치료는 다양한 기법들이 있지만 치료 과정 중 수행하는 과제는 일반적으로 아래와 같다.

**과제 1. 내담자가 치료 과정에 관심을 기울이게 하기** 이 단계는 특히 루스처럼 치료라는 것을 받아본 적이 없는 내담자에게 아주 중요하다. 아래의 방법들은 내담자들로 하여금 치료에 쉽게 다가가게 하는 절차이며, 그들에게 무엇인가 기대하게 하는 효과가 있다.

- **치료 장소를 편안하게 배열하기:** 치료자와 내담자의 시선을 평행하게 맞출 수 있는 자세로 앉아라. 치료자의 위치는 내담자의 시선과 같거나 약간 낮게 위치시키는 것이 좋다.
- **간단한 사탕**(icebreakers. 입 냄새 제거용 박하사탕—역자 주)**이나 간식거리 준비하기:** 내담자의 기호를 고려한 간식거리를 권하며 상담을 처음 받아보는 사람에게 대화를 시작할 수 있다. 내담자들도 편안하고 자연스럽게 자신의 근심거리들을 털어놓는 단서가 될 수 있다.
- **도입 부분에 해야 하는 진술 준비하기:** 이러한 진술들은 치료에 대한 희망이나 결과를 시사하는 기초 정보가 될 수 있는데, 다음과 같은 진술이 그 예가 될 수 있다. '이 치료의 목표는 당신에게 유용할 것입니다. 나는 당신이 치료를 통해 무엇을 얻길 원하는지, 그리고 어떤 효과를 보이는지 알 필요가 있습니다. 당신도 치료 과정이나 효과에 대해 언제든지 저에게 질문을 해도 됩니다. 당신에게 효과적인 다른 방법이 있다면 언제든지 치료 방법을 바꿀 수 있습니다. 괜찮으신가요?'

**과제 2. 협력적인 치료 관계 구성하기** 치료적 관계는 모든 심리 치료의 효과를 좌우하는 핵심적인 요인이다. 치료적 관계가 잘 형성되기 전까지 어떤 치료도 효과를 발휘하기 어렵다. 잘 들어주는 상담자를 원하는 사람도 있고, 전문적인 조언을 해주길 바라는 내담자도 있으며 그 두 가지를 다 원하는 내담자도 있다. 게다가 내담자가 원하는 것은 치료가 진행되면서 변하기도 한다. 그러므로 내담자가 피드백을 해주는 것이 매우 유용하다. 아래에 협력적인 치료를 촉진하는 몇 가지 방법들이 제시되어 있다.

- **내담자로부터 듣고 또 듣기:** 나는 루스를 새롭고 익숙하지 않은 외국에서 온 대사라고 생각하고 상담하였다.[5] 그녀의 관심과 지각과 목적들을 내 기준으로 판단하지

않는 것이 중요하다.

- **지각과 감정을 분명히 드러내기**: 내담자가 자신의 생각과 느낌을 솔직하게 두려워하지 않고 드러내게 하기 위해서는 비판받지 않아야 한다. 비판을 받게 되면 방어적으로 변하기 때문이다. 루스의 경우, 상담 초기에 특히 지각과 감정을 드러내게 하는 것이 중요한 목표였다.
- **호기심 있고, 융통성 있는 태도로 아이디어 제시하기**: 나는 내담자에게 가장 좋은 치료가 무엇일까 하는 궁금증을 느낄 때마다 어머니들이 자주 하시던 말씀을 떠올리곤 한다. '다 아는 체하는 녀석을 좋아하는 사람은 없단다.' 인생에 도움이 되는 말은 치료에도 도움이 된다.
- **내담자로부터 체계적이고 지속적인 피드백 받기**: 지속적으로 피드백을 받아야 치료 과정에서 무엇이 얼마나 변화했는지 알 수 있다. 대다수의 해결 중심 단기 치료자들은 10점 척도(지난주 상담에 대해 평가하라는 질문에 대해 가장 나쁜 0점에서부터 가장 좋은 10점까지의 척도)의 공식적인 평가 질문지를 사용한다. 나는 특히 내담자가 평정하는 간단한 평가 질문지인 ORS(Outcome Rating Scale)와 SRS(Session Rating Scale)를 자주 사용하는데,[6] 이 방법은 치료 결과를 극적으로 상승시키는 효과가 있다. ORS는 상담을 시작하면서, 그리고 SRS는 상담이 종료될 때 평가하는 것인데, 이 결과를 통해 상담자가 내담자를 얼마나 잘 이해했는지, 그의 관심 주제와 걱정거리에 얼마나 적절하게 반응했는지 알 수 있다. 이 과정을 반복하면서 상담을 수정하면 치료적 동맹이 강화될 수밖에 없다.
- **말하기보다는 질문하기**: 치료자가 질문을 하면 내담자는 자신의 말과 스타일로 대답을 한다. 개방형 질문이 효과적일 경우가 많다. 루스의 경우 미래에 대한 걱정이 매우 많았기 때문에 다음과 같은 질문이 효과적이었다. '무엇을 걱정하는지 말해 보시겠어요?', '집에서는 어떤 변화가 생겼으면 하나요?', '당신이 변화한 것을 누가 제일 먼저 눈치채었으면 좋을까요?'

**과제 3. 분명한 치료 목표를 설정하기** 목표가 분명하고 구체적으로 설정되어 있어야 치료 효과를 확인할 수 있다. 아래의 기법들은 치료 목표를 구체적으로 설정하는 유용한 방법들이다.

- **기적 질문과 척도 질문 해 보기**: '오늘 저녁에 자고 일어나 보니 당신의 문제가 감쪽같이 사라졌다고 생각해 보세요. 그럼 내일 어떤 일이 일어날 것 같으세요? 당신의 남편과 자녀가 이것을 금방 눈치챌 수 있을까요?'와 같은 기적 질문은 해결 중

심 단기 치료자들이 자주 사용하는 방법이다. 척도 질문은 치료 목표를 구체적으로 알아내는 데 도움이 된다. 가장 좋은 10점에서부터 가장 나쁜 0점까지 평가하는데, 예를 들어 '가장 좋은 점수를 받고 싶은 항목이 무엇인가요?'라는 질문으로 확인할 수 있다.

- **5S 지침 기억하기:** 해결 중심 단기 치료에서 치료 효과를 보기 위해서는 S로 시작하는 아래의 단어를 기억할 필요가 있다. '유의미한(**s**ignificant)' 것은 지금 당장 자신에게 필요하고 효과적인 목표를 설정하는 것이고, '구체적인(**s**pecific)' 것은 애매하지 않고 눈에 보이는 치료 목표를 말한다. 거창하지 않고 실현 가능한 '작은(**s**mall)' 목표를 설정하는 것과, 스스로 진행 과정에 맞추어 목표를 수정하는 '자기조절적인(**s**elf manageable)' 행동, 그리고 '출발에 기초한(**s**tart based)' 것은 거창한 목표가 아닌 지금 본인의 수준에 맞는 목표를 설정하는 것이다.

**과제 4. 문제에 대한 예외와 다른 내담자 요인에 주목하기** 이 과제는 해결 중심 단기 치료의 핵심이다. 지금의 문제가 작동하지 않는 예외적인 상황에 주목하고 이 예외적인 상황이 무엇이고, 언제, 어디서, 어떻게 누구와 있을 때 발생하는지 확인해야 한다. 또한 이 예외적인 상황에서 내담자의 흥미, 재능, 사회적 지지, 적응 유연성, 대처 기술이 어떻게 작동되는지 구체적으로 확인해야 한다. 다음의 기법들은 이 과제를 효과적으로 수행하는 데 도움이 되는 방법들이다.

- **예외를 확인하고 이 상태를 유지하기:** 루스의 경우, "나는 대부분 피곤해요.", "나는 거의 매일 밤 존에게 화가 나 있어요."라고 하는 경우 '대부분'이나 '거의'가 아닌 상황 또는 조건을 찾아내야 한다. 목표는 이러한 예외 상황을 대부분의 상황에까지 확장시키는 것이다.
- **자원을 확인하고 확장시키기:** 예외적인 상황에서 내담자의 개인적인 자원이 구체적으로 어떻게 작동되는지 알아내야 한다. 적응 유연성이나 자기만의 특징적인 대처 기술이 효과를 발휘했다면 이 자원을 십분 활용해야 한다.

**과제 5. 문제에 대해 행동하거나 생각하는 방식을 바꾸기** 예외와 자원을 확인하면 이 요인들이 작동할 때, 문제가 더 이상 문제가 아닌 것이 될 수 있다. 자원을 활용하여 다르게 대처하게 되면 결과가 달라지므로 더 이상 문제로 인해 고통을 받지 않을 수 있다.

- **내담자들에게 다르게 행동하도록 격려하기:** 문제에 대해 지금까지와 다르게 반응해 보면 문제라고 여겼던 상황에 대해 지금까지 보이지 않았던 새로운 측면들이 보

이기 시작한다.

- **내담자들에게 다르게 생각하도록 격려하기**: 사소한 차이가 큰 차이를 만든다. 생각을 달리하면 당연히 세상도 다르게 보인다. 루스의 경우 걱정스럽다는 자신의 상태를 '호기심 있음', 또는 '분석적임'이라고 조금만 다르게 생각하고 명명하면 문제의 심각성은 현저하게 줄어든다.

**과제 6. 치료 과정을 평가하고 역량을 강화하기** 나는 ORS와 SRS를 사용하여 치료 과정을 평가하였고, 이 피드백을 반복하면서 치료 목표를 융통성 있게 변화시켰다. 이 과정에서 치료 목표는 더 구체적으로 변하며, 내담자의 자원과 역량도 점차 확대된다. 이것을 촉진하는 기법들은 다음과 같다.

- **내담자에게 신뢰감을 주고, 개인적이고 사회적인 적응의 효과를 탐색하게 하며, 조언하기**: 치료자는 내담자의 사소한 변화도 놓치지 않고 격려해야 한다. 또한 내담자가 다른 방식으로 행동하고 생각할 경우 그 차이와 결과에 대해 비교해 주어야 한다.
- **편지 쓰기**: 치료자가 내담자에게 편지를 써 주는 것은 강화적인 효과가 크다. 치료 회기에서 미처 언급하지 못했거나 강조하고 싶었던 내용들을 편지로 전달할 경우, 강력한 메시지가 될 수 있다. 긍정적인 관심과 격려 그리고 구체적인 조언이 포함되어 있어야 한다. 편지는 상담실이 아닌 곳에서 받기 때문에 치료 효과의 일반화도 도모할 수 있다.

## 측정과 평가

문제를 논리적으로 분석하고 제거해야만 해결책이 항상 떠오르는 것은 아니다. 나는 내담자의 역량을 제한할 수 있다는 점에서 진단이 불필요하고 때로는 비생산적이라고 생각한다. 그러나 만일 루스가 자신의 건강관리 관계자에게 치료비의 제3자 지불을 원한다면, 나는 DSM-IV-TR에 근거해 진단을 내려야 한다. 문제해결 단기 치료에서는 공식적인 진단을 피하지만, 진단은 제3자 지불자가 요구하는 것이다. 이런 문제에 대해서도 그녀와 논의해야 한다.

I축 진단은 불안과 우울한 기분이 혼재된 적응장애이다. 체중에 대한 걱정을 갖고 있기 때문에 I축의 잠정적 진단은 섭식장애이다. 루스가 겪게 될 변화를 감안해 II축과 III축 진단, 정신사회적, 그리고 환경적 문제의 진단은 유보하기로 한다.

DSM-IV-TR에는 전반적인 기능 평가(The Global Assessment of Functioning: GAF)라는 다섯 번째 축도 있다. 이 척도는 내담자가 어떻게 기능하고 있는지를 전반적으로 기술하는 것이다. GAF는 자신의 심리적, 사회적, 직업적 추구에 관한 개인의 일반적 기능과 관련이 있다. GAF 척도는 내담자가 지속적으로 자살, 살인 경향이 있는 것을 나타내는 1점에서부터 어떤 증상도 없는 90점까지의 범위로 이루어져 있다. 루스는 불안과 우울을 경험하고 있어 그녀의 점수를 70점으로 추정한다. 나는 루스와 내가 함께 동의할 수 있는 점수에 대해 논의를 한다.

앞서 말한 바 있듯이, 내가 선호하는 방식은 진단이 아니라 아래와 같은 평가방식이다. 해결 중심 단기 치료자들은 아래의 기준들에 근거해 평가하는 것이 바람직하다.

1. **강점, 자원 그리고 내담자의 다른 요인들을 문서 자료로 확인하기**: 나는 문제 해결을 촉진하고 치료적 동맹을 증가시키는 요인들을 확인하기 위해 내담자의 다양한 기록들을 검토하였다. 예를 들어, 나는 부모로서, 그리고 교사로서의 루스에 관한 정보뿐만 아니라 자서전과 접수 면접 기록까지 모두 확인하였다. 이 과정에서 발견한 것은 사춘기 때 그녀가 친구들과 동일시하라는 압력을 뿌리치고 용감하게 자신만의 취미를 고집한 일, 성인이 되어서 부모의 종교적인 기준에서 벗어나 자신만의 가치 체계에 맞는 신앙생활을 찾은 일, 교사로서의 자신의 꿈을 이루기 위해 대학의 기간 외 등록생으로 학교생활을 한 일 등이다.

2. **치료 과정에 포함시켜야 할 그 외 사람이 누구인지 생각하기**: 루스를 치료하면서 나는 그녀의 남편을 치료 과정에 참여시키는 것이 치료 효과를 배가시키는 중요한 요인임을 확인하였다. 나는 그녀가 변하기를 주저하는 이유는 남편의 태도 때문이라는 것을 알게 되었다. 그가 그녀의 변화에 대해 지지적인 태도를 보인다면 루스는 변화의 결과에 대해 더 희망적인 기대를 할 것이 분명했다.

3. **매 회기 마다 ORS와 SRS를 기록하기**: ORS는 내담자의 반응에 기초한 정확한 평가 방법이다. 매 회기를 측정해 보면 목표를 구체화하고 효과를 증가시키는 데 탁월한 효과가 있다는 것을 알 수 있다. SRS는 기본적으로 내담자의 통찰력을 확대시키는 효과가 입증되었다.

**ORS 논의**

**치료자**: 당신이 체크한 개인적인 웰빙(well-being) 척도를 보니 지난주에 힘든 일이 많았군요. 저에게 말해 보세요.

**루스**: 지난밤에 더 먹으려고 했다가 잠시 후 가까스로 참았습니다.

**치료자**: 지난주 그 밤에 힘들었던 다른 일은 없었나요?

**루스**: 네, 없었습니다.

치료자: 좋습니다. 지난밤, 그 상황을 견딘 것이 무엇 때문이라고 생각하나요?

**SRS 논의**

치료자: 이번에 SRS 점수는 아주 잘 유지된 듯하군요.

루스: 네.

치료자: '목표와 주제' 칸의 점수가 특히 높은데, 이에 대해 저에게 설명해 줄 수 있나요?

루스: 물론입니다. 지난번에 내 신용을 높일 수 있는 방안과 목록에 대해 이야기를 나누었습니다. 그것은 내가 분명히 해야 할 일이었지만, 여전히 존이 이 문제를 통제하고 있는 것에 대해 걱정했지요. 그는 이 문제를 나와 이야기하고 싶어 하지도 않았습니다.

치료자: '목표와 주제' 칸에 낮게 표시한 항목을 설명해 주세요.

루스: 네, 우리가 모든 것을 다 설명할 수 없다는 것을 알고 있습니다. 그럴 시간도 없고요.

치료자: 그건 그렇군요. 그 문제에 대해서는 다음에 논의해 보죠.

루스: 좋습니다.

치료자: 당신에게 도움이 된다면 다음에는 존을 회기에 참여시킬 수 있습니다. 종종 부부를 참여시키면 적절한 대안을 마련하는 경우가 있습니다. 물론 존을 참여시킨다고 꼭 그렇게 되리라는 보장은 없지만, 아무튼 고려해 볼 만한 사항입니다.

루스: 음, 저도 잘 모르겠네요. 저도 생각해 봐야겠네요.

## 치료 과정

해결 중심 단기 치료에서는 항상 긍정적인 기대 혹은 달라진 점을 발견하려는 노력을 중요하게 생각한다. 우리는 이런 긍정적인 기대를 '새로운 차이(news of difference)'라 부른다. 우리가 발견한 새로운 차이가 변화를 이끌 수 있다고 믿기 때문에, 이것을 발견하기 위해 많은 질문을 한다. 결과적으로 우리는 그 문제 자체를 듣는 데 관심이 있는 게 아니라 그 문제가 문제가 아니었던, 즉 예외를 확인하는 데 일차적인 관심이 있다.

치료자: 오늘 마치기 전에, 사람들과 잘 지내는 일종의 팁을 드리고 싶은데, 괜찮으세요?

루스: 좋아요.

치료자: 감사합니다. 저는 당신이 상담하면서 얻고 싶은 것과 상담이 잘될 경우 어떤 상태이고 싶은지 물어볼 필요가 있습니다. '상담에 관한 루스의 바람' 같은 것들이지요. 이것은 단도직입적이지만 한 번에 하나씩 알아가야 합니다. (이 방법을 위해서는 루스에게 어떤 압력을 가하지 않은 채 즉각적으로 답하게 해야 한다.) 당신은 자신의 삶이 누구보다도 행복하길 바라기 때문에, 제 상담이 도움이 되길 바란다면 당신도 상담에 대해 저에게 피드백을 줄 필요가 있습니다. 분명한 것은 사람들은 다 다르고 상황도 다 다르게 적용해야 한다는 것입니다.

루스: 저도 그렇게 생각해요. 내 친구들도 상담을 받았는데 저와는 조금 달랐어요. 제가 기대한 것과는 달랐지만 이 상담에서는 선생님이 말씀하신 대로 해 볼게요. 제 문제이긴 한데 저는 상황을 너무 심각하게 생각하고 어렵게 보는 경향이 있어요.

치료자: 그렇군요. 이건 큰 발전입니다. 당신은 스스로 옳다는 것을 하길 원하고 가치 있다고 여기는 것에 시간과 돈을 쓰고 싶어 합니다. 사실 전에는 다른 모든 것들이 당신 삶에 작용하고 있었습니다. 저는 어떻게 당신이 이러한 단계로 발전했는지 궁금합니다. (루스를 칭찬하고 결심에 대해 격려한다.) 다음 주에는 또 다른 사실을 발견할지도 모르겠군요.

첫 회기에서부터 변화가 나타나기 시작했는데, 다음 대화는 루스가 어떤 계기나 장점을 인식해서 변화된 태도를 보이게 되었는지 보여준다.

치료자: 어떤 사람들은 지금 불행한데도 더 나은 삶을 위한 새로운 변화 과정을 매우 힘들어 합니다. 저를 만나 변화를 시도할 용기가 어떻게 생기게 되었지요?

루스: 저도 잘 모르겠네요. 용기라는 단어는 저에게 어색한 단어입니다. 아마 제가 모든 상황에 대해 더 절망하고 있었기 때문일지도요. 이건 지난주에 상담했던 내 친구 캐럴도 지적했던 사항이에요.

치료자: 글쎄요. 절망 여부를 떠나 저는 당신이 스스로 더 중요하다고 생각하는 것에 집중한다는 것이 사실이라고 생각합니다. 제 말이 맞나요?

후속 상담에서는 첫 회기에 루스가 개인적인 웰빙 척도를 낮게 체크했던 것을 떠올려 보게 한다.

루스: 제가 자동으로 움직이는 기계 같은 삶을 산 것 같아요. 반은 여기에, 또 반은 다른 곳에.

치료자: 당신은 이제 자동인형이 아닌 자기 자신 아닌가요? (나는 '~ 대신에'라는 질문으로 그녀가 더 원하는 것이 무엇인지 알아내고자 하였다.)

루스: 나는 다른 어떤 곳이 아닌 '거기' 그리고 지금 있기를 원해요. 나는 생각만 하는 것보다 실제로 하고 또 즐기길 원합니다.

치료자: 그럴듯하군요. 최근에 그런 경험을 했는지 저에게 말해 보세요.

루스: 네. 존에게 월요일 날 세차를 해 달라고 했어요. 와우, 정말 새 차 같았고 저도 아주 기분이 좋았답니다.

치료자: 이전과 비교할 때 어떤 점에서 달랐나요? 또 있나요?

루스: 글쎄요, 예전에는 돈 문제가 나오면 이야기하지 않았지만 지금은 이에 대해 이야기합니다.

치료자: 네, 그건 좋은 일이네요. 좋아진 것과 나빠진 것을 다 말해 줄 수 있나요? (조심스럽게 예외적인 사항을 떠올리게 한다.)

루스: 약간의 어색한 관계가 지속되었어요. 최근에는 없었던 일이었지요.

치료자: 무슨 일이 더 일어났나요?

루스: 실제로 그런 건 아니에요.

치료자: 당신이 보기에 이건 일상적으로 그냥 일어난 것인가요? 아니면 당신이 한 행동 때문인가요?

루스: 아마 둘 다일 거예요.

치료자: 이번 주에 '더 좋은' 다른 사건을 발견하게 될지 궁금하군요. 당신과 존이 예외적으로 관찰한 것에 대해 논의하길 원합니다.

## 이후 회기와 치료의 종결

나는 해결에 도움이 되는 (1) 예외 상황과 내담자 요인을 확인했으며, (2) 치료적 목적을 성취하기 위해 작은 변화들을 지속적으로 도모하였고, (3) 치료 방법이 자신에게 부합하고 효과가 있었는지 그녀에게 피드백을 요구하였으며, (4) 치료를 위해 그녀가 더 해야 할 행동과 덜 해야 할 행동들을 구체적으로 확인하였다. 아래의 편지는 치료가 끝나갈 무렵의 휴지기에 내가 그녀에게 보낸 편지의 일부이다.

> 친애하는 루스에게
>
> 나는 당신이 스스로의 삶을 충만하게 영위하려고 노력하면서도 가족들을 위해 헌신해 온 것을 진심으로 인상 깊게 느꼈습니다. 말하는 것보다 행동이 얼마나 어려운 줄 잘 알고 있기에 변화에 대해 두려움을 느끼면서도 시도해 보는 모습은 정말 용기 있는 행동이라고 생각하고 있습니다. 당신과 상담하면서 내가 가장 효과가 있었다고 생각하는 것은 당신이 더 강해질 수 있다는 희망을 가진 것입니다. 당신 같은 내담자를 만난 것은 저에게도 큰 행운입니다. 당신이 했던 것처럼 사람들의 작은 변화가 점차 큰 변화로 이어지는 것을 보는 것은 정말 흥분되고 호기심을 불러일으키는 일입니다. 나는 당신이 이러한 변화를 지속적으로 시도해서 당신 자신과 가족이 모두 긍정적인 방향으로 변화될 것으로 기대하고 있고 또 그렇게 될 것이라고 믿고 있습니다. 2주 후에 다시 뵙기를 기대하며…….

루스와 나는 공식적인 치료를 종결하는 결정도 합의하였다. 해결 중심 단기 치료는 공식적인 치료가 종료된 상태에서도 변화를 유지시키는 동인을 자극하는 목표가 있다. 이 치료 방법은 어떤 정해진 틀과 기준에 맞추어 내담자를 밀어넣는 방식이 아니다. 내담자가 선호하는 방법이 따로 있고, 효과도 개별적이기 때문에 당연히 치료 방법도 달라질 수밖에 없다. 이 치료 방법의 가장 큰 특징은 다른 기법보다 더 단기간에 효과를 본다는 것이고 심지어는 단 한 번의 회기를 통해서도 차이가 확인된다는 점이다. 변화는 내담자가 이미 가지고 있고, 잘 해왔던 행동들에서 점차 확대되는 것이다.[7]

## 루스에 대한 이야기 치료자의 관점

Gerald Monk 박사

### 도입

루스는 내가 자신에게 적합하다고 생각하는 이야기 치료 관점으로 상담한다고 들었기 때문에 나를 찾아왔다. 루스는 자신의 인생에 있어 자신이 해야 할 일들을 분명히 알 수 있도록 도와주길 원하고 있다. 그녀가 원하는 것은 타인에게 해를 주지 않으면서 자신을 행복하게 만드는 것이다. 그녀는 존과 결혼 생활을 유지해야 하는 문제도 고민하고 있다. 최악의 경우 남편 없이 살아갈 것인지, 혹은 최선의 선택으로 불행하게 살아야 할지 알고 싶어 한다. 루스는 존이 그녀 없이 살아갈 수 있을지, 그녀가 걱정하는 것이 정확하게 무엇인지 잘 모른다. 만약 자신이 남편과 이제 곧 성장할 아이들에게 시종일관 봉사하고 고분고분하게 굴며 정서적인 편안함을 주는 것에 연연해하지 않았다면, 신, 아버지, 그녀의 아이들이 자신을 어떻게 판단할지 두렵다고 한다. 루스는 죽어서 지옥에 가는 것, 노화, 체중 증가와 관련된 불안 발작과 우울한 감정 때문에 두렵다.

## 기본 가정

이야기 치료 접근은 먼저 특별한 가정이 전제되어 있는 치료 상황으로 들어가는 것이다. 이러한 가정들은 Michael White와 David Epston이 이야기 치료라 부르는 기법에서 통합적으로 적용되고 있다.[8]

우리는 사람들이 우리에 관해 말하는 것과 우리가 우리 자신에 관해 말하는 것에 따라 인생을 살아간다는 것이 이 연습 과제에 깔려 있는 기본 가정이다. 이야기를 단순히 실제 경험들을 설명하는 수단으로 취급하지 않는다. 이야기는 우리의 '실제 경험'을 구성하고, 실제 우리의 현실을 반영한다. 우리가 본 것을 말하는 것이 다시 우리가 보는 것을 구성한다는 것이다.

치료에 있어 중요한 것은 사람들이 자신의 경험을 어떻게 이야기하고 그들의 삶에서 이런 이야기들을 어떻게 이행해 가는지에 있다. 이야기 치료자들은 이야기가 우리의 삶 전체를 대변하는 것은 아니라고 가정한다. 특별한 삶의 경험 혹은 이야기들은 표현되지 않을 수도 있다. 이런 삶의 경험들은 간과되기 쉬우며 결코 깨닫지 못하거나 이해되지 못한 채 두드러진 문제 이야기에 의해 감춰진다. 이야기 접근에서 관심이 있는 재료는 바로 이런 간과된 삶의 경험들이다. 내담자는 문제만 이야기하려 하지만, 이야기 치료자들은 이들 또한 바람직한 삶의 경험들도 갖고 있다는 것을 알고 있다. 이런 경험들이 대안을 형성하는 토대가 되어 좀 더 바람직한 이야기가 개발되게 한다.

이야기 치료자들은 그 사람의 문제가 개인 내에 존재한다기보다 오히려 사회문화적, 관계적 맥락 내에서 존재한다고 가정한다.[9] 치료는 사회적 맥락을 바탕으로 한 담화에 초점을 맞추고 있다. 이야기 치료자들은 사람들의 실체 혹은 개인다움이 관계 내에서 그리고 관계를 통해 개발되고 유지되며 형성된다고 본다. 문제가 야기된 사회문화적 맥락과 언어에 대한 인식은 전통적인 서구 심리학적 관점과도 다르다. 서구, 백인, 중산층 계급을 대상으로 하는 전통적인 심리 치료와는 달리 이야기 치료는 인간을 병리화하고 범주화하는 것의 부정적 효과를 인식하고 있다. 이야기 치료자들은 진단 대신에 잠정적인 가설을 세운다. 또 바람직한 결과를 얻기 위해 내담자가 필요로 하는 자신의 내적 자원을 확인하도록 격려한다.

이야기 치료 접근은 내담자에 대해 비전문적 자세를 유지한다. 이야기 치료자들은 내담자의 경험을 이해하려 노력하지만 그것을 예견하거나 해석, 병리화하려 하지는 않는다. 이런 과정을 통해 이야기 치료자들은 내담자가 세상에서 능동적으로 행동하는 데 필요한 능력을 갖도록 도와준다.

이야기 치료자들은 인종과 같은 외적인 문화 관련 요인이나 '건전한' 관계와 같은 좀 더 내적인 압력들을 정치적 렌즈를 통해 바라본다. 이렇게 내담자의 문제를 사회정치적으로 개념화함으로써 이야기에 영향을 주는 문화적 요인을 발견할 수 있다. 다른 말로 우리의 생각을 제한하는 배경을 인식하게 하고 어떻게 이런 생각들이 우리 혹은 타인들에게 부정적인 효과를 야기하는지 생각해 보게 한다. 이야기 치료자들은 내담자에게 영향을 미치는 사회적 효과를 입증하려고 한다. 이를 위해 내담자의 문제를 개념화하는 문화적 가정들을 '파괴하거나 풀어헤친다'. 이런 연습을 통해 이야기 치료자은 두드러진 특정 문화 맥락이 혹은 특정 주류 신념 체계들이 사람들을 어떻게 정의하고 통제하는지 확인할 수 있다.

## 이야기 치료 기법

이야기 치료 기법들은 이미 소개했다. 나는 객관화하기(externalizing), 효과를 그려보기(mapping the effects), 해체(deconstruction), 함께 바람직한 이야기 만들기(co-authoring alternative stories), 몇 가지 종류의 질문들, 바람직한 이야기가 나타날 때 증인이 될 수 있는 청중 만들기 기법에 대해 설명하려 한다.

**객관화 담화** "사람은 문제와 동격이 아니다. 문제는 문제일 뿐이다." Michael White가 만든 이 표어는 문제가 있는 것을 강조한다기보다 사람으로부터 문제를 분리해 보라는 것이다. 아마도 이것이 이야기 치료자들의 가장 두드러진 특징일 것이다. 문제에서 사람을 분리해 내는 방법을 **객관화 담화**(externalizing conversation)라 한다. 표현된 말은 문제가 배어 있는 이야기들을 중화시키기 위해 내담자와 문제 사이에 공간을 창출해내 내담자와 문제의 관계를 수정한다. 객관화는 우리를 규정하는 담화(문화와 관련 사고와 신념들)를 인식하게 해 주고 이러한 대화의 효과들을 확인하게 해 준다. 이런 객관화를 통해 내담자는 그들 자신의 관점이 아니라 사회적 맥락에서 문제를 바라보게 된다.

이야기 치료자들의 임무는 문제의 주제를 확인하여 폭넓은 사회문화적 환경에 어울리는 객관화 서술(description)을 내담자와 협의 하에 개발하는 것이다. 이야기 치료자들은 내담자들에게 무력감, 죄책감, 수치심을 경험하지 않게, 즉 공동 사회 혹은 개인을 병리화하지 않기 위해 객관화식 담화를 사용한다. 예를 들어, 치료자는 다음과 같은 방식으로 객관화된 담화를 사용한다. '당신이 느끼기에 완벽한 아내의 개념을 어디까지 적용할 수 있을까요?', '당신의 요구보다 다른 사람들의 요구를 어디까지 충족시켜 줄 수 있을 것 같습니까?'

**문제 이야기의 효과를 그려보기** 도움을 구하는 내담자들은 보통 자신의 문제에 의해 압도당하는 것을 두려워한다. 문제의 객관화식 서술이 대화에 포함될 때, 내담자들은 문제의 효과를 좀 더 냉정하게 바라볼 수 있고, 내담자들의 수치심과 자기 비난이 줄어든다. 체계적인 방식으로 문제를 조사하면, 사람들은 자신의 염려가 생각보다 심각하게 받아들여졌음을 깨닫게 된다. 그들은 그 이야기에 깔려 있는 짐들을 더 많이 깨닫게 된다. 이를 통해 그들은 문제가 주는 해로운 효과로부터 벗어나고 싶어진다.

여기에 문제가 포함된 이야기의 길이(length), 폭(breadth), 깊이(depth)를 탐색하는 질문의 몇 가지 예가 있다.

길이 질문

- 이런 문제를 가진 지 대략 얼마나 되었습니까?
- 언제 시작되었습니까?
- 이것이 계속된다면, 당신은 얼마나 더 견딜 수 있을 것 같습니까?

폭 질문

- 이런 어려움이 얼마나 광범위하게 퍼져 있습니까?
- 오늘 하루 이것 때문에 얼마나 불편하셨습니까?
- 현재의 문제가 당신의 정신 건강, 자기 자신, 친구, 아이들, 남편, 아내, 형제, 신체적 만족, 직업, 여가 시간, 영적인 안녕감, 미래를 위한 계획, 즐거움에 어떤 영향을 미칩니까?

깊이 질문

- 이 문제로 인해 얼마나 고통스럽습니까?
- 이 문제가 가장 힘들게 느껴지는 때는 언제입니까?
- 문제가 좀 덜 느껴지는 때는 언제입니까?
- 10점은 문제가 당신의 통제 하에 있는 것을 말하고, 1점은 당신이 문제의 통제하에 있는 것을 말하는데, 1점에서 10점까지의 척도에서 당신은 어느 정도에 해당

한다고 생각합니까? 가장 심한 경우에는 몇 점을 줄 수 있습니까? 가장 좋은 경우에는?

**해체 연습** 흔히 사람들은 말이 자신의 지식, 의지, 그리고 세상에 존재하는 방식을 어떻게 제한하는지 잘 느끼지 못한다. 그들이 대안적으로 생각하는 좀 더 바람직한 삶의 방식은 도달할 수 없고, 유용성이 떨어지거나 획득하기 곤란한 것일지도 모른다. 해체 질문을 통해 내담자들은 문화적 한계를 조사할 수 있는 기회를 갖게 된다. 이를 통해 인생을 어떻게 살아야 하는지, 어떻게 느껴야 하는지, 어떻게 행동해야 하는지와 관련된 당연한 가정들에도 도전할 수 있다. 여기에 해체 질문의 몇 가지 예가 있다.

- 당신은 여성으로서 왜 그렇게 행동하는지를 설명할 수 있습니까?
- 이런 생각들을 어디서, 어떻게 배웠습니까?
- 이런 생각들을 가지고 살아오는 데 영향을 미친 사람은 누구입니까?
- 당신이 어떻게 생각하고 느껴야 하며 행동해야 하는지를 강화시킨 다른 요인은 무엇입니까?

**함께 바람직한 이야기 만들기** '대안 이야기'라고도 부르는, 바람직한 이야기 구성에서는 떠오른 이야기의 취약성, 문제 이야기의 강도와 힘의 어울림을 중요시한다. 문제 이야기는 전형적으로 긴 시간에 걸쳐 전개된다. 내담자는 흔히 진실인 것처럼 문제 이야기를 경험한다. 문제 이야기의 강도가 세지면 세질수록, 그 구성원들에게 문제가 드러나기 때문에 비로소 내포된 이야기의 권위에 도전할 수 있게 된다. 이때 사람들은 문제 이야기를 견뎌낼 만한 활기찬, 역량 있는 충분한 강도의 줄거리를 개발해야 한다. 일단 표현되긴 시작했지만, 만성적인 문제에 가로막혀 자신의 능력과 가능성을 잃어버린 내담자에게 새로운 가능성을 열어 주는 대안적 질문들이 고안되었다. 대안 이야기는 매혹적이고 강력한 것이기 때문에 상담에서 충분히 상세하게 다루어야 한다. 대안 이야기는 내담자의 초기 인생으로부터 시작한다. 치료자의 임무는 내담자가 삶의 초기에 가지고 있었던 가능성과 장점들을 재발견하도록 돕는 것이다. 이러한 재발견을 통해 내담자의 현재 삶 속에서 바람직한 변화가 시작될 수 있다.

이야기 치료자는 재발견된 능력들과 내담자가 구성한 바람직한 이야기를 적어 놓는다. 이것들은 또 다른 바람직한 이야기를 만들어내는 재료가 된다. 창조성, 재능, 가능성과 같은 요소들을 내담자가 다시 사용하기 시작했고, 이 요인들은 대안 이야기 속에 통합된다.

다음의 독특한 결과, 독특한 설명, 재기술, 독특한 가능성 관련 질문들은 대안 이야기를 도출하는 전형적인 질문이다.[10]

**독특한 결과 질문** 내담자가 생기 있는 이야기를 엮는 데 필요한 독특한 결과들(문제 이야기와 다른 활기 있는 순간들)이다. 다른 말로 하면, 치료자는 내담자와 협동해, 대안 이야기를 구성하는 데 필요한 바람직한 경험들을 찾아낸다. 예를 들면 다음과 같다.

- 아주 짧은 순간일지라도 최근에 이런 불안이나 고통을 느꼈던 때가 언제인가요?
- 한참 혼란스러울 때일지라도 잠시나마 문제가 분명해진 것 같은 경험을 해 본 적이 있습니까? 이런 순간적인 통찰에 대해 이야기해 주세요.
- 면담 동안 당신이 직면한 어려움을 창조적인 방식으로 해결할 수 있는 힌트를 얻은 것이 있습니까? 좀 더 말씀해 주세요.

**독특한 설명 질문** 내담자가 어떻게 바람직한, 기쁜 순간들을 느낄 수 있었는지 설명하는 것이다. 이 질문을 통해 용기와 낙관적 견해를 가질 수 있다. 여기에 두 가지 예가 있다.

- 모두가 그들의 생각에 따라가 주는 게 당신에게 좋다고 생각했지만, 당신은 스스로에게 어떤 말을 하며 이 순간을 견뎌냈습니까?
- 사회에서 요구하는 방식으로 여성이 되는 교육을 받아 온 당신이 새로운 가능성을 이루기 위해 어떻게 노력했습니까?

**재기술 질문** 재기술 질문을 통해 새롭게 나타나고 있거나 잠재되어 있는 바람직한 정체성에 대해 생각할 수 있다. 즉, 다른 방식으로 세상에 존재하는 방법을 생각하는 것이다. 여기에 몇 가지 예가 있다.

- 이런 일련의 행동, 사고, 감정 반응을 통해 당신은 자신에 관해 어떤 새로운 사실을 알게 된 것이 있습니까?
- 인생에 대해 질문하고 재조사해 보는 행동들이 당신의 어떤 개인적 특성 및 능력과 관계가 있을까?

**독특한 가능성 질문** 독특한 가능성 질문을 통해 미래에 주의를 기울일 수 있다. 이 질문은 그들이 현재에 성취한 것과 성공하기 위해 다음 단계에서 해야 하는 것이 무엇인지 생각하게 하는 것이다. 여기에 몇 가지 예가 있다.

- 현재 발견한 것과 이해한 것을 바탕으로, 다음 단계에서 당신이 생각해야 할 것은 무엇입니까?
- 당신이 바람직한 정체감을 가지고 행동하고 있지만, 이것을 좀 더 촉진할 수 있는 행동은 무엇입니까?
- 스스로의 가능성을 키울 수 있도록 자기 자신을 지지할 수 있는 방법은 무엇입니까?

**청중 만들기** 존재에 대한 정체감은 그냥 만들어지지 않는다. 우리는 우리 자신을 언제나 청중에게 보여 주고 있다. 청중은 내담자에게 중요한 영향을 미칠 수 있는 의견이나 견해를 가진 가족, 지역사회 내에 살고 있는 유의미한 타인이다. 때때로 청중은 비판적이며 상처를 주기도 한다. 유의미한 타인들이 계속 비판적이면, 자신을 지각하는 방식, 인생 이야기에 강력한 영향을 미친다. 이와 같이 두드러진 문제 이야기는 흔히 경멸스러운 관찰자, 판단적인 관찰자 때문에 형성된다.

바람직한 방식으로 자기를 묘사해 주고 즐거움을 얻게 해 주는 유의미한 청중이 있을 경우, 대안 이야기가 더 잘 구성될 수 있다. 예민한 청중은 현재에 일어나고 있는, 그리고 계속되는 내담자의 변화를 알아 볼 수 있다. 이야기식 질문하기는 내담자가 만들어 가고 있는 최소한의 변화에 놀라움을 표현해 줄 수 있는 사람을 생각해 보도록 하는 것이다.

## 루스와 치료적 담화 준비하기

이야기 치료는 타인을 존중하는 태도, 지속적인 호기심, 그리고 단순한 질문을 통해 치료자가 비전문가적 위치에서 상담을 수행하는 질문 치료법이다. 루스가 자신의 인생에 대한 일련의 질문들에 답하게 되면서 치료가 시작된다. 루스는 자신을 방해하거나 고통을 준다고 생각하는 질문에 대해 원치 않으면 대답하지 않아도 된다. 나는 치료 대화에 있어 루스를 자기 문제에 관한 한 권위자로 간주한다. 그녀는 성취하고 싶은 일, 상담 기간, 그리고 후에 자신의 상담에 함께 참여해 주어야 할 사람이 누구인지에 대해 말한다. 루스는 이미 자신의 문제를 감내할 만한 다양한 자질, 능력, 통찰력을 가진 사람이므로, 치료는 즐겁고 낙관적인 활동이 된다. 우리는 이야기의 힘, 회복력의 토대가 되는 루스의 재능, 가능성, 문제가 내포된 이야기를 이해하기 위해 협력한다.

루스와 상담할 때, 나는 그녀에게 문제가 내포된 이야기들을 가르쳐 준다. 치료자의 임무는 주의 깊은 경청과 호기심, 그리고 지속적인 질문들로 대안적인 내담자 이야기를 함께 구성해 가는 것이다. 이것은 내담자와의 협동을 통해 이루어진다. 비록 아래의 과정들이 실제 장면에서 정해진 순서에 따라 이루어지는 경우는 드물지만 이야기 치료의 과정을 루스의 경우에 적용할 때 다음의 일곱 가지 영역으로 세분할 수 있다.

- 그녀의 인생에서 문제가 내포되어 있는 이야기를 확인한다.
- 집중적이고 체계적인 방식으로, 문제 이야기들의 효과를 생각해 보고 경험해 본다.
- 현재 상황에 집중하기보다 달라지고 싶은 것에 집중한다.
- 그녀에게 부정적인 영향을 준 담화를 없앤다.
- 바람직한 대안 이야기를 구성한다.
- 좀 더 바람직한 방식의 정체감을 구성하는 데 도움을 주는 바람직한 이야기들을 제안한다.
- 원하는 정체감이 형성될 때 이를 지켜봐 줄 청중을 정한다.

다른 많은 이야기 치료자들과 마찬가지로, 나는 루스의 근심을 그녀의 인생 맥락 내에서 바라본다. 나는 인간을 빠르게 변화하고 있고, 예측이 불가능한 세상에서, 가장 최선의 것으로 자신을 유지하려는 문화적 존재로 본다. 상담을 통해 자신의 삶을 구성하게 하고, 자신이 원하는 삶을 살아가도록 도와준다.

## 초기 평가

현재의 걱정거리와 상담을 통해 이루고 싶은 것을 말하는 것으로 면담을 시작한다. 나는 루스가 나의 도움을 왜 필요로 하는지 이해하고 싶다. 내가 상담에서 할 수 있는 것을 솔직하게 말하기 위해 이야기 치료의 철학과 이야기 치료의 실제를 설명한다. 이야기 치료의 관점에서 나는 DSM-IV-TR를 사용한 진단에 급급해하지 않는다. 나는 DSM-IV-TR 진단을 통해 병리화시키는 것에 반대한다. DSM-IV-TR은 해결보다는 부적절한 것, 그리고 개인적인 실패에 초점을 두므로 상담에 별로 유용하지 않다. 진단 내리기는 루스의 경험을 형성하는 중요한 대인관계적, 문화적 요인들을 제한하는 효과가 있다.

그러나 만일 내가 DSM-IV-TR 진단이 요구된다면, 루스와 편하게, 서로 협조적인 방식으로, 내가 '문화적 기술'이라고 부르는 것(다른 사람들이 진단이라고 부르는 것)을 선택할 것이다. 나는 루스에게 DSM-IV-TR 체계를 사용하는 치료자들의 진단이 각기 다를 수 있으며, 이 진단 체계가 다소 주관적, 임의적일 수 있음을 강조한다.

## 치료 과정과 절차

**문제가 내포되어 있는 이야기하기** 루스는 나에게 혼란, 우울, 부적절감, 고통, 불안이 깔려 있는 다수의 걱정거리에 대해 말한다. 루스는 불안발작을 걱정하며 요가 수업에도 자주 빠진다. 또한 체중 문제에 대한 걱정한다. 그러나 현재 루스는 매우 특별한 도움, 즉 결혼 생활에 관한 충고를 구하고 있다. 부부 상담을 원하지는 않지만, '여전히 존을 사랑하고 있는지'의 여부를 살펴보길 원한다. 그녀는 현재 딸 제니퍼와 갈등을 경험하고 있으며, 존과의 대화와 협조가 부족한 데서 오는 어려움을 경험하고 있다.

상담이 시작되었지만, 루스는 상담 상황을 전적으로 신뢰할 수 없었다. 루스는 부부관계에서 오는 혼란, 불확실감, 양가감정을 조사하는 것이 정말 존을 배반하는 것인지 탐색하게 하고 싶어 한다. 그녀는 자신이 하려는 일이 나쁜 일이 아니고, 배신도 아니기를 바란다.

루스: 제 미래에 대한 제 속의 생각들을 선생님에게 말할 수 없어요. 이런 것들을 입 밖으로 꺼내는 것이 겁나요.

치료자: 저에게 좀 더 말해 주시겠어요?

루스: 음, 저는 항상 존과 결혼한 걸 감사하게 생각해 왔어요. 몇 가지 일로 끔찍한 시간을 경험하기도 했었지만, 아주 최근까지도 제가 존을 떠날 수 있을 거라는 상상은 결코 할 수 없었죠. 제 아이들, 존, 아버지의 판단에 대한 두려움과 신의 처벌로 인해 지옥에 갈지도 모른다는 두려움에서 이제 그만 벗어났으면 좋겠는데 그게 어렵네요. 그러나 저는 지금 제가 살아온 인생을 후회하고 있으며, 제가 죽는 날까지 이런 삶을 계속 살아야 한다는 사실에 몸서리쳐져요.

치료자: 루스, 당신의 인생에 대해 말씀해 주시고, 어떻게 이렇게 되었는지 말씀해 주세요. (문제가 내포되어 있는 이야기를 하도록 한다.)

루스는 현재 자신의 불행이 얼마나 절망적인지 말한다. 그녀는 존이 교사 자격증을 취득하는 것에 찬성하고 있지만, 자신의 전문적 관심사를 개발시키는 것에는 다소 분개한다고 말한다. 루스는 자신이 얼마나 외로운지 존에게 말할 수 없다. 그녀는 다르게 인생을 살아왔더라면 하는 생각을 한다. 루스는 인생의 변화를 만들어 가는 것이 얼마나 위협적인지 좀 더 많이 이야기한다. 그녀는 현재의 일들이 더 악화되지 않을까 걱정한다.

나는 루스에게 존과 처음 만났을 때를 말해 보도록 부탁한다. 그녀는 사랑에 처음 빠졌을 당시의 즐거운 기분과 그와 함께 있을 때 느꼈던 안정감에 대해 이야기한다. 루스는 세상으로부터 안전함을 느꼈었다. 존은 너무나 강했고, 안정적이었으며, 자신감이 넘쳤다. 또한 멋진 가장이었다. 처음 15년 동안 그들의 관계는 좋았지만, 지난 5년 동안의 일이 관계를 악화시키기 시작했다. 그녀는 아이들이 성장할 때까지 존과 아이들을 돌보는 일을 당연한 자신의 임무로 여겼었다. 루스는 자신을 운전사, 주부, 요리사, 상담자, 재정 관리자, 양육자/보호자처럼 느낀다. 그녀는 공허감을 느끼고 있으며, 지지도 받지 못하고 있다고 생각한다. 자신이 느끼는 깊은 절망감을 존에게 솔직하게 말하는 것이 두렵다고 한다.

**치료자:** 당신의 기분을 왜 존에게 말하지 못할까요?

**루스:** 저도 모르겠어요. 저는 제가 어떻게 느끼는지를 사람들에게 말해 버리면, 제 세상이 혼란스러워질 것 같은 생각에 정말 끔찍하답니다.

**치료자:** 두려움이나 공포로 인해 당신의 속마음을 제대로 표현하지 못한 게 언제부터지요?(나는 면담을 객관화 대화로 끌어간다.)

**루스:** 거리낌 없이 얘기하는 게 항상 두려웠어요. 어린 시절부터 저는 두려운 게 너무 많았죠.

루스는 자신의 두려움으로 인해 침묵했던 많은 경우를 상세히 이야기한다. 나는 루스가 느끼는 두려움의 실체를 알고 싶어 다음 국면으로 넘어간다.

**루스의 삶에서 문제 이야기의 효과 탐색하기** 루스와 함께 두려움이 만든 침묵의 효과를 탐색한다. 나는 두려움과 공포가 그녀의 삶에 어떤 영향을 미쳤는지 물어본다. 그것을 유지하게 만드는 것은 무엇인가? 두려움의 대가는? 두려움이 건강에 미치는 효과는? 대인관계는? 직업은? 종교 생활은? 인생을 즐길 수 있는 능력은? 이런 질문들은 우리에게 문제의 효과를 확인해 볼 수 있게 한다.

루스는 자신이 지금 얼마나 재미없게 살고 있는지 말한다. 그녀가 마음 썼던 것을 전부 말해 버리면, 자기 마음속에는 아무것도 남지 않을 것이라는 두려움을 갖고 있다. 그녀는 직업을 갖기 위해 계속 노력해야 하는지에 대해서도 궁금해 한다. 새로운 친구를 만드는 데 감수해야 하는 위험 요인도 두렵다. 딸인 제니퍼와 좀 더 솔직하게 대화를 나눌 경우 제니퍼가 어떻게 나올지도 두렵다. 자신의 인생에 대해 어떻게 느끼고 있는지 존과 솔직하게 이야기 나눌 수 없을 것이라고 느끼기 때문에 두려움은 불행으로 이어진다.

**치료자:** 침묵하게 되는 것과 두려움, 우울, 불안, 공황발작, 혼란감을 가지고 살아가는 것이 서로 관계가 있다고 생각합니까? (문제 이야기 속에서 주제와 줄거리의 연결고리 조사)

**루스:** 이런 기분을 느끼는 것과 이런 기분을 솔직하게 털어 놓지 못하는 것이 서로 관계가 있다고 생각해요.

**치료자:** 루스, 마음속에서 실제로 일어나고 있는 것을 존과 이야기할 때 얼마나 두려울 거라고 생각하지요? 10점 척도상에서 어느 정도에 해당할까요?

**루스:** 너무나 끔찍하기에 대략 10점 정도 되는 것 같아요. 저는 너무 불행한데 존은 제가 얼마나 불행하지 생각조차 할 수 없을 거예요.

**대안 이야기 만들기로 결정하기** 이번 단계에서 나는 대안 이야기를 만들도록 루스를 격려한다.

**치료자:** 루스, 당신은 당신의 삶을 제한하는 두려움과 공포에 대해 말씀하면서 그 두려움이 가족, 친구, 직업에 영향을 미쳐 왔으며, 즐기며 재밌게 지내지 못하게 했고, 자신만의 인생을 창조하지 못하게 했다고 말씀하셨어요. 저는 당신이 이미 이런 오래된 두려움과 상대해 보기로 결심하셨는지, 아니면 두려움을 잘 지키기며 살기로 결정하셨는지 궁금합니다.

**루스:** 제 두려움이 너무 컸으며, 이것이 여러 방법을 통해 제 인생을 제한해 왔다는 걸 알아요. 제 스스로 그리고 누군가에게 완전히 솔직해지는 게 너무 힘겹기는 하지만, 저는 이미 이것을 상대해야겠다고 느끼고 있어요.

**치료자:** 당신은 두려움에 도전하고 싶어 하며, 아주 조금씩 자신에 관해 좀 더 많이 털어놓기를 원하는군요. 맞죠?

**담론적 제약 이해하기** 루스가 자신의 인생을 지배해 온 두려움이나 불안을 줄여 보기로 결정했을 때, 나는 그녀에게 두려움과 불안이 영향을 미쳐 온 인생 경험을 기꺼이 탐색할 준비가 되어 있는지 묻는다. 아내로서 그리고 엄마로서의 의무와는 별개로, 루스는 두려움이 자신의 행동에 미치는 영향과 자신이 바라는 대로 행동하는 것 사이의 관계를 생각해 본다. 어렸을 적에 자신이 하고 싶은 대로 즐겁게 놀며 다른 사람을 돌보지 않았을 때, 가족들이 자신에게 가졌던 감정과 평가를 기억한다.

치료자: 루스, 당신은 여성, 아내, 부모가 되는 방법을 어디서 배웠습니까?

루스: 모르겠어요. 그런 것에 대해서는 생각해 보질 않았어요.

치료자: 음, 저는 당신이 어떻게 자신의 것을 희생하면서 다른 사람의 욕구에 주의를 기울이고 헌신해야 된다는 생각을 갖게 되었는지 궁금합니다.

루스: 주로 어머니, 그리고 아버지가 어머니를 대했던 방식, 그리고 현재 아버지가 어머니를 대하는 방식에서 비롯된 것 같아요.

치료자: 여자, 어머니, 아내로서 어떻게 행동해야 하는지 모델이 된 어머니의 모습에 따라 인생을 살았나요?

루스: 확신할 순 없어요. 저는 제가 어머니의 방식과 똑같이 살았다고 생각하진 않아요. 어머니는 직업을 가진다든가 대학에 가는 걸 생각해 본 적도 없지요. 그래서 어머니와 저는 많이 달라요.

치료자: 정말 다르긴 다르군요. 그러면 당신이 어머니와 같다고 생각하는 건 뭡니까?

루스: 음, 어머니는 매우 보수적이에요. 남성은 가정의 주인이고 수입원, 보호자라고 생각하시죠. 여성의 직업은 아이를 기르고 가정과 남편을 돌보는 것이라 생각한답니다.

치료자: 당신은 어머님의 이런 생각들을 얼마나 받아들였나요?

루스: 음, 처음 15년 동안엔 어머니를 따랐죠. 정말로 저도 그렇게 했어요. 근데 이게 문제예요. 저는 더 이상 그렇게 살고 싶지 않아요. 제 자신을 희생하면서까지 존의 행복을 책임지고 싶진 않아요. 존을 통해서 제 인생을 살아가고 싶지도 않고요. 그러나 한편으로는 이 생각들이 제 자신을 증오하게 만듭니다. 제가 원하는 직업을 갖기 위해 시간을 투자하는 게 죄스러워요. 그리고 존과 아이들이 저를 지지하지도 않고, 제 일을 도와주려 하지 않을 때 정말 화가 나요. 집안의 시종 같은 저의 존재에 화가 나죠. 때로 제가 다른 인생을 원하고 있다는 것을 분명하게 느끼지만, 한편으로는 죄책감이 들면서 제가 나쁜 사람이라는 생각에 너무나 혼란스럽고 우울하답니다.

치료자: 당신의 생각, 기분, 행동을 강화하는 게 무엇일까요?

루스: 음, 부모님이 제가 어머니로서 이렇게 해야 한다고 가르치셨던 것 같아요. 아버지는 제가 선생님이 되는 걸 정말 반대하셨죠. 제가 선생님이 되는 것은 부모로서의 의무를 저버리는 거라 생각하세요. 어머니는 제가 선생님이 되는 교육을 받은 후로도 여전히 존과 아이들을 위해 요리를 하는지 물

어보신답니다. 여기엔 몇 가지 분명한 예도 있고 다른 민감한 사안들도 많아요. 여하튼 이런 것들이 제가 직업이나 새로운 친구를 가지려 할 때나 남편이 아이들과 가정을 돌보는 데 좀 더 많은 도움을 주길 바랄 때, 바보 같은 기분이 들게 하죠.

루스와 상담할 때, 우리는 루스의 경험을 형성하고 있는 다수의 문화적 영향들을 확인한다. 여기서 나의 임무는 루스가 경험하고 있는 갈등, 우울, 불안, 긴장, 모호함, 두려움에 핵심 역할을 하는 문화적 담론들을 재구성하도록 하는 것이다. 흰색 칠판 위에, 우리는 한 사람의 여성으로서 그녀 자신을 정의하는 데 영향을 준 문화적 담론들을 확인해 본다.

- 다른 사람에게 봉사하며 사는 것이 여성으로서 가치 있는 삶을 사는 것이다.
- 자신의 요구만 생각하고, 자신의 인생을 즐기길 원하는 것은 여성으로서 이기적이며 무가치한 일이다.
- 한 남성의 욕구를 충족시키기 위해서 여성은 자신의 직업적 열망을 버려야 한다.

루스가 이 목록을 보았을 때, 여기에 적힌 것이 남편에 의해 유지되어 온, 그리고 일부는 자신에 의해 유지되어 온 바로 그 신념들이라는 것에 동의했다. 이것들이 많은 사회에서 유통되고 있는 여성에 관한 문화 관련 사고들이다.

치료자: 루스, 두려움, 불안의 감정과 이런 신념을 만족시키기 위해 기울여 온 노력이 서로 관련되어 있다고 생각하십니까?

루스: 예, 관계가 있어요. 여자다움에 관한 이런 생각들은 진실에 속하므로 이것들을 충족시키는 것이 저의 임무라 믿어왔던 것 같아요. 지난 5년 동안 이런 신념에 의문이 들기 시작했어요. 이런 생각들은 정말로 제 삶에 많은 영향을 주었습니다. 그러나 이것이 제게 어떤 도움을 주었는지는 잘 모르겠네요. 앞으로 저는 어떻게 해야 할까요?

치료자: 좋아요, 제가 어떤 제안을 하기 이전에, 먼저 당신이 이런 신념에 도전하고 있다는 것을 생각합시다. 찬성합니까?

루스: 그렇긴 하지만 저는 제가 이런 신념에 도전하기 시작했는지는 잘 모르겠어요. 저는 허약한 인생을 살아 왔다고 생각해요. 저에게 좀 더 많은 용기가 있었으면 좋을 텐데.

치료자: 루스, 저는 당신의 과거 도전 경험과 당신이 염려하고 있는 것에 대해 듣고 싶어요.

루스: 좋아요, 그러나 제가 용기를 내 본 적이 있는지는 잘 모르겠어요. 저는 아무것도 가진 것이 없거든요.

**대안 이야기 만들기** 이 시점에서 우리는 루스가 바라는 이야기를 만들도록 한다.

치료자: 루스, 저는 당신이 인생의 많은 부분을 가로막았던 두려움에 도전하거나, 용기를 내었던 경험을 기억해 내지 못한다는 사실에 당황하고 있습니다. 저는 당신이 능동적으로 참여한 이 상담에서 이미 언급해 주신 많은 순간들로 인해 흥분하고 있었거든요. 예를 들어 어떻게 상담 받을 결정을 하게 되었죠?

루스: 무슨 말씀이신지?

치료자: 자, 당신은 상담이 꽤 두려운 것이라는 걸 알면서도 상담을 통해 이전에 해 본 적이 없는 방식으로 자신의 인생을 조사하기 시작하셨어요.

루스: 맞아요. 저는 상담 예약이 끔찍했어요. 저는 제 스스로 '설령 내가 싫어하는 내 모습을 찾게 된다 하더라도 그게 무슨 소용이 있을까?'라고 생각해 왔거든요. 당신은 여전히 제가 두려워하고 있다는 걸 알고 계시는군요.

치료자: 작년에는 당신이 상담 없이 두려움에 맞섰지만, 최근에는 상담을 받기로 결심했고, 당신의 이야기를 저에게 솔직히 털어 놓기 시작하셨지요? (독특한 결과 확인)

루스: 예, 저는 너무나 절망적이어서, 앞으로 나아가기 위해선 무언가를 해야 했어요. 제가 미쳐가고 있는 느낌이 들었거든요.

치료자: 좋아요, 그러나 이런 절망감에도 불구하고, 당신은 어떻게 직접 두려움에 직면하려 시도하였고, 저에게 당신의 인생에 관해 털어 놓을 생각을 하게 되었을까요? (독특한 설명 질문)

루스: 저도 모르겠어요. 저는 단지 어느 날, 스스로에게 '나는 더 이상 견딜 수가 없어. 무언가 방법을 찾아야 해.'라고 말했어요.

치료자: '하나님 맙소사, 내 인생이 완전히 다른 방식으로 변해 버릴 수도 있어. 무언가 해야 해.'라고 스스로에게 말씀하셨군요. '내가 이것을 할 수 있을까?'라는 질문에 어떤 말을 하셨나요?

루스: 저는 정말 모르겠어요. 저는 '루스, 무언가를 해야 해.'라고만 말한 것으로 생각나요. 저는 이제껏 해 왔던 것을 지속하기 싫어요.

치료자: 좋아요, 무언가 좀 더 원하는 게 있다는 걸 알았으므로, 당신은 두려움에도 불구하고 그것을 준비했던 겁니다.

루스: 네, 그런 것 같아요.

치료자: 좋아요, 우리는 두려움에 직면한 당신의 용기를 입증한 예를 보았어요. 당신은 초반에 두려움을 느끼는 기분이 대략 10점에 해당하고, 두려움으로 인해 완전히 침묵을 지키게 되었다고 말씀하셨지요. 맞나요?

루스: 네.

치료자: 좋아요, 저는 매일 존과 상호작용하면서 드는 기분을 단지 몇 분 동안이라도 존과 이야기 나누는지 궁금하군요.

루스: 저는 대부분 제가 느끼고 있는 것을 존에게 말하지 않아요. 솔직히 그가 저에게 관심도 없다고 생각해요.

치료자: 지난주에 당신이 침묵하지 않고, 존에게 무언가를 강하게 말한 적이 있나요?

루스: 음, 지난 화요일, 아이들이 무례하게 굴 때, 존에게 도움이 필요하다고 말했어요. 아이들이 무례하게 굴 때, 그가 적당한 때에 큰소리를 내 주고, 문제를 제기해 주길 원한다고 말했습니다.

치료자: 그렇게 말하고 어떠셨나요?

루스: 좋았지만, 저는 그것 때문에 무엇이 달라졌는지는 잘 모르겠어요.

치료자: 그 순간에 자신이 어떠했다고 생각하며, 두려움은 어느 정도였나요?

루스: 저는 꽤 자신 있게 말했어요. 존에 대한 저의 느낌과 우리의 결혼에 대해 말하는 것은 좀 더 어렵겠지만.

치료자: 그 순간에 두려움을 평가한다면?

루스: 음, 대략 3점.

치료자: 당신이 처음에 얘기했듯이 비록 두려움은 정말 컸지만 당신은 자기 자신을 좀 더 많이 이해하기 위해 열린 마음과 정직한 마음으로 저와 이야기를 나누어 왔지요.

**대안 이야기 발전시키기** 이 단계에서 나는 루스의 용기, 위험에 직면하는 능력, 결정을 내리는 능력, 그리고 두려움에 의해 통제되지 못하거나 숨이 가빠지는 것에 대한 생생한 경험들로 이야기를 구성한다. 우리는 루스가 심각한 두려움에 직면할 때, 용기 있게 맞섰던 독특한 결과에 대해 이야기한다. 독특한 결과 대화에는 교사가 되기 위해 공부를 마치는 것, 아버지가 믿었던 근본주의 교회를 떠나려 큰 위험을 감수했던 것, 어렸을 적에 의사 놀이를 하면서 느꼈던 수치심을 말한 용기, 자신도 어렸지만 동생들을 돌본 것, 자신의 인생에서 재미와 즐거움을 찾으려는 하는 것, 가르치는 직업을 갖기로 한 것이 포함된다.

우리는 네 명의 아이를 키우는 데 필요했던 힘과 능력, 그리고 자신의 인생을 추구할 권리를 깨닫는 루스의 능력에 대해 말한다. 이런 경험 모두가 이야기의 탄력성, 강도와 관련된다. 위험 감수, 용기, 결정, 인생을 즐길 권리를 갖는 것에 대한 줄거리를 강화시키기 위해 나는 최근에 일어났던 용기 있는 사건들, 그리고 그녀의 인생 전반에 걸친 특정 사건들과 관련지어 이야기를 구성해야 한다. 이것은 루스가 용기 있게 행동했던 과거 경험을 기억하게 해 준다. 루스는 이런 사건들을 이야기에 반영함으로써 매우 고양되고 좀 더 많이 자신의 잠재력을 느낄 수 있다.

바람직한 이야기 속에 능력과 가능성을 유지시키는 것만으로는 충분하지 않다. 우리는 이야기 속에 이런 행동들이 루스의 발전과 정체감 변화에 얼마나 영향을 미치는지 반영해야 한다. 다른 말로 나는 루스가 이런 바람직한 이야기들을 제안함으로써 자기 자신에 대한 이해를 수정해 가는 것에 관심을 갖는다. 나는 현존하는 이야기의 줄거리를 더욱 강화시키기 위해 지속적으로 독특한 설명 질문에 답하도록 한다.

치료자: 루스, 우리는 두려움과 불확실한 것에 용기 있게 직면했었던 많은 예들을 살펴보았습니다. 용기, 결정, 위험을 기꺼이 감수하는 당신의 능력을 어떻게 설명할 수 있을까요? (독특한 설명 질문)

루스: 음, 사실대로 말씀드리자면, 제가 제 인생에서 이런 용기를 지녀왔다고 생각하니 약간 놀랍군요. 이것들 모두가 무언가를 깨닫게 하고 경험하게 해 주었다는 사실이 놀라워요.

치료자: 이것이 당신을 어떤 종류의 사람이란 생각이 들게 하지요?

루스: 음, 저도 때론 대담해질 수 있구나 하는 거요.

치료자: 그런 기술이 만족스러운가요?

루스: 예, 하지만 좀 낯설군요.

치료자: 좋아요. 이해할 수 있습니다. 당신은 그런 기술에 익숙해지고 싶은가요?

루스: 예, 그래요.

치료자: 우리가 탐색해 온 것 모두를 고려해, 이런 용기 이야기에 제목을 붙이면 뭐라 할 수 있을까요? (대안 이야기를 구체화시키는 질문)

루스: 정말 생각하기 어렵군요. 저는 그런 면에서는 창조적이지 못하거든요.

치료자: 이 이야기의 이름을 뭐라 하면 좋을까요? 당신이 이름을 지어 주면 이 이야기가 당신에게 좀 더 많은 선물을 가져다 줄 거예요. 함께 이름을 붙여 볼까요?

루스와 나는 우왕좌왕하다가 결국 적합한 제목을 찾았다. 우리는 그것을 '루스의 커밍아웃(Ruth's coming out)'이라 부른다. 이후에 루스와 재기술 질문의 효과를 탐색해 본다.

치료자: 당신이 존과 직면해 당신의 생각을 그에게 솔직하게 말할 당시, 당신의 대담성은 어떤 의미를 가졌을까요?

루스: 음, 저는 그것이 도움을 주었다고 생각해요. 여전히 두렵긴 하지만 저는 정말로 존에게 더 많이 솔직해지고 싶어요. 저는 그와 직면할 준비를 해야 한다고 생각하죠. 우리가 논쟁에서 부딪히면, 저는 비난받는 느낌을 받아요. 그래서 저는 제가 무언가 잘못했다는 생각에 죄책감을 갖게 되지요. 솔직하게 말씀드리자면, 저는 우리의 관계가 절망적인 것 같아요. 그는 제가 예전의 저로 되돌아가길 원하고 있죠.

**청중 모으기** '루스의 커밍아웃'이라는 바람직한 이야기로 이동함에 따라, 나는 루스에게 지지를 제공할 청중을 조사한다. 루스, 존, 아이들이 조화를 이루어 가는 정도에 따라, 루스 가족들에게 루스의 커져가는 자신감, 강력한 목소리, 위험 감수 능력, 좀 더 솔직해진 정도를 평가하게 할 수 있다. 이 단계에서는 좀 더 현실적으로 그녀를 지지해 줄 수 있고 그녀의 노력에 박수를 보내며 그녀를 응원해 줄 수 있는 사람을 생각해 보도록 하는 것이다.

치료자: '루스의 커밍아웃' 이야기를 듣는다면, 조금이나마 놀라움을 표현해 줄 사람이 누굴까요? 위험을 감수하면서 새로운 것에 도전하고, 두려움에 직면하는 당신의 이야기를 듣고 '당연하죠. 저는 루스라면 그렇게 할 수 있을 거라고 생각해요.'라고 말해줄 수 있는 사람이 누군지 알고 싶군요.

루스: 음, 외할머니요. 할머니는 저의 '커밍아웃' 이야기를 듣고도 전혀 놀라시지 않을 거예요.

치료자: 할머니가 지금 우리와 함께 앉아 계신다면, 할머니는 당신에게 뭐라고 말씀하실까요?

루스: 음, 할머니는 '루스, 네가 선택한 것을 가질 수 있도록 노력해라. 네 자신을 믿어. 그러면 모든 것을 얻게 될 거야.'라고 말씀하실 것 같아요.

치료자: 그렇게 말씀하시면 기분이 어떨까요?

루스: 정말 좋을 거예요. 용기가 나요.

루스와 나는 좀 더 많은 사람에 대해 이야기 나누고, 우리의 대화를 그들이 경청한다면, 뭐라고 말할지에 대해서도 이야기한다. 루스는 존과의 관계를 털어 놓을 수 있는 친밀한 친구 두 명을 지목했다. 그녀는 이 친구들로부터 지지를 받을 수 있을 거라 생각한다.

## 미래에 도전하기

앞으로의 상담에서는 루스의 불안, 우울, 혼란에 영향을 준 문화적 담론으로 되돌아갈 것이다. 루스는 그녀가 경험하고 있는 많은 문제들이 개인적인 결함이나 의사소통의 곤란으로 생겨난 것이 아니라는 점을 깨닫기 시작한다. 그것들은 그녀의 세상에 소리 없이 침입해 들어 온 혼란스런 불일치(discursive clashes)에 관한 것이다. 이런 혼란스런 불일치는 남성과 여성에게 다른 방식으로 작용한다. 여기에 몇 가지 예가 있다.

- '남편과 아이들에게 사회정서적인 지지를 제공하며 그들에게 헌신하는 것이 여성의 임무다.' 대(vs) '여성과 남성은 가족 구성원들에게 정서적, 심리적 욕구를 제공할 동등한 책임을 갖는다.'
- '여성의 임무는 대가 없이 남편을 지지하는 것이다.' 대 '남성과 여성은 평등하고 서로 존중받을 권리가 있다.'
- '여성은 남성의 욕구를 채워주기 위해 자신의 직업적 열망은 미뤄 둬야 한다.' 대 '여성은 결혼 생활에서 자신의 직업적 열망을 발전시킬 권리를 갖고 있으며 배우자에게 지지받을 권리가 있다.'

루스는 존이 자신의 계획을 반대하는 나쁜 사람이 아니란 걸 깨닫는다. 그녀가 한 여성으로서, 아내로서 어떻게 해야 하는지에 관해 문화적 메시지를 가지고 있듯이, 존도 한 남성으로서, 남편으로서 어떻게 해야 하는지에 관해 문화적 메시지에 영향을 받고 있다고 보기 시작한다. 이것만으로 루스가 자신의 변화에 반대하는 존의 전통적인 신념들을 쉽게 이해하게 된 것은 아니다. 존과의 사이에서 경험하고 있는 것이 자신을 미치게 만들고 있는 것이 아니라 서로 관점의 차이가 개입되어 있다는 것을 알았다. 그것은 그녀보다 훨씬 더 큰 무언가에 관한 것이다.

## 루스와의 상담에 대한 맺는말

루스는 이미 자기감이 높아지고 있으며 자신의 인생에서 가능한 것이 좀 더 많아졌음을 알게 되었다. 자신이 위험을 감수할 수 있는 능력을 좀 더 많이 갖고 있음을 알게 되었고, 자기 자신을 좀 더 솔직히 표현할 수 있게 되었으며, 그녀가 원하는 것을 하고자 하는 데에서 오는 혼란스러움, 불안에 대해 좀 더 많이 이해할 수 있게 되었다. 또한 두려워하는 정도에도 질적 변화가 있었다. 그녀는 자신이 내린 결정에 따른 결과에 대해 좀 더 자신을 신뢰하게 되었다. 그러나 해야 할 일도 많이 남아 있다.

루스는 존과 결혼 생활을 지속해야 할지 확실히 알지 못하지만, 친밀한 배우자가 되어 결혼 생활을 지속할 준비는 되어 있다. 그녀는 자신의 생존 능력에 좀 더 확신을 갖길 원하며, 존의 미래에 대한 근심이 덜해지길 바란다. 아이들과의 관계 문제는 아직 남아 있다. 비난하기, 판단하기, 그리고 앞으로도 항상 투쟁적인 관계일 것 같은 아버지와의 관계를 다루는 자신의 능력에 신뢰감이 생겼다. 우리의 상담은 이런 일상적인 고민거리에 다가가는 밑받침이 되었다. '루스의 커밍아웃' 이야기는 대담한 루스라는 새로운 정체감을 상기시키는 데에 중요한 역할을 담당했다. 루스는 앞으로의 상담에 좀 더 많이 동기화되어 있다. 실례로 그녀는 부부 상담을 원하고 있고, 아이들과도 친밀하면서도 좀 더 존중받는 관계를 만들길 원하며, 신체상과 체중 문제를 해결하고 싶어 한다.

루스와 나의 강력한 조력 관계를 통해, 그녀는 자신의 전문성을 믿기 시작했다. 그녀는 한 여성, 엄마, 배우자에게 요구되는 문화적 기대에 도전하고, 그녀의 마음속에 자리 잡고 있는 개인적 결함, 역기능에 덜 직면하며, 자신의 능력에 대해 좀 더 많은 확신을 갖게 되었다. 다음 단계의 개인 상담을 통해, 그녀는 내적인 부적절감을 덜고, 자신이 바라는 인생으로 나아가지 못하게 방해하는 문화적 규범들을 인식하여 도전할 것이다.

루스는 자신의 질문에 모두 답할 수 없으며, 그런 질문에 모두 답할 수 있는 사람도 없다. 여전히 존이 자신을 떠날지 알지 못하지만 아버지가 가르쳐 준 종교의 가르침, 체중, 슬픔, 불안에 도전한다. 그녀는 무엇에 부딪히든지 간에 아직 알지 못하는 것을 향해 앞으로 나아갈 수 있는 힘과 용기가 생겼다.

## Gerald Corey의 포스트모던 관점에서 루스 상담하기: 주석

### 도입

이번 장에서는 John Murphy 박사(해결 중심 단기 치료)와 Gerald Monk 박사(이야기 치료)가 루스를 포스트모던식 접근 방식으로 상담했다. 각 치료자들이 상세히 설명해 주었으므로, 나는 해결 중심과 이야기 접근법으로 루스를 상담한 것에 대해 몇 가지만 간략하게 언급하려 한다.

### 기본 가정

이야기 치료에서는 내담자의 이야기를 성심성의껏 경청하여 대안 이야기에 사용할 수 있는 사건을 찾아내는 것을 중요시한다. 나는 문화적 영향이 루스의 인생을 많이 제한해 왔다고 가정한다. 그녀의 삶에 대한 이야기는 그녀가 인식하고 기억하는 것에 영향을 주었고, 그녀가 어떤 방식으로 미래에 직면할 것인지에도 영향을 줄 것이다. 루스의 과거에 관심이 가긴 하지만, 우리는 과거 문제들에 집착하지는 않을 것이다. 우리의 관심사는 루스가 자신의 미래를 위해 현재 어떤 노력을 하고 있는지에 있다.

세상에 존재하는 방식과 관련하여 루스의 문제 대부분은 어떤 종류의 사람, 어떤 종류의 여성, 어떤 종류의 엄마, 어떤 종류의 배우자라는 문화적 메시지에 의해 야기된 것이라고 생각한다. 상담을 통해 루스가 자기 자신을 위해 새로운 이야기를 창조해 갈 수 있는 개인적 자원을 찾는다. 요약하면, 이야기 치료적 관점에서의 나의 임무는 루스가 자신의 인생 이야기를 다시 써 내려가도록 도와주는 것이다. 루스와 내가 협조해 과거의 특정 사건들을 재고해 보고, 미래를 재기술해 본다. 포스트모던식 접근을 통해 우리의 작업은 사회 환경의 압박 요인들로부터 루스를 벗어나게 하며, 자신의 인생을 능동적으로 결정하는 힘을 가지도록 도와 줄 것이다.

### 치료 과정

포스트모던 관점에서는, 첫째, 사회적 규범과 기대가 어떻게 사람의 삶을 제한하는지 확인하는 것이 중요하다. 둘째, 문화적 억압에 대한 내담자의 저항을 확인하여 바람직한 대안 이야기 구성에 도움이 되도록 한다. 루스의 바람직한 이야기는 자신에게 바람직한 문화적 의미는 포용하고, 자신의 인생을 억압하는 문화적 의미에 저항할 수 있는 그녀의 능력을 기초로 할 것이다. 루스의 자서전에 그녀의 인생을 설명하는 중요한 단서가 들어 있다.

해결 중심 단기 치료와 이야기 치료는 루스를 동기화시키고, 자신을 이해하며, 인정하는 것을 목표로 진행되었다. 루스의 도전을 지지하는 방법은 그녀의 자기다움을 객관화해서 자기 문제를 생각해 보도록 하는 것이다. 해결 중심 치료와 이야기 치료에서 중요한 점은 문제가 그 사람 안에 존재하지 않는다는 점이다. 상담 초에도 나는 루스의 문제를 객관화해 문제로부터 그녀를 분리했다. 문제가 그녀의 생각, 기분, 행동에 영향을 미치기는 하지만, 문제는 그녀 자체가 될 수 없다. 루스는 많은 문제를 제시하지만 자신이 그것들 모두를 다룰 수 없어 힘들어한다. 현재 그녀에게 가장 걱정되는 문제를 물었을 때, "죄책감이요. 너무나 많은 일에 죄책감을 느껴요. 얼마나 열심히 하는지와는 상관없이, 제 자신이 기대하는 바에 못 미친다는 생각이 들면서 죄책감을 느껴요."라고 말한다. 자신이 못난 딸이고, 마땅히 그래야 한다고 생각해 온 엄마가 되지도 못했고, 뛰어난 학생도 아니기 때문에 죄책감을 느낀다. 다시 말해, 모든 영역에서 '완벽한 수행(perfect performances)'을 하지 못한 결과로 죄책감이 생겨난다.

나의 목적은, 그녀가 죄책감이라는 자신의 문제를 하나의 독립된 개체로서 보도록 유도하는 것이다. 나는 그녀의 죄책감이 어떻게 나타나는지 묻고, 그녀가 죄책감을 경험하는 상황의 예를 들어 보라고 요청한다. 나는 죄책감의 영향을 도표로 만드는 것에 관심이 있다. 또한 '이런 죄책감의 임무는 무엇이고, 죄책감은 어떤 방식으로 이런 임무를 수행하게 하나요?', '죄책감을 어떻게 갖게 되었고, 죄책감이 심해질 때 당신은 어떻게 하나요?', '죄책감이 얼마나 크며, 당신의 인생을 방해하는 정도는?', '죄책감이 당신의 귀에 뭐라고 속삭이나요?'와 같이 그 문제를 객관화하는 질문을 한다.

이야기식 접근에서 나는 예외를 발견하기 위해 다음과 같은 객관화 질문 방식을 활용한다. '죄책감에 영향을 받지 않았던 때도 있지 않았나요? 그때는 어땠나요? 당신이 어떻게 영향 받지 않을 수 있었나요?', '이것이 당신이 예전에 해 왔던 방식과 어떤 차이가 있을까요?', '그렇게 할 수 있는 당신 자신에게 무어라 말할 수 있을까요?', '만약 당신이 이런 죄책감을 가지지 않았더라면 당신의 인생은 어떻게 달라졌을 것이라 생각하나요?', '아주 작은 일일지라도 죄책감에서 벗어나기 위해 당신이 해야 할 일은 무엇인가요?"

내 질문의 목적은 루스가 죄책감에 지배당하지 않았거나 낙담하지 않았던 순간들을 발견하려는 것이다. 우리는 루스의 인생이 죄책감에 영향 받지 않았을 때를 확인하여 죄책감에 지배당하지 않았더라면, 인생이 얼마나 달라졌을까 생각해 보도록 한다. 치료 과정에서, 나는 루스가 믿었던 것보다는 죄책감의 문제에 의해 좀 더 많이 통제받아 왔다는 사실을 점진적으로 보여줄 것이다. 그녀가 죄책감으로부터 자기 자신을 분리해 낼 때, 문제가 내포되어 있는 이야기의 짐이 가벼워질 것이고 대안을 발견하게 될 것이다. 그녀는 자신이 원하는 인생을 구성해 가기 위해 자신이 가진 자원에 좀 더 초점을 맞출 것이다.

### 마지막 제언

John Murphy, Gerald Monk 박사와 마찬가지로 나의 접근은 루스의 책임보다는 자산을 더 중요하게 생각한다. 포스트모던 접근뿐만 아니라 다른 치료 이론들도 내담자의 자원을 강조한다. 아들러식 치료, 인간 중심 치료, 인지 행동 치료, 여성 치료, 현실 치료에서도 내담자의 강점을 강조한다. 유사하게 이런 접근법들 대부분은 과거를 탐색하기보다는 현재에 일어나고 있는 것, 내담자가 미래를 향해 노력하는 것에 주의를 기울인다. 그러나 루스를 포스트모던 접근으로 상담한 것이 다른 치료와 다른 점은 그녀가 바라는 새로운 문화적 의미들을 탐색하게 함으로써 그녀의 풍부한 인생 이야기를 창조하도록 하였다는 점이다. 이런 점에서 치료는 하나의 새로운 시작이다.

## 복습을 위한 질문

1. Murphy, Monk 박사가 함께 공유하고 있는 기본 가정은 무엇인가? 이런 가정들이 기존의 심리 치료 방법과 어떻게 다른가?
2. 이번 장에 제시된 각각의 치료 방식을 살펴보면서 당신이 느낀 가장 중요한 차이점들은 무엇인가?
3. 포스트모던 접근이 진단에 대해 생각하는 방식을 어떻게 생각하는가? 루스와 협력하여 진단을 내리는 것에 대해 당신은 어떻게 생각하는가?
4. 이번 장에서 사용된 치료자들의 기법들을 어떻게 생각하는가? 당신이 받아들이고 싶은 치료 기법은 어떤 것인가? 특별히 유용했다고 생각되는 질문은 무엇인가?
5. Murphy 박사의 해결 중심 단기 치료에서 **내담자** 요인과 **치료적 동맹**의 요인이 어떻게 변화를 일으키는 핵심적인 요인으로 작용한다고 생각하는가?
6. 루스와의 상담에서 Murphy 박사가 사용한 어떤 방식이 '내담자 지시적(client-directed)'이고, '결과 공지적(outcome-informed)'인가?

7. 내담자의 문제를 객관화시키는 것의 장점은? 당신이 루스에게 객관화 기법을 사용한다면 어떻게 할 것인가? 이 기법의 단점은?
8. 내담자들에게 자신의 문제에 대한 예외를 생각해 보도록 하는 것은 어느 특정 문제가 강력한 영향력을 발휘하지 않았던 때를 생각해 보도록 하는 것이다. 현재의 문제를 갖지 않았던 때를 루스에게 물어봄으로써, 당신이 얻을 수 있는 이점은 무엇이라 생각하는가? 당신은 예외 탐색의 시간을 어떻게 만들어 가겠는가?
9. 루스와의 상담에서 Monk 박사가 했던 질문들의 목록을 다시 살펴보라. 이 질문들을 당신의 치료 기법에 어떻게 적용할 수 있는가?
10. 루스와 함께 한 Monk 박사의 이야기 치료가 여성주의적 접근과 비슷한 점은 무엇이라고 생각하는가?
11. 상담 장면에서 다문화적 관점에 견줄 만한 이야기 치료의 기본 개념은 무엇인가? 문화적으로 다양한 내담자 집단을 대상으로 이야기 치료를 실시할 때 당신이 적용해 볼 수 있는 것들은 무엇인가?
12. 해결 중심 단기 치료가 당신의 상담 스타일에 잘 어울리는가? 이 접근이 어떤 면에서 유용하다고 생각하는가? 당신의 상담 방법에 적용할 때 변형시켜야 할 개념들이 있는가?
13. 이야기 치료가 당신의 상담 스타일에 잘 어울리는가? 이 접근이 어떤 면에서 유용하다고 생각하는가? 당신의 상담 방법에 적용할 때 변형시켜야 할 개념들이 있는가?

## 주

『심리상담과 치료의 이론과 실제: 스탠의 사례와 해설 DVD』 11회기('스탠의 사례에 적용한 해결 중심 단기 치료')에는 예외를 제시하기, 기적 질문, 척도화 방법이 제시되어 있다.


1. de Shazer, S., Dolan, Y., Korman, H., Trepper, T., McCollum, E., & Berg, I. K. (2007). *More than miracles: The state of the art of solution–focused brief therapy*. New York: Haworth Press.
2. Duncan, B. L., Miller, S. D., & Sparks, J. A. (2004). *The heroic client*. San Francisco: Jossey–Bass.
3. Wampold, B. E. (2010). The research evidence for the common factors models: A historically situated perspective. In B. L. Duncan, S. D. Miller, B. E. Wampold, & M. A. Hubble (Eds.), *The heart and soul of change: Delivering what works in therapy* (pp. 49 – 83).

Washington, DC: American Psychological Association.

4. Murphy, J. J., & Duncan, B. L. (2007). *Brief intervention for school problems: Outcome-informed strategies* (2nd ed.). New York: Guilford.
5. Murphy, J. J. (2008). *Solution-focused counseling in schools* (2nd ed.). Alexandria, VA: American Counseling Association.
6. Miller, S. D., & Duncan, B. L. (2004). *The Outcome and Session Rating Scales: Administration and scoring manuals*. Chicago: Author.
7. Murphy, J. J. (2008). *Solution-focused counseling in schools* (2nd ed.). Alexandria, VA: American Counseling Association.
8. White, M., & Epston, D. (1990). *Narrative means to therapeutic ends*. New York: Norton.
9. Freedman, J., & Combs, G. (1996). *Narrative therapy: The social construction of preferred realities*. New York: Norton; Monk, G., Winslade, J., Crocket, K., & Epston, D. (1997). *Narrative therapy in practice: The archaeology of hope*. San Francisco: Jossey Bass; and Madigan, S. (2011). *Narrative therapy*. Washington, DC: American Psychological Association.
10. White, M. (1989). The process of questioning: A therapy of literary merit? In *Selected Papers* (pp. 37 – 46). Adelaide, Australia: Dulwich Centre. For a useful discussion of various kinds of questions asked in narrative therapy, see Madigan, S. (2011). *Narrative therapy*. Washington, DC: American Psychological Association.

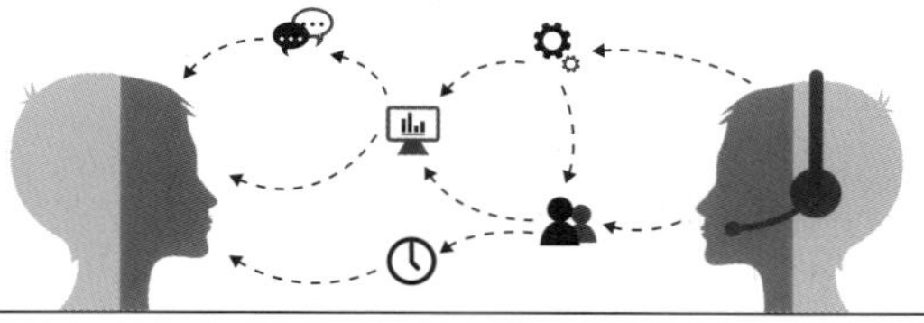

CHAPTER

# 12

# 가족 치료의 사례 접근

## 가족 체계 치료의 일반적 개관

가족 체계 치료로 치료의 방향을 정하게 되면 다양한 목표를 세울 수 있다. 가족을 치료하는 치료자는 내담자와 가족의 현재 문제를 해결하는 것, 가족의 위기를 가능한 한 빠르고 효과적으로 해결하는 것, 새로운 정보가 가족 체계 속으로 스며들 수 있는 환경을 만들어서 가족이 스스로 진화하게 하는 것, 체계를 재구성하여 모든 가족 구성원이 자율성을 갖게 하는 것, 가족 구성원 간의 상호작용 형태나 규칙을 바꾸는 것, 의사소통 기술을 가르치는 것, 문제 해결 기술을 가르치는 것을 목표로 정할 수 있다.

가족 치료에서 적용하는 기법은 치료자의 이론적 지향에 따라 다를 수 있다. 치료자는 가족과 함께 작업을 진행하므로 치료자의 개인적인 특성에 잘 맞을 뿐 아니라 가족의 이익에 부합하는 개입 전략을 선택해야 한다. 적용한 치료의 이론적 지향에 근거하여 치료 결과를 평가하지만 일차적 평가 기준은 가족 구성원 간에 나타난 관계의 변화 정도가 된다. 모든 부부치료나 가족 치료 모델에서는 심리내적 측면이 아닌 관계에서의 변화를 요구한다.

이 장에서는 두 명의 가족 체계 치료자가 자신의 방식으로 루스를 치료하기 위해 협력했다. 루스와 가족을 재개념화하는 과정은 매력적이어서 이번 판에 새로 포함했다. 우리는 이들의 치료를 살펴보면서 루스에 대한 그들만의 치료 방법을 발견할 수 있을 것이다.

# 루스에 대한 가족 체계 치료자의 관점

_ Mary E. Moline 박사와 James Robert Bitter 박사

## 도입

가족은 구성원이 각자 하는 역할을 모두 합친 것 이상으로 기능하는 단위이다. 따라서 가족 치료를 할 때에는 개인 치료를 할 때와 다른 개념을 가지고 접근하게 된다. 가족은 개인이 가족 체계 안에서 행동하는 방법뿐 아니라 타인과의 관계에서 어떻게 행동하는지를 이해할 수 있는 일차적 맥락을 제공한다. 각 가족 구성원의 행동은 다른 가족의 행위와 반응에 영향을 주고 이 반응은 다시 개인에게 영향을 미친다. 가족 구성원 간에 일어나는 교류를 통해 개인은 자기 개념을 형성하고 가족 안팎에서의 관계를 형성하며, 자신의 세계관을 형성한다.

자기감을 적절하게 형성하지 못한 가족이 있을 때에는 체계 모델에 발달적 접근을 통합하여 접근할 수 있다. 루스의 가족을 체계적 접근으로 치료할 때에는 남편과 자녀, 부모를 포함하는 가족 체계를 평가하게 된다. 더욱 포괄적으로 평가할 때에는 교회와 직장, 친구와 같은 중요한 단위와의 관계 내지 상호작용도 검토한다. 치료자가 얼마나 많은 관계를 다루어야 하는지에 대한 원칙은 없다. 치료자의 임상적 판단이 중요하다. 그러나 개념적으로나 상징적으로 볼 때 치료자는 현재 치료 장면에 루스의 가족이 참여하지 않아도 남편과 자녀, 그리고 부모와의 관계를 다룰 수 있도록 개입하게 된다.[1]

## 비밀의 보장과 다루기

가족 치료자는 첫 상담 회기에 누구를 만날 것인지를 결정한다. 대부분은 첫 방문에서 내담자의 가족 전체를 만나고 싶어 한다. 처음에는 내담자만을 만나고 나중에 다른 가족을 치료 회기에 참여하게 하는 체계 모델도 있다. 이런 경우 비밀보장 문제를 다루어야 한다. 치료자는 개인 상담에서 내담자가 밝힌 것을 비밀로 해야 할지를 결정해야 한다. 많은 가족 치료자는 처음에 내담자만을 만나는 것을 피하곤 하는데 그 이유 중의 하나는 바로 내담자가 털어놓은 내용을 가족 회기에서 어떻게 다루어야 하는지 결정해야 하기 때문이다. 분명한 것은 개인적으로 드러낸 비밀은 법률이 규정한 경우를 제외하고는 보호해야 한다는 것이다.

가족을 상담할 때 항상 비밀을 유지해야 하는 것은 아니다. 이러한 방침을 내담자에게 서면으로 제시하고 그 파급 효과를 함께 논의하라. 이를 통해 내담자에게 치료 과정에 담겨 있는 위험에 대한 정보를 제공할 수 있다. 내담자가 자신이나 타인을 해할 우려가 있거나 아동 학대 사례에 해당한다는 정보가 있으면 합법적으로 공개해야 함을 분명하게 알려야 한다. 법에 명시되어 있지 않을지라도 비밀을 다룰 때 적용되는 방침을 내담자에게 알려주어야 한다. 치료자가 여러 가족 체계를 함께 다룰 때에는 비밀 유지가 효과적인 치료를 방해할 수 있다. 치료자는 전체 가족이 모인 상황에서 언급되지 않은 것은 쉽게 잊을 수 있다. 이러한 이유 때문에 많은 가족 치료자는 처음부터 비밀을 알게 되거나 그 비밀을 유지하게 되는 상황을 피하고 싶어 한다. 물론 개인 치료의 경우와 마찬가지로 가족 치료에서도 내담자에게 처음부터 비밀 보장의 법적 한계가 있음을 알려주어야 한다.

## 문화적 관점 고려하기

가족 치료자는 가족이 자신의 인종이나 문화적 관점의 영향을 어떻게 받는지에 대해 관심을 두어야 한다. 백인 중산층 가족에게는 비효율적인 위계 구조로 보일 만한 것이 라틴계 중산층 가족에게는 정상일 수 있다. 예를 들어, 할머니가 손자의 부모 역할을 하는 것은 라틴계 가족에서는 정상적이다. 그러나 루스의 가족에서 할머니가 부모의 역할을 한다면 이는 문제가 될 것이다. 시어머니가 남편과 함께 아이의 양육에 개입한다면 이는 부모로서 루스의 역할을 침해할 것이고, 루스의 부부관계에 문제를 일으킬 것이다. 따라서 어떤 행동이 문제인지 아닌지는 가족의 문화적 관점을 고려하여 판단하여야 한다. 어떤 가족에게는 곤란한 문제가 다른 가족에게는 정상적인 것일 수 있다.

## 주요 문제와 주제

발달적 측면에서 루스의 문제는 가족 단계라는 주제가 치료 과정의 중심이 될 수 있다. 혹은 구조적 측면에서 체계의 경계뿐 아니라 의사소통의 규칙을 강조하여 평가할 수 있다. 검토해야 하는 주제와 문제에 따라 이론적 접근을 결정할 것이다. 우리는 Murray Bowen, Salvador Minuchin, Alfred Adler 등이 개발한 구조적 세대 간 모델에 근거하여 루스를 치료할 것이다. 통합적 측면에서 루스를 상담하는 이유는 루스가 일차적으로 관심을 가지고 있는 것이 **가족생활** 주기에서의 변화와 관계가 있기 때문이다.[2]

루스는 학교로 돌아가서 교사로서의 경력을 쌓고 싶어 한다. 이제 아이는 성장했고, 몇 년 내에 그녀는 빈둥지증후군을 겪을 것이다.

우리는 치료를 관계 형성, 평가 수행, 가설 공유, 변화 촉진의 네 단계로 나누어 보았다.

## 관계 형성 단계

첫 단계는 Minuchin[3]이 말했듯이 아들러식 치료에서처럼 가족 체계 안에서 협동과 상호존중으로 결합하는 것 혹은 개입하는 것, Satir 모델에서의 따뜻함과 진실함, Bowen의 모델에서 호기심과 흥미와 탐구라고 한 것과 관계가 있다.[4] 좋은 치료적 관계는 첫 전화 통화에서부터 시작되는 경우도 있다. 그러므로 가족 치료자에게 전화를 이용하여 약속을 정하라고 권하고 싶다. 첫 회기에 내담자와 직접 접촉하려는 노력을 보일 때 좋은 치료 관계가 형성될 수 있다. 치료자는 개방된 마음과 따뜻한 마음을 갖고 접촉해야 한다. 각 가족 구성원에게 관심을 보이면 그들이 느끼고 있는 불안이 감소되기도 한다.

치료 과정과 구조를 정하는 것은 치료자의 책임이다. 가족 구성원은 자신을 소개하고 걱정거리를 표현하는 것이 중요하다. 그러나 치료자는 내용에 지나치게 초점을 맞추지 말아야 한다. '언제, 어디서, 무엇을, 왜'라고 상세하게 질문하기보다는 '어떻게'라는 질문으로 시작하는 것이 체계적 이해를 높일 수 있다.[5]

개인과 인간 체계에서의 변화는 있는 그대로를 이해하고 수용하는 것에서 시작된다.[6] 가족 치료자가 경청과 승인, 격려와 지지를 통해 이해하고 공감한 것을 의사소통하는 기술은 작업 동맹을 촉진하고 가족의 탄력성을 자극하여 궁극적으로 성공적인 치료를 하게 될 것이다.

첫 단계에서 루스와 존은 다시 한 번 만날 것이다. 루스가 이미 치료자 중 한 명과 만났더라도 우리는 부부 모두 각 회기에 참가하라고 말하고 존과 루스의 원가족을 평가하면서 두 번째 단계를 시작할 것이다.

## 체계적 평가

가족 상담자와 치료자는 평가 과정에서 다양한 접근법을 사용한다. 예를 들어, 다세대간 가계도, 가족생활 주기, 내적인 부분과 전후관계, 가족 규칙, 의사소통, 가족 내 명령과 권력, 가족 내 일상 활동과 의례적 행위, 문화와 성과 관련된 주제를 다룬다. 가계도[7]를 그리고 차별과 삼각관계, 일상생활에서의 가족의 상호작용, 출생 순위와 세대

간 패턴, 그리고 경계와 관련된 문제와 관련된 평가를 실시하는 경우도 자주 있다.

가족 치료자는 가족 체계 안에 진입하여 변화를 이끌어 내기 위해 원가족과의 문제를 분명히 인식하고 있는 내담자뿐 아니라 전체 가족과의 상호작용에 민감해야 한다. 가족은 상호작용을 하는 단위체이다. 따라서 가족은 그 가족만의 독특한 특징을 가지고 있다. 다른 가족 구성원과의 상호작용을 관찰하지 않고는 개인의 관심사를 정확하게 평가할 수 없으며, 개인과 가족이 살아가는 전반적인 맥락을 판단할 수 없다. 루스는 남편과 자녀, 원가족(부모와 형제), 친구와 치료자 등 자신과 매우 가까운 사람에게 영향을 미칠 수 있는 여행을 하고 있는 중이다. 더구나 루스에 관한 평가는 치료 과정이 진행되면서 진화하고 변화할 것이다.

우리는 루스와 존과의 첫 만남에서 초기 평가를 시작했다. 이때 우리는 루스와 존의 부부관계와 자녀와의 관계를 질문하여 이것이 현재 문제와 어떤 관계가 있는지를 탐색할 것이다. 우리는 이미 루스가 새로운 직업을 가지고 있지만 이러한 변화를 두려워하고 있고, 존은 아내의 변화에 거부감을 느끼며 '이전 모습 그대로' 머물기를 원한다는 것을 전화 면접을 통해 알고 있다.

부부간에 가지고 있는 입장 차이를 확인하면 자동적으로 다음과 같은 질문을 하게 된다. 루스가 변화를 두려워하게 하고 남편이 변화를 수용하지 못하게 하는 것은 무엇인가? 그들은 협의를 통해 자신의 관계를 재정립할 수 있는 능력이 부족한가? 그렇다면 그 이유는 무엇인가? 이러한 질문에 답하고 그들의 관계를 증진시키기 위하여 우리는 원가족을 검토하여 3세대에 걸쳐 가족 내에 자리하고 있는 패턴과 그것이 현재 문제에 어떻게 영향을 미치고 있는지를 평가할 것이다.

평가의 마지막에서는 전 가족을 참여하게 할 것이다. 먼저 우리는 누가 어디에 앉아 있고, 어떤 연합과 동맹이 일어나고 있는지를 관찰할 것이다. 부모가 가족의 생활을 다루는 방법에 차이가 있음을 자녀가 인식하고 있는지, 또한 그것이 그들에게 어떤 의미가 있는지를 확인할 것이다. 루스 한 개인의 발달 과정에서의 변화뿐 아니라 가족 주기상의 변화에 대해서도 탐색할 것이다. 아울러 가족이 서로 반응하는 방법을 확인하기 위해 일상생활에 대한 질문도 할 것이다.

루스와 존의 가정에서는 아직도 전통적인 성 역할이 일상생활을 지배하고 있다. 루스는 가장 먼저 일어나서 아침을 차리고 자녀의 점심 도시락을 준비한다. 그날 존이 원하는 것을 파악하여 그것을 준비할 수 있도록 배려해야 한다. 존은 아침을 먹지 않고 자녀에 대해 별 대화를 하지도 않은 채 출근할 수도 있다. 루스는 매일 두 아이가 숙제를 하고 아침식사를 했는지, 식사 후 그릇을 싱크대에 넣었는지를 확인해야 한다. 최근 루스가 가장 많이 대화를 나누어야 하는 사람은 제니퍼이다. 존은 제니퍼가 등교하거나 외출할 때 입는 옷에 대해 항상 마음에 들어 하지 않았다. 제니퍼에게서 하루 일과에 대한 정보를 얻는 것은 결코 쉬운 일이 아니다. 루스는 제니퍼에게 약속이나 수업을 상기시키지만 제니퍼는 이를 잘 잊는다. 제니퍼와는 거의 항상 갈등이 존재하고 있다.

모두 나가고 나면 루스는 정리를 하고 학교에 출근할 준비를 한다. 이러한 일이 루스의 하루 일과의 대부분을 차지한다. 저녁식사 준비를 위해 수업 중간에 집으로 돌아와 음식을 오븐에서 언제 꺼내야 한다고 제니퍼에게 메모를 남길 것이다. 제니퍼는 그 메모를 잊거나 보지 못했다고 할 것이고 가족은 저녁 식사를 준비해 놓지 않았다고 불평할 것이다. 제니퍼는 저녁마다 '엄마는 학교일에만 매달리고 우리를 돌보지 않는다.' 고 아버지에게 말할 것이다. 존은 대답을 하지는 않지만 가끔 어깨를 들썩이는 것으로 동의한다는 뜻을 표시할 것이다.

루스가 귀가하면 싱크대 안은 그릇으로 가득할 것이다. 아이에게 확인해야 할 문제가 있을 것이고, 남편은 내일 드라이크리닝한 옷을 입을 수 있냐고 물을 것이다. 루스는 가끔 부엌에서 혼자 식사를 할 것이고 책을 하나 꺼내어 읽을 것이다. 그리고 공부를 하다가 가족 중 가장 늦게 잠자리에 들 것이다.

## 가족 치료의 주요 문제

루스는 자신을 남편이나 자녀와 분리하여 생각할 수 없어 보인다. 루스는 정체감을 찾고 싶어 하기 때문에 그녀의 **분화 과정**(정체성 확립)을 주요한 문제로 검토하게 되었다. 우리는 융통성과 유연성이 없는 삼자 체계(**삼각 상호작용**이라고 하는 과정)를 통해 여러 세대에 걸쳐 불안이 전달되어 온 방법과 현재 가족이 구성되어 있는 방법, 의사소통에 사용하는 방법을 주요한 가족 문제로 평가할 것이다. 분화의 개념과 삼각관계의 개념은 Bowen의 가족 치료적 접근[8]에서 빌려왔다.

**분화** 루스는 가족, 특히 가능하다면 원가족과 분리하여 자신의 자기감을 발달시키려고 노력하는 것 같다. 루스가 부모와 남편, 자녀와 분리하여 자신의 정체감을 발달시키려고 결정한 것은 Bowen의 용어로 말하면 '분화 과정'이라고 말할 수 있다. 분화가 덜된 사람은 정체감이 독립되어 있지 못한 만큼 자신의 에너지를 관계에 투자한다. 루스는 남편과 자녀가 자신의 목표에만 매달린다고 여길까봐 걱정되어 꼼짝 못하고 있다. 남편과 대화하는 중에 남편이 가볍게 던진 비판에도 쉽게 흥분하여 어른답게 대화하지 못하고 감정적으로 반응하게 된다. 체계적 관점에서 볼 때 루스를 위한 목표는 그녀의 분화 수준을 증가시키는 것이다. 이는 루스가 이기적으로 자신이 정한 방향을 고수하라는 것이 아니라 자기 삶의 방향을 스스로 결정할 수 있다는 것을 의미한다.

루스가 자기감을 갖지 못하는 것은 다른 사람과 삼각관계를 통해 상호작용하기 때문이다. 삼각관계란 A가 B와 직접 의사소통하지 않고 또 다른 사람 C를 통해서 정보를 전달하는 과정을 말한다. 험담은 삼각관계의 대표적인 예이다. 이것은 올바르지 않고 효과적이지 못한 의사소통 방식이다. 예를 들어, 루스는 남편이 아닌 딸에게 남편 때문에 당황했다고 말할 수 있다. 딸은 이를 아빠에게 전달하면서 '아빠는 왜 엄마 마음을 아프게 했어요?'라고 말할 수 있다. 결국 부적절하고 부정확한 메시지가 전달되고 만 것이다. 루스가 간접적으로 의사를 표현한 것은 그녀가 분화되어 있지 못했음을 말해준다. 이러한 의사소통 방식은 그녀가 부모나 남편, 또는 자녀와 정서적으로 융합된 채 머물러 있게 한다. 다른 사람에게 융합되어 있으면 있을수록 자신이 가치를 두고 믿는 바를 스스로 이해하기 어렵게 한다. 루스의 가치 체계는 그녀가 융합되어 있는 사람의 가치 체계와 어느 정도 일치하게 된다. 루스가 남편으로부터 분화하여 새로운 정체감을 획득하려고 하는 것은 다행스러운 일이다.

**불안** 루스는 남편과 융합되어 있는 동안 안녕감을 느꼈다. 그러나 그녀가 자신의 체계 안의 다른 사람(부모, 남편, 자녀)과의 관계에 변화를 주려고 하면 그 체계 안에서 불안과 정서적 불안정과 같은 스트레스 수준은 증가할 것이다. 불안과 정서적 불안정을 감소시킬 수 있는 능력이 부족한 루스는 이로 인해 공황발작, 호흡 곤란, 수면장애와 같은 신체 증상을 경험하고 있다. 루스의 주치의는 기질적인 원인이나 신체적인 원인이 없다는 것을 확인했다. 의학적 검사를 하고 약물 처방을 하여 증상을 통제했기 때문에 루스는 심리 치료를 받을 수 있게 되었다. 그러나 우리는 불안 증상을 줄이기 위해 약물을 권장하지는 않는다. 왜냐하면 우리는 단순히 공황발작 증상을 없애기보다는 증상을 일으키는 문제를 다루는 것이 가치 있다고 생각하기 때문이다.

루스는 가정에서 벗어나서 교사가 되는 것이 가족을 위협할 것이라고 불안해했다. 이러한 불안은 자기감이 약화되어 있는 내담자에게서 흔히 발견된다. 분화된 사람은 자신 있게 자기 인생의 방향을 결정하고 그 결정에 따른 결과를 당당히 직면한다. 그러나 루스의 불안은 일방적인 것은 아니다. 가족 체계 안에서 루스가 경험하는 불안은 가족 내에서의 긴장의 강도와 기간 그리고 그 형태와 밀접한 관계가 있다. 남편과 자녀가 루스의 변화에 대해 두려워하고 있기 때문에 루스는 불안해하고 있다. 가족은 루스가 변하면 자신을 더 이상 사랑하지 않을 것이라고 불안해한다. 이러한 불안과 그것이 표현되는 방법을 검토하는 한 방법은 Bowen의 자연체계적 관점에서 루스를 상담하는 것이다. 그 목적은 가족 구성원이 삼각관계를 형성하고 있는 방법을 포함하여 루스의 증상이 발현되는 과정을 가족 체계 내에서 검토하는 것이다.

**세대 간 상호작용의 형태** Bowen의 이론에 따르면 삼각관계는 인간관계에서 안정적인 최소단위이다. 삼각관계는 제삼자가 개입함으로써 양자 간의 갈등의 방향을 재정립하여 원래 양자 간의 관계를 안정화시킨다. 즉, 두 사람이 갈등을 경험할 때 제삼자가 이들의 관계를 외현적으로 안정시키기 위해 개입한다. 실제 갈등과 제삼자에 초점을 맞추는 것은 두 사람 간의 긴장을 감소시키는 데 도움이 된다.

이 개념은 루스의 경우에도 적용된다. 루스의 공황발작과 분화 수준을 알아보기 위해 치료자는 현재의 가족 내에서의 상호작용 형태뿐 아니라 이전 세대에서 현재 세대로 전이된 관계의 형태를 평가할 수 있다. 이 중에는 삼각관계 과정도 포함된다.

루스와 존의 상황은 삼각관계의 좋은 예이다. 이 부부는 정서적으로 부담스러운 주제를 논의할 수 없기 때문에 가족 중 특정한 자녀에게 초점을 맞추었다. 반감이 많은 제니퍼가 그 대상이 되었다. 존은 루스가 일하러 나갔을 때 느끼는 외로움을 아내와 공유하는 방법을 배우지 못했다. 마찬가지로 루스는 아내와 어머니로서의 역할에서 벗어나 직업을 가지려는 욕구를 인정하지 않는 남편에게 느끼는 분노를 남편과 공유하는 방법을 알지 못했다. 부부는 이러한 문제를 직접 다루는 대신에 제니퍼에 대해 논의했다. 이러한 점에서 제니퍼의 행동은 부모의 관계를 안정시키는 역할을 하고 있다. 제니퍼는 부모 사이가 와해되는 것을 막는 역할을 한 것이다.

이 예를 통해 삼각 구도의 속성과 기능을 살펴보자. 집에 돌아온 제니퍼는 먹을 것이 없다고 루스에게 화를 낸다. 엄마가 학교에서 시간을 다 보내고 자기들을 돌보지 않는다고 비난한다. 제니퍼의 반응에 불안해진 루스는 안절부절못하면서 자신의 인생에서 학교가 매우 중요하다고 딸에게 말할 것이다. 만약 제니퍼의 비난으로 인해 자신의 정체감이 흔들리게 되면 루스는 남편에게 달려가서 '제니퍼가 또 시작했어요. 제니퍼는 정말 무례해요.'라고 말할 것이다. 그리고 루스는 갑자기 호흡이 가빠지는 신체 증상을 경험할 것이다. 존은 아내의 불안을 줄이기 위해 제니퍼에게 가서 '또 엄마를 흥분하게 했구나. 오늘은 네 방에 들어가서 나오지 말고 꼼짝 말아라.'라고 말할 것이다.

이 예는 엉켜 있는 삼각 구도의 성격을 보여준다. 이러한 간접적인 관계는 가족 문제를 해결하지 못하고 증상을 유지할 가능성을 높인다. 루스와 제니퍼는 자신의 감정을 서로 나누지 못했고 존이 이 역할을 떠맡았다.

모든 가족 체계는 삼각 구도를 형성하지만 하나의 삼각 구도가 지속적이고 안정적인 의사소통 패턴이 될 때 문제가 나타난다. 루스의 불안은 종종 공황발작을 일으키고, 우울감에 빠지게 했다. 반대로 제니퍼에게는 또래 관계를 가질 기회를 주지 않았고, 가족 내의 삼각 구도에서 벗어나기 위한 모든 시도는 주요 가족 구성원에게 불안감을 일으켰다. 그 외에도 여러 가지 가능성이 있을 수 있다. 제니퍼는 반항적이고 충동적일 것이다. 또는 분노감을 내부로 돌려서 우울해지거나 자해 행위를 할 수도 있다. 제니퍼는 엄마가 불안할 때처럼 심신증을 갖게 될 수도 있다.

부모와 자녀가 개입된 가족의 삼각 구도에서 우리는 주로 부부관계에 관심을 둔다. 루스가 불안을 경험하지 않고 자기 인생의 방향을 결정할 수 있도록 하기 위해 우리는 부부관계를 유지하는 특징적인 패턴을 관찰하고 이해해야 한다. 그들은 정서적으로 민감한 주제를 어떻게, 그리고 왜 회피하는가? 가족 중 누구와 동맹을 형성하였는가? 현재 가족 내의 삼각 구도는 루스와 존의 한 세대 혹은 두 세대 전의 삼각관계 패턴과 일치하는가?

여러 세대에 걸쳐 내려온 패턴을 연구하면 부부관계의 형태를 분명히 파악할 수 있을 것이다. 서로 상호작용하고 관계하는 방법을 가족의 정서 체계라고 한다. 존과 루스의 원가족을 탐구하면 세대에서 세대로 전이된 친밀과 갈등, 거리감의 형태를 확인할 수 있다. 이런 관점에서는 루스의 경우와 마찬가지로 체계 내에서 표현된 불안을 줄여서 모든 가족 구성원이 자기감을 증진시킬 수 있도록 하는 것이 치료의 목적이다.

**경직된 경계** 구조적 접근은 특히 가족 체계, 하위 체계, 경계, 권력, 거래 패턴과 같은 개념에 주목한다. 구조적 패러다임에서 볼 때, 루스의 가족은 경계가 경직된 것이 문제이다. 경계는 참여하는 사람이 누구인지와 가족 구성원이 다른 가족이나 '외부인'과 상호작용하는 방법을 결정하는 규칙이다. 루스는 전화를 통해 자녀를 '잃게' 될까 두렵다고 말했다. 자녀는 루스가 걱정하는 또래집단과 어울리고 있다. 자녀가 가족 밖에서 정체감을 형성하기 시작한 것은 16세에서 19세 사이였다.

루스의 가족은 이러한 발달 단계에 도움이 될 만한 합의된 규칙을 가지고 있지 못한 것 같다. 이는 루스의 원가족이 매우 엄격한 규칙을 가지고 있었다는 점에서는 이해할 수 있다. 현재 이 가족은 아동과 함께 사는 가족에서 청소년과 함께 사는 가족으로 변화하고 있다. 이 가정에도 '청소년은 부모에게 도전하면 안 된다.'나 '청소년이 그 시간에 할 일을 부모가 결정할 수 있다.'와 같은 규칙이 있을 것이다. 그러나 이러한 규칙을 청소년에게 적용하기는 어렵다. 그럼에도 불구하고 이러한 규칙을 고수하고 청소년 자녀가 따르도록 했다면 자녀는 엄격한 경계를 강요받고 있는 것이다. 이러한 의사소통의 규칙은 닫혀 있는 것이다. 그리고 이 규칙은 변화가 필요한 발달 과정에 도달하기 전까지는 변하지 않을 것이다.

루스의 가족을 상담할 때 누가 누구와 상호작용을 하고 그 규칙이 어떠한지를 확인하게 된다. 즉, '이 가족 내에서 어느 두 사람이 다른 한 사람에 대항하는 동맹을 맺고 있지는 않은가?'와 같은 질문을 제기하면서 상담을 시작한다. 루스가 가족 내에서 자신을 규정하는 데 어려움을 겪고 있다면 자녀와 남편도 같은 어려움을 겪고 있을 것이다. 또한 우리는 가족의 의사소통 규칙이 닫혀 있어서 변화의 기회가 없는지, 아니면 개방되어 있어서 항상 변화하는지, 그 관계가 소원하거나 문제가 있는지, 그리고 체계 내에서 누가 권력을 가지고 있는지를 확인할 것이다. 만약 루스가 가족 체계를 벗어나서 자신을 규정하기 어렵다면 자녀와 남편도 마찬가지일 것이다. 구조적 가족 치료자는 가족 구성원이 언제 어떻게 누구와 상호작용을 하는지 확인하기 위해 가족 구성원 간의 의사소통에 초점을 두고 가족 구조를 이해하는 데 도움이 되는 평가를 한다.

**전형적인 일과** 우리는 일상적으로 반복되는 생활 속에서 친숙하고 특별한 상호작용이 일어나고 있다는 것을 알고 있다. 우리는 평소에 가장 먼저 일어나고 가장 늦게 잠드는 사람이 누구인지 질문할 것이다. 그리고 가족의 일상생활에서 스트레스가 발생하는 영역과 각 개인의 역할과 패턴, 그리고 개인의 성장과 변화의 기회와 같은 세부적인 것을 함께 탐색한다.

## 진단을 통한 상담

가족 치료자는 일반적으로 그리고 가능하다면 정신과적 진단을 하지 않는다. 왜냐하면 진단은 관계의 어려움보다는 개인적인 어려움으로 증상을 개념화하기 때문이다. 가족 치료자는 문제를 개인이 가지고 있거나 처한 어떤 것으로 보기보다는 가족을 한 단위로 놓고 설명해야 하는 어떤 것으로 본다. 가족 치료에서는 '가지고 있는'이나 '성향이 있는'과 같은 기술조차 사용하지 않는다. 사실 포스트모던적 가족 치료에서는 문제를 명명하고 외재화하기 위해 가족과 그 구성원이 자신이 직면한 문제와 관계를 정립할 수 있도록 공간을 만들어준다.

아직 많은 가족 치료자가 진단을 내려야 건강보험료를 받을 수 있는 기관에서 일하고 있다. 이때에도 윤리적으로나 구조적으로 각 개인이나 특정 단위에 진단이나 명명을 할 때 가족도 그 결정에 참여해야 한다고 생각한다. 정신과적 명칭은 장기간 그 사람을 규정하게 될 것이고 치료자나 내담자가 전혀 예측하지 못한 영향을 미칠 수도 있다.

루스는 일반화된 불안 증상 때문에 의뢰되었고 이것이 그녀의 기능을 방해하고 있었다. 루스의 불안은 DSM-IV-TR[9]의 진단 기준을 만족하고 약물이나 일반의학적 상태로 인한 생리적 효과가 아니기 때문에 '광장공포증이 없는 공황장애'로 진단했다. 루스는 다시 불안발작이 올 것 같아서 걱정하고 있고, 스스로 '미쳐가는' 것 같은 느낌이 든다고 말했다.

루스는 일반화된 불안 때문에 치료를 받고 있지만 부모나 남편과의 관계가 불안과 공황의 원인은 아닐지라도 크게 기여하고 있는 것만은 분명하다. DSM-IV-TR에는 없지만 부모 자녀 관계와 배우자와의 문제에 대해 V 코드를 매기는 것은 그녀의 행동 패턴을 이해하는 데 적절한 것으로 보인다. 부모와의 관계는 의사소통의 부재, 엄격한 규칙, 과잉보호로 특징지을 수 있는데, 이 모두는 루스가 한 개인으로서와 가족 구성원으로서 기능하는 방법에서의 임상적으로 유의한 손상과 연관되어 있다. 마찬가지로 효율적이지 못한 의사소통과 사랑을 잃을 것 같은 두려움을 특징으로 하는 남편과의 관계도 그녀의 기능에 영향을 미치고 있다. DSM-IV-TR의 실험적 척도인 GARF(관계 기능의 총체적 평정)에 따르면 루스의 가족은 61점 정도이다. 이 점수는 그 관계가 불만스럽고 실제 문제가 있을 수 있으며 역기능적인 범주에 가깝다는 것을 말해준다.

루스를 비롯한 가족은 이러한 진단에 이의를 제기하지 않아서 보험을 청구하기 위해 보험회사에 기록을 넘겼지만 치료와 상담의 중심 주제는 관계적 측면에 계속 두기로 했다.

## 가설 공유에서 변화의 촉진으로

루스는 공황발작과 같은 증상을 없애기 위해 치료를 받고 있다. 가족 체계적 관점에서 보면 치료의 목표는 다음과 같다. (1) 루스와 가족이 체계 내에서 서로 신뢰하는 것을 방해하는 삼각 구도의 약화, (2) 현 체계를 재구성해서 모든 가족 구성원이 자율성을 가질 수 있게 격려하는 것, (3) 가족 구성원 간, 특히 루스와 남편 간의 상호작용 형태를 바꾸어서 가족 관계가 다음 발달 단계로 발전할 수 있도록 유연성과 대처 능력을 갖게 하는 것, (4) 현재 증상의 감소, (5) 모든 가족 구성원이 안전하게 느끼고 필요한 변화를 일으키면 강화를 받는 환경을 조성하는 것. 가족 치료에서는 가족 구성원이 함께 참여하여 이러한 목적을 명료화하고 우선순위를 정한다. 그리고 평가는 논의를 하고 끝나는 것이 아니라 계속된다. 가족과 각 개인에 대한 정보가 많아질수록 치료 개입을 위한 가설을 공유하게 되고, 가족에게서 일어나는 일을 협동적이고 상호보완적으로 이해하게 되면서 변화를 추구하고 촉진하게 된다.

## 1단계: 루스 부부와의 회기

우리는 가족 체계에 관한 정보를 수집하는 중이고 부부 체계에서의 역동에 관심이 있기 때문에 첫 회기에서는 루스와 존만 면담했다. 첫 회기의 목적은 (1) 상담 및 치료 관계를 형성하는 것, (2) 존이 치료 과정에 개입하고자 하는 의지를 평가하는 것, (3) 가족에게 있어서 가장 중요한 주인공으로 존이 참여하게 격려하는 것, (4) 증상(루스의 공황발작)에서 과정(어느 조건에서 누가 누구에게 무엇에 관하여 말하는가)으로 초점을 바꾸기 위해 원가족의 역동을 탐구하는 것이다. 이렇게 초점을 바꾸면 루스의 문제를 큰 맥락에서 볼 수 있게 되고, 비난과 루스의 불안을 감소시킬 수 있을 것이다.

먼저 상담 회기에 대해 설명하고 상담에 대한 루스 부부의 불안을 다루면서 회기를 시작했다. 우리는 그들에게 개별적인 접근을 취했다.

치료자: 여기 오기 전에 기분이 어땠나요? 그리고 지금은 어떤지요?

루스: 사실 남편과 함께 있으니까 약간 신경이 쓰이네요.

치료자: 신경이 약간 쓰인다는 게 어떤 의미인가요?

루스: 내가 하고 싶은 일에 대해 남편이 자기 고집대로 확신시키려고 할 것 같아서 걱정스러워요.

치료자: (잠깐 생각을 한 후) 자기 고집대로……. 남편은 가족이 상당한 시간 동안 유지해온 방식대로 지내고 싶어 한다는 말인가요?

루스: 예, 그리고 만약 직장에 나가는 것과 같은 변화를 하려 한다면 기분 나빠할 것이에요. 그리고 그렇게 하지 못하도록 압력을 가할 것이에요.

치료자: 존, 루스가 걱정하는 것이 맞다고 생각하세요?

존: 글쎄요. 어느 정도는 맞는 것 같아요. 처음에 루스가 상담을 받으러 가자고 했을 때 화를 냈어요. 나를 문제가 있는 사람으로 본다고 생각했어요. 그러나 한번 해 보자고 마음을 먹었지요.

'여기 오기 전에 기분이 어땠나요?'와 같이 질문을 하면 대답을 하면서 반응할 수 있게 하고 대화를 진행하는 데 도움이 된다. 또한 서로 이해하면서 편안함을 느낄 필요가 있다는 생각을 갖게 한다. 존과 루스는 서로 솔직해지려고 노력하는 것 같았다. 두 사람은 관심을 공유하는 것에 대해 주저하지는 않았지만 신경은 날카로워 보였다. 서로의 반응을 공유하려는 점과 솔직성은 관계가 변할 것이라는 좋은 징조이다. 루스의 불안은 새로운 관계를 협상하는 방법을 학습하면서 감소할 것이다.

첫 회기를 시작할 때 해야 할 질문에는 (1) '상담을 받는 것이 좋겠다는 확신을 갖게 한 사람은 누구이며, 누구에게 무엇이라고 말했는가?'와 (2) '상담 중 어떤 변화가 일어나기를 기대하는가?'와 같은 것이 있다. 이러한 질문은 치료에 어떤 의미를 부여하고 있는지를 아는 데 도움이 된다. 존은 치료 관계에 참여하고자 하는 바람을 분명히 가지고 있기 때문에 그에 대한 배경 정보를 모으기 시작했다. 이것은 가계도의 형태로 이루어졌다.

**가계도**는 3세대에 걸친 가족원의 조직도를 말한다. 이는 치료자와 내담자가 문제를 개념화할 때 증상이 있는 루스와 같은 개인을 검토하는 것에서 가족 체계로 관점을 바꾸어 가능한 해결책을 찾는 데 도움이 된다. 세대 간의 역사를 살펴보기 위해 루스의 현재 가족 같은 핵가족뿐 아니라 확장된 가족의 역사에 대한 자료를 얻을 수 있다.

가계도를 만드는 동안 우리는 다음을 확인하게 된다. (1) 한 세대에서 다음 세대로 반복되고 있고 현재의 문제와 증상이 발달하는 맥락을 설명해 주는 **관계 형태**, (2) 지나치게 밀착되고 융합된 관계로부터 거리를 둔다는 의미의 **정서적 분리**의 존재, (3) 갈등과 융합, 또는 정서적 분리를 의미하는 **삼각관계**, (4) 종교, 성적 독립, 돈, 정치적 견해, 이혼과 같이 내담자가 다른 가족 구성원에게 정서적 반응을 일으키는 **민감한 문제**.

루스 부부와 가계도를 만들면서 그들의 현 가족과 원가족, 어머니의 가족과 아버지의 가족에 대한 정보를 얻었다. 직업과 교육 배경, 존과 루스 및 자녀의 생년월일, 결혼일자, 별거나 이혼 여부, 전 배우자의 자녀 이름, 유산과 사산 여부, 입양이나 양자, 생존한 자녀의 거주지, 질병이 있다면 발병 시기와 질병명, 승진과 졸업 같은 변화, 인구통계학적 자료, 문화와 인종적 자료, 사회경제적 자료, 군복무 기록, 종교, 약물이나 알코올, 성 중독, 부모나 자녀 또는 노인에 대한 학대, 은퇴 시기나 실직 기간 등의 정보는 가족의 상호작용 형태의 맥락 정보로 사용될 데이터베이스가 된다. 정보를 모으고 나면 루스 부부의 관계를 이해하는 데 유용한 정보를 종합하고 정리한 요약서를 작성한다.

**요약서** 가족 체계를 이해하기 위해 가계도를 이용하는 과정을 통해 존이 어머니에 대한 감정을 해결하지 못했음을 확인했다. 아버지와 융합되어 어머니로부터 정서적으로 분리된 존의 삼각관계는 루스나 다른 여성과 건강하고 개별화된 관계를 형성하는 데 방해가 된 것으로 보인다. 존의 부모는 이러한 갈등을 해결할 수 없었고 자신의 결혼관계에서 오는 스트레스와 불안을 줄이기 위해 부모 중 한 명은 존에게 친밀하게 접근했고, 다른 한 명은 정서적으로 분리되었다. 루스 부부는 존의 원가족과 같은 패턴이 자신의 가족에게 반복되고 있음을 발견했다. 성적 독립과 같은 정서적으로 부담스러운 주제를 다룰 수 없을 만큼 자신의 정체성이 융합되어 있었고, 그래서 루스 부부는 관

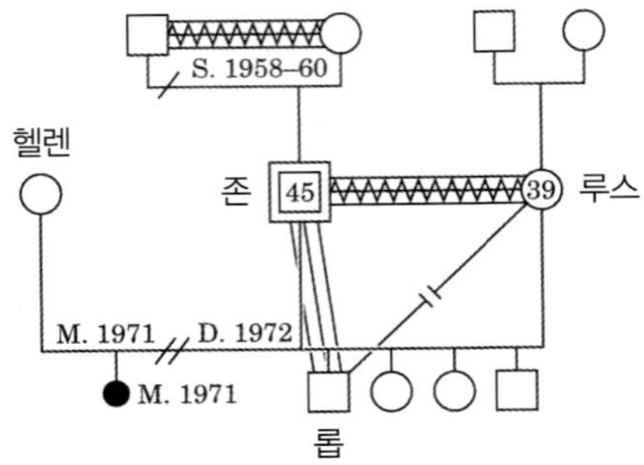


**그림 12.1_ 세대 간 삼각관계:** 존의 가족을 중심으로 구조적 패턴이 반복되는 것을 보여준다.

계를 개선하지 않기로 결정했다. 그들은 불안을 줄이기 위해 롭을 삼각관계 속에 밀어 넣었다(그림 12.1). 존은 자신의 아버지처럼 아내와 해결되지 않은 감정에 대해 롭에게 말했다. 롭은 어머니와 거리를 두게 되었지만 자신이 왜 그렇게 행동하는지 이해할 수 없었다. 그 와중에 롭은 고립되어 지지받지 못하게 되었다. 가족 모두 자신을 인정하지 않는 것처럼 생각되었다. 그러나 치료가 진행되면서 정서가 드러나게 되었고 루스 부부는 가족의 문제를 새로운 관점에서 보게 되었다.

더 나아가 새로운 상호작용 방법을 탐구하게 되었다. 존은 정서적 문제를 특히 여성과 논의하지 않는다는 **가족 규칙**을 허물 수 있음을 깨달았다. 이 규칙은 루스가 가족 내에서 독립적인 사람이 되고자 할 때마다 서로 어떻게 생각하는지를 존과 논의하지 못하게 한 규칙이었다. 루스는 어떤 변화를 시도할 때 의도하지 않게 남편이 변하게 영향을 주었다. 이것은 가족 내 한 사람의 변화가 다른 사람의 변화를 어떻게 불러일으키는지를 보여주는 좋은 예이다.

## 2단계: 루스의 가계도

가계도를 만들기 위해 부모와 형제자매 등 가족 구성원이 자신의 가족에 관해 논의할 생각이 있는지에 대한 정보를 루스와 존에게 얻는 것부터 시작했다. 이러한 정보를 수집하는 목적은 가족 체계 내의 다른 사람이 변하도록 돕는 것이 아니고 그들이 건강한 관계를 형성할 수 있도록 개인의 변화를 돕는 데에 있다.

루스는 부모의 집을 방문하였을 때 아버지보다는 어머니와 편하게 가족 문제를 의논한다는 것을 발견했다. 그러나 아버지는 루스에게 자신을 잘 드러낼 만한 정보를 제공했다. 정보를 수집하는 과정은 그 자체가 치료이다. 루스는 어른에게 질문하지 않는다는 가족의 터부를 깼을 뿐 아니라 타인에 관한 자신의 감정을 탐색하게 되었다.

**어머니의 가족** 루스의 어머니는 자신의 가족에 관해 편안하게 이야기를 했다. 어머니 이디스(Edith)는 세 형제 중 맏이였다. 어머니는 동생을 돌보는 것이 힘들었다고 한다. 또한 아버지가 그녀를 학대했고, 자신의 명령을 따르지 않으면 심하게 매질을 했다고 한다. 어머니의 아버지는 무신론자였고 술주정뱅이였다. 어머니는 어린 나이에 이미 아버지와 멀리하기로 결심했다. 어머니의 가족은 서로 자신의 감정을 터놓고 말하지 않았다. 종교가 화제가 되거나 어머니가 대학을 가겠다고 말했을 때 주로 갈등이 발생했다. 어머니의 부모는 그녀에게 경제적 여유가 없어서 대학에 보낼 수 없다고 말했다. 그러나 남동생은 대학에 보냈다.

어머니는 다른 가족이 자신을 지지하는 말을 들어본 적이 없다고 말했다. 또한 루스의 외할머니는 신경쇠약으로 병원에 입원했었다. 그러나 이 일에 대해 가족 누구도 말한 적이 없었고, 루스도 들은 적이 없었다. 이 사건에 대해 한 번도 말하지 않았던 이유를 묻자 어머니는 울면서 이 일에 대해 말하도록 허용된 적이 없었다고 말했다. 이때 루스는 어머니가 울면서 감정을 표현하는 것을 처음 보았다. 어머니는 루스가 가족 중에서 가장 안정적인 사람이라고 생각했다고 말했다. 이 역시 루스의 기억으로는 어머니에게서 들은 최초의 긍정적인 말이었다.

**아버지의 가족** 아버지 패트릭은 협조적인 사람이 아니었다. 그는 가족에 대해 질문하자 매우 불편해했다. 그래서 우리는 루스에게 정보를 파악하는 것이 치료의 한 부분이라고 말하지 말라고 알려주었다. 루스는 교육 경험을 위해 가족에 이해 탐구하는 것이라고 말했고, 이것은 사실이었다. 아버지는 가족에 대해서 말하기가 불편하다고 말했다. 이것은 아버지가 루스에게 자신의 감정을 표현한 첫 사건이었다. 그 이유를 묻자 아버지는 자신의 프라이버시를 언급했다. 그는 오직 하나님만이 가족 안에서 일어나는 일을 알아야 한다고 믿었다. 루스는 아버지가 하는 말에 반응하지 않았고 아버지가 털어놓는 말을 그저 받아들였다.

아버지의 형은 태어나자마자 죽었고, 여동생은 자살을 했다고 이야기했다. 이 바람에 아버지는 권위주의 목사인 아버지와 아는 것이 거의 없는 어머니 사이의 독자가 되었다. 이는 아버지가 자신에 관해 처음으로 공개한 것이었다. 이로 말미암아 루스는 아버지를 다른 시각에서 볼 수 있게 되었다. 그녀는 이전에 전혀 경험하지 못한 자신감을 얻게 되었고, 아버지와 함께 정서적으로 부담스러운 문제를 논의할 수 있음도 발견했다. 과거에는 결코 받아들일 수 없던 일이었지만 이제는 자신이 아버지와 함께 성장했음을 느꼈다. 이는 아마 아버지가 딸을 동등하게 대우한 첫 경험이었을 것이다.

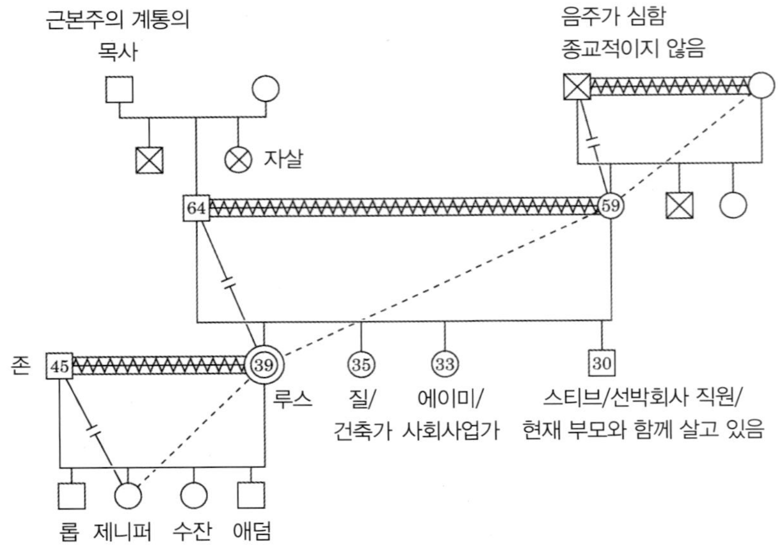


**그림 12.2_** 루스 가계의 반복된 구조적 패턴

**가계도에 대한 루스의 해석** 루스는 가족 내에서 자신의 위치와 과정에 관한 이해가 넓어졌다. 다음은 루스가 발견한 것이다.

- 가족 내에 오랫동안 상존했던 문제는 여성이 가정에서 독립하는 것에 대한 것이다.
- 삼대에 걸쳐 장녀는 항상 아버지로부터 정서적으로 분리되었고, 어머니와 거리감을 느끼며 살았으며, 아버지와 어머니의 결혼 생활은 항상 갈등이 있었다.

여기서 우리가 세운 가설은 부부관계에서의 불안을 통제하면 장녀에게 기울이던 주의를 줄일 수 있다는 것이다. 따라서 우리는 큰딸이 혼란스러운 삼각 구도(어머니/아버지/딸)로부터 물리적으로나 정서적으로 멀어지고 싶어 한다는 주제를 다룰 것이다.

루스는 부모가 자신에게 주목할 때 부모 간의 의사소통이 활발해졌음을 이해할 수 있었다. 정서적으로나 물리적으로 루스가 멀어지려고 하면 부모는 더욱 그녀를 주목하였다. 그들은 그들 간의 갈등을 다루지 못하고 대신 루스에 대해 논의했다. 루스가 순종하고 가족이 조용해지면 부모는 그녀를 인정하고 부부간의 대화는 크게 감소했다.

치료 회기 중에 이러한 패턴이 세대 간에 전이되고 있음을 루스가 알고 있는지를 살펴보았다.

치료자: 가족과 함께 가계도를 만들면서 깨달은 것이 있나요?

루스: 예, 제가 독립하고 싶어 할 때마다 항상 죄책감을 느꼈어요. 부모님은 몹시 당황스러워했고, 저는 불안감을 줄여드리기 위해서 직업을 포기했어요. 부모와 함께 지내는 것을 어느 정도는 제가 유지해 온 셈이지요.

치료자: 원가족과 살 때 한 행동과 지금 가족과 생활하면서 하는 행동 간에 어떤 관계가 있는 것 같은가요?

루스: 제가 이런 패턴으로 살아왔군요. 남편이 불편하다는 암시를 주면 가정에서 독립하는 것에 대해 죄책감을 느꼈고 남편의 스트레스를 줄일 책임이 나에게 있다고 생각했어요. 아이와의 관계도 그렇고요. 그 애들이 가정에서 독립하려고 하면 나는 그들에게 죄책감을 느끼게 했던 것 같아요.

치료자: 지금도 당신이 독립적인 사람이 되는 것을 남편이 원하지 않는다고 생각하나요?

루스: 아니요. 우리는 각자 가정에서 배운 대로 결혼 생활을 해왔네요. 아마 이제 좋아질 것이에요. 사실 존은 다음 학기에 수업을 잘하라고 격려해주었어요.

치료자: 요사이 공황발작이 계속되고 있나요?

루스: 불안해요. 하지만 지금은 그것이 무엇인지 잘 알고 있고 발작도 없었어요.

이것은 루스 부부와 한 작업을 압축한 것이다. 루스가 이러한 결론에 도달하기까지 여러 달이 걸렸다. 그동안 우리는 매주 가족과 만나다가 조금씩 그 빈도를 줄여나갔다.

## 3단계: 가족 치료의 생각을 알려주기

부부간의 관계가 좋아질 때 가끔 나타나는 것처럼 루스 부부가 치료를 받으러 오면서 애덤이 집과 학교에서 말썽을 부리기 시작했다. 대개 깨끗이 방을 치우고 숙제를 하라고 요구한 문제로 애덤과 루스는 서로 논쟁을 많이 했다. 치료를 받기 전에 그들은 서로 친하게 영화도 같이 보러 가고 학교 행사에도 참여했었다. 존도 애덤에게 불만이 있었다. 그는 애덤이 학교에서 말썽을 부리자 매우 걱정스러워 했다.

우리는 루스 부부에게 가족 전체가 치료 과정에 참여하는 것이 어떻겠느냐고 권유했다. 세대 간 역동을 심도 있게 탐색해 본 존과 루스는 크게 변했다. 그들의 말에 따르면 서로의 관계가 좋아졌고 학교에서 일하는 것에 대한 루스의 죄책감과 불안이 감소했다. 그러나 루스는 자녀가 자신의 변화에 여전히 저항하고 있는 것이 불만스러웠다.

애덤과 제니퍼는 루스가 '옛날 모습의 엄마'이기를 바랐고 자신의 생활이 불안정해지는 것을 원하지 않았다.

논의 후 루스 부부는 아이와 함께 치료에 참여하기로 결정했다. 자녀 모두 참여에 동의했는데 이는 매우 고무적인 일이었다. 그러나 큰아들인 롭은 내키지 않아 했다. 그는 아무 문제가 없는 자기가 왜 참여해야 하는지 이해할 수 없었다.

**| 첫 회기** James Bitter는 가족에게 편한 자리에 앉으라고 권했다. Mary Moline은 가족에게 와 주어서 고맙다고 말하고 가족 각각의 이름을 물었다. 우리는 전 가족을 모두 참석하게 한 것은 상담이나 치료의 목적을 분명히 하고 앞으로의 상담이 가족에게 도움이 되는지를 평가하기 위한 것임을 주지시켰다. 또한 우리는 비밀보장의 한계와 법적인 문제에 대해 알려주었다.

**현재의 불만** 모든 사람이 참석해야 하는 이유에 대해 혼란이 있는 것 같아서 루스에게 가족에 대한 근심과 원하는 것을 가족에게 설명하도록 했다.

> **루스:** 엄마 아빠가 함께 치료를 받은 후 우리 가족이 변했음을 알았어. 애덤이 매우 감정적이 되었지. 우리는 논쟁을 많이 했는데 숙제를 하고 네 방을 치우라고 하는 내 말을 따르지 않았어. 우리 둘은 점점 좋아지고 있는데, 너희, 특히 애덤과의 관계는 자꾸 나빠지는 것 같구나.

우리는 루스와 애덤이 나란히 앉아 있다는 것을 발견했다. 존은 내(Mary Moline) 옆에 앉았고, 제니퍼는 애덤과 수잔 사이에 앉았다. 19세인 롭은 가족과 떨어져 앉아 있었다. 우리는 우리가 관찰할 것에 대해 가족 모두에게 질문했다. 우리는 또한 '이 회기에서 무엇을 얻을 수 있을까? 가족 중 누구와 관계가 달라지기를 원하는가?'를 물었다.

**가족의 상호작용** 다음은 첫 회기에 가족 모두와 함께 나눈 대화를 요약한 것이다. 참여한 가족은 루스와 존, 롭, 제니퍼, 수잔, 애덤이다. (이하 상담자인 James Bitter를 '비터'로, Mary Moline을 '몰린'으로 표기한다.)

> **존:** 상담 후 엄마와 나는 사이가 좋아졌는데 애덤이 특히 엄마 말을 잘 듣지 않고 협조적이지도 않더구나. 어제 애덤이 제니퍼에게 화를 내기에 야단을 치려고 하자 엄마는 애덤 혼자 놓아두면 알아서 해결할 것이라고 하더

구나. 그러나 나는 아이를 그렇게 훈육하는 방법에 동의하지 않아.

롭: (화를 내고 끼어들면서) 엄마 말이 맞아요. 집 안 일은 아빠보다 엄마가 더 잘 알아요.

비터: 롭, 아빠에게 화가 난 것 같구나. 맞다면 네가 왜 화가 나는지를 아빠에게 직접 말해서 그 생각을 나누어 볼 수 있겠니? (비터는 롭이 아버지를 쳐다보게 했다.)

롭: (비터를 이상하다는 듯 쳐다보고는 아버지를 바라보며) 아빠는 일반적인 사실을 알 뿐 우리 집에서 일어나는 일은 잘 몰라요. 엄마는 믿을 수 있다고, 우리가 해야 할 일을 잔소리하는 것이 전보다 많이 줄었어요. 전에 그랬던 것만큼 엄마가 간섭하지는 않아요.

비터: 롭, '간섭한다'는 것이 무슨 뜻인지 엄마에게 말해보겠니?

롭: 내가 어디를 가서 무엇을 하는지를 항상 물었어요. 허락 없이 내 방을 치우기도 하고요.

비터: 엄마가 여기 없다고 생각하고 엄마에 대해 말해 볼 수 있을까? 너는 엄마를 어떻게 생각하니?

롭: 불편한 일을 시키시는군요. 왜 내가 선생님에게 내 생각을 말해야 하지요?

비터: 너는 집에서 일을 처리하는 방식이 불편하다고 말했지. 너는 네가 집에서 어떻게 대우 받고 있는지를 말할 수 있는데, 그 방법 중의 하나는 부모가 이해해 달라는 메시지를 부모에게 직접 말하는 것이지. 한번 해 보겠니? 그래 보면 가정에서 네가 좀 더 강한 위치를 점하고 있다는 것을 알 수 있을 텐데.

롭: 어려운 일이에요. 제가 평소에 하던 방식이 아닌데요.

몰린: 이해가 되는구나. 하지만 나는 네가 할 수 있을 거라 생각하는데. 우리가 하고 싶은 말은 부모를 변화시켜 보라는 것이 아니라 직접 대화를 해보라는 것이지. 그것을 통해 비터와 나는 이 가정에서 네가 어느 위치를 차지하고 있는지 알 수 있을 것 같아.

롭: 좋아요. 나도 아버지에 대해 하고 싶은 말이 있으니까요. 아버지는 애덤에게 너무 엄격해요.

비터: 좋아, 롭. 아빠 옆에 앉으렴. 그리고 아빠가 애덤에게 너무 엄격하다고 한 말이 무슨 뜻인지 아빠에게 직접 말해 보겠니?

롭: (내켜하지 않으면서) 아빠, 아빠는 애덤이 나나 누나와 언쟁을 하면 항상

흥분하세요. 최근에는 나에게도 그랬어요. 10시까지 집에 들어오지 못하자 엄마가 그랬던 것처럼 아빠도 이성을 잃고 흥분했었어요.

비터: 존, 아들이 하는 말을 듣고 어떤 생각이 드세요.

존: (비터를 쳐다보며) 내가 그랬다는 것이 믿어지지 않아요.

몰린: 롭과 가까이 앉아 보세요. 그 말을 듣고 어떤 생각이 들었는지를 롭에게 직접 말해 보세요.

존: (롭과 가까운 의자로 이동하고) 그래, 내가 흥분했었구나. 그런데 엄마와 내가 너희를 얼마나 걱정하고 있는지는 알고 있니?

롭: (아버지를 쳐다보면서 놀랍다는 듯이) 아니요. 잘 몰라요.

존: 나는 너희 모두를 걱정하고 있단다. 만약 네가 몰랐다면 우리 가족 모두에게 불행한 일이지. 아마 우리 모두 매우 바빴거나 우리가 걱정하고 있다고 말할 시간을 갖지 못해서일 거야. 그렇지만, 롭! 우리는 너희 모두를 무척 사랑하고 있단다.

롭: 아빠! 사실 아빠에게는 나보다 규칙이 더 중요한 것 같다는 말 말고는 무슨 말을 해야 할지 잘 모르겠어요. 나는 아빠가 우리 모두를 정말 사랑한다는 것을 믿고 싶고 그렇다는 것을 더 잘 알고 싶어요.

몰린: 지금 두 사람은 많은 이야기를 나누었어요. 다음 만남까지 더 많은 대화가 이루어지기를 바랍니다. 가능하겠지요?

두 사람은 다음 회기 전에 집 밖에서 만나는 것에 동의했다. 그들은 함께 외식을 하면서 자신들의 관계에 대해 이야기를 나누기로 동의했다. 그리고 다음 가족 상담 회기에 그 일에 대해 보고하기로 했다.

몰린: 이번 만남을 끝내기 전에 우리가 여러분 모두를 잘 이해하고 있다고 확신할 수 있었으면 좋겠어요. (제니퍼를 쳐다보며) 여기에 참여한 것에 대해 나에게나 자신에게 어떻게 설명할 수 있을까요?

제니퍼: (루스와 수잔을 쳐다보며) 수잔과 나는 엄마와 아빠가 상담을 받기 이전까지 우리 가족은 매우 특이해서 상담을 받는다고 생각했어요. 그리고 우리는 엄마가 우리 가족을 버렸다고 생각해요.

비터: '가족을 버렸다.'는 말이 어떤 의미인지 엄마에게 말해 볼 수 있겠어요?

제니퍼: 예, 엄마는 우리의 빨래를 더 이상 하지 않아요. 우리가 점심을 차려 먹어야 하고요. 엄마는 나나 애덤과 자주 말다툼을 해요. 엄마와 애덤이 말다툼을 시작하면 집에 있고 싶지 않아요.

몰린: 루스, 제니퍼가 한 말에 대해 어떻게 생각하세요?

루스: 대학에 가고 아이는 독립하기를 바랐는데, 제니퍼가 인정하지 않으니 매우 힘드네요. 내가 직업을 갖는 것이 힘들었던 이유가 바로 이것이었어요. 내 행복과 가족의 행복 사이에서 계속 망설이게 되는군요.

몰린: 제니퍼, 엄마가 지금 한 말에 대해 어떻게 생각해요?

제니퍼: 지금 말하고 싶지 않은데요.

몰린: 그래요, 지금 꼭 말할 필요는 없어요. 이 시간이 끝나기 전에 엄마와의 사이에서 일어나고 있는 일을 다시 이해할 수 있기를 바라요. (수잔을 바라보며) 수잔은 가족 모두와 어떻게 다르다고 생각하나요?

수잔: 제니퍼와 나는 엄마와 함께 많은 시간을 갖고 싶어요.

몰린: 엄마와 많은 시간을 보내는 것이 수잔에게나 제니퍼에게 중요하다는 말로 들리는군요. 그 생각을 지금 말해주었으면 좋겠어요. 제니퍼에게도 나중에 말할 기회를 줄 거예요.

수잔: 좋아요, 롭이 말한 것처럼 엄마가 상담을 받은 다음부터 아빠가 전만큼 좋지는 않아요. 엄마에게는 잘하지만 우리 모두에게는 그렇지 않았어요. 그리고…….

존: (말을 잘라 들어오며) 내가 너희에게 잘하지 않았다고? 나는 최선을 다했어. 그런데 아무도 인정해 주지 않는구나!

비터: 아버지에게 말하려고 한 것이 바로 이 말이었나요? 아빠가 정확하게 들은 것인가요?

수잔: (비터를 바라보며) 아니요.

비터: 그럼 아빠에게 하고 싶은 말을 해 보겠어요?

수잔: (눈물을 흘리면서) 아빠가 열심히 해 오셨다는 것을 인정하지 않는 것은 아니에요. 아빠가 다정하게 말하는 것을 듣지 못했다는 말이지요.

몰린: 수잔, 아빠와 함께 하고 싶은 것을 하나만 말하라고 하면 무엇이라고 말하겠어요?

수잔: 싸우지 않고 함께 무엇이든 하는 것이에요.

몰린: 존은 어떻게 생각하세요?

존: 글쎄요. 시간이 난다면 수잔과 많은 것을 함께 하고 싶어요. 그런데 17세가 된 딸과 아빠가 함께 할 수 있는 것이 무엇이 있을까요?

몰린: 왜 수잔에게 물어보지 않으세요?

존: (수잔을 쳐다보면서 한참 망설이다가) 무엇을 함께 할 수 있을까?

수잔: 영화를 보러가요.

몰린: 그러시겠어요?

존: 예, 보고 싶은 영화가 일치한다면요.

몰린: 중요한 것은 함께 할 시간을 갖는 것이지 무슨 영화를 보느냐가 아니라고 생각해요. 함께 보고 싶은 영화에 대해 둘이 대화할 시간을 갖게 되었으면 좋겠네요. (애덤을 쳐다보며) 애덤, 자신에 대해 이야기해 볼래요?

애덤: 가족이 나를 비난하는 것은 옳지 않다고 생각해요.

몰린: 이 방에 있는 누가 애덤을 비난하나요? 직접 그 사람에게 말해 보겠어요?

애덤: 수잔, 네가 나를 비난했지. 제니퍼는 옆에 앉아서 즐겼고, 그리고……. (안절부절못하고 바닥을 내려다보면서) 엄마와 아빠도 요즈음에 나를 짜증나게 하셨고…….

존: (갑자기 끼어들면서) 비난받을 만한 일을 하지 않았는데도 내가 그랬다고?

루스: (존을 바라보면서) 애덤이 마저 말하게 놔두세요.

몰린: 루스, 남편이 말하도록 하면 어떨까요? (존을 바라보면서) 애덤에게 어떤 말을 하고 싶은가요?

존: 모두 나를 비난하는 것 같아요. 미치겠어요!

비터: 존, 당신이 비난을 받고 있다고 생각하는 것이 이해가 되는군요. 그러나 달리 생각해보면 당신에게 이렇게 말하고 있다는 것은 자신의 생각을 솔직하게 말할 수 있을 만큼 가족이 당신을 믿고 있다는 의미가 아니겠어요? 지금 들은 말은 아마 지금까지 당신에게 표현할 수 없었던 것이었겠지요.

존: 글쎄요……. 잘 모르겠어요……. 하지만 아이들이 나와 대화할 수 있었으면 좋겠어요.

비터: 존, 앞으로 그럴 것이라고 믿어요. 조금 전에 애덤이 당신에게 한 말을 듣고 감정적으로 반응했어요. 애덤에게 더 말할 것이 있나요?

존: 애덤, 네 말을 듣고 있으려니 매우 곤혹스럽구나. (비터를 웃으면서 쳐다보고) 지금 이런 말을 해도 되나요?

비터: 나쁘지 않아요. 앞으로도 계속 가족과 대화하시면 좋겠어요. (그는 루스를 제외한 모든 가족에게 말했다.) 여러분은 어머니가 상담을 받게 되어 자신의 생활에 영향을 받고 있다고 말했습니다. 여러분 중 몇 사람은 어머니로부터 버림받은 느낌이 든다는 말도 했어요. 그 말을 어머니에게 직접 말하

고 싶은 사람은 말해 보시겠어요?

수잔: 엄마, 엄마가 달라지는 것이 보기 힘들었어요. 내가 불평을 해도 엄마는 항상 받아주셨고 우리에게 많은 것을 해주셨어요. 하지만 엄마도 자신만의 인생이 있다고 생각해요.

롭: 그 말에 나도 동의해.

애덤: 엄마, 나는 엄마가 나를 위해 많은 것을 해주지 않는다고 불평했어요. 엄마와 싸우고 싶지 않은데 어떤 때는 엄마와 싸우고 있는 내 모습을 발견하곤 했어요.

몰린: 싸운 것과 불평한 것은 관계가 있나요?

애덤: (잠시 생각하고는) 예, 아마도!

제니퍼: 내 생각도 그래요. 우리는 집에서 이렇게 대화한 적이 없고 지금처럼 싸우는 것조차 없었어요.

몰린: (루스에게) 이 말을 들으니 어떻게 생각되세요?

루스: 서로 대화하는 것을 보니 기분이 좋고, 더 이상 지나치게 간섭하지 않아야 한다는 것을 깨달았어요.

비터: 시간이 다 되었군요. 끝나기 전에 다음 상담에 참여할 생각이 있는지 묻고 싶군요.

모든 가족 구성원은 상담 시간에 일어난 일을 좋아했기 때문에 상담을 받으러 오는 것이 중요하다는 것을 깨달았다. 그래서 그들은 모두 다음 주 상담 시간에 참여하기로 했다. James Bitter는 아버지와 롭이 서로의 관계에 대해 많은 이야기를 하고 아버지와 수잔이 함께 하는 시간을 늘리기로 한 것 등 이 시간에 합의한 내용을 기록했다. James Bitter는 나머지 가족이 그 외의 제안에 대해 어떻게 생각할지 걱정이 되었다. 그러나 가족 모두가 제안을 기꺼이 받아들였기 때문에 James Bitter는 다음과 같은 숙제를 할당했다.

- 루스: 자녀 중 누군가가 존과 대화하려고 할 때 방해하지 않기.
- 제니퍼: 다음 주까지 함께 쇼핑을 하거나 20분 이상 함께 시간을 보내자고 어머니에게 솔선하여 요청하기.
- 루스와 존: 함께 하고 싶은 일과 혼자 하고 싶은 일에 대해 지속적으로 상의하기. 자녀의 문제에 대해 초점이 맞추기보다 자신들에 대한 대화를 시도하기.

가족 구성원에게 숙제를 하는 데 방해 요인이 있는지, 다음 주까지 이를 수행할 수 있는지, 그리고 치료자와 언제 다시 만날지에 대해 질문했다. 가족 모두는 숙제를 완수할 수 있다고 대답했다.

치료 장면에서뿐 아니라 치료 장면을 벗어나서도 가족이 문제를 다루는 것은 중요하다. 이를 통해 그들은 스스로 변화할 능력이 있음을 관찰하게 된다. 그리고 책임감과 함께 자율감을 느끼게 될 것이다. 애덤에게는 숙제를 내 주지 않았다. 그것은 가족이 애덤에게 지나치게 주의를 기울이지 않게 하여 더 이상 '골치 아픈 아이'로 보지 않게 하기 위해서였다.

**| 치료 과정에 대한 논평** 우리는 가족 구성원이 자신이 앉고 싶은 곳에 앉도록 하고 상호작용 패턴을 확인하는 방법을 통해 가족의 구조를 관찰하려고 했다. 가족의 구조를 관찰함으로써 우리는 루스의 변화가 자녀에게 스트레스가 될 수 있음을 가정했다. 부부간의 스트레스는 상담의 첫 회기에 감소한 것으로 보인다. 루스와 애덤 간의 경계는 경직되어 있었다. 루스가 변화할 수 있는 능력을 갖게 되면서 애덤과의 경계가 강화되었고, 애덤은 이에 저항했다. 그러나 루스는 애덤의 요구를 들어 줄 필요를 느끼지 못했다. 그 결과 그들 간의 갈등이 증가했다. 루스의 변화는 관계에 새로운 긴장을 가져왔다. 애덤이 형제나 친구들과 친밀한 관계를 형성할 수 있었다면 변화에 잘 적응했을 것이다. 제니퍼는 어머니와의 관계뿐 아니라 부모 체계가 강력해지는 것이 힘들다고 했다. 우리는 가족의 한 체계가 변하면 다른 부분에도 변화가 일어난다는 점을 반복해서 언급했다. 즉, 루스가 변하고 부부관계가 변하면 가족 전체의 균형도 영향을 받게 된다. 그러므로 가능하다면 가족 전체가 치료에 참여하게 하여 이미 발생한 변화가 각 개인뿐 아니라 가족 전체의 생산적인 변화에 영향을 줄 수 있도록 해야 한다.

루스의 가족에게는 분명한 문제가 있다. 그들은 가족 내에서 개인의 개별성을 확보하지 못하고 역할을 분명하게 규정하지 못하고 있다. 이러한 가족은 갈등과 혼돈에 취약하고, 가족 중 한 사람이나 체계의 변화가 다른 가족 구성원에게 즉각 영향을 미친다.

루스와 존은 새로운 관계를 형성했다. 루스는 가정의 평화를 지키는 역할에만 몰두하지 않는 것과 자신을 지지하고 격려하는 방법을 배웠다. 그 결과 다른 가족은 서로를 대하는 방법을 새로 배워야 했다. 가족 전체를 대상으로 상담하기 전에는 루스가 이전처럼 조정자의 역할을 해야 한다는 갈등이 있었다. 가족 치료의 입장에서 보면 이는 항상성을 유지하려는 시도로서 가족이 이전 상황으로 회귀하도록 만든다.

이 가족 체계는 비교적 기능적이었다. 지금까지 가족 간에 서로 감정 표현을 하지 않았었지만 만남을 통해 가족 간의 의사소통이 발전할 수 있게 되었다. 존과 루스는 삼각관계를 탐색함으로써 아직도 가끔은 어렵지만 감정을 표현하는 방법과 자신을 위한 변화가 자녀의 유연성을 촉진한다는 것을 학습할 수 있었다. 여러 세대에 걸쳐 감정을 표현하지 않고 각자 알아서 생각하게 하는 행동 패턴은 지속되지 않을 것이다. 이러한 패턴은 단번에 변하는 것이 아니기 때문에 지속적으로 이 문제를 다루어야 할 것이다. 그리고 이를 통해서 가족은 좀 더 정직하고 개방적이 될 것이고 이는 다음 세대에도 도움이 될 것이다.

가족은 다음과 같은 구조적 변화를 일으킬 수 있는 좋은 기회를 맞이했다.

- 서로에게 솔직해졌다.
- 애덤을 문제아로 보고 집중하지 않게 되었다.
- 존에 대항하여 애덤과 루스가 동맹을 맺는 것이 감소했다.
- 루스가 애덤과의 지나치게 친밀한 관계를 줄이고 존과 밀접한 관계를 맺을 수 있게 되어, 애덤은 형제나 친구와 친밀한 관계를 맺게 되었다.

이러한 변화로 인해 이제 가족 모두가 항상 치료에 참가할 필요는 없어졌다. 대신 부자 체계, 부부 체계, 혹은 형제자매 체계를 대상으로 치료가 이루어질 것이다. 루스와 존은 서로 독립적이면서 친밀한 관계를 맺는 능력을 강화해야 할 것이다.

### 마지막 제언

루스 가족의 상담에서 알 수 있는 것처럼 가족 치료에서는 하나의 단위로서 가족이나 가족 내 누가 특별한 기능에 문제가 있다고 비난하지 않는다. 개인의 행위는 가족 내 모든 사람에게 영향을 미치고 그들의 행동은 다시 그 개인에게 영향을 미치게 된다. 가족은 내적이고 발달적이며 목적적인 상호작용 패턴을 확인하고 탐색하는 작업을 통해 능력을 갖게 된다. 동시에 체계 관점에서는 개인과 가족이 외적인 힘과 체계의 영향을 받는다는 것을 인정한다. 가족 내에서나 개인에게서 변화가 일어났다면 치료자는 이에 영향을 미친 다양한 체계에 대해 알고 있어야 한다.

## 복습을 위한 질문

1. 루스에게 개인 상담을 하는 경우와 가족 치료를 하는 경우의 차이점은 무엇인가? 남편이나 가족을 함께 상담하는 회기를 갖는 것이 루스의 개인 치료에 도움이 되거나 방해가 되는가?

2. 루스에게 개인 치료와 가족 치료를 동시에 실시한다면 문제가 있을까? 만약 있다면 어떤 문제가 발생할까? 어떻게 이러한 문제에 접근할 것인가? 루스를 단독으로 만나지 않고 가족 치료적 접근을 하는 것에는 무슨 문제가 있을까?
3. 루스의 일부 문제는 가족 간의 갈등에 그 뿌리가 있음이 분명한데 가족 치료를 하지 않는다면 어떤 윤리적 문제가 발생할 수 있을까?
4. 타인과의 관계에서 수용의 태도를 취했던 경험이 있는가? 중요한 타인을 수용하는 방법을 학습하면 어떤 면에서 관계에 도움이 되는가?
5. 행동 변화를 직접 요구한 치료가 아니었지만 루스와 존이 변화를 보인 특별한 행동은 무엇이었는가?
6. 이 사례에 가족 치료를 수행한다면 일차적으로 누구를 내담자로 선택할 것인가? 체계로서의 가족을 내담자로 할 것인가? 아니면 루스? 존? 제니퍼? 애덤? 수잔? 롭? 이들 중 누군가와 치료 동맹을 맺는다면 윤리적 문제가 있는가?
7. 당신의 배우자나 원가족과의 관계가 루스의 가족을 상담할 때 도움이 되거나 방해가 될 수 있는가? 문제가 될 소지가 있거나 역전이를 일으킬 만한 점이 있는가? 당신이 원가족이나 현재의 가족과의 관계에서 해결하지 못한 문제가 있다면 어떻게 하겠는가?
8. 루스의 가족을 상담한다면 당신은 누구와 동맹을 맺겠는가? 누구를 상담하는 것이 가장 어려울 것 같은가? 그리고 그 이유는 무엇인가?
9. 문화적 배경이 루스와 다르다면 당신이나 가족 치료자는 루스나 그녀의 가족에게 어떤 요인을 강조하고 싶은가? 문화적 요인은 이 가족의 구조를 이해하는 데 어떤 역할을 하는가? 치료 과정에 포함된 가족의 문화적 배경에 따라 개입하는 방법이 달라지는가?
10. 가정에서 자신의 역할을 바꾸고 싶어 한 것이 문제였다는 그런 편견을 가지고 있는가? 당신은 가정에서의 여성의 역할이라는 측면에서 루스의 생각과 일치하는가? 남성의 역할이라는 측면에서는 어떠한가? 이 장에서 치료자가 성 역할에 대한 가치를 다룬 방법에 대해 어떻게 생각하는가?
11. 가족 치료가 당신의 상담 스타일에 적합한가? 가족 치료의 어떤 측면이 가장 유용하다고 생각하는가? 당신의 상담 스타일에 맞게 변화시키고 싶은 것은 어떤 측면인가?

## 주

1. 가족 치료적 측면에서 루스를 상담한 두 상담자를 이해하고 싶다면 G. Corey의 『심리상담과 치료의 이론과 실제』(9판, 2013)를 참고하라. 14장('가족 체계 치료')에는 가족 치료에 대한 참고 문헌과 읽을거리에 대한 목록과 함께 가족 치료에 대한 접근이 포괄적으로

설명되어 있다.

2. 가족생애 주기를 완벽하게 이해하려면 다음을 참고하라. McGoldrick, M., Carter, B., & Garcia-Preto, N. (Eds.). (2011). *The expanded family life cycle: Individual, family, and social perspectives* (4th ed.). Upper Saddle River, NJ: Prentice-Hall.
3. 구조적 가족 치료와 Minuchin의 접근에 대한 최신 설명서로는 다음 책이 있다. Minuchin, S. (2011). *Families and family therapy* (2nd ed.). New York: Routledge.
4. 주요한 가족 체계 접근을 포괄적으로 살펴보고 싶으면 다음 책을 읽어 보라. Bitter, J. (2009). *Theory and practice of family therapy and counseling*. Belmont, CA: Brooks/ Cole, Cengage Learning.
5. 이러한 점을 설명한 다음의 책을 참고하라. Gladding, S. (2010). *Family therapy: History, theory, and practice* (5th ed.). Upper Saddle River, NJ: Merrill/Prentice-Hall.
6. 다음의 책에 기술되어 있는 모델에서 수용과 수인화는 핵심적이다. Satir, Virginia & Baldwin, Michele (1983). *Satir: step by step*. Palo Alto, CA: Science and Behavior Books.
7. 다음은 가계도에 대해 종합적으로 설명하고 있는 책이다. McGoldrick, M., Gerson, R., & Petry, S. (2008). *Genograms: Assessment and intervention* (3rd ed.). New York: Norton.
8. Bowen의 모델은 다음의 책을 읽으면 완벽하게 이해할 수 있을 것이다. Bowen, M. (1978). *Family therapy in clinical practice*. New York: Jason Aronson.
9. 모든 정신의학적 진단은 미국정신의학회(2000)의 DSM-IV-TR을 따랐다.

CHAPTER

# 13

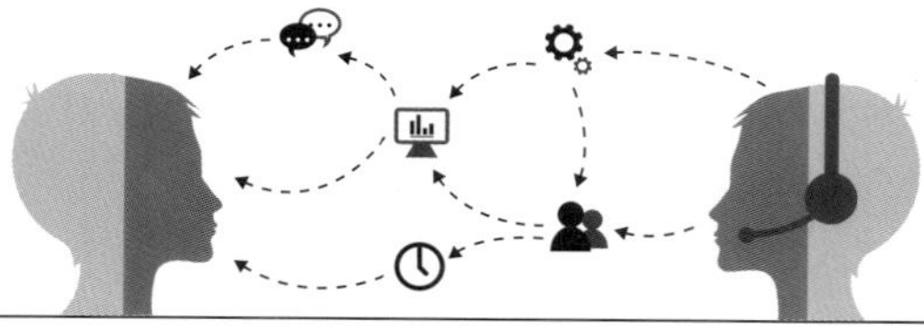

# 다문화적 관점에서 루스를 상담하기

## 도입

내담자와 치료 관계를 형성할 때 인종, 민족, 성, 나이, 사회경제적 지위, 종교, 생활 습관, 성적 지향을 중요한 요소로 고려해야 한다. 동료이자 친구인 Jerome Wright 박사는 대학에서 사회사업 실무와 문화의 다양성 과목을 강의하고 있다. Wright 박사는 상담 중에 내담자의 삶에서 작동하는 미묘한 문화적 측면을 잘 파악할 수 있도록 하기 위해 수강생에게 루스 사례를 제시하고 소규모 스터디 그룹을 구성하게 하고, 루스를 아시아계 미국인, 라틴계 미국인, 아프리카계 미국인 중 하나로 가정하고 그녀에게 적용할 수 있는 문화적 변인을 연구해 보도록 했다. 또한 루스가 동성애자라고 가정하고 어떤 문제를 특별히 고려해야 하는지 생각해 보게 했다. 각 스터디 그룹에게는 집단 활동을 통해 자신이 연구한 결과를 방법에 구애받지 않고 발표할 수 있는 재량권을 주었다. 어떤 집단은 역할연기를 했고, 어떤 집단은 그들이 연구한 집단을 대표할 수 있는 사람을 초청했으며, 또 어떤 집단은 그 외에도 재미있는 다양한 방법을 이용하여 연구한 것을 발표했다.

만약 치료자가 내담자가 속한 집단에 속하지 않는다면, 치료자는 내담자와의 문화적 차이점을 세심하게 살펴보아야 한다. 치료자는 자신의 삶에서 경험하는 것이 무엇을 의미하는지 개인적으로 평가해야 한다. 그리고 자신의 문화가 자신의 행동, 기본 가정, 편견에 어떻게 영향을 미쳤고 이러한 요소가 문화적으로 다른 내담자를 상담하는 방식에 얼마나 영향을 미치기 쉬운지 파악해야 한다. 내담자와 치료자가 인종, 민족, 성적 지향, 나이, 삶의 경험 또는 다른 중요한 변인에 대해 자동적으로 유대감을 형성하는 일은 없다. 실제로 상담 장면에서 사회경제적 차이로 인해 종종 당황스러움과 불편함이 발생하기도 한다. 다시 말해서 집단의 유사성에 기반을 둔 내담자와 치료자의 '자연스러운 조화'란 존재하지 않는다. 개인적 차이는 종종 집단이 가진 공통성보다 크다(Jerome Wright 박사와의 개인적 대화, 2011년 3월 8일).

문화의 다양성 연구에 깊이 몰두하는 것은 어느 정도 위험이 존재한다. 문화적 고정관념을 수용할 수 있고, 특정 집단의 일반적인 성격을 그 집단에 속한 모든 개인에게 적용하게 될 수 있다. 사실 한 민족 집단 내에서의 개인 간 차이가 민족 집단 간의 차이만큼 클 수 있다. 상담자가 내담자의 문화에 대한 지식을 가지고 개념적 프레임을 형성할 수 있지만 이것은 시작에 불과하다. 문화적 차이를 극복하고 상담하는 것은 개인적으로 부담스러운 일이지만, 그만한 값어치가 있는 일이다.

이번 장은 다양한 문화적 관점에서 루스를 어떻게 상담할 것인지에 초점을 맞췄다. 루스가 라틴계, 아시아계, 아프리카계 미국인 중 하나라고 가정하고, 여러 치료자가 각자 루스를 상담하는 것을 보여주었다. 다문화적 관점은 특별한 이론이 아니다. 따라서 다문화적 관점은 앞 장에서 다룬 이론에 포함될 수 있다. 이번 장에서 각각의 치료자는 자신만의 통합적인 치료 방법으로 루스를 상담했다. 루스의 사례를 읽어가면서 문화적 차이가 상담 과정이라는 천을 짜는 데 얼마나 핵심적인 사항인지 이해하길 바란다.

## 라틴계 루스: 문화를 기반으로 하는 통합적 관점

_ Andrés J. Consoli 박사, Robert C. Chope 박사, Melissa L. Morgan 박사

### 도입

통합적 문화를 기반으로 하는 관점에서는 다음의 상담 원칙을 기초로 라틴계 루스를 상담한다.

1. 모든 상담 과정에서의 만남은 서로 다른 문화가 다양한 측면에서 마주하는 것이다. 따라서 문화적 역량과 겸양이 필요하다.
2. 치료 동맹은 효과적인 상담에 중심적 역할을 한다.
3. 치료가 진행됨에 따라 치료 동맹도 발전한다. 즉, 공감하고 존중하는 유대관계에서 시작하여 계획적으로 유도한 위험 상황에서 안전기지가 될 수 있도록 치료 동맹 관

계도 향상되어야 한다.

4. 내담자의 강점과 개인적 어려움을 상담에 반영해야 한다.
5. 상담의 최종 목표는 내담자가 스스로 자기를 치료하는 능력을 갖게 하는 것이다.
6. 직접적이지만 섬세하게 내담자에게 질문하여 내담자의 강점, 자기 치료 능력과 문화적 규범을 파악한다.
7. 전반적으로 상담은 전통적인 접근을 초월하여 동기, 학습, 의미 만들기, 그리고 촉진적 맥락과 같이 변화를 일으키는 힘에 초점을 맞추어야 한다.

논의를 통해 우리는 루스의 치료에 대해 합치된 의견을 제시할 것이다. 그러나 치료는 이중 언어를 사용할 수 있는 라틴계 교수가 혼자 진행했다. 그는 미국으로 건너온 이민자이지만 출신국가는 루스의 부모와 다르다.

## 루스에 대한 최초 면접과 평가

루스는 라틴계 미국인으로서 이주민인 부모는 차별 당하지 않으려면 미국 문화에 '맞추어' 살아야 한다고 가르쳤다. 부모는 예전에 살던 곳에서 백인 주민의 차별을 경험했다.[1] 루스는 백인인 존을 교회 행사에서 만났는데 그가 바로 부모가 원했던 사람인 것처럼 보였다. 루스는 존을 인종과 민족에 따라 차별하지 않는 사람이며 성 역할에 관하여 전통적인 가치를 수용하는 사람으로 묘사하였다. 루스는 라틴계 미국인으로서의 뿌리를 찾는 일에 관심을 갖게 하는 강좌를 수강하고 있다.

**최초 면접** 우리는 개인 정보의 보호와 그 한계를 논의하는 것으로 회기를 시작했다. 이어서 우리는 이미 알고 있는 루스에 대한 정보를 확인하고, 어떤 계기로 상담을 받게 되었는지 이야기하도록 격려했다. 우리는 루스가 용기를 내어 상담을 받으러 왔다는 점을 존중하고, 우리가 무엇을 도와주기 원하는지를 물어보았다. 우리는 루스의 호기심과 문화적 궁금증을 불러일으킬 수 있도록 노력했다. 루스의 문화와 정체성에 관련된 주제가 제기되었을 때, 우리의 경험이 그녀의 경험과 다르다는 것을 인정하고 현재 모습이 되기까지의 과정에서 경험한 것을 이야기하도록 했다. 우리는 루스가 가족에게 보인 희생과 헌신을 인정했다. 상담을 시작하면서 루스가 느끼는 양가감정에 주의를 기울이고, 상담에 대해서 가지고 있었던 부정적 인식을 이해했다. 특히 루스가 보여 온 '타인을 위한 삶의 방식'과 '그녀 자신'을 위해 상담을 받으려는 것 사이에 존재할 수 있는 부조화에 주의를 기울였다.

최초 면접을 통해 협력관계를 만들고 루스의 관점에 공감하는 메시지를 주고받았다. 그녀가 자신의 인생에 대해 문제를 제기하는 것을 환영하고, 이러한 문제를 함께 협력하여 다루어야 할 가설로 바꾸도록 격려했다. 다음 대화는 첫 회기가 끝날 무렵에 나누었던 내용이다.

치료자: 루스, 이번 회기가 이제 몇 분 정도 남았네요. 한 가지 확인하고 싶은 게 있는데……. 오늘 상담을 받고 어떠셨어요?

루스: 제가 이렇게 말을 많이 할지 몰랐어요! 선생님 덕분에 제가 하고 싶었던 말을 모두 한 것 같아요. 대단하시네요!

치료자: 칭찬해줘서 고마워요. 오늘 당신이 한 이야기 중에 설명하고 싶은 것이 있는지 알고 싶군요.

루스: 저에 대해 관심이 정말 많으신 것 같네요. 전 이런 관심에 익숙지 않아요.

치료자: 오늘 당신이 이 자리에서 온전한 관심을 받은 느낌이 어땠는지에 대해 이야기해 볼까요?

루스: 이미 다 말했는데……. 당신은 인내심이 많으시군요. 쉽게 나를 놔주지 않겠군요.

치료자: 당신은 정말 통찰력이 뛰어나요. 만약 지금 내가 관심을 계속 두지 않으면 어떤 일이 생길까요? (잠시 우리는 이것을 토의한다.) 종결을 하면서, 당신이 상담을 계속 받을까 말까 머뭇거린다는 느낌을 받았어요. 어떤가요?

루스: 예, 저는 결정하는 것을 잘 못해요.

치료자는 다음 약속을 정하려고 하다가 그만두었다. 대신 루스가 결정을 내리기 위해 필요한 것이 무엇인지를 질문했다. 그 결과 루스는 다음 약속을 잡았고 약속을 잊지 않도록 전날 밤에 확인 전화를 부탁한다고 말했다.

**평가** 우리는 루스에게 전반적인 삶에 대한 질문지를 작성하도록 하였다. 그 질문지는 현재 불편한 사항, 자신의 장단점, 상담의 목표와 기대하는 점, 가족 · 문화 · 교육 · 직업 · 의료 기록, 상담 경험, 현재 상담에 기대하는 점에 대한 것이었다. 우리는 임상적 인터뷰에서 얻은 정보를 DSM-IV-TR의 다축평가 방식으로 조직화하고, 여기에 두 가지 부분을 추가했다. 첫 번째는 루스를 상담하는 과정에서 우리가 기울인 주의에 관한 것이었다. 우리는 루스에게서 어떤 감정을 느꼈는가? 이는 다른 사람도 루스에게 느낄 수 있는 감정인가? 두 번째 측면은 루스의 강점과 성취를 협력적인 방식으로 확인하고 주목하여 형성해 나가는 것이었다.

평가 결과, 루스는 자신에 대한 지속적이고 만성적인 불만족으로 인한 기분부전장애, 범불안장애, 폭식장애를 가지고 있었다. 그녀는 걱정이나 불안한 기대 그리고 역기능적인 대처 전략을 갖고 있었다. Ⅱ축 진단은 분명하지 않아서 진단을 하기 조심스러웠다. 왜냐하면 전통적인 성 역할에 부합하는 특성이 간단하지 않고, 이것을 기준으로 정신질환으로 진단하는 것은 위험하기 때문이다. 우리는 의학적으로 훈련받지 않았기 때문에, 자기 보고와 주치의의 말 이외에는 Ⅲ축에 아무것도 기록하지 않았다. Ⅳ축에는 일상적인 주의의 초점이 될 만한 심리사회적 도전, 즉 삶의 단계에서의 문제, 자녀 혹은 부모와 관련된 문제, 직업과 정체성의 문제, 종교나 배우자 문제 등을 기록했다. 마지막으로 Ⅴ축에 현재 GAF 점수는 55점(중간 정도의 증상과 어려움이 나타나는 정도), 과거는 65점으로 기록했다. GAF 점수의 차이를 통해 증상과 어려움이 점차 심해지고 있다는 것을 알 수 있었다. 또한 직장 생활이 점차 힘들어지고 있으며, 치료가 더욱 필요해지고 있음을 알 수 있다.

DSM-IV-TR의 문화적 개념화에 따라, 우리는 루스가 자신을 라틴계 사람이라고 기술한 것과 중간 정도의 스페인어 능력을 갖고 있다는 것을 명시했다. 루스는 어머니에게 지나치게 **신경질적**이라는 지적을 받았다고 보고했다. 그녀는 **민간요법**을 활용하는 전통적 치료를 받지 않았고, 백인 배우자와 함께 백인이 많은 지역에서 살았다.

루스의 강점과 약점을 개념화하면서, 우리는 원가족에 대한 충실함과 아내와 어머니와 딸로서의 역할에 대한 루스의 헌신을 고려했다. 동시에 우리는 백인 사회에 동화되는 부모의 전략을 비판하지 않고 이해하기 위해 노력했다. 아마도 이 전략은 생존수단 중 하나였을 것이다. 그러나 이로 인해 루스는 자신을 백인 사회에서 이상한 존재로 여기게 되었으며 불안, 우울, 죄책감, 수치심을 느끼게 되었다. 루스가 문화적 정체성을 형성하는 과정과 가족의 대화록을 통해 우리는 그녀가 항상 투쟁하면서 살 수밖에 없었음을 알게 되었다. 또한 루스는 엄마가 된 나이와 비슷한 나이의 딸이 있는데, 왜 그 딸과 자주 말다툼을 하는지 알 수 있었다. 우리는 변화를 위한 기틀을 만드는 과정에서 어떤 문화적 측면을 파악해야 그녀의 상황을 더 잘 이해할 수 있을지 고민했다. 그리고 평가 결과를 바탕으로 협력하여 초기 치료 목표를 설정했다.

## 치료 목표

우리는 평가 결과를 의식하면서 루스와의 상담을 진행했다. 안전함과 안정적 삶 같은 시급한 문제를 당면 목표로 정하고, 상담의 단기적 목표와 장기적 목표를 세웠다. 루스의 상담 가능 시간, 헌신하는 정도, 상담에 대한 준비도, 치료 목표를 달성하기 위한 자원을 탐색했다. 우리는 최종적으로 주 1회씩 20회의 상담을 진행하기로 합의했다.

우리는 루스가 자살에 관해 한 말에 특히 마음이 쓰였다. 그녀는 "죽음에 대해서 많이 생각한다."고 말했고 이와 관련된 진단 소견도 있다. 그래서 우리는 이 문제를 그녀에게 단도직입적으로 말했다. 중요한 치료 목표는 크게 두 가지다. 첫 번째는 증상의 감소이고, 두 번째는 루스의 개인적이고 직업적인 열망을 계속 유지해 주는 강한 지지망을 형성하는 것이다.

우리는 루스의 성 역할과 대인관계에서의 역할, 그리고 이런 역할을 통해 느끼는 만족에 대해 좀 더 분명하게 다루기로 결정했다. 우리는 루스의 전반적인 행복을 위해 루스의 강점을 탐색했고, 이를 루스가 받아들일 수 있도록 노력했다. 그녀도 단점이 아닌 장점에 초점을 맞추는 것을 좋아했는데, 이미 그녀는 부정적 피드백을 부모로부터 충분히 받았기 때문이다.

## 주요 문제와 주제

우리는 루스가 이후 상담 과정에서 어려움을 겪을 것이라고 예상했다. 그리고 정기적으로 해오던 운동이나 일자리를 제안받는 경우에도 망설일 수 있다고 예상한다. 남편이 루스의 변화를 충분히 지지해 주지 않기 때문에 그녀는 자신의 상황을 파악하고 변화하는 것을 주저할 가능성이 있다. 또한 루스가 상담을 받고 있다는 것을 아버지가 알아차리고, 그녀에게 부정적인 반응을 보일 가능성도 있다.

우리는 치료 중에 루스가 우리를 대하는 태도를 주목했다. 그녀는 치료 관계에서도 다른 사람과의 관계에서 익숙한 방식으로 행동할 것이기 때문이다. 루스는 우리가 '전문가'이기 원했으며 "제가 뭘 어떻게 해야 하는지 말해주세요. 그리고 제게 어떻게 하라고 지적해 주세요."라고 말했다. 루스는 자신이 좋은 내담자가 아니라고 걱정하고 있었다. 특히 치료가 지루하고 밋밋할 것이라고 걱정했다. 이런 태도는 자신의 삶에 대한 그녀의 생각을 반영한다. 루스는 중간중간 우리를 칭찬하고 격려해 주었다.

문화와 관련된 문제를 다룰 때에는 루스가 이 문제를 얼마나 편안하게 받아들이는지를 살펴보았다. 그 이유는 상담에서 문화와 관련된 문제를 탐색하는 것이 과연 안전한 것인지를 알고 싶었기 때문이다. 루스와 견고한 관계를 만들기 위해서 우리는 문화적 주제를 좀 더 지적이고 수용적인 태도로 존중하면서 무엇이든 환영하는 자세를 취했다. 이런 태도는 상담실의 인테리어처럼 사소하게 보이지만 매우 중요한 것이다.

우리는 루스에게서 자연스럽게 문화적으로 중요한 세 가지 요인을 떠올릴 수 있었다. 첫 번째는 성 역할과 관련된 것으로 'marianismo'라는 라틴어로 표현할 수 있다. 'marianismo'는 여성의 사회화 과정을 동정녀 마리아의 이름을 차용해서 만든 말이다. 여성은 이기적이면 안 되고, 자기희생적이어야 하고, 다른 사람을 보살펴야 하고, 경건하며, 남성보다 영적으로 강해야 한다. 그리고 『마리아의 역설(The Maria Paradox)』[2]이라는 책에 있는 십계명을 지키며 살아가야 한다. 두 번째는 가족에 대한 루스의 헌신이었고, 이것을 'familismo'라고 명명한다. 이 말의 뜻은 협력적인 세계관을 갖고 직계 가족과 확대 가족을 위해 기꺼이 자신을 희생한다는 것이다. 셋째는 우리에 대한 루스의 'confianza'를 촉진하는 것이 중요하다는 점이다. 'confianza'는 여러 뜻을 갖고 있는 단어로 자신감, 신뢰, 안정성, 친밀감, 친근함을 의미하며 치료를 굳건히 유지하도록 도울 것이다. 치료 관계를 발전시키면서 우리는 루스가 원가족과 핵가족 속에서 경험했던 성차와 전통적인 성 역할에 계속 관심을 둘 것이다. 우리는 루스가 남성 치료자와 치료 작업을 얼마나 불편하게 생각하는지 알아보았다. 또한 주로 백인 사회에서 살았던 라틴계 여성인 그녀를 우리가 온전히 이해하기 어렵다는 한계를 조심스럽게 받아들였다.

섭식장애를 포함한 루스의 불안과 우울을 통해 우리는 루스가 완벽주의를 가지고 있는지, 불확실성에 대한 두려움을 갖고 있는지 궁금했다. 또한 주도권을 갖기 싫어하는지와 결과에 대한 만족감이 낮은지 궁금했다. 이런 부정적 요인이 그녀의 부적절감과 죄책감의 원인이 될 수 있기 때문이다. 루스는 완전히 실패하는 것이 두렵다고 했다. 그녀는 삶에서 이미 많은 것을 성취했지만 중요한 시기마다 이런 두려움을 가지고 살아왔다. 이는 "나는 슈퍼우먼이었어요."라는 말이나 "나는 내 역할을 다하지 못하고 있어요."라는 상반된 대답에서 추측할 수 있다. 우리는 루스가 치료에서의 역할과 예후, 그리고 심리 치료를 진행하는 우리에게 가지고 있는 비현실적인 기대를 깊이 있게 생각해 볼 수 있도록 격려했다.

## 치료 과정과 기법

우리는 지속적인 루스의 평가 결과와 루스와 함께 설정한 상담 목표를 고려하면서 치료를 진행했다. 이런 과정에 루스의 상담에 중요한 영향을 미칠 수 있는 촉매제인 '신체적 증상'과 '걱정'을 포함시켰다. 치료 관계를 강화시키기 위해 그녀에게 내담자용 작업 동맹 질문지(Working Alliance Inventory: WAI)[3]를 작성하도록 했다. 우리도 치료자용 WAI를 작성했는데, 이 질문지는 루스가 정기적으로 작성한 결과와 함께 시간에 따라 치료 동맹이 변해가는 추이를 모니터하는 데 활용되었다.

루스의 정서적 어려움은 백 우울 질문지(Beck Depression Inventory FastScreen)[4]를 통

해 반복적으로 모니터했고, 특히 희망감을 측정하는 2번 문항과 자살 충동을 측정하는 7번 문항을 면밀하게 살폈다. 또한 루스가 가지고 있는 걱정은 걱정 질문지(Worry Questionnaire)[5]를 사용하여 측정했다. 우리는 루스와 함께 정서적 어려움과 걱정을 다루어 그녀의 심신을 악화시키는 정서와 유도된 걱정, 파국적 생각에 도전할 것이다. 치료를 통해 우리는 루스가 삶을 확고하게 만들 수 있는 대안적 이야기를 만들 수 있을 것이다. 이 대안적 이야기는 그녀가 계속 되뇌었던 문제로 가득 찬 이야기를 대체하게 될 것이다. 우리는 어려서 받은 교육이 그녀의 발달 과정에 지대한 영향을 미쳤다는 것을 발견했고, 루스의 현재 상황 역시 삶에서 즐거움을 찾기 어렵게 하고 있다고 생각한다. 우리는 루스가 매일 어떤 것을 하며 살고 있는지 돌이켜 보게 함으로써 자신의 삶이 지루하고 재미없었다는 결론을 내리도록 이끌었다.

루스: 사람들은 내가 거리낌 없이 말하면 이상하게 생각해요. 그게 두려워요. 나를 안 좋게 말할 것 같고, 상황이 점점 복잡하게 꼬여서 어쩔 수 없게 될까 봐 두려워요……. 차라리 아무것도 말하지 않는 것이 나을 것 같아요.

치료자: 그러면 어떻게 되나요?

루스: 부모님이 눈에 띄게 행동을 하거나 사람들과 지나치게 친하게 어울리지 말라고 말했던 것이 생각나요. 할 말을 못했거나 하지 말았어야 할 말을 했던 적이 있어요. 그러고 나면 사람들이 나를 어떻게 생각했을지 궁금했어요.

치료자: 그러면 그 다음은 어떻게 되죠?

루스: 지루하고 재미없는 삶으로 되돌아가죠……. 그게 더 편하니까요. 그런데 그러고 나면 화가 나요. 그래서 음식을 막 먹게 되고, 그러면 또 많이 먹은 것이 수치스러워져요.

치료자: 참 어려운 일이네요. 당신이 비슷한 행동을 계속하는 이유를 알겠어요. 다르게 되고 싶은 마음도 있지만 평소와 다르게 행동하면 일이 생길 것 같아 두려워하고 있군요. 지금 당신은 나와 상담을 하면서도 자신과 자신의 가치, 그리고 행동을 바라보는 것을 두려워하고 있군요. 어떻게 하면 개선될까요?

루스: La que no arriesga no gana!(위험을 무릅쓰지 않으면 아무것도 얻을 수 없다.)

치료자: 지금 당신은 스페인어를 사용했어요. 좋아요. 지금 그 말이 상담 과정에 어떻게 적용될 수 있을까요?

루스: 상황을 호전시키려면 상담을 받아야지요. 여기가 안전한 곳이니까요.

치료자: 여기가 당신이 변화를 모색하기에 안전한 장소라는 생각을 가지고 있군요. 우리가 어떻게 했기에 그런 생각이 들었을까요?

루스: 선생님은 나를 판단하지 않잖아요.

치료자: 그 말은 내가 하는 역할만 말한 것 같네요. 당신은 어떤 역할을 했을까요?

루스: 솔직함……. 여기에서 저는 완벽할 필요가 없어요. 그냥 루스면 되니까요.

치료자: 다른 곳에서도 그런 방식으로 행동해 보았나요?

치료 관계가 더 공고해졌을 때, 우리는 루스가 회피 전략을 줄이면서 자신을 더 많이 노출할 수 있도록 함께 작업했다. 특정 상황에 노출시키고 그녀가 특정 반응을 하지 못하게 하는 방법(ERP)을 상담 중에 적용하고, 이후에는 상담실 밖에서도 실시했다. 루스가 어떤 상황을 회피하려는 경향을 보일 때마다 우리는 그녀에게 다음과 같이 자문해 보라고 권했다. '이 일을 회피하는 것이 좋을까? 아니면 다른 행동으로 접근하는 것이 좋을까?'

우리는 루스가 자신의 몸, 운동, 음식과 어떤 관계를 맺고 있는지 알아보았다. 그녀가 즐거움과 행복을 느낄 수 있는 다양한 활동에 대해 보다 많이 생각해 보도록 할 것이다. 그중에는 노출하기가 불편하고 어색하더라도 성생활에 대해 이야기하는 것도 포함된다. 루스가 남성 치료자에게 자신을 개방하려면 좀 더 시간이 필요하다는 것을 인정한다. 우리는 그녀의 운동과 휴식에 대해서도 이야기할 것이다. 또한 식생활이 루스의 삶 속에서 어떤 역할을 하는지에 대해 논의했고, 자신을 비롯한 주변 사람에 대한 관점을 형성하게 한 가족의 문화적 대화에 대해서도 논의했다. 우리는 그녀가 평소 영양사나 개인 운동코치의 도움을 받아서 적절한 운동을 하도록 권유할 수 있다. 그러나 루스가 마음을 열고 전문적 도움을 받는 것이 좋겠다고 생각할 때에만 권유할 것이다.

우리는 라틴계 혈통의 루스가 백인 사회에 동화하는 과정에서 자신의 태생에 대해 가질 수 있는 자기혐오적인 내적 중압감을 탐구해 볼 것이다. 이는 특히 자신의 신체 이미지와 자신에 대한 기대와의 관계에서 탐색할 것이다. 이 문제에 대해서는 중립적인 태도로 접근하지는 않을 것이다. 그보다는 수용이라는 더 넓은 관점으로 접근할 것이다. 자신이 불완전함에도 불구하고 자신을 수용하고 사랑하는 법을 가르치는 것이 우리 작업의 핵심이다. 또한 루스가 학습한 미의 기준을 탐색하고, 〈리얼 우먼 해브 커브스(Real Women Have Curves)〉'(라틴계 미국인인 애나가 고등학교를 졸업하고 직업과 진학 사이에서 갈등하며 성장하는 과정을 그린 영화 – 역자 주)와 같은 영화를 보게 할 것이다.

우리는 지지 집단의 중요성에 대해서 이야기를 나누었다. 지지 집단은 루스가 포괄적 가치를 가진 새로운 시도를 하는 데 도움이 되기 때문이다. 이를테면 적절한 독서 모임에 참여하거나 민족적 정체성을 더 이해할 수 있는 심화 학습 과정에 참여할 수도 있고, 사회복지 단체에서 봉사 활동을 할 수도 있다. 특히 봉사 활동은 루스에게 필요한 경력으로 이력서를 작성하는 데 도움이 될 수 있는 활동이다.

치료의 초점은 전반적으로 루스의 신체 증상과 문화 및 대인관계 문제 사이에 두었다. 우리는 루스에게 문화적인 것을 표현해보라고 요청했다. 사실 문화의 표현 속에는 그녀의 강점과 딜레마가 함께 담겨 있다. 루스는 부모나 형제자매, 그리고 자녀와 함께 민족의 기원에 관해 이야기를 나누는 시간이 점차 늘고 있다는 것을 깨달았다. 이러한 발견은 오랜 시간을 기울여서 부모의 도움을 받아 구성한 문화적 가계도(gemogram)에 반영했다. 루스는 새롭게 알게 된 성 역할과 개인적 이해가 먼저 가지고 있던 가치와 대립되더라도 탐색을 지지하는 이야기와 시를 자진해서 표현했다. 처음에 존은 루스의 문화적 관심사에 다소 당황하는 것처럼 보였지만, 존도 역시 자신의 문화를 탐색하도록 하여 가족이 함께 모여 좀 더 활기차게 대화를 나눌 수 있게 했다. 루스는 자신과 가족이 경험한 흥분감과 호기심을 즐기는 것 같았다.

20회기에 걸친 루스의 상담은 잘 마무리되었고 증상도 점차 사라졌다. 그녀는 이제 관계에서 문제가 있었던 남편이나 딸을 치료 과정에 포함시킬 준비가 되었다. 이제 새로운 상담 계약을 맺고 루스의 직업적 열망을 직접 탐색할 수 있는 때가 되었다. 우리는 그녀의 열망에 대한 이야기로 상담의 방향을 바꾸었다.

처음 취업하는 루스는 자신이 받을 수 있는 가능한 모든 지지를 모을 필요가 있다. 이때 상담자도 루스를 도울 수 있다. 그녀는 자신이 어떤 사람이며 가족과 멀어지지 않으면서 변화할 수 있는지 알고 싶어 했다. 동시에 루스는 최소한 자신을 이해해 줄 가족의 암묵적 동의가 필요할 것이다. 루스의 직계 가족과 확대 가족에게 그녀의 직업적 열망을 키우는 데 필요한 지지 체계를 만들기 위해 협조를 요청할 적당한 시간이 되었다. 하지만 이 작업은 쉽지 않을 것이다. 왜냐하면 루스의 남편과 아버지는 그녀가 직업을 갖는 것에 동의하지 않을 가능성이 높기 때문이다. 직업적 열망을 달성하기 위해 필요한 동맹을 얻는 과정에서 다른 가족 구성원을 동조 세력으로 만들 필요가 있다. 이를 통해 루스의 변화에 대한 지지를 얻을 가능성이 높기 때문이다. 확대 가족은 좀 더 실제적인 충고를 해 줄 수 있을 것이다. 그리고 그녀가 충고를 듣고 이를 따를지 말지를 결정하는 과정에서 우리의 도움이 필요할 수 있을 것이다.

루스의 형제자매는 충분한 정서적 지지와 인적 자원을 제공할 수 있다. 그리고 직장, 인턴, 봉사활동, 파트타임 직업을 찾는 과정에서 가족 구성원은 루스에게 아이디어를 제공할 수 있을 것이다. 다시 말해서 우리는 루스가 강력한 네트워크를 구성하고 유지하고 발전시켜 나가는 작업을 할 것이다. 루스는 편지를 써서 가족 모두에게 어떤 직업을 갖고 싶은지를 알릴 수 있다. 그녀는 이런 인간관계가 직업을 찾는 데 가장 중요한 자산이 될 수 있다는 사실을 알게 될 것이다.

우리는 루스가 흥미와 기술, 재능을 갈고 닦을 수 있도록 도왔다. 현재 그녀는 초등학교 교사가 되고 싶었을 때만큼 직업에 대한 흥미와 헌신적 노력을 다하지 않을 수도 있다. 교사가 되지 못한 경험 때문에 구직 과정에서 머뭇거릴 수도 있다. 그러므로 루스의 직업적 흥미에 대해 분석하는 것이 적절해 보인다. 루스는 구체적이면서 응용 가능한 기술 모두를 습득해왔다. 우리는 그녀가 습득한 기술에는 어떤 것이 있는지 발견하도록 도울 것이다. 루스는 자신의 능력에 대한 소개서와 이력서를 작성하게 될 것이다. 이 작업에서도 우리는 다양한 제안과 피드백을 줄 것이다.

루스는 직장에서 일한 경험이 없기 때문에 처음에는 파트타임 직업을 갖고 일하면서 경력을 쌓아나가야 할 것이다. 우리는 루스의 목표를 가설처럼 다루면서 그녀의 결정에 초점을 맞추고 유연하면서도 정기적으로 점검할 것이다. 창의적인 질문은 구직 과정에서 매우 중요하기 때문에 우리는 창의성을 강조하면서 면접 준비를 할 것이다. 『후지 산을 어떻게 옮길래?』[6]와 같은 책을 읽는 것도 도움이 될 것이다. 우리는 루스가 현실적인 기대를 갖고 비전, 유연성, 적응력을 계속 유지할 수 있도록 상담 작업을 해 나갔다. 그녀는 이 과정에서 완벽주의와 실패에 대한 두려움에 도전하게 될 것이다.

## 맺는말

상담의 목표가 달성되었을 때, 우리는 치료의 전환에 대해서 논의했다. 우리는 끝남을 의미하는 '종결'이라는 단어 대신에 '전환'이라는 개념을 사용했다. 만약 루스가 우리와의 상담이 좋았다고 생각한다면, 미래에 상담 장면에서 다시 만날 수도 있을 것이다. 불안, 우울, 섭식장애가 있거나 민족적 정체성의 탐색 문제나 진로 문제로 고민하는 사람은 경과가 좋아지거나 악화될 수 있다는 것이 여러 과학적 연구에서 강조되고 있다. 이런 점에서 우리는 마지막 상담을 한 후 6개월 후에 루스와 다시 만나기로 했다.

# 아시아계 미국인 루스: 다양한 문화를 통합한 관점

_ Grace A. Chen 박사, Alvin N. Alvarez 박사

## 도입

아시아계 미국인인 루스를 상담하기 위해 가장 먼저 해야 할 일은 미국 내 아시아계 사회의 다양성을 파악하는 것이다. 미국 내에서 아시아계 사회는 급성장하고 있으며, 43개의 서로 다른 민족 집단을 포함하고 있다(타이인, 중국인, 베트남인, 필리핀인, 파키스탄인 등). 아시아계라고 하면 교육과 경제적 성공을 쉽게 떠올리지만, 어떤 아시아계 민족은 미국 내에서 교육적 성취도가 가장 낮고 빈곤하다. 교육과 사회경제적 자원이 한정된 라오스계 망명자와 경제적 자원이 풍부하고 서양 문화에 친숙한 일본계 미국인 3세를 상담하는 것은 다를 수밖에 없다. 따라서 아시아계 미국인인 루스를 이해하기 위해서는 그녀의 민족, 세대적 특성, 사회경제적 위치, 문화 적응 수준, 언어의 유창성 등을 추가적으로 평가하고 이를 바탕으로 상담을 진행해야 한다. 우리는 루스를 중국계 이민자라고 가정할 것이다. 그녀는 10세 때 이민을 왔고 영어를 유창하게 사용하며 부모는 대학 교육을 받은 중산층에 속한다.

우리는 아시아계 미국인인 루스를 상담하는 과정에서 다문화 상담에 대한 다수의 기능주의를 토대로 접근할 것이다. 다시 말해서 다음과 같은 가정을 할 것이다. (1) 치료자와 내담자는 자신의 문화적 배경에 기초해서 상담 과정과 결과를 예측할 것이다. (2) 상담의 효과는 상담자의 아시아계 미국인에 대한 지식과 인식, 그리고 내담자와 문화적으로 조화를 이루면서 상담하는 능력과 직접 관계가 있을 것이다. (3) 상담은 폭넓은 사회문화적, 정치적 맥락 안에서 이루어진다. (4) 개인과 집단, 그리고 체계적 수준에서 개입이 이루어질 수 있다.

## 치료자에 대한 평가

다문화 상담의 기본 전제는 상담자가 갖고 있는 아시아계 미국인에 대한 인식, 지식 그리고 상담 기술이 문화적 배경이 다른 내담자와 상호작용하는 능력에 반영된다는 것이다. 치료자는 상담을 시작하기 전에 아시아계 미국인을 상담했을 때 경험한 자신의 한계와 편견을 생각하고 이들의 상담을 위한 훈련을 받는 것이 중요하다. 치료자가 스스로 인종과 문화라는 문제를 상담 장면에서 얼마나 편안하게 받아들이고 다룰 수 있는 능력이 있는지 솔직하게 평가해 볼 필요가 있다. 다문화적 상담에 성공하려면 내담

자의 삶 속에 녹아 있는 문화적 측면을 다루고 이름 붙이는 치료자의 능력이 매우 중요하다. 마지막으로 상담자는 이전에 그 인종과 민족을 상담해 본 경험이 있든 없든 상관없이 자기반성을 해야 한다.

우리는 영국계와 독일계 미국인인 백인 여성 치료자가 루스를 상담했다고 가정하고 치료 경험을 제시할 것이다. 치료자는 다양한 요소를 평가해야 한다. 여기에는 치료자의 중국계 미국인에 대한 지식, 미국에서의 중국계 미국인의 역사, 중국계 미국인의 문화에 대한 가치, 도움을 추구하는 것에 대한 기대, 심리적 웰빙에 대한 개념화, 가족과 성에 대한 역할, 소통하는 패턴이 포함된다. 비록 치료자가 아시아계 미국인이나 타 문화권의 내담자와 상담 및 상호작용을 한 경험이 많다고 하더라도 중국계 미국인과 경험한 사회화 과정을 검토하고 이 경험이 어떻게 내담자에 대한 기대와 가정을 형성하게 했는지 생각해 볼 필요가 있다. 즉, 반드시 자기 자신을 평가해야 한다. 왜냐하면 전반적인 아시아계 미국인과의 경험과 지식이 루스의 경우에는 구체적인 부분에서 맞지 않을 수 있기 때문이다.

## 루스에 대한 평가

루스의 현재 문제에 대한 평가는 (1) 지금까지 얻은 정보를 조직하고, (2) 문제에 대해 분명하지만 아직 잠정적으로 개념화한 것을 더 발전시키고, (3) 치료 목표의 우선순위를 정하거나 구체화하고, (4) 관련 개입 방법을 시행한다는 네 가지 부분에서 유용하다. 우리는 비공식적인 방식으로 루스의 성격 발달에 대해 측정했다. 이는 현재 이용 가능한 정보를 기초로 했으며 상담 과정에서 개정될 가능성을 열어두었다. DSM-IV-TR처럼 공식적인 진단 기준을 따를 수 있고, 이런 방법이 문제를 개념화하는 데 도움이 될 수 있다. 그러나 우리는 제도적으로나 금전적인 부분에서 꼭 필요하지 않다면 그런 방식을 사용하지 않을 것이다. 진단적 명명에 대한 사회적, 정치적인 맥락과 부정적 인식이 있다는 점과 진단이 치료 관계에 중대한 영향을 미칠 수 있다는 점에서 우리는 정형화된 진단 도구를 사용하는 것을 주저한다. 우리가 선택한 방법이 다문화 상담의 원칙과도 일치하는 것이다.

이런 점을 염두에 두고 비공식적인 방식을 중심으로 루스의 걱정거리를 평가할 것이다. 그 영역은 (1) 우울 증상: 자살에 대한 생각, 우수에 찬 기분, 폭식장애, (2) 불안 증상: 신체적 긴장, 강박적 걱정, 불면증, (3) 삶의 문제에 대한 변화 과정: 직업에 대한 탐색, 가족 내 역할의 변화, (4) 다문화적 고려 사항: 문화적 영향력과 압력, 인종과 성에 대한 고정관념, 종교적 정체성에 관한 것이다.

## 주요 주제

다문화 상담의 관점에서 루스를 효과적으로 상담하기 위해서는 인종과 민족 간의 차이를 인정할 필요가 있다. 아시아계 미국인이라는 범주는 '백인이 아닌' 사람을 미국의 많은 특혜와 권리로부터 배제시키기 위해 만든 역사적 체계에 근원을 둔 사회정치적 개념이다. 모범이 되는 소수자와 같은 인종에 대한 고정관념은 매체에서 아시아계 미국인을 묘사할 때 종종 반영되고 있다. 그러므로 루스의 인종 정체성은 인종 분류에 대한 그녀의 경험에 기반을 둔 심리학적인 개념이다. 그리고 그것은 미국 사회가 그녀에게 강요한 것이다. 그러나 개인의 민족적 배경은 특정 문화의 가치, 신념, 전통, 언어와 관련이 있다. 루스의 민족 정체성은 그녀가 중국 문화와 관련하여 자신을 어떻게 보는지에 기반을 둔다. 인종적 및 민족적 정체성은 서로 관계가 있지만 루스를 중국 혈통의 아시아계 미국인으로서 이해할 때에 이 둘의 차이를 인식하는 것이 중요하다. 민족 혹은 인종 중 하나에만 집중하는 치료자는 이 두 가지가 어떻게 아시아계 미국인에게 영향을 미치는지를 고려하지 못해 정체성의 중요한 측면을 간과할 수 있다.

루스는 종교적인 면에서도 어려움을 겪고 있는데, 이것이 그녀의 자아정체성에 맞는 것인지를 고려할 필요가 있다. 루스는 중국계 미국인, 여성, 영성을 강조하는 사람, 아시아계 미국인 등 다양한 사회 정체성을 가지고 있다. 치료자는 루스에게 있어서 이러한 정체성의 의미와 사회적으로 중요하지만 그녀가 핵심적으로 생각하지 않는 사회 정체성을 이해하기 위해 루스의 다양한 사회 정체성을 평가할 필요가 있다.

루스의 고통이 신체 및 정신건강의 측면에서 어떻게 나타나는지도 살펴보아야 할 중요한 주제이다. 특히 아시아계 미국인은 감정 표현이 어렵거나 표현할 기회가 부족할 때 불안과 우울을 신체 증상으로 전환시키는 경향이 있다. 루스는 사회적 지지를 거의 받지 못하고 있어 보이므로 현재 걱정이 신체 건강에 부정적인 영향을 줄 수 있음을 알고 있어야 한다.

## 치료 목표

다문화 상담의 공통적인 입장에 따라 우리는 함께 치료 목표를 확인하고 우선순위를 매기는 작업을 했다. 우리는 다음 목표에 주력하면서 치료 과정을 시작했다. (1) 안전하고 신뢰하는 치료 관계 확립, (2) 상담과 상담을 받는다는 낙인감을 고려하여 상담에 대한 심리 교육 제공, (3) 죽음에 대한 언급을 고려한 자살 평가.

우리는 단기적으로는 루스가 주로 호소하는 문제인 불안 증상의 감소에 초점을 맞추어 상담을 진행했다. 이때 증상 완화뿐 아니라 문화적 맥락에서 루스가 호소하는 문제를 이해할 수 있도록 그녀를 도왔다. 구체적으로, 우리는 루스와 함께 민족성, 인종, 성, 종교의 문화적 차이가 어떻게 (1) 중국계 미국인 여성으로서의 정체성, (2) 가족의 의무와 관계, (3) 학업 및 직업적 성취에 대한 기대, (4) 신체상과 성생활에 영향을 미치는지에 대한 통찰력을 얻기 위한 작업을 했다. 장기적으로는, 문화적 차원에서 자신의 정체성을 인식하고 분석하여 깨닫게 하는 능력과 함께 자율권을 루스에게 주는 작업을 했다. 우리는 루스가 스스로 자신의 인종과 민족, 성, 종교적 정체성을 갖게 하고, 부모와 배우자, 자녀와 교회 같은 집단의 요구 안에서 자신의 욕구를 존중하고 균형을 유지하는 능력을 발달시키려고 했다. 문화적 문제를 다루는 백인 치료자는 문화가 주요 문제라는 점을 강조하지 않더라도 '인종을 무시하는' 접근은 피해야 한다. 루스는 처음 치료를 받기 때문에, 백인 여성 치료자를 불편해하고 조심스러울 수 있다. 우리가 루스의 인종과 민족성을 가장 중요한 사회 정체성으로 가정한다고 루스가 생각하지 않았으면 좋겠다. 단지 우리는 한 개인으로 루스를 알고 싶었고 그녀가 자신을 중국 혈통으로 느끼는 방식을 이해하고 싶었다는 것을 루스가 알아주었으면 좋겠다.

## 치료 과정과 기법

### | 시작 단계

**상담에 대한 심리 교육** 시작 단계에서는 상담에 대한 루스의 기대를 다루는 것이 대단히 중요하다. 아시아계 미국인이 상담을 조기에 종료할 비율이 높다는 것은 다문화 상담 연구에서 일관적으로 입증되어 왔다. '상담은 정상이 아닌 사람이 받는 것'과 같은 문화적 낙인은 정신 건강과 치료자에 대한 태도를 반영한다. 자기 표출에 대한 문화적 기대와 자신이나 가족의 체면을 중시하는 것도 강력한 제한 요인이다. 우리가 문화적 금기, 상담에 대한 루스의 기대, 상담의 제한된 경험, 내과의의 의뢰와 같은 문제를 고려할 때, 루스가 상담에 전념하여 계속하려는 내재적 동기를 분석할 필요가 있다. 왜냐하면 그것이 치료에서 다룰 문제를 심도 있게 다룰 수 있는 그녀의 능력에 영향을 미칠 수 있기 때문이다. 초기 회기 동안, 우리는 상담에 대한 루스의 기대와 상담에 있어서 우리 각자의 역할을 분명히 언급했다.

치료자: 당신은 수업의 일환으로 상담자를 방문한 적이 몇 번 있다고 말했지요. 지금은 상담 받기 위해 자발적으로 오신 것인가요?

루스: 음, 솔직히 말해서 사실 좀 이상해요. 정상이 아닌 사람만이 상담을 받는 것이라고 생각했거든요. 죄송합니다.

치료자: 아니에요. 많은 사람이 그렇게 생각해요. 특히 상담에 익숙하지 않은 경우에는 더 그렇지요.

루스: 네, 정말 그래요. 만약 제가 여기 온 것을 아버지가 알게 되면, 굉장히 화를 내실 거예요.

치료자: 왜 그럴까요? 어떻게 생각하세요?

루스: 글쎄요. 선생님의 문제에 대해 낯선 사람과 이야기하는 것을 생각해 보지 않았나요? 얼마나 수치스럽겠어요. 더구나 치료자와 이야기를 한다면 당신은 미쳐 버릴 것 같지 않겠어요?

치료자: 그러면, 당신이 이곳에 왔다는 것은 많은 선을 넘어선 것이네요.

루스: 네, 저는 그렇게 생각하지 않았어요. 하지만 제가 약간 불안해하는 이유가 바로 그거인 것 같아요.

치료자: 음, 그 문제에 대해 바로 얘기해 봤으면 좋겠어요. 왜냐하면 당신이 안전지대 밖으로 큰 걸음을 내딛을 믿음을 갖는 것이 매우 중요하거든요.

루스: 고마워요. 저도 그렇게 생각해요. 저는 선생님이 제가 제정신이 아니라고 여길지도 모른다고 걱정했어요.

치료자: 아니에요. 저는 당신이 제정신이 아니라고 생각하지 않아요. 당신이 일상생활에서 경험한 것과 당신이 그에 대해 반응한 것은 지극히 당연하지요.

루스: 정말이요?

치료자: 그럼요. 하지만 당신은 상담이 익숙지 않기 때문에, 누가 상담을 받으러 오는지, 그들이 여기에서 무엇을 하는지, 제가 이 과정에서 어떤 작업을 하고 그것이 어떻게 작용하는지에 대해 좀 더 이야기해 보는 것이 도움이 될 것이라고 생각해요.

루스: 좋아요.

치료자: 그러면, 궁금한 것을 질문해 보시지요. 무엇이 궁금한가요?

**사회 적응과 문화 적응** 다문화 관점에서는 루스가 민족, 인종, 성, 종교 등 자신의 사회적 정체성을 동일시하는 정도를 다룬다. 다문화 상담은 넓은 의미에서 내담자가 상담과 도움 요청 과정을 생각하는 방식에 문화가 영향을 미친다는 전제를 기반으로 한다. 또한 문화는 증상 발현뿐만 아니라 심리적 안녕, 자신과 상담자의 기대, 상담의 과정과 결과에 대한 기대에도 영향을 미친다. 하지만 다문화적 상담에 유능한 상담자도 사람들이 다양한 문화에 동일시하는 과정에 개인차가 있음을 인정한다. 다시 말해서, 문화의 심리적 특징과 그 문화에 동일시하는 정도는 사람마다 다르다. 예를 들어, 루스는 생물학적으로 중국계 미국인이지만 문화적 세계관과 정체성은 중국인보다는 백인 미국인에 더욱 가까울 수 있다. 마찬가지로 루스의 생활 전반에 종교적 정체성이 지대한 영향을 미쳤지만 믿음에 대한 최근의 양가감정을 고려할 때 종교적 동일시도 변할 수 있음을 보여준다. 그러므로 우리는 루스의 문화적 참조 틀을 더 잘 이해하기 위해서 초기 면접에서 인종, 민족성, 성에 대한 질문을 할 것이다.

치료자: 부모님께서 홍콩에서 이민을 왔다고 들었어요.

루스: 네, 제가 열 살 때쯤 여기로 왔어요.

치료자: 여기에서 중국인으로 사는 것이 어땠나요?

루스: 음, 아시다시피 저희 아버지는 침례교 목사이세요. 그래서 매우 엄하시죠. 전통적인 중국의 아버지는…… 말을 많이 하시지 않지만 기대하시는 것이 분명해요.

치료자: '전통적인 중국의 아버지'라고 하셨는데요. 어떤 말씀인지 대충 알겠지만 어떤 의미로 그렇게 말했는지 말해줄 수 있나요?

루스: 음, 저희 부모님은 항상 중국인이라는 것에 자부심을 느끼시고, 저도 그러길 기대하셔요……. 그래서 우리는 광동어로 말하고, 중국어로 읽고 쓸 줄 알아야 했지요. 또 중국의 공휴일을 기념해야 했어요.

치료자: 부모님은 중국인이라는 것에 자부심을 가지고 계시는군요.

루스: 맞아요. 정말 그래요. 그리고 독실한 침례교도인 것도 매우 중요해요.

치료자: 당신은 어떤가요? 당신에게도 중국인과 침례교도인 것이 중요한가요?

루스: 어렸을 때, 저는 중국인인 것이 정말 싫었어요. 제가 지나가면 아이들이 저를 쳐다보면서 중국인을 놀리는 노래를 했어요! 제가 가지고 온 점심 도시락을 보고 놀리기도 했지요. 저는 눈에 띄는 것이 싫었고 그냥 평범하길 원했어요. 그런데 클수록, 저에게 중국인 같은 점이 있다는 것과 그것이 모두 나쁜 것은 아니라는 것을 알게 됐어요. 아버지가 시무하시는 침례교회의 교인이 되는 것은 너무 당연한 일이었지요. 그리고 저는 근본주의자가 아닌 기독교인과 지내는 것이 더욱 편하다는 것을 깨달았지만 아버지에게 그 말을 할 수는 없었어요.

우리는 루스의 민족 정체성의 핵심과 종교적 정체성에 대한 갈등을 상담 과정 초기에 알아내었고, 계속해서 루스가 가진 문제의 다양한 문화적 차원을 탐색했다.

**치료자의 다문화적 유능성** 치료자와 루스는 인종과 민족적인 배경이 다르기 때문에 다문화적으로 유능한 치료자는 그 차이를 아는 것이 중요하다. 하지만 치료자와 루스는 모두 여성이기 때문에 서로 비슷한 경험을 가지고 있을 수 있다. 유사성과 차이점을 알게 되면 루스가 자신의 문제를 더 잘 이해할 수 있도록 치료 동맹을 맺는 과정에 도움이 된다. 문화나 인종의 차이는 분명히 논의할 주제로 다룰 필요가 있다. 이를 통해 문화적 이슈에 대한 우리의 지식과 의식을 통합시키고 유기적으로 논의할 수 있다.

**치료자:** 우리는 성장기 가정에서의 경험과 부모가 당신에 거는 기대에 대해 많은 얘기를 나누었지요.

**루스:** 네, 그랬죠.

**치료자:** 다른 아이와 다르다고 느껴져서 성장하면서 많이 힘들었겠어요.

**루스:** 지금은 제 문화가 더 편안해요. 어렸을 때 중국인인 것을 싫어했다는 것이 부끄러워요.

**치료자:** 자신의 외모와 문화 때문에 놀림을 받으며 자라는 것은 솔직히 상상이 잘 안 돼요. 아마 무척 당혹스러웠을 거예요. 그렇기 때문에 당신을 다르다고 느끼게 만드는 중국인이라는 사실을 좋아하지 않았다는 것이 이해되네요. 그럼에도 불구하고 당신은 자신이 중국인인 것의 의미를 이해했잖아요. 엄마가 되어 아이를 키우면서 이러한 문제가 자연스럽게 떠올랐겠지요.

**루스:** 그럼요! 다르다고 느끼면서 성장하는 것이 어떤 것인지 알기 때문에, 항상 아이에게 중국 유산이 얼마나 특별한지와 반면 다른 것으로 인해 다른 사람이 얼마나 다르게 대할 것인지에 대해 얘기하려 했어요. 자녀가 있으세요?

**치료자:** 네, 있어요. 그래서 아이에게 아이의 정체성과 문화유산에 대해 얘기하는 것을 이해해요. 물론, 우리 둘 다 엄마이지만, 당신이 느끼는 것을 정확하게 아는 체하며 가장하고 싶지는 않아요. 왜냐하면 저는 중국계 미국인이 아니고 당신과 다른 인생 경험을 했기 때문이에요.

우리는 우리 지식의 한계를 논의함으로써, 중국계 미국 여성인 루스의 개인적 경험을 이해하고 존중한다는 것을 보여준다. 우리는 루스가 자신이 중국계 미국 여성이라는 점을 우리에게 '가르쳐야' 된다는 느낌 없이 편안하게 터놓고 얘기하기를 원한다. 예를 들어, 루스는 자신이 선생님으로서 어떻게 여겨질지에 대해 우려하는 몇 가지를 토로했다. 그녀는 학생이 자신을 '소극적인 아시아 여성'으로 만만하게 생각할 것이라고 걱정했다. 이것은 루스의 고정관념을 충족시키는 실제 두려움을 반영한다. 우리는 루스의 두려움을 인정하고 고정관념을 다루는 것이 얼마나 절망스러운지 잘 안다고 표현할 수 있다.

### | 중간 단계

**증상 변화** 루스가 치료자에게 '내가 해야 할 일을 말해 달라.'고 자신의 바람을 표현했기 때문에 우리는 자신의 인생을 사는 데 있어 '올바른' 방법은 없다고 설명했다. 동시에, 상담에서 구체적인 제안을 얻을 것이라는 루스의 기대를 다루는 것이 중요하다. 따라서 우리는 루스에게 상담으로부터 얻는 실질적인 결과뿐만 아니라 심리적 위안을 주기 위해 증상을 변화시키는 과정을 시작한다. 이는 다문화 상담에서 '선물을 주는 것'이라는 개념과 일치한다. 여기서 '선물'은 루스에게 심호흡, 명상, 근육이완법, 기분전환, 사고중지법으로 대처 레퍼토리를 확장시켜 주는 것뿐만 아니라 불안을 이해하는 것, 증상과 유발 요인을 인식하도록 돕는 것이 포함될 것이다. 그러한 선물을 통해 루스가 긍정적인 결과를 경험하는 한 상담에 전념할 가능성이 높아진다. 더구나 치료 관계에 있어서 자신의 도움 요청에 우리가 즉각 반응하고 있다고 루스가 느끼는 것이 중요하다. 상담에 포함된 다양한 기술을 논의함으로써, 루스는 구체적인 기술을 이용하는 것은 상담을 활용하는 여러 방법 중 일부일 뿐임을 이해하게 된다.

**문화적 분석** 루스가 상담에 전념하게 한 다음 중점을 두어야하는 것 중 하나는 현재 당면한 문제를 문화적으로 분석하는 것이다. 개인적이고 심리적인 것에 초점을 맞추는 전통적인 서양 심리 치료와 달리 다문화 상담에서는 내담자가 문화와 자신의 인생을 억압하는 체계를 인식하는 것이 도움이 된다는 믿음을 기반으로 한다. 현재 루스는 당면한 문제를 심리내적 요인에 귀인하여 이해하고 자기비난을 하고 있지만 이를 문화적 맥락 안에서 이해하는 것으로 관점을 바꾸기 위해 노력할 것이다. 예를 들어, 가부장제와 성차별주의에 기반을 두는 전통적인 중국의 성 역할을 고려해 볼 때 루스가 딸이나 아내, 엄마로서의 역할에서 벗어나 자신의 정체성을 정의하지 못하는 것은 지극히 규범적이었다는 것을 인식하도록 도울 것이다. 더욱이 엄격한 종교 교육이 전통적인 성 역할을 강력하게 강화했음을 살펴볼 것이다. 가족 문화 역시 독특했는지를 확인하기 위해 원가족이라는 맥락 속에서 문화와 종교의 영향을 살펴볼 것이다. 우리는 루스가 자신의 정체성을 확립하지 못한 것은 자신의 잘못이 아니라 문화적인 영향력 때문이었다는 것을 인식하도록 하는 작업을 진행할 것이다.

치료자: 루스, 당신은 딸인 것, 아내인 것, 그리고 엄마인 것에 대해 얘기해왔는데요. 여성이 해야 할 일에 대해 가정에서 어떻게 배웠나요?

루스: 우리 어머니는 특별한 직업 없이 주로 우리를 돌보기만 하셨죠.

치료자: 저에게는 매우 관습적인 것으로 보이네요.

루스: 그렇지요.

치료자: 아는 사람 중에 직업을 가지고 있거나 대학에 간 중국 여성이나 교회의 여신도는 없나요?

루스: 음, 저희 어머니 세대나 교회에서는 전혀요! 제 친구 중 몇몇 대학에 간 친구도 대학을 졸업하고 나서는 가족을 부양하고 아이를 돌보고 있어요.

치료자: 가족이 여성에게 보내는 기본적인 메시지는 무엇인가요?

루스: '당신의 가족, 그리고 당신이 엄마가 되는 것이 최고이다.'인 것 같아요.

치료자: 엄마나 아내가 되라는 것 외에는 지지나 격려를 받는 것이 거의 없는 것 같네요.

루스: 정말 그랬어요. 남편도 제가 살아온 이런 과정을 싫어해요.

치료자: 그러면 당신을 위하는 것은 무엇이죠?

루스: 음, 아이를 잘 돌보는 것을 남편이 인정한다는 것을 잘 알아요. 하지만 그것은 항상 남편과 아이를 위한 것이지 저를 위한 것은 아니에요. 가끔은 정말 화가 나요.

문화가 루스의 생활에 미치는 영향을 논의하는 것은 간혹 가치가 상충되는 두 문화 사이에서 루스가 분열감을 느끼게 한다는 점에서 그녀가 호소하는 문제를 더 잘 이해할 수 있게 해준다. 예를 들어, 존은 가족을 부양할 남편과 아빠로서 가족에게 어떻게 보일지에 대한 걱정 때문에 루스가 일하는 것을 원하지 않는 전통적인 중국 남자라고 가정해 보자. 만약 루스가 일을 시작한다면, 남편은 자신이 가족을 부양할 능력이 없어서 루스가 일을 한다고 주변 사람이 생각할 것이라고 염려할 것이다. 이는 지역 사회에서 '체면을 잃는 것'이 될 것이다. 루스는 남편의 걱정을 이해하지만 이것이 교사가 되고 싶은 꿈을 포기하기에 충분한 이유인지에 대해서 의문을 제기한다. 그녀는 자신의 욕구와 문화적으로 남편에게 기대하는 것 사이의 균형을 맞추는 문제를 고심하고 있다. 우리는 문화적 가치의 균형을 맞추는 것은 아시아계 미국인에게 흔한 문제라는 것을 루스와 공유함으로써 그녀의 딜레마를 이해하게 되었다. 자신의 욕구를 충족시키는 것은 미국 주류의 중요한 가치이지만 반면에 '체면을 세우고' 가족에 집중하는 것은 중국 문화의 중요한 가치이다.

**정서 표출** 앞에서 볼 수 있는 것처럼 상담의 중간 단계에서는 성과 문화적 사회화 과정이 루스의 삶에 영향을 미쳤음을 깨닫게 하여 많은 분노와 좌절을 끌어낼 수 있다. 인종 정체성의 관점에서 보면, 이러한 부조화 유발 기간은 혼란, 분노, 분개의 시간이 될 것이다. 그러므로 우리는 루스가 분노와 억울함을 표현하고 정상화해 받아들일 수 있는 공간과 관계를 제공하려고 한다. 여성의 권리 주장과 부정적 정서 표출을 중시하지 않는 성 역할과 문화 체제를 가진 가족과 함께 사는 루스에게 상담은 판단 없이 자신을 표현할 수 있는 드문 기회가 될 것이다.

**| 후기 단계** 우리는 루스가 스스로 결정을 내리면서 자율감을 느끼도록 하는 것을 목표로 상담을 했다. 이를 위해서 우리는 가족의 삶과 학교의 균형을 유지하고 있는 여러 아시아계 미국 여성이나 유색인 여성을 만날 수 있는 공간(지지 집단, 문화 집단, 학생 조직)을 탐색해서 루스의 사회적 지지 체계를 향상시키려고 했다. 마찬가지로 여성에 대한 연구나 아시아계 미국인 문학과 같은 영역의 독서 치료를 통해 다른 여성과 공유할 수 있는 문제에 루스를 노출시킬 수 있다. 특히, 영양사를 만나게 하여 신체상에 대한 문화와 성적 차원을 탐색할 수 있다. 또한 우리는 자신의 종교적 관점에 성, 인종, 민족성을 통합하는 과정을 루스가 목사나 교회의 여러 구성원과 함께 논의할 수 있도록 격려했다. 민족성과 인종, 성이 교육을 받으려는 루스의 선택에 미치는 영향을 인식할 수 있도록 하기 위해 진로 상담은 필수적이다. 우리는 또한 (1) 다른 아시아계 미국인 여성과의 연결을 확고히 하고, (2) 루스에게 인종 차별, 성 차별을 다룰 수 있는 건설적인 기틀을 제공하고, (3) 사회적 압력을 다룰 수 있는 자기 효능감을 증진시키기 위해서 지역사회에서의 활동이 가치가 있음을 강조할 것이다.

## 맺는말

상담 후기에 루스가 자신의 정체성을 중국계 미국인이고 여성이며 기독교도라는 사회적 정체성과 통합하여 의미 있게 정의하여서 루스가 성장했음을 잘 알 수 있었다. 또한 루스는 이러한 성장은 지속적인 발달 과정의 시작일 뿐임을 잘 알고 있다. 아직 확인하지 못한 것은 남편이나 자녀와의 관계로서, 이러한 관계가 어떻게 재정립되어야 하는 것인지에 대한 것이다. 마찬가지로 부모와의 관계, 그리고 종교와 성 그리고 가족 내 의무의 역할은 비교적 깊이 있게 탐색하지 않은 상태지만, 루스는 새롭고 확신을 가진 자기감을 가지고 이러한 문제에 직면하고 있다. 결과적으로 이러한 강점을 인정하고 우리는 루스의 인생과 계획에서 남아 있는 문제를 숨김없이 검토하기로 했다. 우리는 추수와 유지 회기, 부부 상담, 가족 치료와 같이 향상을 유지시키는 단계뿐만 아니라 재발 가능성이 있는 시점에 대해 논의하고 예측하였다.

루스의 사례에서 알 수 있듯이 다문화 상담은 다른 이론이나 치료 접근과 경쟁을 하는 것이 아니라 상호보완적이다. 루스가 호소하는 문제의 문화적 측면을 강조하지만 그녀의 인생의 단계나 불안과 우울 같은 증상을 언급하고 치료하는 것이 중요함을 무시하는 것은 아니다. 내담자의 상담 경험과 현재의 근심뿐 아니라 치료자의 가정과 실무에 영향을 미치는 문화적 요인을 인식하고 있다면 다문화 상담이 다른 이론적 접근에 충분히 통합될 수 있다. 사실상, 다문화 상담은 치료자로 하여금 자신과 내담자를 문화적 맥락 안에서 고려하도록 한다.

## 아프리카계 미국인 루스: 영성에 초점을 둔 통합적 관점

_ Kellie Kirksey 박사

### 도입

아프리카계 미국 여성인 루스는 개인 상담을 받고자 한다. 그녀의 문화적 배경을 고려할 때 상담을 받는 것은 전형적인 치유 행위는 아니다. 아마 그녀는 상담을 받는 것에 대해 다음과 같은 수많은 부정적인 메시지를 들었을 것이다.

- 치료는 정상이 아닌 사람을 위한 것이다.
- 낯선 사람에게 네 일에 대해 얘기하지 마라.
- 가정에서 일어난 일은 집 안에서 해결하라.
- 문제가 있으면 목사 등 종교인에게 말하라.
- 당신은 치료 체계를 신뢰할 수 없을 것이다.
- 기독교도인 너에게는 예수 그리스도 외에 다른 중재자는 필요하지 않다.

이러한 인식은 도전해야 할 것이지만 역사적으로 볼 때 많은 경우에 생존의 기초가 되었을 만큼 중요한 믿음이었다.

루스가 처음 약속을 잡기 위해 전화를 걸었을 때, 그녀는 기독교도인 아프리카계 여성 치료자를 요구했다. 나는 기독교도인 상담자라고 내세우지 않지만 치료 과정에서 영성과 신앙이 중요한 요인이라고 생각한다. 루스는 접수 면접 약속을 했다. 그 과정에서 나를 소개하고 상담에 대한 루스의 생각을 질문하면서 상담을 시작했다. 접수 절차 동안, 우리는 상담에 필요한 것과 목표에 어떻게 도달할 것인지에 대해 의견을 나누었다. 나는 치료 과정에 첫 발걸음을 내딛은 루스의 용기를 인정했다. 또한 첫 회기는 상담의 기초를 쌓는 것임을 알리고, 질문하는 것이 평가와 치료의 일부라는 것을 알려준다.

루스에게 전문적인 도움에 대한 자신의 믿음과 태도를 탐색하도록 하고, 상담에 대한 모든 걱정과 두려움을 터놓고 얘기해 보도록 격려했다. 나는 그녀의 인생 문제에 대해 해답을 찾아주는 사람이 아니라 해답을 찾는 과정을 돕는 사람이라는 것을 알려주었다. 상담을 받으러 오는 사람은 이미 그 답을 알고 있다. 나는 치료 과정을 촉진하는 전문지식은 가지고 있지만 자기 인생의 진정한 전문가는 바로 내담자 자신이라고 생각한다.

## 루스에 대한 평가

루스의 주치의는 불안, 공황발작, 전반적인 슬픔과 좌절 때문에 루스의 상담을 의뢰했다. 루스는 감정 표현을 받아들이지 않는 엄격한 가정에서 자랐다고 보고했다. 어른이 되어서도 자신의 감정을 끊임없이 억눌렀고, 불만을 표현하려고 할 때마다 죄책감을 경험했다. 이처럼 세상에 반응하는 방식은 어머니와 할머니로부터 학습한 것이다. 최근에 루스는 학교로 복귀했는데 그녀가 참여한 프로그램에서 그녀는 유일한 아프리카계 미국 여성이었다. 루스는 교실에서 인종차별적인 말을 들었을 때 감정을 솔직하게 표현할 수 없어서 매우 고통스러워 했다.

루스에게 인종과 민족을 물어보고, 그녀가 자신을 정의하는 방법에 세심하게 주의를 기울였다. 루스는 "흑인이지요, 선생님처럼."이라고 말했다. 나는 "나는 클리블랜드에서 태어났으며, 남편은 아이티인이지요. 우리 부부는 모두 '흑인'이지만 우리의 문화는 서로 매우 다르지요. 그리고 이런 점이 우리가 세상을 보는 방법에 영향을 미치지요."라고 말했다. 루스에게 한 질문은 그녀가 누구이고, 그녀가 세상과 문화의 관계 속에서 자신을 바라보는 방식을 알 수 있게 해주었다. 나는 루스가 속한 인종과 민족 집단과 관련하여 그녀가 경험한 특정한 도전과 능력에 대해 이야기하는 것에 관심을 가졌다. 루스는 자기 인종의 강점으로서 회복력을 언급했다. 이러한 정보는 우리가 치료를 시작하는 데 매우 중요한 것이다.

첫 회기에서 나는 루스에게 종교와 영성의 배경에 대해 질문했다. 그 이유는 그녀의 원가족에게 종교가 갖는 기능이 무엇인지 알고 싶었기 때문이었다. 탐색하고자 한 질문은 다음과 같다. (1) 종교는 당신의 일상생활에서 중요한 부분을 차지하는가? (2) 어떤 종교의식이 가정에서 행해지는가? (3) 당신이 크게 의지하는 종교적 혹은 영적 측면은 무엇인가? (4) 당신의 영적 연결감을 정의하라. 루스의 대답은 우리의 치료 작업에서 종교와 영성이 매우 중요하다는 것을 알게 해주었다.

이러한 대화를 통해 상담에 대한 루스의 양가감정을 확인할 수 있었다. 그녀는 하나님의 말씀과 함께 살고 있다면 고민을 해결하는 데 다른 사람의 도움이 필요하지 않다고 말했다. 루스의 양가감정 때문에 나는 전통적인 다축 진단에 기대기보다는 새롭고 건강한 삶을 자유롭게 구축할 수 있는 협력적인 관계를 함께 만드는 데 초점을 두었다.

## 치료 목표

우리는 다음의 치료 목표를 달성하기 위해 협력적이고 통합적인 접근을 사용했다.

1. 진실하고 서로를 존중하는 치료 관계를 형성하라.
2. 가치 없고 희생적이라고 생각하는 역할을 강요하는 문화적이고 사회적인 메시지를 탐색해서 해체하라.
3. 루스의 인생을 진정성 있게 지지하는 새롭고 건강한 이야기를 만들어라.
4. 내면에 있는 지혜와 영적인 연결감을 신뢰하는 능력을 키워라.

## 주요 문제와 주제

루스는 치료에 참여했을 때 근심이 많았는데, 그중의 하나는 문화적으로나 사회 속 여성으로서의 자기감을 잃고 있는 것이었다. 그녀는 타인을 기쁘게 하는 사람으로서 인생을 살아왔으며 강한 아프리카계 미국 여성이라는 신화를 수용하며 살아왔다. 자신을 '슈퍼우먼'으로 보고 모든 사람을 돌보는 역할을 하며 살았다. 그 결과 그녀는 자신을 희생하게 되었고, 그것은 육체적이고 감정적인 범위까지 확대되었다. 루스가 도전할 것은 자신을 돌보고 건강한 인간관계의 경계를 만들고 아프리카계 미국 여성으로서 진정한 자신의 모습을 말할 수 있게 되는 것이다.

아프리카계 여성으로서 루스는 집안일은 절대 노출하지 않도록 키워졌기 때문에 그녀가 침묵을 깨뜨리고 말하려고 하는 용기를 격려하는 것이 중요했다. 상담실은 안전하고 판단이 이루어지지 않는 영역이라는 것을 그녀가 이해하고 나를 믿게 된 것은 매우 중요했다. 나는 루스가 이러한 안전감을 유지할 수 있도록 비밀보장의 한계에 대해 이야기를 나누었다.

루스에게 가장 두드러진 중요한 문제는 불안이었다. 이것은 그녀가 타인을 조정하고 감정을 억누르게 하고 건강하지 못한 식습관을 갖도록 한 것이다. 루스는 두려움과 좌절을 음식으로 달래는 경향이 있어서 폭식과 과체중 상태로 발전했다. 우리는 마음챙김 전략을 사용하여 그녀가 자동적으로 감정적인 식사를 하고 있음을 깨닫고 삶을 긍정하는 결정을 많이 할 수 있도록 지지할 것이다.

루스는 타인을 위한 존재일 뿐 자신을 정확히 보지 못하고 있다고 느꼈다. 그녀는 사회에서 아프리카계 여성이 무엇을 의미하는지 탐색하지 않으려고 하였다. 대학 캠퍼스에서의 차별과 편견에 직면하면서 자신의 존재를 정의하는 사회적 문제와 문화적 문제를 탐색하기로 결정했다.

## 치료 과정과 절차

치료의 주요 과제는 자신이 누구인지를 아는 것이었다. 나는 그녀가 자기 인생의 전문가이고 자신의 삶을 증진시킬 수 있는 답을 갖고 있다는 것을 상기시켰다. 우리는 이러한 해답을 발견하고 이것을 실행에 옮기기 위해 협력하였다.

함께 세운 치료 목표는 정신분석적, 인지행동적, 실존주의적, 포스트모더니즘적 치료법을 사용해 수행할 것이다. 초기 단계에서는 정서적 억압을 확인하기 위해 정신분석적 접근을 사용할 것이다. 이 접근법은 루스가 아동기 경험에 직면하도록 돕기 위해 무의식적 자료를 꺼내도록 한다. 나는 루스에게 자신의 현재 기능 수준에 영향을 주었다고 생각하는 아동기 경험을 다루기 위해 옛날 사진을 준비해 오라고 했다.

인지행동적 관점에서 나는 루스가 자신과의 관계에서 사용하는 언어를 살펴보도록 했다. 그녀는 자신이 사용하는 문장을 관찰함으로써 부정적인 용어를 얼마나 많이 사용하는지 살펴볼 수 있었다. 자기 자신에게 '바보'나 '멍청이'라는 말을 많이 사용한다는 것을 깨닫게 되자 자신이 얼마나 부정적이고 자기파괴적인 생각을 하는지 그리고 이것이 자신의 행동에 어떤 영향을 주는지 알게 되었다. 인지행동 전략은 자신이 두려워하고 공황을 느끼게 하는 데 기여하는 자기 진술을 인식할 수 있게 해준다. 이러한 전략은 그녀가 더욱 긍정적인 삶을 살 수 있는 틀을 제공하고, 사고의 변화가 행동의 변화를 이끄는 것을 알 수 있게 해준다.

루스의 치료에 포스트모더니즘적 접근과 함께 실존주의 이론을 반영할 수 있다. 이러한 접근은 마음과 몸, 영성 등 다양한 수준에서 인식을 증진시킨다. 루스가 자신이 누구이고 무엇을 하고 있고 어디로 가는지를 더욱 주의 깊게 살펴보도록 격려했다. 그녀는 몇 가지 존재론적 고민을 탐구하기 시작하면서 자신을 어떻게 볼 것인지에 대한 관점이 변하기 시작했다.

루스의 삶을 강력하게 인도하는 것이 교회였기 때문에 상담에 도움이 될 수 있도록 그녀에게 영적인 관계를 살펴보도록 했다. 나는 루스의 영적인 강인함과 평안함, 그리고 그 지향점을 향해 나아가는 자원으로서 영적 측면을 검토했다. 루스는 영적으로 예수와 연결되어 있다고 했고, 우리는 치유와 자기 발견의 여정을 안내하고 보호하기 위해 예수를 상담 장면에 도입해 상담을 진행했다.

나는 내담자의 욕구에 맞추어 치료 스타일을 바꾼다. 내담자의 성장을 촉진시킬 수 있는 능력은 내가 끊임없이 도전하는 노력과 관계가 있다는 것을 잘 알고 있다. 아프리카계 내담자와 상담을 할 때 나는 세대 간의 변화나 그 경향성, 특성, 그리고 의식적 혹은 무의식적으로 전해지는 관습에 특별히 주의를 기울인다. 가계도를 사용하는 것은 치료의 초기 단계에서 우리가 그들 세대 간의 패턴을 탐구하는 데 도움이 된다.

## 치료의 시작 단계

루스는 첫 번째 회기에서 비교적 말이 많았다. 그녀는 상담을 의뢰한 의사를 존경하고 있었고, 상담 장면이 자신의 말을 들어주는 곳이라는 점에서 편안함을 느끼고 있었다. 루스는 학교와 집에서 자신의 진실한 감정을 억누르며 많은 시간을 보내고 있었다. 그녀는 상담실이 마음에 있는 말을 할 수 있는 안전한 장소라는 것에 안심했다. 루스에게 호흡의 속도에 주목하도록 하면서 호흡이 불안을 감소시키는 역할을 할 수 있음을 말해 주었다. 나는 횡격막을 사용한 호흡의 시범을 보이고 집에서 연습하라고 했다. 또한 억압된 감정과 좌절에서 해방되기 위해 매일 일기를 쓰라고 말했다. 루스는 감정의 변화를 보고했고, 회기 사이의 활동을 통해 기쁨을 느꼈다.

**치료 과정에 대한 논평** 호흡 활동은 루스가 자신의 신체와 신체를 통해서 하는 행동, 그리고 그녀를 위해 신체가 하는 활동을 잘 인식할 수 있도록 해주었다. 호흡 연습을 계속할수록 불안 수준은 낮아지고 이완하는 능력은 증가할 것이다. 우리는 루스가 신체를 인식하도록 작업을 했고, 운동도 함께 했다.

치료의 시작 단계에서 우리는 자기 가치를 확신하게 하는 작업을 시작하여 상담이 끝날 때까지 계속했다. 이러한 작업은 루스의 이야기에서부터 시작되었다. 루스는 '나는 매우 멍청해.' 혹은 '나는 나의 삶이 싫어.'와 같은 표현을 했는데 이를 색인 카드에 기록했다. 자기 가치 확신이란 부정적인 자기 대화를 사용하지 않고 내적 대화를 하게 하고 패배적인 진술을 삶을 지지하는 말로 대신하는 것을 의미한다. 루스가 받은 첫 번째 카드는 양쪽에 독립적인 문장이 쓰여 있었다. 나는 검은색 표시가 된 글자로 '나는 중요한 사람이다.'와 '나는 가치가 있다.'라는 문장이 쓰인 카드를 루스에게 건네주었다.

치료자: 이 문장을 크게 소리 내어 읽어주실래요? (루스는 말없이 가만히 앉아 있었다) 이 문장을 보면 무슨 느낌이 드나요?

루스: (눈물을 흘리면서) 나를 이렇게 생각하고 있었다니 정말 비참해요.

치료자: 당신의 경험을 공감하면서 듣다 보니 몇 개의 부정적인 단어가 들렸어요.

루스: 네……. 모두 내가 자라면서 들은 말이에요.

치료자: 좀 더 긍정적인 단어로 바꾸어 볼까요?

루스: 시작하자마자 부정적인 단어가 나올 것 같아요.

치료자: 내가 지켜보고 격려해 줄게요. 부정적인 생각을 유지하려고 하면 내가 개입해서 당신이 새로운 생각을 의도적으로 마음속에 만들도록 격려할 것입니다. 이러한 과정이 끝나고 나면 당신의 마음은 새로워지고……. 당신 자신과 다른 사람을 용서하고 앞으로 전진할 수 있을 겁니다.

루스: 말하는 것만큼 행동이 쉽지는 않잖아요.

치료자: 우리가 연습을 하는 이유가 바로 그것입니다. 우리는 새롭고 다양한 기술을 연습하고…… 그것을 시도하고……그러면서 우리가 어떻게 느끼게 되는지 알게 되지요.

긍정적 자기 진술의 중요성에 대해 우리는 토론을 계속했고, 적극적으로 자신의 생각을 변경하도록 루스를 격려했다. 우리는 그녀가 타인으로부터 받은 부정적인 메시지를 목록으로 정리하고 스스로 읽어 보도록 했다. 이러한 자동적 사고 중 일부는 루스의 인종과, 성, 그리고 현재의 삶에서의 위치와 관계가 있었다. 그녀는 목록을 만들면서 자신의 부정적인 사고가 자아상을 크게 낮추었음을 알 수 있었다. 다음 회기에서는 부정적인 자기 진술을 하지 않도록 하는 긍정적이고 이성적인 대처 진술문을 탐색할 것이라고 루스에게 일러주었다.

## 치료의 중간 단계

치료 과정에서 견고한 유대감이 형성되었을 때, 우리는 루스가 아프리카계 미국 여성으로서의 위치와 불안을 어떻게 지각하는지에 집중해서 좀 더 실존적인 상담을 시작했다. 나는 그녀가 진심으로 마음에서 우러나오는 대화를 했을 때, 감정이 강하게 표현될 것이라고 예상했다.

치료자: 오늘 기분이 어떤가요?

루스: 지긋지긋하고 피곤해요.

치료자: 좀 더 자세히 설명해 줄래요?

루스: 뭐…… 학교 일 때문에요. 곧 끝나겠지요. 잘될 거예요. 모두가 잘 끝날 거예요. 사실 이런 일은 별일이 아니었거든요.

치료자: 예를 들면요?

루스: 음, 며칠 전, 학교 서점에 갔었어요. 나이 든 백인 여성이 저를 보고 말했죠. "유색인 여자군." 저는 한편으로는 그저 듣고 있자고 생각했고, 한편으로는 어느 정도 양식 있는 흑인이라고 말할 수 없을까 하는 생각을 했어요. 약 2초 정도 쏘아붙이지 못하고 생각한 것이지요.

치료자: 소리 지르고 싶은 충동을 잘 참아내셨네요. 무엇 때문에 참을 수 있었나요?

루스: 그녀가 잘 몰라서 그랬을 수도 있다고 생각해요. 나이가 많았고, 아마도 나 같은 사람을 TV에서만 봤겠지요. 학교에는 나와 같은 사람이 거의 없어요. 그것 때문에 가끔은 매우 피곤하지요.

치료자: 그녀가 한 말을 듣고 기분이 어땠나요?

루스: 좌절감과 슬픔이었어요. 화가 난다고 말할 수도 없어요. 어떻게 자기가 한 말이 상처를 주는지 모를 수 있지요? 우리를 아프리카계 미국인으로 불러야지……. 검둥이라고 부르다니…….

치료자: 그렇군요. 마음속의 쓰레기를 어떻게 처리해야 하는지 기억하시지요. 지금이 바로 그 시간이에요.

루스: 가끔 저는 학교에 있는 사람들 때문에 피곤해요. 저는 학교에 있고 싶고, 학위도 취득할 거예요. 그것은 저와 같은 많은 사람에게 좋을 것이라고 생각했죠. 그러나 아니에요. 저는 포스터에 나오는 불쌍한 사람일 뿐이에요. 수업 중에 다양성과 다문화를 다룰 때면 모든 학생이 저를 쳐다봅니다. 그들도 그들만의 문화를 가지고 있다는 것을 모르나 봐요. 이해할 수가 없어요. 그러면서 그들은 가족의 역동과 빈곤에 대해서 이야기하죠. 음……, 항상 가시방석에 앉아 있는 기분이에요. 아마도 생활보호 대상자로서 문제가 많고, 아빠가 다른 아이를 가진, 나이 많은 흑인 여성이라고 나를 생각하는 것 같아요. 나는 내 인생을 전환해서 좋게 만들었어요. 나는 예외에요. 그런데 사람들은 나와 같은 외모를 가진 사람을 보고 나도 그럴 것이라고 생각하는 것 같아요.

치료자: 당신은 정말로 그들이 당신을 그렇게 생각한다고 생각해요? 그리고 그것이 당신과 무슨 상관이 있죠?

루스: (깊이 한숨을 쉬며) 아니요, 그들의 생각을 어떻게 알겠어요. 어떻게 생각하든 상관없어요. 단지 저는 학교에 가고 싶고 내 일을 하고 싶을 뿐이지요. 문제의 중심에 서고 싶지는 않지만 가끔은 그런 편견과 싸우고 싶은 생각이 들 때가 있어요.

치료자: 그래서 그렇게 했나요?

루스: 제가 무엇을 했냐고요?

치료자: 당신은 그러한 이미지와 싸웠나요? 편견을 깨뜨리기 위해 무엇을 했나요?

루스: 어떻게 싸우죠? 교수님은 제가 손을 들어도 무시했어요. 보세요, 그의 세계에는 노예 제도는 폐지됐고 인종 차별은 존재하지 않죠. 그들은 우리가 극복했다고 생각해요. 그런데 그것은 여전히 존재하고 있고 우리는 매일 이를 경험하면서 살아요. 만약 그들이 내 말을 들었다면 시선이 편향되어 있는 책임은 우리에게 있고 여전히 그런 편견 속에서 우리가 살고 있다고 말하겠지요. 다른 학생보다 준비를 더 잘해 왔다고 말하면 교수님은 내가 피해망상이 있거나 과민하다고 생각할 거예요. 이것이 내가 사는 세상이고 조금도 가감하지 않은 현실이에요. 그들이 이해할 것이라고 기대하지 않지만 적어도 내가 하는 모든 행동이 동정을 받기 위한 것이라고 생각하지 않았으면 좋겠어요. 나는 동정을 원하지도 않고 필요하지도 않아요.

치료자: 학교에 다닐 때, 나도 다음 세대에는 모든 편견과 판단이 계속되지 않을 것이라고 상상했어요. 그러나 그것은 여전히 우리가 있는 곳에 계속되고 있군요. 우리가 20년 전에 했던 이야기를 당신이 하고 있다는 것이 슬프지만, 한편 당신이 이에 맞서 싸우는 것이 자랑스럽습니다.

루스: 그것은 쉽지 않아요.

치료자: 쉬웠다면, 모두 그렇게 했겠지요. 꿋꿋하게 나아가야지요. 하나님은 이유가 있어서 당신을 그 상황에 보냈을 것입니다. 분노심으로 가슴이 뜨거워질 때, 천천히 깊은 숨을 들이쉬고 해야 할 전투를 선택하고 진실을 나누세요. 한 개인으로서 당신이 누구인지 알게 하세요. 당신이 이야기하면 그들의 잘못된 이미지를 깨뜨릴 수 있을 것입니다.

루스: 그들은 내 사정을 알 필요가 없어요. 나도 그들에게 나에 대해 말할 필요가 없고요.

치료자: 마음속에 분노를 놔둘 것인가요? 그것이 당신의 기분을 좋게 하나요?

루스: 선생님은 그것이 기분 좋은 일이 아니라는 것과 여기서는 화를 내지 않을 것이라는 것을 알고 있잖아요. 가끔 저는 소리를 지르거나 그런 어리석음이 지긋지긋해서 화를 내는 흑인 여성이 되곤 합니다. 그러면 나도 그 편견 속의 한 인물이 되고 말지요.

치료자: 메시지를 전달하는 방법을 잘 알 필요가 있어요. 가끔 우리는 우리가 희생자같이 행동하는 것이 옳다고 여기지만 그것은 우리를 방어적으로 만들고 화가 나게 만들죠. 그것은 효과적이지 않습니다. 그것은 그들이 TV에서 본 우리의 모습입니다. 근거 없는 믿음을 보유하지 마십시오. 그것을 깨뜨리십시오. 희생자처럼 행동하는 것에서 벗어나서 자신만의 관점에서 이야기를 하면 어떨까요?

루스: 자업자득입니다. 선생님은 제가 어떠한지 모르세요.

치료자: 저도 우리가 이야기하는 것과 비슷한 일을 겪었습니다. 그것은 힘든 길이지요. 나는 우리 집에서 처음으로 대학에 진학한 사람이었습니다. 우리는 고양이만 한 쥐가 있는 클리블랜드의 빈민가에서 살았습니다. 대학은 우리가 갈 수 있는 곳이 아니었지요. 우리는 생존을 위해 살았어요. 나 혼자서는 감당할 수 없다는 것을 심각하게 깨닫고 다른 사람의 도움이 필요함을 받아들였어요. 친한 친구의 부모님이 대학 입학금을 내어주셨습니다. 부담스러웠지만 우리는 고립되어 살 수는 없잖아요. 나는 혼자 살 수 없고 당신도 그렇습니다. 어떤 상황에서는 학교로 돌아가기가 매우 힘듭니다. 그러나 당신은 지금 여기서 자신이 하리라 상상할 수 없었던 일을 하고 있습니다. 자부심을 가지고 당신의 이야기를 하세요. 강력한 메시지입니다. 누군가는 당신의 진정한 모습을 보면서 치유되는 경험을 할 것입니다.

루스: 시도해 볼 수 있겠지요. 내가 한 방법이 그리 효과적이지 않았던 것 같아요. 이제 더 이상 교실에서 긴장하고 스트레스를 받을 수는 없지요.

치료자: 좋은 자세입니다. 당신은 마음속으로 예행 연습을 할 수 있고, 분노와 좌절에서 비롯된 것이 아니라 마음에서 우러나오는 당신의 이야기를 들을 수 있습니다.

루스: 알겠습니다. 시도해 볼게요.

치료자: 지금 저는 몇 가지 일이 진행되는 것을 보았습니다. 당신은 학교에서 고립되어 외로움을 느끼고 있지요. 그리고 모든 편견과 싸우고 있습니다. 이해합니다. 이제 당신은 이러한 상황에서 당신을 도와줄 수 있는 사람을 찾아보는 일을 할 것입니다. 당신은 여기 이 안전한 곳에서 당신과 유사한 상

황에 있는 사람을 나와 함께 적극적으로 찾을 것입니다. 당신의 학교에는 다문화 문제 사무소가 있습니다. 사람을 만나세요. 그곳에는 고립감을 느끼고 이를 나눌 사람을 찾는 사람이 분명히 있을 것입니다. 커피를 마시며 이야기를 나누는 그런 만남일 수도 있을 것입니다.

루스: 알겠어요. 그거 괜찮은 생각이네요. 한번 찾아볼게요.

**치료 과정에 대한 논평** 나는 루스가 학교에서 유일한 아프리카계 미국 여성으로서 느끼는 감정을 인정해 주었다. 그녀는 고립감과 외로움, 좌절감을 절실하게 느끼고 있었다. 루스의 감정 흐름을 방해하지 않고 들어주는 것은 매우 도움이 된다. 내가 자기 개방을 한 것은 루스가 이해받는다고 느끼고 고립감을 덜 느끼는 데 도움이 되었을 것이다. 루스의 상황과 관련해 말했기 때문에 자신이 느낀 감정을 표현하는 것이 적절하고 유용하다는 것을 루스는 알게 되었을 것이다.

루스에게 격려는 필수적이었다. 루스는 일상생활에서 많은 노력을 기울임에도 이에 대한 지지와 격려를 받지 못했다. 치료는 그녀가 이해 받고, 격려를 받고, 확신을 받는다는 것에서 시작된다. 그녀가 자신을 인정하고 확신하도록 가르치는 것은 우리의 작업에서 중요한 부분이다. 루스는 혼자 모든 것을 처리해왔고 이로 인해 압박감과 고립감을 느껴왔다. 다문화 문제 사무소와 연결해 줌으로써, 그녀는 공동체를 만들기 시작했고 타인과 교류를 통해 더 많은 힘과 탄력성을 갖게 되었다.

## 치료의 마지막 단계

치료의 마지막 단계로 들어가면서, 루스는 스스로 새로운 이야기를 만들고 있다는 것을 깨달았다. 그녀는 자신의 피해의식이 비생산적이고 불안을 증가시킨다는 것을 알게 되었다. 그녀의 행동이나 태도는 더 이상 타인에 의해 결정되지 않게 되었다. 치료의 종결이 가까워지자 우리는 그녀가 치료 중에 한 작업을 통해 무엇을 얻었는지를 논의했다. 루스는 이제 가정과 학교에서 압도되거나 피해의식에 젖지 않고 자신의 의견을 표현할 수 있다는 것에 자부심을 느꼈다. 루스의 문화적 정체성은 강해졌고 더 이상 자신을 방어할 필요를 느끼지 않게 되었다. 또한 자신을 점검하고 자신의 신체에 민감해지며 내적으로 평온한 상태로 돌아가는 데 필요한 것을 할 수 있는 습관을 발달시켰다. 그녀는 자신의 성공과 좌절 경험을 일지에 기록했고, 좌절을 경험할 때마다 이를 효과적으로 조절할 수 있게 되었다. 또한 자기 내부의 목소리를 믿고 명확한 경계를 설정하게 된 것도 루스가 얻은 이득이었다. 루스는 이제 죄책감에 휘둘리지 않고 '아니요'라고 말할 수 있게 되었다. 수업 중에 감정에 휩쓸리지 않고 의견을 표현할 수 있었으며, 아프리카계 미국 여성으로서 자신의 삶을 사람들이 이해하게 할 필요가 없다는 결론에 다다랐다. 아프리카계 후손인 여성으로서 진실함과 정체성을 가지고 있는 그대로의 모습으로 타인과 만날 수 있게 되었다.

루스는 마음을 열고 다른 사람과 관계를 맺고 공동체를 만드는 작업을 지속해 나갔다. 그리고 운동과 건강한 식이요법을 통해 자신의 신체를 마치 보물처럼 돌보기 시작했다. 그녀는 이러한 점에서 놀라울 만한 성과를 거두었고 이러한 성과가 지속될 수 있도록 인지행동 전략을 사용했다.

상담을 매주 진행하면서 만약 앞으로 어려운 문제가 있으면 언제든지 상담을 할 수 있다고 루스에게 말해 주었다. 나는 이러한 여정을 함께 할 수 있어서 고마웠고 그 결과 나에게도 많은 변화가 있었다고 말해 주었다. 우리는 서로의 삶에 평화가 있기를 기도하고 축복했다.

## 맺는말

루스는 상담 과정에서 믿음을 지키는 용기를 보여 주었다. 이는 아프리카계 미국 여성에게 새로운 치유의 길이 될 수 있을 것이다. 이 단계를 밟으면서 루스는 자신과 타인의 안녕에 도움이 될 수 있는 새로운 길이 있음을 받아들였다. 그녀는 현재 비교파적인 교회에 나가면서 하나님이 우리의 영혼을 치유하기 위해 사용하는 많은 도구에 대해 간증을 했다.

자신의 감정을 표현할 수 있는 안전한 장소에 있음으로써 루스는 자신이 더욱 진실하게 살 수 있었다. 루스는 자신의 진실한 모습을 표현하면 오해를 받거나 판단의 대상이 될 것이 두려워서 과거에 그렇게 행동했다는 것을 깨달았다. 루스가 인생을 풍요롭게 할 수 있는 것을 탐색하고 주장할 수 있는 기회를 상담이 제공했다. 루스는 항상 실수할 것이라는 생각에 사로잡혀서 역경 속에 많은 축복과 긍정적인 선택이 뒤섞여 있음을 깨닫지 못하고 있었다. 치료를 통해 그녀는 자신의 낡은 습관에 질문을 던지고 긍정적인 자기 대화를 통해 자신을 인정하며 자신에게 도움이 되는 행동을 인식하기 시작했다. 루스는 선조의 강인함과 탄력성을 갖게 되었다. 그녀는 노예무역과 같은 사건에 대해 진지하게 논의하면서 자신이 그때 생존한 선조의 후손이라는 것을 깨닫고 자부심을 느꼈다.

루스는 영적인 측면에서 하나님이 선하고 사랑하며 힘을 주는 분이라고 말할 수 있게 되면서 굉장한 자존감을 느끼기 시작했다. 루스는 이제 영성을 통해 그녀가 모든 사람에게 전부가 될 필요가 없음을 확신하게 되었다. 성경을 공부하면서 그녀는 눈물과 분노, 실망, 슬픔을 느끼고, 특히 사랑과 같은 감정을 느끼고 표현하는 것이 자연스러운 것임을 깨달았다.

루스는 마음을 챙기면서 자신의 인생을 더욱 발전시켜 나아갔다. 저녁에 남편과 산책하기 시작했고, 건강에 도움이 되는 음식을 만들기 시작했다. 자기상은 향상되어 이제 더욱 진실한 삶을 살고 있다. 그녀는 상담 과정에 많은 시간과 노력을 쏟으면서 인생은 여행이고, 여정 중에 많은 도전에 부딪치지만 자기 인생의 장애가 무엇이든 효과적으로 대처할 수 있는 많은 도구를 가지고 있음을 깨닫게 되었다.

## Gerald Corey의 다문화적 관점에서 루스 상담하기

다문화적 관점으로 루스를 개념화하는 과정에서 나는 많은 요인을 고려했다. 『상담 및 심리 치료의 통합적 접근: 루스의 사례와 해설 DVD』 4회기('다양성의 이해와 고려')에서 나는 우리의 차이가 함께 작업하는 상담에 어떻게 영향을 미치는지 탐구했다. 그녀의 문화가 중요함을 이해해야 할 뿐만 아니라, 나이와 성별, 종교적 배경, 교육적 배경의 차이도 고려할 필요가 있다. 루스는 탐색할 필요가 있는 우리의 차이점 때문에 내가 자신을 이해할 수 있을지 의아해 했다. 나는 상담을 진행하면서 문화적 요인에 초점을 맞추거나 혹은 무시할 수도 있다는 가정에 근거하여 상담했다. 그러나 문화는 상담의 방향뿐만 아니라 우리의 행동에도 계속 영향을 미쳤다.

상담자가 다양한 내담자와 상담하면서 모든 내담자의 문화적 배경을 포괄적이고 깊이 이해할 수는 없다. 루스를 상담하면서, 나는 그녀가 상담 과정에서 필히 주목해야 하는 자신의 문화적 배경에 대해 나에게 알려줄 수 있을 것이라고 믿었다. 인간의 보편적인 주제는 인간의 차이가 우리를 풍부하게 하는 만큼 사람들을 통합시킨다. 우리는 사랑을 주고받아야 하고, 심리적 고통을 이해하며, 타인과 중요한 관계를 만들고 싶어 한다. 그러나 루스의 상담에서는 우리의 상호작용에 영향을 줄 수밖에 없는 특정한 문화적 가치를 깨달을 필요가 있었다. 서로 이해하는 데 방해가 되는 차이점은 치료 과정에서 모두 깊이 탐구되어야 한다.

이 장에서는 아시아계, 라틴계, 아프리카계 미국인이라는 관점에서 루스를 상담한 것을 상세하게 기술했기 때문에 나의 의견은 간단히 기술했다. 특정 문화 집단에 대한 빈약한 지식만으로 문화적 요인을 고려해 능숙하게 상담하기는 어렵다. 루스의 경우 나는 그녀를 문화적 배경이나 문화에 적응한 정도, 인종 정체성이 발달한 정도를 기준으로 평가하기보다는 독특한 한 개인으로 볼 필요가 있었다.

## 루스의 다양한 측면

루스가 아시아계 미국인이라고 가정하자. 그녀는 미국 문화에 익숙해져 있을 것이다. 그러나 나는 그녀의 모국에서 무엇을 가치 있게 생각하는지 알고 싶다. 나는 그녀가 한 발은 이전 문화에 두고, 다른 한 발은 새로운 문화에 두고 있을 것이라고 생각할 것이다. 루스는 아마 완전한 아시아인이나 완전한 미국인이라고 생각하지 않고 현실 속에서 갈등을 경험할 것이다. 그리고 이 두 측면을 생활 속에서 어떻게 통합해야 하는지 알지 못할 수도 있다. 그녀는 개인적 문제를 서서히 개방할 수 있는데, 이것이 상담에 적극적으로 참여할 의사가 없음을 반영하는 것은 아니다. 오히려, 그녀가 주저하는 것은 자신의 감정에 대해 이야기를 하지 않는 문화적 전통을 반영하는 것일 수도 있다. 루스의 사례와 배경에 대해 알게 되면서 나는 수치심과 죄책감이 그녀의 행동에서 매우 중요한 역할을 하고 있음을 알게 되었다. 가족에 대한 이야기는 피해야 할 수치스러운 일일 수 있다. 더욱이 그녀의 문화에서는 낙인과 수치심이 심리적 고통의 경험이나 전문적인 도움이 필요하다는 생각보다 앞서서 나타날 수 있다.

루스는 라틴계로서 나와 눈을 마주치는 것을 회피한다고 가정해 보자. 비언어적인 행동을 정확히 해석하는 것은 중요하지만, 그 행동을 저항이나 회피 행동이라고 가정했다면 이는 실수일 것이다. 루스는 눈을 마주치는 것은 무례하다고 생각해서 공손하게 행동한 것이며, 이러한 경우에는 치료 동맹을 형성하는 데 인내가 필요하다. 많은 다른 민족처럼 라틴계 사람은 백인 내담자보다 자신을 드러내는 속도가 느릴 수 있다. 이것은 루스가 방어적이라는 의미가 아니고 문화적 규범이 다르다는 것을 반영한 것이다. 루스의 문화에서는 자신을 간접적으로 표현해야 한다고 가르쳤기 때문에 직접적으로 자신을 표현하지 않았을 수도 있다.

루스가 미국 원주민이고 내가 그녀의 문화를 잘 모른다면 그녀의 조심스러운 행동을 금욕적이고 정서적이지 않음을 반영하는 증거로 잘못 생각할 수도 있다. 사실 그녀는 배경이 다른 상담자와 첫 만남에서 감정을 감추어야 할 이유가 있었을 수 있다. 그녀의 불신감은 편집증의 표시가 아니다. 오히려 그녀는 조심스럽게 행동하도록 학습되었고 이는 다양한 경험에 기초한 현실적인 반응일 수 있다. 만약 내가 그녀의 문화에 대해 충분히 알지 못한다면, 기본적인 문화적 측면을 학습하거나 그 분야에 숙련된 상담자에게 그녀를 의뢰하는 것이 윤리적이다. 상담자는 모든 것을 알아야 한다는 비현실적인 기준 때문에 피곤해할 이유가 없다. 그녀의 문화에 대해서 잘 모르지만 이 문제를 해결할 방안을 강구하고 있다는 것을 내담자에게 알리는 것이 바람직하다. 내담자에게 개방적인 태도를 취하는 것이 좋은 관계를 형성하는 기반이 될 수 있다. 내가 알아야 하는 자신의 문화적 배경에 대해 루스가 정보를 제공할 수도 있다.

## 마지막 제언

특정 인종, 문화, 민족 집단의 구성원은 차이에 근거한 차별을 자주 경험했을 수 있다. 이러한 점은 치료 중에 논의해야 할 필요가 있다. 아프리카계, 라틴계, 미국 원주민, 아시아계나 태평양 군도 출신으로서 루스는 제도적 차별을 경험했을 수 있다. 그녀는 권리를 위해 투쟁하는 것이 무엇을 의미하는지 알 것이다. 그런 경험은 우리의 치료 관계에 역동적으로 반영될 것이다. 나는 그녀의 세계에 참여하기 위해 나의 진실한 믿음과 능력을 보여줄 필요가 있고 그녀의 고민의 본질을 이해할 필요가 있다. 만약 내가 이러한 문화적 현실을 무시한다면, 루스와의 치료 관계는 오래 가지 못할 것이다. 그러나 치료의 방향을 정하기 위해 루스가 나에게 단서를 제공해야 한다는 원칙은 아무리 강조해도 지나치지 않다. 첫 만남에서 나는 그녀가 무엇 때문에 상담실을 방문하게 되었고, 왜 그곳에 있는지를 알고자 할 것이다. 이 모험에서 우리가 해야 할 것을 미리 개념화하기보다는 바로 이 시점에서 그녀가 무엇을 원하고 도움을 구한 이유가 무엇인지 물을 것이다. 만약 문화적 문제를 언급한다면 그녀의 이야기를 경청하고 그녀의 세계를 이해할 때 그 문제가 매우 빨리 모습을 드러낼 것이다.

## 복습을 위한 질문

1. 당신과 루스의 문화적 배경이나 삶의 경험이 매우 다르다면 치료 관계를 형성하는 데 어떤 문제가 발생하겠는가? 당신이 내담자와 인종, 문화, 민족, 사회경제적 수준, 가치관, 종교 또는 성과 같은 차원이 다른 치료자라고 가정해 보라. 이러한 차이를 루스와 논의할 필요성이 있는가? 그 차이가 루스와 상담할 때 어떻게 영향을 미치겠는가? 어떤 차이가 두드러진다면 다른 치료자에게 내담자를 의뢰하겠는가? 루스를 다른 치료자에게 의뢰할 때 고려해야 할 윤리적 문제는 무엇인가?

2. 당신의 가치관과 생활 경험을 검토해 보라. 어떤 인종이나 민족, 문화 집단과 치료 작업을 하는 것이 어렵겠는가? 만약 어려움이 있다면 가장 먼저 무엇을 고려하고 어떻게 대처하겠는가?
3. 내담자와 치료 동맹을 맺고 효과적으로 상담하려면 어떤 문화적 측면을 이해해야 하는가? 만약 이러한 지식이 없다면 그것을 어떤 방법으로 얻겠는가?
4. 당신과 내담자가 연령, 성, 민족, 인종, 문화, 사회경제적 수준, 종교, 가치관, 성적 지향, 교육, 결혼 상태, 혹은 가족 상태와 같은 영역 중 어떤 면이 비슷할 필요가 있다고 생각하는가?
5. Kirksey 박사는 영성과 종교의 통합에 기초하여 상담을 진행했다. 사전 면담과 평가 단계에서 내담자에게 종교와 영성의 배경에 관해 묻는 것이 중요한가?
6. 내담자의 문화적 배경에 대해 더 알기 위해서 필히 질문해야 할 문제는 무엇인가? 내담자가 자신을 문화적으로 어떻게 규정하는지 확인하는 것은 왜 중요한가?
7. 문화적 측면에서의 능력은 자신의 선입견과 고정관념을 이해하고 타 문화 집단과 관습을 이해하며, 다양한 문화권의 내담자와 관계를 형성할 수 있는 기술을 포함한다. 당신은 어떤 영역의 능력을 향상시켜야 한다고 생각하는가? 그리고 이를 어떻게 달성할 것인가?
8. 루스의 치료자로서 차별에 대한 주제를 다룰 것인가? 이를 다루려면 무엇을 준비해야 하는가?
9. 당신은 라틴계, 아시아계, 혹은 아프리카계 미국인과 관련된 직접적인 경험이나 가정이나 신념을 가지고 있는가? 이들을 상담할 때 이러한 신념이 개념화나 평가 그리고 개입에 어떠한 영향을 미치겠는가?
10. 루스를 라틴계, 아시아계, 혹은 아프리카계 미국인이라고 가정한다면 당신이 어떤 공통적인 주제에 주목하겠는가?
11. 문화가 다른 내담자를 상담할 때 다문화적 관점에서 개념화하는 과정에서 발생할 가능성이 있는 문제는 무엇인가?
12. 이 장을 기술한 상담자는 자신의 독특한 접근을 사용하여 루스를 상담했다. 당신은 다문화적 측면에서 루스를 상담할 수 있는 접근법으로 이들에게서 무엇을 배웠는가? 다문화적 접근의 어떤 측면이 가장 유용하다고 생각하는가? 당신의 상담 스타일에 맞게 변화시키고 싶은 것은 어떤 측면인가?

## 주

1. 실제 상담에서는 내담자를 위해 부모가 태어난 나라를 확인해야 하지만 폭넓은 논의를 위해서 여기서는 이를 분명히 하지 않았다.
2. Gill, R. M., & Vásquez, C. I. (1996). *The María paradox: How Latinas can merge Old World traditions with New World self-esteem*. New York: G. P. Putnam.
3. Horvath, A. O., & Greenberg, L. S. (1989). Development and validation of the Working Alliance Inventory. *Journal of Counseling Psychology*, 36, 223-233.
4. Beck, A. T., Steer, R. A., & Brown, G. K. (2000). *BDI-FastScreen for medical patients*. San Antonio, TX: Harcourt.
5. Meyer, T., Miller, M., Metzger, R., & Borkovec, T. (1990). Development and validation of the Penn State Worry Questionnaire. *Behaviour Research and Therapy*, 28, 487-495.
6. Poundstone, W. (2003). *How would you move Mt. Fuji? Microsoft's cult of the puzzle-How the world's smartest companies select the most creative thinkers*. Boston: Little, Brown.

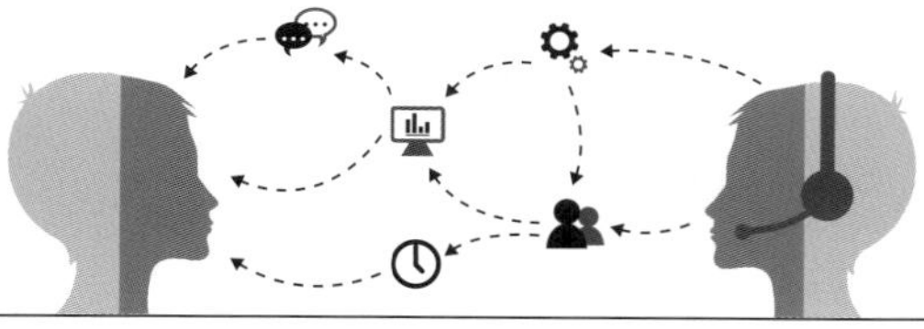

CHAPTER

14

# 통합적 접근과 자신의 치료 스타일 개발하기

이 장에서는 통합적인 관점에서 루스의 상담을 다룰 것이다. John Norcross와 나는 다양한 치료적 관점에서 루스의 삶의 주제를 어떻게 다룰 것인지에 주목했다. 결코 어느 하나의 접근이 모든 것을 다 설명할 수 없다. 루스가 통찰을 획득하고 자신의 자원을 효과적으로 사용하며, 생활의 방향을 새롭게 정한 후 건설적인 목표에 도달하는 길은 무수히 많다. 사실 이러한 치료 접근은 서로 보완하는 측면이 있다. 먼저 John Norcross의 의견을 들어 보자.

## 루스에 대한 통합적 치료자의 관점

_ John C. Norcross 박사

### 도입

Freud 이후 오랫동안 다양한 상담 체계가 서로 경쟁을 하면서 유사한 역사적 패턴을 밟아왔다. 초기에 여러 상담 체계는 어린아이처럼 관심과 애정을 얻으려고 다퉜다. 정신분석가, 아들러학파, 실존주의자, 행동주의자 등 여러 학자는 다른 학파의 개념이나 효과적인 방법을 알지 못한 채 자신의 특정한 이론적 토대 안에서 상담을 했다.

다행스럽게도 이념적인 냉전 시대는 저물고 통합이 치료의 중심적인 흐름이 되었다. **절충주의**(더욱 바람직한 용어는 **통합주의**)는 현재 정신건강 전문가의 중심적인 방향이 되었다.[1] 대부분의 심리 치료자는 현재 한 치료 체계만으로는 부적합하다는 점과 다른 치료 체계의 가치가 크다는 것을 인식하고 있다. 이전 세대의 이념적 냉전을 고려하면 심리 치료를 공부하는 많은 젊은 학생에게 이는 매우 놀라운 일이다.

**심리 치료의 통합**은 한 학파의 접근에 대한 불만족과 다른 형태의 행동 변화로부터 내담자가 이득을 얻을 수 있는지를 알기 위해서 학파의 경계를 허물고 넘어서고자 하는 욕구를 반영한다. 통합은 단순히 다양한 심리 치료 체계를 통합하는 것뿐만 아니라 의학과 영성, 운동, 사회적 지지, 사회정치적 지지, 자립 등 다양한 치료적 역량을 융합한 것이기도 하다. 심리 치료의 효과와 효율성, 적용 가능성을 증진시키는 것은 통합 치료의 목표이다.

모든 길은 로마로 통한다. 통합적 심리 치료로 가는 가장 일반적인 방법은 **공통 요인**, **기술적 절충주의**, **이론적 통합**, **동화적인 통합**이다.[2] 나의 통합적 접근은 루스 월턴이라는 내담자의 독특한 욕구를 심리 치료한 경험에서 차용했다. 우리는 연구와 경험을 통해 확인한 일반 원리를 특정 내담자에게 적용함으로써 각 내담자에 적합한 새로운 치료를 창조하려고 노력했다. 통합은 치료 효과를 증진시키기 위한 것이지 치료자를 위하거나 다른 학술 이론으로부터 기술을 빌려오기 위한 것이 아니다.

## 초기 자문

많은 상담자가 알고 있고 연구에서 증명된 것처럼[3] 치료 관계는 성공적으로 심리 치료를 하는 데 중추적 역할을 한다. 나는 몇 가지 기본적인 개방형 질문을 하면서 루스와의 첫 만남을 시작했다.

> **치료자:** 월턴 여사, 어서 오십시오. 오늘 여기서 당신이 이루고 싶은 것은 무엇인가요?
>
> **루스:** 음, 저도 어디서부터 시작해야 할지 모르겠네요. 많은 것이 저를 괴롭히고 있어요. 특히 갑작스러운 불안이요.

나는 정중히 월턴 여사와 이야기를 시작했다. 나는 지금까지 내담자를 월턴 여사라고 불렀다. 그녀는 루스라고 부르는 것을 허락했고, 나 역시 그녀가 원한다면 John이라고 불러도 좋다고 말했다. 루스는 그녀의 이야기와 고민을 말해 주었다. 초기 상담에서 가장 중요한 과제는 루스가 이해받고 존중받는 느낌이 들도록 공감적이고 따뜻하고 지지적인 분위기를 만드는 것이었다. Carl Rogers의 촉진적 상담 기법은 루스의 편안함을 증진시키고 양가적인 감정을 감소시키는 데 도움이 되었다.

약 30분간 루스의 관심과 기본적인 개인력을 확인하면서 심리 치료를 받은 적이 있는지를 확인했다. 그녀는 심리 치료를 처음 받는 것이고 치료를 받는 것을 불안해한다는 것을 목소리를 통해 확인할 수 있었다. 이어서 우리의 관계를 탐색하고 정의했다.

치료자: 어떻게 하면 심리 치료자가 당신을 가장 효과적으로 도울 수 있을까요? 치료자가 무엇을 해야 하고 무엇을 하면 안 될까요?

루스: ……잘 모르겠어요. 그저 어떻게 하면 내 문제를 해결할 수 있는지 조언이나 충고를 해주시면 좋겠어요.

이러한 루스의 대답은 자연스럽게 심리 치료에서 치료자의 역할과 루스의 적극적인 협력에 관한 탐색으로 이어졌다. 그녀는 내담자의 적극성이 중요함을 이해했지만, 과제를 부담스러워했다.

루스: 아마 저는 좋은 내담자가 되지 못할 것 같아요. 목표를 세웠지만 그것을 해낼 수 없을 것 같아요.

치료자: 당신은 자신을 비난하고 패배적인 말을 하면서 자주 자기를 비하하는군요. 당신도 그것을 알고 있나요?

루스: 아니요, 잘 모르겠어요. 무의식적으로 그러는 것 같아요.

치료자: 당신이 자기를 비하한다는 제 말에 동의하시나요? 상담을 통해 도움이 될 만한 것을 찾아볼까요?

루스: 네.

치료자: 당신이 그것을 알고 있다면 충분히 조절할 수 있을 거라 확신합니다.

심리 치료는 치료 중에 우리가 진행하게 될 방법을 설명하고 경험하면서 시작되었다. 루스에게 치료 정보를 제공한 후 동의와 적극적인 협력이 필수적이라는 것을 분명히 하기 위해 우리는 세 가지 원칙을 세웠다. 첫째, 루스는 자신이 어떤 치료를 선호하는지를 고려할 것이다. 치료자가 무엇을 해야 하고 무엇을 피해야 하는가? 그녀의 첫 상담 경험을 여성 치료자와 함께 하고 싶은가? 이러한 점이 고려 대상이다. 둘째는 루스의 근본적인 문제를 체계적으로 다루기 위해 개인력을 빠짐없이 보고해야 하는데, 그녀는 이에 동의했다. 우리는 다음 회기에서 그녀의 반응을 검토할 것이다. 셋째, 루스가 치료 목표에서 우선순위를 정한다. 그녀가 원하는 목표 중에서 가장 먼저 초점을 맞추기를 원하는 것은 무엇인가?

이러한 활동은 심리 치료에 대한 경험이 없는 루스가 양가감정을 경험하는 것이 당연하지만 치료 과정을 원활히 시작하고 루스의 협력을 이끌어내기 위한 것이었다. 루스에게 능력이 생길 것이라고 말해 주는 대신에 그것을 실현할 수 있는 치료를 고안하였다. 지지와 확신을 주는 대신에 루스가 스스로 얻을 수 있도록 치료를 기획했다.

## 루스에 대한 평가

통합적인 치료자로서 나는 형식적인 진단보다 루스를 독특하고 복잡한 면을 가진 한 개인으로 이해하는 데에 관심을 두었다. 두 번째 회기에서 우리는 그녀의 과거력을 완전하게 검토하고 더 나아가 심리적 고통의 정도에 대한 추가적인 정보를 탐색했다. 나는 루스에게 MMPI나 Millon 임상 평가지와 같은 심리검사를 받게 하였는데, 그녀는 "나는 문제가 많은 나쁜 내담자일 거예요."라고 말하며 검사에 동의했다. 나는 웃으면서 "또 시작이군요."라고 농담을 했다. 이는 약 10분 정도 루스가 상담실 밖에서 자기를 비하한다는 것을 알아차리고 줄여야겠다는 생각을 하게 해준 시간이 되었다. 나는 루스가 쉽게 성공해서 이를 인지한 것을 축하했다.

지필검사를 통해 내담자를 진단하는 것은 어렵지만, 루스의 문제의 심각성과 만성 정도는 적응장애와 크게 관련되어 있었다. 임상적인 개인력과 자서전, 그리고 개인이력 검사와 심리검사 결과는 일련의 진단 가능한 장애를 망라하고 있었다. I축에서는 '광장공포증이 없는 공황장애'나 '기분부전장애(장기적인 불만족과 경미한 우울증)', 결혼 불만족이나 부부관계 문제, 배우자-자녀 관계 문제(특히 제니퍼), 폭식장애 혹은 비정형성 섭식장애의 가능성이 있다. 그러나 추가적인 정보를 얻기 전에 섭식 관련 진단을 내리지는 않을 것이다. II축에서는 '의존성 성격장애(타인을 위한 삶)'에 해당하고, III축에서는 과체중/비만으로 진단할 것이다. 그녀의 주치의는 불안과 우울에 대해 의학적 원인을 배제했다. 루스는 또한 IV축에 해당하는 무수히 많은 심리사회적 문제(기본적인 지지 집단의 문제와 직업 문제)로 힘들어했다.

대부분의 내담자는 자신의 장애와 원인을 분명하게 말해 주기를 원한다. 나는 그녀의 많은 문제가 어떻게 연관되어 있는지를 명확하게 설명했다. 예를 들면, 우울과 불안은 상관이 매우 높고, 의존성과 내향성이 그 관계를 영속시키고 있다. 관계 문제와 양육 갈등은 많은 문제 가운데 일부분이다. 평가에 이어서 다양하게 섞여 있는 장애의 원인에 대해 잠정적인 진단을 내렸다. 피드백은 이러했다. 아동기에 비관주의와 희생을 강요받은 경험이 있었고, 이는 기술의 결핍과 사고 형태를 결정했으며, 그 가운데 가족의 정신 병력과 같은 유전적 취약성이 개입해 인생의 선택과 행동 결정에서 악순환을 이끌었다는 것이었다.

루스의 자서전에는 학대를 직접 언급하지도 부인하지도 않았지만 아버지의 학대를 암시하는 것이 일부 포함되어 있었고 신체 및 성적 학대의 가능성을 생각할 만한 것이 담겨 있었다. 나는 아버지의 가혹한 처벌에 성적 학대가 있었는지와 원가족의 역동이 궁금했다. 치료 동맹이 좀 더 굳건해진 한두 회기 후에 성인으로서의 성적 기능과 함께 성적 학대의 가능성을 조심스럽게 탐색했다.

다른 내담자와 마찬가지로 장점에 대한 평가도 했다. 루스에게 자신의 강점을 언급하게 했고, 그녀가 미처 언급하지 못한 것은 지적해 주었다. 그녀는 네 명의 자녀를 헌신적으로 양육했고 타인에게 헌신적이고 책임감이 있었다. 그녀는 자신의 가치를 추구하기 위해 근본주의 교회에서 벗어나는 용기가 있었다. 그녀는 자신의 생활을 적절하게 기술할 정도로 깨어 있었다. 그녀는 자신을 대기만성형이라고 소개하고 치료 과정에 개방적이었다. 그리고 그녀는 아버지의 격렬한 반대와 남편의 회의에도 불구하고 심리 치료를 받으러 지금 여기에 와 있다.

평가가 장애와 강점에만 머무른다면 치료 목적을 달성할 수 없다. 개인이 가진 장애보다 장애를 가진 개인을 아는 것이 더 중요하다. 개인으로서 루스는 어떠한가? 그녀의 치료 목적은 무엇이고 선호하는 치료는 무엇이며, 변화할 준비가 되어 있는가? 그녀의 성격 특성은 어떠한가? 루스는 타인에게 도움이 되고자 하고 자신의 문제에 집중하느라 한 개인으로서 자신에 대해서는 많이 알지 못했다.

수십 년간의 경험적 연구 결과는 치료를 선택하는 데 도움이 되는 강력한 지표가 될 수 있고 모든 진단을 포괄하는 내담자의 특성을 확인했다. 그것은 **내담자의 선호도**[4], **변화 단계, 저항 수준**이다. 루스에게 제공할 치료와 관계를 선택할 때 이러한 특성은 그녀의 장애만큼이나 중요한 요인이다.

**루스의 선호도와 목표**　루스는 처음에 어떤 치료자를 원하는지 말하기를 주저했는데 이는 그녀의 핵심적인 의존과 방어와 일치한다. 격려를 받은 후 그녀는 두 번째 회기에 숙제의 일부인 목록을 가져왔다.

루스: 선생님에게 제가 무엇을 원하는지 잘 모르겠어요. 사실, 조금 건방지게 보일 수 있겠지만……, 어쨌든 당신은 전문가죠, 그렇죠?

치료자: 그래요, 저는 심리 치료와 행동 변화의 전문가입니다. 당신은 당신 자신과 자신이 원하는 것에 대해서 전문가예요. 우리는 한 팀이 되어 당신의 목적을 추구하는 상담을 진행하게 될 거예요. 당신이 원하는 것을 설명하기가 어렵고 생소한 것이라고 했는데, 맞나요?

루스: 네, 맞아요. 하지만 기분은 좋아요.

치료자: 두렵지만 좋은 느낌이죠. 처음 변화를 경험할 때 흔히 느낄 수 있는 기분이지요.

루스: 글쎄요. 함께 문제를 찾고 싶어서 리스트를 작성했어요. 선생님과 함께 있으면 편안해요. 여선생님이어도 그런 기분을 느낄 수 있을지 모르겠어요. 그런데 선생님이 조금 더 나를 리드해 주었으면 좋겠어요. 내가 나를 비하할 때 선생님이 지적해 주면 즉시 고치고 싶어요.

치료자: 자신의 목소리를 찾도록 하세요. 그리고 나는 회기와 회기 간에 해야 할 목표를 발전시키면서 회기를 마무리해갈 것입니다. 그것이 우리 둘에게 적절할 것 같습니다.

루스: (웃으며) 네. 그래요. 지금까지 내게 무엇을 원하느냐고 물어본 사람이 거의 없었어요.

치료자: 치료 관계가 특별하다는 것이 바로 그 점이지요. 치료는 당신과 당신의 생활, 당신의 성장에 관한 것만을 다루게 됩니다.

루스는 초기 상담에서 공황발작과 의존을 다루기로 결정했다. "이것이 가장 중요하니 가장 먼저 다루었으면 좋겠어요." 내담자가 항상 자신이 원하는 것과 자신에게 최선인 것을 알고 있다고 생각하는 것은 순진한 생각이다. 그러나 내담자가 자신이 도움을 받을 수 있는 최선의 방법을 알고 있다는 생각을 치료자가 존중해 준다면 두 사람 간의 불일치는 크게 감소할 것이다.

**루스의 변화 단계** 상담실을 찾아올 때 사람들의 변화 단계는 모두 다르다. 변화는 숙고전 단계, 숙고 단계, 준비 단계, 실행 단계, 유지 단계[5]를 밟으면서 일어난다. 루스는 숙고 단계에 있다. 즉, 문제를 인식하고 심각하게 극복 방법을 생각하고 있지만 아직 구체적인 행동을 취하지 않고 있다. 루스처럼 사람들은 몇 년 동안 계속 숙고 단계에 멈춰 있을 수 있다. 숙고란 가고 싶은 곳은 알고 있지만 갈 준비가 되어 있지 않은 것을 말한다.

루스는 실행 단계로 나아가려고 시도하는 만성 숙고자로서 심리 치료에 참여했다. 그녀는 운동 프로그램을 시작하지 못하고 있고, 초등학교 선생님이 되는 것을 미루는 등 항상 한발 뒤처지는 방법으로 인생을 살아왔다. 그녀는 자서전에서 "판도라의 상자를 열었을 때 너무 많은 것이 튀어나오면 어쩌지? 내가 기대한 것을 넘어서면 어떻게 하지?" 하는 걱정을 기록했다.

치료 계획과 치료 관계가 내담자의 변화 단계와 잘 맞으면 내담자가 단계를 잘 밟아 나가면서 심리 치료가 효율적으로 이루어진다. 숙고 단계에서 치료자로서의 나의 역할은 내담자가 자신의 상태를 통찰할 수 있도록 소크라테스식 질문을 해서 격려하는 선생님과 같다. 루스가 실행 단계에 진입하면 나는 중요한 경기를 치른 경험이 많아서 계획을 잘 세우는 지지적인 코치와 같은 입장을 취하게 된다. 숙고 단계에서는 치료 방법을 탐색적으로 선택하지만 실행 단계에 진입하면 이러한 방법은 금물이다. 구체적인 인지행동적 방법은 분명히 효과가 있다. 변화 단계는 루스에 대한 치료와 치료 관계를 체계적으로 결정하는 지침이 된다.

**루스의 저항 수준** 지시적인 치료를 선택할 때에는 외부의 영향에 반항하는 경향이 중요한 지표가 된다. 지시적인 방법은 상대적으로 저항이 낮은 내담자에게 적절한 반면 비지시적인 방법은 저항 수준이 높은 내담자에게 적절하다는 것을 밝힌 연구가 있다.[6] 의존과 저항하지 않는 인생을 살아 온 루스는 치료자의 지시적인 방법에 가장 잘 반응할 것이다. 그리고 이는 그녀의 치료 목표와 치료자의 선호와 일치한다.

루스가 원하는 바와 맞고 연구 결과와 일치하는 지시적인 방식으로 상담을 진행하면 상담의 결과는 좋을 것이다. 동시에, 우리는 루스가 강한 치료자 앞에서 의식적으로나 무의식적으로 자기주장을 못하고 복종적인 관계를 재현하지 않도록 조심해야 한다. 따라서 나는 상담 초기에 이러한 문제를 다루면서 우리의 역할과 관련된 관계를 발전시키기 위해 계약을 맺을 것이다.

치료자: 루스, 당신이 실행 계획과 회기 간 목표를 설정하는 지시적인 치료자를 선호해서 나는 편해요. 연구 결과도 그렇다고 하네요. 그런데 의존적이고 다른 사람을 잘 따르는 당신의 행동 경향이 상담을 통해 더욱 강화될 수도 있어서 걱정스러워요. 무슨 말인지 알겠어요?

루스: 네. 저는 이전에 그런 방식으로 생각해 본 적이 없어요. 음.

치료자: 이렇게 합시다. 간단히 말해서 나는 지시적이고 지도적으로 상담을 해서 당신이 공황 상태나 우울을 경험하지 않도록 할 수 있어요. 그렇지만 나중에는 상담 중에 당신이 더욱 자기주장적이 되고 많은 의무를 수행하도록 가르치고 요청할게요. 괜찮겠어요?

중간 목표와 최종 목표 간의 차이를 구분하는 것은 거의 항상 열렬한 지지를 받는다. 중간 목표는 증상으로 인한 고통을 감소시키는 것이다. 최종 목표는 대인관계 행동을 재구성하는 것이다. 심리 치료는 장기적으로 더욱 성숙하고 자기주장적인 관계를 형성할 수 있게 하기 위해 단기적으로는 지시적일 수 있다.

진단에 더하여 선호하는 치료, 변화 단계, 저항 수준과 같은 세 가지 내담자의 특성은 치료를 가속화하고 궁극적으로 성공적인 치료를 할 수 있는 증거에 기초한 수단이 된다. 진단에 구애받지 않는 이러한 특징은 심리 치료의 통합이 갖는 잠재력을 잘 보여준다. 심리 치료자는 내담자의 저항 수준에 따라 지시적이거나 비지시적이 될 것이다. 심리 치료자는 내담자의 변화 단계에 따라서 인식을 향상시키거나 행동을 지향하는 방식을 결정할 것이다. 이러한 측면에서 개인 내담자에게 맞는 방법의 치료를 할 때 외견상 모순되는 치료 방법은 보조적으로 사용되기도 한다.

## 치료 목표

단일이론적 관점의 추종자는 때때로 잘 모르면서 치료의 목표를 내담자에게 지시한다. 그들은 침대에 손님을 눕히고 키가 작은 손님은 침대에 맞춰 늘리고, 키가 큰 손님은 침대에 맞춰 다리를 잘랐던 그리스 신화의 여관 주인 프로크루스테스처럼 행동한다. 같은 평가와 동일한 치료를 받게 되면 내담자는 하나뿐인 프로크루스테스의 침대에 맞추어지게 된다.

반대로, 통합적인 전문가는 치료를 내담자에게 맞추어 각 내담자에게 맞는 새로운 치료를 만들려고 한다. 이것은 루스의 치료이며, 그녀의 목표가 우선이다. 임상 이론과 치료자의 선호에 가치를 두기보다는 내담자의 목표를 더욱 우선시한다.

물론, 지속적인 평가는 루스의 목표를 다듬어 주고, 초기 치료에서의 성공 경험은 장기 목표를 형성하는 데 도움이 된다. 루스의 단기적인 목표는 공황발작과 의존성을 감소시키는 것이다. 즉, 긍정적으로 표현하고 안정감과 이완감, 그리고 자기주장과 자율성을 증가시키는 것이다. 이것이 바로 우리가 시작하는 지점이고 루스의 몰두와 행위가 이루어지는 지점이며, 최초의 성공이 우리를 기다리는 지점이다.

## 치료 과정과 절차

초기에 나는 인지 치료와 행동 치료, 노출 치료의 요소를 포함하는 공황 통제 치료(PCT)를 도입했다. 나는 루스에게 공황의 성격과 심리사회적인 측면에 대해 교육했고, 호흡을 천천히 하도록 가르쳤으며 공황과 관련된 부정적 인지에 맞추어 인지적 재구조화를 했고 공황과 연합된 두려운 신체 감각에 반복하여 노출시켰다. 이 치료의 효능은 임상 장면에서 수차례 입증되었다. 공황 통제 치료를 받은 내담자의 80%는 공황 증상이 사라졌는데, 이에 비해 대기자 명단에 있었던 내담자는 30%만이 공황 증상이 나타나지 않았다.[7] 이 치료는 또한 적극적인 방법과 회기 간 목표, 그리고 지시적인 치료자라는 측면에서 루스에게 적합하다.

8~10회기가 지나기 전에 루스는 공황 증상이 사라졌고 자신감이 부쩍 커졌다. 그녀는 '최후의 수단'으로 생각했던 항불안제를 복용하지 않고도 성공했다. 루스는 흔히 공황장애와 함께 발병하는 의존성을 다룰 준비가 충분히 되었다. 우리는 독서 치료를 통해 그녀의 내성적이고 인정을 추구하는 방식에 대한 교육을 시작했다. 나는 루스에게 정신건강 전문가가 높이 평가하는 자기주장적 자조 자원을 선택해 주었다.[8] 실존주의적 전통을 따라 수동적으로 처방을 수용하는 것보다는 적극적으로 선택할 것을 그녀에게 요청했다. 루스는 하나를 선택했고 우리는 행동주의와 여성주의 전통을 따라 자기주장 훈련을 하는 것, 자기주장과 공격성의 차이를 탐색하는 것, 자기주장을 할 때 불가피하게 따르는 죄책감을 인지적으로 재구성하는 것, 상담 중에 특정한 반응을 역할연기를 하는 것, 역할연기를 하는 동안 자신의 목소리와 단어를 조정하기 위해 녹음하는 것, 가족 구성원과 함께 공동으로 할당된 숙제를 해오는 것으로 상담을 시작했다.

"우리는 정말로 요리를 하고 있어요." 15회기에서 루스는 열정적으로 자기주장을 했다. 공황은 제거되었고 자기주장을 해야 하는 상황에서는 약간 불안해하면서도 자신의 생각을 성공적으로 주장하게 되었다. 나는 그녀의 성공을 강조하고 그녀가 새로 발견한 자아에 대해 언급했으며, 치료 회기 중 지시를 더욱 연습하겠다고 약속했음을 다시 알려주었다.

자기주장은 치료 외부적 목표이면서 내부적 목표다. 루스가 자신감을 좀 더 얻고 치료 관계가 단단하게 확립된 지금 루스가 치료 시간에서 자기주장을 하게 하는 한 가지 방법은 루스가 무엇인가를 요청하게 하는 것이다. 우리의 대화는 이렇게 진행되었다.

치료자: 당신이 동의한다면 지금 여기서 나와 함께 자신을 주장하는 시간을 얼마간 갖게 될 것입니다. 치료는 매우 잘 진행되고 있지만 여기서 한 발 더 발전시켜 나가야겠지요. 당신이 다르게 행동하고 싶은 것이 있나요? 내가 덜 했으면 하는 것과 당신이 더 많이 하고 싶고 할 수 있는 것이 있나요?

루스: 잘 진행되어 가고 있어서……, 특별한 생각이 없어요.

치료자: 그것이 어려운 일이지요. 내 기분이 상하게 하고 싶지 않고……. 이해합니다. 하지만 이 상담은 당신을 위한 것이고, 당신이 집에서나 여기에서 자기를 주장할 수 있게 하는 것이 치료 목표 중 하나입니다. 지금 이 말을 들을 때 어떤 기분이 드셨나요?

루스: 두려움이요. 불평을 하면 선생님이 나를 싫어하거나 버릴지도 모른다는 두려움이요.

루스의 근본적인 정체성과 스키마가 부적절하게 작동되어서 5~6회기 동안 광범위한 감정 처리와 인지적 재구성, 그리고 적극적인 연습이 필요했다. 경험적인 전통이나 게슈탈트의 전통을 따라 정서에 초점을 맞춘 상담은 양자 간의 대화로 이루어진 몇 회기로 구성했다. 루스는 매 회기에 치료나 나에 대한 불평이 아닌, '무언가 다른 것'을 반드시 요청하기로 약속함으로써 상담 회기나 생활 속에서 적극적인 연습이 이루어질 수 있었다. 자기주장적인 반응을 하는 역할놀이에 많은 시간을 보내고 상담이 끝날 때 루스에게 '다음 상담은 언제 하고 싶어요?'라고 묻지 않음으로써 적극성을 연습하게 했다. 그녀는 내가 왜 '내담자가 자신의 치료를 통제한다.'는 식으로 행동하는지 이해한다고 말했다. 그러나 자신이 매주 상담을 받고 싶어 한다는 것을 내가 이미 알고 있어서 짜증이 났다고 말했다. 나는 내가 너무 지나치게 긍정적으로 생각했다는 것에 대해 동의하면서 그녀의 솔직한 피드백에 감사했다. 그리고 매 회기마다 물어보는 것을 멈추기로 약속했다. 브라보!

최근에 생겨난 루스의 자아는 이제 그녀의 삶과 치료 중에 수많은 선택에 직면할 것이다. 학교에 남아 있어야 하나? 결혼 생활은 어떠한가? 치료 중에 무슨 말을 솔직하게 하고 싶은가? 물론, 나도 이러한 논의에 참여했다. 하지만 이를 말할지 말지는 궁극적으로 루스가 결정할 것이고 나는 그것을 지지할 뿐이다. 다음은 루스가 자신의 일정에서 여러 영역을 어떻게 다루기로 선택했는지를 보여준다.

- 결혼 불만족: 고통스러운 증상이 완화되었고 자기주장 기술이 향상되었기 때문에, 루스는 남편을 상담 장면에 초대해 남편과의 의사소통을 개선하고 자신의 교육과 직업에 관한 생각을 분명히 하기로 했다. "나는 학업을 마칠 겁니다. 남편이 좋아하든 말든 나는 선생님이 될 거예요." 루스는 남편과 함께 상담한 세 번째 회기에서 다음 회기에 성생활에 대해 다루자고 말해서 남편과, 언제나 낙천주의자인 나를 깜짝 놀라게 했다. 다시 한 번 브라보!

  심리 치료에서 루스의 목표의 순서를 정하는 것이 중요해졌다. 나는 치료 초기에 루스에게 무심코 남편과 함께 상담을 진행할 시간이 된 것 같다고 말했었다. 루스는 만약 초기에 남편과 상담을 했더라면, 관계를 협상하는 적극적인 배우자이기보다는 허락을 요구하는 순종적인 배우자로서 의사소통했을 것이라고 조리 있게 말했다. 이처럼 루스의 현명함은 우리가 나갈 길을 안내해 주었다.
- 제니퍼와의 문제: 루스는 자기주장 상담 후 남편과 함께 상담을 할 무렵, 좀 더 단호

하게 아이를 양육해야겠다고 선언했고 남편이 이를 지지해 주어야 한다고 주장했다. 루스는 효과적인 양육법을 설명한 자습서를 며칠 내로 구입하고, 한 달에 한 번씩, 세 번의 회기에 제니퍼를 초대했다. 나는 의사소통과 가족 치료 방법을 사용해서 그들이 감정을 표현하고 불화를 깨고 행동 계약을 맺는 것을 도와주었다. 제니퍼는 어머니와 약속한 행동 계약을 따를 것이다. 순종하면 많은 자유를 누리게 되고 위반하면 권리를 박탈당하는 처벌이 따르게 될 것이다. 모녀는 이후 그들의 관계와 가족 내의 협력이 크게 좋아졌다고 보고했다. 브라보!

- 체중 감량과 신체상: 루스는 마지못해 이 목표를 언급했고 체중을 빠르게 감량하는 계획은 성공하지 못했음을 정직하게 보고했다. 나는 운동 계획을 세우고 성과 관련된 신체상에 대한 고정관념에 직면하는 것이 첫 번째 목표가 될 것이라고 말했다. 치료 회기가 주 1회에서 격주 1회로 바뀌면서 절약한 돈으로 루스는 친구를 사귈 수 있고 영양사와 매달 상담할 수 있는 여성 전용 운동 클럽에 가입하기로 결정했다. 우리는 또한 여성주의 상담에 따라 여성의 신체상에 대한 사회적 압박의 부정적인 영향을 검토하는 데 여러 회기를 할애했다. 항상 열정적인 루스는 스스로 과식과 성 문제를 다룰 수 있는 능력을 추구해 나갔다.
- 성장과 행복을 향해: 치료가 서서히 끝나가면서 3주에 한 번 상담이 이루어졌다. 루스는 자신의 발전된 모습을 공고히 하고 있었지만, 나는 그녀의 미래가 걱정이 되었다. 공황과 우울, 의존성, 침체된 관계 그리고 무기력에 빠지는 것을 가장 잘 보호하는 요인은 스스로 보살피기라고 루스에게 말했다. 루스는 몇 주 동안 이에 대해 생각해 본 후에 스스로 보살피기 목록을 작성했다. 이 목록에는 체육관에서 계속 운동하기와 평안과 차분함을 주는 새 교회에 정기적으로 나가기, 한 달에 적어도 한 번은 학교 친구와 '소녀의 밤' 행사에 나가는 것이 포함되어 있었다.

루스는 치료 과정에서 주목할 만한 노력과 성공을 보여주었다. 그녀는 공황에 빠져 지쳐 있는 인정받지 못하는 농가의 말에서 원기를 회복한 활발하고 자신감 있는 페가수스로 탈바꿈했다. 심리 치료자가 하는(그리고 하지 않는) 것도 중요하지만 더욱 중요한 것은 루스의 행동이다. 나는 그녀의 성공적인 치료에 자부심을 느끼고 심리 치료자가 된 것이 얼마나 축복받은 일인지를 스스로 되새겼다. 나는 루스에게 나의 제안을 잘 따라준 것에 대해 존경과 감사를 표현하고 싶다. 그리고 상담 종결에 따르는 달콤한 슬픔을 경험하고 싶다.

## 맺는말

루스의 사례는 통합적 심리 치료가 가치 있음을 생생하게 보여준다. 그녀는 개인 상담, 부부 상담, 성 상담, 모녀 상담을 병행한 치료를 받았다. 루스에 대한 심리 치료는 정신역동, 경험주의, 인본주의, 인지, 행동, 노출, 체계적, 여성주의적 전통과 관련된 관계 설정과 치료 방법을 통합한 것이었다. 또한 심리 치료, 자조, 연습, 사회적 지지, 영성을 함께 다루었다. 루스의 사례는 복잡한 문제를 가진 내담자에게 편협한 이론과 하나의 치료를 적용하는 것이 얼마나 위험한지 우리에게 경고한다. 루스에게 약물 치료나 개인 치료, 혹은 자조 치료만 실시했다면 그렇게 빨리 호전되었을까? 코끼리를 알기 위해 코끼리의 코, 다리 혹은 꼬리만 만지고 코끼리에 대한 이론을 정립한다는 속담처럼 이론은 편협함을 가지고 있다. 매우 복잡한 내담자의 상황 속에서 내담자의 모든 것을 발견하고 알리고 치료하자.

임상적 상담을 할 때에는 체계적이고 증거에 기반을 둔 통합이 매우 중요하다. 통합은 다양한 치료적 접근으로부터 기법을 빌려오는 것 이상이다. 통합은 치료 효과를 높이기 위해 사려 깊게 연구에 기초해 접근하는 것이다. 무계획적인 절충주의의 시대는 갔다. 우리는 증거 기반 치료[9]의 시대에 살고 있다. 우리는 환자의 특성, 문화, 선호의 맥락 안에서 임상적인 전문 지식과 이용 가능한 최고의 연구를 통합한 심리 치료를 한다(그리고 내담자는 이를 받는다.). 연구 결과를 통해 우리는 성숙한 치료 관계를 형성하고 진단을 넘어 각 내담자에게 맞춘 치료를 할 수 있게 된다. 루스의 사례에서 볼 수 있는 세 가지 예시는 그녀의 치료 선호, 변화 단계, 저항 수준이다. 각 심리 치료자는 가치관, 성격, 생애 경험에 기초해 자신의 통합적인 스타일을 수립할 것이다. 연구를 통해 얻은 증거를 통합적 치료에 포함해 보자. 결국 우리는 내담자의 안녕을 확보할 윤리적 책임이 있다. 우리는 각 내담자에게 맞는 치료를 만들기 위해 노력해야 한다.

## 복습을 위한 질문

1. Norcross 박사는 통합적 접근의 몇 가지 이점을 언급했다. 단일학파의 접근보다 통합적인 관점에 기초하여 상담을 연습한다면 어떤 이점이 있을까? 심리 치료의 통합에서 있을 수 있는 단점은 무엇인가?
2. Norcross 박사는 치료 목표, 변화 단계, 저항 수준은 내담자의 중요한 특징이므로 루스를 상담할 때 고려해야 한다고 말했다. 만약 당신이 루스를 상담한다면 이러한 요인을 얼마

나 고려할 것인가?

3. Norcross 박사는 이렇게 말했다. "우리는 환자의 특성, 문화, 선호의 맥락 안에서 임상적인 전문 지식과 이용 가능한 최고의 연구를 통합한 심리 치료를 한다(그리고 내담자는 이를 받는다)." 당신은 증거에 기반을 둔 연구를 이해해서 당신의 상담 스타일에 통합하는 것에 얼마나 가치를 두고 있는가?

## Gerald Corey의 통합적 관점에서 루스 상담하기

John Norcross는 루스를 상담하는 과정에서 다양한 이론적 관점을 도입하는 방법을 보여주었다. 그는 자신만의 통합적인 상담 방식을 개발할 때 자신의 선호, 가치, 인생 경험, 성격에 대해 생각할 필요가 있다고 언급한다. 결론 부분에서 나는 통합적인 관점을 루스와의 상담에 적용하는 것에 대한 나의 관점을 설명했다. 내가 통합적 관점으로 루스를 상담한 예를 보고 싶으면『상담 및 심리 치료의 통합적 접근: 루스의 사례와 해설 DVD』의 9회기('통합적 초점')[10]를 보라. 이 장의 내용을 보충해 줄 것이다.

루스를 이해하는 데 있어서 각 치료적 접근은 독특한 특징을 가지고 있다. 나는 루스를 상담할 때 사고와 감정, 행동에 기초하여 통합된 접근을 이끌어냈다. [표 14.1]은 루스 사례를 개념화하고 통합적인 관점을 통해 그녀와 상담할 때 다양한 치료에서 차용할 수 있다는 것을 보여준다. 그러나 각 이론에서 얻은 개념과 기술을 통합하는 것은 지나치게 모호할 수 있기 때문에 권하고 싶지 않다. 루스의 자전적 기록과 다양한 이론적인 관점에 따른 자료에 근거해 얻은 정보에 기초해서 루스를 상담한 방법을 기술하면서 괄호 안에 제시된 말은 그 상황에서 내가 각 이론에서 어떤 개념과 기법을 빌려왔는지를 나타낸다. 그러므로 당신은 내가 루스를 상담하는 방법을 볼 수 있을 뿐 아니라 내가 무엇을 했고, 어떤 기법을 왜 사용했으며, 무엇을 지향하고 있는지를 볼 수 있을 것이다. 당신의 접근과 나의 접근이 유사한지 아니면 다른지를 비교해 볼 수도 있을 것이다.[11]

**표 14.1_ 루스를 치료할 때 초점을 맞춘 주요 영역**

| 이론적 방향 | 초점을 맞춘 영역 |
|---|---|
| 정신분석 치료 | 루스가 과거의 관계를 현재의 관계에서 반복하는 방법에 초점을 맞추었다. 특히 아버지와의 경험을 현재 나와의 만남에 어떻게 전이하고 있는지에 관심을 두었다. 전이를 다루는 것은 통찰을 얻는 중요한 방법이므로 나에 대한 그녀의 반응에 집중했다. 또한 그녀의 꿈과 회기 중에 보이는 저항이나 방어, 무의식적 과정에 대한 단서에도 관심을 두었다. 치료의 중요한 목표 중 하나는 현재 그녀에게 영향을 미칠 가능성이 있는 묻혀 있는 기억과 경험을 자각하게 하는 것이다. |
| 아들러식 치료 | 루스의 라이프스타일이 무엇인지 알아내는 데 초점을 맞추었다. 이를 위해 초기 회상을 통해 아동기 경험에 대한 그녀의 해석을 검토했다. 나의 주된 관심은 그녀의 인생 목표와 우선순위가 무엇인지를 알아보는 것이었다. 그녀가 추구하는 것은 과거 역동과 동일할 것이다. 과거와 현재, 미래는 모두 중요하다. 치료는 포괄적인 평가와 루스가 자신의 역동을 이해하고 새로운 목표를 정하도록 도와주는 것으로 이루어져 있다. |
| 실존 치료 | 루스가 자신의 삶에서 의미를 탐색하는 데 초점을 맞췄다. 그녀는 어떤 인생을 원하는가? 나는 그녀가 느끼는 불안과 공허함, 그리고 다른 사람이 자신을 선택하게 만드는 방법에 흥미가 있었다. 그녀는 어떻게 자신의 자유를 연습하기 시작하는가? 나는 변화에 따른 실제적인 위험을 그녀가 다루는 데 있어서 우리의 관계가 중요한 요인일 것이라고 생각한다. |
| 인간 중심 치료 | 루스가 치료의 방향을 스스로 정할 것이라고 믿고 있기 때문에 회기를 계획하거나 구조화하지 않았다. 그녀의 말을 들어주고 반영하고 공감하고 반응한다면 그녀는 분명히 최선의 노력을 할 것이다. 치료를 시작할 때 그녀는 자신의 감정을 희미하게 자각하고 있었지만 내가 그녀를 판단하지 않고 완전하게 받아들여 주자 감정을 분명히 인식하게 되었다. 나는 주로 개방적이고 신뢰할 수 있으며 루스를 보호하고 이해하고 수용하는 분위기를 만드는 데 초점을 맞추었다. 이러한 단단한 관계를 바탕으로 루스는 전진하고 성장할 수 있을 것이다. |
| 게슈탈트 치료 | 루스가 무엇을 자각하는지에 초점을 맞추었다. 루스의 자각이 변하는 것을 도와주었고 자각과 투쟁이 성장하기 위한 실험을 함께 진행했다. 우리가 강조한 것은 치료 회기에서의 우리의 대화와 만남의 질이었다. 루스가 단순히 과거 사건을 말하기보다는 자신의 감정, 반응, 수용하지 못한 경험을 되살려 현재로 가져오도록 했다. 나는 그녀가 자신이 한 행동의 이유에 대해 의심하기보다는 통찰을 갖게 하거나 자신의 감정을 완전하게 경험하도록 도와주는 것에 흥미를 가졌다. 즉, 루스가 어떻게 행동하며 무엇을 경험하는지가 주 초점이었다. |
| 행동 치료 | 먼저 루스의 현재 행동을 완전하게 평가하는 데 주력했다. 루스가 자신의 행동을 스스로 감시하도록 해서 기저선 자료를 얻을 수 있었다. 이어서 상담을 이끌고 나갈 구체적 목표를 설정했다. 나는 그녀가 목표를 성취할 수 있도록 폭넓은 인지행동 기법을 사용했다. 여기에는 스트레스 감소 기법, 자기주장 훈련, 모델링, 코칭, 체계적 탈감법, 명상, 마음챙김, 이완 방법이 있다. 그녀가 일상생활에서 사용할 수 있는 새로운 대처 행동을 학습하도록 했고 이를 상담 회기에서뿐만 아니라 다른 곳에서도 연습했다. |
| 인지행동 치료 | 루스의 내적 대화와 사고 과정에 관심을 두었다. 그리고 루스가 합리적이거나 기능적이지 않은 사고를 스스로 주입하고 보유하여 문제를 만들어 내는 과정을 확인했다. 소크라테스식 대화를 통해 나는 그녀가 자신의 잘못된 생각을 탐지하여 왜곡을 수정하는 방법을 학습하고, 더욱 효과적인 자기 진술과 신념으로 대치할 수 있도록 노력했다. 나는 다양한 인지, 행동, 정서 기법을 사용하여 이러한 목표를 달성할 것이다. |

| | |
|---|---|
| 현실 치료 | 우리는 선택 이론의 원리에 따라 상담을 진행했다. 중심이 되는 질문은 '지금 당신은 무엇을 하는가?'와 '그 행동이 당신에게 도움이 되는가?'였다. 루스가 자신의 현재 행동을 평가하고 어느 행동을 바꾸고 싶은지 결정하고 나서 우리는 협력해서 계획을 세웠다. 그녀는 이 계획을 잘 수행하겠다고 나와 약속했다. |
| 여성주의 치료 | 그녀의 현재 삶에 어떤 압박이 작동하는지를 평가하기 위해서 루스의 상황을 탐색했다. 여성으로서 그녀는 가족을 돌보기 위해 자신의 소망을 포기하라고 배웠는데, 이것은 치료 장면 밖의 현실에서 자신이 원하는 것을 확인하고 존중하는 것을 어렵게 만든다. 억압은 루스의 신념과 선택, 지각에 지대한 영향을 미치기 때문에 우리는 그녀의 성 역할이 사회화된 문화적 맥락과 이것이 그녀의 현재 행동에 미치는 영향을 검토할 것이다. |
| 포스트모던식 접근 | 루스의 문제에 초점을 맞추기보다는 문제가 없었던 상황이나 구체적인 문제없이 잘 기능해왔던 예외 상황에 주목하게 하였다. 또한 나는 그녀 자신과 문제를 분리하려고 노력했다. 치료의 핵심은 그녀를 치료 장면으로 오게 한 문제가 없는 삶, 즉 그녀가 바라던 종류의 삶을 상상하게 하는 것이다. 이 치료에서는 문제에 대해 이야기하기보다는 해답을 찾는 것을 강조한다. |
| 가족 체계 치료 | 루스가 가족이나 친지와 분리된 정도에 초점을 맞췄다. 또한 우리는 엄격한 상호작용 패턴과 가족 구조가 루스의 불안을 지속시킨 과정, 그리고 그녀가 어머니로서의 역할과 자신을 중시하는 행동 간에 균형을 잡는 방법을 검토했다. |
| 다문화적 관점 | 상담의 초기 단계부터 남은 상담 과정 내내, 나는 루스의 문화가 어떻게 그녀의 현재 행동에 영향을 미치고 있는지를 염두에 두었다. 나는 루스의 주관적인 세계를 이해하고 이 안에서 상담하려고 노력했다. 치료 기간 동안 나는 그녀에게 상담을 통해 얻은 것을 평가하라고 했고 그 피드백을 기초로 상담을 조절해 나갔다. 이러한 관점에서 루스의 내적 세계와 외부 세계가 그녀에게 영향을 미치는 과정에 초점을 맞춰 상담을 했다. |

## 루스의 상담 초기 단계

첫 만남 전에 나는 루스의 자전적 기록을 읽고 그녀와의 상담이 상당히 기대가 되었다. 나는 자신의 관심을 정확하게 표현하는 능력이 마음에 들었고, 그녀가 제공한 자료도 가능성이 풍부함을 보여주었다. 물론 이 자료만 가지고 우리가 함께 가야 할 방향을 확실히 정할 수는 없다. 치료의 방향은 그녀가 목표에 어떻게 도달하고자 하며 무엇을 기꺼이 탐색하려고 하는지에 따라 달라질 것이다. 하지만 루스의 자전적 기록은 어떻게 상담을 진행할 것인지에 대한 많은 아이디어를 제공했다. 다음 단락에서 이에 대해 좀 더 설명하겠다.[12]

**시작** 루스는 치료가 시작되는 것을 약간 불안해하였다. 그래서 나는 그녀가 오늘 상담을 받으러 올 때 어떠했는지에 대해 말할 기회를 주고 싶었다. 그것을 통해 우리 만남의 방향이 정해질 수 있다. 나는 그녀가 무엇 때문에 치료에 참여하게 되었는지 알고 싶었다. 그녀가 치료를 받겠다고 결심하게 한 생활 사건은 무엇인가? 그녀는 이 만남에서 어떤 결과를 얻을 수 있는가? 나는 그녀가 기대하고 두려워하는 것, 희망하는 것과 애매한 감정 등에 대해서 말할 수 있도록 첫 만남을 구조화했다. 치료 과정에서 루스가 나를 신뢰하는 것은 매우 중요하므로 상담이 진행될 방식에 대해 질문할 기회를 주었다. 치료에 따른 진전은 전혀 신비롭거나 마술적이지 않다. 루스가 상담의 진행 과정과 그 과정에서 무엇을 얻을 수 있고 기대할 수 있는지를 분명히 인식할 수 있다면 치료를 통해 많은 것을 얻을 것이다.

**계약** 나는 우리 만남의 방향을 정해줄 상담 계약을 체결할 준비를 했다. 나는 계약의 일부로서 루스의 책임뿐 아니라 나의 책임과 기능, 역할 등에 대해 논의했다. 나는 처음부터 루스가 적극적으로 치료 관계에 참여하기를 기대했다는 것을 알렸고, 대부분의 인지, 행동 그리고 행위지향 치료의 특징인 적극적이고 지시적인 방법으로 상담할 것이라고 말했다.

치료는 자기 자신에게 투자하는 의미 있는 프로젝트이다. 그리고 루스는 치료에서 얻을 수 있는 것뿐만 아니라 잠재적인 위험도 알 권리가 있다. 나는 그녀의 목표를 이해하는 것으로 상담을 시작했다. 나는 상담을 통해 처음에는 모호했던 목표를 그녀가 가능한 한 구체적이고 정확하게 정의할 수 있도록 도왔다.

**루스의 자기 이야기** 상담을 시작할 때 루스가 선택한 방법으로 자신의 이야기를 하도록 하는 것이 가치가 있다고 생각했다. 그녀가 상담실을 방문하게 된 계기와 그녀의 비언어적 반응, 그녀의 습관과 말투, 말하기로 결정한 세세한 것, 그리고 관계를 맺거나 맺지 않기로 결정한 것은 내가 루스를 이해하는 데 가치 있는 관점을 제공해 준다. 나는 루스가 생활 속 사건을 어떻게 지각하고 그 주관적인 세계를 어떻게 느끼는지에 관심이 있었다(이는 특히 실존 치료 모델과 인간 중심 모델, 포트스모던식 접근에서 중요하다). 만약 처음에 너무 많이 구조화한다면, 루스만의 특징적인 자기표현 방식이 드러나지 않을 것이다. 그래서 나는 내가 듣고 있다는 것을 그녀가 알 수 있게 잘 들어주었다.

첫 회기에 나는 말을 많이 하지 않으려고 했다. 치료 중에 내담자가 자신을 충분히 드러내는 것과 루스에게 진실한 관심을 두는 것은 치료를 진행하는 동안 큰 도움이 될 것이다. 내가 경청한다면 그녀가 치료를 받으러 온 이유를 잘 이해하게 될 것이다. 그러나 만약 정확하고 예리하게 듣지 못했다면 그녀의 경험 속 깊은 것을 발견하지 못하고 그녀가 처음 언급한 문제에만 매달렸을 것이다.

**자료 수집** 상담을 시작하면서 그녀의 생활사를 루스에게 직접 질문하지 않았지만, 그녀가 자신의 문제를 이야기한 후 부족한 부분에 대해서는 보충 질문을 했다. 이러한 방법은 그녀가 중요하다고 생각하는 과거의 사건뿐 아니라 현재 자신의 삶을 어떻게 보고 있는지를 포괄적으로 이해할 수 있게 해 준다. 일문일답식으로 회기를 진행하기보다는 자전적 접근이 더 좋다고 생각한다. 이것은 루스가 자신의 인생에서 전환점이 된 사건, 아동기와 청년기의 사건, 부모나 형제자매와의 관계, 학교에서의 경험, 현재의 문제, 미래의 목표와 포부 등에 관해서 글을 쓰게 하는 것이다. 나는 그녀에게 회상하는 것과 상상하는 것 중 어느 것이 주관적 세계를 묘사하는 데 유용한지 질문했다. 상담 장면 밖에서의 루스의 생활 경험을 반성하고 분류하게 한 이 방법은 그녀의 목표를 결정하는 데 중요한 역할을 했고, 치료가 앞으로 어디로 어떻게 진행될 것인지를 생각해 볼 수 있는 많은 자료를 얻을 수 있게 했다.

## 치료의 진행

나는 인지적 접근을 치료 회기에 포함시켰고, 치료를 보충하는 의미에서 루스에게 몇 권의 책을 권했다. 여기에는 그녀의 개인적 관심사를 다룬 소설과 책, 치료 관련 책이 포함된다. 예를 들어, 나는 중년기 위기를 맞이한 여성에 관한 책, 부모-자녀의 관계를 다룬 책, 결혼 생활에 도움이 되는 책, 성에 관한 책, 그리고 그녀의 관심사를 다룬 책을 읽으라고 권했다. 나는 이러한 주제를 루스의 삶에 적용하면서 읽는다면 자기를 성찰하는 훌륭한 촉매가 될 수 있음을 발견했다.

**치료 목표를 분명히 하기** 시작 단계에서 나는 루스가 치료에서 가장 원하는 것이 무엇인지와 자신의 목표에 도달하기 위해 시작할 수 있는 것이 무엇인지를 분명히 알 수 있도록 도와주었다. 대부분의 내담자와 같이 루스는 자서전에서 자신의 목표를 너무 포괄적으로 언급했기 때문에 나는 그녀가 목표를 구체화하도록 했다. 그녀는 거울에 비친 자신의 모습이 마음에 들지 않는다고 말했다. 그녀는 더 좋은 자아상과 신체상을 가지고 싶어 했고 자신감을 갖기를 원했다. 나는 루스가 좋아하지 않는 것과 현재 자신감을 잃도록 만드는 것, 그리고 자기 자신을 직면할 때의 느낌을 알고 싶었고, 자신이 어떻게 보이는지에 대해 나에게 이야기하도록 했다.

루스는 자신이 좀 더 즐거웠으면 좋겠다고 했다. 심각하고 재미없는 특정한 사건을 지목할 수 있도록 그녀는 도움을 받을 수 있다. 우리는 나아가 그녀가 재미를 느낄 수 있는 활동이 무엇인지 정의했다. 우리는 일반적인 것에서 구체적이고 세부적인 것으로

끊임없이 나아갔다. 그녀가 원하는 것을 구체화하면 할수록 그것을 얻을 기회가 더 많아질 것이다.[13]

**내담자-치료자 관계의 중요성** 루스가 목표를 얼마나 달성할지를 결정하는 주요 요인의 하나는 우리의 치료 관계라고 확신한다. 치료란 치료자가 수동적인 내담자에게 기술과 기법을 일방적으로 적용하는 것이 아니다. 나는 치료적 개입에 관한 전문성을 가진 사람이지만 루스의 인생의 전문가는 분명히 그녀 자신이다. 나는 치료 관계가 협력적이면 그만큼 치료가 생산적일 것이라는 전제하에 상담을 진행한다. 더욱이 치료가 어떻게 진행되는지 잘 안다면 루스는 치료를 통해 많은 것을 얻을 수 있을 것이다. 나는 정보를 제공하고 그에 근거해 동의를 얻고, 이 관계에서 무엇이 진행될 것이라는 생각을 그녀와 공유했다. 그리고 그녀는 평가와 치료 과정의 적극적인 동료임을 주지시키고 치료 과정을 신비롭게 생각하지 않도록 했다. 나는 내담자-치료자 관계에서 일반적인 역동이 생기는 것을 경계했고, 상호보완과 동료의식을 형성하려고 노력했다.

치료는 루스가 학습한 것을 사용할 수 있는 깊은 개인적 관계로 볼 수 있다. 한 개인으로서 나는 상담 이론에 대한 지식과 기술 수준만큼 중요하다. 나 역시 기법을 효율적으로 사용하는 것이 중요하다고 생각하고 다양한 기법을 만들어 낼 정도의 이론적 기초를 가지고 있어야 하지만 우리의 관계를 상호존중과 신뢰로 특징지을 수 없다면 아무 의미가 없다. 관계 형성과 관련 있는 몇 가지 질문은 다음과 같다. 얼마만큼 루스에게 진실할 수 있는가? 어느 정도 내가 그녀의 말을 판단하지 않고 경청하고 수용할 수 있는가? 그녀를 어느 정도 존중하고 돌볼 수 있는가? 그녀의 주관적 세계를 얼마나 이해할 수 있을까? 나의 감정과 생각을 그녀와 얼마나 공유할 수 있을까? 진정한 관계는 치료의 초기 단계에서 특히 중요하다. 그러나 치료가 효과적이기 위해서는 치료의 전 과정에서 이 관계가 유지되어야 한다.[14]

## 인지적, 정서적, 행동적 방식으로 루스와 상담하기

나의 통합적인 스타일은 많은 치료적 접근의 개념과 기법을 혼합한 것이다. 루스와 상담할 기법을 선택하기 위해서는 우선 그녀를 **사고하고 느끼고 행동하는** 사람으로 보아야 한다. 비록 나는 여기서 내가 하는 작업의 다양한 측면을 분리해서 기술하고 있지만 상담은 분명히 통합된 방식으로 진행되고 있다. 그러므로 루스의 인지 영역에만 초점을 두지 않고, 그녀의 감정과 행동 프로그램까지 영역을 확장시켰다. 이 차원 모두는 서로 관련이 있다. 그녀가 내린 결정이나 가치를 다루는 것과 같이 인지적 수준에서 루스와 상담을 할 때, 그 순간 그녀가 느낀 감정에 대해서도 고려해야 한다. 이러한 배경 속에서 나는 그녀가 실제 한 행동에서 그녀가 표현한 생각과 감정을 생각하게 된다. 이러한 행동에는 그녀가 회기 안에서 문제를 다루었던 새로운 행동과 상담 장면 밖의 실제 상황에서 마주하는 문제에 적용할 수 있는 새로운 기술이 포함된다. (이러한 통합적 방식은 정신분석의 인지적이고 정서적인 통찰지향적 접근법, 감정의 표현과 경험을 강조하는 경험 치료, 행동과 신념에 영향을 미치는 내담자의 사고 과정에 주의를 두는 인지 치료, 행동 변화 계획의 중요성을 강조하는 행위지향적 치료에 기초한다.)[15]

**치료와 관련된 루스의 두려움을 조사하기** 루스는 자신에 대해 알게 될 두려움과 치료에 대한 양가감정을 표현하며 회기를 시작했다.

> 루스: 치료를 받기로 결심하기 전에는 문제를 감추느라 매우 힘들었어요. 저는 삶을 구분하며 살아왔는데, 그 방법이 저를 당황하게 만든 적이 없었어요. 하지만 독서하고 일기를 쓰고 삶에 대한 생각과 현재 저의 감정과 경험을 이야기하는 것 등 모든 것이 불편하네요. 점점 더 불안해져요. 앞으로 계속 해나가면서 내 안에서 무엇이 나타날까 두려워져요.

실존적 관점에서 볼 때, 이러한 불안은 당연할 뿐 아니라 유용하기도 하다. 루스가 나를 전폭적으로 신뢰하고 치료에 참여하더라도 최선의 결과를 얻을 것이라고 단언할 수 없다. 그보다는 지금 이 시점에서 그녀가 어떤 결정을 해야 하는지 찾아보기를 원한다. 정직한 방법으로 삶을 직시하는 것은 그녀에게 위협일 수 있다. 비록 지금 그녀가 안전하더라도 그것은 권태와 자존감의 저하와 같은 대가를 지불하고 있는 것이다. 그녀의 제한적인 생활양식은 아직까지 안전하다. 자신에 대해 더 잘 알게 된다는 매력과 삶을 선택하고 통제할 가능성은 매우 흥미롭지만 위협적인 것일 수 있다. 이 점에서 나는 루스가 이러한 현실을 직시하고 얼마나 자신을 변화시키고 싶어하는지와 기꺼이 위험을 받아들일 것인지에 대해 분명한 입장을 취하기 바란다.

**루스가 치료를 계속하기로 결정하기** 치료를 받는 것은 하나의 선택이다. 치료는 루스의 인식을 확장시키고 선택의 범위와 자유를 넓혀서 루스에게 새로운 가능성을 제시할 뿐만 아니라 모든 치료 과정을 그녀가 선택할 수 있다. 나는 그녀의 선택을 존중하고, 어려운 선택으로 힘들어할 때 지지해 줄 것이다. 또한 조심스럽게 그녀를 이끌고 많은 것에 질문을 던지면서 위험을 감수하도록 할 것이다. 결국 그녀는 치료 회기 중에 더욱 좋아질 수 있도록 수많은 결정을 하게 될 것이다.

**루스가 자유로워지게 작업하기** 한 회기에서 루스는 자유로워지고 싶다는 욕구를 표현했다. 나는 그녀가 자유롭지 못하다고 느낀 모든 상황을 상상하고 예전에 들었던 메시지를 글로 쓰라고 제안했다. 나는 루스에게 아버지의 입장이 되어 그녀에게 글을 쓰라고 했으며 그 다음에는 어머니가 되어 글을 쓰라고 제안했다.

이때 인지행동 치료에서 빌려 온 '과제 부여' 개념이 사용되었는데 이러한 연습에서는 뒤따르는 감정이 매우 중요하다. 루스는 이 방법을 통해 초기 경험의 일부를 검토할 수 있다. 다음 회기에서는 이런 기억과 관련 있는 몇 가지 과거 감정을 재현해서 다룰 수 있게 되기를 바란다.

다음 회기에 루스는 일기를 가져 와서 아버지나 어머니가 그녀에게 글로 쓰게 한 것처럼 이야기하고 싶다고 말했다. 우리는 이 경험을 그녀와 공유했고 그 과정에서 그녀의 말뿐만 아니라 신체 변화에 주목했다. 게슈탈트 치료자처럼 나는 메시지의 진실성은 목소리의 억양, 자세, 얼굴 특징 등으로 전달된다고 생각한다. 만약 내가 그녀의 말만 듣는다면 그 안에 담긴 깊은 의미를 놓칠 수 있다. 인간 중심 치료자처럼, 나는 그녀가 느끼고 표현한 것을 충실히 들어야 한다. 나는 반영하고 명료화하는 것이 중요하다고 생각하지만, 루스와의 대화에 참여하는 것도 중요하다고 생각한다. 만일 내가 그녀가 말하고 있는 것에 반응하여 마음속에 있는 것을 느끼게 된다면 나의 현재 경험을 공유하는 것이 상담 작업을 촉진할 것이다. 적절한 순간에 나를 노출하면 루스가 자신을 더욱 깊게 탐색하게 될 것이다. 나는 노출이 단지 이롭기 때문에 하려는 것도 아니고 루스에게 초점을 두지 않으려고 하는 것도 아니다. 나의 몇 마디의 말은 내가 자신을 이해하고 있다는 것을 그녀가 알 수 있게 한다.

루스는 자신에 대한 어머니의 메시지에 대해 이야기했다. 그녀의 표현을 통해 어머니는 비판적이고 날카로운 목소리로 말하고, 손가락으로 지적하는 제스처를 사용하는 것도 알 수 있었다. 여기서 좀 더 깊이 탐색해 보기로 했다.

**코리:** 빨간 흔들의자에 앉으시겠어요? 의자에 앉아 몸을 흔들면서 비판적인 목소리로 손가락질을 하며 바로 앞에 앉은 당신에게 설교를 하고 있다고 생각해 보세요.

**루스:** 불평하지 말고 열심히 살아. 내가 얼마나 희생하면서 살고 있고 도덕적으로 사는지 봐. 인생은 고달프지. 그것을 결코 잊지 마. 인생이란 시험을 보는 것과 같지. 네 짐을 다 지고 나면 다음 생에서 보상을 받을 거야.

여기에서 취할 수 있는 입장은 매우 많다. (지금까지 나는 루스가 과거를 다시 체험하게 하여 감정을 생생하게 느끼게 하려고 어머니처럼 행동하게 하는 게슈탈트 기법을 이용했다.) 이제 나는 루스에게 반대편 의자에 앉아서 어머니의 설교에 반응을 하도록 했다. 이처럼 어머니와 루스 역할을 바꿔가며 대화를 계속했다. 이러한 기법은 아버지에 대해서도 사용할 수 있다. 아버지와의 관계는 루스의 행동에 강력한 영향을 계속 미치고 있기 때문에 다음 회기에서도 이를 계속 다룰 것이다.

먼저 나는 그녀에게 자유롭지 못하게 살았다고 생각한 모든 것을 글로 써보게 했다. 이러한 사적인 글은 치료 회기에서 탐색할 단서를 제공해 준다. 이어서 루스가 가장 자유롭다고 느꼈을 때를 생각해 보게 했다. 나는 그녀에게 "잠에서 깨었을 때 기적이 일어난다면 당신이 진정으로 자유로워진 모습은 어떤 모습일까요?"라고 물었다. 해결중심적인 치료 방법인 **기적 질문**을 사용해 그녀가 희망하는 이상적인 존재를 형성하도록 했다. 대안적으로, 아들러식의 '마치 그런 것처럼' 기법을 사용했다.

**코리**: 오랫동안 당신은 자유롭지 못함을 경험해왔음을 알겠지만 계속 실험을 해 봅시다. 한 주 동안 당신은 매우 자유로운 것처럼 의식적으로 행동해 보면 좋겠어요. 그 기간 동안 당신이 원하는 자유로운 사람이라고 가정해 보세요. 그리고 당신이 진정 자유로운 것처럼 행동한 경험을 글로 써 보세요.

루스의 자유에 대한 감각은 상대적이었다. 그녀가 비교적 자유롭다고 느꼈을 때를 설명한 말에서 그녀가 자유롭다고 느끼게 한 것을 찾을 것이다. 그리고 자유로워지기 위한 작은 계획을 세우도록 할 것이고, 자유에 대한 감각을 증진시키도록 독려할 것이다. 다양한 일지를 쓰게 하는 것은 치료를 수행하는 데 유용하다. 그리고 그녀는 원하는 치료 주제를 치료 회기에 준비해 올 수 있다.

**루스의 인지에 대한 작업** 게슈탈트 기법은 루스가 소화하지 못하고 삼켜 버린 메시지와 가치에 대해 경험적인 감각을 얻게 하는 데 매우 유용하다. 나의 목표는 루스가 비판적인 시각으로 그것을 구체화하도록 돕는 것이다. 이를 위해 나는 그녀가 이 과정을 탐색하고 자신의 가치를 진정한 자신의 것으로 만들도록 도울 것이다.

나는 루스에게 어린 시절 양육된 기억을 회상하고 가족 내의 규칙을 확인하도록 하였다. 그녀는 다음과 같은 부모의 메시지를 회상했다. '네 멋대로 생각하지 말라.', '순종하며 교회에 가라. 그리고 네 의지보다 하나님의 뜻에 따르라.', '절대 성경을 의심하지 말라.', '도덕적인 삶을 살아라.', '세속적인 것 특히 성적 쾌락에 빠지지 마라.', '항상 정도를 지켜라.' 루스는 다음과 같은 성 역할 메시지를 가지고 있어서 이를 구체적으로 다루었다. '너의 주요 관심사는 가족이다.', '여자로서 너에게 기대되는 것 이외의 경력을 쌓을 필요가 없다.', '남자의 뜻에 따르라.', '항상 배려하고 남을 도울 준비를

해라.'

루스의 감정에 관한 작업뿐 아니라 신념 체계, 사고, 태도와 가치 등을 포함하는 인지 구조에 대해 작업하는 것은 필수적이다. 행동 치료에서는 그녀의 행동에 영향을 주는 신념과 가정에 초점을 맞춘다. 합리적 정서행동 치료에서는 비합리적 신념과 자기 세뇌에 초점을 맞춘다. 아들러식 치료에서는 루스의 기본적 실수를 찾는다. 현실 치료에서는 그녀의 가치에 초점을 두고, 여성주의 치료에서는 성 역할 메시지의 영향력을 평가한다. 나는 지금까지 루스의 삶에 영향을 미친 중요한 메시지에 초점을 두었다. 루스의 자기 대화는 그녀의 행동과 관련이 있음이 분명하다.

**루스의 영성을 고양시키기**　루스의 종교나 영적 가치를 직접 다루지는 않았지만 영성이 어린 시절부터 삶에 어떤 영향을 주었고, 신념과 태도 형성에 어떻게 영향을 미쳤는지를 확인했다. 루스는 자신의 삶에서 종교가 큰 비중을 차지하고 있음을 여러 번 언급했다. 그녀는 엄격한 종교적 분위기 속에서 자랐고 종교적이고 도덕적인 가치는 모두 옳으며 절대 이의를 제기하면 안 된다고 배웠다. 결국 루스는 죄책감을 유발하는 종교를 거부했다. 현재 그녀는 인지적으로 종교적 신념과 대립하고 있으면서 정서적으로는 불편감과 죄책감을 느끼고 있다. 현재는 부모의 종교가 아닌 다른 정신적인 대안을 찾으려 하고 있다.

루스가 교회에 대해 기억하는 것은 주로 자신이 충분하지 못했고 항상 교회와 부모가 규정했던 기준에 미치지 못했다는 죄책감이었다. 부모의 기준에도 미치지 못했고, 하나님에게도 부족하다고 느끼고 있었다.

루스는 삶의 의미를 찾는 데 도움을 되는 영적 가치를 찾기 위해 노력했다. 비록 공식적인 종교가 지금 루스에게 중요한 역할을 하는 것 같지는 않지만 그녀는 자신의 실존의 위치를 찾고자 노력하고 있고 영성을 효과적으로 고양시킬 방법을 찾고 있다. 그녀는 생활 속에서 잊고 있었던 측면을 몸부림치면서 깨달아가고 있었다. 그녀는 종교와 영성과 같은 문제를 상담에서 다루는 것이 적절한지 잘 모르겠다고 하면서도 상담 중에 이를 다루어 주어서 좋았다고 말했다. 루스는 종교와 관련된 과거 경험과 현재 자신에게 의미 있는 영적 경로를 탐색하는 것에 대해 불편함 없이 논의할 수 있게 된 것을 기뻐했다. 루스는 다음 회기에 영적인 삶을 강화할 수 있는 방법을 탐색하고 싶다고 말했다.

**아버지와 관련된 문제**　루스는 여러 번에 걸쳐 자신의 도덕적인 가치와 종교적 가치를 형성하면서 아버지의 마음에 들기 위해 노력했다는 것을 말했다. 결국, 루스는 아버지가 설교한 종교적 신념대로 살지 않기로 했고, 아버지가 누누이 강조한 '올바른 삶'에 대한 메시지를 받아들이고 싶어 하지 않았다는 통찰을 얻는다.

루스를 양육해 온 메시지를 알게 되면서 하나의 주제가 나타났다. 루스는 인생 대부분을 아버지의 인정을 얻을 수 있는 방법대로 살아왔다. 아버지의 인정과 허락을 받지 못하면 아무것도 이룰 수 없다고 생각했다. '아버지가 인정하고 사랑하지 않는다면 아무도 나를 사랑하지 않을 것이다. 아버지가 나를 사랑하지 않는다면 사랑이 없는 삶을 살게 될 것이다.' 나는 그녀가 가지고 있는 이러한 타당하지 않은 가정을 비판적으로 평가할 수 있도록 인지행동적 개념과 기술을 사용했다.

나는 가능한 한 강요하지 않고 루스가 겪는 갈등의 원인으로 추정되는 사고와 가치체계를 탐색하도록 했다. 내 가치관을 그녀에게 강요하지 않았다. 오히려 이전에 자신의 삶의 토대가 되었던 신념과 가치를 심사숙고하게 했다. 아버지를 이기겠다는 무익한 시도를 하면서 남은 생을 보낼 것인가? 모든 남자를 아버지처럼 생각하며 살고 싶은가? 만약 이것이 가능하다면 루스는 결국 아버지의 사랑을 얻기 위해 무엇을 할 것인가? 아버지의 인정을 받으려고 했던 자신의 모습을 지금 어떻게 생각하는가? 이러한 질문은 그녀 스스로 **생각하고**, **도전하고**, 자기 삶의 기준을 **결정하도록** 하기 위해 제기했다.[16]

**루스의 결정을 이해하기 위한 과거 다루기** 아동기에 부모로부터 받았던 메시지에 대해 어떤 결정을 했는지 이야기를 나누었다. 현재 내담자를 힘들게 하는 문제를 이해하기 위해 초기 아동기 경험을 탐색하는 것은 가치 있다. 정신분석적 접근에서는 과거의 재구조화와 억압된 초기 경험에 대한 작업, 그리고 무의식적 갈등의 해결을 강조한다. 가족 치료에서는 부모와의 갈등을 훈습하는 것을 강조한다. 나는 루스의 아동기 경험이 현재 그녀의 발달에 기여했다는 점을 인정한다. 비록 이러한 요소가 그녀의 성격을 특정하게 고정시켰거나 그녀를 단정하게 한 요소라고 생각하지 않지만 루스가 장기적인 분석적 재구조 과정을 거치지 않는다면 이를 극복하지 못할 수도 있다. 나는 게슈탈트 접근법을 사용해 그녀의 과거를 다룰 것이다. 그녀가 상상 훈련과 역할연기를 통해 과거에 해결하지 못한 문제를 지금 이 순간으로 끌어내도록 할 것이다. 이러한 방법은 그녀의 현재 문제를 강력하게 다룰 수 있게 할 것이다.

전반적으로 루스는 자발적이고 동기화된 내담자이다. 그녀는 통찰력을 가지고 있고 용감하다. 또한 현재의 행동과 과거의 사건 사이를 연결할 수 있고, 상담실 안팎에서 모험적인 행동을 시도하면서 생활의 어려운 문제에 기꺼이 직면할 수 있다. 이상적이기까지 한 이러한 좋은 면을 가지고 있더라도 루스는 약간의 저항을 경험할 것이다.

치료를 계속할 것인지를 고민하기도 하고, 자신의 현재 문제에 대해 부모를 원망하기도 할 것이다. 어떤 때는 낯선 곳에 홀로 남겨진 것 같은 두려움 때문에 안전한 것을 선택하려고 할 것이다. 이때 나는 그녀가 저항하고 있다는 신호를 지적하고 그녀의 두려움을 다루면서 저항을 깨닫도록 격려할 것이다. 저항을 다루는 효과적인 방법은 이를 인식하고 직접 다루는 것이다. 루스가 회피했을지도 모르는 문제에 맞서도록 지지해주면서 조심스럽게 직면하도록 할 것이다.[17]

**재결정을 위한 작업** 루스의 관점에서 새로운 결정을 할 상황을 치료 회기에서 구성할 것이다. 그녀의 재결정은 정서적이고 인지적 수준에서 이루어져야 한다. 인지적, 정서적 및 행동적 기법을 모두 사용해 루스가 새로운 결정을 하도록 격려할 것이다. 역할연기, 환상과 상상, 마음챙김 훈련, 자기주장 훈련, 게슈탈트 기법, 여성주의 치료, 문제 중심 치료 전략, 이야기 치료 접근과 가족 체계 치료 방법 등이 모두 활용될 것이다. 루스는 문제의 원인을 알기 위해 많은 시간을 소비해왔다. 그러나 자신을 변화시키고 환경의 변화를 일으키는 행위 과정에 전념하겠다는 그녀의 의지가 더 중요하다.

**루스가 행동하도록 격려하기** 치료 장면은 내담자가 어떤 행동의 변화를 진정으로 원하는지 확인하기 위해서 이를 실험할 수 있는 안전한 공간이다. 중요한 것은 상담실에서 학습한 것을 실생활에 적용하는 것이다. 나는 루스에게 과제를 주어 자신의 두려움에 도전하고, 다양한 현실에 적용해 보도록 격려한다. 만약 그녀가 남편과 함께 주말을 보내고 싶다고 말했다가 거절당해 상처받을까봐 두려워한다면, 다음과 같이 격려할 것이다. "남편에게 요구하지 않는다면 주말에 남편과 함께 지낼 수 없을 것입니다. 원하는 것이 있어도 요구하지 못해 감정의 응어리가 생기고 그래서 우울하다고 하셨지요. 지금이 한번 시도할 수 있는 좋은 기회가 될 것입니다."

나는 루스가 진정으로 변화를 원하는 삶이 무엇인지를 여러 번 물었다. 그녀는 진정으로 변화를 원했기 때문에 우리는 역할연기와 행동 시연을 연습했고, 이를 특히 가정과 같은 상황에서 시도해 볼 것을 요구했다. 회기에서 학습한 것을 일상생활에 적용하는 것은 치료의 핵심이다.[18]

## 루스의 치료 경험 평가하기

첫 상담에서 마지막 회기까지 상담자와 내담자 모두 계속 평가하여야 한다. 루스와 상담을 하면서 루스가 얼마나 좋아졌는지를 때때로 다루었다. 치료 과정에서 원하는 것을 얼마나 획득했는지 솔직하게 토론한다. 만일 루스가 목표에 도달하는 데 성공하지 못했다면, 우리는 치료의 진전을 방해했을 만한 요소를 조사할 수 있다. 내가 치료에 방해 요인이 될 수도 있다. 기법을 매우 엄격하게 적용해 루스의 반응을 억제할 경우에 그럴 수 있다. 만약 내가 회기 중에 진정성 있는 모습을 보이지 못했다면, 분명히 그녀가 생각하는 진전의 정도에 도달하는 데 실패했을 것이다.

루스의 삶 속에서 변화하지 않는 것이나 느리게 변화하는 것에 기여하는 환경도 그녀와 함께 조사한다. 그녀는 가정에서 새로운 문제를 야기할 수 있는 많은 변화를 만들었다. 이 때문에 그녀는 변화를 포기하고 물러서서 자신의 이익을 지키려고만 할 수 있다. 인생의 주요한 변화를 만들 준비를 하기 전의 정체기에 머물 수도 있다. 그녀의 발전이나 후퇴를 결정하는 요소는 여전히 치료에서 원하는 변화의 정도에 대한 그녀의 결정과 전념하는 정도이다. 자신의 기본적인 성격을 변화시키고 자발적으로 새로운 정체성을 만들어 낼 것인가? 변화에 대한 대가를 기꺼이 지불할 것인가? 개인의 변화는 없이 단지 표면 위에 떠오른 억눌린 문제만을 해결할 것인가? 이것들은 치료 과정에서 나타난 실패를 이해할 때 고려해야 할 요소이다.

루스의 진전을 어느 정도로 할 것인지를 어떻게 결정할 것인가? 이를 위해 어떤 기준을 적용할 것인가? 나는 상담 중에 루스와의 작업을 탐색하고 회기 밖에서 치료의 효과가 기능하는 정도를 측정했다. 우리의 관계도 매우 중요한 지수이다. 만일 신뢰에 기초한 관계가 형성되어서 어려운 개인적 문제를 다루었고, 이것이 회기 밖에서 다양한 방식으로 적용되고 있다면 치료가 진행되고 있는 것이다. 또한 그녀가 치료에 만족하는 정도도 치료 결과를 평가하는 주요 요소이다.

언제 루스의 치료를 종결할 것인가? 이 또한 내가 적절한 시기를 개방적으로 평가하여 함께 탐색할 문제이다. 결국 종결하는 시점은 그녀가 선택할 것이다. 나는 루스가 현재와 미래에 직면할 문제에 사용할 수 있는 자기 인식과 특별한 행동 기술을 갖추기를 원한다. 또한 치료가 끝나면 스스로 자신의 치료자가 될 수 있도록 할 것이다. 이 시점을 넘어서면 그녀는 나에게 불필요하게 의존하게 되어 처음 치료 장면에 올 때와 별반 다르지 않게 될 것이다.[19]

## 맺는말

자신에게 적합한 상담 유형을 개발하는 것은 매우 어렵다. 그것은 다양한 방법과 이론 중에서 일부를 선택하는 것 이상의 문제이다. 상담자로서 당신은 자신의 경험과 성격, 세계관, 가치관 그리고 특별한 재능과 기술을 배경삼아 내담자에게 접근할 것이다. 또한 자신이 선호하는 이론을 전문적으로 적용할 것이다. 당신은 통합적인 관점을 개발할 때 다음과 같은 질문을 제기해야 한다. **인지적** 차원을 이해하는 데 어떤 이론을 적용할 수 있는가? **정서적** 차원을 이해하는 데에 도움이 되는 이론은 무엇인가? 어떤 이론이 **행동적** 차원을 잘 설명하는가? 당신이 학습한 많은 이론적 접근은 이러한 인간의 경험에 초점을 두고 있다. 우리가 할 일은 다양한 사람을 상담할 수 있는 지혜롭고 창조적인 치료 절차를 선택하는 것이다. 내담자의 요구와 자신의 가치와 성격, 그리고 이론을 잘 알고 있어야 자신을 잘 대변하는 자신만의 이론을 발전시킬 수 있을 것이다.

특정한 내담자와 특정 문제를 가장 잘 상담할 수 있는 기법을 선택하기 위해서는 지식과 기술, 기법과 경험이 필요하다. 상담자는 증거에 기반을 둔 상담을 하도록 요청받고 있기 때문에 연구에 대한 노력도 게을리하지 말아야 한다. 하지만 특별한 기법을 언제, 어떻게 적용할 것인지를 결정하는 것은 역시 기술의 문제이다.

당신에게 적합한 상담 기법은 오랜 시간을 두고 구축하게 되기 때문에 인내심을 갖고 독서와 사고 그리고 내담자와의 치료 경험을 통해, 그리고 당신의 인생 경험과 개인적인 노력을 통해 계속 성장해야 한다.

## 자신만의 접근법을 루스에게 어떻게 적용할 것인가?

앞에서 언급한 다양한 접근법 중 당신에게 의미 있는 방법을 통합해 보라. 이것은 치료자 자신의 성향과 인간에 대한 관점과 이론을 맞추어 나가는 과정이다. 통합 과정에 도움이 될 만한 질문을 다음과 같이 제시했다.

1. 상담 첫 회기에 무엇을 느끼고 생각했는가? 첫 장에 기술된 자전적 기록의 내용과 제13장의 다양한 치료자와의 작업을 참고하라.
2. 현재 루스의 가장 역동적이고 억압적인 갈등은 무엇인가? 그녀를 상담하는 것에 대해 어떻게 느끼는가? 그녀는 자신을 이해하고 근본적인 변화를 일으킬 능력을 가지고 있는가?
3. 루스의 요구를 어떻게 생각하는가? 회기를 구조화할 책임이 당신에게 얼마나 있다고 생각하는가? 지시적 상담과 비지시적 상담의 연속선상에서 당신은 어디에 위치하는가?
4. 만약 루스에게 단기 치료를 적용한다면 어떠한 종류의 개입을 하겠는가?
5. 단기 치료를 하게 된다면 루스의 생활 중 어떤 주제에 초점을 맞추겠는가?

6. 루스의 문제에 대한 치료 과정을 결정하기 위해 초기 평가를 할 때 그녀에 대한 자료를 어떻게 수집할 것인가?
7. 루스에게 치료 목표를 어떻게 주지시킬 것인가? 그녀가 목표를 구축하는 것을 어떻게 도울 것인가? 그녀가 목표를 충족시킨 정도를 어떻게 평가할 것인가?
8. 루스의 초기 아동기 경험에 대해 얼마나 관심이 있는가? 그녀의 현재 문제에는? 그녀는 어떤 미래를 꿈꾸고 노력하고 있는가? 당신은 어떤 영역에 관심이 있으며, 그 이유는 무엇인가?
9. 루스와의 관계는 얼마나 중요한가? 내담자–치료자 관계가 치료 결과를 결정하는 데에 얼마나 중요하다고 생각하는가?
10. 당신은 루스의 감정에 초점을 두는가? 사고 과정과 그 외 인지적 요소에 초점을 맞추는가? 행동으로 측정한 그녀의 실행 능력에 초점을 두는가?
11. 루스에게 지지적으로 대하는가? 직면하게 하는가? 가장 지지해야 할 영역과 직면해야 할 영역은 무엇인가?
12. 성격의 재구조화를 얼마나 강조하는가? 특별한 기술 개발, 문제 해결 전략, 사회적 행동 전략을 어느 정도 사용하는가?
13. 치료와 자신의 인생에 대한 루스의 두려움을 어떻게 탐색하는가?
14. 당신의 어떤 인생 경험이 루스와의 상담에 도움이 되겠는가? 상담을 방해할 수 있는 성격 특징은 무엇인가?
15. 자신의 인생을 간섭했다고 느끼는 부모와 부모의 역할을 어떻게 다룰 것인가? 부모에 대한 루스의 태도와 감정을 탐색하는 데 초점을 맞추는 것이 중요한가?
16. 루스의 현재 가족을 치료에 포함시키기 위해 얼마나 노력해야 하는가?
17. 치료 장면 밖의 활동(숙제, 독서, 글쓰기 등)을 얼마나 구조화할 것인가?
18. 정신분석적 접근에서 어떤 기법이나 개념을 끌어낼 것인가? 인지적 접근, 행동적 접근, 행위지향적 접근, 포스트모더니즘적 접근, 체계적 접근, 다문화적 접근에서 무엇을 받아들일 것인가?
19. 통찰과 행동 중 어느 부분에 치중해 상담할 것인가? 인지적 측면과 감정적 측면 사이에서 어떻게 균형을 잡을 것인가?
20. 루스가 치료를 끝낼 준비가 되었을 시점을 어떻게 결정할 것인가?

## 연습: 루스의 삶에서의 테마

다음은 루스가 치료 중에 언급한 진술이다. 치료를 위해 심화 탐색이 필요한 몇 가지 주요 주제를 확인할 수 있다.

1. 당신은 내게서 너무 멀리 떨어져 있는 것 같아요. 당신에게 다가가기 힘들어요.
2. 최선을 다했음에도 불구하고 나는 여전히 충분하지 못하다는 죄책감이 들어요.
3. 인생에 대한 해답을 스스로 찾지 못할 것 같아요.
4. 이혼이 두려워서 변하는 것을 주저하게 되어요.
5. 다른 사람에게 내가 원하는 것을 요구하기가 힘들어요.
6. 너무 긴장이 되어 밤에 잠을 못 자겠어요.
7. 내 인생은 아버지에게 인정을 받으려고 노력한 것이 전부예요.
8. 재미를 느끼기 힘들어요. 난 너무 책임감이 강해요.
9. 항상 체중에 문제가 있었고, 그것을 해결하지 못해요.
10. 실수할까 걱정되고 바보같이 보일까 두려워요.
11. 딸과 사이가 좋지 않아요.
12. 나는 주기만 하고 그들은 그저 받기만 해요.
13. 오랫동안 내가 무엇을 원하는지 모르고 다른 사람의 기대에 맞춰 살았어요.
14. 결혼 생활이 이러면 안 될 것 같은데 남편은 좋다고 생각해요.
15. 남편이 나를 버릴까봐 내가 원하는 것을 그에게 말할 수 없어요.
16. 예전의 종교적 가치를 버려서 벌을 받을 것 같아요.
17. 역할이 너무 많아서 지쳐가고 있어요.
18. 해야 한다고 생각하고 있는 것을 모두 할 만큼 시간이 충분하지 않아요.
19. 다른 남자에 대한 내 감정이 두려워요.
20. 아이들이 떠나면 사는 목적을 잃게 될 거예요.

루스의 말을 살펴보고, 이 중 가장 흥미로운 것을 선택하라. 그리고 당신이 선택한 각각의 주제에 대해 (1) 다양한 관점에서 루스를 어떻게 상담할 것인지 생각해 보라. (2) 두 가지 대조적인 접근법을 선택하고 그것을 비교해 보라. (3) 다양한 치료 모델을 결합해 루스에게 적용시켜 보라.

John Norcross 박사의 책과 이 장에서 다룬 나의 통합적 방식을 읽고 루스의 말을 다시 생각해 보라. 역할연기와 소집단의 토론이 매우 흥미롭고 생동적일 것이다. 어떤 사람이 루스가 되고 다른 사람은 다양한 치료적 관점에서 그녀를 상담할 수 있을 것이다. 다양한 접근법을 실행해 보면 당신이 가장 훌륭하다고 생각하는 기법을 통합하면서 당신만의 상담 방법을 개발하는 데 도움이 될 것이다.

## 주

『심리상담과 치료의 이론과 실제: 스탠의 사례와 해설 DVD』 13회기('스탠의 사례에 적용한 통합적 접근')를 보라. 통합적인 관점에서 스탠을 상담한 내용과 통합적 관점을 적용하는 방법, 종결을 다룬 내용이 담겨 있다.

1. 절충적이고 통합적인 실무자의 현재 추세와 실무를 공부하고 싶으면 다음 논문을 보라. Norcross, J. C., Karpiak, C. P., & Lister, K. M. (2005). What's an integrationist? A study of self-identifi ed integrative and (occasionally) eclectic psychologists. *Journal of Clinical Psychology*, 61, 1587–1594.
2. 통합의 전체적인 논의와 임상적 예는 다음에 잘 담겨 있다. Norcross, J. C., & Goldfried, M. R. (2005). *Handbook of psychotherapy integration* (2nd ed.). New York: Oxford University Press.
3. 치료 관계와 성공적인 치료 관계에 대한 연구는 다음에 논문에 요약되어 있다. Norcross, J. C. (Ed.). (2011). *Psychotherapy relationships that work* (2nd ed.). New York: Oxford University Press.
4. 윤리적으로나 임상적으로 가능하다면 내담자의 선호에 맞추는 것이 심리 치료의 효과를 증진시키고 조기 종결을 막는 데 도움이 된다. Swift, J., & Callahan, J. L. (2009). The impact of client treatment preferences on outcome: A meta-analysis. *Journal of Clinical Psychology*, 65, 368 – 381.
5. 변화 단계의 정의와 임상적 적용은 다음 논문을 참고하라. Prochaska, J. O., Norcross, J. C., & DiClemente, C. C. (1995). *Changing for good*. New York: Avon. 심리 치료의 체계와 변화 단계의 관계는 다음 논문에서 자세히 다루고 있다. Prochaska, J. O., & Norcross, J. C. (2010). *Systems of psychotherapy: A transtheoretical analysis* (7th ed.). Belmont, CA: Brooks/Cole, Cengage Learning.
6. 저항 수준에 대한 연구는 다음 책에서 메타분석을 통해 요약해 놓았다. L. Beutler & colleagues, in Norcross, J. C. (Ed.). (2011). *Psychotherapy relationships that work* (2nd ed.). New York: Oxford University Press.
7. Barlow, D. H., Gorman, J. M., Shear, M. K., & Wood, S. W. (2000). Cognitive-behavioral therapy, imipramine, or their combination for panic disorder: A randomized controlled trial. *Journal of the American Medical Association*, 283, 2529–2536.
8. 심리학자의 자조 평가와 제언을 편찬해 놓은 책은 다음을 참고하라. Norcross, J. C. & colleagues. (2003). *Authoritative guide to self-help resources in mental health*. New York: Guilford Press.

9. 정신건강과 중독 영역의 증거 기반 실무(EBP)를 실행하는 방법은 다음 논문에 있다. Norcross, J. C., Hogan, T. P., & Koocher, G. P. (2008) *Clinician's guide to evidence-based practices*. New York: Oxford University Press.
10. 『상담 및 심리 치료의 통합적 접근: 루스의 사례와 해설 DVD』와 『심리 상담과 치료의 이론과 실제』(9판: Corey, G. (2013), Belimont, CA.: Books/Cole, Cengage Learning)의 15장과 16장에 통합적 관점에 대해 상세히 설명되어 있다.
11. 통합적 접근을 발달시키는 방법을 심도 있게 학습하고 싶으면 다음의 책을 보라. Corey, G. (2013). *The art of integrative counseling* (3rd ed.). Belmont, CA: Brooks/Cole, Cengage Learning.
12. 『상담 및 심리 치료의 통합적 접근: 루스의 사례와 해설 DVD』의 1회기('상담 시작하기')는 초기 상담 단계에서 내가 루스를 어떻게 상담했는지를 보여주고 있다.
13. 『상담 및 심리 치료의 통합적 접근: 루스의 사례와 해설 DVD』의 3회기('치료 목표의 설정')는 루스가 상담 작업의 구체적 목표를 확인하는 데 내가 어떻게 도와주었는지를 보여주고 있다.
14. 『상담 및 심리 치료의 통합적 접근: 루스의 사례와 해설 DVD』의 2회기('치료 관계')에서는 치료 동맹을 형성하는 데 있어서 기본적인 몇 가지 문제를 다루고 있다.
15. 『상담 및 심리 치료의 통합적 접근: 루스의 사례와 해설 DVD』의 6회기는 인지적 초점을 다루고, 7회기는 정서적 초점, 8회기는 행동적 초점을 다루고 있다.
16. 『상담 및 심리 치료의 통합적 접근: 루스의 사례와 해설 DVD』의 11회기('과거가 현재와 미래에 어떻게 영향을 끼쳤는지를 이해하기')에서는 역할연기를 통해 루스가 아버지에 대한 감정을 탐색하고 있다.
17. 『상담 및 심리 치료의 통합적 접근: 루스의 사례와 해설 DVD』의 5회기('저항을 이해하고 다루기')에서는 상담을 지속하는 것에 저항하는 루스를 볼 수 있다.
18. 『상담 및 심리 치료의 통합적 접근: 루스의 사례와 해설 DVD』의 12회기('결정과 행동 변화를 위한 상담')에서 루스는 자신의 초기 결정을 탐색하고 새롭게 결정을 하고 있다.
19. 『상담 및 심리 치료의 통합적 접근: 루스의 사례와 해설 DVD』의 13회기('평가와 종결')에서 루스와 나는 그녀가 상담을 통해 학습한 것을 살펴보고 상담이 종결된 후의 미래의 방향에 대해 논의했다.

# 찾아보기

## 가



## 나



## 다



## 마

## 바



## 사



## 아



## 자

## 차



## 타



## 파



## 하



## 기타